MANUEL   EDUARDO   HÜBNER

MEXICO EN MARCHA

México —1

MEXICO EN MARCHA

MANUEL EDUARDO HÜBNER

MEXICO EN MARCHA

ZIG-ZAG

DOS PALABRAS

ESTE no es un libro.
 No quiere ser un ensayo sobre México y su Revolución. Tampoco una historia. Y menos aun una interpretación novedosa, a la luz de la sociología de los hombres y los hechos de ese país.
 Apenas si es el resumen, ordenado y coordinado, ampliado en parte, ligeramente cepillado, de una treintena de conferencias y artículos de prensa, dictadas y escritos por el autor a lo largo del año último. Los segundos, en el semanario "Consigna", el diario "La Opinión", el mensuario "Acción Social" y la revista "Hoy". Las primeras, en instituciones literarias, obreras y políticas, en teatros y sitios privados de Santiago, Valparaíso, San Antonio, Coquimbo, La Serena, Concepción y Talcahuano.
 Cristalización de charlas apresuradas, este volumen no tiene otra justificación que la ignorancia, casi unánime entre nosotros, de la realidad mexicana. Pocos hechos menos conocidos y más tergiversados en Chile que la Revolución de México. Su copiosa bibliografía escasea o no existe en nuestras bibliotecas. Y apenas

si sabemos de ella lo que nos repiten a su sabor, con cierta majadera insistencia, sospechosas agencias cablegráficas o fanáticos pueriles a la par que pintorescos.

La Revolución Mexicana es uno de los movimientos político-sociales más interesantes de este siglo. Su trascendencia resulta inevitable para el resto de la América Latina. Mucho tiene de ejemplar y digno de ser imitado. Las condiciones en que se originó, la curva de su desarrollo, las formas jurídicas en que ha ido cristalizando, el medio económico y social en que se ha desenvuelto, las proyecciones de su acción latinoamericanista: todo ello es motivo para que, al menos, la estudiemos con profunda atención, con la misma con que miramos hacia Rusia, Alemania e Italia en los momentos en que se alzaron un nuevo Estado sobre las ruinas del Estado liberal individualista.

Si nos son familiares Lenin, Stalin, Hitler y Mussolini, sepamos también quiénes fueron Juárez y Obregón, y quiénes son, hoy, Calles y Cárdenas. Y si conocemos el sovietismo, el fascismo, el nacismo, impongámonos de lo que son el Plan Sexenal y el Partido Nacional Revolucionario, y observemos la trayectoria de esta Revolución que, si en su punto de partida es un movimiento político de contenido social más intuitivo que consciente, llega a cuajar en una democracia agraria socializante y se encamina ahora, sobre terreno seguro, a un presocialismo de Estado, adaptado al medio mexicano y sobre manera sugestivo para nuestros países semicoloniales.

Conocer a México, aunque sea superficialmente, significa enterarse de lo que ocurre en nuestra América y columbrar algo de su destino.

A eso obedece este volumen.

Mas no se crea que pretende convencer a todos sus lectores. Aspira solamente a informar, en forma más o menos sintética, sobre los antecedentes, el desarrollo y las consecuencias del movimiento mexicano. Por eso, más que ensayo o interpretación histórico-filosófica, es

DOS PALABRAS

apenas una monografía que quiere tener algo de film, de panorama cinematográfico, en el que sucesos y problemas, seres humanos y perspectivas generales vagan desfilando con perceptible relieve.

Quien conozca la historia de México y la de su Revolución no encontrará nada de nuevo en este volumen, y no lo encontrará porque no hay en él pretensión alguna de originalidad o trascendentalismo.

Pero el que nada sepa de México hallará, en cambio, un panorama general de su historia, una relación sucinta del movimiento revolucionario y hasta algunos datos biográficos y estadísticos: todo lo cual, si no proporcionar una imagen completa, puede, siquiera, satisfacer la curiosidad del lector e incitarlo a un estudio posterior de la historia y la revolución mexicanas.

Si tal resultado se obtiene, esta monografía habrá logrado con creces su objetivo.

Una palabra más. No es raro que, conociendo o no a México, algún lector censure al autor cierta falta de objetividad y desapasionamiento. Ello es muy explicable. Todo espíritu adopta, quiéralo o no, una posición determinada frente a un problema. La del autor es antagónica a la de algunos comentadores ultramontanos que ha tenido en Chile la Revolución Mexicana. A ellos les pareció bárbara y anarquizante, falta de sentido histórico y altas aspiraciones humanas. Al autor le parece lo contrario.

Si ellos se horrorizan ante fenómenos político-sociales tan trascendentes como éste, el autor sabe bien que son muchos los lectores, infinitamente más numerosos, que ven en ellos un índice de liberación y una esperanza cierta para el porvenir, ahora tan oscuro, de nuestra patria.

Tampoco sería raro que otros lectores, pese a especiales simpatías por el tema, anoten deficiencias de estilo, desequilibrios en la composición y hasta falta de proporcionalidad en el desarrollo de las diversas materias.

Tales lagunas u olvidos carecen de importancia en

una obra que no persigue propósitos literarios o estéticos.

Sus objetivos, como ya se ha dicho, no van más allá de la divulgación de los hombres y las cosas del México revolucionario; pero, sin duda, en último término, aquella finalidad se prolonga en otra más alta aún: el conocimiento de la realidad latinoamericana, para lograr, algún día, la emancipación económica y política de todos estos países que aun viven en pleno feudalismo económico y no han llegado a constituir, en el lato y hondo sentido de la palabra, otras tantas patrias para la gran masa de sus habitantes.

M. E. H.

Fecha: 1936.

EXPLICACION PREVIA

POCAS naciones han sido menos conocidas y peor juzgadas que México. Sólo ahora, después de veinticinco años de revolución continua, el mundo comienza a mirar con menor recelo hacia la antigua tierra azteca. Pero fué menester que todo un pueblo se impusiera al juicio universal por su cultura, sus manifestaciones artísticas y su capacidad de transformación social, para que las demás naciones comenzaran a observarlo con interés y hasta con respeto.

Mas, durante largos años, México simbolizó el caos y el desorden, el caudillismo y el bandidaje, la inestabilidad política y la conmoción interior convertidos en norma de vida pública. A ello contribuyeron, por igual, la propaganda de la Iglesia católica, los intereses de la prensa amarilla estadounidense y la tendencia en el público ignorante de todo el mundo a denigrar —Rusia, México, la España socialista— a todo país que busque su destino por rutas que no sean las usuales. Agreguemos, ahora, que los revolucionarios de Europa y América, fijos los ojos en la Rusia Soviética, no han tenido ojos ni oídos para la realidad mexicana.

¿Qué de raro tiene, pues, que sólo escasos espíritus hayan sabido mirar con honradez y seriedad hacia el México de Obregón y de Calles? Nada. Y salvo Carleton Beals, Luis Araquistáin, Waldo Frank, Haya de la Torre y otros pocos, raro es el estudioso que ha vuelto su atención hacia el moderno Anáhuac.

Si ello ha ocurrido con la gente que se precia de culta, menos extraño resulta aún que la opinión pública mundial, incluso aquélla bien intencionada, vea en México lo que quisieron mostrarle los periódicos de Hearst, las agencias cablegráficas norteamericanas y el cine especializado en dañar o ridiculizar al pueblo mexicano: una nación caótica y feroz, donde el saqueo, el robo, la destrucción y la sangre son moneda corriente y cuyos gobernantes, mestizos o indígenas sanguinarios, sólo se ocupan en demoler la propiedad privada, hostilizar al extranjero y perseguir al inofensivo clero católico romano.

Esa imagen truculenta, grata a los espíritus simples, conveniente a los intereses de las grandes potencias capitalistas y a la noche política en que viven nuestras míseras repúblicas, ha bastado a muchos para formarse un juicio sobre México y su Revolución. Resultó para ellos más cómodo que estudiar la historia mexicana, analizar los problemas esenciales de su economía y su evolución político-social, tratar de explicarse el sentido o, al menos, la justificación de un movimiento revolucionario que ya dura veinticinco años y casi otros tantos en el poder.

Porque sin duda debe haber "algo", una razón cualquiera, que sirva de motor a este prolongado movimiento de todo un pueblo tras algo que es o él cree su destino. Los mismos horrores tan repetidos y exagerados, los fusilamientos, motines, voladuras de trenes y demás truculencias, no pueden ser el único resultado o la sola esencia de un régimen como el que impera en México. Nunca tales hechos, consecuencias mínimas e inevitables de todo gran movimiento histórico, han definido la importancia de un gran cambio en la historia. Ni la decapitación de Carlos I es el resultado de la Revolución Inglesa; ni la ejecución de María Antonieta y Luis XVI, como los sucesos del Terror, el objetivo de la Revolución Francesa; ni las Jornadas de Octubre y el asesinato de los Zares, la esencia de la Revolución Rusa; ni la bárbara violencia del fascismo y la marcha sobre Roma, la filosofía del fascismo: ¿por qué van a serlo de la Revolución Mexicana hechos aislados como el asesinato de Madero o el de Obregón, la muerte trágica de Carranza o de Villa, o la periódica expulsión del territorio de los prelados católicos, cada vez que se rebelan contra las leyes del país?

Generalizar a toda la realidad mexicana de hoy el asombro o el espanto que causa tal o cual hecho de sangre es, además de pueril, revelador de una grosera ignorancia. La historia de México está teñida de sangre y de ferocidad. El Dios Huitzilopochtli, al cual había que sacrificar diariamente seres humanos, organiza la vida del imperio azteca. Las crueldades y horrores de la conquista de México no son un secreto para nadie. Menos aún, el yugo de la Colonia y la sangre derramada cuando Nueva España quiso independizarse. Aun peor, en tan estrecho sentido, es la vida mexicana durante la República: tres guerras exteriores, una sanguinaria guerra civil de tres años e innumerables revoluciones y golpes de Estado, todo ello (1821-1876) en poco más de cincuenta años. Y después, a lo largo de treinta y cinco, una Dictadura —aplaudida por los mismos que hoy denigran o calumnian a la Revolución—, que costó centenares de vidas humanas.

Todo ello indica que este pueblo, a diferencia de otros, busca afanosamente, aun a costa de su propia sangre, el camino de su grandeza y su bienestar. Las características de su economía y su sociabilidad han condicionado, hasta ahora, esta cruenta búsqueda de un porvenir mejor que el presente de cada una de esas épocas. Pero ya, tras una y otra equivocación sanguinolenta, después de infinitos sacrificios, México ha logrado colocarse en la senda de su porvenir. Los viejos anhelos milenarios, las ancestrales aspiraciones de la raza van camino de cumplirse. Ya no son una utopía el reparto de la tierra, la dignificación del indígena, la desfanatización del pueblo bajo, la desaparición de las castas coloniales, la liberación de la tutela extranjera, la consolidación de una nacionalidad fuerte, autónoma, digna.

La posibilidad de realizar totalmente, en un día cercano, todos estos ideales que son otras tantas necesidades agudas de la nación mexicana, viene a ser, precisamente, la obra y la determinante de esta Revolución que, gestada hace cuatrocientos años, sigue estremeciendo, después de cinco lustros, la tierra de los antiguos mexicas.

Un acontecimiento de este volumen y esta trascendencia merece, pues, ser observado con profunda atención y hurgado hasta en sus menores y más lejanas causas. Hay, para ello, que estudiar de cerca el México republicano, el colonial, el indígena. Es preciso internarse en la economía mexicana y diseccionar —el latifundismo, el clericalismo, el imperialismo norteamericano, el militarismo, las formas y tipos de producción, la topografía y orografía del país, la composición etnográfica de la población, etc.— los fenómenos que determinan la vida y la psicología mexicanas, para entrar a comprender el estallido, la marcha y la ruta de una Revolución que sigue haciéndose desde las alturas del poder público.

Puede que entonces, después de haberla comprendido, o al menos estudiado, el espectador vea en ella lo que han visto algunos grandes espíritus: una Revolución autóctona, eminentemente nacional, fruto inevitable del medio en que se originó y desarrolla, que ha querido ser liberadora y justiciera, que ha logrado aplastar o cortar las garras al fanatismo religioso, que ha defendido al suelo mexicano de la peligrosa codicia del gran capital internacional, que ha dado un golpe de muerte al latifundio y las oligarquías que en él se asientan, y, por último, que ha venido a dar forma a este confuso movimiento, henchido a la vez de historia y destino, que se llama el ibero-americanismo, el futuro común de estos pueblos a medias libres que desempeñan hoy el rol de otras tantas factorías de las grandes potencias.

Entonces el lector podrá comprender también lo que Waldo Frank, Carleton Beals y, sobre todo, Luis Araquistáin han dicho y escrito sobre México. Quedarán sonando en su interior aquellas palabras, armoniosas y definitivas, con que el ex Embajador de la República Española en Berlín condensó sus impresiones de la nación mexicana: "Pronto vi que no era lo que pretendían sus detractores: un pueblo en disolución anárquica, dominado por bandoleros; sino, al contrario, una nación guiada por una conciencia histórica como pocas la tienen y organizada en un Estado que la propulsa y orienta con una claridad, una firmeza y una eficacia ejemplares". (1).

Pero si la Revolución Mexicana es un hecho trascendente para el observador europeo o asiático, para nosotros, los ibero-americanos, es de suma y directa importancia. Salvo el aprismo peruano que vive la etapa de la teoría y aun no llega a tomar para sí el poder, viene a ser la única experiencia que tienen los hispanolatinos para contemplar la suerte de sus patrias respectivas, países todos cuya economía y formación social son casi idénticas y cuyos problemas y necesidades presentan, asimismo, una indiscutible analogía.

Ni la Revolución Rusa, con ser el acontecimiento más extraordinario de la época; ni el fascismo, con su Estado Corporativo; ni el nacismo, con su Tercer Estado; ni la economía dirigida de los Estados Unidos de Roosevelt, o los experimentos de España, Portugal, Po-

---

(1) Luis Araquistáin *"La Revolución Mexicana"*, C. I. A. P., Madrid, 1929.

lonia, Turquía y China, tienen, para nosotros, un interés tan inmediato como esta Revolución que comenzó a fines del siglo XV y aun no detiene su marcha, lenta o acelerada, hacia el porvenir de justicia y de grandeza que soñaron los habitantes del Anáhuac y siguen soñando ahora, después de cuatro siglos, sus descendientes.

LA HISTORIA

EL ORIGEN

GENTE QUE SE EXPLICA Y HABLA CLARO

EL observador superficial ve en la Revolución Mexicana un fenómeno provocado por la dictadura de Porfirio Díaz, una de las más prolongadas y feroces que recuerda la historia de América. El observador cuidadoso va, en cambio, más lejos, y estudia el Imperio de Maximiliano, la Reforma, la dictadura de Santa Ana, el Imperio de Iturbide, la declaración de la Independencia, y sigue hasta la Colonia, y llega hasta la Conquista, y se remonta hasta el imperio azteca o mexicano, y no trepida en internarse en los tiempos primitivos.

No hay otro medio de penetrar, siguiendo un hilo conductor, en las causas lejanas de este movimiento revolucionario que, como pocos en la historia, resulta tradicionalista y hasta conservador, inspirado en los viejos anhelos de toda una raza y realizador de aspiraciones preteridas durante siglos, al través de toda clase de formas políticas.

Es preciso, pues, llegar hasta los tiempos en que la mitología y la historia se confunden. Es la época de las grandes migraciones. El primitivo habitante del suelo, el otomí, que vive en cavernas y apenas ostenta rudimentos de civilización, debe sufrir las invasiones periódicas de pueblos, cazadores y pescadores, que vienen del Norte. Son a modo de olas de una marea que dura largos siglos. Los olmecas avanzan por la costa del Golfo de México. Los nahoas o nahuátls lo hacen por las riberas del Océano Pacífico. Los movimientos migratorios se hacen de Norte a Sur, y a veces de Sur a Norte. El continuo movimiento de pueblos estructura culturas sucesivas y mezcla a las tribus invasoras. En las inmediaciones de los lagos, en los sitios donde crecen el maíz y el frejol, se van formando centros de cultura: en Tula y Teotihuacán, en Oaxaca, en Michoacán, en Honduras y Yucatán y, sobre todo, en las márgenes del lago Texcoco.

Los historiadores distinguen diversas épocas y reconocen culturas sucesivas que ora se suceden u ora coexisten. Dividen a los olmecas en tres ramas —nonohualcas, vixtotis y toltecas—, que dan origen, respectivamente, a la cultura maya, la cultura mixteco-zapoteca y el poderoso imperio tolteca.

Este último, el más antiguo en el tiempo, es el más importante para el estudioso porque dará nacimiento, siglos después, al imperio mexicano. Sin embargo, no tiene la importancia del viejo imperio de los mayas que labra los cimientos de una cultura notable, la maya-quiché, por sus monumentos, sus artes plásticas, su organización religiosa, militar y civil. Son dos ciclos de cultura, desarrollados uno en Honduras y Guatemala, y otro en la península yucateca, que han dejado ruinas tan reveladoras como las de Palenke y Capán, y después de tres siglos, las de Chichén-Itzá, Uxmal y Mayapán. Son ciudades enteras, unidas por carreteras, que desaparecen al asalto combinado de la naturaleza y de los hombres y, probablemente, por causa de una organización social basada en la explotación tiránica de grandes masas humanas. Así, al menos, lo prueban aquellas construcciones gigantescas y admirables, parecidas a las egipcias, pero reveladoras de una cultura igual si no superior en sus formas expresivas.

El imperio maya coexiste en sus dos épocas con el antiguo y el nuevo imperio tolteca y también con otras culturas aisladas, intermedias, como la tarasca de Michoacán y la mixteca de Oaxaca. Ambas son, al parecer, de origen tolteca y hasta nahoa. Pero también es preciso saber que mientras en el Valle de México sucesivos pueblos combaten por el dominio del suelo, allá en las lejanías del Oeste y el Sur, en los actuales Estados de Michoacán y de Oaxaca, florecen dos culturas interesantísimas: la tarasca y la mixteca, sobre todo la segunda, que sobresalió en la elaboración de los metales, las industrias textiles, la cerámica y la arquitectura. Pueblo de artífices y comerciantes, los mixteco-zapotecas han dejado testimonios de su cultura, tan elocuentes como las bellísimas ruinas de Mitla.

Pero es en el Valle de México, en las cercanías del lago Texcoco, donde se producen los grandes centros de civilización, se alzan, sucesivamente, tres culturas y se originan movimientos migratorios, generalmente guerreros, hacia todos los puntos del territorio.

La tradición habla de una antiquísima ciudad, Huehuétlapállam (la vieja tierra roja), sita tal vez en la Alta California, desde donde parte hacia el Sur el pueblo tolteca, vencido en una guerra. Cinco jefes y un sacerdote, sabio, astrólogo y legislador al mismo tiempo, de nombre Huéman, dirigen la emigración, que se prolonga por más de un siglo y se detiene, tras numerosas estancias en distintos lugares, en Tula. Allí, sobre las ruinas de un poblado otomí, elevan una ciudad que pronto es la capital de una comarca rebosante de civilización. Los toltecas son pacíficos y laboriosos. Se dedican al comercio y las artes. Hacen la guerra sólo por defensa. Profesan un culto religioso sencillo, aun cuando conocen los sacrificios humanos. Son arquitectos y constructores. Levantan numerosas ciudades: Tulancingo, Teotihuacán, Cholula, Cuauhnáhuac (Cuernavaca actual), que hasta hoy día perduran. Su organización política es una monarquía absoluta y teocrática, que se adueña del suelo y sojuzga a sus antiguos dueños. Es una civilización brillante que culmina en grandes obras arquitectónicas, algunas de las cuales, las pirámides de Teotihuacán y los templos de Tláloc y Quetzalcóatl, ostentan proporciones y motivos artísticos que superan a las pirámides egipcias de los faraones, monarcas también teocráticos y absolutos como los reyes del Valle de México.

Ya encontramos aquí el primer indicio de la que será después la característica general de la historia de México, la lucha por el dominio de la tierra y el sojuzgamiento de razas vencidas por razas vencedoras. Nacen oligarquías guerreras y religiosas y el progreso artístico y social sólo es posible gracias a la esclavitud forzosa de un pueblo por otro.

Ello explica la construcción de obras tan monumentales como la Pirámide del Sol, en Teotihuacán, que mide cuarenta mil metros de base y 76 de altura. Sin duda es un poder absoluto, deseoso de perpetuarse en el tiempo, el que obliga a millares de hombres a construir monumentos de esa grandiosidad.

Mas, el imperio tolteca no tarda en ser invadido a su vez. Los cronistas creen que sólo duró 449 años (677-1116) y que hubo de ceder al empuje de los "chichimecas", pueblo salvaje venido del Norte, probablemente de origen otomí. La lucha es larga y en ella combaten un pueblo culto y civilizado ya (tolteca significa "obrero hábil, arquitecto, artista") contra otro errante y salvaje (chichimeca significa "bárbaro, cazador, nómada, bebedor de sangre"), que no tarda en sobreponerse al primitivo ocupante, aun cuando, a su vez, sea dominado por la mayor cultura del vencido. Y han desaparecido Tula y otras ciudades toltecas. No queda sino el recuerdo de los reyes toltecas, religiosos, prudentes y laboriosos casi todos. El último de ellos, Topíltzin, desaparece prometiendo volver algún día.

Comienza entonces a forjarse una nueva cultura sobre las ruinas de la civilización tolteca; pero ya la guerra asoma sobre el Valle de México su faz sanguinolenta. Nuevas tribus, las llamadas siete tribus nahuatlacas, de puro origen nahoa, van llegando al territorio y estableciéndose en diversos sitios: Xochimilco, Chalco, Técpan, Culhuacán, Tlalhuícan. Por la fuerza o la astucia van ocupando rápidamente el territorio y poniendo en jaque al rey chichimeca Xólotl, que se apresuró a unirse a una de ellas, la tribu de los cúlhuas, formando la nación acolhua, cuyos dominios pasaron a llamarse Acolhuacán. Pronto ardió el conflicto entre las tribus recién llegadas, que guerrean furiosamente entre sí; aun cuando todas proceden de un tronco común, hablan la misma lengua y se denominan a sí mismas "gente que se explica y habla claro".

Combaten chalcas, acolhuas, tecpanecas, xochimilcas, tlahuicas y tlaxcaltecas. Estos últimos, vencidos en la lucha, pero belicosos e indomables, parten en busca de nuevos territorios y se establecen en Tlaxcala (tierra del pan o maíz), de donde toman su nombre futuro.

Es un período de gestación política y social, en que los nuevos pueblos buscan la posesión pacífica y segura de la tierra. Se destacan los acolhuas, que bajo el mando de los reyes chichimecas, monarcas hábiles, constituyen el sólido reino de Texcoco, el más poderoso de todos. Junto a Texcoco se levanta el señorío de Azcapotzalco, habitado por los tecpanecas, uno de cuyos jefes, Tezozómoc, llega a tener grande influencia en el Valle de México.

En esta época, las luchas entre un pueblo y otro recuerdan la época feudal en Europa. En realidad, son ciudades cuyos señores luchan entre sí por extender su respectivo poderío, sin sujeción a autoridad superior alguna. No existe el sentido de la nación y menos aun el de una unidad nacional entre los pueblos nahuatlacas. Pero ya aparece en el escenario la última tribu nahoa, la más pobre y mísera de todas, que ha continuado errando por los territorios vecinos y viene a establecerse, silenciosa y pacífica, en el Valle de México: la de los mexicas, tenochcas o aztecas.

Y ésta sí que logrará, a costa de sangre y de terror, aquella unidad nacional que no sentían ni comprendían ni ambicionaban las otras tribus nahoas, la demás gente que seguía explicándose y hablando claro a pesar de vivir en permanente estado de guerra entre sí.

UN IMPERIO QUE NACE EN UN ISLOTE

Los aztecas tomaron su nombre del lugar de su procedencia, Aztlán, que hoy se cree situado en un estero de Sinaloa, y cuyo nombre tenía, entre otros significados, los de "tierra de garzas", "tierra de la aurora", "tierra donde amaneció" o "lugar donde empieza la civilización". Ellos se decían originarios, como los demás nahuatlacas, de Chicomóztoc (siete cuevas), región montañosa ubicada tal vez en Alta California, donde hacían una vida trogloditica.

La leyenda habla de un pájaro fabuloso que transmitió al sabio Huitzitón un misterioso mensaje, "Tihuí, tihuí", que en lengua mexicana significa: "¡Ya, vámonos!..." Y la tribu mexica se puso en movimiento, a las órdenes del sabio Huitzitón y el guerrero Tecpátzin, tras la huella de las demás tribus nahoas. Partió en 1160, según la mayoría de los historiadores, y erró más de un siglo por las costas del Pacífico, parte de Centroamérica y el litoral del golfo antillano, hasta volver al Valle de México, en la época en que Nopátzin era el rey de los chichimecas y ya se habían establecido todas las tribus nahuatlacas en sus respectivos territorios. Los aztecas o mexicanos son atacados una y otra vez por los pueblos del Valle Central. Su vida es precaria y peligrosa. Viven cazando, pescando y guerreando. Desde su paso por Michoacán han comenzado a practicar los sacrificios humanos con fines religiosos. El peligroso viaje, el continuo arriesgar de la vida, hacen de la guerra la ocupación principal. Huitzilopochtli, dios de la guerra, pasa a reemplazar a Opochtli, dios de la pesca. Los riesgos sufridos en común, la necesidad de una disciplina, la vida dura y esforzada, todo hace de este pueblo errante una nación en cierne. Se forma una casta sacerdotal y guerrera que maneja los destinos del pueblo. Un caudillo, sacerdote y semidiós, Tenoch, es el jefe supremo.

Los futuros dominadores del Anáhuac deben pasar horas amargas. Se establecen en Chapultepec y de allí son arrojados por los pueblos vecinos. Los cúlhuas, que después formaron la nación acolhua, los persiguen y reducen a la esclavitud. Los mexicas tienen que hacer junto a ellos la guerra a otros pueblos. Y se muestran tan sanguinarios y fuertes en su organización social, que los cúlhuas los obligan a emigrar nuevamente, temerosos de su ferocidad y su instinto de expansión. Odiados y temidos al mismo tiempo, los ya llamados tenochcas o aztecas vagan, macilentos y debilitados, por todo el Valle de México. Mas tienen fe en su ídolo, Huitzilopochtli; en su caudillo, Tenoch, y en el cumplimiento de una profecía que les promete un cercano esplendor.

Por fin se cumple el augurio cuando han llegado ya al último extremo de la miseria y el hambre. En una isleta del lago Texcoco ven un águila que devora una serpiente, posada sobre las ramas de un nopal. Es el sitio que han indicado los dioses propicios, un lugar que tiene de seguro todo lo que le falta de productivo y apto para la vida.

Y allí, en el año 1325, según los historiadores más autorizados, en un islote húmedo y cañaveroso, rodeado de aguas y pantanos por todos lados, nace y se desenvuelve el poderío más grande y fuerte de los imperios americanos. La historia de los primeros años es una gesta de paciencia y de valor. El islote pertenece al señor de Azcapotzalco y los mexicanos se apresuran a declararse sus vasallos. Esto, y lo inaccesible de su población, les proporciona una época de fructífera paz. Nadie codicia aquella tierra inhóspita. Los tenochcas hacen olvidar, a fuerza de sumisión y astucia, su pasado de ferocidad y espíritu bélico.

Levantan el primer día un mísero templo a Huitzilopochtli y allí sacrifican a un prisionero, un cúlhua que han sorprendido rondando el lago. Levantan chozas de cañas y barro junto al pequeño templo. Se alimentan de hierbajos y sabandijas del lago. Cultivan como pueden la escasa tierra. Construyen "chinampas" o balsas de tierra florida, verdaderos huertos flotantes que acrecientan el escaso terreno agrícola del villorrio de Meshico-Tenochtitlán. Siguen siendo un pueblo teocrático, gobernado por sus sacerdotes, que se dedica con éxito a la caza y la pesca. Comercian con los pueblos vecinos. Pagan tributos a Tezozómoc, el rey de Azcapotzalco. Prosperan rápidamente.

Antes de medio siglo, obligados por su creciente bienestar, cambian su organización política. Un monarca o cacique, Acamapichtli, gobierna ahora al pueblo tenochca. Pero es un reyezuelo, vasallo de Tezozómoc, que debe proporcionar tropas al cacique tecpaneca para sus aventuras guerreras y ansias de dominio. Los mexicanos van gustosos a la guerra. El antiguo arte bélico comienza de nuevo a serles familiar. Así Huitzilopochtli está bien aprovisionado de carne humana. El progreso agrícola y comercial de Tenochtitlán va en crescendo. El rey Huitzilíhuitl, sucesor de Acamapíchtli, habita en casas de piedra en lugar de míseros jacales de barro. Continúa la política de paz de su antecesor, y mediante dos matrimonios logra aliarse con los reyes de Azcapotzalco y Cuauhnáhuac, centro algodonero. Ambas alianzas consiguen rebajar los tributos a los mexicanos y mejorar su vestuario y medios de vida. Pero estalla la guerra entre Texcoco y Azcapotzalco y los tenochcas corren graves riesgos, incluso la destrucción de su ciudad. Mas, han sabido tomar el partido de Tezozómoc, el ambicioso monarca tecpaneca, y obtienen participación en los despojos del reino de Texcoco, cuyo rey, Ixtlicóchitl, está, sin embargo, emparentado con los mexicas.

Muere entretanto Huitzilíhuitl y le sucede Chimalpopoca en el trono de Tenochtitlán. Ya el poderío mexicano ha llegado a un alto grado de expansión interior. Las relaciones con el actual soberano de Texcoco y Azcapotzalco, el viejo Tezozómoc, son inmejorables. Gracias a ellas, los tenochcas logran traer agua desde Chapultepec para su ciudad y unen el recinto urbano con las orillas del lago mediante una calzada de piedra. En aquellos años se alza una figura notabilísima, la de Netzahualcóyotl, hijo del destronado rey acolhua Ixtlicóchitl. Es un príncipe errante, simpático, querido de todos, hijo de una princesa mexicana, culto, sabio y valiente como ninguno. Perseguido durante largos años, logra al fin, gracias a la intervención de los tenochcas, disfrutar de alguna paz. Mas, ese gesto de Chimalpopoca comienza a distanciarlo de los tecpanecas, y cuando muere Tezozómoc, su hijo segundo, Maxtla, que usurpa el reino, injuria repetidas veces a Chimalpopoca, con la intención de provocar un conflicto. No se atreve éste a declarar la guerra y prefiere morir para lavar su honor, pero Maxtla lo conduce prisionero a su reino, y se dispone, al mismo tiempo, a dar muerte a Netzahualcóyotl, el joven príncipe acolhua. Chimalpopoca se suicida y los mexicas eligen rey a Izcóatl, un guerrero valeroso y sabio. Maxtla desconoce la elección. Izcóatl busca y obtiene la alianza de Netzahualcóyotl, que ha levantado bandera de rebelión contra Maxtla y a quien siguen numerosos pueblos deseosos de sacudir el yugo tiránico del monarca tecpaneca.

La guerra termina con la toma y destrucción (1428) de Azcapotzalco. Se reconstituye el antiguo reino de Texcoco. Y sólo dos pueblos, el acolhua y el mexicano, Texcoco y Tenochtitlán, se reparten el dominio del Anáhuac. Los vencedores acuerdan asignar un señorío, el de Tacuba, a un nieto de Tezozómoc. Y así se forma la célebre Confederación Acolhua entre los reyes de Texcoco, México y Tacuba. Los mexicanos gozan de absoluta independencia y tienen el mando militar de la confederación. Ya han vencido, entretanto, a los xochimilcas y obligádolos a construir dos nuevas carreteras que unen a México con las riberas del lago.

Es el momento en que los tenochcas se convierten de vasallos en señores. Salen de sus fronteras. Hacen la guerra con éxito a todos los pueblos vecinos. El sucesor de Izcóatl es un monarca todavía más hábil y valeroso, Motecuhzoma Ilhuicamina (Flechador del Cielo), que hace de Tenochtitlán una gran ciudad y emprende guerras de conquista. La capital está dividida en cuatro grandes barrios, posee numerosos templos y mercados, es centro de un intenso comercio y ya disputa a Texcoco la supremacía política del Anáhuac. Motecuhzoma I no sólo es un guerrero, sino también un legislador y un estadista, que debe hacer frente a inundaciones, pestes, hambrunas y otras calamidades. Triunfa en toda empresa y lleva a sus límites el culto sangriento a Huitzilopochtli, el dios que exige más y más vidas humanas.

La sequía y otras desdichas merman momentáneamente el poder militar de México y Texcoco, que discurren un nuevo medio de hacer prisioneros: la guerra florida. Se ponen de acuerdo con los señoríos de Tlaxcala, Huejotzinco y Cholula. En tiempo de paz, cada veinte días, periódicamente, se encuentran los ejércitos de unos y otros en una especie de zona neutral, sin más objeto que el de hacer prisioneros para destinarlos al sacrificio.

Bajo el reinado de Netzahualcóyotl, el reino de Texcoco llegó a un extraordinario grado de esplendor. El monarca no sólo es guerrero y un político sino también un legislador prudente, un gran poeta, un protector de las artes y un amante de la cultura y el lujo. Texcoco, reino culto y refinado, evoca los fulgores de Atenas, en tanto que Meshico-Tenochtitlán, ciudad guerrera, austera y sanguinaria, recuerda a la Roma republicana.

A Motecuhzoma I sucede Axayacátl, quien continúa una política guerrera y ya inconscientemente imperialista. Es el conquistador de Tlaltelolco, ciudad que se fundó en un islote cercano y cuyos habitantes formaban parte de la antigua tribu mexica, pero que, separados durante la peregrinación, habían constituido un reino aparte.

El sucesor, Tízoc, procede de igual manera. Hace la guerra a los pueblos vecinos, llegando hasta el Océano Pacífico y el Golfo de México. Muere misteriosamente y el poder pasa a Ahuítzol, monarca guerrero y fanático como ninguno, que levanta un nuevo y gigantesco templo a Huitzilopochtli. Ríos de sangre corren el día de la inauguración solemne del nuevo templo. Cuatro días dura la matanza de prisioneros recogidos y conservados durante años de guerra. A cerca de 20 mil se hace ascender el número de los sacrificados. Un vaho de sangre y de espanto se proyecta sobre todo el Anáhuac.

El reinado de Ahuítzol marca el punto más alto de la trayectoria ascendente del pueblo azteca. Durante él se hace más y más sensible la diferencia con el reino de Texcoco, en donde Netzahualpilli, hijo de Netzahualcóyotl, ha logrado hacer florecer espléndidamente la cultura, las ciencias y las bellas artes. Frente a

Ahuítzol, monarca sanguinario y fanático, se alza Netzahualpilli, afamado astrólogo y médico, como la imagen de la prudencia, la sabiduría y el perfeccionamiento intelectual.

Ahuítzol muere trágicamente y le sucede un joven guerrero y sacerdote, que tiene fama de prudente, valeroso y sabio, Motecuhzoma Xoyocótzin (el joven). Pero el nuevo rey, aun cuando emprende guerras religiosas y de conquista, no sigue la línea de sus antecesores. Se reviste de un fausto y un lujo desusados. Se rodea sólo de nobles. Instaura un ceremonial y una etiqueta complicadísimos. Hace construir suntuosos palacios. Obliga a respetarle y hasta venerarle, como si fuera un dios. Destruye el carácter democrático de la monarquía azteca, electiva y seleccionadora. El despotismo, la soberbia, el orgullo reemplazan en el trono de México a las antiguas virtudes guerreras y políticas de los monarcas anteriores.

Es el momento en que México se convierte por completo en una nación imperialista, temida y odiada en todo el territorio. Hace la guerra a los vecinos por fútiles motivos. Lucha contra los tlaxcaltecas por tres veces consecutivas, aun cuando no logra vencerlos jamás. Muerto Netzahualpilli, el monarca de Texcoco, llega Motecuhzoma a ejercer influencia decisiva sobre sus herederos. Su poder ya no tiene límites y cubre casi todo el territorio que comprenden hoy México, Guatemala, Honduras y aun El Salvador y Nicaragua. Sólo Tlaxcala, parte del Yucatán y de Michoacán, además del Norte actual del país, escapan a su dominación.

El boato de su corte llega a extremos increíbles. Posee palacios, grandes baños, casas de fieras. Domina a su pueblo con mano de hierro. Hace pesar su yugo sobre todo el Anáhuac. Mas el sabio rey Netzahualpilli hizo un día siniestros augurios. Subsiste una vieja profecía que anuncia el fin del imperio mexicano. Los habitantes de Cuetlaxtla han visto en el fondo de un pozo extraños hombres blancos, vestidos de hierro. Un cometa sangriento aparece en el cielo de Tenochtitlán. Uno de los templos de Huitzilopochtli ha ardido espontáneamente, al parecer sin mano aleve. Y por fin el sol, el claro sol de la meseta central, se oculta un día bajo un fúnebre velo de sombras. Todo parece anunciar la destrucción del imperio.

QUETZALCOATL Y HUITZILOPOCHTLI

El azteca es, instintivamente, guerrero e imperialista. Llega a un alto grado de civilización, pero su sentido creador y artístico siempre resulta inferior al de los mayas y toltecas. Desarrolla el comercio en forma desconocida hasta entonces en el Anáhuac. Sus mercados (tianguíztli) alcanzan un alto grado de esplendor. Practica el trueque y la compraventa. Conoce cinco clases diferentes de moneda. Pero su espíritu comercial es, en el fondo, un imperialismo económico. Sus comerciantes son, casi siempre, emisarios diplomáticos, espías de guerra o tropas de avanzada.

La educación de niños y niñas es ruda y esforzada. Mirando siempre hacia la utilidad del Estado, quiere formar guerreros y mujeres capaces de ser esposas y madres de guerreros. Las costumbres y la moral son severas. La vida, en general, austera y frugal. Los únicos establecimientos educacionales, el Calmémac y el Telpochcalli, para hijos de nobles e hijos del pueblo, pertenecen al Estado y tienen por fin proveer, mediante guerreros y sacerdotes escogidos, al engrandecimiento del Estado. Sus manifestaciones artísticas son escasas en relación a otros pueblos del Anáhuac. Apenas usan los metales. Se destacan en las artes decorativas. Su arquitectura es sencilla y casi geométrica. Poco conocen la pintura y la poesía. Practican la danza con fines religiosos. Su música, que apenas consta de cinco instrumentos, es casi totalmente bélica. Sobresalen, empero, en la escultura y producen algunas obras notables. La célebre "Cabeza del Caballero Aguila" es comparable a las primitivas obras griegas.

Tienen algunos rudimentos de ciencia astronómica, pero desarrollan, en cambio, las ciencias aritméticas e históricas, ambas relacionadas con los fines de conquista y expansión del Estado. La medicina alcanza cierto esplendor. Y el conocimiento científico llega en ellos hasta producir la Piedra del Sol, aquel portentoso calendario azteca, superior a todos los conocidos, que evidencia cuánto les preocupaba la medición del tiempo.

Todo esto demuestra que el azteca, creador de toda una civilización, concede especial importancia a todo aquello —ciencias, artes productivas, comercio— que tiene relación con el robustecimiento del Estado. Las artes y la cultura no le preocupan tanto como la religión y la guerra, íntimamente ligadas ambas, pues la guerra se hace, en parte, con fines religiosos, y el culto y el dogma están consagrados a hacer la guerra. Huitzilopochtli, el Dios de la Guerra, es la divinidad nacional. Exige diariamente sacrificios humanos y su sed de sangre no se sacia nunca. Los aztecas necesitan prisioneros a los cuales arrancarle el corazón para ofrecerlo, humeante, a la sanguinaria divinidad, que simboliza maravillosamente el destino imperialista y guerrero del pueblo mexica. Las ceremonias religiosas comprenden hasta la comida de carne humana, pero ello no significa que el azteca sea antropófago. Sólo come carne de enemigo, y eso con propósitos religiosos, para honrar a la divinidad feroz. Por eso también entrega su vida con la misma facilidad con que la quita a otro. Cree en un más allá que le será concedido por sus actos, en especial por aquéllos ejecutados en defensa o mayor grandeza de la patria.

Huitzilopochtli es la divinidad protectora, inspiradora y simbolizadora de la nación. Pero existen otros dioses: Tezcatlipoca, Tonatiuh (el Sol), Meztli (la Luna) y, sobre todo, Quetzalcóatl, divinidad benéfica, especie de principio contrario al del Dios de las víctimas y las batallas. Sin embargo, los mexicanos son monoteístas y ven en todos sus dioses derivaciones de una Causa Unica, a la que llamaban Oméutli o Señor-Dios. Llevan aún más lejos la idea metafísica de la unidad divina, hasta afirmar que los hombres no pueden comprender ni interpretar a Dios. Por eso no le ponen rostro a sus imágenes, ocultándolo tras una máscara de oro. Ese es el Dios Desconocido, invisible, impalpable e incorpóreo, que estaba en todas partes y venía a representar el Todo.

Pues bien, este pueblo sobrio, austero, criado para la guerra, que adoraba a una divinidad sanguinaria y cuyo comercio, ciencias y artes productivas atendían todos a la guerra, estaba destinado, fatalmente, a sojuzgar a los demás pueblos del Anáhuac, valientes y fuertes también, pero más paganos, más artistas, más entregados a la cultura y la creación que a la expansión guerrera y la constitución de un Estado fuerte.

La monarquía es, entre los aztecas, la personificación de ese Estado fuerte que llega a ser imperialista bajo Motecuhzoma Ilhuicamina y deviene en un imperio despótico bajo Motecuhzoma II. La sociedad está perfectamente dividida en castas. A los reyes siguen las otras tres clases privilegiadas: los nobles, los guerreros, los sacerdotes. Bajo ellos, como una casta intermedia, poseedores de cierto rango social, están los comerciantes y algunos artífices.

Este formidable peso social gravita sobre una sola casta, el pueblo, que trabaja la tierra, labora los metales, proporciona soldados para la guerra y modestos servidores para la administración. Aun más abajo, sin otro destino que la muerte y raras veces la esclavitud, están los vencidos, los habitantes de los pueblos sojuzgados que viven bajo el yugo del imperio.

Esta superestructura social y política, fundamentada sobre la esclavitud y la opresión, encuentra su explicación lógica en la infraestructura económica. La propiedad es privilegio de unos pocos en el apogeo del imperio. En los primeros tiempos, cuando Meshico-Tenochtitlán era una aldea lacustre, el suelo fué de propiedad colectiva, comunal. Cada familia o tribu recibió un "calpulli" o lote de tierra. Los miembros de la familia o la colectividad tenían obligación de cultivar la tierra en beneficio de todos. Junto al "calpulli" sólo se reservaron tierras para el Estado (El Rey) y el servicio de los templos. Pronto apareció la propiedad individual en forma de tierras reservadas a la nobleza, constituída por los guerreros más famosos. Las tierras del rey y la casta sacerdotal fueron aumentando parejamente a las de la nobleza, a expensas de la tierra comunal, que no tardó en desaparecer. El antiguo pueblo de sobrios cultivadores de la tierra no demoró en ser reemplazado por un pueblo guerrero y conquistador, que desde su islote lacustre se desparramó por todo el Anáhuac en busca de tierras, sediento de dominio y ansias expansivas.

La dominación azteca, así como su imperialismo, es de tipo romano. Acapara sólo las tierras y siervos que necesita. Se contenta con mantener sojuzgados a los pueblos bajo la amenaza de la guerra. Para su economía, bastan los tributos impuestos a todos ellos. Mantiene emisarios en todas partes. Son representantes del Estado que rara vez habitan, con carácter permanente, entre los vencidos. Junto a ellos, que representan el poder político, están los comerciantes, los infatigables comerciantes aztecas que aseguran la dominación económica del imperio y, al mismo tiempo, desempeñan el rol de escuchas o de vigías en todo el territorio.

Mas el terror y el comercio no fueron armas suficientes para mantener incólume la supremacía de la

Gran Tenochtitlán. Las rebeliones eran frecuentes y más frecuentes aun las expediciones punitivas. Como no alcanzaron a ser un pueblo agrícola, ni pudieron tampoco crear vías de comunicación y actuar de agentes civilizadores, los aztecas, parecidamente a los romanos, estaban minados por su propia base. Los pueblos sometidos vivían esperando una ocasión para sacudir el yugo. Y el mismo bajo pueblo azteca, poseedor en el derecho, pero no en el hecho, de una minúscula porción de tierra, obligado a trabajar como un esclavo para sostener la enorme masa de guerreros, sacerdotes, nobles y monarcas que pesaba sobre él, era también, en el fondo, un descontento y un esperanzado en días mejores.

Pues existe Quetzalcóatl, la "serpiente emplumada", divinidad del viento, estrella de la tarde, dios de los toltecas, dios también de los mixteco-zapotecas, dios de los mayas con el nombre de Kukulcán, personaje semimítico, semihistórico, mezcla de Dios y de hombre, de sabio y de legislador, de estadista y de revolucionario.

Quetzalcóatl aparece en el viejo imperio tolteca. Llega a la antigua Tula y allí se le venera por sus virtudes. Es bueno, noble, justo. Enseña a labrar la tierra y a laborar los metales. Predica en contra del vicio, el lujo y los sacrificios humanos. Tiene la tez blanca y el rostro orlado por una luenga barba. Viste un traje talar. Llega a ser sacerdote y es perseguido por sus enseñanzas, humanas y renovadoras, peligrosas para la estabilidad del Estado. Se refugia en Cholula. Sigue hasta la costa oriental. Allí, en Coatzacoalcos, se embarca en una balsa tejida de serpientes, y anuncia que volverá algunos siglos más tarde, al frente de un grupo de hombres blancos como él, para implantar el reinado de la justicia y la igualdad entre los mexicanos.

Algunos historiadores refunden en Quetzalcóatl al sacerdote tolteca, al monje conductor Huéman y al último rey chichimeca Topiltzin; pero sea hombre o sea Dios, Quetzalcóatl se transforma en un signo de esperanza y de mejores tiempos. Se alza ante Huitzilopochtli, el Dios sediento de sangre, como un símbolo de la equidad y el bien. En el imperio azteca, donde domina la feroz divinidad de la guerra, Quetzalcóatl pasa a ser el mito de la bienaventuranza, que se esculpe muy hondo en el corazón del Anáhuac y que hasta hoy día florece en las almas sencillas de los indígenas actuales.

El imperio mexicano, cuyo esplendor maravilló a los españoles, recuerda, por su organización política y guerrera, sus formas de cultura y hasta sus grandes monumentos, al Egipto de los Faraones. Los reyes tenochcas, mitad guerreros, mitad sacerdotes, dueños de un poder absoluto, colocados en la cima de una jerarquía de castas militares y sacerdotales, son perfectamente comparables a los Faraones, también Hijos del Sol. Motecuhzoma Ilhuicamina recuerda a Ramsés II, en tanto que Motecuhzoma II, atrabiliario y débil a la vez, evoca a Tut-Ank-Ahmón.

Y ya tenemos los elementos esenciales de este Imperio que explica gran parte de la historia posterior de México. Sus características destacadas son la concentración de la tierra en escasos latifundistas, la división de la sociedad en clases determinadas, el predominio de las castas sacerdotales y guerreras, la sojuzgación violenta de las clases altas por las bajas, y, finalmente, la esperanza en un día mejor que simboliza un ser sobrenatural, esperado siempre, de nombre Quetzalcóatl. Todas ellas, absolutamente todas, reaparecen, en una u otra forma, en el resto de la historia mexicana. Constituyen la explicación de la Conquista; el tejido de la Colonia; el móvil inconsciente de la Independencia; el sentido hondo de las luchas entre federalistas y centralistas, conservadores y liberales; la raíz de la Reforma Liberal; la base del porfirismo; y, por último, el antecedente lejano, la determinante y el motor de una revolución que, aun cuando ejerce el poder hace más de veinte años, es y sigue siendo, desde el mismo Palacio Nacional, siempre revolucionaria.

El imperio azteca proporciona la clave filosófica de la Revolución y la Historia de México, pero, al mismo tiempo, explica algunos rasgos tan salientes de la psicología mexicana como el amor a la independencia, el desprecio a la muerte y la tendencia a un arte y una cultura propios.

Conquistador, imperialista y hasta despótico fué, sin duda, el viejo pueblo tenochca, pero no es menos cierto que llevó a todos los confines del Anáhuac el sentido vigoroso de una unidad nacional. Su predominio significa el triunfo del Estado sobre el feudalismo, de la nación compacta sobre las tribus en discordia. Ello, este sentido tan fuerte de lo nacional, explica por demás la rabiosa independencia de los mexicanos del siglo XIX y el recio nacionalismo que informa la marcha de la revolución en nuestros días.

El culto de Huitzilopochtli, la "guerra florida" y la mayor parte de las costumbres y mitos religiosos de los aztecas, ponen en claro la raíz ancestral de esa valentía y ese desprecio a la muerte, como también del escaso valor concedido a la vida humana, con que los mexicanos asombraron al mundo en la guerra contra los Estados Unidos, la guerra de Tres Años, la guerra contra la intervención austro-francesa y la marcha de la revolución iniciada en 1910.

La tendencia al arte y la cultura propios, sobresaliente en los mayas, los toltecas y los mixteco-zapotecas, acentuada en los tarascos y los tenochcas, siguió alentando durante siglos en el pueblo mexicano, produjo obras deslumbrantes en la Colonia y ahora, durante la Revolución, ha vuelto a florecer vigorosamente en un bello arte propio, nutriendo sus brotes en la savia de una revolución cargada de historia, de tradición, de nacionalismo.

HOMBRES QUE VIENEN DEL OTRO LADO DEL MAR

Con Motecuhzoma Xocoyótzin, el poderío de la Gran Tenochtitlán llega a su punto máximo y comienza el descenso, que pronto se convertirá en catástrofe. Nada aparentemente compromete la estabilidad del edificio guerrero y político alzado en el interior del lago Texcoco. Pero no sólo hay signos celestes y siniestros presagios, sino resquebrajaduras evidentes en los sólidos muros del imperio. La antigua autoridad real, sobria y serena, se ha transformado en una tiranía desenfrenada. A la frugalidad y la austeridad, han sucedido el lujo y la molicie. Al antiguo pueblo tenochca, unido por ideales comunes, una nación jerarquizada, donde el pueblo debe soportar el peso de cuatro castas sucesivas. A la antigua dominación, hábil y diplomática, un yugo depresivo e insoportable para los pueblos del Anáhuac. Y, finalmente, en el trono de Axayácatl, Izcóatl e Ilhuicamina está sentado un soberano que se siente invadido por el miedo a los augurios y las profecías.

Aun late en todos los ánimos la profecía de Quetzalcóatl. Aun se espera a Dioses blancos, venidos por los anchos caminos del mar, que vendrán a imponer la paz y la justicia.

Es el momento, momento único y singularísimo, en que atraído por las exploraciones de Hernández de Córdoba y Juan de Grijalba, el conquistador Hernán Cortés echa el ancla en la actual bahía de San Juan. El calendario marca el 2 de abril de 1519. Siete lunas más tarde está en Meshico-Tenochtitlán. Y no pasan veinticinco sin que tome a viva fuerza la ciudad y arrase con el imperio azteca.

Todavía nos parece cosa de fábula o de aventura

aquella portentosa expedición de cuatrocientos castellanos que lograron dominar un imperio como el mexicano, fuerte y organizado, poseedor de una civilización desarrollada, defendido por millones de guerreros. Pero examinando de cerca el fenómeno se advierten las causas esenciales: la superstición religiosa, la técnica militar y guerrera de los europeos, la superior cultura de los españoles, la organización política y económica del imperio, el estado social de los pueblos del Anáhuac.

Cortés tenía, sin duda, genio. Era un gran capitán, un conquistador, un político, un organizador de pueblos, un notable jefe de empresa. Reunía en sí todas las condiciones imaginables: valor, inteligencia, astucia, ambición, energía, sentido político, capacidad de organización y de mando; y también las condiciones inevitables que acompañan a ésas: crueldad, mala fe, voracidad, falta de escrúpulos, inhumanidad. Pero lo ayudó la suerte. Ella lo hizo llegar a México en el instante más oportuno. Ella le permitió aparecer como un semidiós libertador para los pueblos sometidos. Ella conjuró en su favor a las dos divinidades antitéticas: Quetzalcóatl y Huitzilopochtli. El uno le convierte, gracias a su profecía, en un ser sobrenatural, de estirpe divina, contra el cual es imposible resistirse. El otro le salva muchas veces la vida al incitar los indígenas a acogerle vivo, para sacrificarle en el "techcátl" (1) del Gran Teocalli (2).

Lo demás lo hacen, sin duda, la técnica militar y la capacidad bélica de los españoles, cuyo armamento y organización son muy superiores a los de los mexicanos. También aquí, en la batalla misma, los socorre la superstición. No olvidan los aztecas que éstos son los enviados de Quetzalcóatl y a ella les induce aún más el aspecto imponente de estos seres misteriosos, blancos

---

(1) Altar de sacrificios.
(2) Templo.

y barbados, que se recubren de hierro, manejan el trueno y el rayo en sus manos y cabalgan sobre unos extraños animales de guerra, jamás vistos ni oídos antes en todo el Anáhuac.

Pero no sólo la superstición religiosa, el genio y la ambición de Cortés, la superioridad militar y la codicia de sus soldados logran realizar el milagro de la conquista. Ello hay que buscarlo, con mayor propiedad, en la débil organización económica de un imperio que no había desarrollado el cultivo de la tierra y basaba todo su poder en la fuerza de las armas. Y también en la estructura misma de ese imperio, que se extendía sobre pueblos malamente sometidos y cuyos mismos núcleos conquistadores carecían de una unidad social y moral capaz de cimentar sólidamente la expansión militar.

Y si las características del Imperio azteca explican cómo pudo realizarse la conquista por los soldados de Cortés, el porqué se realizó lo deja en claro el momento histórico que vivía la Europa, y, en especial, la España. Extínguese entonces el medioevo y nace el mundo moderno. Ya se han hecho los primeros descubrimientos geográficos. Al feudalismo en ruinas suceden las monarquías embrionarias. Precipítanse la Imprenta y el Renacimiento. Los pueblos europeos, obtenida su unidad, vuélcanse expansivamente hacia los nuevos mundos descubiertos por Colón, Marco Polo y Vasco da Gama. España actúa en primera línea. Acaba de salir de una guerra que dura ocho siglos y cuyo término encuentra a la nación hispánica fuerte, aguerrida, sólidamente unida en torno a una autoridad central.

Pudo Cortés haber fracasado en la audaz empresa. Pudo España haber sido incapaz de conquistar las Indias Occidentales y, en especial, el gran Anáhuac. Pero, si no Cortés, habría sido otro capitán español el que abatiera el poderío de la Gran Tenochtitlán. Y a no haber sido España la conquistadora, forzadas por inevitable contingencia histórica, pudieron serlo Inglaterra, Francia, Portugal u Holanda. Nada podía evitar el choque irresistible de esas dos culturas: la europea, joven, rica, en pleno desarrollo, y la indígena, envejecida ya, apenas desarrollada por causa del medio biológico y geográfico. La una tenía sobre la otra casi dos mil años de desarrollo progresivo. Era forzoso que una, la más organizada y fuerte, derrotara y se superpusiera a la otra apenas producido el choque.

Sólo veintiséis meses duró la gesta épica de la conquista. Nada despreció Hernán Cortés para consumarla. Hizo prodigios de valor, astucia, decisión, heroísmo y habilidad. Procedió con energía, blandura, diplomacia o crueldad según lo demandaron las circunstancias. Salvó obstáculos tales que aun hoy día sus proezas asombran al mundo. Hijo de un siglo de expansión como ése, fruto selecto de una cultura en desarrollo casi eruptivo, Cortés fué digno intérprete de tal drama y excelente actor en tan inmenso escenario.

Porque no se debe olvidar a los demás personajes de aquella sanguinolenta tragedia. Grandes fueron el valor, el empuje y el tesón de los invasores. Pero igualmente grandes son la porfía, voluntad y heroísmo con que les resisten los dueños del suelo. Sólo los totonacas de Cempoala se entregan espontáneamente a Cortés. Los demás luchan con el valor de la desesperación. Ya son los tabascos que deben ser derrotados en dos batallas sucesivas para dejar libres las playas del río Grijalba. Ya los tlaxcaltecas y otomíes que al mando de Xicontecátl deben ser hechos pedazos en tres combates sucesivos. Ya los mexicanos mismos, que aun cuando primeramente reciben a Cortés entre cánticos y flores, después lo atacan con terrible furia a las órdenes de Cuitláhuac y de Cuauhtémoc.

Y si porfiada es la resistencia de los tlaxcaltecas, que sólo ceden el campo cuando está tapizado de muertos, aun mayor es la de los mexicas, que deben resolverse a pasar sobre la sagrada voluntad de su rey para combatir a los invasores. El alzamiento de los aztecas a raíz de la matanza ordenada por Pedro de Alvarado en el templo mayor; los ataques a Cortés y sus soldados cuando se atrincheraron en el palacio de Axayacátl; la victoriosa acción de la Noche Triste y la batalla de Otumba que fué para Cortés una victoria como las de Pirro; todos ellos son acontecimientos reveladores de la fuerza, el patriotismo y la unidad moral y religiosa — ahora recobrada ante el peligro común— de los súbditos del acobardado Motecuhzoma II.

Mas todo eso culmina en el sitio de Meshico-Tenochtitlán, en que un general de veintiún años, Cuauhtémoc, "el águila que cae", se muestra como uno de los héroes más extraordinarios del Nuevo Mundo. Aquella ciudad que se va demoliendo poco a poco y cuyos habitantes perecen de hambre antes de rendirse, es uno de los hechos más relevantes de la Conquista de la América.

Porque si Cortés se alza en el panorama de la conquista de México con desmesurada talla, también se yerguen a su lado próceres indígenas que después serán para el México republicano otros tantos símbolos de independencia, valor y orgullo nacional. Tres son —un tlaxcalteca y dos mexicas— los guerreros en cuyos corazones arde el fuego de libertad y amor al suelo patrio, que volverá a arder, siglos después, en Hidalgo y Morelos, Guerrero y Juárez; Madero y Villa, Zapata y Obregón. Se llaman Xicontencátl, Cuitláhuac, Cuauhtémoc, y sobre el cadáver de cada uno de ellos hubo de pasar Cortés para dar cima a la empresa gigantesca de la conquista.

DE UN AMO A OTRO PEOR

El 12 de agosto de 1521, después de un sitio de setenta y cinco días y la muerte de ciento cuarenta mil hombres, entre sitiados y sitiadores, cae la Gran Tenochtitlán en poder de los españoles y se inicia la segunda parte de la conquista.

Ya dominado el Anáhuac, el vencedor necesita ir

transformando el régimen político y social, la economía y la religión aztecas, según el modelo de sus propias instituciones. La experiencia recogida en las Antillas, el deseo de enriquecer a la Corona española y de ensanchar sus dominios, hacen que esta etapa de transición no resulte en extremo dolorosa.

Paz, orden y prudencia parecen ser las consignas de la hora. Las necesitan los vencedores para asegurar su dominación y completarla con la conquista de los pueblos todavía desconocidos.

Las necesitan los vencidos para reponer sus pérdidas humanas y reconstituir su nacionalidad destrozada, aun cuando ya sospechen que han perdido la independencia y hasta la libertad. Es preciso hacerlo y organizarlo todo en el ancho imperio recién conquistado.

Pronto comienzan a verse los frutos de la conquista, que no es sino un acto de fuerza y violencia, de dominación feudal por medio de las armas. Ya no existe la esclavitud, ni a los españoles les conviene que exista. Pero, desaparecidos el oro y las riquezas mobiliarias, no queda más bien que la tierra, y ésta hay que trabajarla, así como esos lavaderos y minas de oro de que tanto oyeron hablar los conquistadores. Impera la ley del primer ocupante y la recompensa a los servicios prestados en la guerra. ¿Quiénes trabajarán la tierra? ¿Quiénes producirán la riqueza para los nuevos amos? Los indios. Los primitivos habitantes del suelo, el único capital y el único bien de las tierras recién adquiridas a costa de sangre y de exterminio.

Las tierras son repartidas entre los conquistadores con su correspondiente dotación de indios o elementos humanos de trabajo. Las funciones de orden administrativo quedan en manos de los agentes del rey y los sacerdotes encargados de la propagación de la fe y el evangelio cristianos.

Las necesidades políticas de la Corona aliadas a la impostergable difusión del credo católico son los dos instrumentos inmediatos de dominación. Ambas se complementan maravillosamente. La acción perseverante y organizada de la Iglesia constituye un formidable instrumento de penetración política y españolización de los pueblos recién sometidos. Al conquistador se le han pagado sus esfuerzos con oro y con tierras. Pero es necesario completár su obra y asegurar la futura explotación de los nuevos dominios a la Corona de España y a la Iglesia de Cristo.

Ambos, sacerdotes y funcionarios, extreman su celo y su prudencia. Son los tiempos en que hombres buenos y justos integran las primeras audiencias. Hay oïdores, como los obispos Ramírez de Fuenleal y Vasco de Quiroga, que suavizan en lo que pueden los horrores de la conquista. A los misioneros que acompañaron a Cortés y sus soldados suceden sacerdotes admirables y cofradías de religiosos que difunden paternalmente la nueva religión. Son los años que alumbran con dulce y evangélica luz figuras como la del incansable Padre Las Casas, el fervoroso defensor de los indios, y Fray Pedro de Gante, el monje flamenco, emparentado con Carlos V, que predica, convence, educa y enseña, no sólo el dogma cristiano, sino el español y el latín, el bordado y el tejido, la música y las artes mecánicas más simples. Detrás de ellos, los franciscanos, primero, y los dominicos, después, rivalizan en celo apostólico propagando el catecismo.

Mas aun la época es ruda. Los nuevos pueblos se fundan con fines estratégicos y militares. Templos y edificios públicos están construídos a manera de fortalezas. Los sistemas de explotación agrícola y minera son rudimentarios. El soplo poderoso de España aun no estructura una sociedad ni crea una cultura. Mas ya se advierten, claramente delineados, los fundamentos del nuevo imperio. Ya han desaparecido los sacrificios humanos. Ha sido abolida, en el derecho, la esclavitud. Pero la servidumbre económica, que significa la explotación gratuita del suelo agrícola, la construcción de templos, conventos y edificios públicos, la faena extractiva de las minas y lavaderos de oro, son indicios suficientes del carácter teocrático y militar de la nueva sociedad.

El Rey, lejano, el Marqués y Gobernador, don Hernán Cortés, los sacerdotes y monjes, los conquistadores, los funcionarios: he aquí los nuevos señores del pueblo que antaño fuera sojuzgado por gente de su misma raza y ahora ha caído en las manos voraces de una nación extranjera. La Cruz, la Corona y la Espada han substituido a Huitzilopochtli, Quetzalcóatl y el monarca azteca. Las clases opresoras —sacerdotes, nobles y militares— son casi las mismas. Desapareció el imperio azteca, creador de una cultura, dueño de eminentes virtudes guerreras y civilizadoras, y ha sido substituido por otro, extraño y desconocido.

México comprende instintivamente que la Conquista ha sido sólo un cambio de amo. Todo está igual. La tierra cambió de dueño y la esclavitud de forma. La desigualdad social es la misma e idéntico el predominio de algunas clases sociales: sacerdotes y guerreros. Sólo la miseria, el dolor y la desesperanza varían ligeramente. Huitzilopochtli, ahora en la forma de un crucificado, sigue imperando. El dulce Quetzalcóatl, misericordioso y libertador, parece encarnarse en el Padre Las Casas o en Fray Pedro de Gante. Pero es sólo una ilusión. Ya vendrá lo peor.

Y tras el drama sangriento de la Conquista empiezan el yugo y el sopor de la Colonia.

ENCOMENDEROS, VIRREYES Y ARZOBISPOS

La Conquista fué desordenada y feroz. Envolvió el peligro de perder el dominio sobre estos pueblos promisorios de riqueza y poderío. Mas ha llegado la hora de conservar y de construir. España no tarda en derramar en el Nuevo Mundo el torrente de sus instituciones políticas y jurídicas, sus métodos de cultivo y explotación industrial, su organización religiosa y hasta sus expresiones artísticas y balbuceos científicos.

Es lo que caracteriza a la época de los Virreyes. Los primeros, sobre todo don Antonio de Mendoza y don Luis de Velasco, enérgicos y justicieros, deben soportar la época difícil de la acomodación de todo un mundo nuevo a la complicada estructura política, social y económica de la Península Española.

Estos virreyes tratan, como algunos otros, de defender a los indios de la rapacidad creciente de los colonizadores y cumplir, así, con las atinadas instrucciones reales: engrandecer y civilizar pacíficamente al país, para mayor gloria de Dios y de la Corona.

Pero ya es tarde. A los conquistadores han sucedido los encomenderos. A los repartimientos, las "encomiendas". Aquellos hombres de armas, rudos y perezosos, no gustan del cultivo de la tierra ni la lenta explotación de las minas. Ceden sus "mercedadas" por un plato de lentejas a los españoles que han venido después, en codiciosas oleadas: comerciantes, segundones, aventureros. "Encomiendan" sus tierras, sin más obligación que la de enseñar a los indios la fe cristiana, a esta nueva clase de invasores, nada de heroica, pero sí ávida de riquezas y fácil enriquecimiento.

La naciente economía de la nueva nación ha cambiado sensiblemente. Ya no existe el Padre Las Casas, y ha muerto Fray Pedro de Gante. El siervo ha vuelto a ser esclavo. Se intensifica la explotación de las minas. Agotado el oro, surgen yacimientos de cobre y después de plata. Se descubren —"El Mellado", "La Luz", la "Veta Madre"— riquísimas minas de plata cerca de Guanajuato. La minería se desarrolla portentosamente. Pronto se inventa el "beneficio de patio" o "amalgamación americana". Comienza a decaer el cultivo de la tierra. Florecen nuevas industrias. España ha traído a Nueva España toda clase de medios intensificadores de la producción: plantas, arbustos y árboles de fruto comestible, animales de carga y silla, nuevos medios de transporte y de nutrición, invenciones mecánicas variadas y hasta el uso de implementos desconocidos: la rueda, que supone el carruaje y una nueva movilización; la imprenta, que significa la rápida difusión de la cultura greco-latino- hispánica; el arado, que revoluciona la rudimentaria técnica agrícola del Virreinato; y, por último, la pólvora, que moderniza de un solo golpe los medios de guerra y defensa (1).

Pero junto a estas invenciones y nuevos factores de producción ha llegado también una nube de funcionarios, cortesanos, gentileshombres arruinados, congregaciones religiosas, mercaderes, traficantes, especuladores y hasta usureros: toda la máquina burocrática, religiosa y financiera de la Península.

Se alzan conventos por todas partes. Multiplícanse los campanarios de las iglesias. Los pueblos dejan de ser militares y religiosos y comienzan a tener un origen económico y hasta un sentido industrial. La producción se desplaza cada vez más hacia la minería, abandonando la agricultura. Multiplícanse las industrias que dan nacimiento a "cofradías" de artesanos. Se cultivan las artes y sobresale la arquitectura colonial, en la cual el genio del indígena imprime su sello sobre el platerismo o el churriguerismo importado desde la Península. No sólo la plata y el cobre, sino también el hierro y la madera se trabajan con ahinco. Hasta la cultura da sus frutos: numerosos colegios y una Universidad. Aparecen ingenios de las letras y las ciencias españolas que han nacido en Nueva España: el comediógrafo Juan Ruiz de Alarcón, la poetisa Sor Juana Inés de la Cruz, el docto sabio Carlos de Sigüenza y Góngora.

Mas todo este aparente esplendor está basado, como en el esplendor de los aztecas, en el monopolio, el privilegio, la explotación y la esclavitud. Tanto la estructura económica como la estructura social son igualmente débiles. Ambas condenan a la sociedad colonial a su debilitamiento y su muerte.

---

(1) ALFONSO TEJA ZABRE: *"Historia de México"*. México D. F., 1934.

Económicamente, México es un país de industrias extractivas y comercio forzado. El régimen de intercambio, reservado a los españoles, ahoga a Nueva España. El Virreinato envía a la Península, además de sus productos —oro, plata, azúcar, pieles, maderas, frutos tropicales—, toda la variada producción de las Filipinas y hasta de la China y demás Indias Orientales. Pero sólo puede hacerlo por intermedio de los puertos de Sevilla y de Cádiz, lo que significa un doble monopolio, con la consiguiente ganancia para los comerciantes de ambos puertos y los mercaderes de América, que ya conocen en aquella época el sistema de fijar precios acaparando productos, a pesar de la oposición de algunos virreyes honrados y justicieros.

Este régimen de monopolios no dejaba margen alguno a un enriquecimiento general de México. Todo iba a manos del Rey, cuyo poder, absoluto y sin limitaciones, le permitía ser, en principio, el único propietario de toda riqueza. El monarca concedía el uso y usufructo de ellas, cual si fuera una merced, a los propietarios; pero recibía, en cambio, una suculenta parte de ingresos. Estos eran numerosísimos y significaban, todos, otras tantas cargas sobre la población productora, y, en especial, sobre el indio y "las castas", los que debían pagar "el tributo" o contribución en dinero. Existían, además, la alcabala, el pulque, los derechos de ensaye y amonedación, el quinto sobre metales nobles y los variados estancos sobre la sal, los naipes, el el tabaco, la pólvora, el mercurio, los cordobanes.

Pero si el régimen general de producción estaba íntegramente afectado por el sistema de contribuciones e impuestos, si el Rey de España era el socio obligado e inevitable de todo minero, agricultor, industrial o comerciante, si ya eso sólo constituía un privilegio que recordaba al de los monarcas aztecas, el resto de la estructura económica era igualmente injusto y descansaba, como en los tiempos de la Conquista y de la Gran Tenochtitlán, en la explotación de dos clases sociales —sacerdotes y encomenderos—, sobre la masa mestiza e indígena.

Los encomenderos han derivado rápidamente en latifundistas. Su poder es enorme y desafía al mismo de los virreyes. La ley del latifundio es crecer sin medida, y el latifundio colonial mexicano engrosa a expensas del suelo reservado al pueblo sometido. Las formas de propiedad agraria —el fundo legal, el "propio", el ejido— van siendo absorbidas por el gran latifundio que trabaja la tierra a fuerza de látigo y sostiene, en el hecho, la institución de la esclavitud. En balde luchan los virreyes, deseosos de conservar la paz y la estabilidad sociales de la Colonia, contra los intereses siempre crecientes de los grandes señores de la tierra. Ni reales pragmáticas, ni decretos virreinales, ni disposiciones jurídicas: nada es capaz de contrabalancear el fenómeno económico de la rápida concentración de la tierra en dos clases.

Igual cosa sucede con el clero, que pierde rápidamente el carácter evangélico y educador que tuvo en la Conquista. La Iglesia se ha enriquecido prodigiosamente, y es el primer capitalista y el primer terrateniente de la Colonia. Los diezmos y las primicias, los dotes de las profesas, los donativos voluntarios, las limosnas, los derechos parroquiales tres veces más altos que en España, las mandas, los legados cuantiosos, las misas y responsos, las capellanías y lámparas perpetuas, el trabajo gratuito de grandes masas indígenas: todo ello formó una ingente masa de capitales. Las misiones llegan a ser inmensas haciendas. Los conventos y congregaciones se transforman en grandes acaparadores de bienes de "manos muertas". Y la Iglesia misma, que posee capitales increíbles para la época, deriva en banco hipotecario que presta dinero a interés sobre las tierras y las minas y va concentrando en sus manos todo aquello que escapa a los señores feudales del suelo.

SIEMPRE EL MISMO YUGO

El yugo ancestral pesa ahora con mayor fuerza sobre la cerviz sumisa del descendiente de los altivos tenochcas, los belicosos tlaxcaltecas, los refinados mayas o los irreductibles chichimecas del Norte. El indio ha degenerado rápidamente. Los siglos de esclavitud, la muerte de sus clases directoras, la decadencia física ocasionada por el alcohol y la falta de nutrición y reposo, la degradación espiritual que le hace mirar como especial bendición del cielo el látigo, la miseria y el sufrimiento: todo ello lo abate, lo envilece, lo degrada y permite alzar sobre sus espaldas y sobre el suelo que fué suyo toda la compleja superestructura jurídica, política, religiosa y moral del coloniaje.

Porque si el suelo y el subsuelo esconden riquezas, no hay otro medio de explotación que el propio indio, gratuita mano de obra, bestia de carga, que no tiene más consuelo que el catecismo y el alcohol y no recibe otro salario que el palo y la ración indispensable para no morir de hambre, privando a sus amos de un par de brazos resignados. La riqueza extraída gracias a su sudor y su fatiga va a beneficiar a una clase opresora —funcionarios, sacerdotes y latifundistas— y da origen a una sociedad fastuosa, deslumbrante, cuyo lujo y suntuosidad llegan a ser proverbiales.

Tal es la Colonia en el rico Virreinato de Nueva España: oro y sangre, lujo y miseria, opresión y fanatismo. Millones de hombres agonizan lentamente en los campos y las minas para mantener a los grandes señores que manejan el Estado, poseen la tierra y administran la fe.

Sólo hay alguien que se ocupa de los naturales del país, que quiere afincarlos al terruño e interesarlos en su explotación, que aspira a educarlos y civilizarlos en forma de hacer de ellos verdaderos ciudadanos del inmenso y rico Virreinato. Ese alguien que busca la mejoría y hasta la prosperidad del indígena, y que dicta para ello leyes justas y reglamenta la manera de cumplirlas, ese alguien, por desgracia, está muy lejos y no puede enterarse a tiempo de lo que ocurre en la Nueva España. Ese alguien es el Rey de España.

Un clero orgulloso y omnipotente y una oligarquía latifundista, hija directa de los primeros encomenderos, obstruyen con el peso formidable de sus intereses toda intentona de mejoramiento, de humanidad, de ínfima justicia social. Ni Carlos V, ni Felipe II, ni los últimos Austria pueden hacer nada para mejorar efectivamente la triste condición del primitivo habitante del país. A pesar de su energía y su poder, pese a las instrucciones terminantes del Rey, que también representa al Papado, también son impotentes para enfrentar el poder de monjes y encomenderos coligados los mejores Virreyes de los Austria: don Pedro Moya de Contreras, el Marqués de Gelves, el 2.º don Luis de Velasco, el primer Conde de Revillagigedo.

Igual cosa acontece en la época de los Borbones, que se caracterizan por un vago liberalismo y métodos más flexibles y hábiles de gobierno colonial. Sus virreyes son casi todos excelentes mandatarios, pero tampoco logran libertar al indio de la opresión mancomunada de la Iglesia y el latifundio. El Duque de Linares, el Marqués de Casa Fuerte, don Carlos Francisco de Croix, don Antonio María Bucareli y Ursúa, don Bernardo de Galves, y, sobre todo, el más grande de todos, don Juan Vicente Güemes Pacheco de Padilla, segundo Conde de Revillagigedo: los mejores representantes de los Borbones son tan impotentes como sus amos para dar solución al problema económico, social y religioso de la inmensa colonia.

Nueva España continúa dividida en cuatro estratos sociales diferentes: dos clases blancas y dos de color. Las primeras son los españoles o "gachupines" y los criollos o americanos. Las dos últimas las constituyen los indios y, por otro lado, los negros y las "castas" o mezclas entre las tres razas distintas. Las más definidas eran los "mestizos" (hijos de peninsular e india), los "castizos" (mestizo y española), los "españoles" (castizo y española), los "mulatos" (español y negra), y, los "moriscos" (mulato y española). Las demás castas, igualmente o más despreciadas aún, recibieron nombres tan pintorescos como: "salta-atrás", "lobo", "chino", "jíbaro", "albarrazado", "cambujo", "sambaygo", "grifo", "coyote", "barzino", "calpán-mulato", "tente-en-el-aire", "no-te-entiendo", "allí-te-estás".

Los negros, mulatos y castas derivadas se concentraron en las costas. Los indios, mestizos y sus castas, en en el centro y en algunas intendencias como Michoacán, Oaxaca y Veracruz. En el Norte, en cambio, debido al salvajismo de las tribus y al estado de guerra constante, predominó el elemento blanco puro. Entre estas tres razas había una, la blanca, que oprimía a las demás, disfrutaba de las riquezas y preeminencias sociales, y tenía todos los derechos y todos los privilegios. La segunda raza, la indígena, obedecía, trabajaba y contaba, en casos extraordinarios, con los escasos y siempre hollados derechos que le otorgaban los reyes y la legislación de Indias. La última, negros y "castas", carecía de todo derecho, y era, jurídica y económicamente hablando, una esclava absoluta.

La primera raza no sumaba en 1779 más allá de 400 mil individuos entre 4 y medio millones de habitantes. Poseía casi la totalidad de la propiedad y la riqueza. A las demás les estaba reservado el trabajo en los campos y las minas, los oficios y las artes. Según Abad y Queipo, obispo de Michoacán, existía entre ambas clases "aquella oposición de intereses entre los que nada tienen y los que lo tienen todo", y según el mismo prelado, en la sociedad colonial no hubo "graduaciones ni medianías: son todos ricos o miserables, nobles o infames".

Tal es el cuadro de aquella sociedad injusta y hasta ignominiosa que llevaba en sí, como todas en la Historia —como la egipcia de los faraones, la romana del Imperio, la francesa de Luis XV, la rusa de los Zares—, los gérmenes de su propia destrucción y desaparecimiento. Un volcán apagado se agita bajo el suelo de la Colonia. Los levantamientos de indios y de negros, aunque poco frecuentes y domeñados instantáneamente, revelan que el fuego interior sigue ardiendo en el seno de aquella vasta colectividad de esclavos y siervos. Las almas ígneas de Xicotencátl y Cuauhtémoc laten aún en lo más hondo del espíritu nacional. Algún día, como lo saben los indígenas, despertarán junto a Quetzalcóatl, el semidiós bueno y pacífico que enseñó el cultivo de la tierra y el amor a los seres humanos, y que, como lo prometió al alejarse en una balsa hecha de serpientes, ha de volver a México para imponer a todos la paz, la justicia, la libertad.

Así, tras casi tres siglos de explotación y de fanatismo, anunciada por toda clase de indicios, estalla como un trueno la Independencia.

EL CURA HIDALGO Y EL CURA MORELOS

Diverso es el movimiento independiente de Nueva España al de los otros Virreinatos y Capitanías Generales de la América Colonial. No es sólo un movimiento político que únicamente altera las formas exteriores del Estado y transforma en parte la superestructura política, jurídica y social. No se limita, como en Chile y otras jurisdicciones al desplazamiento de una clase —la peninsular— por otra —la criolla— que aspira al poder político después de haber logrado la hegemonía económica y el predominio social.

El dominio español ha sido mucho más fuerte y pesado en Nueva España que en ninguna otra parte;

pero en el suelo mexicano existen, vivos aún, los gérmenes de antiguas y victoriosas culturas. Como en los tiempos de Meshico-Tenochtitlán, es todo un mundo de pueblos oprimidos el que se agita bajo la corteza débil de un orden social condenado a morir por sí mismo. La independencia mexicana tenía que ir, y fué, más lejos que las otras del mundo colombino. Su primer estallido, más que un movimiento político, es una especie de insurgencia social, en la cual, aunque informe y obscuramente, late una sorda guerra de razas, de castas, de clases. Después, por obra del clero y el latifundismo, que al principio resisten el movimiento, el torrente de la independencia se torcerá hacia un hábil oportunismo que aúna los intereses de gachupines y criollos y crea otra vez, como en la Colonia, como en la Conquista, como en el imperio azteca, una nueva forma de esclavitud: la opresión inevitable de una clase que posee la tierra, el dinero y el crédito sobre otra que no tiene nada más que su dolor, sus brazos y su miseria.

Por ello, por la consecución porfiada de iguales injusticias e idénticas desigualdades, la suerte del indígena explotado es la misma en épocas históricas tan distintas. Las clases inferiores del México de 1800 están tan sometidas y expoliadas como las que dominaban en 1500, trescientos años antes, los ejércitos del monarca recién elegido, Motecuhzoma Xocoyótzin.

El "Grito de Dolores", lanzado por Hidalgo y sus compañeros el 14 de septiembre de 1810, jalona el comienzo de la independencia que se obtendrá once años más tarde. Pero ella comienza más temprano: en 1802, cuando se alzó en la sierra de Tepic el indio Mariano; en 1796, cuando don Pedro Portilla y otros criollos fraguaron la llamada "conspiración de los machetes"; en 1609, cuando un grupo de negros "mansos", acaudillados por Yanga, huyeron hacia los bosques del Orizaba; en 1598, cuando los indios de las minas de Topia, en Durango, se rebelaron contra los malos tratos de los encomenderos. Y si nos internamos en la historia, la independencia, fuego latente, comienza a arder en junio de 1520, cuando los habitantes de la Gran Tenochtitlán, al mando de Cuitlanhuac, hacen llover sus flechas y sus dardos sobre las tropas reunidas de Hernán Cortés y Pánfilo de Narváez.

En México, como en toda América, la ocupación de España por Napoleón fué causa de una intensa agitación política. Gachupines y criollos comenzaron a disputarse el mando de la Colonia. Se sucedieron los Virreyes y mandatarios provisionales —Iturrigaray, Garibay, el Arzobispo Lizana y Beaumont—, y comenzaron las primeras inquietudes y las primeras conspiraciones, sobre todo la de Valladolid, que denunció un militar criollo, muy adicto al realismo, don Agustín de Iturbide. Mas la agitación fué en crecimiento. Tres días después de hacerse cargo del mando el nuevo Virrey enviado por la Regencia de Cádiz, don Francisco Javier Venegas, al amanecer del 16 de septiembre de 1810, un sacerdote mexicano, el cura de Dolores, don Miguel Hidalgo y Costilla, lanzó el primer grito de independencia.

Tenía a la sazón Hidalgo cincuenta y tres años de edad. Personificaba al sacerdote mexicano pobre y de ideas avanzadas, que se veía obligado a soportar en la Iglesia el predominio de un alto clero español, soberbio y millonario. Había hecho brillantes estudios teológicos y jurídicos. Era docto en filosofía, en teología, en idiomas europeos como en dialectos indígenas. Conocía bien a los clásicos latinos y los filósofos franceses. No ocultaba sus ideas libertarias. Y ello ocasionó su separación de la rectoría del Colegio de San Nicolás y su confinamiento, en 1800, al curato de un pueblecillo de su intendencia natal, Guanajuato. Hidalgo se dedicó allí al estudio y a la práctica del bien. Filósofo más que sacerdote, con alma de misionero y de apóstol, trató por todos los medios de fomentar el trabajo y el bienestar en su parroquia. Enseñó a sus feligreses la cría de la abeja y la del gusano de seda, la plantación de viñedos y olivares, la fabricación del vino, el aceite y las telas de seda, y hasta llegó a instalar talleres de curtiduría y alfarería, organizar conjuntos musicales y compañías de teatro que representaban a Molière y a Racine traducidos por él mismo. Era respetado y querido, pero también mirado con desconfianza por el alto clero, que logró someterlo a un proceso instruido por el Santo Oficio.

Pues bien, este cura pacífico, culto, humanitario y caritativo es el primer caudillo de la independencia. Arrastra con su ejemplo a los demás conjurados, los capitanes Ignacio Allende, Ignacio Aldana y José Mariano Abasolo, el Corregidor Domínguez y su esposa, la heroica doña Josefa Ortiz. Galvaniza con su elocuencia a los indígenas y gente de color. Improvisa un ejército en un periquete. Marcha sobre Atotonilco en el mismo día y allí encuentra su estandarte: la morena Virgen de Guadalupe, imagen popular en que se confunden el dogma católico y la idolatría indígena, la Virgen María y la diosa Coatlicue. Toma, sucesivamente, el villorrio de Celaya, la ciudad de Guanajuato, la fortaleza de Granaditas y la ciudad de Valladolid, donde declara solemnemente abolida la esclavitud. Avanza en seguida sobre México al frente de ochenta mil hombres, armados de fusiles unos pocos, de lanzas, picas y palos los más, indios, mestizos, mulatos y negros que le siguen entusiasmados. En el cerro de las Cruces derrota al brigadier Torcuato Trujillo y ante él se abre, indefensa, México, la capital del virreinato, la antigua Tenochtitlán. Allí encontrará dinero, pertrechos y elementos de guerra. El movimiento es irresistible. El triunfo seguro.

Pero cuando divisa las torres del Sagrario, guiado por una razón inexplicable, ordena la retirada. Allí comienzan sus desastres. La mitad de su ejército le abandona. El feroz general Félix María Calleja del Rey lo derrota en Aculco y lo obliga a dividir sus fuerzas. Hidalgo se separa de Allende y desde entonces comienza a desunirlos la enemistad. Calleja marcha primero sobre el uno, Allende, y toma Guanajuato, y en seguida derrota decisivamente al sacerdote-generalísimo en Puente de Calderón. Allí comienza la retirada de los caudillos que sólo terminará en la muerte, aun cuando casi todo el país arde ya en el fuego de la insurrección. Errante y perseguido, Hidalgo quiere pasar a los Estados Unidos. Pero uno de los insurgentes, Ignacio Elizondo, lo traiciona y le tiende un lazo infame en Acatita de Baján.

Meses después, tras su degradación pública como sacerdote y un juicio sumario, se le fusila en Chihuahua el 30 de julio de 1811. Poco antes, en enero, el Virrey Venegas le había hecho ofrecer su indulto siempre que reconociera al Gobierno de Cádiz. El heroico cura se negó: estaba resuelto "a no entrar en composición alguna, si no es que se ponga por base la libertad de la nación y el goce de aquellos derechos que el Dios de la naturaleza concede a todos los hombres". Y así como supo rechazar el indulto, sabe morir con irreductible entereza.

Don Miguel Hidalgo es un soñador y un intelectual, más que un caudillo o un revolucionario. Influenciado por los filósofos de la Revolución Francesa, condolido por la triste realidad de su patria, se lanzó a una empresa que requería dotes políticas y militares de que carecía. Su mismo grito de guerra —"¡Viva la religión! ¡Viva Fernando VII! ¡Viva la Virgen de Guadalupe! ¡Viva la América y muera el mal gobierno!"— revela que sólo quería luchar contra los "gachupines" y era el intérprete inconsciente de un dolor de siglos. Sin embargo, sus campañas tuvieron un carácter libertario y reivindicacionista. Cien mil hombres se alistan bajo su pintoresca bandera, pero éstos —indios y castas— sí que quieren, aunque confusamente también, sacudir el yugo español que los ha condenado a la miseria y la ignominia.

Mas la llamarada que se encendió en el curato de Dolores ha abrasado ya al país entero. La herencia de Hidalgo cae en manos de otro cura, mexicano y pobre también, que tiene todo el talento político y el genio militar que le faltaron a su apostólico antecesor. Este es el cura de Carácuaro, de cuarenta y cinco años de edad, don José María Morelos y Pavón, hijo de un carpintero, nieto de un maestro de escuela, antiguo agricultor, que comenzara a estudiar teología y filosofía en Valladolid y siguiera después, con brillo, la carrera eclesiástica en la Universidad de México.

Pero así como en Hernán Cortés, modesto agricultor de Cuba, se oculta el alma cesárea de un conquistador de pueblos, en el obscuro párroco de Carácuaro se esconden un militar, un político y un estadista de gran talla. Se entrevista con Hidalgo en el pueblo de Indaparapeo y recibe el encargo de "levantar tropas en la costa del Sur". Abandona su parroquia en octubre de 1810, al frente de veinticinco hombres armados de escopetas y lanzas. Pasa al actual Estado de Guerrero; confisca armas; levanta a las poblaciones; recibe el valioso aporte de los hermanos Galeana y logra improvisar un ejército considerable. Obtiene su primer triunfo resonante sobre el comandante español Francisco París y empieza a operar con la rapidez del rayo en una victoriosa campaña que le entrega, en nueve meses, la posesión de casi toda la costa del Océano Pacífico. Allí fulgura ya su genio militar que lo hace emprender otras cuatro campañas consecutivas con vario éxito. Mantiene en jaque a los mejores ejércitos españoles durante cuatro y medio años. Vencido en un sitio, triunfa en otro. Toma Acapulco y Oaxaca. Es sitiado dos veces en Cuautla. Viene y va por todo el territorio sin dar punto de reposo a sus adversarios. Pero no sólo es un general afortunado. Se revela como un organizador. Aprovisiona y amuniciona a sus ejércitos. Atiende y provee a todo.

Y cuando la dirección política del movimiento se extravía en manos de López Rayón y la Junta de Zitácuaro, demuestra que en él hay la madera de un político y de un jefe de Estado. Convoca un "Congreso de Anáhuac" en el pueblo de Chilpancingo y allí, entre los cerebros más ilustres de la Revolución, se destaca entre todos el hijo del carpintero de Valladolid. Comienza por proclamar la absoluta independencia de México y en vez del título de "Alteza" que quieren otorgarle los congresales, acepta sólo el de "Siervo de la Nación". Da lectura a sus ideas políticas y sociales en un manuscrito célebre, "Sentimientos de la Nación", donde pide la división de poderes del nuevo Estado; la supresión de las obvenciones del clero; la total abolición de la esclavitud, las clases y las castas; la inviolabilidad del domicilio; la supresión del tormento; la obligación de ser mexicano para desempeñar funciones públicas; la dictación de leyes que "moderen la opulencia y acaben con la pobreza"; la derogación de la alcabala, el tributo y los estancos, sin más impuesto que un 10% sobre las importaciones; la confiscación de los bienes de los peninsulares. No contento con esto, en decretos posteriores declara extinguidas las deudas de los americanos con los extranjeros; ordena que la mitad de los hombres útiles ingresen a los ejércitos revolucionarios y la otra mitad se adiestre en el manejo de las armas; dispone que sea obligatorio el trabajo para que así todos "ganen el pan con el sudor de su frente"; y expresa, finalmente, que los fieles sólo deben pagar al clero donativos voluntarios.

Las instrucciones que imparte a los jefes insurgentes acusan aún más su clara comprensión de los problemas revolucionarios. Manda que se tengan como enemigos a todos los ricos, nobles y empleados de alta categoría; que al entrar a una población, los bienes confiscados sean repartidos entre los pobres y la caja militar; que se incluyan en el reparto a los pobres las joyas y tesoros de las iglesias, procurando socorrer a todos los indigentes y no enriquecer a ninguno; que deben ser derribados todos los edificios reales y quemados como los archivos, así como los ultramarinos que no sean de primera necesidad; y, por último, que se inutilicen todas las haciendas mayores de dos leguas, con el objeto de facilitar la pequeña agricultura y el reparto progresivo de la tierra.

Mas todos estos propósitos, aparte de los que realiza personalmente en parte durante sus campañas, no pasan de ser objetivos tan laudables como extraordinarios. Presionado cada vez más por las crecientes fuerzas realistas, habiendo perdido a sus mejores lugartenientes —don Mariano Matamoros y don Hermenegildo Galeana—, sin tropas ni suficientes elementos de guerra, acaba por caer en el círculo de hierro con que lo han ido cercando sus tenaces enemigos. Escoltando al Congreso insurgente, al cual cometió el error de confiar el mando político, Morelos es sorprendido y derrotado en Texmalaca. Fugitivo, solo y sin armas lo reconoce y aprehende entre las breñas de un monte un ex soldado suyo, Matías Carranco, el 3 de noviembre. Se le juzga sumariamente y degrada sacerdotalmente como a Hidalgo, después de un juicio que lo enaltece por la claridad y firmeza de sus respuestas. Tan estoico e irreductible como Hidalgo. Se le fusila el 22 de diciembre de 1815 en San Cristóbal Ecatépec.

Y aun cuando continúan luchando guerrilleros y pequeñas tropas insurgentes en otros puntos del territorio, su muerte significa la derrota definitiva de las fuerzas patriotas.

Pero la obra de Morelos, gigantesca, había abierto el camino a la futura e inevitable independencia. El cura de Carácuaro comprendió antes que nadie el verdadero destino de su tierra natal. Alcanzó a enunciar en vida la necesidad de repartir la tierra, limitar el dominio de la Iglesia, cerrar el paso a la codicia extranjera y, por último, nivelar las fortunas y medios de vida de todos los habitantes. Su figura no tiene paralelo sino en la de Juárez y hay que llegar, casi un siglo después, al movimiento revolucionario actual para encontrar hombres de parecida estatura histórica.

Mas es grande la lección que deja el fallido movimiento de la Independencia, sofocado a costa de sangre y de terror por el realismo español. Dió a los insurgentes la conciencia de su fuerza, preparó a los futuros caudillos nacionales, tuvo un contenido social antes que político y enseñó la táctica revolucionaria a los que vendrían cien años después. Mayor aun es la enseñanza que se desprende de la actitud asumida ante el movimiento por la Iglesia, los altos funcionarios, los grandes dueños de la tierra y los comerciantes e industriales poderosos. Todos fueron enemigos acérrimos de la libertad de su propia patria. La Iglesia y aquellos grupos sociales directores colaboraron eficazmente en la campaña de calumnias y de represión contra Hidalgo y Morelos. Todos proporcionaron, además, dinero, armas, hombres, vituallas y toda clase de elementos de guerra a las tropas realistas que representaban, naturalmente, el que era entonces el interés de clase de todos ellos, mucho más fuerte todavía que la idea de patria.

TRANSACCION, INDEPENDENCIA E IMPERIO

Pero ya la hoguera de la independencia ha prendido demasiado para que pudiera ser apagada. En balde las tropas realistas hacen prodigios de estrategia y de crueldad. La chispa revolucionaria salta ya en un sitio, ya en otro, como un inalcanzable fuego fatuo.

Y se suceden los jefes insurgentes. Ora es don Francisco Javier Mina, el bravo guerrillero español, que viene a libertar a México de la tiranía y cae bajo las balas absolutistas, fusilado en un muro del Castillo de los Remedios. Ora el guerrillero indio Pedro Ascencio, cuya tropa cabalga en mulas. Ora el joven lugarteniente de Morelos, don Nicolás Bravo. Ora el infatigable general mestizo Guadalupe Victoria. Ora el más importante de todos, don Vicente Guerrero, nacido en el Estado de su nombre, que lleva sangre india en sus venas y cuyo valor y talento militar recuerdan a los de Morelos. El caudillo patriota llega a dominar incontrarrestablemente en las montañas del Sur y ni ejército ni halagos ni promesas logran reducirlo. La independencia no podrá consumarse sin su concurso, ni el realismo consolidarse sin su eliminación.

Pero la Independencia llega de pronto, como una consecuencia indirecta del término del absolutismo de Fernando VII y la instauración en España de una monarquía constitucional. Es, también, una independencia singular, totalmente diversa a la que soñara Morelos. No se obtiene por la derrota de los realistas y el triunfo definitivo de los patriotas. Viene a ser el resultado de un acuerdo entre unos y otros, originado por los intereses en juego y la personal ambición del autor del llamado "Plan de Iguala", el coronel del ejército español don Agustín de Iturbide.

El Virrey Ruiz de Apodaca, un hombre humano y generoso, a instigación de un grupo de grandes señores del clero y la aristocracia mexicana, confía a Iturbide, el más feroz y cruel de los jefes realistas, el encargo de perseguir y aplastar al insurgente Guerrero. Pero Iturbide, que es derrotado una y otra vez en pequeñas acciones de guerra y comprende bien el estado social y político del país, en vez de seguir luchando contra el jefe revolucionario le propone una alianza y una acción común en pro de la emancipación del suelo en que han nacido ambos. Las bases son las llamadas "tres garantías": unión, religión e independencia, es decir, unión de criollos y gachupines para lograr, bajo la protección de la Iglesia, la definitiva independencia de México. Don Vicente Guerrero acepta el pacto y se pone a las órdenes de Iturbide. El "Plan (pacto o documento) de Iguala" es firmado y solemnizado el 1.o de marzo de 1821. Inmediatamente inicia su marcha sobre la capital el ejército "trigarante".

Quiere resistir el Virrey, secundado ahora por los mismos altos conspiradores que le recomendaron a Iturbide creyendo a éste un ultramontano y absolutista sincero. Pero todo es inútil ante el empuje de los guerrilleros y las tropas regulares reunidos. Llega, entretanto, un nuevo Virrey, don Juan O'Donojú, masón, de ideas secretamente republicanas, que se conecta con Iturbide y firma un Tratado, el de Córdoba, que reconoce la Independencia de México. El 27 de septiembre, después de haber nombrado una Junta Provisional de Gobierno, constituída casi toda por viejos absolutistas, entra triunfalmente Iturbide en Ciudad de México al frente del ejército trigarante.

Mas la emancipación así obtenida está viciada de origen. Fruto de una transacción entre elementos antagónicos, no ha pasado de ser una hábil maniobra política. Su base, el "Plan de Iguala", interesa astutamente a todos los habitantes del país, pero, en el fondo, sólo contempla los intereses de las clases centenariamente dominantes: el clero, que conserva todo su poder y prerrogativas, acrecentados por su independización de la Corona española; los "gachupines", que aseguran sus personas y sus bienes; los funcionarios reales, que se mantienen en sus puestos; los militares, para quienes se abre la carrera de los ascensos: y, por último, los dueños de la tierra, la industria y el comercio, que ven consolidarse el régimen colonial de privilegios y tranquila explotación de las clases inferiores. Los representantes de las clases oprimidas, los insurgentes que habían derramado su sangre durante once años, obtienen, en cambio, lo que ya desesperaban de obtener: la total independencia de su patria.

Una independencia como ésta tenía que dar origen a una larga era de caos y de anarquía en tanto que la antigua colonia organiza penosamente su nacionalidad. Su primer fruto fué la constitución de un Imperio criollo y, en seguida, treinta y tres años de desgarramiento, desgobierno, luchas civiles y contiendas exteriores. Es el período que media entre el Imperio de Iturbide y la dictadura católica de Santa Anna.

Al día siguiente de la entrada a México se constituye la Junta Provisional de Gobierno, que designa una Regencia compuesta de cinco miembros, uno de los cuales es Iturbide, representante al parecer de los insurgentes y los liberales. La Regencia convoca a un Congreso Constituyente que estudia la forma de Gobierno en vista de que España ha desconocido el "Plan de Iguala" y el Tratado de Córdoba. México es libre, según el "Plan", para elegir su régimen institucional. Comienza en el Congreso la lucha entre iturbidistas, republicanos y borbonistas o partidarios de Fernando VII.

Luchan dos tendencias: una que, extinguido el dominio de España, aspira a crear una monarquía o imperio constitucional capaz de salvaguardar sus centenarios privilegios; otra que pretende, en cambio, la instauración de la República y la desaparición de las desigualdades y los privilegios.

Sólo un hombre podía decidir la situación y ese hombre, Agustín de Iturbide, la decidió con un golpe de fuerza. Idolo del pueblo y un ejército compuesto casi de jefes y oficiales solamente, bienquisto de los insurgentes y los liberales, no tarda en buscar y obtener el apoyo de la clase conservadora, el clero y los dueños de la tierra. Se adueña del poder con un motín callejero y un pronunciamiento militar. Hácese coronar Emperador el 21 de julio de 1822 y gobierna durante ocho meses con el apoyo de las altas clases. Pretende imponerse a viva fuerza sobre la conciencia liberal e independiente. Comete atropellos y torpezas sin cuento. Gallardo, arrogante, decidido, valiente como pocos, elocuente, dotado de cierta habilidad política, no es, empero, el hombre que requieren las circunstancias. Presionado más y más por la opinión avanzada, se ve obligado a abdicar en abril de 1823; parte al Viejo Mundo y vuelve un año después, en son de recobrar el poder. Mas se encuentra solo y no tarda en correr, en Padilla de Tamaulipas, la misma suerte que Hidalgo y Morelos.

Hombre brillante, ambicioso hasta lo indecible,

Iturbide es el primer caudillo cronológico del México independiente. Su figura y su política hacen escuela. Es el fruto de momentos revolucionarios, que ve en la lucha política una oportunidad para apoderarse del poder. También el caudillo típico que, llegado al poder por su obra en favor del liberalismo y la causa de las clases oprimidas, se rinde muy luego al hechizo del clero, al latifundismo y demás clases altas de México. Marca la ruta que seguirán más tarde Bustamante, Paredes, Santa Anna, Porfirio Díaz y Victoriano Huerta.

LA GENESIS

LA COLONIA CONTRA LA REPUBLICA

LA caída de Iturbide marca el comienzo de la vida mexicana propiamente independiente. Se organiza la República. Llega a dictarse una Constitución Federal el 4 de octubre de 1824. Celébranse elecciones y asciende al poder el antiguo insurgente don Guadalupe Victoria, primer Presidente de la República de México. Pero ya se traba una lucha furiosa entre las dos grandes corrientes en lucha. Al iturbidismo, que fué el sucesor del borbonismo y el españolismo despótico y absoluto, clerical y antipopular, sucede ahora el llamado "centralismo", que agrupa al clero, los peninsulares, los latifundistas y criollos ricos y aspira a conservar incólume el poder de la Iglesia, el proteccionismo rígido de las industrias nacionales, el no comercio con las naciones sajonas y, en el fondo, la conservación, un tanto deformada en el aspecto exterior, del régimen colonial de castas y privilegios. Frente al centralismo se levanta el federalismo o movimiento republicano y democrático, libre pensador o reformista, enemigo de los fueros y privilegios de la Iglesia y deseoso de "desamortizar" sus cuantiosos bienes.

En los primeros años, triunfa el federalismo. La mañosa oposición al Gobierno de Victoria dió por resultado una lucha electoral violentísima y la escisión del elemento liberal, que se dividió en dos corrientes: una que apoyaba al antiguo militar realista Gómez Pedraza y otra que exaltaba al caudillo Vicente Guerrero, republicano de tinte avanzado, quien contaba con el apoyo de los Estados Unidos. Triunfa Guerrero, ídolo de las masas y de los insurgentes que hicieron la Independencia. El prócer mestizo, honesto y puro como pocos, hace un buen gobierno y lleva a su lado a un estadista como don Lorenzo de Zavala, el primero que piensa en allegar recursos para el Estado gravando los bienes del clero. El prestigio del Gobierno se incrementa con la derrota del brigadier Barradas, un general español que al frente de tres mil hombres pretendió reconquistar México para la Corona de España. En aquella ocasión se distingue un joven militar, don Antonio López de Santa Anna, que ya se había hecho notar en el derrocamiento de Iturbide y la oposición revolucionaria de los federalistas exaltados al Presidente Félix Fernández, más conocido con el nombre de Guadalupe Victoria.

No obstante sus aciertos, el Gobierno del líder popular es rápidamente minado por el conservantismo y el militarismo personalista. La masonería tiene parte principal en estos sucesos. Las logias se dividen en escocesas o tradicionalistas y yorquinas o republicanas avanzadas. Las segundas mantienen a Guerrero y las primeras se suman a la reacción para atacarlo. No tarda el caudillo en ser derribado por el propio Vicepresidente de la República, don Anastasio Bustamante, antiguo militar realista, discípulo de Iturbide, que actúa después como republicano, pero termina por entregarse en brazos del conservantismo clerical. Hombre honrado, serio, de buenos propósitos, lo pierde su debilidad por la clase alta y se conduce en el poder como un simple instrumento de ella. Durante su régimen acusa energía y carácter en la persecución de los elementos populares y se anota la triste gloria del asesinato de Vicente Guerrero. El glorioso insurgente, traicionado en forma odiosa por un capitán mercante italiano, cae en manos de la reacción y es fusilado en Cuilapa, el 14 de febrero de 1831.

Mas no tarda Bustamante en caer, a su vez, ante el empuje de las fuerzas populares, que, tras algunos regímenes pasajeros, logran llevar al Gobierno a dos hombres que representan la fuerza y el espíritu del federalismo: el general López de Santa Anna y el jurisconsulto don Valentín Gómez Farías. El último echa, desde el poder, los cimientos de la que será, veinte años más tarde, la Reforma Liberal.

Ya centralistas y federalistas comienzan a cambiar de nombre y a designarse a sí mismos "conservadores" y "liberales". Los primeros llaman a los segundos "chinacos" o "demagogos" y se autodenominan la gente decente y de orden, amante de la paz pública, fiel de la religión católica. Continúan apoyándose en las tres potencias fundamentales del clero, el ejército y los criollos comerciantes y terratenientes. Los liberales, por su parte, se estiman el partido del progreso, la ciencia y la justicia. Se autoapellidan reformistas y patriotas puros. Ya se han ido precisando, en realidad, los caracteres de ambas tendencias. Mientras la una, la conservadora, quiere el total mantenimiento de los privilegios seculares y la sumisión absoluta a la autoridad moral y política de una Iglesia que tan bien sirve a sus fines, la otra, la reformista, aspira a separar la Iglesia del Estado, establecer la instrucción laica y obligatoria, obtener la circulación de los inmensos bienes estancados en manos eclesiásticas y algunas otras reformas menores.

El momento es decisivo. El Vicepresidente Gómez Farías inicia, el año 1833, el primer impulso de la Reforma, mientras ejerce el poder por ausencia de Santa Anna. Lo secunda un grupo de ideólogos y revolucionarios. El presidente interino hace negar en el Senado el exequátur a bulas papales que nombran prelados mexicanos. Comprende que tal es el arma del clero para rehuir la tutela superior del Estado. Estalla inmediatamente la rebelión militar financiada y alentada por los conservadores y el clero. Santa Anna sale a combatir a los rebeldes que, cosa curiosa, lo aclaman también como jefe. Gómez Farías extrema entretanto las medidas radicales que harán posible el regular funcionamiento del régimen democrático. Promulga una Ley de Instrucción Pública; declara ilegal la enajenación de bienes por los eclesiásticos, que sólo deben usufructuar de ellos; suprime la Universidad y el Colegio Mayor de Santos, centros de fanatismo religioso; rehusa el apoyo de la fuerza civil para el cobro de diezmos y otras obligaciones religiosas, etc. A estas medidas, el conservantismo responde con el grito de "¡Religión y fueros!", que simboliza el mantenimiento del régimen colonial.

El conservantismo sabe ganar a su causa al propio general Santa Anna, Presidente de la República, antiguo republicano y federalista, que, como Bustamante e Iturbide, se entrega de pies y manos a la reacción. Desde el mando supremo se da maña para alentar la rebeldía conservadora y destruir toda la obra del Vicepresidente. Hace desterrar a Gómez Farías. Ganoso de popularidad, emprende una campaña contra la lejana provincia de Texas, próxima a separarse de México. La campaña termina en el desastre de San Jacinto, en que Santa Anna queda prisionero. Para recobrar su libertad, temeroso de perder la vida, no trepida en firmar un convenio vergonzoso con el enemigo y volver a México en una goleta norteamericana, después de haber comprometido al país en una fuerte indemnización y perdido, en el hecho, la rica región de Texas. La impopularidad comienza a rodearle y se encarga de extremarla dictando en 1836 una especie de Constitución Centralista, a la que el pueblo, más por simpatía al federalismo que por oposición al sistema, fué abiertamente contrario desde el primer momento. Cae Santa Anna derribado por un ambicioso y torpe general, don Mariano Paredes y Arrillaga. Sube nuevamente a la Presidencia, por elección popular, el general Anastasio Bustamante, la otra figura militar que se reparte con Santa Anna el dominio del país durante este incierto período. Continúan las revueltas y la lucha armada entre conservadores y liberales. México se ve precipitado a una nueva guerra exterior. Esta vez es Francia, la Francia de Luis Felipe, la que bloquea y ocupa militarmente el puerto de Veracruz, cobrando una indemnización de 600 mil pesos. Vuelve a entrar en escena Santa Anna, que parte a Veracruz a organizar la resistencia. Es vencido nuevamente y otra vez firma un tratado gravoso para la riqueza nacional y denigrante para su soberanía. Pero pierde una pierna y logra aparecer como un héroe nacional.

EL PODER FUNESTO DEL GENERAL SANTA ANNA

Ya en este momento, 1839, su persona, que ya hace quince años figura en primer plano de la vida mexicana, llena la historia de todos esos años. Don Antonio López de Santa Anna recuerda algo a Iturbide y más aun a Porfirio Díaz, el otro célebre dictador reaccionario. Es hombre de inteligencia clara y escasa cultura, dotado de capacidad de organización y profundo conocimiento de su país y sus hombres. Enérgico, brutal, buen soldado pero mal general, carece de moral, de principios y de perseverancia. Ambicioso como Iturbide, tuvo, como él y como Díaz, la tendencia a entregarse al conservantismo, seguro de que éste le daría el poder que ambicionaba a cambio de su ayuda y cooperación.

Vuelve a hacerse cargo del mando y torna otra vez a ser derribado. El conservantismo, que lo ayuda cada vez que se siente amenazado por los liberales, deja de financiarlo cuando lo ve más o menos seguro en el poder. Se suceden los motines y los levantamientos, pero ya comienza a dibujarse en el horizonte la siniestra perspectiva de una guerra con los Estados Unidos. Santa Anna, con su cobardía y su torpeza, dejó abierta la puerta para una guerra en su desatinada expedición a Texas. La región tejana no está todavía, en el derecho, incorporada a la Confederación del Norte. La expansión territorial de los Estados Unidos es un hecho forzoso y habrá de hacerse a expensas de México. Se formalizan las amenazas de guerra con una reclamación del Ministro americano. Santa Anna recurre al astuto procedimiento de otras veces, cada vez que una dificultad seria le sale al paso en el Gobierno: deja el mando en poder de diversos interinos y procede rigurosamente contra los enemigos del centralismo que el país no ha querido ni podido aceptar. Esta vez falla el recurso. Un nuevo alzamiento lo derriba. Cae prisionero en Veracruz y destiérrasele, por resolución del Congreso, a Venezuela.

Corre el mes de mayo de 1845. Gobierna el general don José Joaquín de Herrera, que trata de negociar diplomáticamente con los Estados Unidos. Arma un ejército que coloca a las órdenes del general Paredes, en previsión de una posible guerra. En vez de marchar a la frontera y a pesar del peligro inminente de una invasión norteamericana, Paredes se alza contra el Gobierno y se apodera a viva fuerza del poder. Quiere establecer un Gobierno monarquista. Entrega el Gobierno a los conservadores ultramontanos;

instaura una dictadura semejante al Gobierno de Iturbide y da ocasión, con su imprudencia, a la declaración de guerra de los Estados Unidos.

El conflicto se inicia en mayo de 1846 y termina a los dieciocho meses, en forma catastrófica para los mexicanos. El general Taylor avanza desde las fronteras y derrota sucesivamente a los generales Arista y Ampudia en Palo Alto, Resaca de Guerrero y Monterrey. Entretanto, han estallado nuevos pronunciamientos en México. Paredes sale a combatir a los rebeldes y lo derriban los amigos de Santa Anna. Torna triunfante al país el inevitable general y se hace cargo, junto con el poder, de la dirección general de la guerra.

Cambian de táctica los norteamericanos. Envían una escuadra de desembarco a Tampico, que torpemente ha desguarnecido Santa Anna. El general Scott avanza sobre Veracruz. Santa Anna le sale al encuentro y es completamente derrotado en la Angostura, a pesar del heroísmo de sus tropas que, mal mandadas y peor equipadas, pelean con el valor de la desesperación. Los norteamericanos avanzan sobre Veracruz y desencadenan sobre la plaza un furioso bombardeo que casi sepulta a la población decidida a morir. Mas en la capital ha estallado otra vez, en esos gravísimos momentos, la revuelta acostumbrada. Nuevamente el mandatario en ejercicio es Gómez Farías, quien, falto de recursos militares, exige al clero —único capitalista nacional disponible— una contribución extraordinaria para continuar la guerra y evitar el desastre final. El clero se niega y provoca el motín más cobarde de la historia mexicana. El regimiento célebre de los "polkos", compuesto por milicianos reclutados entre comerciantes, rentistas, médicos, abogados, hombres de negocios, se alza en armas contra el Gobierno en vez de partir a Veracruz a defender a su propia patria, el 27 de febrero de 1847. Quince días duran los combates en las calles, donde los "polkos" combaten cargados de medallas y escapularios. Llega Santa Anna el

20 de marzo, destituye a Gómez Farías, llama al Gobierno a los autores del motín, recibe dos millones de pesos de la Iglesia en señal de agradecimiento por haber derogado el decreto de Gómez Farías y se dispone a continuar la guerra, que espera ha de darle algún lustre personal esta vez.

Cae Veracruz, el 27 de marzo, después de una honrosa capitulación que salva las vidas de los desfallecidos habitantes. Santa Anna desconoce la capitulación y marcha al encuentro de los vencedores que avanzan sobre México. Los enfrenta en Cerro Gordo y es vencido una vez más por la superioridad del enemigo y la habilidad de su jefe, el general Scott. Torna en seguida a México en los momentos en que ya le iban a derrocar nuevamente. Vuelven a ser derrotados los mexicanos en la Padierna y en el convento de Churubusco, donde hacen prodigios de valor. Santa Anna negocia un armisticio, que pronto se rompe. Tornan a avanzar los ejércitos norteamericanos. Vencen en Molino del Rey y toman a viva fuerza el castillo de Chapultepec, sólida fortaleza donde funciona el Colegio Militar de México. En la defensa del castillo mueren cubiertos de gloria los niños héroes Francisco Márquez, Agustín Melgar, Juan Escutia, Vicente Suárez, Fernando Montes de Oca y Juan de la Barrera. Al día siguiente son tomadas las garitas que guardan la entrada a la capital y ésta cae en poder del invasor la víspera del aniversario nacional.

Santa Anna huye primero a Puebla y después a Jamaica. Las negociaciones de paz terminan en el Tratado de Guadalupe Hidalgo. El desastre y la vergüenza nacionales son completos. México pierde Nuevo México, Alta California y Texas hasta el Río Bravo, es decir, 110.000 leguas cuadradas, la mitad de su territorio. A cambio de todo eso, como si fuera una limosna, recibe quince millones de dólares y se le reconoce el derecho de quedar libre de reclamaciones posteriores.

Hácese cargo del poder, con verdadera abnegación, el Licenciado Manuel de la Peña y Peña. Mas, apenas abandona el territorio nacional el ejército de ocupación, estallan asonadas y desórdenes que pronto culminan en una completa anarquía. La península yucateca, que había permanecido neutral en la guerra contra los Estados Unidos, arde en una lucha que comienza por disidencias políticas entre los blancos y termina por una guerra de castas, en que la población blanca está a punto de ser pasada a cuchillo por indios, negros, mulatos y mestizos enfurecidos. Vuelve a levantarse el traidor Paredes Arrillaga contra el gobernante legal, el general José Joaquín de Herrera. Se sublevan los indígenas del Estado de Jalisco. Y un jefe militar que pronto se haría célebre, Leonardo Márquez, se rebela también contra la autoridad tan penosamente constituída.

La situación llega a tal extremo que el general Herrera, impotente para contener aquel hirviente océano de pasiones y anarquías, entrega el poder al general Mariano Arista. Este hace un Gobierno moderado, serio y consecuente. Mas no cuenta con el conservantismo clerical, que le exige el aplastamiento definitivo de los "puros" o liberales. No tarda Arista en ser socavado por el eterno frondismo de la reacción fanática y latifundista, que vuelve sus ojos otra vez hacia el fatídico Santa Anna.

El mañoso general torna triunfante al poder y ahora sigue un camino distinto. Comprende que debe jugarse el todo por el todo. Instaura una atroz dictadura católica, que dura tres largos años. Persigue, encarcela, destierra y fusila a todo posible enemigo u opositor. Inicia, por fortuna sin resultado, las gestiones para realizar el viejo sueño de los conservadores: la creación de una monarquía servida por un príncipe del Viejo Mundo o la transformación del país en un protectorado europeo. Dicta una drástica ley de imprenta. Se incauta de todas las rentas estaduales y municipales. Crea una policía secreta y un ejército desmesurado. Atacado por una manía de grandeza que estimula hábilmente el conservantismo, se hace nombrar Alteza Serenísima y Dictador vitalicio y perpetuo. Piensa en traer una guardia palatina de suizos para su resguardo personal. Restaura la orden de Guadalupe creada por Iturbide. Reparte condecoraciones entre los caudillos militares y los jefes clericales. Por último, no saciado aún, vende a los Estados Unidos, en diez millones de dólares, que fueron instantáneamente despilfarrados, el territorio de La Mesilla, inmediato a Nuevo México.

Es el apogeo de su ebriedad de poder. También el apogeo de los Gobiernos conservadores, que no trepidaron, como en la guerra de 1846-1847, en traicionar a su propia patria a trueque de defender sus privilegios y proteger los caudales de la Iglesia romana.

LA REFORMA LIBERAL Y LOS TRES AÑOS

Mas, esta dictadura, como todos los regímenes reaccionarios de violencia, apresura la cristalización de este período de caos y desconcierto en que clericalismo y militarismo son los factores dominantes. Se acerca la consolidación de los sucesivos movimientos revolucionarios que, para asegurar la vida del régimen republicano democrático, han luchado durante largos años contra el espíritu y las instituciones coloniales, representados por el conservantismo y simbolizados en la fórmula "¡Religión y fueros!". Se está gestando, en el subsuelo de la vida mexicana, la Reforma, movimiento liberal de tipo avanzado, anticlerical, nacionalista, que reanuda la antigua tradición revolucionaria del país. La Reforma, como la Independencia proclamada por Hidalgo y después por Morelos, tiende a realizar en parte el ideal histórico de la abolición de las clases y los privilegios. Y al ser dirigida contra el clero y la alta clase poseedora viene a constituir, después de la genial intuición de Morelos, el primer movimiento en pro de la liberación definitiva del pueblo mexicano.

Maduro está el momento. Veintidós años antes, en 1833, don Valentín Gómez Farías y el doctor Mora, y antes que ellos el financista del Presidente Guerrero, don Lorenzo Zavala, han planteado la necesidad de cortar las garras al clero y al ejército para hacer posible el régimen republicano democrático. La conciencia liberal se ha ido formando, poco a poco, durante los trágicos años de Santa Anna, Bustamante y Paredes. La dictadura de la Alteza Serenísima, grotesca, suntuaria y feroz, ha hecho desbordar el vaso lleno hasta los bordes. Aun se mantiene vivo en el Sur, la tierra indígena de don Vicente Guerrero, el odio a los blancos que lo asesinaran traidoramente. Y basta un solo grito, lanzado en Ayutla el 1.o de marzo de 1855, para ocasionar el rápido derrumbe de la dictadura.

El "Plan de Ayutla", o grito revolucionario de ese nombre, no contenía, al parecer, gran cosa de nuevo. Desconocía a Santa Anna, auspiciaba la elección inmediata de un Presidente Provisional y aspiraba a convocar un Congreso que dictara una Constitución. Pero era sólo la envoltura política del irresistible movimiento republicano, nacionalista y anticlerical.

Bastan pocos meses, 9 de agosto de 1855, para que huya el Dictador López de Santa Anna, desapareciendo esta vez para siempre del escenario mexicano. El jefe suriano don Juan Alvarez inicia el 4 de octubre un régimen de transición en el que, como ocurre siempre, no tardan en formarse dos tendencias entre los vencedores: una, avanzada, resuelta, y otra contemporizadora, tendiente a pactar con los enemigos de ayer. La primera es la de los "puros" o liberales ortodoxos. La segunda, la de los moderados o enemigos de las reformas extremas. Acaudilla a la primera, apenas triunfante el movimiento, un obscuro indio zapoteca que pronto adquiriría renombre mundial: el Licenciado don Benito Juárez. Representa a la segunda un militar distinguido e influyente, don Ignacio Comonfort.

Ambos forman parte del primer Ministerio del general Alvarez, gabinete revolucionario y extremista que integran dos líderes del reformismo: el legislador Melchor Ocampo y el poeta Guillermo Prieto. Es un Gobierno histórico, que convoca un Congreso Constituyente, quiere formar una guardia nacional para substituir al ejército y se atreve hasta a dictar una ley que suprime el fuero eclesiástico y el fuero militar. La corriente moderada se atemoriza y logra al poco tiempo, diciembre de 1855, substituir al general Alvarez con el general Comonfort.

El general Comonfort forma un Ministerio moderado y se dispone a hacer un Gobierno prudente. Pero la violenta reacción clerical no lo deja. La supresión del fuero eclesiástico provoca el primer levantamiento de indios al mando de sacerdotes. Las tropas enviadas a sofocar la rebeldía se pliegan a ella y ocupan Puebla. El Presidente se ve obligado a salir a campaña y aplastar militarmente la insurrección. Sigue agitándose el clero y Comonfort corresponde desterrando a un obispo y tomando otras medidas enérgicas. Se resuelve entonces a seguir el programa de los "puros" y cumplir las finalidades históricas de la revolución de Ayutla.

En ese momento se dictan las primeras leyes reformistas, que niegan la coacción civil para el cumplimiento de los votos monásticos y que disuelven la Compañía de Jesús. Entonces se aprueba la célebre Ley Lerdo, que desamortiza, es decir, ordena vender los cuantiosos bienes que permanecen estancados en manos del clero y de corporaciones civiles. Se dicta un "Estatuto Orgánico" o carta constitucional provisoria. Se atiende a las primeras reclamaciones extranjeras por daños y perjuicios a sus nacionales avecindados en México. Y se afronta con decisión la insurrección general de las bandas católicas que al grito de "¡Religión y fueros!", portando una cruz roja en el pecho, pretenden imponer el fanatismo por las armas.

Aquellos instantes de pasión y de lucha armada tienen una trascendencia que flota en el ambiente. Bien lo comprenden los constituyentes de 1857, que discuten serenamente y votan, en medio de la tempestad, la notable Constitución de 1857, una de las más avanzadas del mundo de entonces. En aquel Congreso se da cita un grupo de hombres eminentes, venidos de todas partes del país al conjuro del destino. Se les denomina los hombres de la Reforma. Secundan a políticos como Benito Juárez y Miguel Lerdo de Tejada. Son intelectuales de nuevo cuño, forjados en los institutos de los Estados, crecidos en el fragor de la lucha fratricida, animados de un sentido nacionalista y patriótico. Se han dedicado a la política, la historia, la poesía y la literatura. Los une a todos un ideal y la gravedad de una hora decisiva para la patria. Se llaman Melchor Ocampo, jurisconsulto; Ignacio Ramírez, orador, Tirteo jacobino de aquella hora; Ignacio María Altamirano, hombre de letras y parlamentario; Guillermo Prieto, poeta y estadista; Francisco Zarco, periodista y orador; José María Mata y Ponciano Arriaga, oradores e ideólogos extremistas.

Era aquélla una Constitución de tipo democrático. Creaba una República representativa, popular, federal. Consultaba la división del Estado en tres poderes; reconocía la soberanía popular y los derechos ya clásicos, pero aun desconocidos, de libertad, igualdad propiedad y seguridad personal; establecía una sola Cámara, la de Diputados; dividía al país en 23 Estados y un territorio perfectamente autónomo, salvo en lo tocante a relaciones internacionales. Lejanamente inspirada en los principios de la Revolución Francesa, hija directa de la Constitución norteamericana, la nueva Carta Fundamental contenía, primitivamente, dos principios esenciales: la libertad de enseñanza y la tolerancia de cultos, que no pudo ser incluída en el texto definitivo del 5 de febrero de 1857.

La promulgación del nuevo Código Político provoca una rabiosa campaña de la Iglesia, que amenaza con excomulgar a los funcionarios públicos que, según la ley, debían jurar guardar la Constitución recién promulgada. Llegóse hasta negar los Sacramentos, aun en artículo de muerte, a todos los que no se retractasen del juramento prestado. Es, ya, el comienzo de la guerra religiosa que no tardará en estallar, empapando en sangre el suelo mexicano y provocando la intervención extranjera y la ocupación del país.

Ascienden al poder, elegidos según la nueva Constitución, el general Ignacio Comonfort, Primer Mandatario, y el Licenciado Benito Juárez, Presidente de la Suprema Corte de Justicia, es decir, Vicepresidente de la República. Diez y siete días más tarde, el general Comonfort, convencido de que no podrá gobernar con semejante Carta, acepta y legitima, el 17 de diciembre de 1857, un nuevo "Plan", el de Tacuyaba, que levanta el general Félix Zuloaga. Aquel documento, que pide un nuevo Congreso y una nueva Constitución, ocasiona la caída de Comonfort, a quien abandonan los conservadores después de haberlo utilizado como rebelde en contra de sí mismo.

El 11 de enero de 1858 un pronunciamiento militar coloca en el poder al general reaccionario, antiguo satélite de Santa Anna, Félix Zuloaga. Ocho días más tarde, en Guadalajara, el Licenciado Benito Juárez forma Gobierno, en su carácter de Presidente constitucional substituto. Quedan, pues, frente a frente, dos Gobiernos antagónicos y se inicia la sangrienta Guerra de Tres Años.

Guanajuato, Jalisco, Zacatecas, San Luis, Michoacán y Aguas Calientes se pronuncian en favor de la Constitución. Juárez forma un Ministerio avanzado y toma medidas resueltas. En México, entretanto, el

Gobierno de Zuloaga deroga todas las leyes y disposiciones reformistas y se dispone a terminar, a mano armada, con el liberalismo y su Constitución. Sufren los liberales la primera derrota en Salamanca. Estalla un motín en Guadalajara, y Juárez salva su vida a duras penas, sólo gracias a su serenidad. El caudillo militar conservador, general don Miguel Miramón, inicia la victoriosa campaña que ha de terminar con una completa victoria en Ahualulco de Pinos. Juárez se ve obligado a huir a Panamá en compañía de sus Ministros Ocampo, Prieto, Ruiz y Guzmán. El triunfo se ha decidido por las fuerzas conservadoras. Las acciones de gracias suben al cielo entre espirales de incienso. Miramón es recibido bajo palio a su regreso a la capital, donde no tarda, en febrero de 1859, en hacerse cargo del poder.

Mas no hay fuerza humana que pueda vencer al indomable Juárez. Cruza el Istmo de Panamá y desembarca en Veracruz, donde establece la sede del Gobierno legítimo. Infunde nuevos ánimos a los partidarios de la Constitución. Rechaza un formidable ataque de Miramón. Obtiene el reconocimiento de los Estados Unidos. Y aun cuando su Ministro de Guerra, el general Santos Degollado, sufre una sangrienta derrota en Tacubaya a manos del cruel Leonardo Márquez, el Presidente no ceja en sus empeños por alcanzar la victoria.

A un manifiesto del general-Presidente Miramón, contesta con otro, terminante y enérgico, firmado en unión de Ocampo, Ruiz y Lerdo de Tejada, en que preconiza la necesidad de separar la Iglesia del Estado, suprimir las congregaciones de frailes regulares, clausurar las confesiones religiosas, cerrar los noviciados, declarar voluntario para los fieles el pago de servicios al clero, establecer la libertad de cultos y nacionalizar los bienes del clero.

Es una estocada a fondo, temeraria y decisiva, que puede costarle la vida. Pero Juárez no tarda en realizar totalmente, desde Veracruz, en plena lucha, sin estar seguro ni de su propia existencia, el radicalísimo programa del manifiesto. Tales son las "Leyes de Reforma" destinadas a poner término a la guerra, castigando al clero que pretende dominar al Estado y que ha originado, prolongado y financiado esta guerra fratricida.

La primera de ellas, la más importante de todas, dictada el 12 de julio de 1859 y conocida con el nombre de "Ley de nacionalización de bienes eclesiásticos", declara propiedad de la nación los bienes del clero; establece la separación de la Iglesia del Estado; suprime todas las congregaciones, comunidades y cofradías; prohibe establecer nuevos conventos y usar hábitos de órdenes suprimidas; clausura los noviciados y hace entrega a las bibliotecas y museos nacionales de todos los libros, cuadros y obras de arte de los conventos clausurados. A ésa siguen las otras "Leyes de Reforma": ocupación de bienes eclesiásticos, matrimonio civil, registro civil, secularización de cementerios, supresión de gran parte de las festividades religiosas y establecimiento definitivo de la libertad de cultos.

Continúa la guerra en todo el país, pero aun cuando las tropas clericales llevan la mejor parte, no pueden obtener ni el control ni la pacificación de México. Miramón triunfa en Estancia de Vacas y fleta dos barcos en Cuba con elementos de guerra, que pueden decidir la suerte de la contienda. Pero Juárez logra, con el apoyo de los Estados Unidos, apoderarse de ambos navíos. Miramón obtiene algunos últimos triunfos en el Norte, pero comienzan ya sus reveses. Los generales "puros" González Ortega, Degollado y Zaragoza alcanzan triunfos consecutivos. Primero Silao, después Guadalajara, en seguida Zapotlanejo. Por último, la victoria decisiva, obtenida en los llanos de San Miguel de Calpulálpam por González Ortega sobre Miramón, el 22 de diciembre de 1860.

Al iniciarse el nuevo año el 1.o de enero de 1861, entran a México los vencedores y se pone término, con el triunfo de la Reforma, a la Guerra de Tres Años.

Diez días más tarde Benito Juárez, el Presidente Constitucional, hace su entrada solemne en la capital que permaneciera tres años en poder de los rebeldes. Su política está a la altura de las circunstancias. Nombra un gabinete de "puros" reconocidos. Expulsa a los representantes diplomáticos de Ecuador, Guatemala, España y la Santa Sede que habían hecho causa común con los sublevados. Destierra, por iguales causas, al Arzobispo de México y algunos prelados. Y, por último, toma una determinación, grave como todas las suyas: suspender, durante dos años, el pago de todas las deudas públicas, incluso las contratadas con el extranjero bajo garantía de las aduanas.

Pero el fanatismo religioso y el anarquismo político aun no se creen vencidos en el campo de batalla. Continúan las guerrillas asolando los campos. Una banda de fanáticos asesina bárbaramente, en su hacienda de Pomoca, a Melchor Ocampo, uno de los hombres más puros y respetados de la Reforma. El homicidio provoca una explosión de cólera popular y obliga al Gobierno a perseguir a los asesinos. El coronel Buitrón derrota a esas fuerzas en el Monte de las Cruces y el jefe de ellas, el general Santos Degollado, es fusilado en el campo de batalla. Uno de los jefes más jóvenes y prestigiosos del ejército constitucional, Leandro Valle, persigue a los victimarios de Ocampo y Degollado y cae en manos del feroz Márquez, quien lo derrota y hace pasar por las armas, cuando aun no cumple veintinueve años de edad.

La rebelión parece cobrar nuevos bríos. Envalentonado por su triunfo, Márquez llega hasta una de las "garitas" de la capital y allí lo rechaza con fuertes pérdidas un general desconocido, de nombre Porfirio Díaz. El Gobierno se decide a aplastar a los últimos núcleos clericales y envía en su persecución al vencedor de Calpulálpam, Jesús González Ortega. Primero en Jalatlaco y después en Pachuca son derrotados los generales Leonardo Márquez y Félix Zuloaga y, con ellos, ya para siempre en el terreno de las armas, el conservantismo beligerante.

Pero estaba escrito que Juárez, el gran luchador, no tuviera un momento de reposo. Ya parece obtenida la paz interna cuando se nubla rápidamente el horizonte internacional. Los elementos conservadores continúan intrigando en Europa y concitando contra su propia patria la opinión del Viejo Mundo. No han dado resultado hasta ahora los esfuerzos hechos durante los Gobiernos de Paredes, Santa Anna, Zuloaga y Miramón para exhumar el "Plan de Iguala" y establecer en México una monarquía o, por lo menos, un protectorado que garantice la impunidad de los Gobiernos clericales.

Alarmados ante la suspensión de pagos en México, Francia, España e Inglaterra, los más fuertes acreedores, acordaron en Londres, el 31 de octubre de 1861, ir a una intervención armada en México con el fin de obtener el pago de los créditos insolutos. Convienen la organización de una expedición de guerra que sólo ocupará las defensas militares de la costa del Golfo de México y forzará a pagar, en tal forma, a un Gobierno que sus propios connacionales les han pintado como desprovisto de todo honor y todo escrúpulo. Las tres potencias estipulan expresamente no conquistar territorios ni obtener ventajas particulares, mucho menos intervenir en la política interior y la forma de Gobierno establecida en México.

MAXIMILIANO DE AUSTRIA, EL EMPERADOR INFORTUNADO

El 8 de enero de 1862 se encuentran reunidas en Veracruz, ya en poder de las fuerzas españolas de ocupación, las escuadras de los tres países.

Formúlanse inmediatamente las reclamaciones. El

Gobierno de Juárez contesta con energía y prudencia a todas ellas. La mayor parte han sido ya satisfechas y las restantes son solucionadas prontamente. Inglaterra y España se dan por satisfechas. No así Francia, cuyas reclamaciones encubrían, por una parte, la turbia negociación financiera de los bonos Jecker y, por otra, las ambiciones secretas de Napoleón III, que pretendía contrabalancear la influencia de los EE. UU. en la América Latina y extender hasta tierras de México el poderío político del Imperio Francés, mediante la imposición de una monarquía dependiente de las Tullerías.

Las intenciones intervencionistas de Francia se hacen tan evidentes en el curso de las negociaciones entabladas en Orizaba, que Inglaterra y España declaran rota "la alianza tripartita" y se apresuran a retirar sus escuadras de Veracruz. Antes de partir, el jefe español, don Juan Prim, que se ha impuesto de la verdadera situación mexicana, profetiza el trágico fin de aquel imperio extranjero que se pretende establecer sobre un pueblo libre.

Los ejércitos franceses se niegan a retroceder, y, por el contrario, avanzan hacia el interior, recibiendo el auxilio de las guerrillas que aun manda Leonardo Márquez. Juárez se prepara, sin dinero, sin medios, sin ni siquiera contar con la cooperación de todos sus compatriotas, a resistir al pequeño aunque poderoso ejército francés que manda el general Latrille, conde de Lorencez. El primer choque se produce en Puebla, defendida por el ejército que comanda el general Ignacio Zaragoza. El ejército francés es derrotado ante el asombro del mundo entero, que comienza a comprender que México no es una nación bárbara y desintegrada, sino un país animado de un vivo sentimiento de nacionalidad.

La victoria de Puebla despierta el patriotismo de la nación entera, aun cuando haga redoblar la actividad del clero y el conservantismo en favor de la intervención extranjera. Napoleón, despechado, envía un ejército de 30.000 hombres al mando del Mariscal Forey. Esta enorme masa de tropa de línea se esparce como un alud por el país, sitia y toma a Puebla, que capitula después de un sitio memorable, y entra, por fin, a México, después de una campaña rápida y sangrienta, el 10 de junio de 1863. Las tropas ocupantes fabrican una Junta Superior de Gobierno, que designa una Junta Gubernativa compuesta por el Arzobispo de México, Monseñor Labastida, y los generales clericales Almonte y Salas. Al mismo tiempo, la Junta Superior, integrada por 35 miembros, convoca a 215 notables, conservadores todos, para que decidan la futura forma de Gobierno. El 10 de julio, por unanimidad, los notables acuerdan el establecimiento de una "monarquía moderada hereditaria, con un príncipe católico", que, como soberano, tomará el "título de Emperador de México" y el cual vendría a ser "S. A. I. y R. Fernando Maximiliano, Archiduque de Austria, y sus descendientes".

Así quedó consumado, por obra del fanatismo, la traición de las clases altas y las ambiciones de un soberano teatral como Napoleón III, el inaudito escamoteo de la soberanía, la dignidad, el territorio y las riquezas de todo un pueblo.

Alto, arrogante, de noble presencia, con límpidos ojos azules y una majestuosa barba rubia, Fernando Maximiliano de Habsburgo era el príncipe menos indicado para tan arriesgada aventura. Culto, ilustrado, artista, de espíritu sutil y conversación brillante, aficionado al arte y la vida señorial de su castillo de Miramar, el inopinado Emperador carece de dotes políticas, de talento militar, de energía y hasta de carácter. No conoce el país ni el medio. Y él, que ha sido un príncipe amable y cortés, triunfador en un medio refinado, cae en tierras de México como una paloma en un risco de águilas.

Mas el instinto le advierte el peligro. Vacila en aceptar. Impone condiciones a los enviados de la Junta de Notables. Exige que el pueblo mexicano lo llame.

Quiere que su imperio sea la expresión de un unánime anhelo nacional. Su alma romántica, densa de ensueño y de quimera, ambiciona el rol de Mesías, el de Padre. Y su situación económica misma, un tanto desmedrada desde que se le quitara el mando de la flota del Adriático, también lo apremia. El ensueño y el interés se aúnan en el alma del infortunado príncipe. Y si alguna reserva le quedare, allí está Carlota de Bélgica, su mujer, bella y ambiciosa, más inteligente, más práctica, más enérgica y voluntariosa también, que lo ama y a quien él ama locamente. ¿Qué cosa mejor que un trono puede poner a los pies de la amada?

No tarda en ser vencido su último escrúpulo. Una nueva comisión se presenta en Miramar. Trae, en varios álbumes, el ruego ferviente de la nación mexicana que lo reclama. Son centenares, millares de firmas: prelados, sacerdotes, comerciantes, industriales, grandes agricultores y hasta hombres del pueblo. Don Teodosio Lares, el presidente de la Junta de Notables, habilidoso anciano conservador, ha hecho bien las cosas. Los habitantes de todas las regiones ocupadas han sido obligados a firmar. Otros han firmado espontáneamente. Y algunos ni siquiera saben que sus nombres figuran en el entusiasta documento.

Una larga conversación con el Papa Pío IX y otra con Napoleón, Emperador de los franceses, terminan de decidirlo. Conviene con Bonaparte un extenso tratado, algunas de cuyas cláusulas son secretas. Contará, durante seis años, con un ejército de ocupación de veinticinco mil hombres. Pero reconoce el crédito leonino de Jecker. Y pagará 346 millones de francos como gastos totales de guerra, y 1.000 francos anuales por cada soldado, y 400.000 por cada viaje quincenal de cada transporte de guerra. Finalmente, y esto en secreto, se compromete a imprimir una orientación liberal a la política del Imperio.

Es la muerte, pero él no lo sabe. Jamás México podrá pagar sumas que aventajan, cada una, a los recursos presupuestarios mayores de que ha podido disponer nunca el Estado. Y menos hacer política liberal el soberano que ha sido impuesto contra el Gobierno legítimo. Y ni siquiera contará con el elemento conservador, que espera verlo entregarse a sus ansias de desquite y al estallido de su odio.

En Trieste se embarca en "La Novara", fragata de guerra austríaca. Lleva ocho millones de francos y un numeroso séquito de nobles belgas y austríacos. Parece un viaje de placer. A bordo, durante la travesía, se discute el ceremonial de las futuras ceremonias palaciegas, los decorados del salón del trono, el uniforme de los cortesanos, las cruces y medallas que constelarán los pechos adictos, los cargos y las rentas que se distribuirán entre estos buenos amigos que acompañan a la pareja en su romance.

Sólo en Veracruz, cuando sobre él pesa el frío del recibimiento popular, comienza a recordar sus antiguas inquietudes. Carlota llora ante este primer fracaso. Los intransitables caminos, la rudeza del clima, la miseria de alojamientos improvisados: todo parece un presagio. Mas llega el día de la entrada a México. Doblan las campanas de los templos. Se alzan arcos triunfales y banderolas por todos lados. Resuenan himnos y charangas. La alta sociedad mexicana, el clero y el ejército de ocupación rivalizan en aclamaciones y lluvias de flores. La pareja juvenil sonríe feliz. Sólo que ignoran que el pueblo ha asistido a los festejos en silencio, y con el rostro contraído. Y no imaginan, tampoco, que estas fiestas, este espontáneo júbilo, ha costado $ 336.473 a las exangües arcas de la nación.

Al día siguiente, 13 de junio, comienza el despertar del delicioso sueño. Nombra sus primeros Ministros, dos conservadores y dos liberales moderados. El conservantismo no oculta su desilusión. Maximiliano ha cumplido con la promesa hecha a Napoleón, y también con su propio pensamiento y el de su mujer, porque ambos recelan, instintivamente, del apoyo peligroso de este clero tan agresivo, tan desprovisto de la humildad y la mansedumbre cristianas.

No sólo son políticos los primeros tropiezos. En las arcas fiscales no hay un peso mexicano. Los impuestos y gravámenes han llegado ya al colmo. No es posible seguir exigiendo contribuciones de guerra. Los particulares ricos y la Iglesia lo esperan todo del Emperador, pero no le prestan apoyo pecuniario alguno. ¿Cómo van a ser financiadas las sumas que ha consultado la real pareja para sus gastos anuales: un millón y medio Maximiliano y doscientos mil pesos Carlota?

Además, no todo está tan tranquilo como ambos quisieran. Aquel indio obscuro, de precario físico, ese Benito Juárez, no quiere rendirse, ni entregarse, ni someterse. Va de pueblo en pueblo, perseguido siempre por las tropas imperiales, al frente de su ridículo y diminuto Gobierno republicano. Ni ha abdicado el poder, ni resignado el mando, ni designado sucesor alguno. Sigue siendo el mandatario constitucional de un pueblo que, en el fondo de su alma, lo admira y lo sigue. Porque Maximiliano, hombre sensible e intuitivo, se ha dado cuenta del problema mexicano y comprendido bien la procedencia de las apretadas firmas que llegaron hasta el castillo de Miramar.

Mas hay que seguir la aventura hasta el final. Carlota, romántica y exaltada, lo impulsa a continuar adelante. El Emperador que sostienen franceses, austriacos, belgas y mexicanos renegados, está dispuesto a gobernar, a hacer justicia, a procurar la felicidad de su pueblo. Pone un atajo entonces a la reacción fanática que quiere ahogar su Gobierno. Circunscribe al clero a los templos. No sólo no deroga las leyes fundamentales de la Reforma, sino que aun dicta algunos decretos inspirados en ellas: uno que obliga a los eclesiásticos a prestar sus servicios gratuitamente; otro que sujeta las bulas y breves pontificios al exequátur del Ministerio de Justicia; otro que declara como religión oficial la católica, pero reconoce al mismo tiempo la libertad de cultos.

El clero, que se siente defraudado en sus esperanzas de manejar el imperio en provecho propio, abre sus fuegos contra este Emperador "reformista", contagiado de virus liberal. La hacienda pública, estrangulada por los compromisos acordados con Francia, acentúa más y más su bancarrota. El Estado no tiene medios para procurarse nuevos recursos. El Mariscal Bazaine, jefe ahora de las tropas de ocupación, multiplica sus exigencias y pone mayores trabas al gobierno de Maximiliano. Y, para colmo, hay que seguir luchando contra los "puros", a los que hay que batir militarmente, desalojándolos pueblo por pueblo. Cierto es que Bazaine obtiene victorias sucesivas y va extendiendo sus tropas hacia el Norte. Pero, de cuando en cuando, los mexicanos derrotan a los franceses en combates parciales. Ya es el general Antonio Rosales, que triunfa en San Pedro de Sinaloa. Ya el general Porfirio Díaz, que se hace fuerte en Oaxaca y obliga a Bazaine mismo a iniciar un sitio en toda regla. Ya el general Nicolás Régulez, que, al asaltar el pueblo de Tacámbaro, emula, sin saberlo, a Guzmán el Bueno, ordenando el fuego sobre una trinchera en que están su mujer y sus hijos.

El imperio, aparentemente robusto, se aproxima, sin embargo, a su agonía. Es aquella favorable reacción de los moribundos. Se suceden algunos meses en que la esperanza parece sonreír a la pareja austrobelga, novelesca y enamorada. El indio zapoteca Benito Juárez, perseguido como una alimaña, ha terminado por abandonar, el 15 de agosto de 1865, el territorio nacional y confinarse en la frontera con los EE. UU. Aun quedan síntomas de insurgencia, pero una ley draconiana, exigida por Bazaine, promulgada el 3 de octubre, termina de pacificar el país a sangre y fuego. Caen a centenares los ciudadanos sospechosos de desafección al régimen. Los fusilamientos tiñen nuevamente de sangre el territorio nacional. El clero y las altas clases, satisfechos otra vez, paralizan momentáneamente su campaña contra Maximiliano.

Pero estalla una bomba: Napoleón retira el ejército de ocupación. Los EE. UU., terminada ya la Guerra de Secesión, exigen a Francia la retirada de sus tropas de una República que es su inmediata vecina. Thiers y el liberalismo francés acosan a Napoleón III por la intervención imperial en un país libre. Prusia, donde ya amanece el genio de Bismarck, tiene una actitud cada vez más amenazadora. Tampoco el suelo mexicano brinda las riquezas fabulosas de que tanto se hablara y su población no es, con mucho, un rebaño dócil, sino una masa turbulenta, indomable, que ha luchado por su independencia hasta el límite de las fuerzas humanas.

La catástrofe se avecina. El anuncio del retiro de Bazaine y los suyos marca el comienzo del último acto de éste, que comenzó en un romance y ha de terminar en un drama. Bazaine concentra sus tropas para embarcarlas. Cada ciudad, cada pueblo, cada villorrio es ocupado por las huestes federales apenas lo evacuan los hombres de Bazaine. Muchas veces se producen refriegas y hasta batallas. La prisa por recuperar el suelo patrio aguijonea a guerrilleros y jefes liberales, que se lanzan al ataque en todas partes. Franceses e imperialistas se van replegando hacia la capital y las costas antillanas. Escobedo vence en Santa Gertrudis. Martínez triunfa en Cerralvos y obliga a Tomás Mejía, uno de los jefes clericales, a capitular en Matamoros. Sus compañeros ocupan, casi sin combatir, Monterrey, Saltillo, San Luis, Potosí, Hermosillo, Guaymas. La retirada comienza a parecerse a una fuga, que aceleran los avances triunfales de Ramón Corona, en Jalisco; de Porfirio Díaz, en Oaxaca; de Régulez y Riva Palacio, en Michoacán.

Así termina el año 1866. El 15 de marzo siguiente se embarca el último soldado francés. Maximiliano se siente solo. Quiso abdicar un año antes, al saberse la decisión de Napoleón, pero lo persuadió de lo contrario su mujer, la intrépida Carlota, que en julio partiera a Europa en demanda de protección del Emperador francés o de algún príncipe europeo. Desesperada, frenética, peregrinó de Corte en Corte y, por fin, ha perdido la razón. Al saberlo, Maximiliano se aísla de todos y parte ocultamente hacia Veracruz. Abdica en secreto y quiere embarcarse con Bazaine. Pero recibe noticias de Austria y comprende, a tiempo, que en su propio país no encontrará asilo. Vuelve entonces a México, resignado ya a su suerte, preparándose a sobrellevar la cárcel, la infamia, la muerte, todo lo que quiera reservarle el destino.

Se entrega en brazos del partido conservador. Los ultramontanos apodéranse del Gobierno y procuran convencer al infeliz Emperador de que cuentan, aún, con los recursos y las fuerzas militares necesarios para aplastar la marea liberal que avanza, como un pleamar, desde todos los puntos del país. Pero Maximiliano no les cree. Está solo, y lo sabe. Sólo piensa en la bella Carlota, sonriente y desventurada, que en esos momentos vive sumida en la noche de la locura.

El Licenciado Teodosio Lares y los suyos se lanzan a la lucha confiados. Llaman a los generales Miramón y Márquez. Organizan un ejército, cuya base es un fuerte cuerpo de austríacos, belgas y franceses. Derraman dinero a manos llenas. Cuentan con el apoyo automático de todas las altas clases. Prelados, terratenientes, comerciantes y rentistas se agrupan en torno al Imperio. En los templos elévanse preces y rogativas por el triunfo en los campos de batalla. En los púlpitos resuena la voz de los predicadores prometiendo la bienaventuranza eterna a quien tome las armas por el Imperio —que es grato a Dios— y luche contra aquellos réprobos que encabeza Benito Juárez, el Anticristo.

Porque éste no ha desaparecido. Su sombra vuelve a llenar todo el horizonte. Broncíneo, inflexible, imperturbable: tiene algo de ídolo que no perdona. Marcha junto a los ejércitos de la Constitución y de la patria ofendida. Apenas sus generales ocupan una ciudad, allí llega su Gobierno, sereno y confiado, como si nunca hubiera ocurrido nada.

La marejada sigue creciendo. Pronto llegará hasta México y sepultará al Imperio, como el océano a un navío desmantelado. Porfirio Díaz vence a Testard en Mihuatlán y deshace en La Carbonera al príncipe Kevenhuller y sus aguerridos austríacos. Ramón Corona ocupa Mazatlán. Eulogio Parra derrota en La Coronilla al francés Sayan y sus tercios napoleónicos. Zacatecas es ocupada por Escobedo, el general con rostro de capuchino y alma de soldado. Pero allí llega también el león militar del conservantismo, Miguel Miramón, que con la rapidez del rayo aprovecha un momento favorable, ocupa Zacatecas a su vez y casi coge a Benito Juárez, recién llegado allí con su Gobierno. Mas, el destino ha pronunciado ya su fallo. Días después, el 1.o de febrero de 1867, Escobedo aplasta decisivamente a Miramón, en San Jacinto.

La tragedia toca a su fin.

Horrorizado, deseoso de poner fin a una carnicería de la que se siente culpable, Maximiliano pide consejo al jefe del clericalismo, Teodosio Lares. Escribe entonces aquella carta que muestra toda la nobleza a la vez que la ceguera de su alma. "El Imperio no tiene, pues, en su favor la fuerza material, ni tampoco la fuerza moral: los hombres y el dinero huyeron de él y la opinión se pronuncia de todas maneras en su contra. Por otra parte, las fuerzas republicanas, que injustamente se ha trado de representar como desorganizadas, desmoralizadas y sólo animadas del deseo de pillaje, prueban con sus actos que constituyen un ejército homogéneo, estimulado por el valor y la habilidad de su jefe y sostenido por la idea grandiosa de defender la independencia nacional, que cree puesta en peligro por la fundación del Imperio."

El Licenciado Lares, viejo apergaminado, fanático, animado de un odio inextinguible a los "puros", no trepida en firmar la sentencia de muerte de Maximiliano: le aconseja refugiarse en Querétaro, para evitar el sitio de la capital, y rodearse de entusiastas partidarios del Imperio. Así lo hace Maximiliano, que se encierra en una plaza casi imposible de defender, al frente de las tropas de Tomás Mejía y Ramón Méndez. Son nueve mil hombres y dieciocho cañones los que guardan ahora el último vestigio del Imperio: la persona del soberano.

Escobedo y Corona, dos jefes a los que sonríe la victoria, atacan el 14 de marzo al frente de veinte mil hombres. Son rechazados una y otra vez. Miramón, el caudillo conservador, hace prodigios. Pero el dogal de acero se estrecha más y más sobre la plaza sitiada. Leonardo Márquez consigue romper el cerco y corre a México en busca de víveres, tropa y armamentos. Por desgracia, no cumple lo prometido y va en defensa de Puebla, la otra plaza que —aparte de la capital y de Veracruz— queda aún en poder de Maximiliano. Allí cerca, en San Lorenzo, lo derrota Porfirio Díaz. Desvanécese la última esperanza de auxilio para los defensores de Querétaro.

El hambre hace desfallecer a los sitiados. Algunos desertan y el ejército sitiador aumenta constantemente. Ya no cabe una resistencia mayor. Nadie quiere hablar de rendirse; pero Maximiliano, que cree posible salvar su cabeza bajo palabra de honor de no volver nunca a México, decide entregarse cuando Corona ocupa el Convento de la Cruz, llave de la ciudad, y es imposible seguir resistiendo. Se rinde en el Cerro de las Campanas al general Corona y entrega su espada al general Escobedo, quien se niega a entrar en negociaciones con el que es prisionero del Gobierno de la República.

Se somete a juicio a Maximiliano y a sus dos generales, Miramón y Mejía. Caerá sobre ellos el peso de la ley dictada en enero de 1862, cuando las escuadras francesa, española e inglesa habían ocupado a Veracruz y los generales Miramón y Mejía barrido con el Gobierno legítimo. Aquella ley castiga con la pena de muerte a todo el que atente contra la independencia nacional. El juicio es solemne. Defienden a Maximiliano ilustres abogados liberales —Riva Palacio, Ortega, Martínez de la Torre—, que se conduelen de su infortunio. Austria y Bélgica hacen gestiones apremiantes. Francia e Italia las acompañan en esa tarea. Estados Unidos llega a un tono de amenaza en las suyas. El tribunal condena a los procesados. El comandante militar de la plaza confirma la sentencia. Sólo puede salvarlos el indulto del Presidente de la República, de aquel indio zapoteca, hijo del arroyo, que se llama Benito Juárez.

Llueven sobre el inflexible mandatario cartas y telegramas de todo el mundo. Los ojos de Europa y de Estados Unidos se fijan sobre este indígena singular. ¿Qué hará, en este momento decisivo, el indómito defensor de la joven nacionalidad mexicana?

Pues, cumplir con su deber. Niega el indulto. Aun restan algunos días al infeliz Habsburgo. Durante ellos, como en la época del Terror, la princesa de Salm-Salm organiza una romántica conjuración para la fuga del ex Emperador. Todo es inútil. Los oficiales mexicanos no se dejan sobornar. Menos aun sus jefes. ¿Y hay alguien que se atreva a proponer cualquiera clase de complacencias al incorruptible Juárez?

Cuando el sol del 19 de junio tiñe de oro las breñas del Cerro de las Campanas, a las 7.15 de la mañana, en una de sus laderas, aun húmedas de rocío, Fernando Maximiliano de Habsburgo, Archiduque de Austria, Emperador de México, cae para siempre.

El príncipe ha muerto sin que tiemble su majestuosa barba dorada, ni el miedo empañe el agua límpida de sus ojos azules. Junto al infeliz Archiduque, segados por las balas, caen también, sin lanzar un quejido, el general Miguel Miramón, alto y señoril, tipo de hidalgo criollo, y el general Tomás Mejía, achaparrado y cobrizo, descendiente directo de indios otomíes. Al medio cayó Miramón. Fué la última cortesía de Maximiliano de Austria al más bravo y leal de sus generales.

BENITO JUAREZ, UN INDIO ZAPOTECA

Ha caído el telón. El mundo entero mira, con respeto y espanto, hacia este pequeño país que demostrara una entereza espartana en la defensa de su suelo. Comienza una nueva vida para México. Perecieron, es verdad, más de setenta mil mexicanos. Pueblos enteros han sido arrasados. Millones de pesos fueron tragados por la contienda. Pero ahora es un país nuevo el que sale renovado de aquella espantosa prueba. Acaba de morir, por fin, el espíritu colonial. El clericalismo se esconde en la penumbra de las sacristías. El liberalismo "moderado" ha desaparecido también del fragor de la tormenta. Sólo quedan los "puros", que encarnan el sentimiento de independencia y la forma republicana de Gobierno. La nación se apresta a superar esta etapa de forzoso jacobinismo democrático y encaminarse hacia una nueva vida, promisoria de mayor justicia y equidad.

El piloto de la nave tendrá que ser el mismo que la condujera, sin vacilaciones, a través de los escollos de la Reforma y el vendaval del Imperio: Benito Juárez. Es el hombre de la hora, aquel cuyo rostro y cuyo nombre aparecen en la primera plana de los periódicos de todo el mundo. Aquella faz bronceada, de frente amplia y cráneo chato, coronado por ásperos y opacos cabellos negros; aquellos pómulos salientes y esos ojos penetrantes, semiocultos tras unos párpados astutos; aquella nariz aplastada que se dilata sobre unos grandes labios gruesos; aquella cabeza inteligente y cerril que se yergue, con obstinación increíble, sobre un cuerpo robusto y nada gracioso, malamente embutido en una levita negra, lustrosa, de corte antiguo: toda esa desmedrada figura de indígena inadaptado a la civilización cautiva los corazones amigos, despierta apasionada curiosidad en el extranjero y obliga a bajar la vista, murmurando, a los antiguos dueños de México: el prelado ostentoso, el criollo aristocrático que comercia con el Estado, el señor feudal que hace restallar el látigo sobre las espaldas inclinadas de sus peones.

Benito Juárez ha nacido en Oaxaca. No se conocen sus padres. Sólo se sabe que es indio, de pura raza mixteco-zapoteca, y que su destino pudo haber sido el de otros tantos "inditos", carne de servidumbre en los poblados, fruto de explotación y vejamen en los ingenios de azúcar o las estancias donde crece el maíz y se cultiva el fríjol. Sus primeros años transcurren en el lodo de las calles y las barriadas oaxaqueñas. Se expresa en lengua zapoteca. Quiere aprender castellano, pero no encuentra a nadie que se lo pueda enseñar. Hasta que topa —a los diez años— con un pobre sacerdote que recoge, como criado, al huerfanillo de ojos inteligentes y grave fisonomía. El futuro Presidente se esfuerza en servir a su amo. Cocina, friega los pisos, persigue las ratas, sirve de recadero. Todo lo hace gustoso a trueque de aprender el español y cumplir el único sueño de su infancia sin alegrías ni juguetes: dominar aquella lengua, descifrar lo que dicen los libros y lograr, algún día, escribir o expresar algo de lo que siente su corazón de siervo oprimido.

Es infatigable y tesonero. Su boca, de labios gruesos y apretados, y su mentón poderoso, revelan, desde niño, la voluntad y el tesón. A los doce años ya habla el castellano. Aprende a los catorce a leer. Aprende a escribir. Aprende todo cuanto —algo de catecismo, algo de historia, un poco de moral— puede enseñarle el eclesiástico que lo ha recogido. Ingresa al seminario de Oaxaca. Allí se revela como un estudioso sorprendente. Reconcentrado, sombrío, pensativo siempre, estudia y lee mientras los demás juegan o se divierten. No tiene parientes ni amigos. Su protector ha muerto. Mas ya hay alguien —él mismo— que será su propio padrino.

Sus dotes de estudiante, su conducta ejemplar, su

amor a la cultura, llaman la atención de las autoridades. Ingresa al colegio del Estado de Oaxaca. Allí se distingue entre todos. Y pronto está —él, que no posee tierras, ni capitales, ni influencias— en condiciones de ser útil a los demás. Se ha graduado de abogado y logrado sobresalir entre todos por sus conocimientos jurídicos, su instinto de justicia, su honradez acrisolada y, sobre todo, su valentía moral, que lo lleva a condenar cada vez que puede la conducta de la Iglesia y de los poderosos. Es juez y empleado fiscal. En ambos cargos deja huella de su actividad. El partido de los "puros" lo llama a su seno. Allí también se destaca Benito Juárez por su ardiente doctrinarismo, su invariable y enérgica línea de conducta, su raro temple de alma. Se le persigue repetidas veces —cada vez que triunfa el clericalismo en la zona sureña—, y hasta se le encarcela o se le destierra. Pero todo es inútil. La persecución lo agiganta y la desdicha lo torna más fuerte. Ambas lo ameritan ante sus conciudadanos, y éstos lo llevan al más alto puesto del Estado natal: la Gobernación. Allí se revela como un estadista local enérgico, probo, conocedor de los problemas públicos.

Su fama rebalsa aquí las fronteras de su Estado. El turbión desencadenado en Ayutla lo arrastra a la capital. Actúa en primera fila como miembro del histórico gabinete del general sureño don Juan Alvarez. Su nombre pasa a simbolizar la tendencia avanzada, el espíritu de los "puros", en las elecciones de 1857. Entonces se le elige presidente de la Suprema Corte de Justicia, el segundo cargo de la nación. Y ha de ocupar, en tal carácter, la presidencia constitucional de la República que abandonara el general Ignacio Comonfort en enero de 1858. Es el escenario que necesita su pujante personalidad.

Pasa a ser entonces, como adalid de la Reforma, el hombre representativo del momento histórico que vive su patria. Y después, en los días aciagos de la Intervención y las horas amargas del Imperio, al contacto de la adversidad y la desgracia, su figura se agiganta hasta confundirse con la suerte y la esperanza de la nación. Juárez es México.

Y no es brillante. Ni elocuente. Ni el caudillo que arrastra multitudes. Ni el gobernante que organiza todo un país. Ni el político que desde el poder asegura el triunfo de sus ideas mediante hábiles transacciones, pactos inteligentes o cábalas astutas. No. Es duro, granítico, implacable. Su voluntad, tensa como un arco, dispara a todas partes la flecha invariable de su propósito: el triunfo total de la República, el aplastamiento del conservantismo, la sujeción de la Iglesia al Estado. No va más allá. ni la hora lo requiere. Es el intérprete fiel de su época. También el ariete con que el republicanismo democrático demolerá los últimos restos del edificio colonial. Su oficio será el de un martillo: aplastar todo obstáculo.

Y lo hace durante toda su vida. No pide ni da cuartel. Nada puede apartarlo de su propósito. Nada desviarlo de su camino. Ni desgracias, ni quebrantos, ni derrotas son capaces de doblegar en un ápice su voluntad granítica, fría, dura, inmodelable como el hierro.

Se le ha comparado a Lincoln. Algo se asemeja a su gigantesco contemporáneo del Norte. Es igualmente probo, igualmente justiciero, igualmente inquebrantable en sus decisiones. Y también siente, como el líder abolicionista, pesar sobre su alma el puño del destino que lo ha elegido a él para libertar a su patria del fanatismo y la opresión coloniales. Pero si iguala al "honrado Abraham" en sencillez y espíritu democrático, su origen es más humilde aún, su vida más dura y accidentada, su carácter y su temple más acerados e inflexibles. No posee la rica humanidad de Lincoln, ni su inteligencia cultivada, ni su aguda sensibilidad poética, ni su suave y piadosa ironía ante las cosas inexplicables del mundo. Pero no las necesita. Juárez es un hombre de su época y de su país, que cumple ciega e inexorablemente la misión terrible que le ha encomendado el destino.

Tiene, es claro, aquella grandeza moral, de corte

romano, que señala a los hombres del siglo y del movimiento independiente en toda América: Washington, San Martín, O'Higgins, y después Sarmiento, Mitre, Martí, Balmaceda, González Prada, y hasta nuestro Manuel Montt. Mas, hay que buscarle parecido —porque paralelos no hay en el siglo y los precedentes— entre los grandes hombres de su patria. Indio de pura raza, recuerda a otros indios: el heroico Cuauhtémoc, el porfiado Xicotencátl, el tenaz e indómito don Vicente Guerrero. Y algo también de esa ilusión jacobina del cura Miguel Hidalgo, aquella fría entereza de José María Morelos, aquella resolución con que el precursor de la Reforma, don Valentín Gómez Farías, persistió en sofrenar el poder avasallador de la Iglesia romana.

Personifica la República, la democracia. Y también la libertad.

En estas tres palabras caben la síntesis de su personalidad y el epitafio de su tumba.

LIBERALISMO, FANATISMO, CAUDILLISMO

Vítores y exclamaciones muy distintos a los que saludaron a Maximiliano estallan ahora en las calles de México cuando Benito Juárez entra, triunfalmente, el 15 de julio de 1867.

Es la hora de construir y el horizonte está limpio.

Pero antes necesítase despejar de escombros el ruinoso panorama nacional. Juárez comienza por dictar algunas leyes reglamentarias de la Constitución y proceder al castigo de los imperialistas. En seguida reduce el ejército, a pesar del temor de todos los políticos. Limita sus efectivos a veinte mil hombres, divididos en cinco divisiones, y termina con el poder amplísimo de que habían disfrutado los altos jefes durante la reciente época de guerra. Convoca prontamente al pueblo para nuevas elecciones generales y una reforma constitucional. Y aun tiene un nuevo gesto que demuestra su intransigente nacionalismo y su orgullosa imposición al extranjero de la soberana autonomía de México; niega el cadáver de Maximiliano de Austria al almirante Teghetoff, que a nombre de la familia del Archiduque viene a solicitarlo en la fragata de guerra austríaca "La Novara", la misma que trajera a la imperial pareja tres años antes. Y sólo cuando el Emperador Francisco José hace la petición oficial por medio de su Canciller, entrega los restos, el 28 de noviembre, al mismo barco, símbolo de poder y de gloria cuarenta meses antes y ahora flotante capilla ardiente.

Las nuevas elecciones designan Presidente de la República a Benito Juárez, cuyo mandato constitucional propiamente dicho había terminado en 1865. Vicepresidente de la República o presidente de la Suprema Corte de Justicia resulta elegido el Licenciado Sebastián Lerdo de Tejada, político brillante, aun más extremista que Juárez, a quien se acusa de haber intervenido en las elecciones. Suceden los inevitables pronunciamientos, atizados por el licenciamiento del antiguo ejército. Pero ahora nadie alza el lema de "¡Religión y fueros!", sino el de la constitucionalidad violada. Porque ahora, pasado el calor de la victoria, se acusa a Juárez de haber hollado la Carta Fundamental que inspiró su talento e hizo posible su encarnizada resistencia a clericales e imperialistas.

Mas, Juárez no es hombre para intimidarse por tan poca cosa. Reprime con mano de hierro los alzamientos armados. Sus generales Escobedo, Rocha y Treviño derrotan a los rebeldes en San José y en seguida en "Lo Ovejo". Obtenida la paz, Juárez se dedica a gobernar y logra, en un país destrozado, perfeccionar el orden jurídico y echar las bases de una economía y una educación pública organizadas. Promulga el Código Civil y el de Procedimiento Civil. Dicta una ley de instrucción pública. Perfecciona los sistemas de enseñanza preparatoria y profesional. Otorga la concesión para el ferrocarril que unirá a México con Veracruz. Inaugura el tramo ferroviario que une a la capital con Puebla. Y trata, en lo posible, de obtener un equilibrio presupuestario.

Sus partidarios llevan su nombre a la reelección en 1871. Pero ya no es el árbitro del momento. Vive de laureles pasados. La época exige nuevos hombres. Y éstos, que arrastran a la opinión pública, son ahora dos: el Licenciado Lerdo de Tejada, que representa a las más altas personalidades políticas y sociales, y el general Porfirio Díaz, que encarna el sentimiento popular y extremista.

Dos sublevaciones militares, una en Tampico y otra en la propia capital, indican la inconveniencia de una reelección. Rígido e inflexible como siempre, Juárez las hace reprimir por las armas. El general vencedor, Sóstenes Rocha, pasa por las armas, sin juicio ni sumario, a los jefes de los sublevados. La oposición se torna violentísima con esta causa, pero el nombre de Juárez es aún poderoso. Vuelve a triunfar en las urnas y sube otra vez al poder, el 12 de octubre de 1871.

Pero ello no es posible sin que Juárez, el eterno gladiador, deba vencer los obstáculos que se oponen. Estalla una nueva revolución, encabezada esta vez por tres jefes prestigiosos, partidarios acérrimos de don Porfirio Díaz, los generales Treviño, Guerra y García de la Cadena, que logran insurreccionar seis Estados. Algunos pequeños éxitos deciden al general don Porfirio Díaz, que está a la expectativa, a lanzar desde la hacienda la Noria, en Oaxaca, un "plan" revolucionario que propone una reforma constitucional y declara solemnemente "que ningún ciudadano se imponga y perpetúe en el ejercicio del poder y ésta será la última revolución".

Pero vuelve a triunfar la energía de Juárez. Los jefes federales, Alatorre y Rocha, triunfan sobre los rebeldes en San Mateo Sindihui y en el Cerro de La Bufa de Zacatecas, a los cuatro meses de campaña. Torna a lograrse, a la fuerza, la pacificación del país. Y se dispone Juárez a desarrollar sus planes de gobierno cuando bruscamente, derribado por una congestión cardiaca, deja de existir, el 18 de julio de 1872. Su muerte hace bajar las armas a todos sus enemigos. En torno al féretro reina la paz necesaria para enterrar en calma los restos del infatigable luchador.

El armisticio que produce en los espíritus la súbita desaparición de Juárez permite el tranquilo ascenso al poder de su substituto, Lerdo de Tejada, quien resulta elegido Presidente de la República meses después, por aplastante mayoría de sufragios sobre su contendor, el general Porfirio Díaz.

Lerdo de Tejada es, también, el hombre representativo de toda una época política. Están fermentando los gérmenes de un nuevo orden nacional y Lerdo de Tejada es el enérgico reactivo que acelera el proceso. Orador notable, sabio jurisconsulto, de talento y cultura poco comunes, fino, caballeresco, tiene de brillante y atractivo todo lo que Juárez tuvo de humilde y vulgar. Es inteligente, seductor y profesa ideas extremas, pero se deja arrastrar por su altanería, su espíritu de dominación, su absoluto desprecio a la opinión pública e incluso a la legalidad institucional lograda a costa de tanta sangre.

Comienza su Gobierno inaugurando el ferrocarril entre Veracruz y México, pero debe resistir, de inmediato, la temible embestida de un caudillo singular, bandolero y cacique rural, que ejerce un poder absoluto entre las breñas de Tepic y que jamás ha acatado a Gobierno alguno. Es Manuel Lozada, "el tigre de Alica", sanguinario y feroz, tipo de forajido salvaje, a quien Bazaine y Maximiliano no pudieron reducir a la obediencia y tampoco atraerse con halagos tales como la Legión de Honor, que le concediera Napoleón, y una fina espada que le enviara Maximiliano. Lozada avanza con doce mil hombres, divididos en tres columnas, sobre Guadalajara, Mazatlán y Zacatecas. Las fuerzas federales logran derrotarlo decisivamente y hacerlo retroceder hasta sus sierras salvajes, donde logran aprehenderlo y fusilarlo en el mismo sitio.

Pero la necesidad de enganchar tropas a toda

costa obligan al procedimiento de la "leva" y basta este hecho para atizar la oposición contra el Gobierno. Lerdo de Tejada, con su extremismo y su imprudencia, se encarga del resto. En septiembre de 1873 logra que se transformen en constitucionales las Leyes de Reforma, las que aplica con tal rigor y violencia que hace resucitar la cuestión religiosa y provoca un levantamiento armado contra su Gobierno en México y Michoacán.

Enérgico e irritable, Lerdo de Tejada hace perseguir militarmente a estas partidas de "cristeros" o campesinos indígenas comandados por sacerdotes sediciosos. Las atrocidades cometidas por los rebeldes impulsan al Gobierno a una represión igualmente feroz. Se suceden los fusilamientos y las ejecuciones. Agrávase la oposición al Gobierno y, al saberse que Lerdo de Tejada va a la reelección, se produce un alzamiento en Tuxtepec, que luego se convierte en una revolución en los Estados de Jalisco, Puebla, Nuevo León y Zacatecas. El "plan" de Tuxtepec desconoce a Lerdo, respeta la Constitución y nombra como jefe del movimiento al general Díaz, refugiado en los Estados Unidos.

Los acontecimientos se precipitan. Los jefes federales Escobedo, Alatorre y Ceballos no logran triunfar del todo esta vez. La revolución se propaga. El general Porfirio Díaz, en quien muchos ven un salvador, pasa la frontera y lanza en Palo Alto un "plan" o manifiesto en que se proclaman como leyes fundamentales la Constitución de 1857 y las de la Reforma, pero se suprime el Senado —restablecido por Juárez—, se desconoce a Lerdo y se llama a nuevas elecciones, alzando el principio, ya célebre, de la no reelección. Díaz cuida de consignar allí que el poder será entregado, en el ínterin, al presidente de la Suprema Corte de Justicia y sólo en caso que éste se negare, al jefe de la revolución, es decir, a él.

Lerdo afronta la guerra civil y comete, en tanto, la torpeza de hacerse reelegir, a fuerza de bayonetas, en una burda mascarada electoral. Es lo que aguarda otro ambicioso, José María Iglesias, a quien Lerdo ha hecho presidente de la Suprema Corte de Justicia en una elección también fraudulenta, en la cual triunfara, tres años antes, sobre el mismo Porfirio Díaz, candidato tenaz a la presidencia o vicepresidencia de la República. Iglesias, esperanzado en la realización del "plan" de Palo Alto, huye de México desconociendo a Lerdo y proclamándose mandatario constitucional interino. El momento es confuso. Luchan "porfiristas", "lerdistas" e "iglesistas".

Pero debía triunfar el más fuerte, y éste es don Porfirio Díaz, militar afortunado, todavía joven, que goza fama de buen administrador y hasta de estadista y cuya probidad se hizo célebre en el anterior Gobierno de Juárez. El general Díaz logra derrotar en Tecoac a las tropas federales, en el mismo sitio donde 357 años antes Hernán Cortés venciera a los guerreros de Tlaxcala. Avanza sobre la capital. Lerdo huye a los EE. UU. y Porfirio Díaz hace su entrada a ciudad de México, aclamado por el pueblo y las clases productoras, que ven en él al hombre que pondrá término a tan larga anarquía. Tres días más tarde, el 26 de noviembre de 1876, el general Díaz toma posesión del Gobierno y designa un Ministerio formado por los liberales más distinguidos de la fracción avanzada. Deja a un interino en el mando y sale a campaña a combatir a Iglesias. Torna triunfante, tras una escaramuza, en enero de 1877. Formula la convocatoria a elecciones y poco después se hace cargo, constitucionalmente, del mando, que no debería dejar sino treinta y cuatro años más tarde.

PORFIRIO DIAZ, MONARCA SIN CORONA

Es decir, lo deja al terminar su mandato constitucional; pero sólo es para entregar el poder, astutamente, a su compañero de revuelta, el general Manuel González, que lo ayudó a pasar la frontera, que proclamó el "plan" de Palo Alto y que en Tecoac, como Desaix a Bonaparte en Marengo, lo salvó de una derrota segura. Porfirio Díaz ha gobernado con prudencia y cautela. Su política ha sido liberal y hasta avanzada, pues no se ha perseguido ni muerto a nadie, ni inquietado en exceso al clero y la clase oligárquica. Los caudales públicos fueron administrados con honradez y previsión. Se disfrutó de la paz más completa y hasta se iniciaron obras públicas. Todo esto (1877-1881) en cuatro años, después de tantos en que el caos o la guerra fuera manjar de todos los días.

El general González, en cambio, gobierna conforme a su temperamento de hombre rudo, ignorante, bestial. Se multiplican los abusos. Los dineros del Estado vuelven a ser repartidos entre una camarilla. González y sus conmilitones saben que su misión es preparar la reelección del que ya el pueblo y ellos mismos, con respeto temeroso, llaman "Don Porfirio". Quieren exprimir hasta sus heces esta Presidencia que les ha "prestado" Don Porfirio por cuatro años. El desgobierno y la anarquía administrativa llegan al colmo. En su hacienda de La Noria, arando la tierra como Cincinato, gozando del prestigio de un guerrero victorioso y un gobernante modelo, Porfirio Díaz sabe esperar pacientemente, los ojos fijos en el Palacio Nacional.

Hasta que llega el momento, 1.o de diciembre de 1884, en que vuelve al poder para instaurar una dictadura de veintisiete años consecutivos.

Es lo que se ha llamado "el porfirismo", régimen que se hizo célebre en el mundo entero y que marca en la historia mexicana el momento álgido de un proceso revolucionario de siglos. Es la gota que colma el vaso, la chispa que hará explotar la dinamita acumulada durante casi cinco centurias sucesivas de opresión, de miseria, de esclavitud franca o disimulada.

Don Porfirio es, como Juárez, el hombre de la hora. El país quiere descanso. Necesita tranquilidad para restañar la sangre de heridas y desgarrones producidos en setenta y cuatro años de motines, pronunciamientos, insurrecciones armadas, feroces guerras civiles y ominosas contiendas con países extranjeros. El general aparece como la paloma de la paz después del diluvio. Actúa a manera de un sedativo o anestésico nacional. Encarna, en los primeros años, el reposo que el país pide con imperio. También es el intérprete del sentimiento nacional. Y no sólo representa un anhelo colectivo, sino además una doctrina, aquella misma, la de los "puros", por la cual se ha derramado tanta sangre. Si Juárez fué su Dios anunciador, Díaz será su profeta realizador. Si Don Benito luchó como una fiera para obtener el triunfo de la Reforma, Don Porfirio, su soldado más distinguido, se encargará de llevar a la práctica, desde el poder supremo, todo cuanto soñaron los hombres de la Reforma y los constitucionales del 57.

Nadie olvida que fué él quien impidió a Márquez, en 1861, apoderarse de la capital al terminar la Guerra de Tres Años; él quien hizo posible la resistencia de Zaragoza contra las tropas de Forey, en 1862; él quien supo huir por dos veces de manos del francés, por negarse a soltar las armas contra los enemigos de su patria; él quien detuvo en 1865 al general Brincourt y, atrincherado, en Oaxaca, obligó al sitio al mariscal Bazaine; él quien expulsó a los franceses, en junio de 1866, de la misma ciudad de Oaxaca; él quien obtuvo meses después aquellos deslumbrantes triunfos sobre el francés Testard y el austríaco Kevenhuller; él quien sitió a Puebla en poder de los imperialistas y aniquiló a Leonardo Márquez en San Lorenzo; él quien se retiró después a la vida privada y devolvió a Juárez 87,000 pesos sobrantes a su ejército después de terminada la campaña. Y si nadie olvida al afortunado guerrero, menos olvidan al político que se levanta contra Juárez cuando cree verlo extralimitarse en sus facultades presidenciales; que se destierra voluntariamente a los Estados Unidos; que lucha contra Lerdo de Tejada cuando éste salta por sobre la ley y las instituciones; que sabe gobernar con firmeza, honradez, clemencia y capacidad administrativa; que entrega el poder a un sucesor legítimo y que, por último, llamado por sus conciudadanos, abandona un digno retiro campestre y torna a tomar las riendas del Estado, con admirable espíritu de sacrificio.

¿Habrá alguien o algo que se resista a este hombre que, además, no es un hombre vulgar y hasta un patriota a su manera?

Porque Don Porfirio, como casi todos los dictadores, ama a su patria y tiene un sentido mesiánico de su misión. Si Juárez se sintió el hombre del destino y no trepidó en pasar por todo para librar a su patria de ambiciosos, retrógrados o perturbadores, Porfirio Díaz hará lo mismo. Se cree llamado a una misión providencial: la de salvar a México. Su persona pasa a confundirse, como la de Luis XIV, con la del Estado. La nación es él y ¡guay! del que atente contra él o, mejor dicho, contra su Gobierno, contra sus leyes, contra sus funcionarios, contra todo el orden por él establecido.

Y si en el fondo de sí mismo, muy en lo profundo de su conciencia, no creyó nunca ir contra los intereses de su patria, tampoco es ni puede ser un hombre vulgar. Nadie es mejor político durante siete lustros, porque nadie interpreta como él la realidad mexicana, ni conoce, como él, el carácter y la idiosincrasia de sus connacionales. Tiene una inteligencia clara, un espíritu resuelto, una extraordinaria capacidad ejecutiva. Su carácter es férreo. Su energía, tranquila y permanente, jamás le escasea en el momento necesario. Un temperamento frío, insensible, lo pone a cubierto de cualquiera traición de su ser afectivo. No carece tampoco de intuición histórica. Comprende bien que el país soportará, durante largos años, el Gobierno fuerte, dictatorial, si así quieren llamarlo sus enemigos, que han provocado casi tres cuartos de siglo de agitación, desorden y desgobierno. No conoce el ensueño ni la imaginación creadora. Su mentalidad, robusta y sobria, es eminentemente realista. No quiere ver en los hechos sino lo que en éstos hay. Conoce a fondo a los hombres y sabe explotar sus debilidades. El miedo, la codicia, la vanidad o la ambición de los demás son sus mejores lugartenientes. El oro o el hierro, el pan o el palo: es lo que da a escoger a sus enemigos para terminar con ellos. Y ya se sabe que el palo y el hierro significan la cárcel, la tortura o la muerte; y el oro o el pan, la riqueza, el poderío, la vida placentera y agradable.

Su dictadura, que formó escuela en la América Latina, encarna todo un tipo y un sistema de Gobierno. El lema es: "Paz, orden y progreso". El distintivo: "Poca política y mucha administración".

¿Qué entiende por administración este militar mestizo, agudo y simple, astuto y feroz a la vez?

Pues, lo mismo que entiende por "progreso": un sentido material del Gobierno. El Estado, para él, debe ser algo así como un gigantesco contratista de obras públicas. Las quiere por todas partes. Sueña con ferrocarriles, telégrafos, presas de irrigación, puertos marítimos o fluviales y, sobre todo, obras de hermoseamiento, calzadas asfaltadas, monumentos y paseos públicos, edificios que perpetúen su memoria, así como las pirámides de Teotihuacán a los reyes toltecas.

Por sus venas corre sangre india. Es indio como muchos de sus predecesores en el mando. Y ello explica su tendencia al progreso material, mecánico, técnico. Las maravillas de la civilización industrial ejercen una fascinación profunda sobre esta alma, sencilla y primitiva en el fondo. Sus antepasados indígenas tenían pasión por los abalorios, las cuentas de vidrio multicolor, los bonetes dorados, las telas de tonos vivos. El la tiene por estos juguetes mecánicos de la civilización: el tren, el telégrafo, el teléfono, la máquina a vapor. Y no descansa en la empresa de civilizar a México a la fuerza. Su administración es prodigiosa en este sentido. Antes de él, sólo se han tendido 668 kilómetros de vías férreas; después de él, treinta y cinco años más tarde, aquella cifra se ha elevado a 19,748 kilómetros. El telégrafo, cuando entra a México triunfalmente, cuenta en 1876 con una red de 17,151 kilómetros; cuando él cae, la extensión total se ha duplicado a 34,841 kilómetros. Y no sólo ferrocarriles, teléfonos, servicios postales y otros medios de comunicación, aunque descuide por completo los caminos, que no dicen nada a su espíritu simplista, poseído de la manía mecanizadora.

Su actividad incansable llega, gracias al orden público inalterable y a la afluencia de dinero en las arcas fiscales, a todas partes de la nación. Alza numerosos edificios públicos. Habilita puertos marítimos en el Golfo de México, la costa del Pacífico y el Golfo de California. Realiza grandes obras de desagüe en el Valle de México, transformando la antigua región lacustre de Texcoco en rica zona agrícola. Crea un bosque bellísimo en Chapultepec, y el antiguo castillo, cuna de heroísmo patrio, es unido a la capital mediante el magnífico Paseo de la Reforma. Pavimenta y sanea numerosas ciudades. Dota a algunas poblaciones de agua potable, luz y energía eléctricas. Establece una Universidad Nacional, modernizada por completo. Inaugura bibliotecas. Y hasta funda escuelas y contrata a un pedagogo alemán, Enrique C. Rebsamenn, para que organice científicamente la educación nacional.

ORGANIZACION DE UNA DICTADURA CIENTIFICA

Todo puede hacerlo porque la situación hacendaria del Estado es ahora floreciente. La falencia de tantos años ha terminado por fin. No mas déficit de arrastre, presupuestos nunca equilibrados, deudas fiscales jamás saldadas. Don Porfirio logra sanear por completo la hacienda nacional. Los presupuestos crecen, pero todos se financian y aun queda un saldo anual, un superávit constante, que pasa a constituirse en reserva permanente del erario mexicano. Su segundo en el mando, el jefe de los científicos, don José Ives Limantour, es su cuasi vitalicio Ministro de Hacienda. Este ha logrado un inalcanzable ideal financiero: cargas tributarias mínimas, crecientes reservas metálicas, persistente equilibrio presupuestario, descubrimiento de nuevas fuentes de producción, movimiento de las riquezas nacionales, intensificación del comercio, aparición de nuevas industrias, mejoría incesante del crédito gubernativo. Pocos países pueden compararse a México en el orden de sus finanzas y el aparente florecimiento de su economía. Pocos poseen un crédito más amplio, una moneda más sólida, un campo mejor para toda clase de negocios, una mayor cuota de seguridad personal o comercial para quien resida o negocie en el territorio.

¿Cómo ha conseguido este resultado Don Porfirio, a quien sus pueblos aclaman como el "Héroe de la Paz"?

Pues, de una manera muy sencilla: vendiendo el país; entregándolo a pedazos al extranjero que se presente. A cambio de dólares, libras, francos, marcos o florines, que luego serán ferrocarriles, líneas telegráficas, maquinarias de todas clases y formas, él entrega todo lo que hay en el suelo y el subsuelo. Son las fabulosas concesiones de terrenos agrícolas, de minas de oro y plata, de yacimientos de hierro y cobre, de terrenos empapados en petróleo surgente, de vastas zonas azucareras o inmensas plantaciones de caucho, de extensiones inmensas cubiertas de bosques, cuyas maderas —la caoba, el campeche, el añil— tienen amplio mercado en el mundo. Aquí también lo traiciona su sangre india. Admira y ama a los extranjeros. Al contrario de Lerdo de Tejada, magnífico tipo de criollo aristocrático, Don Porfirio siente veneración oculta por estos hombres rubios que tienen tal genio práctico y saben fingir que lo admiran, halagando su vanidad, creciente con los años y la perpetuación en el poder.

Tal es la premura y hasta la avidez con que Don Porfirio entrega su país a cambio de puñados de dinero o juguetes mecánicos, que pronto concede también el subsuelo, como en la región petrolífera de Las Huastecas, después de haber cedido 72 millones de hectáreas, la tercera parte del suelo nacional, en tierras comunales y terrenos baldíos, a sus amigos extranjeros y sus favoritos nacionales. Los ferrocarriles son casi íntegramente norteamericanos. También lo son las regiones petrolíferas de Tampico y Coatzacoalcos. Igualmente las caucheras que poseen en Durango Rockefeller y Aldrich. Y los grandes bosques productores de celulosa de Quintana Roo y el Norte de Sonora. Y muchas minas de plata en Guanajuato y Zacatecas. Y los yacimientos de cobre de Hidalgo y de Chihuahua.

Mas, ¿qué importa todo eso si han afluído capitales, y consolidádose la deuda y estabilizádose las finanzas y hecho nacer por todas partes, como a un conjuro mágico, trenes, dársenas, telégrafos, represas, canales, alcantarillados, plantas eléctricas y edificios públicos?

Nada, tanto más cuanto que Don Porfirio ha realizado esta gigantesca obra, si no con la gustosa, por lo menos con la unánime aquiescencia de todo el país. El clero y los terratenientes, las dos clases eternamente frondistas, son ahora firmes cooperadores de un régimen que tan bien encarna sus intereses. Porque el "Héroe de la Paz", ¿habrá que decirlo?, hace mucho tiempo que ha dejado de ser liberal. Comenzó por pactar con la Iglesia una unión indisoluble. Cierto es que no ha derogado las Leyes de Reforma ni los artículos pertinentes de aquella herética Constitución de 1857. Pero Don Porfirio sabe muy bien lo que debe hacer. Y cierra los ojos, beatíficamente, cada vez que se abre un nuevo convento o llega al país una nueva congregación, o se muere algún ricachón que lega disimuladamente algunos milloncejos a la Iglesia, o ésta adquiere, por interpósita persona, algún bien raíz cualquiera, o continúa abriendo escuelas de primera y segunda enseñanza en la capital y demás ciudades importantes del país. Se niega a toda reforma constitucional en el sentido religioso, pero indica él mismo el procedimiento: trasgredir el texto de la ley cada vez que sea necesario, pero sin ruido, ni escándalo, ni necesidad de soliviantar a nadie. Recibe, en cambio, la adhesión complaciente del clero en masa.

El "Héroe de la Paz" ocupa rápidamente en las predicaciones y las aulas congregacionistas el lugar que dejaran vacío sus ilustres predecesores: el resuelto Miramón, el cruel Márquez, el vanidoso Santa Anna, el torpe Paredes, el complaciente Bustamante.

Una vez más la religión sirve al Estado y éste a aquélla. El poder temporal y el espiritual marchan estrechamente unidos. El uno se apoya en el otro. Ambos reinos, el de Don Porfirio y el del Dios romano, ensamblan como si ambos constituyeran las dos mitades de una sola naranja.

Don Porfirio, advirtámoslo, no es un especulador, ni un avaro, ni siquiera un prevaricador. Sale del Gobierno, después de treinta y cinco años de autocracia, con una fortuna que apenas asciende a 750,000 dólares. Pero si él no hurta, deja que los demás lo hagan. El régimen es una inmensa rebatiña. Se complace en ver enriquecerse a los demás. Cada uno que lo hace queda, para siempre, ligado a él. Y cuando se trata de verdaderas castas, como el clero y los terratenientes, deja hacer, condescendiente y benévolo.

Permite así que la Iglesia recupere todas sus propiedades, adquiera otras nuevas y vuelva a ser, como en la Colonia, el primer latifundista y el primer millonario del país. Y en cuanto a los grandes señores de la tierra, algunos de los cuales han muerto en las guerras o sido afectados por la Ley Trejo en 1855, Don

Porfirio tampoco se muestra inclinado a cumplir el espíritu de la legislación respectiva. Sabe bien que mientras más rica sea la Iglesia, más cerca estará de él y más interesada en la perdurabilidad de su Gobierno. Y sabe que una clase de terratenientes es indispensable para garantizar el equilibrio social y el orden público en un régimen como el suyo. El privilegio debe pasar a ser la norma. Y si una clase de terratenientes ha desaparecido por una u otra causa, ¿qué cuesta reemplazarla? Don Porfirio se apresura a crear otra nueva a costa de dádivas y mercedes en tierras. Las célebres Compañías deslindadoras y los consorcios colonizadores barren con los ejidos y "propios" que aun quedan en pie. 58 millones de hectáreas distribuye entre sus amigos personales. Crea intereses fabulosos en torno a su Gobierno y amarra a él a los grandes duques de la tierra como ha atado antes a los Príncipes de la Fe. Lo uno por lo otro. El los defiende y enriquece. Ellos lo sostienen. Es un rodaje perfecto, en el que no falta nada.

Habría que preguntar, es claro, qué dice el pueblo, qué el campesinado indígena, qué los estudiantes o los intelectuales, qué los líderes o cabecillas obreros.

Y no hay cuidado alguno. Nadie dice ni tiene interés en decir nada. El pueblo no cuenta con voceros, ni representantes, ni periódicos, ni medio alguno de protesta. El indio apenas si tiene fuerzas suficientes para soportar la caricia cotidiana del señor de la tierra. Los estudiantes son hijos del temor. Los obreros aun no sienten despertar su conciencia de clase. Y los primeros que la tienen, en Orizaba, en Río Blanco, en Cananea, sucumben bajo la metralla de las tropas federales o desaparecen en calabozos de los que no se vuelve nunca. En cuanto a los intelectuales, los egresados de la Universidad, los que se dedican a la literatura o conocen los secretos de la economía y las ciencias sociales, todos esos montan guardia en torno al despotismo ilustrado, un tanto patriarcal, del autócrata progresista. Sólo unos poquísimos temerarios, periodistas todos, se atreven a censurar al tirano; pero pagan con la vida o el martirio sus reparos al "Héroe de la Paz". Ordóñez es quemado vivo dentro de un horno y Olmos y Contreras asesinado a garrotazos. El uno en Hidalgo y el otro en Puebla. Los más de los llamados intelectuales forman la camarilla de los "científicos", verdadero partido político de Gobierno, que teoriza gravemente sobre los procedimientos y los métodos de fuerza. Limantour, Corral y otros que ensalzan a la Ciencia como base de la Política, son los más representativos de estos capataces que el pueblo conoce como "los científicos". Sus abusos, prevaricaciones, intrigas y ruindades son tales, que el grueso del porfirismo —militares, clase media y hasta grandes propietarios— comienza a odiar también a esta Corte desvergonzada que rodea al último Faraón mexicano.

Los intelectuales restantes, aquellos que no tienen condiciones para la política científica, son bien alimentados o visten la casaca del diplomático. Propagan por el mundo, con el crédito que les da su talento, la excelencia del Gobierno de Don Porfirio. Porque no sólo el "Héroe de la Paz" aparece dando a México la paz nacional, el orden público, la restauración económica y financiera, el auge industrial y comercial, el progreso material de todo el territorio, sino también el esplendor intelectual y hasta artístico. Es la época en que Amado Nervo disputa a Rubén Darío la palma de la poesía española; en que Justo Sierra escribe sus obras históricas; en que Salvador Díaz Mirón canta a la raza y al pasado; en que Manuel José Othón rima su delicado panteísmo; en que Luis G. Urbina y Juan José Tablada mariposean de un género a otro y Enrique González Martínez, el parnasiano, comienza a balbucir sus primeras estrofas.

Dentro y fuera de México se ensalza, en todos los tonos, al viejo monarca sin corona. La Iglesia, la aristocracia, la alta banca, el comercio importante, la industria fuerte, la agricultura extensiva, la clase media amiga del orden, el intelectualismo y el ejército bien equipado, bien armado y mejor disciplinado: no hay una sola voz interna que desafine en este coro unánime. Los capitalistas extranjeros, las agencias cablegráficas y los grandes rotativos de todo el mundo se encargan de hacer eco más allá de las fronteras. Don Porfirio es el primer estadista de la América. Al fin aparece un gobernante de gran talla en esa tierra anárquica y desangrada que antes fuera México.

Claro es que los derechos políticos no existen. La Constitución, invocada a cada momento, viene a ser una sangrienta ironía. Don Porfirio se hace reelegir seis veces consecutivas y siempre resulta electo por la unanimidad del agradecido electorado. Los Congresos, dóciles y disciplinados, se suceden regularmente. Don Porfirio ni siquiera se molesta para eso: le basta con elegirlos desde su despacho. Por eso el pueblo le llama "El Gran Elector".

Y lo que ocurre en la Federación, acontece en todos y cada uno de los Estados. Los gobernadores recuerdan a los sátrapas persas. Todos son señores absolutos y están encadenados, por intereses económicos y políticos, al anciano Faraón que reside en la capital mexicana. Todos poseen derecho de vida y muerte sobre los habitantes de sus respectivas jurisdicciones. ¡Ay del que se rebele, proteste, haga oposición o siquiera desapruebe entre los suyos al "Gran Elector" y a sus libertos estaduales! Si es peligroso, se le dará a elegir entre el oro y el hierro: o acepta algún puesto o granjería, o cae en manos de los "rurales", la temible policía de Don Porfirio. Si no es un personaje importante, basta una insinuación, y si ella es desobedecida, ahí están, para castigar al culpable e inspirar a los demás un sacro terror, las "tinajas" de San Juan de Ulúa o los "bosques" de Quintana Roo. Los primeros son ergástulos, calabozos subterráneos que se internan bajo el mar. Los segundos, pantanos sobre los que flotan vapores mortíferos y millones de mosquitos. Nunca se vuelve a saber nada del que "cae" a los unos o se interna en los otros. El régimen está condensado en un documento histórico: el telegrama que enviara Porfirio Díaz al gobernador de Veracruz sobre el destino que se daría a un grupo de posibles complotados. El Dictador era parco en palabras. Por eso, se limitó a contestar: "Sorprendidos in fraganti, mátelos in caliente".

El latifundismo, el clericalismo y el militarismo, los tres males endémicos y ancestrales de México, se agravan hasta el colmo en la época dorada del "Gran Elector". Nunca la Iglesia ha sido tan omnipotente, ni el ejército tan fuerte y poderoso, ni tan intensa la concentración de la tierra en unas pocas manos. Y se ha agregado un elemento antes desconocido: el nuevo invasor extranjero, que comienza pidiendo concesiones y logra adueñarse de buena parte del suelo y hasta del subsuelo nacional, en espera del momento en que defenderá sus derechos con la elocuencia de los cañones de largo alcance. Nunca, tampoco, ha vivido el pueblo vida más arrastrada ni sido más miserable la condición del indio. La minería y la industria se han desarrollado con la inyección de un crédito obtenido a costa de las reservas productoras del Estado y hasta de la misma seguridad futura de la soberanía nacional. La agricultura, base de la economía mexicana, ha decaído por consiguiente. Es preciso importar anualmente, por valor de millones de pesos, el maíz y otros cereales que antes caracterizaban la producción agrícola nacional. Los antiguos artículos de consumo popular —el frejol, el arroz, el maíz, el trigo— han subido tres y hasta cuatro veces de valor. Pero el campesino sigue ganando, como al terminar la Colonia, un peso a la semana.

Todo lo que se obtuvo en tantos años de lucha parece, pues, haber sido estéril. La monarquía republicana de Don Porfirio retrotrae al país a la dictadura vitalicia de Santa Anna, al Imperio de Iturbide, al gobierno de los malos virreyes, al reinado despótico de Motecuzohma Xocoyótzin. El pueblo, el descendiente de indios y de castas, el hijo de los criollos empobrecidos, está, pues, más desamparado que nunca. Sobre él gravita, como en el viejo Anáhuac, como en la Colonia y en las primeras épocas de la República, el peso asfixiante de una clase que posee la tierra, se apoya en la Iglesia, dispone de la fuerza, maneja a su arbitrio el Estado y amasa su poderío, precisamente, con el sudor y la miseria de otra clase secularmente explotada y envilecida.

EL ESTALLIDO

AGONIA DE UN REGIMEN

ETERNO parece el gobierno de Don Porfirio. Eterna también la persona misma del zar mexicano. Pasa ya de los ochenta años y aun no piensa en abandonar el poder. Mas hay un enemigo, uno solo, que Don Porfirio no puede vencer: el Tiempo.

Este se encarga de ir corroyendo el régimen, socavando sus instituciones y sus métodos, carcomiendo el espíritu del anciano general, cuya energía, cuya habilidad política, cuyo conocimiento de los hombres van menguando de día en día.

Surge también otro adversario que el mismo Don Porfirio ha creado: el progreso técnico e industrial. El México de ahora es muy distinto al que aplaudió con entusiasmo al caudillo de Tuxtepec. Se ha operado, silenciosamente, la revolución de las máquinas: fáciles comunicaciones, distinto tipo de vida, costumbres alteradas por nuevas condiciones económicas y sociales. La era de Don Porfirio fué la del ferrocarril y ella ha colocado a México de un solo golpe, tal vez demasiado bruscamente, al nivel material de países infinitamente más adelantados. A la revolución mecánica seguirá, fatalmente, la revolución política, el deseo de crear nuevas instituciones que se adapten mejor al nuevo estado social. Corre en todo el país, como un torrente subterráneo, el anhelo de una libertad que condense las nuevas necesidades y, al mismo tiempo, las manifestaciones de un dolor atávico. La miseria, el oprobio, el sufrimiento ancestrales: todo eso, igual que la lava de un volcán, está a punto de encontrar el cráter que ha de proporcionarle caudalosa salida.

No sólo se trata de una revolución política, sino también de una revolución social.

Porque ya no tiene sentido el "Grito de Dolores": "¡Viva la América y muera el mal Gobierno!". Ya resulta anacrónico el de Iguala: "¡Unión, Religión, Independencia!" Tampoco vibra el de Ayutla: "Laicismo y República". Y mucho menos el último de todos, el de Tuxtepec: "Paz y no reelección". Ahora son millones de hombres los que exigen libertad, y escuelas, y tierras, y vida civilizada. Su bandera, trémula de esperanza social, va a ser el lema "¡Libertad y tierras!"

Ahora se reanudará el hilo reivindicador cortado en Tuxtepec. Como esos ríos que se ocultan bajo tierra y vuelven luego a la superficie, el movimiento revolucionario, tras una noche de treinta y cinco años, correrá de nuevo vertiginosamente hacia la meta soñada desde los días bárbaros y gloriosos de la Gran Tenochtitlán.

Con esta levadura de siglos, extraída del fondo de la Historia, fermentará la Revolución contra Porfirio Díaz. Pero esta vez es algo más que el consabido grito o el "plan" tantas veces colocado sobre la punta de una bayoneta. Ya no son apetitos militares, rebeldías de caudillos afortunados, ocultas incitaciones clericales o tácitas intrigas de ricachones las que ponen fuego a la mecha. Es un pueblo entero que, en busca de su destino, se pone en movimiento, así como la tribu azteca abandonó en masa la tierra de Aztlán, obediente al pájaro que cantaba "¡Tihui, tihui!". Ahora sí que llega a su desenlace "el gran drama social de todo un pueblo que quiere romper los grilletes de una esclavitud milenaria", según la expresión de Luis Araquistáin.

Una grave preocupación hace más adusto el ceño y multiplica las arrugas en el rostro del anciano dictador. Siente más y más el peso abrumador del tiempo. Comprende que el pueblo mexicano, apenas afloje el dogal, no tardará en alzarse contra él y los suyos. ¿No se levantaron los obreros de Orizaba en 1907, hace un año apenas? Si él abandonara el poder, tal vez todo se calmaría. Pero no quiere dejar el Palacio Nacional, la mansión en que ha reinado tantos años. No se resuelve a condenarse a la obscuridad. El dinero nunca le ha atraído. El descanso, tampoco. Mejor es seguir gobernando por mano de alguno de sus lugartenientes. ¿Limantour acaso? No. El hacendista es demasiado ambicioso. Tal vez Corral, don Ramón, más dócil y disciplinado. Necesita y hasta anhela un sucesor. Como lo dice Araquistáin, "el Faraón indio quería seguir gobernando desde el sarcófago".

Y se decide bruscamente aquel día, marzo de 1908, en que le entrevista un redactor del "Pearson's Magazine". Es un cazador de noticias sensacionales, John Creelmann, quien anuncia al mundo que Porfirio Díaz, el ya legendario dictador mexicano, quiere renunciar al poder. Cree que México —son sus propias palabras— está preparado para la vida democrática. Quiere dejar en libertad a la opinión pública para que se organice en partidos políticos. Aspira a que las próximas elecciones, las de 1910, sean absolutamente libres. Designado su sucesor, un sucesor que sea capaz de continuar su obra de engrandecimiento material y disciplina política de México, él, Porfirio Díaz, se retirará al silencio de la vida privada.

La erupción del Ixtaccíhualt o el Popocatépetl no hubiera causado una sorpresa y una impresión más profundas en el país entero.

La opinión pública efervesce como una caldera en ebullición. Se constituyen núcleos de carácter político. Pero sólo emerge a la luz un solo partido organizado: el de los "científicos". No es otra cosa que la organización política, oficial y ramificada, de la camarilla burocrática e intelectual que rodeaba al anciano déspota. Dirigido por Limantour y Corral, los dos hombres más poderosos de México después de Don Porfirio, compuesto por altos funcionarios y adulones bien rentados, con arcas repletas, prensa obsequiosa y toda clase de recursos, el Partido Científico será fatalmente el que obtenga el triunfo. Es decir, volverá a obtenerlo el "Héroe de la Paz", a quien el electorado, agradecido, ungirá por octava y consecutiva vez Presidente Constitucional de los Estados Unidos Mexicanos. Nadie duda de ello. Nadie. A no ser el propio autócrata que, arrepentido de sus declaraciones, se las ingenia para apagar el fuego encendido cerca de la santabárbara. Ha discurrido ser el candidato presidencial del Partido Científico y vencer en lucha electoral al imprudente que ose oponérsele, sin perjuicio de posteriores medidas. Irá con él a las urnas el adicto don Ramón Corral, que mañana, si Dios llama al octogenario junto a su seno, puede ser, con más títulos que otros, su sucesor legítimo.

Sin embargo, hay alguien en sus propias filas que parece ser capaz de disputar la Vicepresidencia al buen Don Ramón. Ese alguien, naturalmente un general, tiene cierto partido entre los desafectos a la camarilla científica. Ha dado pruebas de energía y hasta de alguna capacidad como estadista local en Nuevo León. Cinco años antes, en 1903, hizo ametrallar al pueblo que formuló reclamos en la plaza pública de Monterrey. Y aun cuando ahora parezca oponerse al organismo político oficial, no por eso el general Bernardo Reyes, de extracción aristocrática, es menos adicto al todopoderoso "Gran Elector".

Su candidatura es personalista y amorfa. Se opone débilmente a los abusos de poder cometidos por la camarilla de marras. Pero condensa muchas oposiciones latentes, agrupa a hombres de algún prestigio intelectual, se apresura a rotularse con un título democrático y es, durante algunos días, la fuerza que se opondrá al "corralismo" o porfirismo oficial más fresco. Todo él está en la personalidad de su jefe, que goza fama de valiente y de hábil, y a lo mejor resulta más apto que las marionetas que rodean al decrépito Faraón. Don Porfirio, en el fondo de sí mismo, ama a los hombres resueltos casi tanto como desprecia a los genuflexos, los hipócritas, los ávidos de oro. A ratos llega a pensar si el general Reyes, su amigo y colaborador de tantas horas, no será el sucesor que le ha impuesto el Destino.

Pero ¿cómo canalizar el hilo de agua desatado en un momento de vanidosa debilidad? El "reyismo" ha crecido rápidamente y está tomando un alarmante carácter oposicionista. Hacia él afluyen los eternos descontentos. El contagioso anhelo de que sean otros los hombres y el sistema es la base del "reyismo", que pronto se expande dentro de las fuerzas gubernativas más independientes y parece capaz de integrar también a los grupos mal disimuladamente opositores al Dictador y a su régimen.

Mas el propio general Reyes se encarga de dar solución a este fugaz problema político. Lo atemoriza esta turbulenta y peligrosa popularidad que comienza a asaltarlo. Verdad que es enemigo de la política "científica", pero admira al gobernante, teme al déspota y siente lealtad y gratitud por el amigo que siempre lo ha colmado de favores. ¿Aceptará encabezar esa que puede ser mañana una marea humana capaz de sepultar al protector y al amo?

Sin duda que no puede hacerlo. Pero ¿podrá plegarse a la campaña electoral de los mismos "científicos" que desprecia y ha combatido rudamente? Tampoco. No le queda más que un camino: abandonar el país.

El general Bernardo Reyes lo hace sin demora. Pero con ello no logra sino precipitar otra vez los acontecimientos en la historia mexicana. Todo lo más substantivo del "reyismo" converge, rabioso y desilusionado, hacia un pequeño partido político que ha crecido con rapidez y no oculta sus francos propósitos de oponerse a la reelección del mismo Don Porfirio.

Esta corriente de opinión quiso, al principio, tomar el nombre de Partido Democrático, pero como ya el rótulo fuera puesto en uso por el "reyismo", no vacila en bautizarse a sí mismo como el Partido Nacional Antirreeleccionista. Anuncia sin ambages su oposición franca a la candidatura del monarca y hasta dispone de un hombre capaz de enfrentarse al omnipotente autócrata.

Ese loco, ese suicida, se llama Francisco I. Madero. El solo anuncio de su candidatura basta para tranquilizar a Don Porfirio y a los suyos. Es un soñador, un iluso, un hombre dado a las letras y los estudios, que pretende cambiar el mundo conforme a los libros. Cierto que es un aristócrata de la tierra, hijo y nieto de grandes terratenientes de Coahuila, pero ha estudiado en París y Bruselas, conoce los secretos técnicos de la explotación de la tierra y hace curiosos ensayos con los peones de su hacienda en San Pedro de las Colonias. Les ha aumentado los salarios y disminuido las horas de trabajo, velado por que se les proporcione alimento suficiente y habitación siquiera aceptable. Y hasta instalado un botiquín, contratado un médico y edificado espontáneamente algunas escuelas. Afirma que campesinos e indígenas son seres humanos. Habla hasta de enaltecerlos, convirtiéndolos en colaboradores y ciudadanos conscientes de su papel cívico dentro de una democracia.

Ninguna de esas condiciones basta, ciertamente, para oponerse al feroz sátrapa envejecido. Pero el señor Madero, un hombrecito pacífico y amable, no sólo habla de amor y de fraternidad, sino también de política. Proclama la necesidad de elegir libremente a mandatarios que representen la voluntad popular. Incluso ha publicado en aquellos días, enero de 1908, un libro que ha causado estupefacción en México por su valentía, su claridad, su madurez intelectual: "La Sucesión Presidencial en 1910".

Millares de miradas se fijan en este hombrecillo tan bondadoso que tuvo este gesto de audacia inaudita. Muchos son, en Coahuila, los que acuden a San Pedro de las Colonias cuando se inaugura el primer Club Antirreeleccionista. Su presidente es el propio señor Madero. La llama prende muy pronto y llega luego a la capital. Allí, en Tívoli, se inaugura el Club Central del Partido Nacional Antirreeleccionista. Madero declina la presidencia y ella queda en manos del Lic. Emilio Vásquez Gómez. Toribio Esquivel Obregón y el propio Madero son los Vices. Junto a ellos, en medio de enorme entusiasmo de todos, trabajan algunos jóvenes: González Garza, Roque Estrada, José Vasconcelos. No muy lejos, en Puebla, aparece un ardoroso soldado de la causa: Aquiles Serdán, que pronto pasará a la historia.

El 18 de junio de ese año, Madero inicia su primera gira política. No es todavía candidato. Sólo quiere reconocer el terreno. Se dirige a Veracruz, acompañado por el ingeniero-periodista Félix F. Palavicini y su infatigable esposa, doña Mercedez Pérez. Se funda inmediatamente en el puerto un Club Antirreeleccionista. Madero tiene que dirigirse al pueblo desde un balcón y lo hace tan mal que un amargor de fracaso le punza el alma. Carece del don de la palabra. Es frío, parsimonioso, inelegante. Sólo sabe enumerar ideas y amontonar conceptos. Ignora el arte de mover a las muchedumbres con la palabra. El desencanto es general.

Continúa viaje a Mérida, en Yucatán. Allí hay un hombre dinámico, un poeta capaz de cualquiera empresa: José María Pino Suárez. Recibe a los viajeros en el andén y es el primero que lanza el grito histórico: "¡Viva el señor Madero!". Centenares de voces contestan a la suya. El entusiasmo es indescriptible. Madero, contagiado, habla esta vez con mayor calor. Dice cosas sencillas y audaces. El pueblo comprende y aclama. Han nacido el orador y el caudillo en el alma del hacendado que estudiara agronomía en Bélgica.

Desde allí se traslada a Campeche, a Tampico, a Monterrey. La popularidad de Madero crece como la espuma. En Monterrey da alcance a sus adversarios políticos, el formidable equipo de oradores que ha enviado con anterioridad el Partido Nacional Democrático. El más grande orador de México de aquel entonces, Jesús (Chucho) Urueta, encabeza el "team". Allí van otros que también saben manejar la palabra política: Diódoro Batalla, Manuel Calero, Miguel Trejo Lerdo de Tejada. Pero ya Madero posee las flechas que darán en el blanco: audacia, sencillez, veracidad. Y no teme atacar de frente al general Bernardo Reyes en la misma plaza donde seis años antes hiciera masacrar a las masas. El pueblo no duda un segundo en escuchar a este hombre que dice valerosamente la verdad.

Vuelve entonces a su casa de campo en San Pedro de las Colonias. Enferma de cierto cuidado. Pero aun le quedan fuerzas para enviar a Limantour una magnífica carta pidiendo la libertad del arrojado Aquiles Serdán. Lo consigue. Y tanto el texto de la carta como el éxito obtenido por ella aumentan aún más su prestigio.

Es ya, en potencia, el hombre predestinado. El providencial hombre de México que aparece siempre en el momento preciso. Es Juárez en los días primeros de La Reforma. Morelos en la hora en que fué ajusticiado el cura Hidalgo. Cuauhtémoc, "El Aguila que cae", en los momentos en que Hernán Cortés asediaba por tierra y agua a la Gran Tenochtitlán.

La segunda gira comienza el 18 de diciembre de 1909. Tiene ya todo el carácter electoral. Lo acompañan Roque Estrada, su secretario Elías de los Ríos y su admirable esposa. Recorren los Estados de Jalisco, Colima, Sinaloa, Sonora, Chihuahua, Durango. Pero esta vez sí que resulta accidentado el trayecto. Los gobernadores se encargan de hostilizarlo y la policía le persigue estrechamente. Utilízanse contra él todas las mañosas armas de que siempre echan mano las autoridades en nuestras honradas democracias sudamericanas. En Colima soporta un choque armado con la policía. En Mazatlán celebra un mitin bajo la carpa de un circo ambulante. En Navojoa la policía dispersa a los ciudadanos porque es peligrosa para "el orden público toda reunión que exceda de dos ciudadanos". En Guaymas, bajo una lluvia torrencial, perora desde el pescante de un coche de alquiler. En Manzanillo duerme en un taller fotográfico porque ningún hotel le da alojamiento. Celebra un "mitin relámpago" en la Plaza San Miguel y hasta allí le persiguen con piedras y frutas descompuestas los esbirros del porfirismo. En Chihuahua obtiene por fin un teatro, pero luego recrudece la persecución en contra suya. Es el momento que aprovechan para abandonarle algunos de sus antiguos compañeros: Toribio Esquivel Obregón, Francisco y Emilio Vásquez Gómez.

La prensa oficial vomita una tempestad de injurias contra el insolente candidato popular. Madero dispone también de algunos periódicos, pero ellos —"El Constitucional", "El Antirreeleccionista", "El México Nuevo"— son diarios de poca monta que no pueden competir, por cierto, con la prensa "seria", siempre bien informada, henchida de avisos y de noticias gráficas. El ambiente se enrarece cada vez más. Comienzan algunos a temer por la vida de Madero. Un tren en que viajaba se descarrila de pronto. Pero Don Francisco no ceja. Prosigue imperturbable su campaña de oposición al "Gran Elector". Y el pueblo le sigue como un solo hombre en todas partes, aun cuando digan lo contrario los diarios capitalinos.

El brioso divulgador de ideas se transforma pronto en formidable candidato presidencial. Quinientos representantes antirreeleccionistas, reunidos en Convención solemne en el Tívoli, le ungen por unanimidad candidato a Presidente de la República.

Don Porfirio ya no sonríe. El mosquito que ha zumbado junto a su oreja se ha convertido en insecto peligroso. Ya es digno Madero de ser eliminado o inutilizado con todas las reglas del arte. Pronto se descubre que roba los "guayales" de la hacienda contigua. El agricultor vecino logra hacerlo encarcelar, pero la farsa no dura arriba de dos días. Don Francisco abandona la cárcel con mayor prestigio aún. Nadie ha creído la historia del robo de guayales fabricada por la dócil policía del zar mexicano. Ya no queda otro camino que la cárcel.

Madero parte a Puebla. Allí atiza el fuego el temerario Aquiles Serdán, que no teme incitar a la resistencia armada. El 8 de mayo, en Guadalajara, Madero es casi reducido a prisión en un mitin espontáneo que la policía no pudo disolver. El 4 de junio, en Saltillo, está a punto de ser alcanzado por una carga de caballería contra sus partidarios. Y días después, en Monterrey, a raíz de haberse producido un choque sangriento y caer preso su amigo Roque Estrada, es, por fin, internado tras las rejas de una cárcel. Desde allí escribe, el 15 de junio de 1910, una contundente carta al todopoderoso Don Porfirio. Lo emplaza ante la Historia. Es un documento que refleja ya la temperatura de la hora.

Se le traslada, en respuesta, a la cárcel de San Luis Potosí. Va a pie, entre tres soldados, con las manos amarradas. La indignación popular está a punto de colmar el vaso. Pero aún no se han celebrado las elecciones.

Estas se verifican el 26 de junio. Madero obtiene

cerca de seiscientos mil votos. Pero eso no obsta para que se declare vencedor al general Díaz. Dos meses más tarde, el Congreso se apresura a proclamar Presidente de la República al benemérito Don Porfirio. Celébranse las festividades del Centenario de la República. En las ceremonias oficiales, cubierto de bordados y medallas, el rostro terroso, momia viva o fantasma de otra época, se yergue aún el hombre que medio siglo antes fuera un general victorioso y cuya vida interminable casi se confunde con la de la República.

Mas no hay tranquilidad alguna. Todos comprenden que se vive sobre un volcán. Dos semanas antes, el 1.o de septiembre, un grupo de audaces osó presentar a las Cámaras una petición de nulidad de la elección. ¡Maldito Madero! Será preciso sacárselo de encima de cualquier manera. No es muy difícil. Madero está en libertad bajo fianza desde el 19 de julio, pero con el compromiso de no abandonar la ciudad de San Luis Potosí. Desdichado de él si quisiera hacerlo: todos los caminos están vigilados y la policía no quita el ojo de la persona de Madero.

Pero el inofensivo hombre de letras se las compone para escapar de sus manos. Deja escrito y firmado, el 5 de octubre, un documento trascendental, y emprende viaje a los Estados Unidos. Duerme en casa de su mozo, Julio Peña, y camina diez millas en la alta noche hasta una estación ferroviaria, donde toma el tren. Un partidario suyo le oculta en el fondo de un montón de grandes petacas. Pasada la ciudad de Monterrey, se trasborda a un carro de tercera y allí se confunde con el peonaje. Viste un "over all" azul, de mezclilla. Un pañuelo rojo oculta a medias su barba. Un sombrero charro disimula su fisonomía. Así llega hasta Laredo, en la frontera, donde da su nombre en la oficina de inmigración. Allí le esperan sus amigos más fieles y desde allí comienza a organizar la Revolución.

Su fuga ha causado el efecto de un pistoletazo en todo el país. El pueblo se agita inquieto, en espera de noticias y órdenes. Madero y los suyos tejen concienzudamente la red revolucionaria, pero la Dictadura desbarata buena parte de sus combinaciones. Sesenta mil maderistas atiborran las cárceles del país. Todos saben que se acerca una fecha especial, pero nadie sabe a punto fijo cuál es ella.

Por fin se entrega a la publicidad, profusamente, el documento que firmara el día antes de su fuga a los Estados Unidos. Es el histórico "Plan de San Luis Potosí", que causa el efecto de un rayo en toda la República. Ni el de Tuxtepec, ni el de Ayutla, ni el de Iguala han tenido igual resonancia.

¿Qué dice aquel sencillo manifiesto? Todo. Aduce razones serenas. Hace historia. Reglamenta todo un plan de rebelión armada. A ratos parece arenga. A ratos, Constitución revolucionaria. Pero su esencia está en cuatro puntos esenciales. Desconoce a Don Porfirio y niega toda validez a su elección y a la de don Ramón Corral, a la vez que desautoriza a senadores, diputados, gobernadores, jueces y demás hechuras del "Gran Elector". Alza la fórmula política del "Sufragio efectivo y no reelección". Plantea la restitución de sus tierras a los pequeños propietarios despojados de ellas por la Ley de Terrenos Baldíos. Y, por último, solemnemente, llama al pueblo a las armas para derrocar a la tiranía porfirista.

Es un programa que ondea como una bandera y escalofría como un clarín.

No se necesita más para que el país responda como un solo hombre.

La rebelión estalla en todas partes el 20 de noviembre de 1910. En todos los puntos del territorio se alzan partidas de campesinos. El peón y el charro dejan sus "chamacos" y su mísero "jacal" para correr al llamado de Madero. Los "pelados" se enrolan en destacamentos improvisados. Los estudiantes y los obreros organízanse en brigadas. Nadie sabe cómo aparecen armas. Y cuando no hay ametralladoras y escasean los fusiles, se blanden, como en los tiempos del cura Hidalgo, palas, picas, azadones, simples garrotes. Un hombre, Aquiles Serdán, se hace matar en Santa Clara, Puebla, antes de abrir paso a las tropas de Mucio Martínez. Con él muere toda su familia.

El anciano Faraón está estupefacto. A su lado se agrupan, como se agruparon junto a Maximiliano cuando Juárez avanzaba sobre la capital, los mismos elementos de siempre: el alto clero, los terratenientes, los favoritos políticos, la aristocracia de cepa colonial que traficó con la República y que ahora, más rica y poderosa en este régimen, se ha identificado con el porfirismo. Cuenta, también, con todo el Ejército, con los abundantes recursos del erario y hasta con la simpatía de los países extranjeros que respetan en Don Porfirio al pacificador de México.

Mas él solo, entre tanto cortesano, comprende que todo es inútil. El antiguo estratega ha perdido su habilidad militar. Sus generales se repliegan o se pasan al enemigo. No atina a tomar una resolución. Aun no se convence de lo que ven sus propios ojos: dos peones, Pascual Orozco, en Chihuahua, y Emiliano Zapata, en Morelos, obligan a retroceder a sus tropas. Y un civil, un iluso, Francisco Madero, como Juárez en 1857, se acerca triunfalmente a la capital. Los disturbios se multiplican en la vieja metrópoli azteca. La guarnición de la capital, que experimenta la mágica influencia del Dictador, recurre a las acostumbradas cargas de caballería y el fuego a discreción sobre la multitud indefensa, que huye, pero vuelve a la brega una y otra vez.

Los momentos son preciosos. Ya no es capaz, como antes, de sentarse sobre una montaña de cadáveres. Prefiere, mejor, pactar, llegar a un arreglo honorable. Las negociaciones culminan rápidamente en Ciudad Juárez. El renunciará y partirá a Europa, bajo la protección del nuevo Gobierno. Encargaráse del poder un mandatario interino y después se llamará a elecciones. Todo será perfectamente legal, ajustado a derecho y a la práctica constitucional, las dos cosas que él "respetara" en su Gobierno.

Y parte, con escolta armada, hasta el puerto de

Veracruz, donde se embarca y desaparece para siempre, como aquel antepasado político suyo, Su Alteza Serenísima don Antonio López de Santa Anna. Con él, antes que él, huyen, por docenas, los nobles palatinos y los mercaderes políticos de su largo reinado.

Es el 26 de mayo de 1911. Madero ha entrado a México en hombros de la multitud. Pero en el Palacio Nacional, conforme a lo convenido, está un mandatario interino, el licenciado Francisco L. de la Barra, tipo de político mañoso y emboscado. Durante seis meses el país se adapta al nuevo orden de cosas. Es un régimen de transición entre la tiranía aristocrática agonizante y la democracia revolucionaria que va a nacer. Vuelven a sus chozas y sus hogares, campesinos, indígenas, obreros, estudiantes y profesores. Se deshacen como el humo aquellas masas amenazadoras. El ejército de Don Porfirio torna a sus cuarteles y goza ahora de la confianza del nuevo régimen. Uno que otro proceso, una que otra exaltación periodística, no alteran la tranquilidad. La aristocracia, los científicos y el conservantismo porfiriano se reponen rápidamente del pánico experimentado. Detienen su huída desatentada al Viejo Mundo.

Llegan pronto las elecciones. Con emocionante unanimidad es elegido don Francisco I. Madero, el hombre que se opuso al Faraón y fué capaz de lanzar el manifiesto de San Luis Potosí. Y cuando todo ha vuelto a estar en orden, mientras el pueblo entero lo aclama y la oligarquía y el porfirismo intactos lo observan malévolamente, sube al poder, el 1.o de diciembre de 1911, el loco inofensivo que tanto hiciera reir al viejo autócrata y sus satélites.

Mas hay alguien que sigue en armas, vigilante y desconfiado, en Villa Ayala, Estado de Morelos. Pero sólo es un indio infeliz que capitanea un puñado de pobres diablos. Se llama Emiliano Zapata.

FRANCISCO I. MADERO, EL PRECURSOR

Quiere el destino que este hombre, bueno y pacífico, Francisco I. Madero, sea quien provoque el estallido de esta Revolución que se viene gestando hace ya cuatro siglos, desde aquellos lejanos días en que tarascos, totonacas y xochimilcas miraban hacia el mar, esperando a los blancos dioses libertadores que anunciara Quetzalcóatl otros cuatrocientos años antes.

El Plan de San Luis tiene, de inmediato, raigambre social y ejecutoria histórica. Pocos de más limpio y secular origen. Condensa el clamor y la desesperación de todo un pueblo que, una y otra vez, a lo largo de siglos, fuera engañado por falsos heraldos de libertad. Explotado, escarnecido, humillado y ofendido, espera, centurias ha, la resurrección de Quetzalcóatl. El buen Dios no resucitó en Hernán Cortés, ni en Iturbide, ni en Santa Anna, ni en Maximiliano, ni en Don Porfirio. Los que pudieron haberlo encarnado —Hidalgo, Morelos, Guerrero, Benito Juárez— murieron trágicamente o no alcanzaron a cumplir su misión. Y este nuevo hombre, de sonrisa clara y dulce aspecto, este "apóstol de ojos ausentes" que tiene algo de profeta y de iluminado, ¿no será, esta vez, Quetzalcóatl, el Dios pacífico que enseñó a labrar la tierra y predicara la justicia y el amor entre los hombres?

Así llega Madero al Palacio Nacional. No es sólo el vencedor de una jornada cívica. Tras él está el pueblo, el pueblo despertado de su sueño. Los obreros de la ciudad, los campesinos ansiosos de tierras, los míseros indígenas de las sierras: todos ven en él al Libertador esperado durante siglos interminables.

Pero nada advierten de esto los políticos, los que ya usufructúan del movimiento generoso. Creen ser ellos, demócratas o reyistas, opositores o porfirianos renegados, los que han derribado la "tiranía" y tornado a México al cauce de sus instituciones democráticas. Creen que sólo se trata de democratizar jurídicamente al país y ajustarlo, con la mayor fidelidad posible, a la venerable Constitución del 57, obra maestra de Ignacio Ramírez, Guillermo Prieto y los grandes hombres de la Reforma.

Los mejores de ellos, los animados de mejores propósitos, no comprenden la hora que están viviendo. Ignoran que el porfirismo, intacto, aguarda el desquite. No presienten que la alta sociedad y las grandes fuerzas económicas —la alta banca, el alto comercio— se mantienen, pasado el miedo, en desdeñosa y astuta expectación, en una provocativa huelga de brazos caídos. No se atreven a tocar una Constitución anacrónica ya y menos aun la selva jurídica que sembró la Dictadura al amparo de aquellos viejos muros constitucionales. Ni siquiera imaginan que toda aquella fortaleza legal sirve de bastón y refugio al privilegio, a la codicia, a la expoliación milenaria. Y mucho menos desarman la perfecta maquinaria del porfirismo, militar y administrativa, montada durante treinta y cinco años de paciente trabajo. Marchan derechos a la Muerte, y no lo saben.

Tampoco lo sabe Madero, ojos de Cristo, cabeza de mártir, alma de apóstol, cuyo destino estaba ya escrito: será la primera víctima de la centenaria Revolución que él mismo contribuyó a desencadenar.

Es un rico hacendado. Pertenece a aquella alta clase que se identificó con el porfirismo. Se ha dedicado al estudio y la meditación. Hace años, en 1908, en plena Dictadura, tuvo su primer gesto de valor asombroso: lanzar un libro, "La Sucesión Presidencial", en donde estudiaba los problemas mexicanos y decía verdades tan duras como temerarias. Su valentía, la misma que lo llevó a oponerse a Don Porfirio, es una mezcla de inconsciencia y de quijotismo. Conoce y ama al pueblo bajo, al indio, al mestizo, al mulato. Ha sido benévolo y caritativo con los trabajadores de sus haciendas. Su bondad lo lleva a tomar contacto con los explotados, pero su espíritu no penetra en la raíz de aquellos males que su corazón quiere remediar sin saber cómo. No siente como suyos los dolores y las ansias de aquella inmensa masa sufriente. Su acción revolucionaria sólo tiene un Norte: destronar al autócrata valetudinario, ahorrando al país la vergüenza de un zarismo afrentoso para la dignidad y el decoro nacionales.

Cumplido su objetivo, expulsado el viejo Faraón, su voluntad se debilita, su propósito se extravía. Ignorante del destino y la ruta de su barco, "piloto ciego", sin brújula ni carta marina, empuña como puede el gobernalle en aquella marea furiosa, que lo asalta por todos lados apenas tercia la banda roja, verde y blanca sobre su pecho de hombre caritativo, recto, bien intencionado.

Y no acierta con el rumbo. El porfirismo le hace una oposición enconada. Las altas clases lo denigran públicamente. El clero lo hostiliza sin disimulo. Y Estados Unidos, el árbitro supremo, no mira con buenos ojos a este hombrecillo que se atrevió a lanzar expresiones revolucionarias desde el fondo de una prisión. Lo atacan los jefes militares y los "científicos", que se emboscan en todas partes. Lo censuran acremente los señores feudales de la tierra, que temen se les obligue a devolver el suelo rapiñado en los gloriosos años de Don Porfirio. Lo contemplan con desconfianza y animosidad todos aquellos extranjeros —capitanes de industria y de banca— que no quieren oír hablar de nacionalización de ferrocarriles ni de ninguna otra riqueza obtenida por robo o a la fuerza. Lo denostan diariamente los señoritos y las damas que ya no poseen el Gobierno y han perdido su hegemonía social en este mar revuelto, toda gente desconocida, que ha llegado con Madero hasta el mismo Palacio Nacional. Y afuera, en el extranjero, periódicos y revistas desfiguran a este "bandido" que cometió la osadía de derribar a Don Porfirio, el gobernante sabio y progresista.

Pero no sólo los poderosos socavan su Gobierno, sino también los desheredados, los humildes, que creyeron en él y vuelven, otra vez, a sentirse defraudados. Su situación sigue exactamente igual. Son tan esclavos como antes del patrón de la estancia o el propietario de la fábrica. Ni han subido sus salarios; ni mejorado sus condiciones de vida; ni abaratádose los productos; ni, mucho menos, comenzádose a repartir las tierras prometidas en aquel "Plan" que fuera bandera y clarín a la vez.

Son éstos los primeros que se levantan contra el Gobierno elegido por ellos mismos, que después aparece como un traidor a la gran causa de la justicia. Otra vez Huitzilopochtli ha vencido a Quetzalcóatl. Pero ahora los siervos del campo y la sierra ya no quieren dejarse devorar impunemente. En Villa Ayala está Emiliano Zapata, que también lanza su "Plan": entrega de la tierra a los que la trabajan. A él se suma, otra vez en Chihuahua, Pascual Orozco, con un "Plan" igualmente revolucionario. En Veracruz se alzan los hermanos Flores Magón al frente de los esclavos del henequén y las industrias textiles. En la capital hay exaltados —Molina Enríquez, los Vásquez Gómez— que agitan las masas y exigen también las reivindicaciones agrarias prometidas.

Allí comienza la agonía de Madero. Aleja de su lado a los que fueron sus leales y se prepara a sofocar estos levantamientos que atentan contra el derecho de propiedad y las garantías constitucionales. Su ser jurídico, moldeado en el derecho romano, crecido en un ambiente de latifundistas, lo hace prestar oído al perverso consejo de los que quieren despojarlo de su única fuerza: el pueblo.

Y envía contra los rebeldes, los "agraristas", los campesinos e indígenas que quieren vivir como seres humanos, a las mismas tropas federales con que Don Porfirio aplastara, cinco años antes, la huelga de los obreros de Orizaba. La ametralladora vence al viejo Máuser o la hoz apresuradamente afilada. Los cuerpos regulares baten a las bandas desordenadas de Emiliano Zapata, casi todas descalzas, tocadas con los inmensos sombreros de los charros, animadas de la decisión de vencer o morir. Uno de los jefes, un peón indígena, Pascual Orozco, muere en el Norte y son aniquilados sus compañeros. Y uno de los generales enviados a "restablecer el orden", llamado Victoriano Huerta, se distingue por su fría ferocidad. Mas no se puede acabar con Zapata. Este se retira a sus montañas inexpugnables de Morelos y allí sigue en armas, causando cuantas bajas puede al ejército federal, invadiendo las haciendas e ingenios de azúcar, obligando a los terratenientes a distribuir dinero y alimentos entre los infelices peones.

Don Francisco I. Madero continúa gobernando sin más guía que el cumplimiento de la Carta Magna tan venerada. Pero ya su régimen está minado por la base. El pueblo ha huído de su lado. Agraristas, sindicalistas, obreristas: todos los que creyeron en él se aprestan, nuevamente, a la lucha. Y el otro bando —los conservadores, porfiristas, clericales y aristócratas que aplaudieron su campaña contra Zapata— eleva el tono de una oposición que ahora se hace violentísima y hasta insultante. Sabe que ya Madero está solo y únicamente espera, encontrado un dócil reemplazante, el momento favorable. Para colmo, el mismo Madero, hombre honrado y probo hasta la exageración, consiente que se restauren las viejas prácticas porfirianas. Una corte de favoritos, abusando de su debilidad, lo cerca por todos lados. Su familia y sus parientes, en especial, no descuidan el beneficio propio en aquella vorágine. El nombre de su propio hermano, Gustavo Madero, comienza a circular en todas las bocas como una prueba de su nepotismo.

El momento parece oportuno y así lo cree el general Bernardo Reyes, que cruza la frontera en son de guerra. Caído el Faraón, su lugarteniente más distinguido no tiene escrúpulos en solicitar por la violencia la posesión efectiva de sus bienes. Viene al frente de un puñado de leales. Algunos cuantos amigos y partidarios corren a su lado. Mas las altas clases todavía no creen maduro el momento, y la insurrección fracasa. Desilusionado, abatido, consciente de su fatal error, el general Bernardo Reyes se entrega a las autoridades confesándose víctima del delito de sedición armada. Pudo habérsele fusilado, pero Madero se opone. Se le somete a proceso y se le encierra en una prisión militar.

El porfirismo moderado acompañó a don Bernardo Reyes. El porfirismo militar no tarda en seguir el ejemplo. El caudillo es, ahora, el general Félix Díaz, sobrino de Don Porfirio. No posee ninguna de las condiciones del autócrata, pero también cree, como miembro de la familia, tener derecho a la herencia yacente dejada por el poderoso tío. La revuelta estalla en Veracruz y logra apoderarse del puerto. Mas el país no secunda al nuevo movimiento. Las tropas federales no tardan en recuperar la plaza, y Félix Díaz, como Bernardo Reyes, es sometido a proceso y pasa a ocupar una celda en la prisión militar de México.

Tampoco esta vez quisieron dar el golpe los que esperan el momento de aplastar para siempre a Madero y a esta insolente Revolución que pretende despojarlos de lo que es legítimamente suyo. Terratenientes y prelados, banqueros y comerciantes, aristócratas y extranjeros comprenden bien que no va a ser Félix Díaz, un mediocre y desprovisto de carácter, el instrumento punitivo que ellos necesitan. Además, el grueso del porfirismo, el "científico", que aun escucha la voz de Limantour, también desaprueba esta aventura de un exaltado.

Mas el año 1913 ha comenzado a desgranarse en el calendario del tiempo. Los días de don Francisco I. Madero están contados.

LA TRAICION DE VICTORIANO HUERTA

Le aguarda la misma suerte que a otro mandatario, popular y venerado como él y, como él, indeciso, confiado, bondadoso, ignorante de la hora que le cupo vivir: don Vicente Guerrero. El gran insurgente fué también un líder popular y cristalizó un anhelo de redención nacional. También perdió, al llegar al poder, toda la fuerza invencible con que luchara contra el absolutismo y las ambiciones de Iturbide. Y como a don Vicente Guerrero, víctima de la traición, fusilado en Cuilapa, también le está reservada a Madero la palma del martirio.

Ha dominado, es cierto, dos pronunciamientos militares, pero su Gobierno se sostiene en equilibrio por la misma mecánica política de las fuerzas que lo trituran. Su primitivo programa de amplia democracia, reforma agraria y nacionalismo financiero naufragó entre sus propias manos. Ya no le quedan sino el rencor del pueblo y el odio de las clases dominantes, las que se aprestan, después de aplastarlo, a aventar de un soplo a este minúsculo hombrecillo.

Pero no alcanzan a madurar sus planes. Los acontecimientos se precipitan otra vez. El 9 de febrero, al amanecer, estalla un motín entre las tropas de la guarnición. Los sublevados ponen en libertad a Bernardo Reyes y Félix Díaz. El primero comanda el ataque contra el Palacio Nacional, esperando tal vez apoderarse de la persona del Presidente. Mas allí está un militar valiente, Lauro Villar, que se hace fuerte y logra rechazar el ataque. Y muere allí, en el asalto al palacio que pudo haber sido suyo, el general Bernardo Reyes. Más cauteloso, Félix Díaz se encierra en La Ciudadela, antiguo fortín militar y ahora fábrica de armas y cartuchos. Está bien armado, puede resistir un largo sitio y cuenta con que, entretanto, se alcen contra el Gobierno todos los que conspiran abierta o disimuladamente.

Madero llama inmediatamente a uno de sus generales más fieles, Victoriano Huerta, antiguo hombre de confianza de Don Porfirio, que ha ganado la fama de militar valiente y hábil en la campaña contra Zapata y sus agraristas. Huerta se hace cargo de las fuerzas del Gobierno y marcha contra La Ciudadela, decidido a aplastar a los "felicistas". No repara ante ningún extremo. Bombardea sin piedad la fortaleza. El cañoneo derriba casas, provoca incendios, arrasa manzanas enteras. Se amontonan en las calles los cadáveres insepultos. Son diez días en que estremecen la ciudad el tronar del cañón y el estrépito de la fusilería. Huerta lanza sus tropas al ataque y éstas son rechazadas una y otra vez. Las calles estrechas, barridas por las ametralladoras de La Ciudadela, permiten que los soldados federales caigan segados como mieses.

Pero toca la casualidad que son todas tropas "maderistas", esto es, partidarios del Presidente, ex revolucionarios convertidos en soldados. Entretanto, el grueso del ejército, porfirista a ultranza, espera el resultado de los acontecimientos. Huerta extrema las medidas de rigor y solicita a Madero la Secretaría de la Gobernación para impedir, militarmente, que la insurrección se propague. Se revela allí como un hombre decidido, insensible, capaz de pasar por sobre docenas de cadáveres a trueque de obtener sus propósitos.

¿Qué mejor ocasión para el conservantismo y los grandes señores de siempre? Huerta tiene un rostro innoble, anguloso y achatado al mismo tiempo, parecido al de un reptil. Dos anteojos ahumados ocultan la luz de sus pupilas y bien pueden esconder la traición o el asesinato. Al fin se ha encontrado al hombre —dócil y sanguinario a la vez— capaz de terminar con Madero y el maderismo.

Pero Huerta es ambicioso y es astuto. Negocia ocultamente con los "felicistas" de La Ciudadela, aun cuando, en pleno día, continúe enviando al matadero a las últimas tropas fieles al Gobierno. Se compromete a coger a Madero y a Pino Suárez, y a restablecer la paz y la tranquilidad en todas partes. Pero quiere la Presidencia de la República. Los conspiradores aceptan inmediatamente. La reacción mexicana ha encontrado, otra vez, a un Bustamante, un Paredes, un Santa Anna, un Zuloaga, un Díaz. Cierto es que los "felicistas" se oponen y quieren llevar a Félix Díaz al sitial de su tío. Pero es fácil dominarlos con el oro o el hierro. Además, y por si algo faltare, allí está resuelto a todo, con sus talegas repletas de dólares, el conspirador principal, en cuya casa se trama el golpe decisivo: Henry Lane Wilson, Embajador de los EE. UU. de Norteamérica.

Acordado todo, deshechas las fuerzas maderistas, ganada la voluntad de los "felicistas" que ya desesperan de obtener para sí el triunfo, Huerta da el golpe. Declara suspendido el ataque a La Ciudadela. Encarcela a Madero y a Pino Suárez y les ofrece la vida y la libertad a cambio de la renuncia, o la muerte si persisten en conservar un poder que la nación les ha revocado. La disyuntiva, agravada por la amenaza y hasta el tormento, no puede ser muy larga. Ambos renuncian a sus cargos respectivos. Y Victoriano Huerta, Ministro de Gobernación, asume interinamente la Presidencia de la República. Los "felicistas" abren las puertas de La Ciudadela y corren a formar parte del nuevo Gobierno. El ejército porfirista reconoce inmediatamente el nuevo orden de cosas. La reacción conservadora aclama al hombre enérgico que pondrá término a dos años de anarquía. Los países extranjeros, engañados por completo, se apresuran a reconocer al que creen un Gobierno legítimo. El Embajador Lane Wilson engaña a sus colegas y se sobrepone a los dos únicos amigos de Madero en el Cuerpo Diplomático: el ministro de Cuba, Márquez Sterling, y el de Chile, Alfredo Hevia Riquelme.

Mas hay un obstáculo, un punto negro que obscurece el sonriente panorama: Madero.

Mientras él no desaparezca, no habrá tranquilidad. Las masas, así creen los antiguos señores de México, están sugestionadas por la figura de este buen hombre que era, como ellos, un aristócrata y un terrateniente y se transformó, de súbito, en redentor proletario. Apenas eliminado, nadie volverá a recordar su nombre.

Pero, ¿cómo quitarlo de en medio? Tal vez un viaje. Madero acepta las nobles gestiones del ministro cubano Márquez Sterling y se dispone a partir a La Habana en el crucero "Cuba". Cree que le darán escolta militar y rango presidencial, como él se los concedió, veinte meses antes, a Porfirio Díaz. Pronto se desengaña. Al amanecer del 22 de febrero lo trasladan de prisión. Va —se le dice— hacia la Penitenciaría. Lo han hecho levantarse de improviso. Son las once de la noche. Se le conduce a la Escuela de Tiro. Frente a los muros de la Penitenciaría, en una explanada solitaria, recibe el primer golpe. Lo ultiman a bayonetazos y en seguida lo acribillan a balazos, por la espalda, para que se crea en una venganza popular. A su lado, con el cráneo deshecho también, desfigurado horriblemente, José María Pino Suárez, el Vicepresidente, queda tendido en la plazuela desierta.

El Gobierno se apresura a disculparse. Prueba, como todos los Gobiernos, que no ha tenido arte ni parte en el infame asesinato del "ilustre ciudadano". No se necesita más para calmar los vagos escrúpulos de la reacción victoriosa.

Un suspiro de alivio sale de los pechos oprimidos tanto tiempo. El clero no oculta su regocijo. Algunos predicadores sagrados aluden al castigo de los réprobos. Y aun cuando no se diga, nadie ignora que en muchos templos se verifican acciones de gracias por la derrota y muerte de los nuevos heréticos. Ya no hay temor a reformas agrarias, ni a nacionalización de riquezas, ni a revocación de concesiones, ni a expropiaciones de bienes eclesiásticos. Tampoco a castigo o proceso alguno. Otra vez controlan el poder los viejos propietarios del país. La historia vuelve a repetirse y, a no ser por algunas calles que todavía hieden con el olor de los cadáveres, podría creerse que no ha pasado nada, que aun gobierna Don Porfirio o que Santa Anna, resucitado, continúa ordenando fusilamientos y otorgando condecoraciones.

Mas esta vez será la última.

EL AVANCE DE LAS MASAS ARMADAS

Porque si la revolución política parece terminada, la revolución social apenas ha empezado. Madero no sólo fué un caudillo o un demagogo bien intencionado, con influencia indudable sobre la masa oprimida. Era algo más: el símbolo, la encarnación viviente de un movimiento ya incontenible —campesinos, obreros y artesanos armados—, que se apresta a luchar con las armas en la mano por sus propias libertades, sus propias reivindicaciones, sus intereses postergados por todos los regímenes y todos los Gobiernos.

El asesinato de Madero es la señal. El mismo día, 22 de febrero de 1913, la noticia corre por todo el país como un reguero de gasolina ardiendo. Vuelven a lucir los fusiles y los machetes escondidos después del triunfo sobre la Dictadura. Tornan a quedar solos los "jacales" campesinos, y la "china" y sus "chamacos", a esperar la vuelta del esposo o el padre. Se improvisan tropas. Y, como en los tiempos épicos de don Miguel Hidalgo, multitudes descalzas, desordenadas, se agrupan en los campos y obedecen a generales improvisados en un minuto. Otra vez marchan juntos charros y pelados. Y los inmensos sombreros de copa cónica sombrean rostros congestionados por la rabia y el deseo de exterminio. Hay peones y maestros de escuela, estudiantes de medicina y tejedores o zapateros que tercian cananas sobre sus pechos y prenden en las mangas galones de mayores o coroneles. Partidas de guerrilleros, bandas armadas, brigadas completas aparecen en todos los puntos del territorio. Esta vez es el pueblo el que se levanta, consciente de haber sido defraudado, resuelto a vengar a un hombre, Madero, que encarnara un día sus ancestrales anhelos.

Emiliano Zapata se mantiene en armas y declara en Ayala, Estado de Morelos, la guerra civil apenas conoce los sucesos de México. En el Norte, en Guadalupe de Coahuila, el Gobernador del Estado, don Venustiano Carranza, desconoce toda autoridad a Huerta e invita a derrocarlo a la nación entera. Ambos aparecen, Zapata y Carranza, en uno y otro extremo del territorio, como los dos caudillos de este movimiento que cohesiona, otra vez, a hombres de toda clase y condición.

Pero Huerta no es el envejecido y estupefacto Don Porfirio. Aun cuenta con todo el ejército regular. Dispone de armamentos, municiones y toda clase de pertrechos de guerra. Controla las vías de comunicación. Hasta posee aeroplanos. Pero, por sobre todo, está respaldado por los mismos que se agruparon junto al "Gran Elector", que organizaron la resistencia contra Juárez al lado de Maximiliano, que formaron guardia cerrada en torno de Miramón y Zuloaga, y que antes aun, en 1851, llamaron otra vez al mariscal Santa Anna. Mas ahora el momento es decisivo y todos le comprenden. No sólo el poderío, sino hasta la tranquilidad y la vida de todos ellos están en juego. Y mientras los ricos abren sus bolsillos y los bancos vacían sus arcas; mientras los templos tocan a rebato las campanas llamando a los fieles al combate, y los sacerdotes y los frailes reclutan destacamentos y entregan armas y caudales al Gobierno amenazado; mientras los comerciantes extranjeros y los dueños de las concesiones contribuyen, también, con dinero y recursos de guerra, y las grandes potencias extranjeras envían a Huerta su voz de aliento, allá, en los campos y las sierras, las maniguas o los pantanos, las montañas o las estepas, resueltos a todo, comienzan a avanzar sobre la capital los eternos humillados.

Ahora tienen jefes y armamentos, y les sobran el valor y la fe. Se han procurado armas como han podido, y los que no las tienen combaten para quitarlas a las tropas federales que se repliegan sobre la capital. En el Norte, allá en Sonora, aparece un caudillo que evoca a Morelos por su talento militar. Se llama Alvaro Obregón, fué obrero mecánico de una fábrica en Navolato y ahora es un pequeño agricultor de Huatabampo. En el Noreste, en Nuevo León y Tamaulipas, opera un general descontento, Pablo González. Y entre ambos, en Chihuahua y Durango, un antiguo bandido, guerrillero de profesión, temible y feroz, que se está haciendo célebre con el nombre de Francisco Villa. En el Sur, entretanto, los agraristas de Emiliano Zapata avanzan como gatos por las cadenas montañosas de Morelos y Guerrero. Cerca de ellos, el guerrillero Gertrudis Sánchez, rápido y veloz, ataca sin cesar al frente de sus ágiles jinetes.

Los técnicos militares no dudan del triunfo de Huerta. Nadie cree que ejércitos veteranos, bien disciplinados y mejor armados, cuyos jefes son militares profesionales, puedan ser vencidos por montoneras que tienen como generales a colonos, peones y ex bandidos.

Pero se reproduce el fenómeno ocurrido dos años antes, cuando las tropas porfiristas retrocedían ante las hordas que mandaban Orozco, Zapata y demás jefes improvisados. Nuevamente es un ejército oficial, defensor de un régimen odiado, quien debe combatir contra todo un pueblo en armas, que ahora se ha organizado y lucha, ordenada y tácticamente, bajo las órdenes de jefes que se revelan grandes capitanes. La victoria sonríe constantemente a dos de éstos, Francisco Villa y Alvaro Obregón, que avanzan por el Norte y el Noroeste sobre la capital.

"Pancho" Villa toma por asalto, con una temeridad loca, Ciudad Juárez. Caballero y Lucio Blanco se apoderan de Matamoros. Entretanto, en la costa y la sierra sonorense, el mecánico-agricultor Obregón ha vencido en Santa Rosa y Santa María, ocupando los Estados de Sonora y de Sinaloa. Al año siguiente, 1914, ambos ejércitos, el de Villa y Obregón, corren hacia la capital como dos torrentes que se juntarán en el Bajío. El agricultor ocupa el Estado de Nayarit, conquista Guadalajara y obtiene su tercera victoria importante en Orendáin. El guerrillero, entretanto, a fuerza de audacia y resolución, rinde, sucesivamente, a Torreón, San Pedro, Paredón y Zacatecas. Ya son suyos los Estados de Chihuahua, Durango y Zacatecas. Otros jefes, los Carrera Torres, vuelan trenes y cortan sus comunicaciones a las tropas huertistas.

Es el mismo avance incontenible, parecido a una marejada, de González Ortega contra Miramón, de Juárez contra Maximiliano, de Madero contra Porfirio Díaz. El círculo de hierro se va haciendo más y más estrecho. Los generales huertistas comienzan a defeccionar. Ya se habla de capitulaciones. Y algunos jefes han enviado mensajes al rebelde más cercano a la capital, el agricultor Alvaro Obregón, hombre que parece prudente y comprensivo. El pánico cunde en el Palacio Nacional y la camarilla dorada. Huerta se apresura a huir y logra hacerlo a tiempo, como lo hicieron antaño Don Porfirio y Santa Anna, dejando en el poder al licenciado Francisco Carbajal. Junto a él, con él, como tres años antes al desaparecer el "Gran Elector", huyen señorones, millonarios, terratenientes con la conciencia intranquila, prelados que llevan consigo riquezas obtenidas al margen de las categóricas leyes del 57.

Frente a la capital, expectante y amenazadora, desenvuelve sus anillos la misma serpiente de otras veces, erizada de bayonetas y machetes. Es el cerco histórico. Y ocurre lo de siempre. La capitulación, arreglada en Teoloyucan entre Alvaro Obregón y Eduardo

Iturbide, no tarda en venir. El mecánico-agricultor entra a la capital a la cabeza de sus tropas, ordenada, militarmente. Admiran la prestancia y gallardía de estos "latrofacciosos", estos "pelavacas" que manda un campesino rústico. Al día subsiguiente hace su entrada solemne, por el Paseo de la Reforma, el ejército "constitucionalista". Son sesenta mil hombres abigarrados, de todas razas y vestimentas, a cuyo frente, erguido en su caballo, va un viejo robusto, de barba blanca y reposado continente. Es Venustiano Carranza.

Cae la tarde del 14 de agosto de 1914. En los balcones, tras las celosías, ojos temerosos y rostros desfigurados por el despecho contemplan el triunfal desfile de las masas armadas.

FRANCISCO VILLA O EL INSTINTO

La Revolución Mexicana ha obtenido su primera victoria. Ya está en el poder; pero ahora comienza para ella lo más difícil: la eliminación total de un antiguo orden de cosas y la construcción de uno enteramente nuevo. Todos lo sienten así, pero nadie sabe en qué consiste el nuevo régimen ni cómo se va a extirpar del todo el antiguo, que algunos revolucionarios aun respetan y hasta admiran sin saberlo.

Nuevamente se repite la historia. Carranza y sus compañeros están tan desorientados como el general suriano Juan Alvarez y los suyos cuando ocuparon la capital en 1855, a raíz de la campaña victoriosa que empezó en Ayutla. También se producen, espontáneamente, dos tendencias: radicales y moderados. Los primeros quieren ir resueltamente al cumplimiento de los fines básicos de la Revolución: la reforma constitucional completa que permita abatir el latifundio, nacionalizar las riquezas del país, liberar a peones, indígenas y obreros del salario de hambre y la vida misérrima. Los segundos comprenden también que son necesarias grandes reformas; pero no se atreven a tocar la Constitución del 57 y el orden jurídico creado posteriormente. No aceptan, como Madero, un Gobierno de concordia y salvación nacional, pero tampoco se atreven a ir de golpe contra el vergonzoso régimen de tierras, el sistema de concesiones o los incalculables bienes de la Iglesia. Ni unos ni otros pueden indicar, con precisión, el camino.

Esta no ha sido, como la rusa, una revolución madurada a la luz del análisis y la crítica histórica. No ha nacido con una idea y un programa que la orienten, un núcleo organizado que la impulse y uno o más jefes aguerridos que la conduzcan. Aquí no hay marxismo, ni soviets constituídos, ni partido bolchevique organizado, ni un Lenin o un Trotsky que planeen el nuevo edificio y en seguida lo construyan con sus propias manos. Sólo hay dolor, exasperación, deseos de renovación, impulsos de justicia, afán de libertar a México de sus feudatarios seculares: el terrateniente, el cura, el negociante extranjero. El grito primitivo fué: "¡Libertad y Tierras!"; pero, ¿cuántos lo comprenden y lo comparten? La libertad ya la sienten en carne propia. Han triunfado. Ocupan la capital. El antiguo orden social, con su deprimente jerarquía, se ha volcado patas arriba. Pero, ¿cómo hacer que vuelvan a manos del pueblo y la nación las tierras arrebatadas por los terratenientes y las riquezas concedidas a perpetuidad a yanquis y europeos?

Así se inicia el primer período revolucionario. Don Venustiano Carranza es, hasta ese momento, el jefe indiscutible. Ejerce el poder interinamente. Mas, ¿por cuánto tiempo logrará retenerlo? ¿No retoñarán otra vez los brotes del caudillismo y el militarismo? Si no hay un ideal que los una a todos con esa fuerza evangélica e iluminada que hará de los bolcheviques rusos un solo hombre, ¿cómo evitar las disensiones, las rivalidades, los pronunciamientos eternos, los golpes de fuerza que volverán, como siempre, a provocar la reacción agro-bancaria y clerical?

No hay más que entregarse en brazos del destino y tratar, por todos los medios posibles, de consolidar el triunfo de la Revolución. Es lo que hace Carranza que, aun cuando no se siente extremista ni revolucionario, comprende que urge asegurar, ante todo, la misma vida de la Revolución. El ejemplo de Madero está demasiado cercano.

Pero ya es tarde. La lucha armada produjo un hombre, como siempre ha ocurrido en la historia mexicana, y ese hombre, bandido para unos e ídolo para otros, puede ser, en cualquier momento, el jefe del movimiento. Tiene o ha ganado tantos títulos como Carranza. Comanda el Ejército del Norte. Y apoyado en sus tropas, las más numerosas y mejor armadas, exige que se plantee, cuanto antes, el problema de la jefatura superior de la Revolución. Se llama Francisco Germán, pero se hace llamar y se le conoce con el nombre de Francisco Villa. Su valor, su ímpetu, sus dotes militares, su ferocidad también, le han granjeado la admiración de muchos y el miedo de casi todos.

Nació en el Estado de Chihuahua, en un pobre jacal campesino. Recibió golpes y malos tratos desde pequeñito. Vió morir a su padre, azotado por orden del dueño de la hacienda en que naciera. Y aun cuando tenía apenas doce años, juró exterminar a los malditos dueños de la tierra. Eso no le impidió saltar sobre el asesino de su padre en un recodo solitario, clavarle un puñal en los omóplatos y huir a reunirse con las bandas de malhechores que pululaban entonces por la frontera con los Estados Unidos. Es un hombre selvático y violento, valeroso y cruel, que pronto llega a ser jefe de una partida de bandoleros. Allí realiza, en pequeño, el mito de Diego Corrientes. Roba y asesina a los grandes hacendados y, de cuando en cuando, reparte el botín entre los míseros peones que le recuerdan a su padre asesinado a latigazos. No tiene más Norte que el odio ni más guía que sus pasiones: el juego, la lujuria, el alcohol. El Plan de San Luis Potosí encuentra en él un magnífico partidario. ¿Se trata de combatir a los ricos y los "gringos"? Pues allí está, carabina al hombro, Pancho Villa, caballista y jefe de partida, que se gloria de haber muerto por su mano a todo aquel que se ha interpuesto en su camino.

Jamás los "rurales" de Don Porfirio pudieron darle alcance. Experto en la emboscada y la huída estratégicas, nadie conoce como él las estepas y las sierras del Norte. Es un magnífico guerrillero y, además, un caudillo: sabe atraer a las gentes con su valor y su astucia. Porque el hombre, aunque un mestizo tosco y bestial, tiene una inteligencia clara y vivaz. Ha vivido hasta ahora fuera de la ley, sin confiar en nadie más que en sí mismo, en el ánima rayada de su rifle y las patas de su caballo.

La Revolución lo transforma en jefe militar y después en estratega. Se ha distinguido entre todos en la campaña contra Huerta, y se cuentan prodigios de su astucia, su valor, su fiereza. Francisco Villa no perdona. Ha hecho la Revolución con toda su alma porque ella le proporciona la ocasión de combatir, saquear, jugar con la vida de los demás y, sobre todo, perseguir y aniquilar a los que más odia en el mundo: los hacendados y los "gringos". Porque el revolucionarismo de Villa no tiene principios, ni ideas, ni sentimiento alguno del Estado. No. Es indómito, cerril, nacionalista a ultranza, popular y vengativo. Cree que hay que limpiar a México de extranjeros y de latifundistas. Y tiene razón en parte.

Llega a ser el Jefe de la División del Norte. Casi todos los jefes militares le obedecen. Automáticamente, por contraposición a Carranza, se convierte en el jefe de la tendencia contraria. Radicales y moderados se repartirán en dos corrientes opuestas: el "carrancismo", que representa un radicalismo ideológico que Carranza no comprende, pero sigue; y el "villismo", que encarna la violencia, falta de rumbo y, en el fondo, el sometimiento involuntario a las viejas fuerzas reaccionarias.

Como la guerra civil amenaza estallar otra vez, se acuerda buscar una solución que pueda evitarla. Los jefes militares se reúnen, en diciembre de 1914, en asamblea plena. Es una Convención Nacional que decidirá la suerte futura de la Revolución. Para evitar que uno y otro, Carranza y Villa, puedan presionar la libertad de las deliberaciones, se elige como sede a la ciudad de Aguas Calientes, equidistante de Chihuahua, donde domina Villa, y de México, donde aun gobierna Carranza.

Pero Villa cerca la ciudad con sus tropas. Los convencionales carrancistas, viéndose aplastados por el número y temiendo por la seguridad de sus vidas, optan por retirarse. La Convención queda en manos de Villa, que hace designar un mandatario interino, el general Eulalio Gutiérrez, y ordena a Carranza entregar el mando.

Queda declarada la guerra.

Villa pone sus tropas en movimiento hacia la capital. Ahora no marcha a caballo, sino en tren. Es un tren propio, donde viaja su Estado Mayor y él da instrucciones, confecciona planes, hace justicia a su manera y se entrega a sus placeres favoritos: el pulque, la guitarra, las mujeres de toda raza o condición.

Mas no avanza solo sobre Ciudad de México. También lo hace Zapata, que ocupa ya todo el Estado de Morelos y marcha al frente de un ejército de agraristas armados hasta los dientes. Carranza no ha querido en estos meses, como tampoco lo quiso Madero, acceder a sus peticiones en exceso radicales: la entrega inmediata de la tierra a los campesinos.

El uno avanza por el Norte y el otro por el Sur, a manera de dos gigantescas mandíbulas que se cerrarán sobre México, engullendo a Carranza y al escaso grupo que aun lo acompaña. Pero ambos, Villa y Zapata, representan móviles muy opuestos y hasta intereses contradictorios. Junto a Villa caminan los hermanos de Madero, escritores y profesionales, antiguos porfiristas, gente toda que espera medrar a la sombra del caudillo atrabiliario, pero generoso, capaz de fusilar por capricho, pero también de colmar de mercedes al que le place. Al lado de Zapata van, en cambio, los campesinos y los despojados como él, indígenas y futuros ejidatarios, trabajadores del campo que han trocado la pala por el fusil y la siembra por la guerra.

Uno, Villa, no sabe lo que quiere y marcha al azar, impulsado por su volcánico temperamento que ambiciona el poder, el mando, la satisfacción de sus instintos y el desarrollo de la Revolución a su manera. Cree que va a defender el "constitucionalismo", porque le han dicho que Carranza quiere desconocer la Constitución de 1857. Y él, el antiguo bandido, hace armas en contra de la Revolución por un cuerpo de leyes que no conoce, ni le interesan, ni son capaces, tampoco, de encauzar las nuevas fuerzas sociales y económicas que ha sacado a flote el torrente revolucionario.

El otro, Zapata, sabe muy bien, en cambio, lo que quiere y adónde va. Tacha a la Revolución de tibia y defraudadora. Quiere la tierra, la destrucción total del latifundio, el reinado de la justicia, la nivelación de las clases sociales. Es el más revolucionario de todos. Un grande ideal y un inmenso corazón lo dirigen recto hacia una meta soñada. Tiene de apóstol y de iluminado todo lo que Villa de bandido y de selvático.

Junto a Carranza no ha quedado casi nadie. Los jefes militares se han plegado al general Villa, a quien sonríe la buena estrella y del que se dice que está bienquisto con los Estados Unidos. Hay quienes se lo han oído así, por lo menos, al propio Mr. Henry Lane Wilson, el Embajador de la Casa Blanca que conspiró contra Madero y ahora espera recobrar el control completo del capital norteamericano.

Don Venustiano se ve obligado, como en 1857 don Benito Juárez, a evacuar la capital y hacerse fuerte en Veracruz. Junto a él hay un grupo de revolucionarios y de estudiosos que ven con claridad el porvenir y logran hacer de este anciano el abanderado de la Revolución.

Cae México en poder de Villa y de Zapata. Los feroces "dorados" de Villa y los agraristas de Zapata, sombríos y desharrapados, causan terror a la gente burguesa. Todos creen que el saqueo es inminente y que la población será pronto pasada a cuchillo. Pero no ocurre nada de eso. Villa sofrena su bárbara naturaleza y modera a sus tropas, que ambulan un tanto sorprendidas por las avenidas asfaltadas y las lujosas calles céntricas. En cuanto a los "agraristas", descalzos, hirsutos, amenazadores bajo sus gigantescos sombreros de paja, ocurre lo mismo. De cuando en cuando se acercan hasta una casa y piden, cortésmente, una torta de maíz o un plato de frijol. Apenas se los entregan, saludan a cabeza descubierta y se retiran, mirando curiosamente a uno y otro lado, con la mano obscura sobre el ágil gatillo del rifle.

Villa y Zapata discuten interminablemente sin llegar a ningún acuerdo. Disponen del poder y la fuerza, pero ninguno se atreve a ceder el campo al otro. Pancho desconfía de la pureza de Zapata, que se le antoja hipocresía, y éste no cree gran cosa en las exaltaciones revolucionarias de su compañero, a quien ve acompañado por gente de la clase tan odiada y el cual no parece darse cuenta de la trascendencia de la revolución agraria. Ni uno ni otro se acuerdan de Carranza todo lo que debieran, aun cuando Villa, de repente, jura que se las ha de pagar aquel general improvisado, Alvaro Obregón, que emuló sus proezas bélicas y parece ser un hombre irreductible.

Carranza, entretanto, no pierde el tiempo. Lanza, desde Veracruz, como Juárez las Leyes de Reforma, la histórica Ley Agraria, dictada el 6 de enero de 1915, que desconoce toda la propiedad anterior de la tierra y barrena de golpe el latifundismo y la antigua economía. Y como ello trae a su lado a nuevos núcleos revolucionarios y cunden los que, enemigos de Villa o temerosos de Zapata, ven en él al jefe de la Revolución, organiza a toda prisa un ejército, instala una fábrica de municiones en Veracruz y encomienda el mando de las tropas al providencial hombre de México, que otra vez aparece en el momento preciso: Alvaro Obregón.

El genio militar y político de Obregón será el que salve a esta Revolución que ya está casi por completo estrangulada en las manos irracionales de Francisco Villa. Avanza a marcha forzada sobre la capital e inicia aquella campaña de tipo napoleónico que lo consagra como el mejor soldado de México, comparable a ese abogado que se llamaba Juárez y a ese cura que respondía al nombre de Morelos.

Comienza por apoderarse de Puebla, derrotando a la retaguardia villista. Y ocupa inmediatamente la capital. Zapata y Villa se han replegado, entretanto, al teatro respectivo de sus hazañas: Zapata, a los montes de Morelos; Villa, a las estepas polvorosas de Chihuahua. Ambos esperan que Obregón avance y sea deshecho, en terreno desconocido, por fuerzas superiores en número y armamento.

Pero Obregón no persigue ni molesta a Zapata. Respeta y admira al revolucionario agrarista. Le basta con saber que allí, en sus montañas, como un centinela vivo de la Revolución, continuará Emilio Zapata vigilando el curso de este movimiento que él ha contribuído más que nadie a orientar y mantener activo.

Y se vuelve contra Villa. En Ciudad de México reúne tropas y las disciplina. Organiza el aprovisionamiento y el amunicionamiento del Ejército. Cuida los transportes. Deja a su instinto el plan de campaña, imposible de preparar frente a un guerrillero como Villa, sigiloso, veloz, traicionero, lleno de artimañas guerreras. Y se lanza, despreciando todo consejo, hacia el Norte, en seguimiento de Villa. Quiere presentarle batalla en sus mismos suelos. Está seguro de aplastar al jaguar en su propio cubil.

Tiene apenas once mil hombres. Carece del "parque" (municiones) suficiente. No posee, como Villa, una artillería completa o elementos de guerra tan adelantados como el aeroplano. Está expuesto a que le corten la retirada en cualquier momento e incluso a que no lleguen a sus manos los cartuchos fabricados en Veracruz. Pero moviliza su ejército con rapidez y estrategia. Acosa a Villa y lo obliga a presentar combate cada vez que el terreno le es favorable. Lo derrota dos veces en Celaya. Lo vence en Trinidad y Nápoles. Lo destroza en Aguas Calientes y Zacatecas. Lo aniquila en León. Y después, ya semifugitivo, acaba de aplastarlo en las sierras de Chihuahua vecinas a Sonora. El ejército de treinta mil hombres, armado y equipado modernamente, muere, cae prisionero o se entrega a la fuga. Al frente de dos mil dispersos, casi todos pertenecientes a sus célebres "dorados", Francisco Villa, árbitro hasta un año antes de la Revolución mexicana, se retira a sus refugios de Chihuahua. Y allí vuelve a ser lo que era: un guerrillero permanente, caudillo unas veces y bandolero otras, perseguido siempre por las tropas federales, que terminará cinco años más tarde por solicitar, impotente y olvidado, la clemencia de Obregón.

Tiene un último momento de esplendor: cuando pasa la frontera norteamericana al frente de quinientos hombres, toma y saquea la ciudad de Colombus y derrota en una larga campaña al jefe encargado de seguirlo: el que sería después el mariscal Pershing. Allí da su último chispazo el genio guerrero de Francisco Villa.

VENUSTIANO CARRANZA, EL INICIADOR

La Revolución se ha salvado. En el momento más crítico, cuando todo parecía perdido, surgió Obregón. Y ahora, vuelto Carranza a la capital, sólo queda legalizar la situación revolucionaria y crearle los instrumentos jurídicos necesarios para llevar a feliz término los postulados que la orientan.

Porque ahora la situación es muy diversa. Ya no existe el "villismo". El "zapatismo" se ha retirado a sus montañas, esperanzado en aquella trascendental Ley Agraria que dictara don Venustiano al comenzar la lucha. Depuradas están las filas revolucionarias. Aun cuando queden muchos emboscados, ambiciosos y traidores en cierne, cosa imposible de evitar en todo movimiento de masas, se tiene confianza en que han tomado el timón los verídicos herederos del infortunado apóstol Madero. Ya no se discute la necesidad de reformar una Constitución anacrónica y reemplazarla por otra que altere el concepto absoluto, quiritario de la propiedad; que reconozca y asegure la existencia de un proletariado nacional, base y núcleo de la Revolución; que permita al país defender sus riquezas de la rapacidad extranjera y recobrar las que entregara a precio vil el extinto "Héroe de la Paz"; que consulte los problemas del trabajo y conceda una válvula legal a los inevitables conflictos entre obreros y patrones; y, sobre todo, que asegure al campesinado, criollo o indígena, el renacimiento del ejido, la antigua forma colonial de dominio sobre el suelo.

Todos piensan así, pero tal vez si hay alguien en el mismo Gobierno que, en lo profundo de sí mismo, no estime tan necesarias aquellas reformas radicales. Y ése es el propio jefe del Ejército Constitucional, el encargado del Poder Ejecutivo, don Venustiano Carranza. Nadie más extraño que él en el concierto revolucionario. Ningún destino más singular que el suyo. Madero, que era un iluminado en el fondo, vivió la tragedia del revolucionario psicológico que se ve forzado a actuar como un retrógrado. La tragedia de Carranza, como lo apunta sagazmente Araquistáin, es totalmente la contraria: actuar como revolucionario siendo, en el subconsciente, un reaccionario, o, mejor dicho, un conservador a pesar suyo.

Y es que él mismo, su persona y su vida, es también contradictorio. Latifundista de Coahuila, nacido a la vida pública en pleno porfirismo, no conoció otros métodos de gobierno ni otra política que la del "Gran Elector". Incluso tomó asiento en aquel Senado dócil que aprobó la séptima reelección consecutiva de Don Porfirio. Tal vez si desde entonces quedó grabado en su alma el complejo del gobierno fuerte, autocrático, de inspiración nacionalista y conservantismo económico y social. Pero Don Venustiano no tardó en decepcionarse del régimen que manejaban sin contrapeso Limantour y los suyos. Su alma recta —es un hombre escrupulosamente honrado y hasta de convicciones— lo lleva a combatir a "los científicos". Así se afilia entusiastamente al reyismo. Aun no pierde el respeto y la admiración por Don Porfirio, pero ya es, sin darse cuenta, un ardoroso opositor a su Gobierno. Saluda con júbilo a Madero y corre, a pesar de sus años, a tomar un fusil para combatir también, junto a los muchachos, al régimen ya insoportable. Se hace cargo, después del triunfo, de la Gobernación del Estado de Coahuila y allí, ante la debilidad e incertidumbre de Madero, comienza a sentir extrañas ambiciones o, por lo menos, el deseo de rectificar el rumbo de aquella revolución que veía extraviarse lamentablemente. Afirma Carleton Beals (1) que, cuando cayó Madero, Carranza estaba a punto de alzarse contra él. Es posible. Pero lo cierto es que reacciona el primero en contra de la traición y el crimen de Huerta. Los acontecimientos lo arrastran en seguida hasta la jefatura de la Revolución.

Sin embargo, no es un revolucionario completo, como lo probará en seguida su Gobierno. Muy avanzado en años, político viejo, "no logró superar nunca la concepción porfiriana del Estado" (2). Resuelto, enérgico, de temperamento autocrático, no exento de habilidad política, conocimiento de los hombres y has-

---
(1) CARLETON BEALS, *"Mexico: an interpretation"*.
(2) LUIS ARAQUISTÁIN, *"La revolución mejicana"*.

ta capacidad administrativa, Carranza supo desempeñarse a la altura de su misión. Sus errores, sus titubeos y hasta sus actos antirrevolucionarios, que fueron muchos, no logran empañar hoy, después de veinte años, la figura compleja del Iniciador de la Revolución Mexicana. Pudo haber faltado, una y otra vez, a los compromisos que le exigía una revolución que en el fondo de su alma no sentía; pero, como en el caso de Madero, el balance de sus actos resulta, a la postre, favorable. Fué él quien logró darle forma jurídica a la Revolución hasta entonces caótica y anarquizada; él quien supo defender con entereza la dignidad y el patrimonio nacionales cuando se trata de la propiedad del petróleo; y, sobre todo, él quien supo mirar más allá de las fronteras: se negó a mezclar a México en la Guerra Mundial; se opuso con todas sus fuerzas a la invasión del imperialismo; se dió entero a la tarea de unir en un frente común a todos los países de la América Latina.

Revolucionario por la fuerza de las circunstancias, a Carranza le ocurre algo parecido a lo que le aconteció a Madero al subir a la Presidencia. Cierto es que, convocado por él, se reúne en Querétaro aquel Congreso histórico que estudia y aprueba la Constitución de 1917, la más avanzada del mundo en aquel entonces (5 de febrero) en cuanto a régimen de propiedad, organización del trabajo, nacionalización de las riquezas y fuentes de producción, relaciones de la Iglesia con el Estado, etc. Pero a pesar de eso, como Madero, no sabe corresponder en el poder, en cuanto a mandatario constitucional, a las esperanzas en él cifradas. Promulga y respeta, en verdad, la temeraria Constitución de 1917; pero no sin haber presentado antes al Congreso de Querétaro un proyecto propio de Constitución, que muestra cuán distante estaba, en su fuero interno, del programa y el ideal que le cupo llevar a cabo en sus comienzos.

Don Venustiano es, inconscientemente, un vestigio de la era porfiriana. Su mismo aspecto lo dice así. Carece del aire evangélico y soñador de Madero. No hay nada en su rostro de la barbarie, la ferocidad, el erotismo y la rudeza de Villa. Luengas barbas blancas dan un aspecto prócer y respetable a un rostro que podría ser el de un obispo mormón o un gobernante decorativo. Mas quien observe esa faz con atención verá apuntar en ella algo del autocratismo y el imperioso concepto del Estado que caracterizara a su padre político, don Porfirio Díaz.

Ni su fisonomía ni su figura corresponden a esta época nueva, en que se han desplazado todos los antiguos valores. Ni tampoco sus sentimientos íntimos y su proceder, apenas asciende al poder, por obra de la Constitución de Querétaro, como mandatario en propiedad. No tardan en revelarse en él el conservantismo y el porfirismo que saturan su alma. No intenta derogar ni corregir la Constitución de 1917, pero se las amaña para retardar la aplicación de aquellos artículos fundamentales —el 3, el 5, el 27, el 123 y el 130— que dicen relación con la propiedad de la tierra, la organización del trabajo y la inmunidad de la Iglesia católica. Concede seguridad completa a los enemigos de la Revolución que aun quedan, emboscados o descubiertos, en la capital y el país. Mas vuelve, en cambio, su energía y su autoritarismo contra los propios trabajadores que fueron el nervio del ejército "constitucional" que derrocara a Huerta y aniquilara a Villa. Clausura violentamente la Casa del Obrero Mundial, tolerada por Madero, cerrada por Huerta y reabierta por Obregón al ocupar México en la campaña contra Villa. Y más tarde, cuando los Sindicatos Unidos de la capital van a la huelga en agosto de 1916, Carranza sofoca la huelga en la misma forma en que lo hubiera hecho Don Porfirio: disolviendo los Sindicatos, apresando a los jefes y sometiéndolos a juicio marcial.

Pero aun va más lejos en la represión del movimiento obrero, mientras, por otro lado, tolera la supervivencia de las clases y elementos contrarrevolucionarios. Disuelve todas las organizaciones obreras. Y ahoga, con una brutalidad que lo deshonra, el movimiento social yucateco, obra del general Alvarado y Felipe Carrillo Puerto, que había logrado regular los precios del henequén y reunir a cien mil trabajadores y campesinos en la célebre Liga de Resistencia del Partido Socialista. La "Comisión Reguladora del Henequén", manejada por los socialistas yucatecos, colaboró al triunfo de Carranza con veinte millones de pesos cuando se iniciaba la campaña contra Villa.

¿Cómo corresponde Don Venustiano cuando, en 1919, la Liga de Resistencia exalta la candidatura de Obregón? Pues, invadiendo la península a sangre y fuego. Las tropas del Gobierno llevan carta blanca para destruir las organizaciones socialistas de Yucatán. Y tan bien lo hacen, que muere un millar de afiliados, son desalojados los campesinos, azotados los indígenas y saqueadas las cooperativas obreras organizadas con tanto trabajo.

Ya Don Venustiano está reencarnando al viejo Dictador. Lo invade su misma desconfianza. Sus actos desatentados alejan del Gobierno a Obregón, a Calles, a Alvarado, a todos los que pueden indicarle el camino perdido. Los deja irse sin pena y se confía a la inevitable nube de langostas presupuestívoras que se abate sobre cada gobernante autocrático. La camarilla de Carranza reproduce las torpezas de los familiares de Madero y los excesos de los odiados "científicos". Los nuevos cortesanos emulan a los anteriores por su rapacidad y su desvergüenza. Enredan a Carranza en las redes de la adulación y de un falso revolucionarismo. Y sólo así se explica el inexplicable poder que alcanzaron. El más característico de ellos, Juan B. Barragán, llega antes de los treinta años a ser gobernador militar de México y primera figura del equipo gubernativo. Amasa una cuantiosa fortuna y pasa a personificar para el pueblo la imagen de la torpeza y la impudicia. No le van en zaga sus compañeros: el Ministro de Guerra, general Urquizo, que se hace odiar por sus actos de despotismo; el general Pablo González, uno de los jefes revolucionarios contra Huerta, que se cubre de vergüenza en la feroz campaña contra los agraristas y se mancha con la sangre del más puro de los revolucionarios mexicanos; y muchos otros —Federico Montes, Murguía, Aguirre Berlanga—, que constituyen el grupo "gris", digno evocador de "los científicos".

Y como si aun fueran pocas estas sombras de represión obrera y campesina, abierto favoritismo e inexcusables peculados, Carranza da, en definitiva, el último paso que lo hará reencarnar al inolvidable Don Porfirio: la imposición de su voluntad en las elecciones próximas.

Es el último lunar sobre su Gobierno, que aun hoy sigue siendo discutido con pasión, pero al cual no pueden desconocerse ni sus aciertos ni excusar sus inexplicables errores. No trepida Carranza en elegir a un testaferro para que lo suceda en el poder. No vacila en emplear la fuerza armada para imponer un candidato presidencial que todo el país repudia. Es Ignacio Bonillas, Embajador en Washington, miembro prominente del grupo "gris", criollo educado en los Estados Unidos, casado con norteamericana y estrechamente relacionado con banqueros neoyorquinos, ante los cuales había sido el emisario de Carranza en los días de Huerta y de Villa. Es un desconocido en el país. Nunca ha residido en México. No conoce ni siente los problemas mexicanos. El pueblo lo llama "Flor de Té". Su Gobierno promete ser la entrega completa del país al alto capitalismo norteamericano y el hundimiento definitivo de la Revolución. Don Venustiano pone en la elección de Bonillas toda su obstinación de anciano enérgico, voluntarioso, que tiene del Estado y el Gobierno el complejo, cada vez más fuerte, asimilado en los días en que representaba en Coahuila los intereses del último Faraón mexicano.

Su voluntad arrasa con todo obstáculo: el señor

Bonillas, impuesto a sangre y fuego, no tardará en llegar al Palacio Nacional, y con él, todo Wall Street. Nuevamente la Revolución corre un peligro gravísimo. Y otra vez, como en los días de la intervención francesa, surge el hombre providencial: Alvaro Obregón.

EMILIANO ZAPATA, EL APOSTOL REVOLUCIONARIO

Carranza señala el fin de toda una etapa de transición revolucionaria, en que la sangre, la muerte y la incertidumbre del futuro marchan cogidas del brazo a través de un panorama rico en emoción, en patetismo. Pero este período, dramático cual ninguno, no puede estudiarse sin observar de cerca al más interesante de sus personajes y el que mejor condensa las ansias ancestrales de justicia y redención de todo un pueblo en armas: Emiliano Zapata.

Zapata es un mestizo. Tiene más sangre tlahuica que blanca. Su tez es obscurísima; sus rasgos, toscos; su aspecto, feroz. Nadie diría, al verlo, que no es un indígena en estado nativo. Y nadie representa mejor a lo que tiene de más auténtico la Revolución mexicana. Madero es aristócrata. Carranza, terrateniente viejo; Obregón, pequeño agricultor, notable general y político inteligentísimo; Calles, maestro de escuela primaria que se revela estadista revolucionario y constructivo. Pero sólo Zapata encarna, genuinamente, al pueblo desdichado, al indígena desfalleciente, a la "casta" siempre oprimida y despreciada. Villa es, también, pueblo. Refleja el mestizaje bárbaro y guerrillero. Su valentía y su fuerza bélica son las del bandolero de caminos, fruto inevitable de los países en que impera el latifundismo o la explotación agraria. Zapata, en cambio, es el "charro" nacido y afincado a la tierra; es el peón, el siervo de la gleba, carne inmemorial de opresión y de ignominia. Como lo dice Gildardo Magaña, un escritor mexicano, "es una llaga hecha dolor, que buscó la fuerza en el dolor de la llaga".

Nada más exacto: Zapata es la corporización de un dolor de siglos. Hay en él algo de lágrima ardiente y protesta sofocada durante siglos. Nace, vive y muere revolucionario. Si la Revolución no hubiera estallado, él habría sido, siempre, de todas maneras, revolucionario. En su persona se confunden el Vengador que castiga y el Cristo que redime. Araquistáin lo llama "el Espartaco mexicano". Y tiene razón. Es el jefe, el caudillo de los esclavos que se levanta contra la opresión y el poder, buscando la liberación de millones de hombres o la muerte que los libre, a él y a los suyos, de tanta desdicha, de tanta vergüenza, de tanta esclavitud. Es un exaltado, un fanático de su verdad, un místico de la Revolución hecha por los humildes y para los humildes.

Fruto inesperado de un régimen de oprobio secular, así como esas flores que nacen en los pantanos, Zapata se nutre, desde niño, en el dolor y la miseria. No cumple los diez años de edad cuando ve llorar desconsoladamente a su madre y estremecerse de rabia impotente a su padre. Un hacendado, el eterno latifundista codicioso, se ha apoderado de todas las tierras de Villa Ayala. Y hasta la casita donde naciera Emiliano, en Anenecuilco, corre peligro de ser derribada para que el poderoso señor siembre allí su caña de azúcar. El niño afirma entonces, con el puño amenazante, tendido hacia el porvenir: "¡Padre, cuando yo sea hombre, haré que nos devuelvan esas tierras!". Y toda su vida, después, no será sino el cumplimiento de esa promesa.

Zapata es, como Villa, un hombre rústico, un inculto, un ignorante. Apenas si lee y escribe. Nada sabe de historia ni de ciencias políticas. Pero posee una aguda sensibilidad social, una sabiduría revolucionaria de que carecen sus contemporáneos, salvo Obregón y unos pocos. Jamás equivoca el camino. Cuando los demás se engañan, conturban o desvían, él, Emiliano Zapata, va recto, como una flecha al blanco, al encuentro de la meta del movimiento agrarista: la devolución de la tierra a sus primitivos poseedores, a los que fueron despojados de ella por la fuerza o el dolo. No conoce, como Juárez, las debilidades o las transacciones. No se engaña con Madero, ni tampoco con Carranza. Y combate al uno y al otro, como a Porfirio Díaz y Victoriano Huerta. Lucha contra todos y contra todo, caballero de un ideal que tal vez sabe imposible, sin más aliados que su prístina conciencia, su corazón puro, su voluntad intrépida.

Su único consejero, el redactor de sus ardorosas proclamas y el célebre "Plan de Ayala", es un humilde como él: Otilio Montaño, mestizo también, maestro primario, hombre inteligente y animado de una poderosa voluntad revolucionaria.

Sin embargo, su influencia es enorme en el curso de la Revolución. Dos veces la salva de ser aplastada. Cuando Porfirio Díaz se dispone a destrozar a Madero, que avanza sobre la capital desde el Norte, no puede hacerlo, porque a sus espaldas, en los cajones de Morelos, está Zapata, temible guerrillero, al que se dice acompañan veinte mil desalmados. Distrae mil quinientos hombres aguerridos para que, al mando de Victoriano Huerta, aniquilen al zapatismo naciente, y esos hombres se restan a la acción guerrera contra el maderismo que avanza como una marea. Y en 1913, cuando Victoriano Huerta se dispone a lanzar ocho mil soldados contra Obregón y los hombres de Sonora, que avanzan por el Noroeste, tampoco puede hacerlo: a sus espaldas está, listo para coparlo y hacerlo pedazos, al frente de sus bandas agraristas, Emiliano Zapata.

Pero no se contenta con ser un centinela permanente de la Revolución, sino que un activo beligerante de ella. Hace la campaña contra el "Gran Elector" y es el primero en levantarse contra el usurpador Huerta. Sus hombres no descansan jamás. Son soldados y labradores a la vez. Cuando cesa el combate, esconden el Máuser bajo tierra y empuñan la "coa" (1) de madera. Se agrupan y dispersan con la rapidez del rayo. No hay manera de aniquilarlos en grandes combates. Conocen palmo a palmo el terreno. Y caen de repente sobre el enemigo, destrozándolo por completo. Cuando se les quiere perseguir con fuerzas mayores, ya han desaparecido nuevamente. No hay ejércitos, ni armamentos, ni estrategia que puedan contra estos campesinos que defienden su tierra y siguen, ilusionada, fervorosamente, a uno de ellos, obscuro como la Virgen de Guadalupe, que les habla palabras de amor y de esperanza y quiere rescatar el suelo que perteneciera a sus padres.

Singulares son estas tropas. No visten uniforme militar ni parecen estar disciplinadas. Combaten a la buena de Dios, en desorden aparente, pero, ¡con qué tesón, con qué voluntad de vencer, con qué desprecio de la vida! Se tocan con desmesurados sombreros de paja, y la carne terrosa asoma, generalmente, por entre los agujeros de la ropa nacional destrozada. Porque visten la suelta "guayabera" mexicana, ostentan los pantalones amplísimos y no usan más sortijas o adornos que las cananas erizadas de balas, a veces terciadas en cruz sobre el pecho casi siempre descubierto. No conocen más calzado que el "guarache"; pero, eso sí, están formidablemente armados. Poseen magníficos rifles, que manejan con infalible puntería; ametralladoras que ya les son familiares y hasta cañones de largo alcance, que arrastran ellos mismos cuando faltan mulas o caballos de tiro. Y ese armamento no venía, no, de compra o adquisición alguna. Emiliano Zapata no otorga ni eso a sus enemigos. Su moral no permite tan siquiera la compra de armamentos a las clases odiadas. Ni las compra ni las pide: se

---

(1) Pala rústica, de uso agrícola.

contenta con arrebatarlas. Su "parque" y sus armas de fuego las ha obtenido de los mismos federales. Cada fusil significa una vida.

Porque tampoco Emiliano Zapata perdona. Sabe que está solo. Sabe que la Revolución, aunque se acerque a sus sueños, jamás será como la sienten él y sus camaradas, los peones silenciosos y desesperados que lo siguen. Su destino es luchar siempre. Comienza a hacerlo contra Díaz, antes aun que Madero lance su plan de San Luis Potosí. Y como este documento, aun cuando habla de las tierras que él sabe de los suyos, no es lo suficientemente explícito, lanza desde su comarca natal su propio programa de lucha: el "Plan de Ayala", corto, rotundo, amenazante y prometedor a la vez. A la restitución de ejidos arrebatados mediante la porfiriana Ley de Terrenos Baldíos, auspiciada por Madero, Zapata contesta con el reparto general y organizado de la tierra entre los que la trabajan. Y cuando Madero busca la conciliación con el amenazador caudillo del Sur, cuando ambos se entrevistan en Cuautla, no es él, sino Zapata, quien formula reproches y desautoriza el camino seguido. Nada pueden entonces las promesas ni los mismos halagos. Una o dos de las mejores haciendas del país, un viaje de instrucción o de placer a Europa, una Secretaría de Estado, un alto puesto público, uno o más millones de pesos, ¿qué importa todo eso a Zapata, que no posee más que su caballo y su fusil?

Entonces resiste a las fuerzas federales, ahora maderistas, que vienen a obtener por la fuerza lo que no pudo obtener don Francisco Madero por la persuasión y el soborno disimulado. Verdad es que mueren, al fuego de Victoriano Huerta, muchos de sus compañeros, pero él sigue resistiendo victoriosamente. Y en seguida, apenas sabido el asesinato de Madero, sus bandas vuelven a recorrer el Estado de Morelos y a controlar decisivamente toda la región. Esta vez es un verdadero ejército que se mueve, en cien direcciones, al mando de Emiliano Zapata, ahora convertido en hábil general y consumado estratega de la montaña. Ya su poder y su influencia se extienden a Guerrero, México, Oaxaca, Chiapas, Michoacán y hasta Puebla. Ya constituye un bloque de hierro vigilante a espaldas de la capital, listo a intervenir en la marcha futura de la Revolución.

Y así, cuando villismo y carrancismo se disputan la victoria, el fiero Zapata irrumpe cual aluvión en el Distrito Federal. Quiere imponerse de lo que pasa. Quiere hacer saber a los revolucionarios "constitucionalistas", al frente de sus bandas victoriosas, que él y los suyos, los del Plan de Ayala, no aceptarán nada que sea torcer el curso a la revolución agraria, base, sentido y explicación en México de todo movimiento revolucionario auténtico.

Abandona la capital poco después a las fuerzas irresistibles de Obregón y torna, con sus tropas intactas, a la montaña inaccesible. Pero ya no sólo ha salvado a la Revolución, sino orientado su acción constructiva. La ley del 6 de enero es sugestión suya, como también lo será el artículo 27 y los demás que en la Constitución abrirán la puerta, dos años más tarde, a las impostergables reivindicaciones agrarias. Su extremismo, su intransigencia, su pureza combativa, a veces peligrosa y hasta contraproducente, han sido a manera de brújula porfiada, que indicaron siempre, sobre la realidad de los hechos, el camino impostergable del ideal revolucionario.

Y sigue combatiendo, cuando todos están tranquilos u observan con recelo lo que ocurre en la capital. No confía en Carranza y también lo ataca tenazmente. De nuevo avanzan los ejércitos federales, por cuarta vez en siete años, sobre estas "hordas" indomables, evocadoras de aquellas otras que un siglo antes, en estas mismas montañas, seguían defendiendo, al mando del mestizo don Vicente Guerrero, el ideal casi extinguido de la independencia mexicana.

Otra vez es impotente la fuerza. Y otra vez fracasa el requerimiento amistoso y tentador. Ahora que están vigentes la Ley Agraria y los nuevos preceptos constitucionales, ¿qué quiere, qué espera este libertario que más parece un depredador, este caudillo que exige el desconocimiento total de la antigua propiedad privada del suelo? Y todo es inútil. No hay dinero en todo México para comprar a Zapata y a sus indios zapotecas o tarascos. Todos sus bienes se reducen a su gigantesco sombrero, su bordado traje de charro, su pulida carabina de dos cañones. Sus propiedades, aparte de la casa natal, las constituyen un par de caballos y una silla de montar con sus arreos. No tiene vicio alguno. Come cuando puede. Duerme donde puede. ¿Cómo corromper a un hombre así?

E igual cosa pasa con sus partidarios. Ninguno se ha enriquecido en las campañas victoriosas. Siempre retornan a sus campos nativos tan pobres y míseros como salieron. Sólo recogen una clase de botín: fusiles y cañones para seguir luchando. La riqueza pública de varios Estados pasa por sus manos, sin dejar adherido un solo peso en provecho personal. Y cuando los "agraristas" abandonan la capital después de haberla ocupado durante largos días, la orgullosa ciudad se ve forzada a confesar, entre colérica y sorprendida, que ninguna casa fué saqueada, ni nadie robado, ni nadie —hombre o mujeres— molestado. Ni los norteamericanos, en 1847; ni los hombres de Miramón, en 1859; ni los franceses y austrobelgas, en 1863; ni las tropas de Porfirio Díaz, en 1876; ni los revolucionarios de Madero o de Carranza; ninguno ha sido tan probo ni tan cortés como estos desharrapados que, cuando necesitan algo, lo solicitan sombrero en mano.

No sólo el dinero desprecia Emiliano Zapata. También el poder. Es el único caudillo al cual no interesa llegar al Palacio Nacional. Cuando Villa le ofrece la repartición del mando, Zapata rehusa gravemente. No le apasiona la política al uso. No quiere saber nada de transigencias electorales o maniobras parlamentarias. Para él, la Revolución se reduce, en primero y último término, a la repartición de la tierra, asfixiada entre las garras del latifundismo, cáncer invariable de toda la historia mexicana.

Pero no sólo es un extremista, rudo y obcecado, aun cuando esté en lo cierto. No. También un gobernante revolucionario, cuando llega el caso. En el Estado de Morelos organiza un Gobierno independiente. Plantea con sencillez los problemas fundamentales de la administración y la economía locales. Designa un Ministro de Agricultura. Crea Comisiones Agrarias, que tendrán a su cargo, en todos los distritos, la distribución metódica de la tierra expropiada. Y hasta funda un Banco Rural Cooperativo, tentativa seria y perfectamente organizada para establecer el crédito agrícola popular en México.

No sólo demuestra ser un organizador cuando llega el caso, sino también, en todo momento, el único que ve claro, por un prodigio de intuición, en aquel caos ideológico que se está resolviendo en el campo de batalla. Hijo del dolor, víctima infantil del atropello y la brutalidad, su sentido de la justicia equipara a su firme revolucionarismo agrario. Intuye claramente que la Revolución debe derribar hasta sus cimientos el edificio de una sociedad cimentada en el privilegio, el monopolio, la explotación desembozada del hombre por el hombre. Lo siente y lo proclama antes que nadie, en 1913, en plena campaña contra Huerta, cuando aun muchos luchan por la integridad y el funcionamiento correcto de una Constitución ya envejecida. Entonces, desde su cuartel general revolucionario de Morelos, completa el "Plan de Ayala" con un manifiesto vibrante, sencillo, conmovedor. Allí dice, entre otras cosas temerarias: "Es ocioso decir que la Re-
" volución del Sur y del Centro, al mejorar las con-
" diciones económicas, tiene, necesariamente, que re-
" formar de antemano las instituciones, sin lo cual,
" fuerza es repetirlo, le sería imposible llevar a cabo
" sus promesas". Y agrega: "El capitalista, el solda-
" dado, el gobernante, habían vivido tranquilos, sin
" ser molestados, ni en sus privilegios ni en sus pro-

"piedades, a costa del sacrificio de un pueblo escla-
"vo y analfabeto, sin patriotismo y sin porvenir, que
"estaba condenado a trabajar sin descanso y a mo-
"rirse de hambre y agotamiento, puesto que, gastan-
"do todas sus energías en producir tesoros incalcu-
"lables, no le era dado contar ni con lo indispensable,
"siquiera, para satisfacer sus necesidades más peren-
"torias. Semejante organización económica, tal sis-
"tema administrativo, que venía a ser un asesinato
"en masa para el pueblo, un suicidio colectivo para la
"nación y un insulto, una vergüenza para los hombres
"honrados y conscientes, no pudieron prolongarse por
"más tiempo y surgió la Revolución, engendrada, co-
"mo todos los movimientos de las colectividades, por
"la necesidad". (1).

Es todo una doctrina y todo un evangelio. Es, también, el fondo y el sentido históricos de la Revolución mexicana. Pero un hombre que pensaba así era peligroso para todos. Ni el oro ni el hierro dan resultado con él. Sólo queda la muerte. El "zapatismo" no tardará en debilitarse, apenas perezca Emiliano Zapata, profeta del porvenir, revolucionario iluminado, llama permanente de rebeldía, ídolo de peones e indígenas, que levanta a los pueblos, electriza a sus soldados, conoce todas las artes de la guerra y es invencible en sus montañas surianas.

Carranza lo comprende muy bien y urge a Pablo González para que extermine al mestizo insolente, que desafía a todos los Gobiernos, sin jactancia, pero con la tranquilidad altiva, acusadora, del que está en posesión de la verdad. Pero Pablo González sabe que no podrá derrotar frente a frente a Emiliano Zapata. Lo sabe tan bien como lo supo Iturbide un siglo antes, cuando Ruiz de Apodaca lo enviara a someter a don Vicente Guerrero.

Aquél recurrió al engaño. Este recurrirá a la trai-

---

(1) Revista *"Acción Social"* — Septiembre de 1934. — Santiago de Chile.

ción. Pronto encuentra entre sus oficiales uno, un coronel, Jesús M. Guajardo, capaz de perpetrar la felonía que se proyecta. El plan es sencillo. Guajardo se plegará a Zapata y concertará con él una acción militar común. Ganará su confianza a cualquier precio, y, cuando la tenga, le tenderá una emboscada para asesinarlo a mansalva.

Un amigo de Zapata, Eusebio Jáuregui, conoce a Guajardo y sirve de enlace inconsciente.

El plan se cumple parte por parte. Guajardo se entrega, con cuatrocientos hombres bien armados, y pide al líder campesino un lugar para combatir junto a él por las libertades indígenas y las reivindicaciones agrarias. Zapata, desconfiado, lo somete a diversas pruebas. De todas sale airoso Guajardo. Cumple brillantemente la primera misión que le encomienda Zapata: batir a los carrancistas en Jonacatepec.

Mas hay uno de sus hombres, el capitán Victorino Bárcenas, que se ha hecho odiar en la región por sus crímenes y que había militado antes en las filas agraristas. Zapata ha reclamado en contra del proceder de esos hombres. Anhela que se castigue su traición. ¿Qué mejor prueba de lealtad que ofrecerle la vida de los culpados? Y Guajardo, sin vacilaciones, hace fusilar a Bárcenas y a sus hombres contra los paredones grises de su propio cuartel. Zapata ya no puede desconfiar más.

Ya sólo queda fijar el sitio, el día y la hora en que se celebrará la entrevista definitiva entre ambos jefes y quedará estudiado el plan de campaña contra las tropas restantes de Pablo González. Se acuerda una hacienda de Morelos, Chinameca, perteneciente a un particular, donde ambos llegarán, escoltados por sólo treinta hombres, en la mañana del 10 de abril de 1919.

Pero Guajardo se adelanta al frente de seiscientos hombres y una ametralladora. Ocupa militarmente Chinameca y aprehende a sus propietarios, para disponer mejor los últimos detalles del infame lazo. Cuando Zapata llega a la puerta de la hacienda, una doble guardia, rígidamente formada, en actitud de rendir honores militares, presenta armas al "General del Ejército Libertador del Sur"; Zapata se sorprende, pero Guajardo se adelanta sonriendo. Zapata sonríe también y se apresta a desmontar. Un clarín perfora el aire matutino. Treinta balazos, disparados a boca de jarro, acribillan el pobre cuerpo, que cae como un saco, desmontado por primera vez, entre las patas nerviosas del corcel de guerra. Antes que la escolta salga de su sorpresa, la ametralladora ha hablado. Y una descarga cerrada acaba de tumbar para siempre a los treinta confiados jefes agraristas.

Un largo suspiro de alivio se siente allá, en el Palacio Nacional. Muchos celebran en la capital la muerte del temible y "siniestro bandido". 50.000 pesos mexicanos y el grado de General caen sobre el hábil Guajardo. Su inteligente jefe, el general Pablo González, es felicitado ostensiblemente. Los rotativos capitalinos encabezan sus ediciones del 11 de abril con enormes titulares: "El bandido Emiliano Zapata fué apresado y fusilado ayer".

Pero en las filas de la Revolución hay un hueco que nadie podrá llenar. Corre por los campos un largo escalofrío de dolor. El cadáver ha sido llevado a Cuautla y expuesto en la vía pública. Así se quiere desmoralizar el peonaje. Pero ello es imposible. Zapata era ya algo más que un hombre. Símbolo vivo de los viejos anhelos, milenario sueño de redención, su figura vive con más fuerza que nunca en el corazón indígena. Mito y leyenda a la vez, contra los que nada pueden los hechos.

Aun creen, en campos de Morelos y Michoacán, que el caudillo no ha muerto. Saben bien que se remontó un día hacia lo azul, jinete en su caballo blanco, para volver apenas la vergüenza, el crimen y la esclavitud dejen de reinar sobre la tierra. Es Quetzalcóatl embarcándose en su balsa tejida de serpientes. Es el buen Dios tolteca que ha encarnado, por fin, en uno de sus descendientes. (1).

---

(1) LUIS ARAQUISTÁIN: *obra citada*.

LA CRISTALIZACION

LOS TRES HOMBRES DE SONORA

¿S ERA Ignacio Bonillas Presidente de México? Así lo cree, porque él lo quiere, don Venustiano Carranza. Mas hay un hombre que se interpone en la realización de este deseo, que ya parece obsesivo en el anciano "constitucionalista". Ese hombre, Obregón, inquieta y hasta exaspera al Presidente. Es el jefe del radicalismo revolucionario y el candidato genuino de la Revolución. Campesinos y peones lo veneran. Los obreros lo siguen. El Ejército lo aclama. Es, nuevamente, el hombre de la hora.

Y hace años que no actúa en la política activa. Después de aplastar a Villa y llevar a Don Venustiano al Palacio Nacional, a raíz de haberse dictado la Constitución de 1917, en que logró incluir los principios de reforma agraria, organización del trabajo, nacionalización del subsuelo y control de la Iglesia por el Estado, ha vuelto a Sonora, su tierra natal, donde empuña otra vez el arado y organiza cooperativas agrícolas. Pero nadie ha olvidado al guerrero de Santa Rosa y Santa María, al fulminante general de Celaya, Trinidad, León y Aguas Calientes. Nadie más indicado que él para ocupar la primera magistratura de la nación. Nadie ha demostrado mayor energía en la defensa de los postulados revolucionarios. Nadie, tampoco, un sentido más claro y preciso del nuevo Estado que surgirá, a la sombra de la nueva Carta Fundamental, de entre los escombros del porfirismo.

Su popularidad no tiene límites. Pero Don Venustiano se obstina en imponer a su marioneta importada. Extrema las medidas de fuerza. Interviene políticamente en contra del candidato Obregón. Invade la soberanía de algunos Estados. Se coloca, conscientemente o no, en un plano resueltamente contrarrevolucionario. Su espíritu voluntarioso, más porfiriano que nunca, está resuelto a todo para quebrar la voluntad del pueblo.

Así lo comprende Obregón. Después de largos meses de retiro, mientras la intervención oficial llega a todas partes del país, se resuelve a ponerse al frente de su propia campaña electoral. Ya no es su suerte, sino la de la Revolución, la que está comprometida en esta lucha aparentemente política, pero que no es, en el fondo, sino la batalla, eterna en la historia mexicana, entre la corriente radical, que aspira a realizar íntegramente el programa revolucionario, y la corriente moderada, que siempre deriva hacia la derecha, donde aguardan, anhelosos, los enemigos, aun no vencidos. Vuelve a repetirse el distanciamiento entre "puros" y "moderados". Comonfort se pareció, en su época, a Carranza. Las leyes de Reforma fueron lo que la Ley Agraria y los artículos 3, 27, 123 y 130. Hace falta un Juárez. Y sólo Obregón puede, en esta hora decisiva, recoger de las manos que la abandonan la antorcha revolucionaria encendida siglos atrás, y pasada de mano en mano a través de las centurias.

Pero el "carrancismo", que ya no es sino un personalismo de tipo porfirista, está dispuesto a jugarse el todo por el todo. Cuenta con la adhesión de sus favoritos y la mayor parte de una fracción política, la liberal constitucionalista, nacida al calor del régimen. Se siente apoyado por las antiguas clases directoras. Porque aun cuando prelados, terratenientes y banqueros no exalten en público a Don Venustiano, combaten agresivamente al general Obregón, herético y "bolsheviki", casi tanto como sus abuelos combatieron a Juárez, el Anticristo de 1866. Están, en latencia, junto al Gobierno que llevara al poder a Ignacio Bonillas, uno de los suyos.

Alvaro Obregón llega audazmente a México. Sabe que se introduce en la boca del león. Pero, ¿a qué puede temer el manco heroico de Celaya? La capital asiste a mítines electorales que no ha visto nunca. Frente al personalismo presidencial, única fuerza que articulara hasta ahora la vida republicana, se yergue el pueblo, consciente de sus intereses y sus aspiraciones. Son oleadas de gente que alzan en triunfo al hombre que representa la victoria de las masas armadas. Don Venustiano comprende por primera vez la talla de su adversario. Y no trepida, como Don Porfirio cuando valorizó a Madero, en hacerlo encarcelar y someter a juicio.

Otra vez se produce el momento histórico. Nuevamente resuena el grito revolucionario de Ayutla, San Luis, Ayala y Guadalupe. También es un pueblecillo, Agua Prieta, sito en el Norte de Sonora, el punto de partida del movimiento que esta vez rectificará, en definitiva, el rumbo de la Revolución.

También tiene Agua Prieta una envoltura política: la transgresión de la autonomía estatal de Sonora, cuyo gobernador, Adolfo de la Huerta, ha sido hostilizado y hasta desconocido por Carranza. Pero todos saben que el nuevo movimiento es la reanudación de la corriente revolucionaria remansada en el Palacio Nacional. De la Huerta, antiguo subordinado de Obregón. es su jefe civil. El jefe militar, el general Calles, ex Ministro de Industrias y Comercio de Don Venustiano, camarada y amigo íntimo de Obregón, compañero suyo en las campañas contra Huerta y Villa, general de prestigio, político de avanzada que intentara inútilmente volver al Presidente Carranza a la senda revolucionaria.

Pero el alma y el prestigio del movimiento es un hombre, Alvaro Obregón, abanderado de obreros, campesinos y soldados. Está preso y es de temer por su vida. Y tal vez cuando le aguarda la misma suerte de Zapata, huye disfrazado de ferroviario, el 15 de abril de 1920, cruza el Estado de Morelos, hace suyo el plan de Agua Prieta en Guerrero y se coloca al frente del movimiento.

¿Se repetirá esta vez la marcha sobre la capital? ¿Volverán las tropas federales, hoy carrancistas, a oponerse al curso de la Revolución, por tercera vez desviada?

La situación es muy distinta ahora. Carranza está solo. Se ha hecho odiar en las clases trabajadoras, y no disfruta de prestigio entre los elementos militares. Los únicos que podrían ayudarlo, los que tanto respetara, los dueños de la tierra y los concesionarios de la fe, se abstienen prudentemente. Les pesa la amarga experiencia de Huerta y conocen bien el empuje irresistible de los antiguos bandoleros, hoy "bolshevikis".

Y en esta ocasión, Huitzilopochtli, el viejo dios azteca, no puede consumir su acostumbrada ración de sangre. No hay batallas, sino hurras y vivas a Obregón en todas partes. Como Napoleón avanzando desde Fréjus hasta París, nada detiene el avance de las fuerzas obregonistas que comanda el general Calles. Los ejércitos se pliegan a ellas. Y la campaña más parece un paseo triunfal. Alvaro Obregón, el hombre de la hora, es llevado en hombros desde Agua Prieta hasta Cuernavaca, que ocupa militarmente el 7 de mayo de 1920.

El obstinado Carranza comprende al fin la verdad.

Pero no se resuelve a entregar el mando. Enérgico y voluntarioso, resistirá hasta el final. Organiza la retirada sobre Veracruz. Todavía cuenta con tropas leales. Evacua la capital el día 8 y rueda hacia la costa en un largo convoy de trenes militares. Lo acompañan sus amigos y los inevitables favoritos: Barragán, "Flor de Té", el hábil Luis Cabrera, Aguirre Berlanga, Macías.

No es tan sencillo el avance como lo hubiera querido Carranza. El elemento ferroviario no disimula su sorda hostilidad. La comarca también es hostil. Para colmo, las patrullas revolucionarias no dejan avanzar al convoy con seguridad ni rapidez. Pronto se traban las primeras escaramuzas. Aumentan las tropas enemigas. Es preciso dar la batalla para lograr paso hacia la costa antillana. Pero primero en Algibes y después en San Andrés son deshechas sus últimas tropas. Los trenes y el armamento caen en manos de las fuerzas revolucionarias. No queda más remedio que escapar a uña de caballo.

Es lo que hace el animoso anciano, internándose en la sierra de Puebla al frente de un puñado de amigos y de tropas. Sólo alcanza a llegar el 21 de mayo hasta el pueblo de Tlaxcalantongo, donde logra acampar tras varios días de fuga y tiroteo. Pero no dura mucho la calma del campamento. A las pocas horas, a la una de la madrugada, se sienten disparos por todos lados. Son antiguos rebeldes, que no depusieron jamás sus armas contra el carrancismo, los que aprovechan la ocasión para tomar el desquite. Una bala perdida atraviesa las paredes de la choza donde dormía el señor Carranza y va a alojarse en su vientre. El anciano pasa de la vida a la muerte sin sentirlo.

Tal es, al menos, la versión más autorizada. No faltan quienes afirman que fué ajusticiado por las tropas obregonistas. Y hasta hay quien cree, actualmente, que fué una bala suicida la que dió muerte al anciano.

La repentina muerte del Presidente obliga a elegir un sucesor que desempeñe las funciones presidenciales mientras se verifican las elecciones y el nuevo mandatario deba tomar constitucionalmente el mando. Son seis meses y diez días. El Congreso elige al jefe civil de Agua Prieta: Adolfo de la Huerta, que tercia sobre su pecho la misma banda provisoria del licenciado De la Barra.

De la Huerta gobierna con tino y prudencia. Aspira, como sus compañeros, a que se reanude pronto la vida institucional del país o, mejor dicho, se aplique en toda su integridad la nueva Constitución de Querétaro. El jefe provisorio del Estado no toma medida alguna sin el consenso previo de Obregón y de Calles. Son Los Tres Hombres de Sonora, jefes de la revolución triunfante, que forman una especie de triunvirato y se disponen, terminada la etapa inicial, a plantear desde el poder los viejos problemas que motivaran el movimiento de 1910 y que aun no han tenido solución y ni siquiera enunciamiento. Comienza la hora de organizar: la hora de las destrucciones necesarias para lograr, posteriormente, las construcciones revolucionarias latentes desde hace siglos en el alma popular.

Pero antes se obtiene la eliminación política de un viejo y siempre temible enemigo: Francisco Villa. Nunca Carranza logró pacificar totalmente el país. Villa persistió en armas, merodeando o depredando como podía. Los agraristas continuaron rifle al hombro en sus montañas. Y hasta hubo, en la costa del Sureste, partidas armadas que obedecían al antiguo general Félix Díaz. La muerte del voluntarioso septuagenario tuvo como resultado la rendición de todos ellos. Ninguno quiso crear obstáculos al nuevo régimen que adivinaban de pura cepa revolucionaria.

Francisco Villa solicitó la cesión de una hacienda, que cultivaría en compañía de sus últimos soldados. Quería terrenos para establecer una comunidad agrícola. Le fueron gustosamente concedidos por De la Huerta. Se le obsequió la hacienda Canutillo, en el Estado de Durango, provista de toda clase de implementos agrícolas y hasta de los capitales necesarios para iniciar la explotación. Canutillo llegó a albergar una comunidad de más de mil almas. Parecía que, al fin, Francisco Villa, o Doroteo Arango, o Francisco Germán, viviría en paz con los demás y consigo mismo.

Fué en aquel entonces cuando, aclamado por las masas, limpio el camino de obstáculos, Alvaro Obregón rindió, el 1.o de diciembre de 1920, ante el Parlamento reunido solemnemente, su protesta solemne como Presidente constitucional de los Estados Unidos Mexicanos.

Su estrella lucía entonces, radiante, en lo alto del cielo indígena. La de Francisco Villa, en cambio, opaca y enrojecida, estaba próxima a ocultarse en el horizonte. La vida agrícola no era suficiente para absorber la atención del antiguo jefe de la División del Norte. No tardó en perseguir faldas. No lejos de la hacienda, en el pueblo de Hidalgo del Parral, le esperaban semana a semana dos brazos cálidos y temblorosos. Hasta ellos llegó, durante meses, el bandolero de otros tiempos. Un buen día, en los momentos de abandonar su automóvil, una bala disparada desde un cercano segundo piso atravesó el corazón indomable de Francisco Villa. Provenía de la ira y la carabina de Salas Barraza, uno de sus mayores enemigos, que había esperado durante años el momento de su venganza.

Villa murió asesinado. Murió como todos sus antecesores de la Revolución: como Carranza, a quien combatiera tanto; como Zapata, al que no entendiera nunca; como Madero, al que amó y respetó siempre. Pero murió como debía morir: súbita, casi alegremente. Con él se extinguió el tipo romancesco de la Revolución Mexicana. Mitad bandido, mitad soldado, habilísimo, audaz y valiente hasta lo indecible, Villa supo encarnar el alma fatalista y arrojada del buen "pelado" mexicano. Nadie fué más popular que él. Nadie más admirado, ni tampoco más temido. Como el personaje de Manuel Machado, "inspiró amor, terror y respeto".

Y con razón.

OBREGON O EL DESTINO

No sólo es un líder popular y un guerrero afortunado —que puede ser mañana un demagogo o un pretoriano— quien asume ahora al mando supremo de la República. La Revolución ha encontrado su Juárez. Lo que hizo un indio, lo completará un campesino. Al afianzamiento del Estado republicano democrático liberal, representativo, destruído después por la dictadura de treinta años, seguirá ahora un nuevo Estado, que comenzará a intervenir en los procesos económicos, alterará el régimen de propiedad, destruirá el feudalismo agrario y defenderá la nacionalidad económica tanto como el otro la política.

Alvaro Obregón es un militar de trazo napoleónico, pero tiene un alma y una procedencia profundamente civiles. La Revolución lo hace soltar el arado para empuñar el sable y después el bastón de mando. Es el último de los dieciocho hijos de una familia que posee un rancho humilde, Siquisiva, vieja herencia de antepasados campesinos, blancos todos, apegados al terruño, guardadores de una larga tradición familiar. El adolescente Obregón ingresa a una negociación azucarera de Navolato, Sinaloa. Logra graduarse como mecánico. Asciende a jefe de taller. Reúne algún dinero. Logra entonces adquirir la "Quinta Chilla" y se retira de la fábrica. Ha realizado su ideal: ser un agricultor. Pero se repiten, en grande, todas las dificultades que se oponen a la tranquila explotación de la tierra. Falta el agua y hay que luchar por ella, no existe el crédito agrícola, el precio de la tierra es elevadísimo, los negociantes de la ciudad fijan los precios. El agricultor Obregón protesta una y otra vez por éstas que estima injusticias irritantes. ¿De qué sirve el trabajo honrado si sólo unos hombres perciben el fruto del esfuerzo de los demás? Es un arrogante mozo, de palabra fácil y conceptos claros. Los propietarios de los contornos lo llevan a la presidencia municipal de Huatabampo, sede del distrito comarcano. Allí se revela el agricultor como un administrador local.

Llega hasta allí el alud de la Revolución. Alvaro Obregón se toca con el sombrero tejano de los hombres de Sonora y sale a combatir contra la dictadura de treinta y cinco años. Retorna a su tierra con algunas estrellas en la manga. Pero el Gobierno de Madero lo defrauda en sus aspiraciones. Mas no duda, al saber el asesinato cometido por Huerta, en tomar las armas otra vez, apenas sabe que, en Guadalupe, el general Carranza ha llamado a la nación entera. Organiza un cuerpo de tropas y lucha en el Noreste de Sonora con inmediato éxito. Sanginés, un general federal, observa a este comandante improvisado y predice que será el militar más grande de su época.

Comienza la marcha sobre la capital y se abre ante él, como Italia ante Napoleón, el escenario de su destino. Cada batalla es un galón. Santa Rosa, Santa María, Orendáin: pronto el águila del generalato se posa sobre el sombrero tejano. En sus tropas hay sonorenses, mestizos, indios yaquis y juchitecos. Todos le siguen fanatizados. Llega antes que nadie a las puertas de la capital. Arregla en Teoloyucan la capitulación, con una habilidad manifiesta, y entra al frente de sus tropas. Es alto, fornido, gallardo, con un rostro franco y seguro, unos ojos cálidos, un bigote que hace más viril la fisonomía. Viste de kaki y tiene un aspecto marcial que impresiona.

Se han hecho célebres su don de mando, su atracción magnética sobre los soldados, su sonrisa ancha y cordial, su valor a toda prueba, su invulnerabilidad a la muerte. Las balas lo respetan milagrosamente.

Cuando comienzan las disensiones entre los vencedores, Alvaro Obregón quiere mantener a toda costa la unión entre los revolucionarios. Va, en agosto de 1914, a conferenciar con Villa y logra domesticar al feroz guerrillero. Pero la situación se agrava. Villa comienza sus preparativos para batir a Carranza. Y Obregón marcha de nuevo a Chichuahua, telegrafiando que va como negociador. Le acompaña una pequeñísima escolta y aquella su inalterable, sonriente serenidad. Sorprende a Villa poniendo fin a sus aprestos de guerra. El ex bandido acoge con una sonrisa cruel al general que lo ha emulado y que odia ya con un odio que sólo es una anticipación del porvenir. Nadie da un ochavo ni en México ni en Chihuahua por la vida de Obregón. Al día siguiente, 17 de septiembre, después de haber presenciado junto a Villa una parada militar en homenaje al día nacional, Obregón es llamado bruscamente por Villa. Apenas llega a la casa del guerrillero, éste lo hace desarmar y se abalanza sobre él, contraído, descompuesto.

—El general Hill (el jefe sonorense) cree que conmigo van a jugar... Usted es un traidor y ahorita lo voy a fusilar.

Pero como Obregón recibiera la noticia impasible, Villa, desconcertado, arrastrado por su ira, sólo atina a hacer algo extraordinario. Grita a un secretario que despache un telegrama al general Hill, firmado por Obregón, para que se dirija a Casas Grandes. Y solicita a Obregón permiso para enviar el telegrama a su nombre. Obregón se lo concede. Entonces, arrebatado otra vez por la rabia, Villa ordena a gritos a uno de los presentes:

—¡Pida por teléfono veinte hombres de Los Dorados, al mando del mayor Cañedo, para fusilar a este traidor!

A lo que contesta Obregón, con una firme sonrisa:

—Desde que puse mi vida al servicio de la Revolución, he considerado que será para mí una fortuna perderla.

El momento es angustioso. Los generales Raúl Madero y Aguirre Benavides escuchan en la pieza contigua, anhelantes. La casa está llena de oficiales que guardan silencio y esperan el final de la escena. En la planta baja se pasea el agente especial del Gobierno americano, agregado a las tropas villistas.

Al cuarto donde se celebra la entrevista se ha introducido uno de los adulones de Villa, Felipe Dussart, médico y general, que bate palmas entusiasmado, diciendo:

—¡Bravo, bravo, mi general!... ¡Así se necesita que obre usted!...

Villa, detenido en medio de su cólera, se vuelve hacia el intruso y lo echa a empellones, gritando:

—¡Largo de aquí, bribón, fantoche, porque lo corro a patadas!

Y comienza a recorrer la pieza a grandes pasos. Obregón, imperturbable como siempre, lo sigue en su paseo febril. Los veinte Dorados han llegado entretanto y aguardan, abajo, el momento de formar el cuadro. Las turbas de Chihuahua llenan la calle esperando el momento en que se realice la ejecución. ¡Obregón, el ídolo carrancista, será fusilado por Francisco Villa!

El paseo continúa, entretanto, en la habitación donde están encerrados los dos caudillos. A cada instante, frenético aún, Villa repite:

—¡Ahorita lo voy a fusilar!

Y Obregón, inalterable como siempre, responde:

—Está bien. Pero me va a dar usted una personalidad que no tengo. En cambio, el único perjudicado será usted.

De pronto, Villa interrumpe el paseo, hace poner guardia a la puerta de la habitación y se retira al fondo de la casa. Pasa una hora larga. Al cabo de ella se precipita otra vez a la pieza donde Obregón está de pie, calmoso y sereno. Lo invita a sentarse, se sienta a su lado y le dice, con la voz estrangulada, próximo a soltar el llanto:

—Francisco Villa no es un traidor, Francisco Villa no mata a los hombres indefensos y menos a ti, compañerito, que eres huésped mío. Yo te voy a probar que Pancho Villa es hombre, y si Carranza no lo respeta, sabrá cumplir con los deberes de la patria.

Su emoción crece. Obregón lo observa fijamente. Villa solloza con la cara entre las manos. Entra un mozo a anunciar la cena. Y Villa ruega, cariñoso, como si nada hubiera ocurrido:

—¡Vente a cenar, compañerito, que ya todo pasó! (1).

Obregón lo acompaña a la mesa y ambos comparten el pan y la sal, fraternos. Villa acompaña al huésped hasta la puerta, donde lo esperan sus oficiales, recién puestos en libertad. Sin tomar precaución alguna se dirige al Teatro de los Héroes, donde se celebra un baile en honor de la Independencia. Allí, sonriente y caballeresco, corteja a las damas y charla con los segundos de Villa, que no ocultan su admiración por este hombre varonil, sano, perfectamente dueño de sí mismo.

Nada puede pintar mejor el carácter de ambos. Villa, mentalidad primitiva, alma azotada por vendavales de cólera, da rienda suelta a su furor, pero se apaga, poco a poco, ante el hombre que adivina superior y parece, frente a él, ser el verdadero dueño de la situación. No trepida en fusilar a un huésped, mas le solicita autorización para tomar su nombre. Forma la escolta que ha de ejecutarlo y después, hipante y compungido, lo invita a cenar. Obregón, en cambio, es el hombre que se ve ante la muerte y, sin temblor alguno, se dispone a utilizar la única arma disponible: el dominio psicológico, la argumentación inteligente, el ademán sereno sobre aquel hombre que se estremece como un poseído a impulso de la cólera más salvaje. Tiene miedo, pero lo domina sin esfuerzo. Sabe que su vida pende de un hilo y que sólo él puede salvarla. Pero sabe también que Villa se arrepentirá pronto y no cree escapar con vida de Chihuahua. Sonríe en el Teatro de los Héroes, pero a nadie dice que su sentencia de muerte está firmada.

Parte al día siguiente, en tren, acompañado de

---

(1) LUIS ARAQUISTÁIN: *"La Revolución Mexicana"*, C. I. A. P. — Madrid, 1929.

una escolta enemiga. Villa, arrepentido, ordena que lo traigan nuevamente a Chihuahua y piensa otra vez en hacer fusilar al que adivina será mañana su vencedor. Pero algunos de sus generales, más prudentes, alcanzan a disuadirlo de este crimen inútil, que manchará a Villa para siempre. El ex bandido accede sonriendo, mientras los dientes de lobo lucen en la faz de bronce. Lo asesinará en el camino, sin ruido ni escándalo.

Y lo deja partir el 21 de septiembre, no sin antes enviar un tren, al mando del general Almanza, para que los detenga en un lugar desierto y los fusile a todos, simulando que fueron atacados por alguna tropilla de bandidos. Pero el convoy de Almanza pernocta en una estación solitaria, mientras se hacen algunas reparaciones al equipo. Entretanto, pasa raudo el tren de Obregón, al que nadie detiene, porque nadie sabe nada. Almanza, consternado, avisa a Villa, y el jefe norteño, resuelto a todo, telegrafía a la estación de Gómez Palacio, inmediata a Torreón, para que se detenga al jefe carrancista y se le fusile allí mismo, con toda su comitiva.

Mas, la fortuna sigue acompañando a Obregón. Dos generales villistas, Eugenio Aguirre Benavides y José Isabel Robles, han sido enviados a México como representantes ante Carranza en las negociaciones que fuera Obregón a proponer a Chihuahua. Como conocen bien a su jefe, se detienen en Torreón, dejan orden al telegrafista de comunicarles cualquier telegrama que se refiera al general sonorense. Se imponen antes que nadie del mensaje telegráfico y envían un tren especial a detener a Obregón en el camino. Lo trasbordan y ocultan en su propio convoy. Cuando llegan a Gómez Palacio, el jefe militar de la estación, viendo el salvoconducto de los jefes villistas, deja pasar el tren, en uno de cuyos compartimientos, estudiando algunas estadísticas, viaja Obregón con tanta tranquilidad como si fuera un turista.

El mismo Obregón confiesa después que ha salvado el pellejo a duras penas. Como lo seguirá salvando después. Una estrella providencial guía sus pasos en la campaña donde se cubrirá de gloria. En Santa Ana del Conde lo derriba la metralla y escapa con vida. En Trinidad explota una granada y le arranca de cuajo el brazo derecho. Todos lo tienen por muerto. Vuelve de su desmayo y se encuentra solo. Desesperado, resuelto a morir antes que caer prisionero o desmoralizar a sus tropas, desenfunda el revólver con la mano que le queda libre y, colocándolo en la sien izquierda, oprime el gatillo. Pero su ayudante ha olvidado esa mañana cargar el arma. Largos años más tarde, en 1927, una bomba explota debajo de su automóvil y Obregón vuelve a escapar de la muerte. La busca en los campos de batalla, pero siempre encuentra, en cambio, a la victoria. Jamás ha sido derrotado. Nunca ha visto nadie sus anchas espaldas en el combate. Nadie duda de que es invulnerable. No tarda el mito en rodearlo muy pronto. Su buena estrella, sus incesantes victorias, su personalidad misma: todo hace de él un hombre sobrenatural, el que siempre esperan los descendientes de aquellos que aguardaron también, cuatro siglos antes, la llegada de dioses blancos y libertadores.

Pero su gloria llega a la cúspide cuando se inicia la campaña contra Villa. Obregón no duda un segundo. Su instinto le dice que Carranza representa, por el momento, la continuidad revolucionaria. Llega hasta Yucatán y organiza la campaña. Arrastra a los indios mayas, que le siguen en gran número, resueltos a morir por el general Alvaro Obregón. Conquista Puebla en pocas horas. Ocupa militarmente la capital. Y allí demuestra, por primera vez, lo que vale como revolucionario y futuro jefe de Estado. México se muere de hambre. Los grandes acaparadores, unidos a los contrarrevolucionarios, han logrado privar a la ciudad de su sustento. El pueblo no tiene pan. Y sólo se escuchan, en las iglesias, prédicas constantes contra los "herejes" que avanzan al mando del hombre de Sonora. Apenas llegado, Obregón abarca de un golpe el panorama y resuelve dar de comer a los habitantes de la ciudad. Impone un tributo a la Iglesia, el rentista más fuerte de todos, y al comercio capitalino. Ambos se niegan, sin advertir que están en plena guerra civil. Obregón encarcela a ciento ochenta sacerdotes y otros tantos comerciantes amenazándolos con obligarlos a alistarse en sus tropas. Los rebeldes no tardan en ceder. Los tributos llegan, en dinero y especies, y la ciudad torna a su vida normal. Pero antes ocurre un incidente cómico. Los curas afectados solicitan su exención, por enfermedad y vejez, del servicio militar. Obregón envía un médico a examinarlos, y oigamos la palabra de Luis Araquistáin: "el picante e imprevisto resultado fué que, de los ciento ochenta clérigos, cuarenta y nueve padecían enfermedades venéreas, pero no tan graves, sin embargo, según el dictamen facultativo, como para que no pudieran sacrificar a Marte lo que habían sacrificado tan fervorosamente a Venus y no querían sacrificar a Mercurio..."

Vienen, después, como en un film, los triunfos fulminantes y consecutivos: Celaya, Trinidad, Nápoles, Aguas Calientes, Zacatecas, León. Se derrumba Villa al impulso de este general que, con un ejército dos veces menor y desprovisto del armamento y el "parque" que posee el adversario, cuenta, sin embargo, con las condiciones que no tendrá nunca el antiguo salteador rural: golpe de vista instantáneo, audacia reflexiva, previsión de todos los detalles, aprovechamiento de las ventajas del terreno o la propia psicología de los contrarios, facultad de organizar sus tropas como si fuera un solo todo y más que nada, la condición del grande hombre de armas: la confianza ciega inspirada a sus tropas, la sugestión que ejerce sobre generales y soldados, y los obliga a seguir, punto por punto, todas sus órdenes. Su ejército parece un solo hombre, Alvaro Obregón, tranquilo y optimista, que se bate seguro de vencer.

Torna a la capital sólo cuando ha exterminado a Villa y la anarquía parece aplastada definitivamente. Gracias a él, puede Carranza asumir otra vez el mando y disponerse a organizar jurídicamente a la Revolución. Obregón, ídolo del pueblo y el ejército victorioso, pudo haber tomado el poder. Pero lo entrega al que es "Jefe del Ejército Constitucional" y el mismo que aparece como jefe del Gobierno revolucionario. Se contenta con aceptar la cartera de Guerra y de Marina y allí intenta la profilaxis de las fuerzas armadas. Se afana en organizar un ejército y una marina nuevos, hijos de la Revolución, donde ha desaparecido ya —aun cuando queden los gérmenes del inevitable caudillismo— el espíritu pretorio de la época porfiriana y la indisciplina y el desorden característicos de los soldados improvisados de la Revolución.

Entonces revela, como miembro del Gobierno, comprender mejor que nadie los grandes problemas mexicanos. Es el campeón de la reforma agraria, la nacionalización del subsuelo, los derechos del obrerismo y el campesinado. Ya no sólo es un guerrero popular, sino un estadista vigoroso. Pero al poco tiempo, ante el rumbo que sigue Carranza, Obregón se retira del Gobierno y torna a sus campos de Sonora. Deja, a un tiempo, la espada bélica y la túnica legislativa. Trabaja sus campos. Organiza la producción de garbanzos y cereales. Forma cooperativas agrícolas. Es un padre del campesinado y un reformador agrario, que aplica en el terreno las que parecieron temerarias reformas en la Constitución de 1917.

¿Política? ¿Política para llegar después al mando supremo? Sin duda. Pero, ¡qué política y cuán justificada! Obregón comprende demasiado que él, guerrero sin mácula, ídolo del pueblo, revolucionario probado y consciente de su misión histórica, es el único capaz de conducir a buen puerto a la Revolución triunfante. Sólo él podrá dominar el clásico militarismo mexicano, agudizado en estos diez años de revoluciones y combates constantes. Y sólo él podrá enfrentarse también, con probabilidades de victoria, a las fuerzas económicas y sociales que pueden estrangular la Revolución: el viejo clericalismo colonial; el latifundismo, eterno factor de anarquía e inestabilidad política; el imperialismo extranjero, especialmente norteamericano, que considera ya a México como una colonia; la presión internacional de las grandes potencias, que no quieren reconocer a los revolucionarios de Agua Prieta; y, por último, la organización de obreros y campesinos, estimulados por la victoria, cuya suerte es la misma de la Revolución, pero que, mañana, en cualquier momento, pueden hacer armas contra ella si dejan de sentirla suya.

¿Y quién más capaz de realizar esta labor de cíclope? Es un guerrero; pero también un caudillo y un líder. Se ha revelado como un estadista. Su inteligencia es clara, rápida, certera. Tiene el realismo implacable del general Díaz; ve los hechos como son. Además, posee clarividencia, sentido de la historia, clara comprensión del futuro. Es probo, austero, recto como la hoja de una espada. Vive para su familia y para la Revolución. Pero dista mucho de ser un puritano inflexible o un revolucionario dogmático. No. Sabe ser un buen compañero, un alegre camarada, sencillo y cordial. Se coloca, sin perder nunca su aire de jefe incuestionable, al nivel del interlocutor, sea éste un peón, un soldado raso, un mísero indígena.

Es enérgico. Terminante y categórico cuando llega la hora. Pero sabe ser diplomático, astuto y flexible, si es necesario. Buen general, nunca olvida ordenarse a sí mismo la retirada. Mas ella es siempre estratégica y significa la victoria más tarde. Nadie como él para estimular a los suyos y, a la vez, para equilibrar sus intereses o ambiciones. Nadie, tampoco, para enfrentar con mayor altivez, en nombre de la Revolución, a los representantes del viejo orden. Prelados y señorones, especuladores y banqueros internacionales: a todos sorprende la sencilla dignidad de este antiguo obrero y campesino que, pese a su manga vacía, tiene una magnífica estampa de Jefe de Estado.

Su intuición es formidable, pero su método y capacidad de estudio son aún mayores. Se documenta con paciencia. No resuelve nada sin haberlo estudiado a fondo y consultado con sus familiares. Porque también tiene esta condición de jefe: consultar a los suyos, darles responsabilidad, hacerlos interesarse en la marcha del Gobierno. Posee el sentido moderno indispensable para ser un gran gobernante en esa revuelta hora en que los bolcheviques se apoderan del poder y Mussolini marcha sobre Roma, al frente de sus camisas negras.

Y hasta posee rasgos personales que lo hacen famoso: su increíble memoria. Es un fenómeno cuando se trata de recordar algo. Todo —hechos, hombres, rostros, lugares, fechas— se graba indeleblemente en ella como en una placa fotográfica. Un periodista, en cierta ocasión, dejó caer ante él, rápidamente, todas las cartas de un naipe. Obregón repitió, una por una, todas ellas, en el mismo orden en que habían caído. Y tres años después, cuando el mismo periodista le recordara el asunto, Obregón, tras un ligero esfuerzo, vuelve a recordar el orden de las cincuenta y dos cartas.

EL GOBIERNO DE OBREGON

Este es el hombre que ha de empuñar con mano firme las riendas de una revolución que "se gestó en la tristeza del indio y se hizo ira espontánea en las clases dolientes" (1), y requiere, por tanto, conductores esforzados y resueltos a todo con tal de llevarla al éxito. Ahora comienza la etapa más difícil de todas. Ahora que la Revolución debe hacerse desde arriba, desde el poder, sacudiendo hondamente la organización económica, la estructura política, la fisonomía social de un pueblo que ha vivido siempre bajo un régimen de privilegio.

---

(1) *"Crisol"*. Revista de Crítica. — México D. F. Diciembre de 1934.

Obregón es el primer hombre completo que produce la Revolución. Salido de sus ardientes crisoles, modelado a golpes de tragedia en el yunque de los nuevos hechos, no es un demócrata iluso como Madero, ni un extremista obstinado como Zapata, ni un hombre de tipo cavernario como Villa y tampoco un político transaccional y despótico como Carranza. Es el fruto genuino del movimiento, regado con torrentes de sangre, germinado al calor de San Luis, Ayala, Guadalupe y Agua Prieta.

Le espera una labor extrahumana. Sin embargo, sale triunfante. Logra trazar el surco revolucionario en la vida económica y social de México. Levanta los cimientos del futuro Estado. Su acción es múltiple, eficaz, eminentemente orientadora. Indica en todas partes el camino. Realiza el milagro de asentar un orden nuevo sobre los escombros del antiguo. Y no hay actividad pública o ramo gubernativo en que no se sienta la huella de su personalidad.

Va, directamente, a la reforma agraria, alma del movimiento. El antiguo campesino no podía hacer otra cosa. El artículo 27 se cumple por vez primera. Comienzan a funcionar las comisiones agrarias. Se acomete la gigantesca empresa de barrenar el latifundio. Termina con las vergonzosas concesiones agrícolas. Y es el campeón de la epopeya ejidal. Firma numerosas dotaciones y restituciones de tierras. Entrega 3.080.172 hectáreas a 1.974 pueblos o comunidades. Radica fuertes núcleos campesinos. Y no sólo los instala, sino que echa las bases del futuro crédito agrícola y de la ayuda técnica del Estado a estos incipientes agricultores, expuestos siempre, a la primera angustia económica, a caer en manos del latifundista. Y hasta se preocupa de iniciar obras de irrigación, las únicas capaces de aumentar las tierras de labor, apenas un 12 por ciento de la superficie agrícola nacional.

Sabe que la justicia agraria significa la inclusión permanente del campesino y el indio en los cuadros revolucionarios. Pero comprende también lo que vale el obrero, el asalariado de las industrias de transformación, que Carranza persiguiera con tanta saña como torpeza. Es un entusiasta de la sindicalización obligatoria y la implantación de seguros sociales. Interpreta en su espíritu el artículo 123. Los trabajadores, por vez primera, gozan de cierta libertad, y hasta de estímulo gubernativo, para organizarse debidamente frente a la presión inevitable del capital. Y cuando el elemento obrero, dividido entre laboristas, sindicalistas y comunistas, choca sangrientamente con la policía, Obregón se acerca a los trabajadores para imponerse de lo ocurrido y remediar el daño.

Pero Obregón sabe demasiado que, en un país semicolonial como México, cosido a la falda de los Estados Unidos, no es posible eliminar, así como así, el capitalismo. Y se guarda de hacerlo. No lo expulsa; pero lo controla, retirándole la carta blanca de que ha gozado hasta ahora. La clase patronal no es hostilizada, pero sabe bien que, apenas atropelle al obrerismo, la mano del Gobierno caerá sobre ella sin compasión. Logra así, hábilmente, producir un cierto equilibrio de fuerzas. Por vez primera en la historia mexicana, patrones y obreros entran a discutir sus problemas en un plano de equivalencia moral. Es en ese período cuando el obrerismo sindicalizado llega a constituir una fuerza poderosísima, base, no sólo del Gobierno y el régimen, sino también del orden social que condicionan al mismo tiempo el capital —ahora controlado por el Estado— y el trabajo, también tuicionado por la nación personificada jurídicamente en un Estado activo, combativo, distante ya del inerte Estado Liberal que fuera, durante tantos años, juguete del clero, el terrateniente y el inversionista extranjero.

Su misión, como intérprete de la Revolución, es esencialmente libertadora. Emancipa al campesino de la tiranía del latifundista y al obrero del yugo del patrón. Y necesita liberar al indio de la esclavitud que significa su propia ignorancia, su miseria, su sumisión a una Iglesia que siempre lo utiliza para sus particulares fines terrenales. Comprende, claramente, que no basta dar al indio tierras, sin, previamente, civilizarlo, educarlo, desfanatizarlo. Resucita, entonces, algo ya olvidado desde los lejanos días de Madero: la escuela rural. La acción educativa llega hasta las más lejanas serranías. Y se multiplican las escuelas indígenas y los establecimientos técnicos. Al mismo tiempo, como un corolario, plantea con prudencia el álgido problema religioso. Encuadra a la Iglesia dentro de las leyes vigentes y evita todo rozamiento con ella, batiéndola indirectamente —por medio del libro y el arado— en sus mejores reductos: los campos habitados por indígenas.

Pero también hay que zafar al país de dos presiones igualmente insoportables: la militar y la internacional. Ambas, el militarismo y la intervención extranjera, han costado a México ríos de sangre y millones de pesos. Acomete con mano firme la reorganización del ejército. En sólo dos años lo reduce a la tercera parte de lo que era en los momentos de triunfar Agua Prieta. Funda unas colonias agrícolas para militares y allí lleva a todos los cesantes y retirados forzosos. Deja sólo aquéllos de los que no puede prescindir. Y aun cuando el pulpo militarista sólo consume ahora trescientos mil pesos diarios, ya no es el millón que costara todos los días en época de Carranza. Trata a toda costa, y lo consigue en cierto modo, de ir creando un ejército revolucionario, sin espíritu caudillista ni pretoriano, dispuesto a ser el centinela de las conquistas logradas con tanto sacrificio.

Entonces se lanza a resolver el espinoso problema de las reclamaciones sobre terrenos petrolíferos, apoyadas amenazadoramente por los Estados Unidos. Hace derroches de habilidad y de energía al mismo tiempo. Demuestra a Washington la justicia de la legislación mexicana y reprime, al mismo tiempo, con mano de hierro, la insurgencia desembozada de los petroleros norteamericanos. Por fin consigue, en 1923, tras las célebres conferencias de Ciudad de México, que Norteamérica reconozca el Gobierno mexicano y abandone todas las reclamaciones petroleras, sin más retribución que algunas indemnizaciones por daños y perjuicios y la declaración de no retroactividad para el artículo 27.

No tarda en obtener el reconocimiento de las demás potencias. Las relaciones internacionales del país vuelven a desenvolverse con regularidad. Y la atmósfera caliginosa que han formado a México diez años de conmoción interna, informaciones falsas de la prensa amarilla internacional y la campaña de desprestigio tenaz sostenida en el extranjero por los emigrados mexicanos y la Iglesia romana, comienza, rápidamente, a desvanecerse. El mundo torna a comprender que ese país libra una lucha desesperada por alcanzar su destino.

Extrema, en especial, las relaciones con la América Latina. Los mejores hombres de letras de México recorren la América Española en misión de paz y confraternidad. Obregón acaricia el sueño de Bolívar: una América unida, grande y poderosa, capaz de constituir un bloque económico que la libre en el futuro del estado semicolonial en que aun permanece.

Corona su obra buceando en el pasado mexicano, extrayendo de las viejas civilizaciones el légamo artístico y moral que aun permanece sepultado en Teotihuacán, en Tula, en Mitla, en Chichén-Itzá. Se instalan escuelas de artes plásticas al aire libre. El indigenismo, la expresión artística autóctona, vuelve a ser el nervio de la pintura, la escultura, la cerámica, la cultura en general.

Hasta aquí la obra del gobernante, del estadista amasado en levadura revolucionaria, que en sólo cuatro años altera toda la faz institucional del país y logra establecer los fundamentos económicos y sociales de un nuevo Estado. Pero aun queda la labor del político, también grande y esforzada.

El problema político es impostergable y fundamental. La Revolución, caótica y desordenada, hecha a lomo de caballo y rifle en mano, necesita una expresión política propia. El porfirismo mató en el alma mexicana los últimos brotes de organización política. Son más necesarias que nunca las corrientes de opinión, aun cuando no sea más que para, por razones de mecánica, contar con una masa de oposición organizada capaz de luchar frente a frente. Obregón sabe bien que la inercia y el disimulo, la absorción lenta de los elementos revolucionarios, son en México los mejores medios de que se valen para subsistir las antiguas clases directoras.

El democratismo y el cientificismo de los años hirvientes de Madero han desaparecido arrastrados por el turbión revolucionario. Pero nace un nuevo Partido, el Liberal-Constitucionalista, que, en cierto modo, representa al carrancismo, y es el único que posee fuerza y organización política al ascender Obregón al Gobierno.

Pero es un partido que sólo mira al Presupuesto Nacional, y se enreda como una hiedra a los jóvenes muros de la Revolución. Como era inevitable, allá han ido a parar los "moderados" de siempre y, junto a ellos, los emboscados, los ambiciosos, los que están prontos a usufructuar del movimiento o, si no les es posible, a detenerlo de golpe. La contrarrevolución está allí, latente, en la influyente facción política que Carranza empollara bajo sus barbas patriarcales. Aun el electorado no es libre, ni puede serlo, en un país que ha vivido siempre bajo el personalismo, el caudillismo o el clericalismo más desenfrenado. Y todavía el pueblo —obreros y campesinos— no cuenta con órganos de expresión política suficientemente poderosos.

Aun los partidos políticos —ya ha nacido y crecido el Cooperatista— necesitan vivir a la sombra del Palacio Nacional. Dependen del jefe de la Revolución. Y para Obregón la responsabilidad es gravísima. De su actitud depende el rumbo político futuro del incipiente Estado y hasta tal vez si la misma contrarrevolución. Su instinto lo lleva a poner coto al poderío del Partido Liberal-Constitucionalista sin más táctica que la indiferencia. El rostro presidencial parece volverse hacia el joven Partido Cooperatista, que obtiene mayoría en el Congreso en 1921, reemplazando rápidamente a su antecesor en el número de cargos públicos e influencia sobre la marcha de la Federación y la de los Estados. Mas, comprende que no puede luchar solo, sin nutrirse de fuerzas propias, y trata a toda costa de buscar elementos populares que engrosen sus filas.

Ya es tarde. El proletariado, con seguro instinto, ha derivado hacia núcleos políticos genuinos: el Partido Laborista Mexicano, más obrero que campesino, con fuerza sindical, cuyos miembros rara vez buscan puestos de elección popular como portavoz de aspiraciones; el Partido Nacional Agrarista, que recoge la bandera de Emiliano Zapata, y donde se organizan políticamente los que siguieran por breñas y montes al autor del "Plan de Ayala"; y, por último, el Partido Socialista del Sureste, que agrupa a las masas trabajadoras de Yucatán, gremializadas ya y obedientes todas a una voz de orden, la traducción política de aquellas Ligas de Resistencia del Partido Socialista que diezmara Carranza en 1919.

En 1922, el Partido Cooperatista Nacional busca contacto con los tres núcleos específicamente revolucionarios y logra formar con ellos, para los efectos parlamentarios, la Confederación Nacional Revolucionaria. Así logra aumentar sus fuerzas, conquistar triunfos electorales y pesar en la política mexicana al empezar el año 1923.

Ya las luchas políticas han adquirido intensidad suficiente para que representen los anhelos contradictorios de la opinión pública revolucionaria o tenida por tal. El Partido Cooperatista Nacional ha desplazado al Liberal Constitucionalista, pero no ha logrado hacerlo ni con ideas, ni con métodos, ni con elementos verdaderamente avanzados. Es un mero partido político que quiere hacer, para satisfacer las ambiciones de sus líderes —Jorge Prieto Laurens, sobre todo—, el manoseado juego de los partidos en las repúblicas llamadas democráticas. No va más allá de la lucha electoral y la voracidad presupuestaria. Agrupa a la mayoría de sus miembros por interés. Y no es capaz de orientar a la Revolución y hasta ni siquiera de conservar la cohesión de sus propias filas. Pronto se desbandan los elementos de avanzada y el Partido queda reducido a una vasta organización política, controladora de los comicios electorales, pero falta de savia popular y de sentido revolucionario.

Y sucede lo inevitable, lo que ya ha acontecido tantas veces en la impúber historia política de México: la división entre moderados y extremistas o radicales. Como en todas las otras ocasiones, las derechas desplazadas —Iglesia, latifundismo, alta banca, alto comercio, residuos de una "aristocracia" desaparecida— simpatizan primero y cooperan después con la corriente moderada, como ocurrió con Comonfort, con Díaz, con Carranza. La corriente moderada agrupa a los núcleos restantes del Partido Cooperatista, a buena parte del Liberal Constitucionalista y a toda la gente que se autodenomina "de orden" en todas partes del mundo. Busca y encuentra, insensiblemente, a su hombre representativo. Y aun cuando éste forme parte del Gobierno y sea uno de los catetos del "triángulo sonorense", cuya hipotenusa sigue siendo Obregón, y quiere aparentar no tener vinculaciones con esta poderosa corriente, es, y todos los saben así, el jefe. Se llama Adolfo de la Huerta y da su nombre —¡oh, eterno personalismo mexicano!— al "delahuertismo".

Ante él se alza el antiguo radicalismo obregonista, hoy llamado "callismo", que proclama como jefe a un hombre que no rehuye la responsabilidad de llamarse tal: el general Plutarco Elías Calles, el político de más talla que se revela junto a Obregón, el entonces abanderado de las tendencias populares revolucionarias. Le ha sucedido en el alma de las masas armadas. Obreros y campesinos ven en él al hombre capaz de seguir a Obregón y activar el proceso de transformación revolucionaria, hasta ahora tranquilo en casi tres largos y fecundos años.

La Presidencia de la República es, una vez más,

la meta que señalará el triunfo de una o de otra corriente. Se repite la situación que da un final dramático a la Presidencia de Carranza. Y el mando supremo será, también una vez más, la manzana de la discordia armada.

LA REVUELTA DE ADOLFO DE LA HUERTA

Está a punto de romperse la unión entre los "Tres hombres de Sonora". Calles, primero Ministro de Guerra, ha sido, desde los comienzos de la Administración Obregón, Ministro de Gobernación (Interior). De la Huerta, Ministro de Hacienda. El primero ha conquistado sus prestigios en el campo de batalla y en seguida en altos puestos públicos; pero culmina en el desempeño de la Secretaría de la Gobernación. Jefe de Gabinete, sabe ser la espina dorsal de la política obregonista. Aparece como el tipo del revolucionario resuelto, de propósitos netos y procedimientos categóricos. Se le sabe un jefe y un conductor. Puede ser rudo y hasta seco, pero nadie discute su energía, su sentimiento revolucionario. El segundo, en cambio, es la figura matemáticamente opuesta en lo político y lo psicológico. Insinuante, atractivo, contemporizador. Sabe ser obsequioso y envolvente. Tiene una personalidad indefinida, pero ha sido Presidente Provisional de la República y sabido crearse amigos o, mejor dicho, compadres en el ejército y la administración pública.

No ha pasado, empero, de ser un segundón político. No tiene pasado revolucionario. No ha pisado el campo de batalla. Pertenece a una familia acomodada de Sonora y empezó su vida detrás del mesón burocrático de un Banco. La Revolución lo llevó, como tantos otros, cerca de Obregón y Calles, y supo crecer a su sombra. Junto a los caudillos, enérgicos y responsables ambos, es el factótum, el hombre de confianza, el que sabe sonreír, ganarse a los demás, introducirse por todas partes. Sobresale en el arte de insinuarse y conquistar a los poderosos. Llega a ser Oficial Mayor del Ministerio de Justicia en tiempos de Carranza y después Cónsul General en Nueva York. Vuelve a Sonora, cuando Obregón y Calles están ya distanciados de Carranza. Los obregonistas postulan su candidatura para la Gobernación del Estado y ella obtiene el triunfo porque aparece como opositora al carrancismo. Y cuando Don Venustiano apresa a Obregón y ha de estallar el movimiento revolucionario en Sonora, Adolfo de la Huerta, ocasional Gobernador del Estado, aparece, accidentalmente al frente del "Plan de Agua Prieta". Obtenido el triunfo, Obregón, candidato a la Presidencia, no quiere aceptar el mandato provisional. Tampoco Calles, ex Ministro de Carranza. Pero sí puede hacerlo, por unos meses, el ex funcionario consular, buen muchacho, hombre de confianza, dócil, seguro, habilidoso.

Mas tiene una psicología tortuosa, compleja, curiosísima. Una obscura pasión por el mando, que no demuestra ni confiesa nunca. Vive conquistando, a fuerza de sonrisas y dádivas, adhesiones de los demás a su persona. Su labor es la de una araña tejedora. Pero nunca aparece como jefe. Tiene un miedo cerval a las responsabilidades. Tal vez si no ama el poder en sí mismo, por lo que significa para la Revolución, sino las vueltas y revueltas para llegar a él.

Ha engullido apresuradamente toda clase de literatura: economía, sociología, filosofía, política. El antiguo empleado de Banco quiere cultivarse y aparecer como hombre culto ante el consorcio de generales improvisados y rudos guerrilleros que a veces van al combate sin saber por qué. Pero no hay capacidad analítica ni ordenación alguna en su mente tropical, febril, abrasada por sueños y megalomanías. Todo lo leído acrecienta el caos de su espíritu débil, vacilante, enemigo, por naturaleza, de toda claridad. Sin embargo, se proclama a sí mismo el cruzado de la cultura y el Mecenas de los artistas. Congrega cerca de él a los narcisos de la literatura y el periodismo. Protege a cómicos y autores noveles. Exalta, sobre todo, a los cantantes. Su único indicio cultural es la afición al canto y el violín, las dos extensiones de su espíritu que desarrollara en su pueblo. Y, en verdad, hay en su personalidad mucho del complejo operetil: bambalina, bambolla, romanza y do de pecho. Se sabe y se siente inferior a Obregón y a Calles. Y se refugia en la astucia, la artimaña. Lee a Maquiavelo y le causa una impresión profunda. El penetrante filósofo de Florencia no sabrá nunca que su "Tratado del Príncipe" atizó la imaginación calenturienta de un empleado de Banco sonorense. Su mismo rostro lo revela. Tiene unos ojos huidizos, una frente estrecha, unas mejillas redondas, una boca audaz y una barbilla débil, irresoluta. El color es amarillo y la faz toda denuncia la sinuosidad y la indecisión.

Su carácter es el reflejo fiel de su mentalidad y su fisonomía. Es versátil, antojadizo, tan pronto a la cólera como a la depresión. Histérico, histriónico también, pasa de la risa al llanto y del arrebato a la mansedumbre, con una facilidad extraordinaria. No es orador, como Obregón, ni conductor de hombres, como Calles. Ante los otros, jefes y modeladores, el rol suyo es el de componedor amigable, el de adláter acucioso. No sugestiona como el uno, ni impone como el otro: envuelve, enreda, compromete.

Entre este hombre y el divisionario Calles deberá elegir Obregón, es decir, apoyarlo con su simpatía personal, factor político inapreciable en un país como México o cualquiera otra República latinoamericana, pues en todas ellas la sugestión del poder triunfa casi siempre sobre la voluntad del electorado.

Obregón se abstiene; pero, en su fuero interno, no puede dudar entre un revolucionario como Calles y un burócrata como De la Huerta, hechura política suya. Pero ya De la Huerta tiene mucha fuerza. Ha sabido halagar y excitar las pasiones de los que, no cristalizada la Revolución, militan en ella tras el incentivo material o la satisfacción de sus apetitos de mando y de riqueza. Y mientras Calles, varonil, rotundo, aun más extremista que Obregón en todo lo que atañe a justicia social y nivelación económica, no trepida en ser el jefe de la corriente avanzada y demostrar claramente que él será el sucesor de Obregón, De la Huerta, femenil y tortuoso, hace obra de zapa y malbarata los dineros del Estado en conquistar partidarios o crear intereses personales en su derredor.

El proceso político, cada vez más acelerado, entra en 1923 a una etapa definitiva. Ya no será posible hurtar más el cuerpo a la lucha. O en un lado. O en el otro. O junto a la Revolución, dispuesto a todo. O frente a ella, resuelto a detenerla y quizás si a destruirla. La hora es de acción, y el dilema, irremediable.

Calles cuenta con el grueso de la Confederación Nacional Revolucionaria: el Partido Laborista Mexicano, el Partido Nacional Agrarista, el Partido Socialista del Sureste, más una minoría selecta del Partido Cooperatista Nacional, que encabezan Emilio Portes Gil, Carlos y Juan Manuel Puig Cassauranc, Romeo Ortega, Jenaro V. Vásquez y Candelario Garza. De la Huerta, entretanto, insiste en que él no puede, ni debe, ni quiere ser candidato contrario a su compañero del triángulo sonorense.

Hace ya meses que Calles presentó su renuncia al Ministerio de la Gobernación y se ha marchado a su hacienda de Soledad de La Mota, donde restablece su salud quebrantada. Y aun cuando comprende bien que él, y no otro, podrá ser el próximo abanderado de la Revolución, no quiere romper la que hasta ahora parece trinidad revolucionaria. Ofrece a De la Huerta retirarse si él postula la candidatura, pero se ve obligado a aceptarla en vista de que De la Huerta la rechaza terminantemente. Sólo entonces, agosto, comienza su gira electoral.

La situación se torna cada vez más tirante. El 2 de septiembre, De la Huerta se retira del Gobierno, dando como pretexto su disconformidad con la intervención del Ejecutivo en las elecciones gubernamentales de Querétaro y San Luis Potosí. El 26 del mismo mes lo reemplaza el ingeniero Alberto J. Pani. El nuevo Ministro informa el 7 de octubre al Presidente Obregón sobre la catastrófica gestión financiera de su antecesor: un déficit de 47 millones de pesos en tres años, cuya descomposición en cifras revela partidas inesperadas y deja en claro el personalismo turbio con que De la Huerta, a favor de la confianza ilimitada que se depositara en él, ha despilfarrado los dineros nacionales. El Presidente Obregón, herido en lo vivo, afronta la situación con su energía de siempre. Explica a la nación lo ocurrido, subraya la situación creada con la Deuda Externa, cuyo pago ha sido substraído para cubrir otras partidas presupuestarias, y termina ordenando una rebaja general del diez por ciento en el sueldo de todos los funcionarios públicos, incluso el Ejército y la Marina.

Entretanto, el 23 de septiembre, De la Huerta ha sido elegido candidato a la Presidencia, por la fracción del Partido Cooperatista que preside el señor Prieto Laurens y otra del Partido Liberal-Constitucionalista, con el general Antonio I. Villarreal, ex Ministro de Carranza, al frente de ella. Las declaraciones del Presidente Obregón deciden al señor De la Huerta. Es lo que éste esperaba: el rol de víctima. Acepta la candidatura que le fuera ofrecida el 23 de septiembre. Su bandera es la de la libertad electoral y el libre juego de las instituciones constitucionales. Acusa a Obregón de haberlo herido en su honor para atajar su candidatura y abrir paso a la de su amigo personal, Plutarco Elías Calles, candidato que Obregón quiere imponer como Carranza a Bonillas cuatro años antes. Pero aun habla de legitimidad revolucionaria y de llevar adelante los principios básicos del movimiento de 1910. Sabe ya que la reacción, aun cuando simpatiza secretamente con él, ha levantado un candidato propio, el general Angel Flores, militar de prestigio, ex revolucionario, que acepta sin titubear una candidatura antagónica a sus principios y a su vida toda.

Calles, sin embargo, aun hace esfuerzos para lograr la reconciliación, la soldadura del triángulo ya irremediablemente quebrado. El gobernador de Chihuahua, Ignacio C. Henríquez, parte en viaje especial a México para zanjar las dificultades entre sus tres antiguos camaradas. Obregón, Presidente de la República, se muestra llano a su gestión amistosa. Calles está pronto a una solución que evite el rompimiento capaz de alterar o detener la marcha de la Revolución. De la Huerta parece querer lo mismo y hace proponer a Calles la renuncia de ambos a la candidatura y la salida posterior del país por algún tiempo. Calles acepta, pero exige que De la Huerta haga esa proposición públicamente. Sinuoso y subterráneo como siempre, De la Huerta se niega. Y cuando Obregón, ante los ataques personales que le dirige su antiguo subordinado, propone un tribunal de honor compuesto de cinco amigos, que dictamine sobre lo ocurrido, De la Huerta también se niega.

El fantasma de la revuelta vuelve otra vez a cernirse en el aire. Todos esperan o presienten el levantamiento armado con que De la Huerta y Prieto Laurens han amenazado a sus contradictores políticos.

Y el 6 de diciembre de 1923, en Veracruz, estalla el movimiento. Se rebela el general Guadalupe Sánchez y logra la adhesión de la escuadra. En el resto del país se alzan al mismo tiempo los generales con mando de tropa, Enrique Estrada, Fortunato Maycotte, Manuel M. Diéguez y Rómulo M. Figueroa.

Parece, por un momento, que la Revolución va a ser ahogada en la mitad de su camino. El pronunciamiento es muy serio. Pueden el personalismo y el militarismo tradicionales imponerse ahora sobre la Revolución que sigue haciéndose desde el Palacio Nacional.

Dos de los jefes rebeldes gozan de merecido prestigio: Manuel M. Diéguez y Enrique Estrada. El primero se había jugado la vida en Cananea, dieciséis años antes y sido llevado a San Juan de Ulúa, por orden de Porfirio Díaz; participó en la revolución maderista, luchó en seguida junto a Obregón contra Victoriano Huerta, permaneció leal a Carranza en contra de Villa y llegó a ser Gobernador de Jalisco. El general Enrique Estrada había sido Ministro del Presidente Obregón y disfruta de igual reputación militar que el anterior. Junto a ellos se alzó también otro de los hombres de mayor relieve de la década revolucionaria 1910-1920: el general Salvador Alvarado, antiguo Gobernador de Yucatán, célebre por haber intentado un fructífero ensayo de socialización de la industria del henequén.

El pronunciamiento explota en diversos puntos del territorio al mismo tiempo: Jalisco, Michoacán, Colima y otros Estados del Occidente; Tamaulipas y Nuevo León, en el Noreste; Durango y parte de Zacatecas y Chihuahua, en el Norte; San Luis Potosí, Hidalgo y parte de México en el centro: Guerrero, Oaxaca y Chiapas, hacia el Suroeste; Puebla, Tlaxcala, Veracruz, Tabasco, Campeche y Yucatán hacia el Oriente y Sureste. En total, 56.000 hombres en armas, bien equipados, bien dirigidos, situados con estrategia en diversos puntos del país. El Gobierno Federal, en cambio, sólo puede disponer de 35.000 hombres diseminados a lo largo de toda la República, obligados a defender plazas fuertes y ciudades importantes, desconectados entre sí y faltos del material y los recursos bélicos necesarios.

Es de creer que la rebelión, por razones de mera fuerza, está destinada a triunfar. Mas, ya ha pasado la época de los pronunciamientos militares, del caudillaje irresponsable y anárquico, aquel que arrastraba a una masa inerte, indefensa, para la cual la muerte era preferible a la mísera existencia arrastrada bajo la bota del latifundista y la amenaza del cura del lugar. No en balde han corrido ríos de sangre. No en balde el proletariado mexicano se ha batido en defensa de intereses que ahora sabe propios. Y no en balde repartídose tierras a los campesinos, y sindicalizado a los obreros, y logrado la mejoría general de las clases "laborantes". Ya esta asonada, con ser de tan vastas proporciones, no puede, como antaño, derivar en franca guerra civil. Sin programa, sin ideas, sin nada más que un vago barniz político, sin más fuerza que la de las armas, tiene que ser vencida por un Gobierno apoyado en el pueblo y al cual el pueblo sale a defender con las armas en la mano. El motín de Veracruz no evoca, ni lejanamente, el grito de San Luis Potosí o el de Villa Ayala, la protesta elocuente de Guadalupe o de Agua Prieta. Tiene que fracasar, y fracasa.

Pero, ¡cuánta sangre y cuánto derroche de vidas y dineros! Porque, si no guerra civil en el sentido ideológico, lo es en cuanto a la violencia y los caracteres mismos de la lucha: campañas organizadas, varios frentes bélicos, batallas campales que aplastan la sublevación.

El Gobierno organiza a toda prisa nuevos regimientos de las tres armas. Adquiere municiones, artillería y hasta 11 aviones. Y busca el combate en nueve frentes distintos que se reducen, fundamentalmente, a dos; el Oriental y el Occidental, los Estados del Este y, Sureste y los del Oeste y Suroeste. Allí lanza el grueso de sus tropas. Pero puede hacerlo porque esta vez interviene un elemento nuevo: campesinos, obreros y voluntarios que afluyen de todas partes. El general Calles, nombrado jefe de la División del Norte, levanta un ejército de voluntarios y logra pronto sofocar la rebelión en casi todos los Estados del Norte y buena parte de los del centro. El proletariado actúa, rifle en mano, junto a las tropas regulares y se bate, como siempre en México, con su acostumbrado desprecio de la vida.

La campaña es breve y rápida. Sólo dura tres meses. Y aun cuando la revuelta no es totalmente sofocada antes de seis, ello es consecuencia de que cada Estado debe ir siendo pacificado a medida que lo permiten las fuerzas disponibles. El general Eugenio Martínez se encarga, en el frente oriental, de ir acosando a los rebeldes hacia Veracruz, donde Adolfo de la Huerta ha instalado un enfático Gobierno. Sitia y toma a Puebla, derrotando a los generales Villarreal y Cesáreo Castro. Avanza hacia la costa y en las alturas de La Esperanza aniquila a las últimas fuerzas reunidas de Guadalupe Sánchez y Fortunato Maycotte. Toma a Córdoba y entra a Veracruz el 12 de febrero.

Entretanto, en el frente occidental, los generales Joaquín Amaro y J. Gonzalo Escobar avanzan victoriosamente. El primero derrota a Salvador Alvarado en Ocotlán y recupera Guadalajara. Y el segundo deshace en Palo Verde a los generales Estrada y Diéguez.

La campaña está, prácticamente, terminada. Los demás cuerpos de ejército, en su mayoría irregulares, secundados a veces por improvisadas guerrillas de peones, baten en todas partes a los demás "infidentes" y restablecen la paz en todo el territorio.

Adolfo de la Huerta logra escapar, como escaparon también algunos otros grandes culpables: Santa Anna, Porfirio Díaz y Victoriano Huerta. Pero han quedado tendidos en el campo centenares de soldados y civiles mexicanos. Han muerto, asesinados o fusilados, jefes de la talla de Alvarado y Diéguez. La asonada cuesta sesenta millones de pesos y la alteración consiguiente en la vida normal de la nación.

Pero la lección es dura. La Revolución estuvo en un tris de ser desvirtuada o detenida. El Presidente de la República ha debido salir a campaña y dirigir superiormente, desde un tren-oficina, las operaciones militares que están a cargo del Ministro de Guerra y Marina, Francisco R. Serrano, y el general Arnulfo R. Gómez, dos jefes que pronto se harán célebres.

Mas, resultó también provechosa. Verdadero termómetro de la Revolución, ha revelado su verdadera temperatura, además de su alcance, su dimensión, su profundidad. Demuestra que ha penetrado hondamente en las estratas de la sociabilidad mexicana. Significa el primer revés del caudillismo militar y el personalismo político. Revela la cohesión del proletariado en torno a un Gobierno que lo representa en lo posible. Y deja en claro, sobre todo, la imposibilidad de ir contra el espíritu y el desarrollo de una Revolución que, hasta el momento, cumple su finalidad histórica. La transformación de la vida mexicana en lo político y lo económico ha sido vertical. Sólo superándola, yendo más lejos que su instintivo realismo, podría pretenderse alguna probabilidad de triunfo. No serán las antiguas clases privilegiadas ni los hijos bastardos de la Revolución los que torcerán el curso del río que viene desde el fondo de los siglos, alimentado con los afluentes eternos del dolor, la miseria, la opresión de los menos sobre los más.

FELIPE CARRILLO PUERTO, EL MARTIR YUCATECO

Cruenta es la revuelta, pero ejemplarizador su resultado: una Revolución que arroja el lastre de cooperadores vacilantes, contrarrevolucionarios en el fondo de su corazón. Mas, no sin que las fauces de Huitzilopochtli se tiñan otra vez con sangre mexicana y muchas vidas esperanzadoras vayan a parar al osario.

La mejor de todas, de inestimable cuantía para la Revolución, es la del Gobernador de Yucatán, Felipe Carrillo Puerto. Singular figura en que se mezclan el apóstol y el organizador, el hombre de ensueño y el de acción. Algo hay en él del aliento evangélico de Madero y el hondo revolucionarismo de Emiliano Zapata. Es puro, dulce y compasivo como el hacendado que se levantó contra el "Gran Elector". Y al mismo tiempo ostenta mucho de la energía, la tenacidad y la clara orientación del mestizo heroico de Morelos.

Felipe Carrillo Puerto tiene una hermosa presencia. Alto, esbelto, señoril, con un noble rostro pensativo, exhala el soplo de un iluminado. Es un padre para sus peones y un jefe para los trabajadores de Yucatán. Amplia frente, ojos soñadores, nariz aguileña, boca contraída, mentón resuelto: todo ello envuelto en una luz seráfica y bajo un sombrero de alas anchas, mitad de poeta bohemio y mitad de *pioneer* de la selva yucateca. Pocas figuras irradian, en la marea roja de la Revolución, una luz más humana y cristalina.

Su vida moral y su vida pública confirman, en hechos, todo lo que sugiere la sugestiva estampa de este hombre que supo ser, al mismo tiempo, un benefactor y un líder político, un reformador audaz y un mártir de una idea. Es el mayor de una numerosa familia de hermanos. Pertenece, por nacimiento, a la pequeña oligarquía henequenera que gobierna Yucatán desde tiempos centenarios. Mas tiene, como Zapata, una aguda sensibilidad social y no puede sufrir el espectáculo de la diaria explotación del pobre indio maya. Aun cuando el régimen industrial del henequén resulta más humano que el de las demás explotaciones agrícolas de México, Felipe Carrillo Puerto no tarda en alzar el pendón revolucionario sobre los propios campos que le pertenecen.

Un hálito tolstoyano despide este hacendado que predica la nivelación de las clases sociales y el término de la explotación del hombre por el hombre. Abraza con entusiasmo la causa de la Revolución. Sigue a Madero, a Carranza, a Obregón. Combate, con dinero y hasta con armas, contra Porfirio Díaz, Victoriano Huerta, Francisco Villa y ese Venustiano Carranza que quiso imponer al extranjero Bonillas. Y no sólo es un romántico de la libertad o un ideólogo amasado en libros. No. Un organizador y un político. Actúa en aquel entonces, en la época de Carranza, junto a Salvador Alvarado, el creador de la Comisión Reguladora del Henequén, que continúa la obra liberadora de Pino Suárez. El general Alvarado es categórico y hasta brutal. Hace el bien a los trabajadores aun a costa de la represión y el despotismo. Pero Carrillo Puerto labora a su lado a manera de un sedante y un constructor al mismo tiempo. Restaña las heridas causadas por la violencia de Alvarado y teje, incesantemente, las mallas de una red: las ligas de resistencia del Partido Socialista. Son organizaciones semisindicales, organizadas para unir a los trabajadores en una acción común frente al plantador o el terrateniente. Llegan a reunir más de cien mil campesinos y obreros en Campeche, Yucatán, Quintana Roo, Chiapas y Tabasco, todo el antiguo reino de los mayas, todo el Sureste de México. Constituyen el conglomerado sindical, perfectamente organizado, cuya expresión política es el Partido Socialista del Sureste.

La brutal imposición de Carranza, en 1919, no logra destruir esta red de acero, tejida a fuerza de bondad, de paciencia, de método, por ese hombre de cabellos blancos y gesto apostólico que se llama Felipe Carrillo Puerto. Desaparece Salvador Alvarado, más temido que querido, y los "laborantes" yucatecos exaltan la candidatura de Carrillo Puerto, que para ellos ha sido un padre y un jefe al mismo tiempo. El contendor es un miembro del Partido Liberal Yucateco, don Bernardino Mena Brito, que representa el interés de los dueños de la tierra. Triunfa arrolladoramente en las urnas Carrillo Puerto e inicia uno de los Gobiernos estaduales más interesantes de México.

Aborda inmediatamente el problema económico fundamental del Estado: el resurgimiento de la industria del henequén. Logra producir entre capital y trabajo el equilibrio que se necesita para desarrollar la producción y mejorar las condiciones de vida del peonaje antes explotado. Substituye la antigua Comisión Reguladora, especie de cooperativa patronal que había sido destruída por Carranza, con la Comisión Exportadora del Henequén de Yucatán, en la cual el Estado tiene la dirección técnica y hasta una participación comercial. La comisión logra circunscribir la producción a las necesidades del mercado, sostener y elevar los precios, dar salida al considerable stock acumulado en los EE. UU., mejorar extraordinariamente el estado de las plantaciones y los métodos de cultivo y, lo que es más, salvar a los productores pequeños y medianos de la tiranía que significaba el antiguo mercado libre, controlado totalmente por el trust americano de la International Harvester Co.

Lleva también su atención al campo financiero, equilibrando con superávit los Presupuestos del Estado y amortizando considerablemente la deuda pública. Organiza científicamente las tesorerías y el sistema de recaudaciones. Tiende una red telefónica de 24,750 metros. Crea la Dirección Técnica de Agricultura e influye directamente en el progreso de los métodos de explotación agrícola. Construye excelentes carreteras entre Mérida, Kanasín, Chuburná y Chichén-Itzá. Estimula la difusión de los deportes y la vida sana, así como los esparcimientos culturales, entre los trabajadores. Y completa esta obra con una intensa actividad educacional: la Universidad Nacional del Sureste, el Museo de Yucatán, 228 escuelas nocturnas, 187 escuelas rurales y 2 escuelas superiores, a la vez que un gran número de escuelas nocturnas especiales para obreros.

Pero su acción de revolucionario constructivo se palpa mejor en la reforma agraria y la acción social. Restituye y dota de ejidos a cincuenta pueblos. Son 250 mil hectáreas que se entregan en año y medio a 15,000 pequeños agricultores, siervos y peones todos ellos antes que Carrillo Puerto llegara a la Gobernación del Estado. Y hace lo mismo en el terreno social, extremando la semisindicalización que envuelven las ligas de resistencia, creación y obra suya. Son 417 ligas que agrupan a setenta mil campesinos en el territorio del Estado y que, manejadas con prudencia y energía por el Gobernador, logran colocar a los trabajadores mancomunados en una situación de equivalencia frente a los plantadores y dueños de la tierra.

Pero hiere intereses y derrumba privilegios sin cuento. Idolatrado por los trabajadores, es odiado por los patrones y objeto de una campaña sistemática y tenaz. Altivo, justiciero, recto siempre, no se deja seducir jamás por el halago ni inducir a la complacencia o la transacción. Su firmeza e integridad son las de Juárez y de Zapata. Ellas comienzan a cavar su tumba un año antes que su cuerpo esté listo para la sepultación.

Al estallar la revuelta, Felipe Carrillo Puerto se niega rotundamente a secundarla y anuncia su inmediato propósito de combatirla por todos los medios. Reúne a las directivas de sus ligas y comienza a hacer preparativos militares, allegando fondos y recursos. Pero los sucesos son tan rápidos, que la traición de sus propias fuerzas militares lo obliga a salir de Mérida e ir hacia la costa en busca de hombres y elementos de resistencia. Parte al frente de una reducida comitiva hacia Motul, donde lo espera uno de sus hermanos al frente de un grupo de voluntarios. Mas, allí sabe que se ha despachado una columna en su seguimiento y que las tropas federales se han sublevado en todo el Estado. Felipe Carrillo Puerto pide a sus compañeros que se alejen y no compartan así su azarosa suerte. Muchos lo hacen, pero quedan junto a él doce leales, tres de los cuales son sus hermanos: Benjamín, Edesio y Wilfrido.

Comienza entonces la dramática huída hacia la costa. Pasa por el Tijimín, El Crucero, San Anselmo, Chikilá, Río Turbio, El Cuyo, Holbox. La traición lo sigue por todas partes. Agentes de los hacendados yucatecos y de los rebeldes avisan su presencia doquiera aparece y le impiden la huida. Por fin, en Holbox es detenido el 21 de diciembre y llevado a la cárcel de Tijimín. Desde allí lo conducen a Mérida, a la Penitenciaría Juárez, en unión de sus tres hermanos y siete compañeros de infortunio. Días después, el 2 de enero, una Corte Marcial, reunida extraordinariamente, juzga a los presos y los condena, en dos horas, a la pena capital, por multitud de delitos, entre los cuales no falta el de "traición" contra el "nuevo Gobierno".

Los sublevados no quieren esperar tan siquiera que les remuerda la conciencia. La sentencia se cumple pronto. A las 4.30 de la madrugada, en un camión, los trece condenados son conducidos al Cementerio General, escoltados por veinte soldados del 18.o batallón, que serán los ejecutores. Allí se les alínea contra el murallón que mira hacia el Oriente. Comienza a clarear el día. Los condenados observan en silencio, tranquilamente, los arreboles de un sol que no alcanzarán a ver. Palidecen las últimas estrellas. La brisa trae a las narices, como un último hálito de vida, el perfume violento de la selva tropical.

El Mayor Bielmas dispone el cuadro y ordena la ejecución en cuatro grupos. Los condenados son trece: los hermanos Felipe, Benjamín, Edesio y Wilfrido Carrillo Puerto, el Licenciado Manuel Berzunza, el capitán Rafael Urquía, los tenientes Marciano Barrientos y Julián Ramírez, el chofer Antonio Cortés y los señores Francisco Tejeda, Cecilio Lázaro, Daniel Valerio y Pedro Ruiz.

Pronto va a romper el día. Berzunza solicita que lo fusilen solo. Urquía grita en alta voz su inocencia. Benjamín Carrillo Puerto abraza a su hermano Wilfrido y pide tiren al corazón. Wilfrido, el menor de todos, exclama tristemente: "¡Cómo le dirán esto a mamá!" Felipe Carrillo Puerto, el Gobernador, no pronuncia una sola palabra. Sus ojos se clavan serenamente en los asesinos. Hay en la mirada un resplandor de martirio, mientras la mano, larga y fina, acaricia distraídamente el cabello blanco.

El primer grupo está pronto. Veinte disparos cortan en dos aquellas vidas. El cadáver de Felipe Carrillo Puerto queda recostado contra el muro, en una posición que conserva su dignidad hasta en la muerte. Los ojos, abiertos, miran con dulzura. A su lado, tendidos unos sobre otros, desfigurados los más, están sus compañeros. El tiro de gracia, asestado a cada uno en la sien, pone fin al drama que sólo han visto las grandes estrellas del trópico.

Allí quedan los cuerpos, hacinados y sangrantes, hasta las 8.30 de la mañana. A esa hora los trasladan a la Morgue y exponen, tendidos sobre sendas mesas, a la curiosidad del público. El pueblo de Mérida desfila, aterrado, ante el cadáver de Felipe Carrillo Puerto, que aun sigue sonriendo, desde el otro lado de la vida, a los mismos por los cuales la perdiera.

Sólo a las tres y media de la tarde el nuevo Gobernador, general Juan Ricardez Broca, concede a la madre de los Carrillo Puerto autorización para colocar a sus hijos en un féretro.

Aquel mismo día, desde Veracruz, Adolfo de la Huerta asciende a general de División al Brigadier Ricardez Broca. Después, cuando se practicaron las investigaciones correspondientes, los pretorianos comprometidos en el crimen manifestaron que lo habían hecho para mantener el orden público y evitar que los elementos exaltados alteraran la paz del nuevo régimen.

PLUTARCO ELIAS CALLES

La sangre preciosa de Carrillo Puerto desata una ola de horror contra De la Huerta y sus satélites. Aun después de muerto, el socialista de Yucatán contribuye al triunfo de la Revolución que tanto amara.

En junio de 1924 ya está todo pacificado nuevamente. Las elecciones se celebran en completa paz. Disputa el triunfo al abanderado de las masas el general Angel Flores, a cuyo lado han corrido los rezagados de la rebelión reciente y al cual financian, tímidamente, los antiguos señores de México. Pero todo es inútil. La sangre vertida hace poco parece fecundar los sufragios. Una mayoría abrumadora consagra el triunfo electoral de Plutarco Elías Calles, antiguo maestro primario.

Y éste sí que es, como Obregón, un hijo genuino de la Revolución. También nace en Sonora, tierra de gambusinos, aventureros y *pioneers* de la llanura. Conoce, como Zapata, el dolor y la miseria desde niño. Por sus venas corre sangre yaqui, los indios que nunca pudieron ser reducidos durante la Conquista, los mejores soldados de Obregón en 1915. Es indígena, en su sentido profundo: altivez y patriotismo. Lo es como lo fueran Vicente Guerrero, Benito Juárez, Emiliano Zapata.

Crece en medio de las labores campesinas. Quiere, desde niño, servir a los suyos, ampliar su horizonte, mejorar su suerte. Ingresa a la policía rural. Llega después a ser maestro de escuela. Es un maestro sin título, persuasivo, lacónico.

La Revolución viene a ser para él, como para tantos otros, escenario, tribuna y revelación del propio yo. Fuerte, musculoso, sobrio: un soldado inmejorable. No es, como Obregón, un guerrero brillante, espectacular, que arrastra a sus tropas y posee el genio de la guerra. El maestro improvisado también llega, en el campo de batalla, a ser general. Un general sobrio, austero, callado, con un valor reconcentrado y frío, que organiza una campaña hasta en sus menores detalles. Si Obregón lleva a los suyos a la victoria, él los conduce a la muerte. Y lo siguen. Porque hay en él, como en el manco de Celaya, la seducción irresistible del ejemplo. Tiene fama de seco y hasta de frío, pero esparce en torno la confianza en su persona. Con sólo mirarle se sabe que es un jefe.

Lo distingue, como a Obregón, una fisonomía marcial. Pero ésta no rebosa confianza y optimismo como la otra. El cráneo es braquicéfalo; la cerviz, poderosa; la frente, despejada; las cejas, voluntariosas; los ojos, vivos, escudriñadores, ora duros, ora burlones, casi siempre desconfiados; la nariz, recta; los pómulos, salientes; los mostachos, recortados, acentúan el vigor de la expresión sobre una boca resuelta que remata en un mentón romano. Este rostro conoce la maldad de los demás y sabe desconfiar de ellos; sopesa los hechos y las palabras cuidadosamente. Rostro de hombre tenaz que vive para un propósito determinado. Rostro que irradia, apenas una fugaz sonrisa lo ilumina todo, una humanidad sencilla y casi campestre. Rostro en el que renacen algo de la energía de Juárez y la porfía santa de Emiliano Zapata.

Es enemigo de los gestos y las demostraciones. Sus palabras son precisas, meditadas. Sus discursos, graves, rotundos, cuyos conceptos jamás se velan entre las nubes de la retórica oficial. Habla siempre como si estuviera señalando a sus soldados un objetivo de guerra. Todo en él es combate y ambición. No acepta cosa alguna —ni una idea, ni un hecho, ni un hombre— sin beneficio de inventario. Todo lo examina cuidadosa, pacienzudamente. En su espíritu hay un tamiz inflexible que sólo deja pasar lo que es conveniente y está bien demostrado. Por eso es que sus convicciones son profundas, arraigadas, radicales siempre. Las siente con hondura y calor. Las ejecuta derechamente, sin desmayar nunca. Jamás se deja llevar del sentimentalismo. Ni se abandona, como Obregón, al contagio de los demás, al aura psicológico que pueden irradiar seres en que tal vez el oro sea quincalla.

Nadie como él puede entonces suceder mejor a Obregón. Lo complementa y lo continúa. No posee el brillo, la seducción, la fulgurancia del vencedor de Villa. Ni tiene su memoria prodigiosa, ni su maravilloso don de gentes, ni su capacidad para enganchar a los demás al carro de su simpatía personal, fluyente, a flor de piel siempre. No es un político de ágora como el otro, un hombre de tribuna y de espectáculo, hecho para actuar a pleno sol —sea en el campo de batalla, el mitin electoral o la convención política— ante grandes masas humanas. Más que a Lenin, recuerda a Stalin.

Lo caracteriza, como a Obregón, el sentido de las realidades, aun más acentuado. Porque posee condiciones que el magnífico guerrero no alcanzó a desarrollar del todo. Su realismo es más positivo. Su diplomacia, más firme. Mejor estratega en la acomodación de los objetivos a las realidades inmediatas. Tiene el completo dominio de sí mismo y no podrá ser arrastrado, como el otro hombre de Sonora, por el contagio de su propia psicología. Es más organizador y más organizado. Su carácter, férreo, de temple, le permite carecer de escrúpulos en el momento necesario.

Al terminar la campaña contra Villa, aparece, después de Obregón, como uno de los jefes que más se han distinguido por su capacidad organizadora. Lucha en Sonora al frente de ejércitos a medias improvisados y logra rechazar el avance villista hasta confinarlo a las estepas de Chihuahua.

Pero su prestigio es aún mayor como político. Aparte de Obregón, ninguno de los generales o caudillos nacidos en la Revolución tiene tales dotes de gobernante. Las demuestra en la Gobernación del Estado de Sonora en los años 1917 y 1918. Su primer decreto declara el "estado seco" en la región. Y lo hace en una comarca donde el pulque y el tequila son sagrados. Pero su energía se impone contra los intereses de alcoholeros e importadores. Extirpa la embriaguez y pone atajo al alcoholismo, primera forma de sujeción y esclavitud. Y sigue con el juego, muy extendido en Sonora por la vecindad de la frontera. Garitos, casas de juego, casinos elegantes: todos son arrasados por esta mano de hierro que comienza a revelarse.

Mas, sus grandes preocupaciones como estadista estadual son tres: la reforma agraria, la educación popular, la agrupación del obrero y el campesino en núcleos organizados. En estos tres aspectos, fundamentales de la Revolución, se demuestra un precursor. Mientras Don Venustiano hace política en México, Calles hace obra revolucionaria, constructiva, en Sonora. Es el primero en aplicar integralmente el espíritu del artículo 27 constitucional. Procede con rapidez a la dotación y restitución de tierras ejidales a los pueblos de su jurisdicción. Desarrolla vigorosamente la instrucción pública en sus dos aspectos más importantes: la escuela primaria y la escuela rural. Y, por último, también antes que nadie, dicta el primero, conforme al Art. 123 constitucional, una Ley del Trabajo, la más avanzada de todos los Estados, que fija ampliamente las indemnizaciones por accidentes del trabajo. No retrocede ante nada. Pero, por desgracia, salpica sus manos con sangre tan preciosa como la de Lázaro Gutiérrez de Lara.

Carranza teme a Obregón, pero no a este general lacónico, reconcentrado, que se está revelando como un estadista y un carácter. No tarda en llevarlo a la Secretaría de Industrias y Comercio, donde Calles sigue adelante en su labor de organización obrera y comienza a interesarse por el fomento a la producción. Durante casi dos años, constantemente, Calles representa en el Gobierno carrancista el principio revolucionario definido.

Se retira del Gabinete el 1.o de febrero de 1920 para dirigir en el Norte los trabajos electorales de la candidatura Obregón. Allí lo encuentra Agua Prieta, cuyo plan organiza él mismo. Allí, junto al general Benjamín G. Hill —uno que formaba parte de los "hombres de Sonora" y que murió prematuramente—, se hace cargo de la dirección militar del movimiento. Triunfante el "plan", acepta la cartera de Guerra, la más peligrosa de todas, en el régimen provisional de De la Huerta. Sofrena allí, con su energía acostumbrada, los apetitos voraces de los que apoyaron el movimiento en busca de algún gaje o prebenda. Continúa la labor que iniciara Obregón en 1917, en el Ministerio de Guerra y Marina: el podamiento de la hipertrofia militarista resultante de una década de guerras y trastornos continuos. Y allí sigue, estando Obregón en la Presidencia, hasta que éste lo llama a la Secretaría de la Gobernación, de la cual dependen la tranquilidad del país y la organización del nuevo orden de cosas. Allí lleva a cabo una labor administrativa a la vez que social. Es el alma de la organización sindical de obreros y campesinos y a él se debe, en buena parte, la incorporación de los trabajadores de la ciudad y el campo a la suerte futura de la Revolución.

Cuando se retira, al comenzar 1923, a una hacienda propia, ya es, junto a Obregón, un nuevo líder. Su personalidad política se ha desarrollado por completo. Confúndese ya con el radicalismo revolucionario que antes representaran Obregón, Zapata, Orozco. Y su candidatura es incontrarrestable. Aun cuando no lo quisiera, es el abanderado de los que laboran en las fábricas o en los suelos agrícolas. Cuando se resuelve a aceptar la candidatura, que tantas veces cediera al veleidoso De la Huerta, su nombre es bandera y clarín de las masas. Inicia en agosto su gira electoral. Y cuando llega a la capital, en septiembre, veinte mil trabajadores lo llevan en triunfo. Se repite el clamor de masas que cuatro años antes, siendo Obregón el candidato, atemorizara a Carranza. Por tercera vez, durante la Revolución, el pueblo se siente representado en un solo hombre.

Comienza a cumplirse la profecía que hiciera Carranza, cinco años antes, cuando le exigían sus familiares que se desembarazara del extremista Calles: "Cuando yo desaparezca —dijo el anciano—, Calles será el hombre que salve a la Revolución."

EL REGIMEN DE CALLES

Obregón logró orientar la Revolución y organizarla en parte. Su Gobierno hubo de afrontar problemas inmediatos antes que proceder a la edificación de un nuevo orden. Y si impulsó la reforma agraria, fomentó la instrucción popular y echó las bases de la organización obrera, debió, en cambio, postergar el problema religioso y dedicar buena parte de su tiempo a la solución de los diferendos internacionales, a la pacificación interna del país. Tuvo como principal cometido la estabilización de la Revolución, tanto fuera como dentro del país.

A Calles, en cambio, le corresponde edificar sobre

los cimientos ya trazados. Recibe un país en calma. Y puede imprimir un tren de actividad especial a la Revolución que comienza a depurarse a sí misma. Carranza señaló los límites jurídicos y echó los cimientos del orden legal. Obregón consiguió construir políticamente la Revolución y apartar de su camino los problemas más inmediatos. Ni el uno ni el otro han llegado a lo profundo, a lo económico, a la construcción sistemática de un orden revolucionario que signifique la destrucción de la antigua estructura económico-social, sobreviviente casi en su totalidad.

Madero da un grito de aviso. Zapata enseña la meta final. Carranza inicia el nuevo orden político. Obregón orienta. Ahora toca organizar. Esta tarea corresponde a Calles. Si Madero fué el precursor y Zapata el señalizador; si Carranza el iniciador y Obregón el orientador: él, Calles, será el organizador de la Revolución.

Tal es su destino histórico. El lo comprende. Mide los obstáculos y la extensión del peligro. No le arredran las consecuencias. Se dispone a ser al mismo tiempo demoledor de lo antiguo y arquitecto de lo nuevo.

La Escuela Rural, célula viva de la Revolución, experimenta grande impulso en sus manos. Levanta cada año mil escuelas nuevas. Multiplica las misiones culturales. Fomenta la escuela primaria y comienza a controlar las escuelas estaduales y particulares, hasta ahora autónomas con respecto a los rumbos educacionales de la Federación. Da especial importancia a las escuelas indígenas, destinadas a civilizar al indio; a las Escuelas Normales, que lanzan centenares de maestros nuevos.

La alta cultura tampoco lo deja indiferente. Sigue las huellas de Obregón en cuanto a difusión del arte en todas las clases sociales. Impulsa, sobre todo, la formación de un arte proletario, popular, asentado en la tradición. Logra imprimir a toda la cultura mexicana el sello de una autoctonía sin rival en la América Española. El pasado maya, tolteca, azteca o mixteca es fuente de inspiración continua. Y las bibliotecas, los museos, las publicaciones se acrecientan en cantidad sorprendente.

Liquida las últimas incidencias del conflicto petrolero. Termina la labor internacional de Obregón estrechando vínculos, mediante tratados y convenios comerciales, con todos los países del mundo. Reconoce al Soviet ruso y recibe complacido a Alejandra Kollomtay, la gran revolucionaria moscovita. Intensifica, sobre todo, la política americanista, bolivariana, de su antecesor y logra diseñar una política de indoamericanismo, representativa de los intereses comunes de la América Latina, tan distante del panamericanismo imperialista de los EE. UU. como del iberoamericanismo, retórico y suntuario, de la entonces monarquía española.

Sigue las huellas de Obregón en la desmilitarización del país. La sublevación de Adolfo de la Huerta ha contribuído a desmontar casi la mitad de la antigua maquinaria bélica. Calles continúa esa labor de depuración y progreso técnico de las instituciones armadas. Quiere extirpar en ellas los últimos brotes de caudillismo, formar el espíritu de cuerpo armado sobre la base de la lealtad inconmovible a la Revolución.

Y no sólo sigue la senda de su antecesor en materia agraria, sino que va más allá en cuanto a volumen y perfeccionamiento de la obra realizada. Inicia el fraccionamiento de los latifundios. Reparte entre los campesinos casi dos millones de hectáreas por concepto de dotación y restitución de ejidos. Pone término a viejos pleitos de terreno. Fomenta la organización de Ligas Agrarias que cohesionen al campesino. Y no sólo entrega tierras al antiguo siervo, sino que lo defiende de la rapacidad del terrateniente. Coloca el crédito agrícola al alcance de ejidatarios y pequeños agricultores. Propulsa la entrega al campesino de instrumentos modernos de producción, la formación de cooperativas que tengan a su cargo la venta y distribución de los productos.

Igualmente, intensifica y completa la obra social iniciada por Obregón. El obrero es para él, junto al campesino, el motor de la Revolución. Su política es preferentemente obrera. La sindicalización de la masa trabajadora llega, en los años de su administración, a un nivel desconocido en la América Española. Apoya abiertamente a la "Crom", el organismo que agrupa a cerca de tres mil sindicatos fabriles y agrícolas. La base de su Gobierno es, pues, más sindical que política, aun cuando, agónico el Partido Cooperatista Nacional, tengan ahora mayoría parlamentaria los partidos de avanzada: el Laborista, el Agrarista, el Socialista del Sureste.

Pero lo que caracteriza, históricamente, a su Gobieno es la preocupación económica y el problema religioso. Son dos campos en los que no alcanzó a pisar el glorioso manco de La Trinidad.

Calles comprende la intervención cada vez más decisiva del Estado en los procesos económicos de la producción y la distribución. Su labor es interesante en este sentido. Busca nuevas fuentes de producción. Fomenta la diversificación y clasificación de cultivos agrícolas. Acomete la construcción de obras públicas que obedezcan a un meditado plan de fomento de la producción. Son presas, canales y otras obras de regadío; caminos longitudinales y troncales; carreteras internacionales; nuevas vías férreas; servicios de aviación comercial y marina mercante nacional. Y no se detiene en el orden material. Aspira a terminar con el especulador y el intermediario, regular y sistematizar la exportación, controlar la industria —siempre rebelde en México— mediante consejos mixtos de obreros, patrones y técnicos estaduales. Y hasta organiza en definitiva las finanzas del Estado, sistematizando sus ingresos, simplificando y distribuyendo mejor las cargas tributarias y poniendo término al antiguo desorden en los gastos, mediante la creación de la Contraloría, eficiente instrumento fiscalizador debido a Luis Montes de Oca.

Pero es el llamado "conflicto religioso" de 1926 el que atrae sobre él las miradas, coléricas o entusiastas, del mundo entero. Calles no trepida, como Juárez, su homólogo y tal vez si su modelo, en tomar el toro por los cuernos. No provoca el incidente, pero, apenas producido, llega hasta el fin en la categórica imposición de la ley.

Recuerda muy bien que en 1917, cuando era Gobernador de Sonora, el Primado de México y casi treinta arzobispos y obispos suscribieron un manifiesto a la nación, en el que desobedecían terminantemente los artículos 3, 5, 27 y 130 de la Constitución. Era una abierta rebelión contra el Estado que Carranza no quiso sofocar en aquellos días en que urgía consolidar el orden revolucionario. No desconoce Calles la campaña tenaz del clero en contra de Obregón y el aliento espiritual que prestara a la triste aventura de Adolfo de la Huerta. Tampoco ignora que el clero elude el cumplimiento de las nuevas disposiciones constitucionales y que aun las de 1857 no han sido todavía, después de sesenta y nueve años, cumplidas del todo. Y mucho menos la agresividad con que combatiera su propia candidatura a la Presidencia y sus dos primeros años de Gobierno.

Pero su silencio es interpretado por debilidad y la Iglesia no tarda en exigir violentamente, en púlpitos y cátedras, la reforma de la Constitución y la abolición de los artículos que conciernen a sus relaciones con el Estado. Calles sigue mudo. El clero, por completo equivocado, hace reproducir, intempestivamente, el agresivo documento de 1917, en febrero de 1926. El 4 de ese mes, en "El Universal", el Arzobispo Mora del Río declara: "No reconocemos y combatiremos los artículos 3, 5, 27 y 130 de la Constitución vigente." (1) La rebelión subterránea sale a plena luz. Desde los púlpitos y algunos

---

(1) J. Pérez Lugo: *"La cuestión religiosa en México".*

periódicos se inicia una campaña violentísima contra el Gobierno. Las iglesias y conventos pasan a ser centros desembozados de agitación. Y no falta un Obispo, el de Huejutla, que se haga célebre por una procaz proclama, en que llama "asesino" y "bandido" al Jefe del Estado e incita a sus feligreses, en nombre de Dios Padre, a la rebelión armada contra las leyes y los poderes públicos (1).

Todo esto "equivalía a arrojar el guante y el Gobierno se apresuró a recogerlo" (2).

El Presidente Calles contesta con un Decreto, aprobado por el Congreso, que pone en vigencia estricta todas las preceptivas constitucionales pertinentes y proporciona los reglamentos necesarios para su aplicación. Uno de ellos —el que coloca a los eclesiásticos dentro de la ley, obligándolos a inscribirse en un registro especial llevado por las autoridades— exaspera al clero y lo hace olvidar toda prudencia, amenazando al Estado con la huelga sacerdotal (3) y la insurrección armada, si el Decreto llega a entrar en vigencia.

Este comienza a regir en la fecha indicada, 1.º de agosto de 1926. Todos los templos son abandonados en el país; se organizan Ligas Religiosas en diversos puntos del territorio; salen al campo partidas de insurgentes y se desencadena, en México y el mundo entero, una formidable campaña de prensa y opinión. Aquí se prueba el temple de Calles y se recuerda, otra vez, a Benito Juárez, el gran zapoteca. Este recogió todos los guantes que quisieron lanzarle, aplastó al conservantismo, sofocó la insurgencia religiosa, resistió victoriosamente a la coalición de tres potencias extranjeras y la ocupación francesa del territorio. ¿Irá Calles a amilanarse por esta situación que reproduce, amortiguadas, las violencias de la Reforma?

---

(1) Luis Araquistáin: *Ob. citada*.
(2) Ricardo Calderón Arzamendi: *"Síntesis de la Revolución Mexicana"*.
(3) J. Pérez Lugo: *Ob. citada*.

Ciertamente, no. Hace designar comisiones de vecinos escogidos que ocupen los templos y velen por su limpieza e integridad. Mantiene abiertas todas las iglesias del país, sin restricción alguna, para que se celebren los oficios o se entreguen los fieles a sus prácticas religiosas. Combate la huelga con su mismo método: la abstención.

Y a las armas contesta con las armas. Otra vez, en los Estados de Jalisco y Michoacán, recorren sierras y llanadas las partidas insurgentes de la época de Lerdo de Tejada. Nuevamente asaltan, devastan y depredan al grito bélico de "¡Viva Cristo Rey!" Mas, dura poco su evangélica exaltación. Calles la sofoca militarmente, aplicando inflexiblemente las leyes de la guerra. Caen en la contienda clérigos y monjes que comandan las hordas de fanáticos. Unos mueren en la refriega a campo abierto y otros, cogidos con las armas en la mano, en delito flagrante de insurgencia contra el Estado, corren la suerte de los caudillos militares.

Los ataques de prensa llegan hasta el paroxismo en el extranjero. Pero ninguno intimida al mandatario mexicano que, exterminada la rebelión, deja al clero en completa libertad de volver o no a los templos. Y cuando la Iglesia, sintiéndose vencida, solicita la concordia, está llano a emprender negociaciones. Así lo hace en 1927, pero un atentado dinamitero contra Obregón, organizado por un clérigo, echa por tierra los planes de conciliación. Igual cosa sucede en 1928. Y Calles entrega el Gobierno habiendo planteado enérgicamente el problema y resuéltolo desde el punto de vista del interés superior del Estado.

Desde entonces corre en el mundo la leyenda de su clerofobia rabiosa y exterminadora, comparable a la de los emperadores romanos que entregaban a los leones a esos cristianos que no amaban el lujo, ni el poder, ni ninguno de los goces terrenales.

EL CAUDILLISMO EXPIRANTE

Pero está escrito que este hombre haya de pasar por nuevas pruebas. No puede terminar su período sin que de nuevo la sangre riegue el suelo, siempre húmedo, de México.

Otra vez se suscita el problema de la sucesión presidencial con la misma violencia con que se planteara en los días postreros de la administración Obregón. Pero ahora no es una escisión ni una lucha entre moderados y radicales, en el seno de los conductores de la Revolución. La revuelta no saldrá de las propias filas callistas, sino de los círculos que la han provocado siempre: el clero y el ejército.

Grave es la situación política al terminar Calles su período. Se necesita continuar la obra apenas comenzada en cuatro años vertiginosos. Y se requiere un arquitecto capaz de llevarla a buen término. Es preciso un revolucionario fogueado, de prestigio en el pueblo y el ejército, capaz de contener las rebeldías del clero y las derechas aguijoneadas por el último conflicto religioso. Y ha de ser un hombre que se imponga a todo adversario, a toda situación. Sólo hay uno, en todo México, que reúne esas condiciones, uno cuya sombra llena todo el horizonte político: Alvaro Obregón. El proletariado sigue creyendo en él como en un ser milagroso. Añora su vuelta. Está convencido, como lo están los observadores extranjeros, de que sólo Obregón es capaz de continuar, a su vez, la obra reformista y audaz de Plutarco Elías Calles.

Su candidatura, hija de las nuevas circunstancias, surge arrolladora. Otra vez es el hombre de la hora Alvaro Obregón, el Bonaparte mexicano. Sólo hay un peligro: que el dimisionario no acepte. Vive en Sonora, entregado a la agricultura, ojo avizor a lo que ocurre, decidido a terminar sus días en reposo. El poder viene nuevamente a buscarlo y es la Revolución, cuyo destino intuye mejor que el mismo Calles, la que ahora golpea a su puerta. Cierto es que, si acepta, muchos creerán en un personalismo autocrático, mal disimulado, de cepa porfiriana; en una "pasada" de la Presidencia de mano a mano, entre dos compadres; en que el mandato de Calles no fué sino un "préstamo" que le hiciera del poder, por cuatro años, Alvaro Obregón, así como en 1880 Porfirio Díaz "prestó" el mando a Manuel González por un cuatrienio. Pero la Revolución no está aún consolidada del todo. Sólo un brazo fuerte, como el suyo, y una mente clara, como la suya, pueden suceder al beligerante mandatario que se retira. ¿Puede correrse otra vez el riesgo de Agua Prieta? ¿Puede nulificarse el sacrificio de miles de vidas entregando el mando a un advenedizo, en los momentos mismos en que la Revolución no crea sus instrumentos políticos propios? Escrúpulos más o escrúpulos menos, ¿vencerán esta vez al peso de los hechos, que aconsejan sacrificarse al último caudillo en beneficio de la Revolución? Porque sólo un militar y sólo un caudillo eminentes podrán ser, en definitiva, los que aplasten la hidra aun viva del militarismo y el caudillaje. ¿Y quién mejor que Alvaro Obregón, el más grande de los capitanes y los caudillos, puede ser capaz de afrontar la última lucha contra esos fantasmas amenazadores del pasado?

El hombre no importa junto a la obra. Que sea Obregón, o que sea otro: lo importante es que la Revolución siga adelante. Todavía México no abandona, por lo demás, el culto al caudillo, la veneración por el héroe, la sujeción a la voluntad de un solo hombre, más fuerte, más valiente o más sabio que los demás. El Imperio azteca, la Conquista, la Colonia, la primera República, la Reforma, el porfirismo y hasta ahora la Revolución, no han sido otra cosa: el dominio de un hombre y un grupo de hombres sobre todos los demás. Pero no ejercido ahora, como antaño, para sostener a una reducida clase de privilegiados y consolidar la esclavitud milenaria de un pueblo que sólo trabaja y sufre. Hoy la figura epónima es signo de liberación y de bienestar colectivo. Simboliza el aplastamiento de los menos en beneficio de los explotados de siempre.

A las clases directoras, a la Iglesia, a todos los desplazados, no conviene la candidatura de Obregón. Y a éste menos que a nadie. Abandonará el descanso bien ganado para ir a nadar nuevamente en el mar revuelto de la política activa. Cambiará la paz de su hacienda, su retiro parecido al de Cincinato, por los azares y hasta los peligros del poder en un momento en que la Revolución vuelve a necesitar de sus servicios.

Y, además, no puede aceptar. La Constitución, la de Querétaro, lo prohibe. Su artículo 83 impide a los ex Presidentes de la República volver al poder en el resto de su vida. Pero la Constitución también fué hija de las circunstancias y éstas han cambiado. Aun el espectro de Don Porfirio vagaba en el Cerro de las Campanas junto al fantasma de Maximiliano, tipos ambos de absolutismo vitalicio. Después del grito de Madero: "¡Sufragio efectivo y no reelección!", dirigido exclusivamente a derribar al anciano Faraón, era imposible autorizar la reelección presidencial. En 1917 ello significaba la instauración anticipada de la próxima tiranía. Y tanto fué así que Venustiano Carranza, no pudiéndose reelegir directamente, pretendió hacerlo por intermedio de un maniquí.

Pero el momento es ahora muy diverso. México extremó el rigorismo constitucional en ese sentido. Casi todas las Repúblicas aceptan la reelección presidencial pasado un período. Se guarda con ello el principio de que un jefe de Estado no debe sucederse a sí mismo. Pero se evita, al mismo tiempo, que toda la obra de un hombre o de un régimen se malogre por la falta de continuidad en el mando.

La situación se agrava rápidamente. Los generales Francisco R. Serrano y Arnulfo R. Gómez, muy joven uno de ellos, brillantes y prestigiosos ambos, han presentado ya su candidatura a la Presidencia. Como si fuera una consigna, los apoyan los últimos restos del "delahuertismo", las fracciones políticas de centro, buena parte de la clase media y, en forma desembozada, los grupos conservadores y clericales que creen ver en ellos dos nuevos sucesores de los Bustamante, los Santa Anna, los Paredes, los Márquez, los Huerta o los Estrada.

Nuevamente vuelve a oscurecerse el cielo límpido de la Revolución. ¿Lo nublará una disposición constitucional que puede, a su turno, conforme a la Constitución, ser modificada por otra? Es lo que hace el Congreso, aprobando por la totalidad de sus miembros la reforma constitucional que autoriza la reelección pasado un período y la elevación de cuatro a seis años del mandato presidencial.

Ya Obregón no puede negarse a aceptar la candidatura que alzan los grupos proletarios, compactamente unidos junto a su nombre mágico siempre. ¿Intuyó su destino con aquella sorprendente facultad de adivinación? Es posible. Pero ya no podía substraerse a él. Se pertenece, íntegramente, a la Revolución y al peligro constante. ¿Qué de extraño, pues, que torne a pisar "el sendero de la guerra", donde esta vez sí que lo espera la muerte?

Acepta la "postulación presidencial", con esa rapidez y esa decisión tan suyas. El entusiasmo de sus partidarios llega al límite. No hay adversario que pueda oponerse a este hombre que arrastra a las multitudes.

Sólo las armas, tal vez, sean capaces de detenerlo. Sobre todo, ahora que las incidencias religiosas han agitado la opinión y son muchos los generales licenciados o los que, en servicio activo, miran inquietos la marcha de esta Revolución que adivinan irá terminando, paulatinamente, con la privilegiada situación de que disfrutaron en el porfirismo y heredaron en la Revolución, merced a la constante lucha armada.

Esta vez son los generales Serrano y Gómez los que se alzan en armas. Ambos fueron los más firmes defensores del régimen obregonista, en 1923; el uno, como Ministro de Guerra y de Marina; el otro, como Jefe de Operaciones en Jalisco y en la costa occidental. Ambos han prestado grandes servicios a la Revolución y disfrutan de amplio prestigio en el Ejército. Sobre todo Serrano, joven, bien parecido, inteligente, pundonoroso, querido por todos y especialmente por Calles y Obregón, de quien había sido una especie de hijo adoptivo y camarada en la buena y la mala fortuna. Gómez, en cambio, mucho mayor en años y en experiencia, más ambicioso y personalista también, personifica al jefe que supo adherirse a la Revolución y usufructuar de ella. Serrano nació y creció en ella. Entre el uno y el otro no existió jamás un acuerdo definido. Siempre recelaron el uno del otro. La sirena de la política fácil logró que estos dos jefes traicionaran a sus compañeros y a sí mismos.

Y es que detrás de ellos está una masa de opinión civil, anónima y casi indiferenciada, que estimula a los dos generales y les hace creer que cuentan con la totalidad de la opinión pública: el sombrero de teja, el espadón caudillista y la pipa norteamericana de cerezo. Es el conocido método de sacar las castañas del fuego con mano ajena. Pero ni Serrano ni Gómez alcanzaron a darse cuenta de que fueron meros instrumentos del mismo enemigo que tanto combatieran en el campo de batalla.

La intentona de ambos no llegó a ser una sublevación como la de Adolfo de la Huerta. Apenas si pasó de un simple motín militar, sofocado rápida y sangrientamente, sin más pretexto político que la "no reelección", bandera vieja, apolillada, sin sentido ya. Los generales Gómez y Serrano elaboraron cada uno un plan revolucionario, mas no alcanzaron a ponerse de acuerdo. Ambos quisieron "madrugarse". El golpe se daría el domingo 2 de octubre. Los generales Calles y Obregón serían apresados en una revista militar que se celebraría en Balbuena. Inmediatamente se levantarían en armas los generales Eugenio Martínez y Héctor Ignacio Almada. Serrano esperaría en las afueras de México el resultado. Gómez se impone a última hora del plan y se niega a colaborar. Esperará, también, los resultados fuera de la capital. En la madrugada del 2 de octubre de 1927, ambos abandonan México. Serrano parte a Cuernavaca y Gómez a Veracruz.

El complot es descubierto. Algunos regimientos alcanzan a salir, engañados, de la capital. Casi todos regresan al darse cuenta de la mixtificación. Unos pocos destacamentos se baten débilmente y son inmediatamente vencidos. En cuanto al general Serrano, que aguarda en Cuernavaca, es tomado prisionero y traído en automóvil a la capital. Lo acompañan trece amigos: el general Vidal, el general Ariza, los licenciados Otilio González y Martínez de Escobar, el contratista Arce, el periodista Capetillo, los hermanos Peralta, el "güero" Jáuregui.

A las siete de la tarde, frente a Huitzilac, en plena carretera, fueron ultimados a balazos el general Serrano y sus trece compañeros. El general Claudio Fox y el coronel Nazario Medina organizaron y ordenaron la ejecución. La llevaron a cabo soldados del 1.er Regimiento de Artillería de Campaña. Recibieron órdenes superiores. ¿De quién? Hasta ahora no se ha sabido. Algunos creen que de Obregón, sin que lo supiese Calles. Otros, que de éste, sin que lo supiese aquél.

El general Arnulfo R. Gómez alcanzó a llegar a Perote, donde lo esperaba el general Lucero, al frente de algunas tropas. Obtuvieron fuerzas mayores y se dispusieron para una campaña en regla en el Estado de Veracruz. Las fuerzas federales no les dieron tiempo. Muy pronto fueron aniquilados los rebeldes. Cogido prisionero, y conducido a Coatepec, Arnulfo R. Gómez fué fusilado inmediatamente. Murió, como Serrano, sonriendo. Ambos cayeron como habían vivido: con valentía y resolución. Pero los dos pagaron con sus vidas el haber prestado oídos a la sirena de la reacción conservadora-clerical.

Cruel, y hasta bárbara, fué la represión de la aventura de los generales Gómez y Serrano. Pero ella escondía un doble fondo. Si el Gobierno revolucionario no procede con mano de hierro, el ejemplo habría cundido y las derechas continuado sobornando o engañando a jefes del Ejército. La tragedia de Huitzilac y Coatepec motivó la eliminación de numerosos oficiales comprometidos y vino a significar un nuevo golpe al militarismo mexicano, todavía fuerte y ensoberbecido.

Sin advertirlo, y creyendo tal vez servir sus personales ambiciones o realizar una obra de justicia nacional al oponerse al regreso de Obregón, ambos, Serrano y Gómez, prestaron un verdadero servicio a la causa revolucionaria.

Meses después, el 1.o de julio de 1928, Alvaro Obregón es elegido Presidente de la República por más de dos millones de votos. Su entrada a la capital, el 15 de julio, es toda una apoteosis. Reviven los días en que avanzara al frente de sus tropas sonorenses, o volviera de aniquilar a Villa, o llegase desde Agua Prieta, siempre de triunfo en triunfo. Los aplausos y los vítores ensordecen el Paseo de la Reforma. Todos quieren verlo. Todos, incluso un muchacho pálido, con unos ojos de fiebre y un tic nervioso en los labios, que se llama José León Toral.

Dos días después, a las dos de la tarde, el general Obregón asiste a un gigantesco banquete popular en un restaurante de la ciudad de San Angel, en el distrito federal, a media hora de México. Acércasele un dibujante y caricaturista que quiere trazar un rápido bosquejo de su figura. Se alza sonriendo y posa, por un momento, con aquella gallarda sencillez suya. El artista improvisado dibuja con una mano mientras dispara con la otra sobre el general, a quema ropa, todos los tiros de una Styer infalible.

Cae redondo, exánime ya, el hombre invulnerable, aquel que respetaran las balas de veinte batallas campales, los intentos criminales de Pancho Villa, la granada que le descuajara un brazo en Trinidad, el revólver que no alcanzó a cargar su ayudante y aquella bomba que estallara bajo su automóvil hace poco, cuando aun se discutía en las Cámaras la reforma constitucional.

El asesino no corre la suerte de los homicidas de Fernando de Austria, Paul Doumer o Alejandro de Yugoeslavia. Protégesele de manos de la multitud enfurecida y se le somete a un proceso escrupuloso. Es preciso saber quién armó la mano asesina. Mas, nadie puso en ellas la pistola automática. Nadie presionó a José León Toral, artista incipiente, místico exaltado, a convertirse en un Jacobo Clement o un Ravaillac, al que se parece en el estilo y la convicción mesiánica de que estaba llamado a salvar a México, así como el otro quiso salvar a la Francia del ilustre hugonote. El proceso sólo deja en claro la influencia de una abadesa, Sor Concepción, llamada "la madre Conchita", pero no hay pruebas de la máxima culpabilidad de ella y dos sacerdotes que aparecen implicados. Sólo José León Toral es condenado a muerte. Y muere con los ojos en alto, fanatizado hasta el fin, convencido de haber servido bien a Jesucristo, Dios del amor, que una vez más se parece, en México, al Huitzilopochtli de fauces siempre sedientas.

El sol de la Revolución sufre un eclipse de largos días. Todos los rostros se vuelven hacia Calles. Todos quieren buscar algún recurso constitucional que permita al hombre solitario de Sonora suceder al camarada desaparecido en la fecha oficial: 1.o de diciembre. Faltan cuatro y medio meses y, entretanto, puede sobrevenir cualquier trastorno si Calles, el único hombre capacitado para mantener firmes las riendas del joven Estado, no acepta seguir gobernando.

Obregón ha sido asesinado. Ha corrido la misma suerte infausta que Carrillo Puerto, Villa, Carranza,

Zapata, Madero, Pino Suárez, Melchor Ocampo, Vicente
Guerrero, José María Morelos, Miguel Hidalgo, el indio
Yanga y el joven Emperador Cuauhtémoc. Su fin ha sido
el mismo que el de casi todos los libertadores de México. Pero su sacrificio no ha sido estéril. Las palmas
del martirio ciñen ahora la cabeza antes coronada
de bélicos laureles. Su sangre, como la de Carrillo Puerto,
abona en definitiva esta planta todavía joven de la
Revolución.

¿Irá Calles a sucederle ilegalmente? ¿La necesidad
vencerá esta vez al derecho nuevo que ha creado la
Revolución? ¿Se resolverá a seguir en el poder aquellos
dos años más que autoriza la reciente reforma constitucional?

Así parece durante un mes. Pero el 1.o de septiembre
de 1928, ante el Congreso reunido en pleno, en una
sesión solemne a la que asisten todos los Gobernadores
de los Estados y todos los altos jefes militares, el general
Calles pronuncia un discurso político que cierra una
etapa de la Revolución y abre otra nueva.

Manifiesta que no puede ni debe continuar en el
mando. Indica que, conforme a la Constitución, corresponde al Congreso de la nación elegir un Presidente
interino que ejerza el mando provisionalmente, mientras convoca a nuevas elecciones y se acuerda la fecha
en que entregará el poder al que le corresponde legítimamente. Hace declaración expresa de que nunca
más, y por ningún motivo, llegará a la Presidencia
de la República. Pero añade que si mañana la nación
lo necesita, aun en el puesto más humilde, allí estará
él, arma al brazo, defendiendo la Revolución que es
toda su vida y la de la generación que ya empieza a
desaparecer.

Sus declaraciones propiamente políticas son aún
más significativas. Rinde homenaje al general Alvaro
Obregón, el último caudillo, suma y compendio, emblema y símbolo de toda una época, pero proclama que
ya el caudillismo ha muerto, y desaparecido los hom-

bres que, por grandes que sean, aparecen como imprescindibles para el desenvolvimiento de la nación. Afirma que la Revolución ha creado ya un orden jurídico capaz de substituir a todas las seducciones del más brillante personalismo. Al "gobierno de caudillos" debe suceder "un régimen de instituciones". A los individuos, "meros accidentes", "la serenidad perpetua y augusta de las instituciones y las leyes". Nadie puede ser nada en la suprema dirección del Estado si la ley no lo ha consagrado previamente. Y México no es el "país de un hombre", sino una "nación de instituciones".

Termina agregando que la política no ha sido hasta ahora más que un juego de partidos y una oposición de clases en el seno del Congreso. Ni ha nutrido, ni orientado, ni basamentado a la Revolución. Ha llegado la hora de hacerlo, de que la Revolución cuente con un instrumento político, moderno y eficaz, capaz de contener todo su ancho caudal renovador. Y esa labor, la formación de ese futuro organismo, será la faena a que dedicará sus energías después de entregar el mando.

Tales palabras, pronunciadas en tal momento y en tal sitio, son como el toque de trompeta que anuncia la muerte definitiva del caudillismo, pero que no la logrará mientras no desaparezca del escenario político el propio trompetero. "Fueron los mejores funerales que se le pudieron hacer a Obregón: poner en evidencia la inutilidad de su asesinato. Moría un caudillo y, con él, todo un sistema del pasado; pero quedaba la soberanía augusta de la ley para engrandecer, con su consagración, al hombre más modesto" (1).

Muy pronto, sin embargo, el caudillismo militarista lanzará su último estertor. Es ése el momento, 1.o de septiembre, en que termina la segunda etapa de la Revolución mexicana; la cristalización que sigue al caos inicial y antecede al período de la construcción revo-

---

(1) Luis Araquistáin: *Ob. citada.*

lucionaria. Pero antes habría que superar el caudillismo del propio Calles.

El 25 de septiembre, por 278 votos contra 1, el Congreso eligió Presidente Provisional de la República al Ministro de Gobernación recientemente designado, Licenciado Emilio Portes Gil.

EL ABOGADO PORTES GIL

No es un guerrero, desde luego. Y tampoco un caudillo, un jefe político o un estadista probado. Pero se le sabe hombre de la plena confianza de Calles. Representa la consolidación revolucionaria que se llama el "callismo". No el personaje extraordinario, sino el buen soldado de la causa. Ya la Revolución no necesita del personalismo epónimo.

Es un hombre macizo, de anchas espaldas y magnífica cabeza indígena. Su ancha frente, su rostro abierto, su poderosa nariz curva, su mentón vigoroso y alegre a la vez: todo refleja en ese rostro la franqueza, la lealtad, la albura de alma. Parece un maya de la época de las guerras de Mayapam. Su tez oscurísima y su estampa toda revelan la sangre india auténtica, nobilísima, de los viejos señores que crearon una civilización portentosa en un rincón del mundo medioeval.

Sus ejecutorias revolucionarias son limpias y puras. Tiene treinta y siete años apenas, de los cuales ha dedicado la mitad a la Revolución. Actuó en todas las vicisitudes de la década del caos y la anarquía. Empuñó la pluma y manejó la palabra en vez del sable o la carabina. Su campo de batalla fueron los estrados judiciales, primero, y los bancos del Parlamento, después. Nacido en Tamaulipas, recibido de abogado a los veintitrés años, cooperó con Calles en 1917, y fué su mejor colaborador en la reforma agrario-social iniciada por el antiguo maestro de escuela en la Gobernación del Estado de Sonora. Político nato, ingresa entonces al Partido Liberal-Constitucionalista y llega a ser Diputado cuando éste parece ser el órgano político de la Revolución. Pero luego adhiere al nuevo Partido Cooperatista Nacional, de mayor raigambre popular, y pronto se convierte allí en la cabeza visible de la izquierda. Se opone a los manejos de Prieto Laurens cuando le cabe ocupar el cargo de Presidente del Partido y, en tal carácter, advirtiendo las maniobras "delahuertistas", acaudilla la fracción que entra a formar parte del grupo parlamentario "Pro Calles". Diputado en tres Legislaturas, es estudioso, contraído, elocuente cuando llega el caso.

Sigue en la administración pública y el Gobierno local la estricta línea "callista". Tiene un brillante desempeño en la Asesoría Jurídica del Ministerio de Guerra y se destaca después en el interinazgo al frente de la Gobernación de Tamaulipas. Durante el Gobierno de Calles es elegido Gobernador en propiedad y allí su obra revolucionaria lo distingue entre todos los jefes de los Estados federales. Sabe ser el alma de la reforma agraria en Tamaulipas. Restituye y dota tierras por millares de hectáreas y es el primero en agrupar al antiguo siervo en Ligas y Comunidades Agrarias y Sindicatos Campesinos. Organiza, en 1926, la primera convención de estos núcleos de trabajadores campesinos. Modesto, sobrio, de vasta cultura y capacidad de estudio poco común, es una de aquellas figuras que se ameritan por sí solas.

Su Presidencia Provisional demuestra que Calles no se ha engañado: el Licenciado Portes Gil es hombre probo, sin vicio alguno, enemigo del alcohol y el juego y excelente jefe de hogar. Todos ven en él una garantía. Parece que su mandato de catorce meses transcurrirá en completa y necesaria paz.

Pero ya la política gira en torno a la Presidencia que dejara vacante el inolvidable inválido. Los "futuristas" (así llaman en México a los que husmean a los próximos ocupantes del poder) se precipitan sobre las nuevas candidaturas. Ellas son cinco: la del Embajador en el Brasil, ingeniero Pascual Ortiz Rubio, que viene a formar parte del Gabinete de Portes Gil como Ministro de la Gobernación; la del general y Licenciado Aarón Sáez, ex Ministro de Relaciones del general Calles, político de primer plano y méritos adquiridos; la del Licenciado Gilberto Valenzuela, Secretario interino del Interior en los días tormentosos de Adolfo de la Huerta, que figuró entre los autores de Agua Prieta y también viene al país desde la Legación en Londres; el Licenciado José Vasconcelos, ex Ministro de Instrucción Pública de Obregón, adalid de la Escuela Rural, catedrático, escritor y ensayista notable; y el general Antonio I. Villarreal, antiguo Ministro de Carranza, candidato latente a la Presidencia desde hace ya largo tiempo y náufrago de la revuelta "delahuertista".

Por vez primera, ya asentadas las instituciones, México presencia el espectáculo de una lucha democrática. Descartados los candidatos Vasconcelos y Villarreal, que no tienen fuerza política alguna, la lucha se circunscribe a los otros tres. Pronto el Licenciado Gilberto Valenzuela, que luchara contra De la Huerta seis años antes, va tomando rápidamente el contorno de un candidato de total oposición gubernativa. Pero será la nueva entidad política, el Partido Nacional Revolucionario, la que elegirá, entre Sáez y Ortiz Rubio, al vencedor en las urnas de noviembre próximo.

Es el momento en que estalla un movimiento revolucionario imprevisto, que no tiene ni siquiera el pretexto de la "no reelección" enarbolado en 1927 por los generales Gómez y Serrano. Los cabecillas son el Licenciado Gilberto Valenzuela y el Diputado Fausto Topete, teniente coronel que no ha olido la pólvora. No faltan, como de costumbre, los jefes militares. Son, casi todos, generales que se distinguieron en la represión de la revuelta "adolfista" en 1923 y 1924: José Gonzalo Escobar, Francisco Manzo, Jesús M. Aguirre, Marcelo Caraveo y Fausto Topete, jefes militares los tres primeros de Coahuila, Sonora y Veracruz, y Gobernadores los últimos de Chihuahua y Sonora. La Revolución se extiende en el Norte de la República y los revolucionarios consiguen algunos pequeños éxitos, más debidos a la rapidez y astucia con que proceden que a su verdadera potencia militar. Esta vez son diez mil hombres en armas que dicen obedecer al "Plan de Hermosillo", lanzado el 3 de marzo en un pueblecito de Sonora. Ocupan todo el Estado de Sonora y el de Veracruz, las plazas de Chihuahua, Ciudad Juárez y Monterrey.

Portes Gil, que ha demostrado ser un gobernante benévolo y conciliador, revela poseer la energía que requieren los momentos. Procede con rapidez y decisión. El general Amaro, su Ministro de Guerra, está enfermo de gravedad. No duda en llamar al general Calles. Este sale inmediatamente a campaña, en los momentos mismos en que las fuerzas leales de Veracruz, al mando del Gobernador Tejeda, recuperan Córdoba y después Veracruz, logrando la rendición de la escuadra, que también se había amotinado.

Calles divide sus fuerzas en dos columnas: una que operará por la costa occidental hacia el Norte, al mando del general Lázaro Cárdenas; y otra que lo hará, por el centro y el Oeste, a las órdenes del general Andrew Almazán. Son las dos "aplanadoras" de Calles.

Se unen a la insurrección numerosos descontentos y desplazados: el general yaqui Urbalejo y el general Roberto Cruz, ambos distinguidos en la lucha contra De la Huerta en 1923; el general Ramón F. Iturbe y el general Antonio I. Villarreal, desilusionado ya de su candidatura presidencial y rebelde impenitente. Pasan la frontera los exilados del "delahuertismo": Prieto Laurens, Enrique Estrada, Raúl Madero, el hermano de don Francisco, que fué lugarteniente de Villa.

La Revolución se ha hecho en contra de la "tiranía callista". El "Plan de Hermosillo" no contiene más propósito que la destitución de Portes Gil y todas las autoridades. El resto es un fárrago de injurias al general

Calles. Tal documento sólo puede inspirar a insanos o a esos inevitables pretorianos de la Revolución Mexicana, que han ido desapareciendo uno por uno al choque de las nuevas realidades. Cada vez que han podido alzarse en armas o venderse al silencioso enemigo de sotana o de frac aristocrático, lo han hecho. Y así se fueron eliminando solos.

Pero necesitan darle a su cuartelazo algún cariz ideológico. Y no trepidan en colocarle manteo y sombrero de teja. Recurren a los petroleros norteamericanos y les ofrecen la dictación de las leyes porfirianas que les concedieran el subsuelo. No hay traición ni torpe desaguisado que no cometan los pobres rebeldes. Ni siquiera poseen el control de su propia tropa. Mucha de ella, llevada al combate con engaños, no tarda en desbandarse. Y la misma reacción no los sigue. Observa los acontecimientos. Igual cosa hace el clero, que desconfía del éxito de estos repentinos revolucionarios. Roma envía instrucciones terminantes de abstención. Y sólo hacen el ridículo algunos infelices curas españoles e italianos, que restablecen el culto en las regiones ocupadas y han de salir un mes más tarde, huyendo a la desesperada.

El general Cárdenas ocupa todo el Estado de Sinaloa y en seguida avanza sobre Sonora a paso de carga. Masiaca, Navojoa, Cajeme, Agua Prieta, Hermosillo y Nogales: todas las plazas caen en su poder. El ejército de Manzo, Topete, Iturbe y Cruz se deshace con la rapidez del viento. Igual cosa ocurre en el Este, donde Escobar presenta combate en Jiménez y es inmediatamente derrotado. Andrew Almazán hace volar a sus tropas por los desiertos de la región y ocupa, casi sin interrupción, Monterrey, Chihuahua y Ciudad Juárez. Prodúcese entonces el desbande general. Sólo perece, en Veracruz, fusilado, el general Jesús M. Aguirre. Los demás pasan la frontera a escape. El 2 de mayo, antes de dos meses, queda terminado todo.

Pero el caudillaje —esta revuelta es enteramente militar— viene a ser contenido esta vez a costa de

4,000 vidas, cien millones de pesos y 420 kilómetros de vía férrea. Mas se ha ganado algo: la victoria definitiva, así parece hasta ahora al menos, sobre el espíritu caudillesco y pretoriano. Es la muerte total de la huella porfiriana y villista. Y el ejército, depurado nuevamente por el fuego, sale más unido y compacto después de esta prueba.

El Gobierno del Licenciado Portes Gil corresponde a lo que se cree y espera. Sigue, derechamente, la senda marcada por Obregón y después por Calles. Consolida el buen estado financiero del país. Continúa la política económica de construir obras públicas que fomenten la producción. Da un impulso considerable a la instrucción primaria y rural. Las dotaciones y restituciones de tierras ejidales son mayores, proporcionalmente, a la de los regímenes anteriores. Portes Gil no altera la política de paz internacional. Logra a la vez, con tacto y benevolencia, el desaparecimiento de los resquemores y heridas dejados por la revuelta. Sabe que puede perdonar y no desaprovecha la ocasión.

Impulsa también, con entusiasmo, la dictación de leyes del trabajo. En su período se produce la culminación del movimiento obrerista mexicano y la recuperación del carácter sindicalista que éste ha ido perdiendo en la brega política diaria.

Pero se destaca en el planteamiento del problema político y la solución pacífica del diferendo religioso que provocó tales tempestades en la Administración Calles. Concede satisfactorias garantías a los candidatos presidenciales, ahora reducidos a dos, Ortiz Rubio y José Vasconcelos, y no descuida, dentro de los medios constitucionales a su alcance, de fortalecer la organización del Partido Nacional Revolucionario, destinado a ser un instrumento permanente de acción política organizada. Su mejor triunfo lo obtiene en las negociaciones con la Iglesia, con la que llega a un acuerdo enaltecedor para el Estado: la Iglesia torna a desempeñar sus deberes religiosos manifestando que "el clero mexicano reanudará sus servicios religiosos de acuerdo con las leyes vigentes"; el Estado, por su parte, se limita a interpretar taxativamente el texto de las leyes y reglamentaciones anteriores.

Portes Gil terció la banda presidencial; pero, en realidad y desde su retiro suntuoso de Cuernavaca, ha gobernado Calles, ahora millonario y omnipotente. Mas todavía se confunde su persona con los destinos de la Revolución. Aun el "callismo", a pesar de sus abusos, es el torrente revolucionario en marcha.

Gobierno prudente, sagaz, el de Portes Gil cumple perfectamente con su misión: un paréntesis de paz en el paso de una a otra etapa de la Revolución. Después de él, y tras algunos tropiezos, se inicia la obra de construcción revolucionaria que prologa el general Rodríguez y está ahora desarrollándose en todas sus partes.

ORTIZ RUBIO Y ABELARDO L. RODRIGUEZ

Candidato del Partido Nacional Revolucionario, el ingeniero y ex diplomático Ortiz Rubio debe triunfar, y triunfa, sobre los elementos políticos que apoyan al Licenciado José Vasconcelos. No está identificado éste con la tradición revolucionaria. Pese a sus méritos personales y el prestigio continental de su figura, no logra conquistar a un electorado que sigue a los que representan a una Revolución que les ha dado libertad, tierras, sustento.

Ortiz Rubio inicia su Gobierno el 5 de febrero de 1930. El camino está despejado. Pero ahora falta coordinar técnicamente la acción del Estado para que su impulso renovador llegue a todos los ámbitos y actividades de la nación. Se necesita energía, orden, método. Ha llegado la hora de construir más allá del personalismo; de edificar con los materiales que acondicionara Obregón y cuya obra gruesa ha dejado lista a sus sucesores el general Calles, aun cuando no haya abandonado el recinto de la construcción. A la transformación jurídica y la transformación política debe suceder ahora la económica, es decir, la nueva repartición de la riqueza en forma que desaparezcan las antiguas explotaciones de unos sobre otros y la irritante desigualdad en clases sociales. Ahora viene la faena más dura de todas. La que derriba intereses seculares y tiene que transformarlo todo, comenzando por el régimen de producción, para lograr algún día aquella liberación total —económica y política— que soñaran Madero, Orozco, Zapata y Obregón.

Mas, el señor Ortiz Rubio ha permanecido demasiado tiempo fuera del país. Es un hombre cordial, llano, atractivo. Cautiva a sus oyentes y conquista amigos en todas partes. Pero es más diplomático que político, más conservador que revolucionario. Prestó en otro tiempo grandes servicios a la causa, como estudioso y técnico de problemas determinados. Por eso se le ha elegido. Pero no posee el alma de amianto que se necesita para soportar la alta temperatura que la sangre derramada ha impreso al Gobierno. Buen gobernante en cualquier otro país de vieja tradición política y democracia organizada, el ingeniero Ortiz Rubio no es el hombre, de acción y visión a la vez, que requiere en México la nueva etapa revolucionaria. Está dispuesto a ir contra Calles, pero no posee el temple necesario para ello. No representa ninguna superación revolucionaria. Incapaz, también, de plegarse al "callismo", no tardará en ser destruído.

Pronto el nuevo Presidente no se siente a sus anchas en este Palacio Nacional, tan distinto a una Embajada, que ahora parece una trinchera o un frente móvil de combate. Se esfuerza en seguir el tren de sus colaboradores inmediatos, y no lo logra. Estos, y el revolucionarismo mexicano todo, tampoco están contentos con este nuevo jefe que no posee la prudencia a la vez cauta y enérgica de Portes Gil, ni mucho menos la resolución y ejecutividad de Plutarco Elías

Calles, quien sigue pesando, más que nunca, sobre la vida política mexicana.

El divorcio absoluto no tarda en sobrevenir apenas se trata de intensificar la ya tradicional política agrarista. Malamente la secunda al comienzo el ingeniero Pascual Ortiz Rubio y luego —influenciado por su propio temperamento antes que por las sirenas que vuelven a emerger a la superficie— da un paso audaz, que significa, en el hecho, la nulificación de las leyes agrarias, la más preciada conquista de los trabajadores de México: lanza una "declaratoria" dando por terminada la repartición de tierras a los campesinos por concepto de dotaciones o restituciones de ejidos.

Comienza a encresparse nuevamente la superficie tranquila del país. Bien puede lanzarse, otra vez, algún plan como el de Ayala o el de Agua Prieta. El ingeniero Ortiz Rubio, acorralado en un callejón sin salida, toma entonces el único camino posible para un mandatario que ha perdido la confianza de sus gobernados, y apartándose de los núcleos o los programas que lo llevaron al poder: renuncia. Y lo hace el 3 de septiembre de 1932.

Otra vez parece producirse el problema, sempiterno, de la reelección. Pero no ocurre nada. Los últimos pronunciamientos militares tuvieron la virtud triple de sofrenar a reaccionarios, caudillos militares y contrarrevolucionarios de toda clase. Y la muerte de Obregón, como lo dijo Calles y lo demostró en su Presidencia Portes Gil, produjo como consecuencia la desaparición de los caudillos políticos menores.

La Revolución está lo suficientemente consolidada ya, tras doce años consecutivos de Gobierno, para elegir a cualquiera de sus militantes fogueados. Calles, que la representa, es aún demasiado poderoso. Será alguno de sus hombres el nuevo Jefe del Estado. Esta vez, dos días más tarde, la designación recae en el Ministro de Guerra, general Abelardo L. Rodríguez, que se ha distinguido como estadista en el Distrito Norte de la Baja California. Es un hombre joven, taciturno, ejecutivo, silenciosamente resuelto a todo. Tiene algo de la decisión gubernativa del general Calles, y, desde luego, una orientación revolucionaria clara, nítida, indemne a toda prueba. Hay en él una energía, un tesón casi mecánico. Es de los que parten hacia un sitio y llegan a él, aun cuando el camino esté sembrado de obstáculos infranqueables. Llegado casi de repente al Palacio Nacional, resulta siendo, como Portes Gil, un meritorio soldado del general Calles y el hombre que dejará acondicionada la construcción del edificio revolucionario para que la termine el nuevo arquitecto. Gobernará con el hombre inevitable de ese período de la Revolución.

Sin embargo, alto y hercúleo, tiene un tipo aristocrático y una cabeza delicada. Hay en su rostro decisión, pero una decisión imperceptible, subterránea, reveladora de todo lo que es capaz este carácter apenas se le pone a la tarea. Y cierta frialdad, también apenas perceptible, que envuelve como un halo toda la figura, no es sino el broquel con que escuda una fe revolucionaria, traducida siempre en actos y nunca en palabras.

Su labor es grande en sólo tres años. Intensifica la política económica de Calles a base de obras públicas, fomento de la producción, implacable equilibrio de los Presupuestos y respaldo creciente de la moneda. Desenvuelve el programa educacional hasta los límites posibles. En el año 1934 logra la edificación de dos mil escuelas. Mantiene hábilmente la paz interior, eludiendo todo conflicto y reforzando la situación, ya inmejorable, del país en el extranjero. Transforma el ejército, según el ideal de Calles y de Obregón, en una fuerza armada regular, ordenada, científica. Intensifica la política indigenista que, por medio de escuelas, concesión de tierras y vías de comunicación, está incorporando al indio a la nacionalidad.

Mas dedica todos sus mejores esfuerzos a tres aspectos principales, sobresalientes, que enaltecen su Gobierno.

El primero es la intensificación de la reforma agraria, hecha con actividad febril, como para recuperar el tiempo perdido en la incierta administración Ortiz Rubio. Reparte la tierra entre las comunidades campesinas e indígenas mediante la restitución de ejidos a los pueblos que fueron despojados de ellos o la dotación a los que no los poseían con anterioridad. En un solo año, 1932, logra distribuir 800,000 hectáreas, beneficiando a sesenta y cinco mil familias. Y no sólo tierra, sino también capitales, medios de explotación, útiles de labranza, selección de cultivos.

El segundo es el desarrollo del derecho industrial o legislación relacionada con los problemas del trabajo. El Presidente Rodríguez perfecciona la labor sindicalizadora de sus antecesores y logra colocar a las organizaciones obreras y campesinas en un excelente pie de trabajo. Es el adalid del seguro obligatorio, del salario mínimo, del contrato colectivo forzoso. Crea un Departamento del Trabajo. Codifica las disposiciones existentes. Organiza en forma definitiva las relaciones entre patrones y asalariados. Su mejor obra es el Primer Congreso de Derecho Industrial, que se reúne en México, en agosto de 1934, y en el cual cooperan representantes obreros, patronales y técnico-estatales en la planteación y solución de los problemas más importantes.

El tercer aspecto viene a ser político y económico a la vez: la adopción del Plan Sexenal como pauta de Gobierno en 1934. Durante todo el año, su política sigue fielmente el completo programa de Gobierno consultado para el primer año del plan. Es una labor de siembra y cimentación, perfectamente coordinada, que significa, ya, la construcción revolucionaria, uniforme y sistemática, única capaz de transformar las revoluciones en grandes movimienos constructivos de un nuevo orden político, social y económico.

El 1.o de diciembre de 1935, Abelardo L. Rodríguez, con su fina sonrisa, abandona el Palacio Nacional y deja a su sucesor, Lázaro Cárdenas, la prosecución de la tarea iniciada por él con acierto. Su Gobierno delínea, en definitiva, los trazos generales de una Revolución que sigue haciéndose desde el poder, permanentemente, hasta que se estructure en México la nueva sociedad anhelada por los humillados y ofendidos de tantos siglos.

Verdad es que, detrás de él, como de Portes Gil, asomó siempre el rostro voluntarioso del hasta hace poco llamado Jefe de la Revolución, del último caudillo que no podía resignarse a dejar de seguir gobernando desde su lujosa casa de Cuernavaca o cualquiera de sus ricas haciendas: Trinidad, Soledad de la Mota, Santa Bárbara, El Tambor.

Pero Rodríguez, al ser totalmente leal a Calles desde el poder, lo fué también a la Revolución, que todavía necesitaba del prestigio y la fuerza política del último hombre de Sonora. Sin embargo, hay ocasiones, no muchas, en que el mandatario provisional resiste virilmente las imposiciones, ora sonrientes, ora silenciosamente amenazadoras, del "Jefe de la Revolución". Este, buen táctico, las deja pasar. En nada amengua ello ni su prestigio ni su poder. Sabe que el pueblo sigue viendo en él, de buenas o malas ganas, al intérprete y realizador de la Revolución.

Pero esta vez su perspicacia yerra. En la resistencia de Rodríguez hay algo más que una cuestión de orden personal o administrativo. Es un síntoma, un augurio de lo que va a venir.

SEGUNDA PARTE

LOS PROBLEMAS

LA TIERRA

EL INCREIBLE LATIFUNDISMO MEXICANO

PARA el buen hombre de la calle, una Revolución como la mexicana, rica en tragedias, luchas intestinas y episodios patéticos, no puede ser sino la obra de un pueblo salvaje, anárquico, que ama el caos y desprecia la muerte. Lo espanta casi tanto como lo horrorizó la Revolución Rusa. Y aun cuando olvida que la Revolución Francesa, más sangrienta y bárbara que todas, fué la creadora del orden jurídico que hoy tanto lo satisface, no deja de creer que México es un país de bandoleros y desesperados, donde la vida humana vale menos que un comino, y la ferocidad y el odio ocasionaron una cruenta ola revolucionaria que aun perdura.

Pero aquel que tiene de la historia siquiera un

concepto general, sabe bien que son causas profundas las que rigen la evolución de los grupos humanos. Y en cada revolución busca, inmediatamente, los factores sociales o económicos que empujaron a un pueblo a tomar ese camino. No cae en la puerilidad de suponer que los grandes movimientos sociales se deban a razones de psicología individual o sentimentalidad colectiva, sino a procesos irremediables, cuya fermentación se ha venido produciendo a veces durante centenares de años. Para él, una Revolución como la mexicana o la rusa no puede ser un hecho aislado, grato o desagradable, digno de elogio o de condenación, sino un fenómeno que obedece a causas determinadas y produce efectos también determinados. Un hecho de gran volumen que no pudo haberse dejado de producir, aun cuando hubieran tratado de impedirlo todos los que, como el buen hombre de la calle, son gente cómoda, conformista, incapaz siquiera de analizar los fundamentos o la gestación del orden social que les place en tal manera.

El estudio más superficial de la historia mexicana arroja un hecho inmediato, característico de todas las etapas de la nacionalidad, que se repite sistemáticamente desde el imperio azteca hasta el régimen de Porfirio Díaz: la concentración de la tierra en pocas manos, esto es, el latifundio.

"La riqueza en México es la tierra, y la tierra está sumamente mal distribuída." Estas palabras de un gran estudioso (1) precisan de inmediato el problema esencial del país: la monstruosa repartición de la tierra, el increíble latifundio mexicano, tanto más grave cuanto que México es, en el sentido económico y social, una nación casi exclusivamente agrícola.

La estadística dice que el suelo cultivable asciende a 1.320,000 kilómetros cuadrados en una superficie total de 1.909,365 kilómetros cuadrados. Más de doce

---

(1) FERNANDO GONZÁLEZ ROA: *"Las cuestiones fundamentales de actualidad en México"*. — México, D. F., 1927.

millones de habitantes, en una población de casi dieciocho, viven trabajando las 110.800,920 hectáreas de terreno propiamente agrícola (un 56,4% del territorio nacional). En 1930, la población económicamente activa ascendía a 5.165,803 personas, de las cuales 3 millones 626 mil 728 (el 70,2%) estaban dedicadas a la explotación de la tierra.

No es raro, pues, que la causa originaria más inmediata, y a la vez más profunda, de la Revolución, haya sido, precisamente, el odioso régimen agrario imperante en el México de 1910, base de la organización social del país hasta ese entonces. "La historia de México —escribe Araquistáin— es una contienda milenaria por la conquista de la tierra."

¿Y cómo no serlo en un país esencialmente agrícola, donde el suelo, arrebatado a los antiguos poseedores, ha sido siempre el patrimonio de un puñado de señores feudales?

Cuatro centurias dura esa contienda, sorda siempre, que rezuma bajo el suelo de la historia mexicana y se muestra ora en la Conquista, la Colonia o la República, como el oculto agente provocador de todas las turbulencias y anarquías en que ha vivido permanentemente la nación. Hasta que al fin, en 1910, aflora a la superficie y toma la forma de una Revolución, cuyo objetivo primordial está ya, desde siglos antes, expresamente demarcado: la destrucción del latifundio y su reemplazo por un régimen de pequeña propiedad individual que lleve después, algún día, a la socialización de la tierra.

La Revolución es agraria antes que todo, y ello es causa de las proporciones, verdaderamente fabulosas, que alcanzó el latifundio en México. No hay ejemplo parecido en otros países. Los príncipes rusos del zarismo no llegaron nunca a poseer las extensiones de tierras de los grandes hacendados mexicanos. Los "zemintars" de la India Inglesa, los compañeros de Cecil Rhodes de Sud África, los *pioneers* del Far West americano, los colonizadores belgas o alemanes del Congo o el Camerún, tampoco pueden compararse a los terratenientes de México en cuanto a la superficie de sus tierras y al feudalismo económico y moral en ellas implantado.

Eliseo Réclus, el geógrafo célebre, dice: "Como medida de superficie una "hacienda" (mexicana) es una extensión de 88 kilómetros cuadrados, pero las hay en el Norte de la República que abarcan una extensión cien veces mayor, o sea, la superficie de uno de los grandes Departamentos de Francia" (1). Janet cree que "no se ha visto cosa semejante en ningún país del mundo" (2). Ambos tienen razón. El promedio de cada hacienda es de ochenta kilómetros cuadrados. Pero hay verdaderos monarcas agrarios, como el general Luis Terrazas, que posee en Chihuahua 6 millones de hectáreas, es decir, casi la misma extensión que todo el país de Costa Rica. En el Estado de Hidalgo, y hasta no hace muchos años, el Ferrocarril Central atravesaba 30 leguas, 135 kilómetros consecutivos, pertenecientes a José Escandón. Y no son casos aislados al terminar el régimen próspero de Don Porfirio. En el mismo Estado de Chihuahua hay otros latifundios: "Rancho Viejo", de la Compañía del Noroeste, con 1.997,514 hectáreas; el de la Mexican West Railway Co., con 988,757 hectáreas; la hacienda Babicora, propiedad de William R. Hearst, el magnate de la prensa mexicanófoba yanqui, con 507,000 hectáreas; el de la Palomas Land and Cattle Co., con 400,000 hectáreas; las estancias de Pedro Zuloaga, con 369,915 hectáreas en total, y la hacienda "Búfalo", con 333,333 hectáreas apenas.

Cierto es que Chihuahua es, en aquella época, el Estado en que está menos dividida la tierra. Pero todo el Estado de Morelos pertenece sólo a 32 hacendados. Y seis mil latifundios, pertenecientes a trescientos propietarios, suman 880.000 kilómetros cuadrados, la tercera parte del territorio nacional.

---

(1) Eliseo Réclus: *"Geografía universal"*.
(2) F. González Roa: *Ob. citada*.

En otros Estados ocurre también algo parecido. En la Baja California, la Compañía Mexicana de Terrenos y Colonización posee 2.010,535 hectáreas; The California Mexico Co., 786,782 hectáreas; la Colorado River Land Co., 325,364 hectáreas; la Sud Pacific Co., 218,000 hectáreas, y la hacienda de "El Boleo", 589,561 hectáreas. En el Estado de Coahuila, también en el Norte, Juan Castillón es dueño de 702,000 hectáreas en Sierra Mojada; y hay haciendas, como las de Piedras, Cerro Blanco y El Mosco, que alcanzan, respectivamente, 486,816, 466,114 y 317,170 hects. En Zacatecas, hacia el centro, se extienden estancias como la de Cedros, Sierra Hermosa, La Parada, San Tiburcio, El Mezquite, Gruñidora y La Honda, con superficies respectivas de 756,000; 630,000; 463,734; 328,300; 332,352; 189, 257; y 170,000 hectáreas. En San Luis Potosí, también en el centro, se cuentan latifundios como los de Sierra Hermosa, Huanamé, Peotillos, Cruces, Espíritu Santo y Angostura, con 500,000; 424,800; 196,266; 186 mil 945; 150,000 y 178,050 has. En Durango y Nayarit, hacia la costa occidental, existen también fundos como Santa Catalina del Alamo y Bayona-Nieblas, con 412 mil 477 y 150,000 hectáreas. Hacia la costa Norte del Golfo, en Tamaulipas, haciendas como las de San José, del Cojo, del Cojo Tangasenequia, Río Bravo y Sauteña, que comprenden, cada una, 315,900; 314,751; 306 mil 366; 245,758 y 221,164 hectáreas. En Guerrero, hacia el Sur, zona montañosa, existe también una propiedad, la de San Marcos, que mide 200,000 hectáreas. Y por último, hacia la costa Sur y Sureste del Golfo, en los Estados de Campeche, Veracruz y Yucatán, zonas de valiosos cultivos tropicales, no dejan de existir algunas "pequeñas" estancias como las de "The Land and Lumber Co"., Compañía de Terrenos de La Laguna, El Carmen y Crullo de Ancona, que abarcan, en su orden, 518,000; 242,363; 205,000 y 100,000 hectáreas.

Estas cifras explican, con elocuencia mayor que las del latifundismo moscovita, el porqué de una Revolución como la mexicana que, al igual que la rusa, significó, en primer término, la destrucción de un régimen agrario inaudito en dos países fundamentalmente agrícolas. El mujik ruso y el peón mexicano fueron en ambos casos el mejor soldado de la Revolución.

Pero hay una diferencia, y ella es grande. Sobre la voluntad de los boyardos rusos prevaleció siempre la del Zar y hubo casos en que ella significó, como en Nueva España, la lucha de la corona contra un latifundismo que socavaba en sus bases la tranquilidad social. Sobre la voluntad omnímoda del hacendado mexicano no hubo ninguna, ni la de la iglesia católica, que impidiera al señor de horca y cuchillo acaparar cuanta tierra quisiera apetecer. En 1906, bajo Nicolás II, el Ministro Stolypin inició en Rusia la reforma agraria creando una clase de pequeños propietarios. Fué el primer golpe grave a un latifundismo que tenía agobiado a un pueblo en el cual, sin embargo, cien millones de hombres siguieron careciendo de tierras frente a ciento treinta mil propietarios satisfechos.

La situación en México era infinitamente más grave en el sentido social. El pequeño propietario no existía. 15 millones de hombres no poseían un palmo de tierra, mientras once mil propietarios eran dueños de las dos terceras partes del suelo nacional. Pero entre ésos había 834 grandes terratenientes que acaparaban ellos solos 1.300,000 kilómetros cuadrados, casi los dos tercios justos del total del territorio mexicano. ¡A cada uno correspondía, por término medio, la modesta extensión de 1,500 kilómetros cuadrados de superficie agrícola en el idílico México de 1910!

¿Cómo pudo constituirse un latifundismo tan desmesurado en un país exclusivamente agrario? No hace falta ser historiador o economista para comprender que ello es la obra de la expoliación y la rapiña más indecibles, cometidas al amparo, como siempre ocurre, de la legislación, la justicia ordinaria y otros medios con que casi todas las sociedades humanas refrendan el triunfo del más fuerte.

La historia mexicana nos aclara el enigma.

En el Imperio Azteca la tierra pertenece al rey y, en seguida, a la casta sacerdotal, la casta noble y la casta guerrera. El escaso terreno que aun queda, el que fuera en el islote del lago Texcoco la única forma de dominio, continúa siendo propiedad comunal del pueblo azteca. El "calpulli" es la institución básica y el fundamento social de aquella que derivó pronto en una sociedad de privilegios. ¿Qué es el "calpulli"? Una extensión de tierra que se entrega en usufructo —pues pertenece al imperio— a una tribu o numeroso grupo familiar, cuyo jefe reparte en lotes la tierra entre sus miembros. Todos deben cultivarla y el que no lo haga durante dos años seguidos, pierde el lote. Los frutos se reparten en la colectividad. La posesión de cada lote se transmite de padres a hijos y, por extinción de la familia o abandono de cultivo, vuelve al "calpulli". Los pueblos aztecas gozan, también, de cierta cantidad de tierra que se considera propiedad comunal. Es una sabia organización agraria, sin duda. Pero pronto va siendo devorada por un latifundio creciente apenas el reino azteca comienza a convertirse en un pueblo imperialista.

La Conquista pone término a este estado de cosas. "Los conquistadores españoles destruyeron la organización de la propiedad indígena que permitía una vida tranquila a una población numerosa" (1). La tierra pasó a manos del rey por el mero derecho de conquista. Y también por la histórica Bula del Papa Alejandro VI (Rodrigo Borgia) "Noverint Universi", que adjudicó a los reyes católicos todas las "tierras nuevamente halladas o que se descubriesen en adelante al Occidente y Mediodía, tirando una línea del Polo Ártico al Antártico, distante de las islas Azores y Cabo Verde, 100 leguas al Poniente y Sur". El monarca entregó las tierras a los conquistadores en "repartimientos" que pronto derivaron en "encomiendas", en las cuales se ejer-

---

(1) F. González Roa: *Ob. citada.*

ció más bien un derecho de propiedad sobre los indios que sobre las tierras. Pronto nace el "mayorazgo" y, con ello, el latifundio. Las posesiones del Mariscal de Castilla, el Duque de Monteleone, el Marqués del Valle de Oaxaca (Hernán Cortés), los Condes de Santiago y de San Miguel de Aguayo, constituyen los más antiguos latifundios. Junto a los mayorazgos, y visto el fracaso de las encomiendas como medio de civilizar a los indios y adherirlos lealmente a la monarquía española, nacen las "mercedes de tierras" o entrega del suelo a peticionarios particulares que se comprometen a roturar los campos durante un cierto plazo. El rey se reserva los terrenos baldíos y, según el principio genérico del dominio agrícola, la tierra continúa siendo propiedad del monarca, que sólo la entrega en usufructo al concederla en forma de "encomiendas", "mayorazgos" o "mercedes". Continúa la Corona ejercitando, entonces, el derecho de reversión, característico de la época, por el cual las tierras vuelven a poder de la Corona en el momento en que ésta lo estima necesario para la colectividad colonial.

Sin embargo, el latifundio no tarda en constituirse con tal rapidez que pronto, en setenta años, la tierra se concentra casi exclusivamente en manos del clero y los descendientes de los mayorazgos y encomenderos. Los reyes y el Papado advierten, al mismo tiempo, el peligro social que entraña despojar a los indígenas de sus tierras. Ambos luchan contra el latifundismo de origen clerical. Pablo III y Clemente VIII lanzan Breves castigando con la excomunión "ipso facto incurrenda" al clero que privase a los indios de sus bienes y haciendas. Y coopera también, con entusiasmo, a la labor de los monarcas que, en uso al derecho de Real Patronato, reprimen con energía el peligroso enriquecimiento del clero: Carlos III, que, en 1767, hiciera expulsar a los jesuítas y enajenar sus bienes; Carlos IV, que ordenara enajenar, en 1798, los bienes de hospitales, hospicios, casas de misericordia, de reclusión, de expósitos, de cofradías, de obras pías y de Patronatos de Legos; la Regencia de Cádiz que, en 1813, en plena turbulencia napoleónica, nacionalizara los bienes de la Inquisición.

La Corona, que es esencialmente paternalista, lucha también, en defensa de los indios, contra el latifundismo absorbente y anarquizador. Quiere conservar a toda costa la antigua organización agraria de los aztecas. Y se inspira en las propias leyes españolas para establecer una especie de socialismo agrario que opone un límite a los ensanches del latifundismo. Crea entonces el "ejido", el "fundo legal" y el "propio" o propiedad comunal de los pueblos.

El "fundo legal", llamado entonces "traza de la población", está incluido, en el hecho, dentro del "ejido", pero viene a ser el núcleo urbano, el "casco" del pueblo formado por reducción de indígenas que da nacimiento al ejido. Consiste en 600 varas medidas hacia cada uno de los puntos cardinales. El "ejido", a su vez, consiste en una extensión de tierras, provistas de aguas, montes y un espacio para los ganados, que se concedió a los pueblos mexicanos para uso común y gratuito de sus habitantes. El ejido llegó a tener una superficie de 1.400.000 varas cuadradas y estaba separado de las propiedades españolas —mercedes o mayorazgos— por una distancia de 1,100 varas, "medidas desde los últimos linderos de casas del pueblo". Posteriormente, en 1713 se estableció que el "ejido" debía tener, fuera del casco del pueblo (constituído por tierras, aguas y monte), una longitud de una legua.

La antigua propiedad comunal de los pueblos aztecas fué conservada escrupulosamente con el nombre genérico de "propios" y aun, en forma de mercedes reales y compras posteriores de terreno, engrosaron considerablemente. Estas fueron las tierras llamadas también "parcialidades" o de "comunidad de indígenas".

Ejidos y propios eran dos formas de propiedad colectiva. Ambos eran inajenables e infraccionables. Se diferenciaban en que, mientras el primero era de usufructo individual para cada uno de los propietarios en común, el segundo era de propiedad y usufructos colectivos. El "fundo legal", a su vez y con mayor razón, era totalmente colectivo.

Mas, todo fué inútil. La ley del latifundio es crecer sin medida. Este continuó creciendo, con mengua, casi siempre, de las mismas formas de propiedad comunal. La lucha entre la Corona y los terratenientes, larga y encarnizada, duró toda la Colonia. Continuamente, y sin forma posterior de juicio, por simple reversión, las autoridades españolas retornaban a los pueblos sus ejidos o propios invadidos por las grandes haciendas. Frecuentemente, también, el rey hacía confiscar las propiedades del clero o las corporaciones religiosas. Pero nada pudo la acción de la Corona contra los formidables intereses coaligados en su contra. La astucia, la fuerza material o el plato de lentejas se sobrepusieron siempre a las reales pragmáticas. Y así no es de extrañar que el latifundio predomine casi exclusivamente a fines del siglo XVIII. Humboldt estima entonces que el clero posee las tres cuartas partes de la propiedad territorial, y Lucas Alamán, historiador célebre y primera figura del clericalismo republicano, afirma que la Iglesia es dueña de la mitad, a lo menos, de todos los bienes y riquezas del país.

APOGEO Y PROYECCIONES DEL LATIFUNDIO

La República ocasiona todo lo contrario que pudiera esperarse de su espíritu democrático. Acrecienta el feudalismo agrario mexicano hasta los extremos increíbles del porfirismo. Los primeros Gobiernos independientes tratan de repartir mejor la tierra, colonizar y poblar el país. Dictan leyes que benefician a los militares y patriotas activos de la Independencia y a los capitalistas nacionales o extranjeros que quisieran acogerse a las leyes de colonización. Lo primero significa la creación de una nueva clase de latifundistas y, la segunda, la pérdida futura del territorio nacional respectivo (el caso de Texas). Quieren también aquellos Gobiernos ser paternalistas. Y entregan tierras a las Diputaciones Provinciales para que sean distribuidas entre los habitantes desposeídos de suelos agrícolas.

Vano intento. Al igual que las Leyes de Indias, las nuevas leyes tampoco logran remediar el mal. Los indígenas no se enteran de las disposiciones que puedan serles pertinentes. El latifundio sigue creciendo. Pasa la tierra a ser el premio de la aventura guerrera afortunada. Desaparecida la Corona, la nación es ahora la propietaria del suelo y consagra el principio absoluto de la propiedad privada. Siguen existiendo formas colectivas del dominio agrario. Pero ya, en el hecho, desaparecido el principio de la reversión, se consolida el latifundismo colonial. Sólo la Iglesia y algunos escasos terratenientes son los propietarios del suelo al promediar el siglo XIX.

La revolución liberal tiende, desde 1833, a "desamortizar" los bienes de "manos muertas" y despedazar con ello la concentración de la tierra en manos del clero. Los hombres de la Reforma quieren convertir al arrendatario del clero en propietario. Aspiran a formar una clase media, compuesta de pequeños propietarios, capaz de formar el núcleo social de la futura sociedad, democrática y desfanatizada, con que ellos sueñan. La celebérrima Ley Trejo, de 1856, que desamortiza los bienes eclesiásticos y quiere transformar al clero en acreedor hipotecario en vez de señor feudal de la tierra, produce un resultado totalmente distinto al que se espera. Con la obligación de vender la tierra a los arrendatarios en el plazo de tres meses, sólo se consigue crear una nueva clase de latifundistas. Y cuando tres años después, en 1859, desde Veracruz, el gran Benito Juárez nacionaliza violentamente los bienes raíces pertenecientes a la Iglesia romana, termina de consumarse la catástrofe. Se arrojan al mercado, a vil precio, inmensas extensiones de suelo. Y si se arrebata al clero el arma de dominación política y económica que significa el dominio de la propiedad inmueble, sólo se obtiene, a fin de cuentas, la formación de una nueva casta de latifundistas, más ávida y rapaz que la anterior. Los indígenas no alcanzan a imponerse de lo que significan las leyes de desamortización y nacionalización. El pequeño agricultor, el campesino acomodado, el criollo de algunos recursos, se ven impedidos para adquirir las tierras, obsequiadas más que vendidas al primero que venga. La Iglesia amenaza con las penas del infierno al que se atreva a posesionarse del suelo que fuera suyo. Y unos cuantos aventureros, extranjeros en su mayoría, se apoderan de la tierra y constituyen, rápidamente, el desmesurado latifundismo que culmina en la era porfiriana. Es el origen de casi todos los grandes "ranchos" que asombrarán al mundo por su extensión y darán nacimiento a una casta social: el hacendado mexicano, bárbaro señor feudal, cuya expresión política es el porfirismo.

Pero este acelerado proceso de concentración de la tierra necesita, aún, llegar a su máximum. Y ello se produce en la época de Porfirio Díaz. El alza extraordinaria de los precios y la explotación de que se hace víctima al peonaje transforman en un negocio fabuloso a la que antes fuera una sencilla forma de vida. La tierra llega a valer en México más que en parte alguna del mundo, pese a su bajo rendimiento y a los métodos primitivos con que se la explota. Pero el negocio está, precisamente, en acaparar suelos e impedir que nadie los cultive. Así, controlando la producción, será mayor el beneficio espléndido que aseguran los salarios ínfimos y la esclavitud económica a que somete al peón la "tienda de raya".

Ello explica la multiplicación del latifundio en sólo treinta años. Al "Gran Elector" le basta contar con el apoyo de los grandes hacendados. Mientras menos sean éstos, mejor. Mientras más oprimidos estén el peón mestizo y el campesino indígena, mejor que mejor. Así no hay base alguna para levantamientos o inquietudes revolucionarias. Y como Don Porfirio quiere, sinceramente, colonizar el país, aumentar su población, atraer extranjeros, la oportunidad es maravillosa para los especuladores. Se dictan leyes que deslindan y mensuran los terrenos baldíos. Ellas adjudican —1875 y 1883— la tercera parte del suelo mensurado a las comisiones deslindadoras y a los denunciantes de terrenos baldíos. Aparecen entonces las célebres compañías deslindadoras, casi todas extranjeras, oculta o desembozadamente, que no sólo se apropian de los terrenos baldíos, sino que entran a saco en las tierras de propiedad colectiva. Ejidos, propios y a veces hasta fundos legales son invadidos por el nuevo terrateniente. Hay pueblos que tienen sus calles cerradas porque así le place al latifundista que reside en la capital o el extranjero. Los habitantes de Cuautla, la capital de Morelos, llegan a no poder transitar en su propio pueblo: algunas calles, que forman parte de terrenos baldíos adjudicados a las compañías, están cercadas y condenadas por el propietario.

Ocurren cosas increíbles. Hasta 1899, en sólo dieciséis años, 28 particulares (personas o compañías) deslindan para sí mismos 38.249,375 hectáreas. La Compañía Mexicana de Terrenos y Colonización obtiene una adjudicación de 5 millones 387,158 hectáreas que traspasa a la Compañía Mexicana Internacional Colonizadora de Hartford (Connecticut, EE. UU.). El Sr. Adolfo Bulle deslinda para sí 1.053,404 hectáreas. The Chartered of Lower California obtiene 1.496,057 hectáreas, por el precio de 100,000 pesos mexicanos, a lo largo de la costa oriental de Baja California, y en seguida la hipoteca en dos millones de dólares a la American Trust Company. Y en ese mismo Estado fronterizo, todavía hay quien, como The California Land Company Limited, se adueña de 2 millones 488,315 hectáreas. En el momento de caer el general Díaz, hay ya adjudicados terrenos "baldíos" que alcanzan en total a 72.335,907 hectáreas, la tercera parte del territorio nacional. Y la venta de todos esos suelos, que a la nación pertenecen como pertenecieron antes a la Corona, produce al Tesoro Federal sólo 7 millones de pesos en bonos del propio Estado.

Este es, en sus límites y en su historia, el latifundismo mexicano que tanto asombrara a estudiosos y viajeros. Pero necesitamos verlo también en sus proyecciones de todo orden para comprender que allí, en la ominosa repartición de la tierra, estaba la fuente de casi todos los males y trastornos de México.

Porque un latifundio tan desmesurado ocasiona siempre, como ocurrió en los Estados mexicanos, graves daños sociales, creciente desequilibrio económico, continuas turbulencias políticas y hasta serios peligros internacionales.

El latifundismo mexicano desarraigó de la tierra a la inmensa masa campesina de un país como México. Convirtió en parias ambulantes, en su propia patria, a los que fueran los antiguos dueños del suelo. Acabó de consumar, con el auxilio eficaz del alcohol y el catecismo, la degeneración del indio, que llegó al mismo nivel de esclavitud de los negros libertados por Abraham Lincoln. Son 834 señores feudales que tienen hasta derechos de vida y muerte (en 1910) sobre 3.130,400 peones, es decir, comprendiendo a las familias, sobre 10 millones de seres, cuya condición no se diferencia gran cosa de la suerte de los esclavos africanos.

El hacendado mexicano, representado casi siempre por su administrador, ocupa una casa que tanto puede ser fortaleza y ciudadela militar como casa habitación. Da a su peones el vestido, la casa y el sustento, es decir, algunos harapos, un techo de paja y el alimento indispensable para que la humana bestia de carga no muera de hambre. Los hacen azotar o azotan personalmente a la más leve falta. Los encarcelan durante semanas enteras en los calabozos especiales con que cuenta la casa del hacendado. Los tratan como no lo harían con sus animales. Y hasta pueden, mediante la "leva", enrolarlos a viva fuerza en las milicias rurales, castigo peor que la muerte para muchos de ellos. Usan también del medioeval derecho de pernada. Muchos son los casos de peones que murieron azotados o despedazados por los perros del amo, sin más delito que haber pretendido defender a su mujer, sus hijas o sus hermanas de las ansias del ranchero y sus amigos. Una sentencia judicial, de la era porfiriana, castiga con presidio perpetuo a un peón que cruzó la cara de su amo cuando éste quiso abusar de su esposa. La sentencia lo condenó porque "el peón no tenía honor". Tal era el concepto jurídico.

Los salarios raras veces suben de 4 pesos al mes. Oscilan entre 10 y 20 céntimos diarios. Rarísimos son los que alcanzan a ganar 75 céntimos al día y, sin embargo, con ese salario no puede un hombre, que represente una familia de tres personas, obtener las calorías necesarias para mantenerse en estado de absoluto reposo. Mas, los salarios no tienen importancia en su monto. Rara vez, o casi nunca, los pagan los hacendados. Tienen, para eso, la "tienda a rayas", que equivale a nuestra pulpería. El sistema es ingeniosísimo. El hacendado compra en la ciudad, casi siempre muy distante de la estancia, todas las provisiones y efectos que pueda necesitar el peonaje. Se las vende a precios exorbitantes y obtiene, en trabajo neto, una utilidad del mil o el dos mil por ciento. Los peones, naturalmente, no pueden pagar nunca. Entonces empeñan sus servicios. Y jamás basta una vida para pagar la deuda del mísero campesino. Está pignorado hasta más allá de la muerte. Sus hijos, y después sus nietos, se harán responsables del pago y estarán, igualmente, pignorados de por vida. Un pequeño crédito, un anticipo, que a veces consiste en una manta, un puñado de maíz o un frasco de aguardiente, son suficientes para que un hombre entregue su libertad, su vida y la de sus descendientes. Y no faltan casos, ocurridos en los Estados del Sureste, de peones vendidos como esclavos a las plantaciones de Cuba.

Todo esto no se opone, naturalmente, a que, según la Constitución de 1857, todo mexicano sea libre, ningún propietario pueda esclavizar por deudas a un jornalero, no herede un hijo las deudas de su padre y ni siquiera se pueda empeñar por un anticipo el porvenir de los menores. Pero las leyes se habían hecho en México, como en todo país del mundo, salvo Rusia, para que disfrute de ellas una pequeña clase dominante.

Pero el latifundismo no sólo causa males sociales irreparables al empujar a un pueblo entero a la miseria, la desnutrición fisiológica y la misma muerte. También origina desastres económicos irreparables. Los señores se desvinculan de la tierra y ésta cae en manos de administradores, mayordomos o capataces incultos y brutales. El peón emigra también de los campos. Y al ausentismo de amos y de siervos se alían la completa falta de toda técnica y directiva en los cultivos, la conveniencia de mantener la producción en un nivel que sostenga los precios y la improductividad de enormes extensiones de terreno. La agricultura decae así a extremos espantables. México ha sido siempre un productor de maíz, pero pronto necesita, entre 1900 y 1910, importar hasta veinte millones de pesos anuales del propio cereal nacional. La economía mexicana, falta de toda capacidad de consumo, se desequilibra cada vez más, y el brillo y hasta el lujo de las capas superiores de la colectividad no tienen otro origen que la venta del país al extranjero y otra consecuencia que el empobrecimiento general de la nación.

También el latifundismo es la causa originaria de los frecuentes trastornos políticos. Los terratenientes alientan a la casta militar; financian o inspiran, muchas veces, los golpes de Estado, que les aseguran una mayor impunidad. El peón, explotado y escarnecido, vive en estado de permanente inestabilidad. Es carne fácil de guerra y de aventura. A la vida mísera e irracional que vive prefiere, casi siempre, la muerte liberadora en el campo de batalla, luchando por algo que no entiende y sabe, confusamente, que no es lo suyo, la libertad que anhela desde hace siglos. En vez del látigo o el calabozo del patrón, la libertad aparente de la montonera, la muerte de cara al cielo y, a veces, el botín, el pillaje, la sangre que siempre exalta sus sentidos. ¿Cómo dudar entre una y otra vida? ¿Cómo no seguir al insurgente o al caudillo, al autor del último "Plan"?

Pues el caudillaje no tiene otro objeto que apoderarse del Gobierno, es decir, del poder político material que permite disfrutar de riquezas o de mando. A veces, es claro —Santa Anna, Paredes, Miramón—, ocasiona fricciones con las potencias extranjeras y hasta guerras desastrosas que desangran a la nacionalidad o merman considerablemente su territorio. Porque ésta viene a ser la última consecuencia del latifundio: el peligro internacional que siempre se cierne sobre México, expuesto a la codicia territorial del poderoso vecino del Norte o a las ansias imperialistas de las grandes potencias industriales. Las concesiones de tierras a extranjeros son la causa profunda y constante de los conflictos bélicos. Y nunca falta un Santa Anna que haga una expedición guerrera, un Miramón que se apodere de los fondos de una Legación, un Paredes que derroque al Gobierno en los momentos de iniciarse una negociación diplomática, un Porfirio Díaz que adjudique millones de hectáreas junto a la frontera, o un Victoriano Huerta que provoque a los petroleros y hacendados norteamericanos con la esperanza de desviar la atención de las masas hacia la guerra exterior. Nunca falta un caudillo militar o un jefe de banda que ponga fuego a la mecha cuya pólvora es el deseo de apoderarse de grandes extensiones de tierra o ricos yacimientos de petróleo, plata, cobre, hierro.

Y así es como México, que concedió imprudentemente tierras a los colonos norteamericanos en Texas, se ve envuelto en 1835 en una aventura militar que termina con la separación de toda la inmensa comarca tejana. Así es como, doce años más tarde (1847-49), en pleno período de caos, es arrastrado a una guerra con los Estados Unidos y pierde en definitiva Texas, Alta California y Nuevo México, es decir, 2.455,364 kilómetros cuadrados, el sesenta por ciento de su territorio de entonces. Así es también como, en 1862, se ve obligado a la agresión triple de Inglaterra, España y Francia y, en seguida, a soportar la ocupación de su territorio por las tropas francesas y la instauración de un Imperio austro-belga-francés en su propio suelo. Y así es también como, en 1914, Tampico y Veracruz caen en poder de los "marines" norteamericanos, y sólo la intervención de toda Sudamérica evita el protectorado yanqui sobre la zona petrolera.

Este es el último eslabón de la cadena. La intervención extranjera la provocan el caudillaje anárquico y la instalación de Gobiernos irresponsables. Los caudillos se apoyan en la miseria extrema del indio y el campesino. Esta se debe al bárbaro feudalismo agrario de los grandes duques mexicanos. Y éstos pueden mantener asfixiado al país en la órbita de sus intereses personales, porque así se los permite el concepto quiritario, absoluto, del derecho de propiedad.

Ilusorio resulta pensar que los hacendados puedan, graciosamente, "desamortizar" la tierra de que se apoderaron a la sombra de las leyes de deslinde, colonización, nacionalización y desamortización. No sólo no están dispuestos a entregarla a ningún precio, sino que tampoco permiten que otro la adquiera. Pueden éstos perfeccionar los primitivos métodos de cultivo, elevar al triple el rendimiento del suelo e intensificar la producción en consecuencia. Se arruinaría el brillante negocio que les permite residir en la capital o en Europa. La tierra mexicana es, en tiempos de Don Porfirio, la más cara del mundo. En El Bajío una hectárea no vale menos de 150 dólares; en Acámbaro, Guanajuato, 250 dólares; en Morelos, llega hasta 450 y 600 dólares; y en La Laguna, la mejor región agrícola, la hectárea vale hasta 1,400 pesos plata (700 dólares). Entretanto, en los Estados Unidos, en la comarca del Corn-Belt, el mejor terreno con riego y mejoras no llega a valer 120 dólares. En la República Argentina jamás pasa de 55,40 dólares una hectárea del mejor terreno, con maquinarias, edificios y hasta ganado. En el Canadá, y en iguales condiciones, una hectárea no alcanza, término medio, a un valor de 59,25 dólares.

Todo esto no significa, empero, que los rendimientos agrícolas vayan en proporción siquiera parecida al valor de la tierra. Por el contrario, México presenta, entre dieciséis naciones, los rendimientos más bajos por hectárea. En la República Argentina, con una población de medio habitante por cada hectárea cultivada, los rendimientos son cuatro veces superiores a los que se obtienen en México con una población de tres habitantes por hectárea cultivada.

Pero eso no importa al hacendado mexicano. Percibe un 58% anual sobre el capital invertido, a título de renta. Paga los salarios más bajos que se conocen, al mismo tiempo que obtiene los precios más elevados. Y generalmente, en vez de salarios, paga en especies, con lo cual esclaviza "per vitaem" a todos sus peones. Su situación es privilegiada. En otros países los salarios suben desde un 28 hasta un 133% en cincuenta años, y el valor de los productos baja en proporción de un 30 a un 60%. En México ocurre matemáticamente lo contrario. En Inglaterra, mientras los salarios suben en un 133%, la tonelada de trigo baja (1871-1910) de 60 a 26 dólares. En los Estados Unidos (1891-1910) la tonelada de trigo baja de 40 a 10 dólares. En México, en cambio, los salarios continúan teniendo un nivel máximo de 50 céntimos y un mínimum de 10, con el agravante de que la depreciación de la plata ha rebajado en la mitad su poder de compra. La tonelada de trigo, que en 1887 valía $ 34, sube en 1910 a $ 110. El maíz sube, en la misma época, de $ 22 a $ 60 la tonelada. La cebada, de $ 16 a $ 64. El frijol, de $ 13 a $ 21.

Así se explica que este latifundismo sea, a la vez, cimiento y coronación de la sociedad porfiriana. La fuerza del crédito, el poder de la justicia, la omnisciencia del poder político, todo está al servicio de este latifundismo sin ejemplo ni segundo. Sus usufructuadores, los hacendados, "dominan invariablemente a las clases proletarias, dándoles o quitándoles el maíz y empeñándolas, para un trabajo futuro, con aguardiente y con manta; las dominan por medio del cura, que predica la resignación en esta vida y el desquite en la otra, al mismo tiempo que come en la rica mesa del hacendado; las han dominado con el jefe político, que multa, apalea y consigna al ejército; las dominan por medio de contratos que, cuando se celebran, son siempre leoninos, pues, para conceder sus tierras en aparcería o arrendamiento, se procuran los terratenientes todas las ventajas imaginables" (1).

COMIENZA LA ODISEA AGRARIA

El latifundio es el enemigo, y contra él va la Revolución antes que nada. El grito de: "¡Libertad y tierras!", que recogiera Madero de labios de Zapata, Orozco, Soto y Gama y los Flores Magón, tiene una resonancia eléctrica en la sensibilidad dormida de millones de siervos. Basta para poner en movimiento a muchedumbres de desposeídos.

Si la Revolución no consigue destruir el latifundio o, por lo menos, transformarlo; si no consigue restituir sus tierras a los despojados de tres siglos; si no es capaz de pulverizar el predominio político y social del terrateniente; si no puede limitar el usufructo del suelo conforme a las necesidades de la colectividad; si no alcanza, en fin, a dotar a los siervos de una conciencia de

---
(1) F. GONZÁLEZ ROA: *Ob. citada*.

clase, altiva y revolucionaria, habrá sido en balde, y la sangre derramada corrido en vano.

No tarda en hacerlo. Una ley, la del 6 de enero de 1915, dictada en Veracruz en plena discordia civil, explota a manera de torpedo bajo la línea de flotación del latifundismo y hace volar en pedazos su casco y su armadura hasta entonces indestructibles.

La nueva Ley Agraria sí que será eficaz. Destruye y construye al mismo tiempo. Se nutre en el pasado para mirar al porvenir. Realiza la intención de los hombres de la Reforma. Hace justicia a los indios y campesinos despojados y, al mismo tiempo, echa las bases para el sistema que reemplace al latifundio cuando éste desaparezca por completo.

Tiene algo de pífano y arma de fuego. Atemoriza, dispara y hiere. Sabe dónde envía el golpe. Pues comienza por desconocer toda la inmensa rebatiña perpetrada a favor de las leyes de deslinde y mensuración. Los terrenos "baldíos" usurpados a los pueblos deberán volver a ellos. Y no sólo borra de una plumada todo el despojo del porfirismo, sino que va más lejos. Anula también todo lo realizado a favor de las leyes de 1856 y 1859, que quisieron instaurar un individualismo agrario enteramente inadecuado. Es revolucionaria en grado máximo, pues desconoce toda la propiedad agrícola, la casi totalidad, que deriva sus títulos del robo, el fraude y la violencia con que fueron arrebatadas las tierras comunales a sus propietarios.

Pero, al mismo tiempo, edifica inmediatamente, con materiales de siglos, sobre el castillo feudal volado a dinamitazos. Levanta, otra vez, las viejas formas de dominio agrario. Respeta el fundo legal y el propio. Exalta, como el núcleo del nuevo régimen agrario, el ejido, la tierra que es de uso común y gratuito de todos los habitantes de un pueblo. La propiedad agraria deja de estar en manos de particulares y vuelve a la nación, la única propietaria, la que la entrega a los propios trabajadores de la tierra, sin más condición que cultivarla y hacerla producir.

La Revolución sabe que no es posible la socialización inmediata de la tierra y su entrega a campesinos que no saben ni pueden cultivarla, ni mucho menos hacerlo con un sentido colectivo general, para entregar sus frutos al Estado socialista. Y sabe también que tampoco puede transformar en propietarios individuales a indígenas que no serán capaces de conservar el pedazo de tierra otorgado. El latifundio terminará —mediante el crédito o la hipoteca— por devorarlos de nuevo.

Y encuentra la solución en el pasado colonial y la tradición precortesiana. Entrega a los pueblos despojados toda la tierra que les fué quitada. Y no sólo restituye sus ejidos a los que los perdieron, sino que dota de nuevos ejidos a todos los pueblos que existan en el país. Esta forma de propiedad colectiva, inalienable e infraccionable, permite, de inmediato, el cultivo de la tierra y el desarrollo de la producción. Es una etapa forzosa para llegar a entregar la tierra individualmente al campesino, cuando esté ya capacitado para defenderla y pueda, mirando al porvenir, comenzar a asociarse en cooperativas de producción y explotar el suelo con todos los adelantos de la técnica.

Después, muy a lo lejos, se divisa el último peldaño: la explotación colectiva de la tierra por el Estado; pero eso está distante y, entretanto, lo que urge es deshacer el predominio del latifundio y restituir al campesinado las tierras que le fueran arrebatadas con malas artes jurídicas.

Claro es que la nueva ley, con ser radicalísima y afectar, al mismo tiempo, a toda la propiedad existente y aun hasta el dominio del subsuelo, no es, ni con mucho, perfecta y eficaz. En 1916 hay que reformarla. Y como sólo ahora ha sido dominada la contrarrevolución, ya es posible, comienzos de 1917, establecer en definitiva el nuevo concepto de la propiedad agraria. ¿Y qué mejor oportunidad para establecerlo en la nueva Carta Fundamental, la que regirá, de ahora en adelante, la vida institucional del país?

Es lo que hacen los convencionales de Querétaro. El artículo 27 corrobora y condensa a la vez la ley de 6 de enero de 1915 y sus reformas posteriores. Es la consagración definitiva de la propiedad comunal y la restitución a la nación de todo cuanto —extranjeros, religiosos o mexicanos rapaces— le habían arrebatado en los años de la Reforma y el porfirismo. Si la Ley Agraria fué, al mismo tiempo, torpedo y tambor de guerra, el artículo 27 es como una arenga dicha a los revolucionarios agraristas en el momento en que, terminada la lucha armada, era preciso iniciar la lucha, interminable y llena de vicisitudes, contra el antiguo señor de la tierra.

El artículo 27 no deja lugar a dudas. Reconoce la propiedad privada, pero establece el origen de ella, la que fué en un principio y sigue siendo de la nación, única que puede transmitirla a los particulares. Establece que la nación podrá imponer a la propiedad las restricciones y modalidades que aconseje el interés general, así como también, mediante el buen aprovechamiento de los recursos naturales, la equitativa distribución de la riqueza. Decreta la limitación de los latifundios, mediante su fraccionamiento inmediato. Reivindica las tierras, bosques y aguas adjudicados por la Ley Trejo, de 25 de junio de 1856, y las declara afectas a la Ley Agraria, de 1915, que estableció el ejido obligatorio. Concede a las nuevas poblaciones tierras que, por concepto de dotación ejidal, debe proporcionarles la nación. Revisa y anula, en los casos de abuso o atropello, todos los contratos y concesiones otorgados desde 1876, que entregaron a una sola persona o entidad una extensión determinada de tierra. Niega a los extranjeros la capacidad de adquirir tierras, salvo caso que lo hagan renunciando previamente al derecho de reclamar ante sus respectivos países. Les impide poseer tierras a menos de 100 kilómetros de las fronteras y 50 de las costas. Restringe a las personas llamadas "morales" —congregaciones religiosas, instituciones de beneficencia o sociedades anónimas— la capacidad de adquirir tierras en el país. Y, por último, otorga el derecho de propiedad comunal a los "conrueñazgos, pueblos, rancherías, congregaciones, tribus y demás corporaciones de población que, de hecho y por derecho, guarden estado comunal", a la vez que protege el establecimiento del patrimonio familiar.

El artículo 27 dará margen, después, a numerosas leyes reglamentarias y a disposiciones legales que se corrigen unas a otras. Pero lo esencial, en el terreno jurídico, está hecho. Subsiste la propiedad privada, pero sujeta a toda clase de limitaciones. Junto a ella se alza la propiedad colectiva, que asegura la radicación del elemento indígena y del campesinado. El ejido, inalienable e infraccionable, será el núcleo agrario constitutivo del nuevo régimen. Ni el clero, ni las sociedades anónimas, ni ninguno de los antiguos especuladores mercantiles podrá adquirir tierras libremente. El latifundio será deshecho y se le fijará un límite. Y hasta el último peligro, la concesión de suelo a los extranjeros, estará sometido a restricciones que salvan la independencia y la dignidad nacionales. Todo esto sin mencionar el aspecto esencial de justicia inmediata —reivindicación y rescate de las antiguas tierras comunales con que arrasaron las leyes de 1856, 1859, 1875 y 1883—, que asegura a indígenas y campesinos la restitución de la antigua tierra de sus mayores.

No es, ciertamente, el socialismo con que soñaron algunos de los revolucionarios. No es tampoco el agrarismo total, extremista, de Emiliano Zapata y los suyos. Pero ya es la defensa de la nacionalidad, la destrucción del latifundio secular, la limitación al poder económico-político del clero, el control del Estado sobre el capitalista extranjero y, por último, la estabilización de la sociedad mexicana sobre una base que prepare el advenimiento de un régimen definitivo de justicia social y prosperidad colectivas. No es marxismo, pero tampoco es individualismo desenfrenado. No es la entrega de la tierra a los campesinos que hicieran los soviets un año después, pero sí, en cierto modo, el régimen agrario que incluyera en la Nep el genio realista de Lenin. Y si no es la socialización inmediata y absoluta de la tierra, viene sí a ser un régimen agrario más adelantado que el de países como Rumania, Polonia, Checoeslovaquia, Alemania y hasta la Inglaterra de Lloyd George, que legislaron contra el latifundio. Después de los rusos, que pararon al final en los sovkhozes y los kolkhozes, la explotación individual y colectiva de la tierra, los legisladores revolucionarios de Querétaro son los que han ido más allá en cuanto a concepto de la propiedad.

Distan, es cierto, del socialismo teórico, que aspira a concentrar la tierra en las menos manos posibles a fin de entregar su explotación al Estado en nombre de toda la colectividad. Quieren crear el mayor número de propietarios y establecer, con ello, una democracia agraria, parecida a la que, según el profesor Simón Sagorsky, de la Universidad de Leningrado, vino a substituir en Rusia a las primeras aplicaciones integrales del marxismo a la tierra.

Pero los conductores de México encontrarán aún más dificultades que los de Rusia en su camino. Más difícil y lento les será ir constituyendo esta nueva democracia agraria sobre los escombros, aun humeantes, de un latifundio feudal que se defiende de mil maneras y se introduce a veces dentro de la misma Revolución para combatirla.

Francisco Nitti decía en 1918: "El comunismo ruso no tardará en desaparecer para dejar paso a una democracia socialista agraria". Es, muy cerca, el caso de México. La democracia agraria mexicana, de cepa y orientación revolucionarias, se apoya en principios socialistas para poseer la tierra, pero aun las formas políticas del Estado y las formas económicas de la producción distan mucho de inspirarse en principios socialistas. Mas, los revolucionarios mexicanos, que jamás quisieron ser comunistas rusos, y que son hijos de su experiencia, de su sangre y su dolor, han estructurado, sin embargo, una democracia agraria que se está tiñendo cada vez más del profundo color que dormía en el fondo del torrente revolucionario: el socialismo.

EL EJIDO O EL CAMPESINO

La Constitución de 1917 restituye sus ejidos a algunos pueblos y dota de ellos a los que no los tenían. Pero es un ejido diferente al ejido colonial. Aquél concedía a perpetuidad la propiedad común. Este lo hace temporalmente, mientras se constituye la pequeña propiedad individual. Es el dominio colectivo transitorio que prepara al indígena para ser propietario y después miembro de una colectividad agrícola. Así se le da medios económicos y sociales para defender su terreno del latifundismo no vencido del todo y se le hace comprender una forma de propiedad apenas sentida por el campesino, que lleva el comunismo en las venas.

Las tierras ejidales son inalienables mientras permanezcan indivisas y también lo son los lotes individuales en que puede dividirse al cabo de cierto tiempo. Si los pueblos o los individuos repudian o abandonan un terreno determinado, él vuelve al Estado, es decir, a la nación, única poseedora en absoluta propiedad, y no cae en manos de ningún negociante o acaparador de tierras.

Y no sólo se evita así un nuevo latifundio, sino que se deshace el existente mediante la fijación máxima de sus límites. Sólo se exceptúan de expropiación todos aquellos predios que tengan títulos perfectamente legales y no excedan de 50 hectáreas. Pero pronto comprenden los legisladores mexicanos que, junto a la propiedad pequeña, puede y hasta debe existir una propiedad mayor, que responda a un régimen agrícola extensivo y probadamente beneficioso. En tal caso puede autorizarse, en terrenos de "temporal", hasta un máximo de 500 hectáreas, aun cuando en los terrenos de riego o "humedad" el límite no exceda de 50 hectáreas.

Mas, si es indispensable limitar la gran propiedad que mañana puede transformarse en latifundio, también es preciso evitar el peligro contrario: que el ejido, falto de todo control, ansioso de tierras y más tierras, devenga a su vez en latifundio o, por lo menos, mantenga improductivas grandes extensiones de suelo. Y así, en 1922, es preciso establecer la extensión ejidal que corresponde a cada pueblo, tomando como base que a cada individuo cabeza de familia o mayor de dieciocho años corresponde, según la calidad del terreno, entre tres y ocho hectáreas de terreno.

La Revolución necesita acabar con el latifundio por razones de conveniencia y defensa nacional, tanto sociales como económicas. No lo ataca porque sea una forma de propiedad privada. Y por eso no lo confisca ni lo expropia sin retribución alguna. Al contrario, y desde el comienzo, desde la Ley de 6 de enero de 1915, se reconoce la indemnización a los propietarios. Claro es que ella no iba a ser en dinero, pues todo el oro de México no habría podido pagar su tierra si se propusiera a los propietarios, gentil y versallescamente, que hicieran el servicio de enajenarla al Estado. No. Pero en 1920, época en que comienza verdaderamente, bajo Obregón, a hacerse la reforma agraria, se dicta una ley que crea la Deuda Pública Agraria, destinada a indemnizar a los propietarios de tierras fraccionadas. Son mil millones de pesos en bonos redimibles a veinte años plazo y con un interés anual del 5 por ciento. Como esos bonos se admiten en pago de impuestos, contribuciones y otras formas de tributación, la indemnización tiene el mismo valor que el metálico.

El "modus operandi" para la restitución o dotación del ejido es relativamente sencillo. Los pueblos interesados elevan una solicitud al Gobernador del Estado y éste la pone en conocimiento de la Comisión Local Agraria, nombrada especialmente para resolver en cada Estado la procedencia o factibilidad de la restitución o la dotación. Si la Comisión Local Agraria autoriza la operación, entran a funcionar los organismos técnicos (Comités Particulares Ejecutivos), que se encargan de mensurar, deslindar y hacer entrega, provisionalmente, de la tierra. Los títulos definitivos sólo pueden ser otorgados por el Presidente de la República y después de escuchado el dictamen del organismo superior: la Comisión Nacional Agraria.

Pero no es difícil adivinar que la ley primitiva, dificilísima de llevar a la práctica, hubo de ser reformada una y otra vez. Los defectos de tramitación que evidenció fueron solucionados, sucesivamente, en leyes aclaratorias y complementarias de 1916, 1920, 1921, 1922, 1925 y 1927. Así se llegó, simplificando notablemente las tramitaciones, a declarar comunal la propiedad y el uso de los bosques y las aguas del ejido, pero individual la propiedad de la tierra entre los ejidatarios. Cada uno recibe una parcela inalienable que puede legar a su familia o, si lo quiere, a un nuevo ejidatario. Pero la administración superior de todo ejido está en manos de comisarios elegidos anualmente por mayoría de votos entre los parceleros, que tienen a su cargo la representación de los derechos colectivos y proposición de la forma en que serán divididas y adjudicadas las tierras de cultivo, como también la manera de usufructuar en común de las aguas, los pastos y los bosques comunales.

Como se ve, el régimen agrario vigente en México "es una mezcla ecléctica de comunismo e individualismo" (1).

Pero el nuevo Estado mexicano, nacido de la Revolución, no podía limitarse a entregar a los indígenas y demás campesinos un mero pedazo de tierra. Tenía que darles los medios de cultivarlo y hacerlo producir intensivamente. Como la propiedad, originariamente, sigue siendo de la nación, ésta necesita que sean los más capaces los que trabajen la tierra. Pero no puede

---
(1) LUIS ARAQUISTÁIN: *Ob. citada.*

haber capacidad alguna si los ejidatarios carecen de capital suficiente para no malvender sus cosechas o soportar los malos años agrícolas, de instrumentos y útiles de labranza y recolección, de agua suficiente para el riego y hasta de los conocimientos técnicos necesarios para aplicar los adelantos de la técnica a sus respectivas explotaciones.

Todo ha sido previsto y solucionado en buena parte.

No era de esperar que los Bancos comerciales, iguales en México que los de todo el mundo, concedieran a los indígenas y ex peones un crédito siquiera parecido al que otorgaron generalmente veinte años antes a los señores feudales de la tierra. El Estado se resolvió a crear un doble sistema de crédito agrícola, colocado al alcance de los interesados. Por un lado, actuando en cada Estado, los pequeños Bancos Ejidales, encargados cada uno de proporcionar crédito a los ejidos de su jurisdicción. Y, por otro, el Banco Nacional de Crédito Agrícola, institución crediticia estatal, apoyado en el Banco de México (Banco Central) y destinado exclusivamente a desarrollar en todo el país la economía rural. Los Bancos Ejidales, de reducida cuantía, prestaron más de un millón de pesos en sólo dos años. El Banco Nacional, poseedor de un capital de cincuenta millones de pesos, adoptó un inteligente sistema para distribuir el crédito. No prestó a los individuos aislados. Consideró, con razón, que el indígena no estaba en condiciones de contraer obligación alguna de esa especie. La falta de cultura y medios de comunicación, a veces hasta el desconocimiento mismo del castellano, no hacían empresa fácil el otorgamiento del crédito agrario a los ejidos. Pero nuevamente se encontró la solución colectivista: organización de los ejidos en Sociedades Locales de Crédito Agrícola. Así, en vez de numerosas operaciones individuales, se hicieron pocos y considerables préstamos colectivos a entidades que agrupaban a cien o más ejidatarios, solidarios todos, en común, de la obligación bancaria. Así se simplificó extraordinariamente el procedimiento y, a la vez, se aseguró su absoluta eficacia. La misma sociedad deudora se encargaba de fiscalizarse a sí misma en el cumplimiento del compromiso financiero. Y no tardaron en verse los frutos. En sólo un año, el primero de su funcionamiento, marzo de 1926, marzo de 1927, el Banco Nacional de Crédito Agrícola prestó 2.026,072 pesos a 197 sociedades locales de Crédito Agrícola, de las 378 que se organizaron el primer año con un total de 17,010 asociados. Y no se registró un solo incumplimiento o una sola insolvencia.

Si lo primordial fué la entrega de la tierra y, en seguida, la entrega de capitales para su explotación, fué necesario, también en el Gobierno del Presidente Calles, trazar un programa de irrigación, a base de la construcción escalonada de represas, canales y otras obras de riego. El proyecto total se desarrollará en veinte años y tendrá un costo global de mil millones de pesos, aportados por la Federación y por los Estados interesados. Se comenzó, en la Administración Calles, por construir, en Coahuila, Nuevo León, Aguas Calientes, Michoacán y Tamaulipas, las represas "Don Martín", "Presidente Calles", "Tepuxtepec", "Yuriria" y "Río Mante", con un valor total de 47 millones de pesos.

Todavía necesitaba algo más el antiguo indígena expoliado: instrucción agrícola, conocimiento de otros métodos de cultivo, uso de la maquinaria moderna. Para eso se establecieron Escuelas Centrales Agrícolas, dotadas de un equipo mecánico completo y un cuerpo de agrónomos especializados. A ellas comenzaron a afluir, desde los ejidos más lejanos, numerosos indios, que recibieron durante un tiempo instrucción agrícola y tornaron después a sus ranchos deseosos de trabajar la tierra más rápida e intensivamente. Hasta 1929, las Escuelas Centrales Agrícolas más importantes eran "Tenería", en México; "Champuzco", en Puebla; "La Huerta", en Michoacán; "El Mexco", en Hidalgo; "Rosa", en Guanajuato; "Santa Lucía", en Durango, y "Salices", en Chihuahua.

Tierras, capitales, aguas, conocimientos: he ahí la obra de la Revolución para atender al sustento y la prosperidad de las grandes masas campesinas. Pero, ¡a costa de cuántos sacrificios! Nada fué bastante. Ninguna odisea más larga y a veces más dramática que ésta de la repartición de la tierra entre el antiguo peonaje esclavizado. Los obstáculos se agigantaron por todos lados. Ya la ignorancia, o la pereza, o el alcoholismo de los futuros ejidatarios. Ya la desidia o la venalidad de los funcionarios encargados de restituir y dotar de ejidos a los pueblos. Ya las mil argucias del terrateniente, desde el que despide a los trabajadores que solicitan ejidos, o les destruye sus siembras, o les mata su ganado o hace matar a los líderes campesinos de cada pequeño grupo de ejidatarios. Miles de tragedias ignoradas en el fondo de las selvas y la soledad de los campos. Formidable peso de toda una clase privilegiada que no omite recurso alguno —desde el soborno hasta el asesinato— para impedir el fraccionamiento de las tierras que ella misma no quiere cultivar.

Pero todos los obstáculos han ido siendo vencidos a fuerza de paciencia, de método, de organización creciente. En 1926, después de diez años de reforma y sólo seis de aplicación efectiva de la ley de 1915, se habían repartido ya, en definitiva, 3.158,875 hectáreas y avecindado en ellas a 300,000 familias. ¡Apenas el 1,8% del total del territorio y el 10% del campesinado! Pero en aquella misma fecha se han concedido, provisionalmente, 2.525,849 hectáreas, y ya tres años más tarde, en 1929, se ha entregado, en definitiva, a 3,000 pueblos, ejidos que alcanzan a 6.345,400 hectáreas. Esa cifra va siempre en crescendo. A fines de 1932 ha subido a 7.000,000 de hectáreas y el número de familias avecindadas en ellas a 700,000. La primera cifra representa una superficie que alcanza al 3,5% del área total del país y al 8% de las tierras cultivadas. La segunda significa que una quinta parte de la población agrícola posee ya suelos propios. Y el valor total de las tierras entregadas hasta ese momento asciende a 350.000,000 de pesos mexicanos, es decir, $ 2,450.000,000.00 de nuestra moneda actual.

Mas el proceso de transformación del régimen agrario va cada vez en mayor crescendo. El Presidente Rodríguez entregó en 1932 a los campesinos 800,000 hectáreas, que beneficiaron a 65,000 familias campesinas. Y siguiendo, en forma progresiva, aquel tren de actividad, se ha llegado ya a un total de tierras entregadas que debe haber pasado de 12 millones de hectáreas en una superficie total de 196 millones 230,000 hectáreas, es decir, una proporción de 6,1% sobre toda la extensión que comprende el territorio.

La situación de los ejidos era, a fines de 1933, satisfactoria. Un total de 6,439 ejidos restituídos o dotados a los pueblos, cuya extensión alcanza a 10.947,426 hectáreas, es decir, el 5,5% del total territorial y el 9,54% del total de los suelos agrícolas nacionales. La población ejidataria avecindada en ellos alcanzó a 983,726 familias, es decir, un 27% más o menos de la población agrícola total.

Estas cifras agrupan los totales estadísticos de los ejidos definitivos y los de dotación provisional: 4,055 con 7.604,880 hectáreas y 742,315 familias, los primeros; y 2,384 con 3.343,546 hectáreas y 241,411 familias los segundos. Hasta aquella fecha, diciembre de 1933, los ejidos provisionales eran concedidos por los Gobiernos estaduales, y los títulos definitivos, por el Ejecutivo nacional. Hoy día, según el nuevo Código Agrario, y las prescripciones del Plan Sexenal comenzado a aplicar en 1934, ya no se hace el distingo entre ejidos provisionales y definitivos, pues todos se consideran como definitivos, aun cuando, por indicación del Departamento Agrario recién creado, puedan rescindirse los títulos en caso de reclamación fundada.

Hasta 1933 las condiciones para ser ejidatario (miembro de un ejido o agrupación comunal agrícola) y recibir, en consecuencia, una parcela individual dentro del terreno comunal, eran las siguientes: ser mexicano; residir a lo menos seis meses en el poblado solicitante; tener como ocupación habitual la explotación de la tierra con su esfuerzo personal; no poseer a nombre propio títulos de dominio sobre terrenos iguales o mayores que la parcela y, por último, no contar con un capital —industrial o comercial— mayor de 2,500 pesos. Al decir "mexicanos", se comprende a ambos sexos: hombres mayores de 16 años si solteros, y de cualquiera edad si casados; y mujeres solteras o viudas, siempre que tengan familia a su cargo.

Pueden ser afectadas para restitución o dotación de ejidos todas las tierras agrícolas (110.800,920 hectáreas en todo el país), que se dividen en México en tierras de labor (14,5 millones de has.), bosques o superficies forestales (25,9 millones de has.), pastos en cerros o llanuras (66,5 millones de has.) y tierras incultas productivas (3,9 millones de has.). Pero sólo están afectas a parcelación ejidal, usufructo individual de la tierra dentro del ejido o terreno colectivo, las tierras de labor, y, más en especial, sus subdivisiones en tierras de temporal (11,5 millones de has.), tierras de riego (1,7 millones de has.), tierras de jugo o humedad (1,3 millones de has.) y tierras de árboles y arbustos frutales (39,181 hectáreas). En cambio, las tierras forestales, de pastos e incultas productivas, sólo pueden otorgarse al ejido para cultivo y usufructo colectivo de las maderas, forrajes, etc.

Interesa anotar algunos datos correspondientes a 1930, que muestran la importancia todavía pequeña del ejido en relación a las cosechas, la producción y el valor de los productos. Aquel año, los ejidos definitivos y provisionales alcanzaron a 8.308,749 hectáreas, de las cuales 1.940,468 comprendían tierras de labor, en la siguiente proporción: 218,818 hectáreas de riego (terreno irrigado) entre 1.677,110 has.; 91,187 hectáreas de jugo o humedad (terrenos con aguas propias) entre 1.304,238 has.; 1.627,863 hectáreas de temporal (terrenos sujetos a lluvias periódicas) entre 11.497,170 has.; y 3,000 hectáreas entre las 39,181 has. dedicadas a huertos frutícolas. La superficie ejidal cultivada en las tierras de labor alcanzó a 1.112,869 hectáreas en 7.184,533 has.; y la superficie cosechada a 813,710 hectáreas entre 5.810,881 has.

Hasta aquel año, los cinco Estados en que se extendió más el ejido fueron Chihuahua (1.148,469 has.), Yucatán (909,798 has.), San Luis Potosí (811,766 has.), Durango (640,184 has.) y Zacatecas (603,127 has.). Y los cinco en que se extendió menos fueron Quintana Roo (8,485 has.), Colima (15,901 has.), Baja California, distrito Sur (16,734 has.), Tabasco (17,468 has.) y Distrito Federal (21,268 has.).

En la producción de maíz de 1929-1930, que alcanzó a 1.990,862 toneladas con un valor total de 147 millones 47,615 mexicanos, los ejidos produjeron ellos solos 438,072 toneladas (17%), con un valor de $ 25 millones 398,751, 16%, sobre el producido total. La producción de trigo alcanzó a 278.040,951 kilogramos con un valor de $ 31.201,929 y en ella figuran los ejidos con una producción de 25.637,637 kilogramos y un valor de $ 2.891,599. En la producción de frijol, ascendente a 87.940,300 kilogramos, los ejidos se anotan un total de 12.955,264 kilogramos, cuyo valor ascendió a $ 1.847,970. La producción de azúcar ascendió a 3,629.445,624 kilogramos con un valor de $ 31 millones 845,119, y en ella los ejidos aparecen con 315.361,441 y $ 2.597,697. La de algodón ascendió a 54.279,100 kilogramos con un valor de $ 43.318,062, y en ambas cifras los ejidos están comprendidos con 1 millón 578,511 kilogramos y $ 1.205,118. En la de café, que sumó 37.902,564 kilogramos y un valor de 21 millones 3,467 pesos, los ejidos contribuyen con 3.106,564 kilogramos y $ 1.621,893. En la de arroz, cuyo total llegó a 68.320,322 kilogramos, los ejidos aportaron 23.291,459 kilogramos con un valor de $ 1.910,511, igual a un 27% del total. Y, por último, en la producción de alfalfa, que integró 1,108.345,436 kilogramos con un valor de $ 16.883,765, los ejidos sólo produjeron 20.690,270 kilogramos con un valor de $ 256,053, lo que se explica por ser cultivo extensivo.

Estos datos estadísticos prueban que aun el fraccionamiento de tierras es escaso en México. Pero demuestran a la vez que la forma y la progresión en que se están constituyendo los ejidos aseguran el éxito de la política agraria seguida por la Revolución en sus dos paralelos y grandes objetivos: ir destruyendo metódicamente el latifundio y reemplazándolo por la antigua forma de propiedad comunal que mejor arraiga al indígena a la tierra y lo hace ser cada vez más, como lo demuestran los índices de cultivos y producción, un agricultor consciente de su papel económico y social.

La proporción total de tierras fraccionadas por concepto ejidal es, aparentemente, pequeña. Un 5,5% de la extensión territorial toda y un 9,54% de la superficie agrícola total no son, ciertamente, cifras que alarmen ni entusiasmen a nadie. Los revolucionarios mexicanos no están contentos con ellas, aun cuando la población campesina arraigada en esas 10.947,426 hectáreas, 983,726 familias ejiditarias, signifique el 27% de la población agrícola total. Pero esta última cifra nos demuestra que, al cabo de cierto tiempo, ya toda esa población estará domiciliada en la tierra e interesada personalmente en su mejor cultivo y mayor producción. Con lo cual queda inmediatamente de manifiesto que, en un país de población escasa como México, no existe la población suficiente para subdividir la tierra en la proporción seguida hasta ahora en el otorgamiento de ejidos. Es probable que no se llegue a la mitad del actual suelo agrícola cuando ya esté ubicada la totalidad de la población campesina. Subsistirá, entonces, un 50% o más de la tierra afecta al régimen de propiedad privada.

¿Significa ello un fracaso de la Revolución? En absoluto. Cuando las condiciones de la vida campesina sean mejores que las actuales de la ciudad, retornará al campo, sin duda, el fuerte porcentaje de antigua población agraria que se transformó en urbana. Afluirá también a los campos que el Estado otorga a los trabajadores el numeroso contingente de mexicanos que emigraron al extranjero y ahora están regresando al país, atraídos por las colonias agrícolas especiales para ellos que consulta el Plan Sexenal y se han comenzado ya a instalar, con éxito franco, en el último año de la Administración Rodríguez. Ellos son, en sólo cuatro años, 1930 a 1933, 33.204 hombres descontados los 39,632 mexicanos que salieron de México en el mismo lapso.

Porque a veces, como lo ha demostrado la experiencia, es de mayor conveniencia no destruir el latifundio totalmente. Los legisladores de Querétaro quisieron excluir la gran propiedad. Sus sucesores, en cambio, han aceptado la gran propiedad privada, hasta 500 hectáreas, como complemento agrario indispensable de la pequeña. El cultivo extensivo junto al intensivo. Ello es lógico. Y también lo es que, en casos especiales, se conceda a particulares, en especial a sociedades agrícolas, la explotación de tierras que doblen o tripliquen el máximum fijado. Pero eso es en los casos que se trate de unidades agrícolas anteriores a la ley y sólo con el compromiso de entregar igual número de tierras en otro punto del país.

La Revolución Mexicana, habrá que decirlo otra vez, no destruyó el latifundio por tratarse de la forma más odiosa de la propiedad privada sobre el suelo. No. Lo combate porque significa un peligro para la economía, el equilibrio social y la independencia de México. Y si no ha podido, todavía, deshacerlo económicamente, le ha opuesto por lo menos la muralla, siempre creciente, de los ejidatarios, cuyos intereses, opuestos a los del latifundista, los harán ser su competidor en el terreno de la producción y su adversario declarado en el campo de la política o la organización social.

Pero sí lo que ha hecho, en cambio, la Revolución, es destrozar el poderío social y político del latifundista. Ya éste no es, ni puede ser, el antiguo señor feudal de la era porfiriana. Terminó, para el peón, la esclavitud ignominiosa a que vivía sometido. El indígena y el campesino saben bien lo que valen las armas cuando ellos mismos las esgrimen en su propia defensa. Y no ignoran, además, que el Gobierno, la dirección superior del Estado, vela por su suerte y repara, en lo posible, las injusticias o errores administrativos, inevitables en todo régimen, por perfecto que sea y que a sí mismo se estime.

Lo esencial es, pues, que se haya destruido la bárbara hegemonía del hacendado mexicano y creado una conciencia revolucionaria de clase, firme y resuelta a todo, en el peonaje antes explotado y escarnecido. Los campesinos no sólo se han substraído a la tiranía medioeval del señor, sino que también, al mismo tiempo, se han convertido en propietarios y dueños de su propio destino económico. Ya comienzan a tener un concepto de los derechos que ignoraron durante siglos de látigo, alcohol y catecismo. Ya saben que constituyen hombres libres que deben vender cara su libertad. Y están ciertos, además, de que se les necesita, de que ellos forman parte viviente del Estado antes manejado por y para unos pocos privilegiados. La Revolución los ha llamado muchas veces en su auxilio. Y siempre, en 1923, 1927 y 1929 (revueltas de De la Huerta, Serrano y Gómez, Escobar, Manzo y Aguirre), han estado junto a la legalidad revolucionaria, formando cuerpos de voluntarios armados.

Hoy día, con el "cardenismo", la nueva política revolucionaria, estarán permanentemente, arma al brazo, junto a la Revolución. Ya Lázaro Cárdenas ha comenzado a organizarlos como milicias agrarias permanentes. Y ya les ha prometido, y comenzado a entregar, un Máuser a cada uno, para la defensa de los bienes y los derechos que conquistara para ellos la Revolución.

Política inteligente y realista. Las revoluciones que no penetran profundamente en el organismo social, que no crean vastos sistemas de intereses opuestos a los anteriores, no son revoluciones, sino motines, cuartelazos, meros golpes de fuerza. Deben destruir lo antiguo y construir lo nuevo. Contar con firmes pilares humanos. El mujik ruso llegó a ser la base de la Revolución Soviética. El antiguo peón mexicano ha llegado a serlo de la Revolución Mexicana. Es, ya, el campesino, miembro íntegramente de la Revolución, atado indisolublemente a ella por los lazos del interés propio, la libertad conquistada, la sangre vertida a torrentes y el dolor redimido al fin, tras siglos de ignominia.

El Imperio azteca se edificó sobre el esclavo. La Colonia, sobre el siervo. La República, sobre el peón. Y el primer cimiento de la Revolución, base de un armonioso edificio, es el campesino, célula permanente del movimiento, labrador o soldado, según sean los tiempos de paz o de guerra.

EL PETROLEO

LA ENTREGA

MEXICO comenzó a vivir en el siglo XIX la tragedia de los países naturalmente ricos. Pasó a ser objeto codiciable para el vecino del Norte y aun para los países europeos. La guerra de Texas (1835); la guerra con los EE. UU., que terminara (1847-1849) con la pérdida del 60% del territorio; el conflicto de 1862 con Francia, Inglaterra y España, que rematara en la ocupación del país por las tropas napoleónicas; la invasión de Veracruz y Tampico, en 1914, por la infantería de marina norteamericana: muchas son las dolorosas experiencias propias que muestran a los mexicanos el peligro inmediato y constante de los imperialismos.

El monstruoso latifundio mexicano fué, en gran parte, la causa primaria de la inestabilidad política y la inseguridad exterior en que vivió el país desde su independencia hasta Porfirio Díaz. En la dorada dictadura del "Gran Elector" se incubó el nuevo gran peligro: la penetración económica del gran capitalismo internacional, que comenzaría adquiriendo pertenencias agrícolas y mineras y terminaría por abolir la soberanía mexicana en sus "concesiones", terrenos de explotación o verdaderas factorías, idénticas a las que establecieran en el Africa y en la China las grandes potencias europeas.

De allí, del imperio en algunos puntos del país de leyes y banderas extranjeras, a la pérdida disimulada de la independencia nacional que significa el control absoluto de los banqueros y los Gobiernos imperialistas en la política y la vida internas de un país, no hay más que un paso. México terminó de darlo en la época de Porfirio Díaz. Al comenzar el siglo, la perspectiva era macabra para quienes quisieren mirar al porvenir de México. El cura dominaba, sin contrapeso, sobre las conciencias. El terrateniente, sin obstáculo alguno, sobre el suelo y la vida económica del país. El capitalista extranjero, industrial o especulador, sobre el subsuelo, la industria y el porvenir económico nacional. Entre esos tres poderes, agobiado bajo el peso de esa férrea Trimurti, el pueblo mexicano agonizaba.

Se ha visto ya cómo, desde 1833 hasta 1927, la llamada lucha religiosa, el combate del débil Estado mexicano contra el Estado apostólico romano, llena toda la historia mexicana. Pareció por un momento, bajo Juárez, obtenerse el triunfo; pero pronto, en los años inalterables de Don Porfirio, la Iglesia recobró y acrecentó su antiguo poderío. La batalla estaba aún indecisa. Pronto se verá su término.

Y también se ha visto cómo la Revolución afrontó el problema del latifundio, el obstáculo más grande que interceptaba su camino.

Los revolucionarios mexicanos, que pronto aplastarán al clericalismo revoltoso y absorbente, y que ya han dado buena cuenta del bárbaro latifundismo que hacía imposible la estructuración de la nacionalidad, no vacilarán un segundo en enfrentarse con el enemigo más temible y poderoso de todos, aunque sí el más lejano: el imperialismo.

La lucha por la nacionalización del petróleo es el episodio sobresaliente de esta epopeya en que todo un pueblo combate, en el fondo, por "la reconquista del territorio y las riquezas nacionales".

Analícense, someramente, los antecedentes y la raíz del conflicto.

El subsuelo, que comprende todas "las minerías", pertenece al monarca durante la Colonia. Son del dominio directo y absoluto de la corona. Así consta en las Reales Ordenanzas de 1783 para la minería en el Virreinato de Nueva España.

"Las minas son propiedad de mi Real Corona", comienza diciendo el monarca. Lo que sigue es aún más explícito. "Sin separarlas de "mi Real Patrimonio", las concedo a mis Vasallos en propiedad y posesión"... "Esta concesión se entiende bajo dos condiciones: la primera, que hayan de contribuir a mi Real Hacienda la parte de metales señalada; y la segunda, que han de labrar y disfrutar las minas cumpliendo lo prevenido en estas Ordenanzas, de tal suerte que se entiendan perdidas siempre que se falte al cumplimiento de aquéllas en que así se previniere, y puedan concedérsele a otro cualquiera que por este título las denunciare". Y agrega que asimismo "se pueden descubrir, solicitar, registrar y denunciar" en la forma referida no sólo las minas de oro y plata, sino también "las de piedras preciosas, cobre, plomo, estaño, azogue, antimonio, piedra calaminar, bismuth, sal gema, y cualesquiera otros fósiles, ya sean metales perfectos o medios minerales, bitúmenes o jugos de la tierra, dándose para su logro, beneficio y laborío"...

Este dominio del subsuelo, absoluto, indiscutido, pasa de las manos de la Corona a las de la nación mexicana en 1836, el 22 de diciembre, cuando se firma en Madrid el Tratado de Paz y Amistad que pone término legal a la Guerra de la Independencia. Nadie discute entonces la propiedad ilimitada de la nación sobre el subsuelo y todos sus productos o existencias. Nadie la discute después. Ni siquiera los franceses cuando ocupan el territorio en 1863. Maximiliano, Archiduque de Austria, extemporáneo Emperador de México, confirma, en un Decreto Imperial de julio de 1865, la propiedad total y directa de la nación mexicana sobre el subsuelo del país y las "minas de sal, fuente o pozo y lagos de agua salada, carbón de piedra, betún, petróleo, alumbre, caolín y piedras preciosa..."

Es preciso que unos mexicanos —Porfirio Díaz y sus *condottieri*— rompan esta centenaria tradición jurídica, para que un país extranjero —los Estados Unidos de Norteamérica— se atreva a disputar a México, con las armas como amenaza y último recurso, las riquezas de su subsuelo.

La espada militar, inevitable en México, es la que corta aquella tradición de siglos. El tajo lo da el general Manuel González, en noviembre de 1884: es el Código de Minería. Pero oprimía la empuñadura de esa espada la mano impasible de Porfirio Díaz. Un solo artículo, el N.° 10, basta para echar por tierra el edificio respetado por la República y el Imperio austro-francés. Este determina que "son de la exclusiva propiedad del dueño del suelo" quien, por lo mismo, sin necesidad de denuncio ni de adjudicación especial, podrá explotar y aprovechar, entre otras substancias (inciso 4.°), "las sales que existan en la superficie, las aguas puras y saladas, superficiales o subterráneas; el *petróleo* y los manantiales gaseosos o de aguas termales o medicinales".

Pero el porfirismo apenas había empezado su obra de entrega sistemática de la riqueza petrolera mexicana a Pearson y a Lord Cowdray, a los "businessmen" de Wall Street, John D. Rockefeller, Doheny, Hammond, etc.

Eran necesarios mayores títulos de dominio, mayor consagración legal para el despojo que empezaba a consumarse. Así, en 1887, se eximió de contribuciones a los concesionarios de los suelos petrolíferos. En 1892, por ley de 4 de junio, se especificó que estaba sujeta a concesión previa la explotación de determinadas substancias minerales —oro, plata, platino, hierro, plomo, cobre, estaño, cinc, manganeso, bismuto, níquel, cobalto, antimonio, piedras preciosas, sal gema y azufre—, en tanto que, según el artículo 4, se dejó taxativamente establecido que "el dueño del suelo *explotará libremente, sin necesidad de concesión especial en ningún caso*", entre otras substancias minerales, "*los combustibles minerales, los aceites y aguas minerales*".

Aun era poco. En 1901 se dictó una legislación especial, la Ley del Petróleo (las anteriores eran leyes generales de minería), que concedía permisos de explotación "en el subsuelo (art. 1.°) de los terrenos baldíos o nacionales, y lagos, lagunas y albuferas que sean de jurisdicción federal..." Aquella ley otorga a los descubridores transformados en concesionarios la liberación de todo impuesto de exportación; la liberación de derechos aduaneros a las maquinarias destinadas a la explotación; la excepción de todo impuesto, salvo el de timbre, a los capitales invertidos; el derecho de comprar al precio de tarifa de terrenos baldíos los suelos en que se encuentre el petróleo; el derecho de expropiar los terrenos en manos de particulares; el derecho de establecer tuberías en terrenos de propiedad particular, y, por último, lo que es aún más interesante, el privilegio a los primeros descubridores de impedir que se abriesen nuevos pozos petrolíferos a menos de tres kilómetros de distancia de sus perforaciones.

No sólo se arrebató a la nación mexicana el dominio del subsuelo petrolífero, sino, como acaba de verse, se rodeó a los concesionarios de una inexpugnable muralla de privilegios. Desde entonces, 1901, el petróleo mexicano perdió por completo su nacionalidad. Pero aun le parecía poco al paternal gobierno de Don Porfirio. Y en la Ley Minera definitiva, la de 25 de diciembre de 1919, el artículo 2.o está destinado a establecer categóricamente "la propiedad exclusiva del dueño del suelo sobre (incisos 1.o y 2.o) los criaderos o depósitos de combustibles minerales, bajo todas sus formas y variedades" y "los criaderos o depósitos de materias bituminosas".

En 1906 empieza el gigantesco acaparamiento de terrenos petrolíferos. Rockefeller y Pearson, Doheny y Hammond, Mestres y Cullinam, Addison y Howard Gibson se disputan el codiciado suelo oleaginoso que a veces, casi siempre, mantendrán enteramente inexplotado. Comienzan a ejercer el monopolio de la industria las grandes compañías, a las cuales se ha concedido gigantescas concesiones. Ya es la Compañía Mexicana de Petróleos "El Aguila", como la "Oil Fields of Mexico Company", la "Compañía Trascontinental de Petróleo" como la célebre "Huasteca Petroleum Company".

265 son, en 1909, las compañías o propietarios de suelos petrolíferos. Poseen, en total entre los suelos explotados y los campos reservados, 2.135,753 hectáreas. 250 de ellos, productores independientes, no afiliados a los grandes Sindicatos, sólo son dueños de un 28%: 582,885 hectáreas. Los restantes, apenas quince, dominan el saldo de 1.552,868 hectáreas. Entre ellos hay cinco que reúnen el 62% del suelo petrolífero concedido, cuentan con los mejores elementos de trabajo y controlan, totalmente, la industria petrolera mexicana. Son la Compañía Mexicana de Petróleos "El Aguila" (norteamericana), con 564,095 hectáreas ella sola; la "Tuxpan Petroleum Company" (británica), con 227,477 hectáreas; "La Corona, S. A." (holandesa), con 408,385 hectáreas; la "Pennsylvania Mexican Fuel Co.", con 67.110 hectáreas (norteamericana); y la "Compañía Internacional" (británica), con 61.080. Hay otras organizaciones que poseen grandes extensiones, como la "Cía. Franco-Española" (145.666 has.), la "Oil Fields of México" (87.295 has.), la "Mexican Petroleum Co." (182.768 has.) y la "Compañía Explotadora Petrolífera" (63.913 has.). Pero estas cuatro entidades, dos inglesas y dos norteamericanas, se limitan a monopolizar terrenos con fines de especulación. Su producción es insignificante. En cambio, la "Huasteca Petroleum Co.", que sólo posee 25.350 hectáreas, es el segundo productor de México.

En 1915 se exportaron, por los puertos de Tampico,

Tuxpan y Puerto México, 1.847.078 toneladas de petróleo. Allí aparecen "El Aguila", con 615.927 tons.; la "Penn. Mex. Fuel. Co.", con 322.773 tons.; la "Huasteca Petroleum Co.", con 369.638 tons.; la "Standard Oil", que no tiene concesiones, pero exporta el petróleo de la Trascontinental y la Huasteca, con 130.157 tons. En cambio, "La Corona, S. A.", compañía holandesa que posee 408.385 hectáreas en concesiones, sólo aporta 4.790 toneladas a ese conjunto.

Las primeras forman parte del grupo americano de John D. Rockefeller. Constituyen la cadena de la "Standard Oil Co." que lucha en todo el mundo, que financia guerras, organiza revoluciones y provoca catástrofes nacionales en todas partes. Su adversario, la "Royal Dutch Shell", el poderoso consorcio anglo-holandés que manejan Sir Henry Deterding y el judío Marcus Samuel, controla en México a "La Corona, S. A." y a la mayor parte de las concesiones petrolíferas. Aun domina, en 1915, el elemento norteamericano gracias a la benevolencia de Don Porfirio; pero el grupo Deterding espera su hora.

Contra estos intereses poderosísimos, contra los cuales no puede luchar ningún Gobierno de la tierra, deberá combatir la Revolución Mexicana. ¿En qué forma? ¿Arrebatando las concesiones a sus usufructuadores? ¿Expropiando violentamente la producción y los elementos de trabajo? ¿Nacionalizando, a viva fuerza, a sangre y fuego, la industria del petróleo?

Imposible. Rusia no es México. Si el Soviet perdió 16 millones de vidas luchando contra las fuerzas de ocupación de Francia, Inglaterra, Estados Unidos, Italia y Japón; si pudo combatir y triunfar contra ellos y las fuerzas reaccionarias de Kolchak, Wrangel, Denikin, Yudenitch y Korniloff, ello se debió al momento político europeo, a la naturaleza del terreno y los recursos naturales de la Rusia Soviética, y al temor de las grandes potencias a que estallase en cada una de ellas la Revolución Social si se resolvían a lanzar sus ejércitos combinados sobre la Rusia de Lenin, así como lo hicieran Austria y Prusia sobre los descamisados de Hoche y Dumouriez.

La entrega inmediata de la tierra a los peones y campesinos fué imposible en México. Hubo de crearse una reforma agraria progresiva, de carácter revolucionario, que tendiese primero a la subdivisión del latifundio. También será imposible apoderarse del petróleo nacional entregado fraudulentamente a los gastrónomos de Wall Street o de la City. Estados Unidos está demasiado cerca. La entrada de Scott a Ciudad de México aun no se olvida. Y tampoco la llegada de aquella escuadra triple, inglesa, francesa y española, en que venían juntos Prim, Wike y Dubois de Saligny.

Es otro el camino si México no quiere perder los últimos retazos de su nacionalidad en peligro. Es preciso deshacer lo hecho por el porfirismo. Y si ello no es posible en su totalidad en el terreno jurídico (todas las concesiones fueron otorgadas a cien años plazo), habrá que reivindicar para la nación el dominio del subsuelo restante o rescatar la propiedad de aquel que no hubiere sido concedido legalmente. México no posee capitales, ni técnicos, ni instrumentos de trabajo para producir por sí mismo todo el petróleo de sus suelos. México no es Rusia, ni puede serlo. No cuenta con la fuerza suficiente para expropiar ni con los medios para producir por sí.

La política petrolera de la Revolución no puede ser más que una: resguardar la independencia nacional a la vez que incrementar la producción. Lo primero se conseguirá legislando sobre la propiedad del subsuelo, rescatando las concesiones fraudulentas, ahogando en el país toda gestoría mexicana en favor del imperialismo, legislando con prudencia y energía a la vez. Lo segundo, creando tributaciones justas, gravámenes necesarios, impuestos de exportación que dejen en el país la riqueza a que México tiene derecho. Interés político e internacional por un lado, hacendario y económico por el otro. El petróleo mexicano debe traer a México el bienestar y no la ruina. No debe ni puede ser una amenaza a la nacionalidad. El oro negro no continuará siendo el orientador de la política interna ni el pretexto para que los imperialismos rivales terminen de engullir la presa suculenta que les entregara el "Gran Elector".

A la entrega del subsuelo perpetrada por el porfirismo se opondrá ahora, en el terreno jurídico y legal, una política de nacionalismo inflexible dentro de los medios con que cuenta el país. A la presión aplastante del grupo Rockefeller se opondrá el peso de otros interesados petroleros. La libre concurrencia de los grandes del petróleo, controlada por el Estado Mexicano como árbitro y legislador, será en lo futuro el instrumento de equilibrio que asegure a México su tranquilidad política y su mejoramiento financiero.

LA RECONQUISTA

Sin embargo, el conflicto estalla entre los petroleros norteamericanos y el Gobierno revolucionario. A fuerza de habilidad, de tesón, de energía, la Revolución va venciendo a los especuladores en cada terreno en que éstos presentan la batalla.

La Constitución de Querétaro es la cerilla que pone fuego a la mecha, preparada desde 1910, cuando los monopolizadores del subsuelo petrolífero vieron ensombrecerse el radiante horizonte que les mostraba la dictadura porfiriana. El artículo 27, guillotina del latifundismo, lo será también del imperialismo invasor e insolente.

No hay lugar a dudas. El artículo 27 arrasa con toda la legislación porfiriana. Reduce a pavesas las leyes mineras de 1884, 1892 y 1909. Comienza diciendo: "La propiedad de las tierras y aguas comprendidas dentro de los límites del Territorio Nacional. corresponde originariamente a la nación..." Habla de "expropiaciones" que "podrán hacerse por causa de utilidad pública..." Y es categórico, taxativo, cuando manifiesta más adelante: "*Corresponde a la nación el dominio directo de todos los minerales o substancias* que en *vetas, mantos, masas o yacimientos* constituyan depósitos cuya naturaleza sea distinta de los componentes de los terrenos, tales como los minerales de los que se extraigan metales y metaloides utilizados en la industria; los yacimientos de piedras preciosas, de sal gema y las salinas formadas directamente por las aguas marinas. Los productos derivados de la descomposición de las rocas, cuando su explotación necesite trabajos subterráneos; los fosfatos susceptibles de ser utilizados como fertilizantes; los *combustibles minerales sólidos;* el *petróleo* y todos los *hidrocarburos de hidrógeno sólidos, líquidos o gaseosos*".

Cierto es que no volverán a la nación, en lo que reste de los cien años otorgados por el porfirismo, la mayor parte de las concesiones otorgadas, pero el mismo artículo 27 evitará el peligro de nuevas adquisiciones por extranjeros y la formación de nuevos monopolios sobre el petróleo.

En su inciso 1.º, en la misma forma terminante, dejó en claro que la "capacidad para adquirir el dominio de las tierras y aguas de la nación" sólo correspondería a "los mexicanos por nacimiento o por naturalización y las sociedades mexicanas". Pero agregó que "el Estado podrá conceder el mismo derecho a los *extranjeros* siempre que convengan ante la Secretaría de Relaciones en considerarse *como nacionales respecto* de *dichos bienes* y en *no invocar*, por lo mismo, *la protección de sus Gobiernos*, por lo que se refiere a ellos, bajo la pena, en *caso de faltar al convenio*, de *perder*, en *beneficio de la nación, los bienes* que hubieren adquirido en virtud del mismo". Quitó así a norteamericanos e ingleses, de una plumada, el supremo argumento de los cañones de largo alcance y la infantería de marina. Y así, si Downing Street o la Casa Blanca cedían a las exigencias de banqueros inescrupulosos, era preciso una guerra en toda regla, declarada para proteger intereses culpables, la que podría quitar a la nación mexicana el dominio sobre esos sectores de su territorio.

Para terminar con las zonas de desembarco legal, con las factorías en inminente peligro de entronizarse en el país, el artículo 27 acabó de contener el peligro imperialista con esta explícita declaración: "En una faja de cien kilómetros a lo largo de las fronteras y de cincuenta en las playas, por ningún motivo podrán los extranjeros adquirir el dominio directo sobre tierras y aguas".

La batalla comenzó ante los tribunales mexicanos. Los petroleros se asieron inmediatamente de un artículo constitucional que les favorecía: el N.° 14, que no reconoce efecto retroactivo a ninguna ley que perjudique a cualquiera persona. Esa inexplicable debilidad de los hombres de Querétaro vino de perlas a los magnates del petróleo. Ganaron casi todos los juicios de amparo interpuestos ante la Suprema Corte de Justicia.

El Gobierno revolucionario acató lealmente los fallos de sus tribunales. Respetó la no retroactividad de los derechos otorgados sobre las concesiones. Pero eso no era sino un pretexto de los petroleros. Estos no se podían resignar a someterse a las leyes del país y a perder sobre sus pertenencias el dominio absoluto e ilimitado. No podían resignarse a renunciar a la protección de sus Gobiernos respectivos en cualquier caso mínimo o incidente fútil y perder el argumento irresistible de esos "marines" yanquis, de polainas blancas y sombrerito redondo, que Harding, Coolidge y Hoover prodigaban con tal complacencia en las costas de los demás "Estados panamericanos". Ya para ellos no sería México una colonia de Rockefeller y la Standard Oil, sino un país libre, soberano, cuyas leyes y autoridades es forzoso respetar.

¿Podían aceptarlo tranquilamente los prohombres de Wall Street, cuyo cinismo y cuyo espíritu de latrocinio no discute ya nadie en los Estados Unidos? ¿No los llamó "The Robber Barons" (Los Barones del Robo) un americano ilustre como Matthew Josephson?

Sin duda que no podían aceptarlo. Y no sólo no se contentaron con el fallo casi siempre favorable de las Cortes mexicanas, sino que pretendieron derogar el artículo 27 y echar por tierra la Constitución de Querétaro. No lo lograron en México. Ni el soborno, ni el terror disimulado, ni el bloqueo de bancos y productores pudieron nada contra el Gobierno revolucionario.

Llevaron su causa a Norteamérica. No obtuvieron de Woodrow Wilson lo que querían y hubieron de entrar, en los propios Estados Unidos, a una larga batalla jurídica con los representantes mexicanos. Sus alegatos de despojo, expropiación e ilegalidad fueron rebatidos uno a uno. La llegada a la Casa Blanca del republicano Harding, marioneta del viejo John D. Rockefeller, reavivó por un momento sus esperanzas. Pero los juristas mexicanos resultaron invencibles. Harding hubo de trasladar las negociaciones a la propia capital de México. Dos representantes suyos terminaron allí de resolver, en unión de dos personeros de Obregón, el pleito petrolero que ya duraba seis años. Seis años duraba también, en los Estados Unidos, la sistemática campaña de injurias, amenazas, calumnias y mixtificaciones contra México, organizada por los petroleros con la entusiasta cooperación del antiguo dueño de Babicora, el magnate de la prensa amarilla, William R. Hearst.

Largos meses duró la contienda jurídica en la capital de México para reconocer la validez del artículo 27 con respecto a los derechos adquiridos antes del 1.° de mayo de 1917. Vencieron, al fin, los mexicanos. La Casa Blanca reconoció al Gobierno de Obregón a fines de 1923 y desistió de la aprobación de un "ofensivo Tratado de Amistad y de Comercio entre los dos países". México se limitó a reconocer las reclamaciones por daños sufridos por los ciudadanos de EE. UU. desde 1910, es decir, de algo menos a lo que se comprometió, en 1933, la Unión Soviética, cuando restableció sus relaciones con los Estados Unidos de Norteamérica.

Pero no sólo esa batalla internacional perdieron los petroleros yanquis en su lucha contra la Revolución.

En el curso de las gestiones recibieron también otro golpe grave. El artículo 27, en su inciso 28, perseguía severamente los monopolios y concentraciones o acaparamientos. El Gobierno Revolucionario de Carranza interpretó este artículo al reconocer la no retroactividad de los derechos otorgados por Don Porfirio, pero le opuso un principio indiscutible de utilidad pública, reconocido en todo el mundo: no es legítima la propiedad particular sobre bienes de utilidad pública si, previamente, no existe como hecho ya realizado, es decir, si no se les ha hecho producir con anterioridad a la controversia. En este caso, no podía el Estado mexicano reconocer derechos sobre terrenos petroleros a concesionarios que no los habían ni siquiera perforado y que podrían mantenerlos improductivos, con perjuicio evidente del interés nacional, cuanto tiempo quisieran. Sea por motivos de negligencia, especulación o falta de medios, México no podía aceptar que se mantuviese inexplotada su principal riqueza y se privase a su Erario de las sumas consiguientes por capítulo de contribuciones y demás cargas tributarias.

El Gobierno aplicó rígidamente ese principio. Todos los suelos que no estaban en producción o en trabajos preparatorios el 1.º de mayo de 1917 deberían volver a manos de la nación. Y volvieron a ellas todos los que no cumplían esos requisitos y permanecían en manos de extranjeros con fines claros de especulación o monopolio. Podría creerse que esta "imposición" afectó a la marcha general de la industria. Al contrario. La producción aumentó extraordinariamente en vez de disminuir durante los años de la disputa. En 1916 llegaba a 6,5 millones de metros cúbicos. En 1921, en lo más álgido de la controversia, subió a 31 millones de metros cúbicos. Nada prueba mejor las intenciones de los petroleros. Temerosos de perder sus concesiones, de entregar a otros la riqueza que intencionalmente dejaban intacta, se apresuraron a convertir en pozos las perforaciones y a producir petróleo en gran cantidad. Sus ganancias aumentaron en proporción correlativa, gracias al espolazo de aquel Gobierno "bárbaro" que quería "apoderarse" del fruto de su honrado esfuerzo.

Mas aquellos buenos yanquis, educados en las tenebrosas prácticas de Wall Street, no abandonaron tan fácilmente la partida. Perdida la guerra en el frente interno y en el exterior, recurrieron a otros medios. El primero, el ya sacramental entre los norteamericanos, cuando se trata de despojar a la América Latina, fué la consabida intervención subterránea en la política mexicana. Alentaron toda oposición a los Gobiernos revolucionarios de Obregón, Calles, Portes Gil. Impulsaron en secreto a De la Huerta en 1923 y a Gómez y Serrano en 1927. Apoyaron casi abiertamente a Escobar, Manzo y Aguirre en 1929.

Pero el viejo recurso, gastado por el uso, falló invariablemente. Recurrieron a otro más expedito: declarar "zona reservada" al sector petrolero de las Huastecas-Tuxpan-Tampico. Lo cerraron con gruesas empalizadas y constituyeron una verdadera factoría. Ni siquiera, para parecerse a las del Africa, les faltó un ejército propio. Contrataron a dos bandidos rezagados del porfirismo, Peláez y Enríquez, y los pusieron al frente de un ejército de diez mil hombres encargados de "mantener el orden" en las concesiones petrolíferas. 100.000 dólares mensuales era la soldada de aquellos dos mexicanos que cometían esa vil felonía para con su patria. La "zona reservada" alcanzó a ser, durante meses, una posesión extranjera. Hasta ella no podían penetrar los funcionarios mexicanos o los representantes de los organismos tributarios nacionales. Eludían el pago de los impuestos, impedían toda fiscalización y al mismo tiempo provocaban al Gobierno mexicano a una lucha armada que les sirviera de pretexto para quejarse a la Casa Blanca.

Calles comprendió el peligro y supo proceder con cautela e inflexibilidad a la vez. Obró primero por la vía pacífica. Agotada toda gestión amistosa, hubo de resolverse a enviar una división del ejército federal a disolver aquella banda facciosa, armada y constituída al margen de la Constitución. El jefe de las tropas procedió con tranquila energía. Logró en poco tiempo, sin necesidad de violencias inútiles ni de castigos personales a los burócratas yanquis, aniquilar por completo las milicias petroleras. Aquellas que no murieron o se dispersaron, cayeron prisioneras y fueron juzgadas sumariamente. El jefe de la expedición a las Huastecas se llamaba Lázaro Cárdenas, y era un general de treinta y cuatro años de edad.

Inutilizada esa arma provocativa, recurrieron los especuladores petroleros a la más hábil y peligrosa de todas: una huelga de empresas. El tiro estaba dirigido a un blanco cierto: disminuir la producción rápidamente y, con ello, privando al Estado mexicano de los derechos de producción y exportación del aceite mineral, desequilibraban el Presupuesto y creaban una seria dificultad a las finanzas de la Revolución. Los resultados se vieron pronto. De 86 millones de pesos percibidos en 1922, por derechos sobre la explotación del petróleo, el Estado mexicano pasó a recibir 35 millones en 1926 y menos de 30 en 1927.

Era una huelga de empresas. Los petroleros alegaban que el excesivo costo y gravamen de las contribuciones hacían imposible la normalidad económica de la industria. Aducían que, por culpa del Gobierno mexicano, el petróleo de México no podía, por su subido costo, entrar en competencia comercial con el petróleo yanqui, venezolano, colombiano, peruano, javanés o mesopotámico. Llegaron hasta amenazar con trasladarse en masa a Venezuela y abandonar al Gobierno sus instalaciones y dependencias, culpándolo del desastre consiguiente.

El Gobierno de Calles comenzó por dejar en claro, en el terreno de la polémica seria, la falsedad de las afirmaciones vertidas por los petroleros. Probó que en aquella fecha, 1927, el total de las inversiones petroleras sumaba 1,445 millones de pesos mexicanos, en circunstancias que la producción total (ascendente a 228.099.300 metros cúbicos) había alcanzado un valor conjunto de 2.552.703.799 pesos mexicanos. A lo largo de veintiséis años, los petroleros habían logrado amortizar totalmente el capital invertido y obtener, pues, la enorme ganancia de 1.107 millones de pesos mexicanos, cerca de 500 millones de dólares en aquella época.

La explotación del petróleo era, pues, un negocio, y un gran negocio. Desvanecida esta primera falsedad, el Gobierno mexicano echó por tierra la segunda: el subido costo del petróleo por los gravámenes fiscales. Verdad era que en México pesan sobre el petróleo numerosos tributos: impuestos de producción, exportación, barra, inspección técnica, perforación de pozos, aprovechamiento de aguas federales, derechos de puertos, contribuciones agrarias y municipales, impuesto a las utilidades y a los timbres, etc. Verdad que todo ello equivale a veces hasta un 25 % del costo de producción total. Pero no era menos cierto que, en aquel entonces, el petróleo crudo ligero mexicano se produjo a un costo de $ 7.49 el metro cúbico y se vendió al precio de 18.87 pesos mexicanos. El petróleo crudo pesado se produjo a $ 5.64 y se vendió a $ 14.47 el metro cúbico. La ganancia, en uno y otro caso, fué de $ 11.38 y $ 8.83 por metro cúbico exportado.

El costo de producción, a pesar de su subido gravamen tributario, no impedía, pues, realizar un pingüe negocio por unidad. Quedaba, ahora, desvanecer la tercera afirmación mentirosa: la imposibilidad de luchar con otros petróleos en el mercado mundial. El Gobierno de Calles demostró palmariamente que el petróleo mexicano puesto en los EE. UU. resultaba más barato que el propio combustible producido por los pozos yanquis. En efecto, en la costa atlántica de Norteamérica el petróleo americano costaba entonces 1.10 dólares el barril, en tanto que el mexicano, puesto en los mismos lugares, sólo importaba 0.75 dólar el barril.

Puesta en descubierto la mala fe de sus contradictores, el Gobierno revolucionario echó mano del único medio capaz de contener la voracidad y la falta de escrúpulos de los omnipotentes productores de la Huasteca, El Aguila, la Oil Fields, la Pennsylvania Mexican Fuel, la Tuxpan Petroleum, etc. Llamó a otros capitalistas, holandeses e ingleses en su mayor parte. Dió nuevas concesiones, estrictamente sometidas al control del Estado, a quienes disputaran a la "Standard Oil" el dominio del petróleo. Opuso intereses a intereses. Y logró, sin presión alguna de su parte, que los petroleros rebeldes abandonaran toda insurgencia en lo futuro y continuaran explotando sus concesiones sin nuevas intentonas contra la nacionalidad.

Tal es la situación en la actualidad. El Estado, si no controla la industria en el sentido económico, la supervigila por lo menos. Ya se ha alejado todo peligro de intervención extranjera. En la industria hay invertidos, actualmente, 960 millones de pesos mexicanos (la libra esterlina y el dólar han bajado considerablemente, lo que explica la diferencia de inversiones totales). La producción total entre 1901 y 1933 integraba 270.142.450 metros cúbicos (1.699.262.008 barriles), cuyo valor total ascendía a 3.146.224.929.00 pesos mexicanos. A fines de ese año, 1933, los productores alcanzaron a 2.558 y los pozos petrolíferos en trabajo llegaban a 5.406. Uno de ellos, el célebre "Cerro Azul N.o 4", ubicado en Tuxpan, al Norte de Veracruz, produce 260.000 barriles diarios y hasta diciembre de 1933 había producido 82.689.378 barriles. Otro, casi igualmente célebre, el "Potrero de Llano N.o 4", sito en la Faja de Oro de Tuxpan, produjo en veintitrés años, hasta 1933, 117.108.132 barriles.

En 1933 la producción de petróleo alcanzó en México a 5.405.537 metros cúbicos, cuyo valor ascendió a cerca de 130 millones de pesos mexicanos. La exportación llegó a 3.500.277 metros cúbicos con un valor de 90.636.000 pesos mexicanos. El consumo integró 1.905.260 metros cúbicos y el de gasolina, 254.567.480 litros. La producción mexicana sumó aquel año un 2,8% de la producción mundial y ocupó el séptimo lugar en el mundo, después de Estados Unidos, Rusia, Venezuela, Rumania, Persia e Indias Orientales. En 1921, en plena disputa y en pleno comienzo de la prosperidad, alcanzó el 2.o lugar con casi 31 millones de metros cúbicos.

Estas cifras demuestran la importancia de la industria del petróleo en México, pero evidencian también la previsión y la energía con que el Estado mexicano logró sobreponerse a la penetración petrolera. Casi todo aquel petróleo no es suyo. Los obreros mexicanos empleados en la industria apenas alcanzaron en 1933 a 10.629 hombres, con un total de jornales ascendente a 13.078.230 pesos mexicanos. Los empleados, oficinistas casi todos, sumaron 452 hombres y $ 9.061.603 en sueldos. Los tributos ascendieron a 27 millones 964.931,33 pesos, entre impuestos de exportación y de venta de gasolina en el país. 50 millones de pesos anuales en sueldos, jornales y entradas fiscales no compensan, ciertamente, la entrega del petróleo nacional a manos extranjeras.

Pero hay que convenir en que el Gobierno revolucionario se encontró frente a una situación dada, que no podía resolver por la violencia o la fuerza de las armas sin exponerse a la pérdida de la Independencia nacional, en los momentos mismos en que el Viejo Mundo, ardiendo por los cuatro costados, habría tenido que contemplar impasible la ocupación de México por las tropas imperialistas de los Estados Unidos.

Lo que era posible de alcanzar, se alcanzó. La vuelta al Estado de buen número de concesiones, la reivindicación del subsuelo como dominio originario de la nación, la percepción regular de entradas fiscales, el término de una vergonzosa dominación extranjera en ciertos puntos del territorio, el aseguramiento definitivo de la tranquilidad interna y la soberanía nacional y, todavía más, la posibilidad de llegar algún día, en el futuro, a constituir una industria nacional o recuperar las concesiones con derecho a subsuelo que hoy pertenecen a los Estados Unidos.

La Revolución Mexicana ha conseguido, ya, despedazar el peligroso predominio norteamericano en la industria del petróleo. En el total de inversiones, el 52% era norteamericano en 1933 y el 41,5% pertenecía a los consorcios anglo-holandeses. Sólo el 1,5% estaba en manos de otras naciones. La participación mexicana alcanzaba apenas a un 5% del total. Pero ello significa, por una parte, que estaban casi equilibradas las fuerzas del imperialismo yanqui y las del británico, y por otra, que la industria nacional del petróleo comienza a ser una realidad en México.

En la actualidad se ha terminado ya de financiar una nueva compañía petrolera mexicana con un capital de cien millones de pesos. El Plan Sexenal consulta, con respecto a la industria del petróleo, la estimulación de las compañías nacionales, la creación de organismos semioficiales de control y regulación, la organización general de la industria bajo la tuición del Estado, la reducción de las actuales concesiones y la revisión de todas aquellas que puedan ser contrarias al interés nacional.

La Revolución, en materia de petróleo y nacionalismo económico en general, ha afrontado los problemas del presente y dádoles una solución progresiva, inteligente y organizada para el porvenir. ¿Pueden decir lo mismo los demás países que poseen petróleo? ¿Gastaron Venezuela y Colombia, Perú y Argentina, Rumania y las Indias Occidentales tanto denuedo y esfuerzo como México para impedir la penetración imperialista de los dueños mundiales de petróleo? Aparte de Rusia, y salvo la Persia de Rizza Khan, la Turquía de Kemal Pachá y la Transjordania de Ibn Saud, México es uno de los pocos países del mundo que lograron mantener su independencia y seguir siendo dueños, aunque no usufructuarios inmediatos, de una riqueza tan peligrosa como el "oro negro", dios único de la era del motor Diesel.

En nuestra América, sólo Argentina logró salir airosa de la terrible prueba. Bolivia y el Paraguay se desangraron hasta hace poco por el antagonismo entre la Royal Dutch y la Standard Oil. México, en cambio, logró contener la avalancha petrolera y asegurar el porvenir de sus aceites minerales.

¿Podremos decir igual cosa de Chile en muy poco tiempo más, si continúa el agio de los grandes especuladores?

EL CLERO

PODERIO DE LA IGLESIA EN LA COLONIA

LA violenta transformación del régimen de tierras —destrucción del latifundio y reconstitución ampliada del ejido colonial— permitió a la Revolución alcanzar la tranquilidad política y la estabilidad social de México. La lucha contra los petroleros norteamericanos, victoriosa en los frentes jurídicos y económicos, significó para la Revolución el aseguramiento de la soberanía mexicana y el primer paso hacia un futuro y lejano nacionalismo económico.

Pero aun debía ir más lejos. Aun obscurecía el horizonte un enemigo tanto o más poderoso que el terrateniente y el yanqui imperialista e infinitamente más tenaz y habilidoso: el clero mexicano. Era el tercer obstáculo contra el cual debería estrellarse la Revolución en su marcha al porvenir. Los revolucionarios de 1910 no se trazaron, como hoy los comunistas o los socialistas de todo el mundo, un estricto y metódico programa de lucha. Ellos no hubieran hablado de una lucha agraria, antiimperialista, anticatólica. Pero sabían sí, perfectamente, que debían acabar con el hacendado, el cura y el gerente norteamericano si querían liberar al pueblo mexicano de sus cadenas ancestrales.

Era el tercero y último paso en el orden de las destrucciones necesarias e inevitables. O el clero ahogaba a la Revolución o ésta aplastaba al clero. No cabía dilema posible. Y no lo cupo.

Los revolucionarios mexicanos, hijos o nietos de los hombres de la Reforma, no podían eludir la lucha contra el enemigo centenario, contra el mismo que vivando a Cristo Rey tomara las armas a lo largo de todo el siglo XIX en contra del Estado y hasta de la misma República mexicana.

Y no la eludieron llegado el momento.

Afrontaron, sin premuras, pero tampoco sin vacilaciones, el viejo problema llamado "religioso", tal vez por el hecho de que el grupo eternamente insurgente contra el Estado sea, en México, el mismo que atiende al culto de la Iglesia católica, apostólica y romana. Los revolucionarios sabían muy bien que no había contienda espiritual alguna por el dominio de las conciencias, sino algo muy diferente: la lucha abierta, prolongada por más de un siglo, entre el Estado mexicano y el Estado romano pontificio llamado Iglesia Católica. El clero mexicano, clase organizada políticamente, dueña de un poderío económico y financiero inconcebible, usa de todos los medios para combatir contra el Estado y conservar su histórico y absoluto predominio sobre él. El Estado mexicano se defiende y pugna, a su vez, por encuadrar al clero dentro de las leyes y las conveniencias nacionales del país.

Un problema político. También un problema económico. He allí todo.

Pero ello desencadenó en el mundo entero una tempestad de críticas y acerbas condiciones para México y sus gobernantes. La prensa amarilla yanqui y los diarios y publicaciones católicos de todo el mundo entonaron a coro el "Dies irae". Desde el púlpito, la cátedra, el periódico, el folleto, el cine o el periodismo gráfico, hasta las misas de desagravio, las procesiones públicas, las conferencias en teatros, las excomuniones episcopales, las encíclicas pontificias o las amenazas de intervención armada de los EE. UU.: todo eso, y más, se cernió sobre los revolucionarios mexicanos sin conseguir amedrentarlos. Hijos de la Revolución, nietos de la Reforma, no podía intimidarlos la vasta campaña de calumnias e imprecaciones desarrollada en todo el mundo, última etapa de una lucha que comenzara contra sus antepasados en plena Colonia y que después, a lo largo de la República, buscó el campo de batalla y la invasión del propio suelo patrio. Al clero mexicano, incapacitado hoy día para triunfar con las armas en la mano y obtener de Norteamérica y los países de Europa que invadiesen otra vez el suelo mexicano en pleno siglo XX, no le quedó más camino que organizar una formidable campaña de agitación en todo el orbe contra los impíos gobernantes de su país.

Pese a su ineficacia, la misma intensidad y amplitud de tal campaña dan cumplida idea de las proporciones del problema que, ciertamente, no puede remontarse al año 1926, cuando el viejo conflicto entre la Iglesia y el Estado volvió a estallar en México durante la Administración Calles.

Su raíz lejana hay que buscarla, como todo lo que ocurre en México, en el fondo del pasado, aun antes que se estructure el régimen colonial, en los días que siguen a la Conquista.

El problema comienza a poco de llegar las primeras órdenes religiosas y organizarse el clero secular.

Los primeros misioneros, tres extranjeros, tres flamencos, aparecen nimbados de dulce luz evangélica. Cristianizan pacíficamente a los indígenas. Les enseñan la doctrina y el latín, las artes y los oficios europeos, el canto y la música. Se llaman el Padre Juan Van Tacht (Juan de Tecto), doctorado en la Sorbona; el Padre Juan Van Aor (Juan de Ahora), profesor y latinista; el lego Pedro Van de Moere o de Mura, llamado Pedro de Gante, pariente de Carlos V, figura apostólica que compite en humanidad y espíritu cristiano con el mismo Fray Bartolomé de Las Casas.

Meses después, y a requerimientos apremiantes de Hernán Cortés, llega, en abril de 1524, una misión de doce franciscanos que encabeza Fray Martín de Valencia. Como los monjes flamencos, estos misioneros españoles se hacen querer de los indios por su dulzura, su abnegación, su austeridad en el vivir. Tras ellos, cuatro años después, comienzan a llegar los dominicos, y no pasan otros tantos sin que aparezcan los agustinos. Las tres órdenes religiosas se reparten la conquista de las conciencias y avanzan en todas direcciones, "cristianando" a los tristes y acobardados indígenas.

El clero es un instrumento de penetración política inapreciable. Significa, a corto plazo, la españolización definitiva y rápida de todo el inmenso territorio. Hernán Cortés, característico organizador de pueblos, lo comprende bien y así lo escribe al monarca. Pero, buen conocedor de la España, recomienda que se le envíen monjes y no clérigos, frailes y canónigos u obispos profesionales, porque "no dejarían aquéllos de seguir la costumbre que por nuestros pecados tienen hoy de disponer de los bienes de la Iglesia, que es gastarlos en pompas y otros vicios; en dejar mayorazgos a sus hijos y parientes".

¿Previó Cortés el fabuloso poderío económico que llegaría a tener el clero en Nueva España? ¿Comprendió la necesidad de evitar el afán de enriquecimiento y de lujo que caracterizaba a la Iglesia en el Viejo Mundo?

Es probable. Lo cierto es que la penetración política consumóse rápidamente y que el rosario se alió siempre a la tizona en el arte de dominar nuevos pueblos indígenas, aun a costa de las mayores bajezas, siempre en persecución del oro y la violenta propagación de la fe.

Porque el recuerdo evangélico de Pedro de Gante y sus compañeros se pierde muy pronto. Franciscanos, agustinos y dominicos rivalizan en adquirir tierras y bienes materiales. La cristianización de los indios se verifica en grandes masas, sin más requisitos ni dificultades que derramar el agua bautismal sobre las cabezas morenas y espetar algunos rezos en latín, que el indígena no entiende. El sentido religioso del aborigen, extraordinario en casi todos los pueblos del Anáhuac, es la base y no el obstáculo para esta penetración "sui géneris" del nuevo credo religioso. Por vez primera, la Iglesia católica pierde su fuerza expansiva. Se amolda a las condiciones generales del medio. Incapaz de hacer comprender al indígena las bellezas de la doctrina o el dogma, se contenta con enseñarle algo de catecismo y abrir numerosos templos para el culto. Multiplica los santuarios y sitios donde se desarrolla la liturgia. Le basta con superponer la religión de Cristo sobre las supersticiones aborígenes para alcanzar lo que desea: el predominio material, la incautación del oro y las riquezas indígenas, el usufructo de millares de brazos resignados que labran la tierra del fraile o el clérigo, construyen templos o iglesias, conventos y adoratorios.

Dos son los recursos principales de que se echa mano para cimentar la obra de sumisión del indio en lo material y lo espiritual: la superstición y la violencia.

La Conquista fué una penetración rápida y cruenta, en que se prescindió de todo conocimiento o respeto a la psicología del indio. Se le impuso a éste una religión, un orden social, un sentido de clase, una división de la sociedad en castas. La religión católica fué el mejor instrumento de esa política de subordinación incondicional de una raza a otra. Y hubo de echar mano de la violencia para obtener la total sumisión o "cristianización" del indio. Los testimonios son tan elocuentes como numerosos. Baste recordar al Obispo de Yucatán, Fray Francisco Toral, que en 1540 escribía a Felipe II, refiriéndose al mal trato que daban los religiosos a los aborígenes: "Es el caso que como no hay hombre docto destos padres, ni menos conocen a los indios, ni tienen caridad ni amor de Dios para sobrellevar sus miserias y flaquezas, por no sé qué entreoyen de que alguno de ellos se volvía a sus ritos antiguos, sin más averiguaciones ni probanzas comienzan a atormentarlos, colgándolos en sogas altas del suelo y poniéndoles a algunos grandes piedras a los pies, y a otros echándoles cera ardiendo en las barrigas, y azotándolos bravamente..." Y no está de más evocar a aquel Obispo de Oaxaca, Monseñor Pedro Guzmán de Maraver, que en 1545 escribía al mismo monarca aconsejando "esclavizar a los indios insurrectos y a los demás se los repartieran (encomenderos y sacerdotes) mutuamente. Y tenemos por experiencia que nunca el peón hace buena labor, buen jornal, si presto no se le pone el pie sobre el pescuezo".

Mas donde mejor se advierte la incapacidad catolizadora a la vez que la especulación material con los símbolos y encarnaciones del culto, es en el uso metódico y constante del engaño para encadenar mejor las ingenuas conciencias de los indígenas habituados a las bárbaras supersticiones de sus ídolos primitivos.

El abuso de la superstición se basaba en la idiosincrasia misma del indígena y llegó hasta extremos tales que, prácticamente hablando, puede decirse que el indio mexicano fué siempre idólatra o hereje, pero nunca católico observante. La penetración religiosa no llegó jamás hasta el espíritu de los naturales. Se contentó con excitar el sentido pagano e idolátrico del indio. Reemplazó a los dioses aborígenes con santos religiosos. Fué una especie de prodigiosa, de gigantesca prestidigitación en que Tezcatlipoca, Huitzilopochtli, Omeutli o la diosa Coatlicue fueron reemplazados sin transición por Jesucristo crucificado, el Apóstol Santiago o la Virgen María. Así lograron los religiosos españoles que el indio cumpliera con las formas exteriores del culto y entregara a la Iglesia, en forma de presentes, tributos, diezmos y limosnas, el fruto de su trabajo y de su esfuerzo.

Ya en 1519, al desembarcar Cortés en las márgenes del Grijalva, hay un historiador, Gomara, que menciona la aparición, no vista, pero oída, de los Apóstoles Santiago y San Pedro en lo más recio del combate que allí sostuvieron los conquistadores contra los indios tabascos. Pero el delicioso Bernal Díaz del Castillo se encarga de aclararnos el punto diciendo en su "Historia de la Conquista de México": "Como yo, pecador, no fuese digno de lo ver; lo que yo entonces vi y conocí fué a Francisco Moría en un caballo castaño, que venía juntamente con Cortés".

Los ejemplos se multiplican después hasta lo infinito. Baste recordar algunos: los primeros sacerdotes utilizan lo que en teología se llama el "dolo bueno". No contentos con substituir, casi en los mismos altares y con casi los mismos ritos, a ídolos indígenas por santos católicos, inventan apariciones que llegan a ser tan célebres y lucrativas como la Virgen del Pueblito, en Querétaro, obra de los franciscanos, y el Cristo de Chalma, obra de los agustinos, sus rivales. Fray Tomás de Torquemada, uno de los grandes historiadores de la Colonia, refiere indignado que los tres grandes santuarios indígenas del Imperio azteca fueron metamorfoseados en sitios de devoción cristiana: el de la Diosa Toci (nuestra abuela), en Tlaxcala, pasó a ser el oratorio de Santa Ana, abuela de Cristo; el del joven dios Tepuchtli (dios mancebo), de Tianguizmanalco, se transformó en el santuario de San Juan; y el de la Diosa Tonan (nuestra madre), en Tepeyac, en el adoratorio de la Virgen Santísima. Y la primera figura intelectual del clero colonial, Fray Bernardino de Sahagún, historiador, filósofo, polígrafo y gramático, censura acremente que los indios de todas partes de México vengan a rezar a cierta Señora de Guadalupe, ex Tonatzin de la mitología azteca, en vez de orar en los numerosos santuarios de la misma Señora de Guadalupe diseminados en todo el territorio.

Estos hechos, que demuestran la hábil maniobra llevada a cabo por los encargados de catolizar e instruir al indígena explotado y humillado, nos revelan, tanto como otros, la idolatría habitual del indígena, confirmada por numerosos observadores. Un sacerdote célebre, el Padre Domenech, refiere la sorpresa de un capellán del ejército expedicionario francés de 1864, cuando viera en San Luis de la Paz a 24 muchachas y otros tantos muchachos danzando en el interior de la iglesia, dirigidos por un personaje disfrazado de Belcebú. Y el Padre Regis Planchet, francés también, confirma como propio lo que dijera el Rvdo. Ignacio García, mexicano, en su obra colonial "El catolicismo expirante": "Tengo por absurda y ridícula la costumbre de que entren al templo tales danzas con su torito de petate y su hombre vestido de mojiganga con una ardilla muerta en la mano, dándosela a besar a las mujeres en esta forma: "¡Reza al hijo de tu madre!" Por absurdo y ridículo tengo que el sacerdote revestido de capa y estola y ciriales salga a la puerta a recibir tales danzas. Entiendo por absurdas e inmorales costumbres como la de sacar imágenes de la iglesia, conducirlas a un sitio determinado y acercar allí dos o tres barriles de pulque, embriagarse y volver en procesión al templo".

Y esto ocurría en plena diócesis de México, en lugarejos no muy distantes de la capital. Mas, si aun fuera poco, el mismo Pbro. Ignacio García nos dirá en la misma obra, publicada con permiso de la autoridad eclesiástica, algo todavía más estupefactante:

"Entiendo sobre todo por inmorales aquellas que

se hacen con el fin de lucrar. Tal es la llamada "del cajón", que está en uso en algunas parroquias de la arquidiócesis de México, con harta mengua del clero y de la religión. Consiste en que un hombre dé frotaciones por todo el cuerpo a las mujeres que lo deseen. Se presta grandemente a la impunidad, puesto que se hace con las manos bajo la palia del altar a la vez que otro está rezando credos y padrenuestros y agitando sin cesar una campanilla. Supersticioso es este abuso, porque muchas mujeres están en la creencia de que las manos de aquellos hombres tienen virtud especial para expeler algún mal o atraer algún bien. Inmoral es, porque, ¿a cuántos desórdenes no dará lugar este prolongado manoseo entre personas de distinto sexo, con la impunidad de la palia, que cubre la mano del improvisado taumaturgo, y las tinieblas de la noche?" (1).

Esta explotación de la credulidad y la superstición de los indios persistió en los primeros tiempos de la Independencia. En aquellos años aparecen "La Carroza de Fuego", carruaje ígneo que recorre las calles de la capital a altas horas de la noche, y la Virgen Llorona, espantable plañidera que desempeña iguales funciones e incita a arrepentirse a los fieles en los años (1833) en que comienza ya la lucha abierta entre la Iglesia y el Estado.

Razón tuvo, pues, y sobrada, el V Concilio Mexicano cuando declaró en su artículo 59: "Muy equivocado andaría el que creyera que los indígenas se hallan convertidos en su totalidad a la religión cristiana". Y la Sagrada Congregación de ese Concilio declaró en marzo de 1896: "Los indígenas de la arquidiócesis de México están siempre dispuestos a recaer en la idolatría". En el Concilio de Antequera se deja constancia, años más tarde, de que en la diócesis de Oaxaca se sacrifican víctimas a los ídolos. Y en 1900, el 11 de marzo, el diario "El País" relata el descubri-

---

(1) Ramón J. Sender: *"El problema religioso en Méjico"*. — Editorial Cenit. — Madrid, 1928.

miento de un templo idolátrico donde los indígenas de la diócesis respectiva rinden culto a viejos ídolos de piedra.

El catolicismo extremo del bajo pueblo mexicano, pues, está lejos de ser una religiosidad exaltada y fervorosa, consciente y ejemplarizadora a la vez. Sólo hay idolatría, fetichismo, adoración de ídolos de madera o piedra, formas exteriores del culto. Y ello se demostró cuando, en 1926, a raíz de declararse en huelga los sacerdotes, el pueblo continuó acudiendo a los templos, abiertos ex profeso por el Gobierno, y dando libre curso a sus prácticas rituales.

Pero para comprender la intensidad de la lucha religiosa que se inicia, en el hecho, en 1833, es preciso estudiar someramente el poderío económico, social y espiritual de la Iglesia en el Virreinato de Nueva España.

El hecho característico de la Colonia es, como se ha visto ya, la concentración de la tierra en el menor número de manos y la rápida a la par que incesante pauperización de los indígenas y demás razas sometidas que llegan a constituir las clases menospreciadas y las "castas" infamantes de la sociedad colonial. El crecimiento del latifundismo, tan combatido por la corona española como por el Papado romano, se opera principalmente en el sentido de enriquecer materialmente a la Iglesia, hasta el punto de convertirla en la poseedora de casi las tres cuartas partes de toda la riqueza del Virreinato y de la totalidad del crédito incipiente que entonces existiera.

¿Cómo pudo la Iglesia acumular tal cantidad de bienes en menos de tres siglos? Gracias a su maravillosa organización, que supeditaba todos los valores espirituales y morales del coloniaje, a su dominio absoluto sobre las conciencias y, por ende, sobre las riquezas.

El clero comienza por utilizar al indio que, fanatizado por completo, entrega el esfuerzo de sus brazos gratuitamente. Así la Iglesia puede alzar, como los emperadores aztecas o los faraones egipcios, gigantescos monumentos dedicados al culto. Se multiplican los templos y monasterios en todo el país. Cada uno de ellos representa una masa de capitales. Y las tierras del clero (sobre todo las de los jesuítas) no tardan en ser las mejor cultivadas y las más productivas.

El indio fué la base de la riqueza del clero, pero además de él, económicamente hablando, la Iglesia contó con factores igualmente importantes. Muchas fueron las fuentes de entradas. Y entre ellas vale la pena recordar las mandas, los legados, las donaciones, las limosnas, los diezmos, las primicias, los dotes de profesas, las obvenciones (derechos) parroquiales, las capellanías, las lámparas perpetuas, las misas, los responsos.

Donaciones hubo como la de don Alvaro Lorenzana, que en vida construyera a sus expensas el Hospital de los Terceros y la Iglesia de la Encarnación y que dejara (1561) ochocientos mil pesos para obras pías y más de doscientos mil en mandas y lámparas perpetuas. El capitán y vecino de Oaxaca, don Manuel Fernández Fiallo, legó a su muerte poco más de un millón de pesos para obras pías, misas, responsos y otros santos menesteres. En cuanto a la cuantía de las limosnas, baste señalar que un solo templo, el del Convento de San Francisco, en México, dejaba al año más de cien mil pesos en efectivo. Los dotes de las profesas no bajaban nunca de 4.000 pesos por cada novicia. Las obvenciones parroquiales, para el cobro de las cuales así como para los diezmos disponía el clero de la fuerza pública, eran subidísimas: veinte pesos la tarifa del matrimonio, imposible de pagar para peones que ganaban cincuenta pesos anuales, con lo cual el amancebamiento, tan poco grato, según dicen, a los ojos del Señor, era moneda corriente en los campos. Pero ello lo consentía el buen clero de la época a trueque de no rebajar la tarifa de las bendiciones nupciales.

El caso de los diezmos era aún más significativo: el indígena estaba obligado a llevar puntualmente al cura del lugar las primeras de sus cosechas que equivalieran al 10 por ciento de las siembras. Con tal sistema, el clero se encontraba poseedor, en épocas propicias del año, de una gran masa de productos, que vendía a bajos precios con el fin de reducirla a dinero; ello ocasionaba, como es natural, grandes bajas en el mercado de semillas y frutos, y producía, por derivación, la ruina de muchos de los pobres campesinos que entregaban al templo vecinal lo mejor y lo más temprano de sus explotaciones agrícolas.

Fácil es comprender cuál sería el poder social de la Iglesia en aquella sociedad ignorante y fanatizada, cuya gran masa —la de color— estaba reducida a la condición de siervo y cuyas clases privilegiadas —el peninsular y el criollo rico— buscaban en vida la manera de hacerse perdonar sus pecados. Las indulgencias y absoluciones costaban caras. Y el cielo, la gracia eterna, como ocurre hoy día en menor intensidad, se obtenían con dinero. No es raro, pues, que la Iglesia fuera la única que fijara normas en la vida social de la Colonia y la que sometiera a los espíritus a una moral bifronte: inexorable para los seglares, blanda y regalada para los eclesiásticos. Inútil sería entrar a narrar los muchos episodios que comprueban, a tal respecto, el poco respeto a sí mismo, la escasa o ninguna cultura y la complaciente moralidad de ese clero que, dueño del poderío económico y social, apenas sojuzgado en lo político por la Corona española, debía devenir en lo que fué: una clase privilegiada, opresora, relajada, sensual, concupiscente.

El poderío social de la Iglesia en el virreinato de Nueva España terminó de consolidarse al través de dos instituciones: la Inquisición, que floreció en México con tal brío como en España, y el control absoluto de la enseñanza.

A poco de llegar los jesuitas, instalóse en México, noviembre 4 de 1571, la Inquisición o Santo Oficio.

Cayó en manos de los dominicos, los que pasaron, por tal motivo, a compartir el dominio de la colonia con los infatigables jesuitas, que ya se habían encargado de dominar a los franciscanos y agustinos, en eterna discordia. El primer gran Inquisidor fué don Pedro Moya de Contreras, que era al mismo tiempo Arzobispo de México y Virrey de Nueva España, con lo cual pasó a ser el personaje más poderoso del Virreinato. La Inquisición estuvo perfectamente organizada. Acaparó, por confiscaciones y por derecho propio, grandes bienes. Constó de dos inquisidores y un fiscal, amén de un cuerpo completo de calificadores, alguaciles, familiares, escribanos y verdugos. Dispuso de dos clases de cárceles: una "secreta" para los acusados, y otra "perpetua" para los condenados. Procedía, como es sabido, en el secreto más absoluto y sin apelación de ninguna clase. Usó y abusó del tormento: el potro, la ingestión de agua, la rueda, "la vuelta de cabeza" que, según documentos oficiales, tenía "el riesgo de que hacía saltar los ojos".

Fácil es adivinar que aquel poderosísimo tribunal actuó como un eficaz organismo político que contribuyó a solidificar el poderío de los reyes de España y la hegemonía total de la Iglesia sobre los espíritus de la época. Nada acontecía en la Colonia sin su beneplácito o conocimiento previo. La delación, la traición, la calumnia: todas las armas fueron utilizadas para mantener la noche espiritual del Virreinato. La Inquisición se ejerció, sobre todo, contra los extranjeros que podían llegar a suelo mexicano, contra los indígenas de ciertos recursos que podían devenir en caudillos, contra los criollos enriquecidos y hasta, como ocurrió con dos sucesivos gobernadores de la provincia de Nuevo León, contra los mismos funcionarios peninsulares que se atreviesen a tomar alguna actitud contra el poder omnímodo de la Iglesia.

Innecesario es recordar que los tormentos y ejecuciones, incluso los repugnantes "autos de fe", se celebraban con grande solemnidad y aparato, públicamente, en la Plaza Mayor de la capital, con el consiguiente y saludable espanto para los espíritus levantiscos o librepensadores.

La Inquisición permitió, además, que existiese en México la llamada "censura eclesiástica", que entregaba al clero la resolución terminante de los libros, teorías o ideas que podían llegar a conocimiento de la sociedad colonial, castigando la introducción de libros científicos o filosóficos con las penas —muerte o tortura— con que se castigaban los delitos de herejía.

¿Necesitaba el clero mexicano sojuzgar mayormente las conciencias por medio de la enseñanza? Sin duda que no. Y tanto lo comprendió así que la enseñanza se reduce durante el coloniaje, como en toda la América, a la preparación de futuros sacerdotes y a diversos estudios teológicos y metafísicos. Al consolidarse la Conquista, los franciscanos abrieron un establecimiento célebre, el de San Juan de Tlaltelolco, y allí esparcieron la ciencia y el saber de aquel tiempo entre los indígenas nobles. Tales fueron los frutos, tan vivaz y rápida la inteligencia del indígena, tal la prontitud para aprender las letras y los latines, que pronto el colegio de Tlaltelolco sufrió el ataque del clero secular y hubo de ir reduciendo sus estudios y alumnado hasta decaer por completo. Pero de él salieron ingenios tan ilustres como el latinista Chimalpain y el celebérrimo historiador indígena Ixtlixochitl, a quien se deben los primeros materiales de la reconstitución del pasado precortesiano.

No sólo se acabó con aquel notable establecimiento, sino que "se estorbó a otros establecimientos de enseñanza para los indios". Prevaleció la opinión del Virrey Branciforte de que "a los indios les bastaba con aprender el catecismo". Y era lógico. La Iglesia, que no tiene más finalidad que sí misma, que busca en la enseñanza un mero sentido de proselitismo y defensa de sus intereses, no iba a cometer el error de multiplicar las escuelas para los sencillos indígenas. Y menos podía tener interés alguno en educar o instruir a los mismos indígenas a los cuales procuraba explotar en mejor forma y mantener bien sujetos usando de la superstición, el fanatismo, el engaño y hasta la consagración de ritos sacrílegos y prácticas idolátricas.

No es raro, pues, que en 1843, en la cumbre de su poderío económico, político y social, el clero mexicano mantenga sólo 21 escuelas, con 2.012 alumnos, en un total de 1.300 establecimientos educacionales de todo orden, con 60.000 educandos, que existían entonces en México. Cierto es que esos dos mil alumnos, hijos de españoles poderosos o criollos enriquecidos, eran los futuros sacerdotes, abogados y políticos de mañana. Bastaban y sobraban para asegurar el poder temporal del clero.

Le Reforma Liberal tuvo la virtud de incitar al clero a buscar un nuevo campo de dominación: la enseñanza. Ya en 1888, en carta pastoral, el Arzobispo de México se queja de "cuán descuidada se halla entre nosotros la católica instrucción de las clases humildes". Ello explica que en 1898, en la cúspide del porfirismo, el clero sostenga 276 escuelas, mientras los particulares financian 659 y el Estado mantiene abiertas 4.053.

El interés del clero por la enseñanza no tuvo, pues, nada de espontáneo. No hubo tal labor educadora, como tampoco la hubo evangelizadora, en los siglos del coloniaje. La Iglesia mexicana mira al campo de la instrucción pública sólo cuando ve en él, a partir de la Reforma, un poderoso instrumento para mantener su dominación cada día más difícil en las conciencias y los bolsillos mexicanos.

Lo que no obsta, ciertamente, para que se produzcan en la Colonia, dentro y fuera de los conventos, que para el caso monta lo mismo, espíritus tan excelsos como el de la encendida poetisa y teóloga Sor Juana Inés de la Cruz, el sabio enciclopedista Carlos de Sigüenza y Góngora, el dramaturgo Juan Ruiz de Alarcón, el historiador y polígrafo Fray Bernardino de Sahagún y, posteriormente, los padres Clavijero, Alzate y otros historiógrafos e investigadores.

Mas esas excepciones, con ser tan descollantes, destacan aún más la indigencia intelectual de aquella enseñanza, eminentemente escolástica y de clase, sometida al *magister dixit*, sin asomos de observación o experimentación científica, capaz solamente de producir expertos en la discusión silogística, cuando no metafísicos a la violeta, baratos teologizantes, poetas bucólicos o traductores del latín. La Universidad Pontificia de Ciudad de México los contó a centenares, pero, en cambio, no se advierten por parte alguna los nombres o las obras de los jesuítas o los sacerdotes educadores del indígena. Muchos son los nombres de hagiógrafos, biógrafos de obispos y arzobispos, historiógrafos de las Ordenes Religiosas, traductores de Virgilio y otros clásicos latinos, poetas eglógicos y pastoriles, críticos y hermeneutas, autores de sermones y cartas pastorales, homilías y glosas teológicas, pero no hay entre ellos ningún maestro, ningún educador, ninguno que difundiera la cultura con fines humanitarios o de progreso social. En cambio, como lo dijera en 1926 el periódico ultramontano "El Siglo Futuro", "salieron (de la Universidad Pontificia) ochenta y cuatro señores arzobispos y obispos, y muchos eminentes togados y hasta dos miembros de los Supremos Consejos de Indias y de Castilla, e infinidad de canónigos y dignidades".

SOBERBIA Y REBELDIA DEL CLERO COLONIAL

La Iglesia Católica fué a la vez médula y columna vertebral de la Colonia. El control de la tierra y el crédito, el dominio sobre los espíritus, la censura sobre los libros y hasta sobre las opiniones, el manejo de los establecimientos de instrucción: todo estaba en sus manos. Y sólo le faltó una sola cosa para ser ella misma, en un sentido literal, la sociedad del virreinato: el poder político.

Este no salió jamás de manos de los reyes. Extraordinario fué el poder de la Iglesia, tanto que a veces llegó a desafiar el de la Corona. Pero los reyes católicos cuidaron bien de asegurar sólidamente el dominio del Estado autocrático español sobre las tierras descubiertas y en trance de conquista. Recurrieron para ello, precisamente, a la única entidad que entonces legitimaba o no la captación o el ejercicio del poder público en los países llamados cristianos: la Iglesia Romana.

El Papa Alejandro VI (Rodrigo Borgia, padre de César y de Lucrecia) comenzó por conceder a los reyes de España todas las tierras que se descubriesen al Oeste de una línea trazada a cien leguas de las Islas Azores y el Cabo Verde, sin más títulos ni derecho de dominio que el de ser infieles los países descubiertos o conquistados según la histórica bula "De Noverint Universi". Mas, como el Imperio español estaba en su perihelio, el mismo Papa no trepidó en entregarle el manejo de la Iglesia en las Indias. Tal fué el Real Patronato por el cual (Bulas "Inter Coetera", de 4 de mayo de 1493, y "Carissimo in Christo", de la misma fecha) la Iglesia pasó a ser en el Nuevo Mundo un instrumento político de los monarcas de la península. Otros Papas confirmaron posteriormente el derecho de Real Patronato de la Corona española sobre la Iglesia colonial: Julio II, en la bula "Universalis Eclesiae", de 28 de julio de 1508; Clemente VII, en el breve pontificio de 9 de septiembre de 1534; y, dos siglos más tarde, en febrero y agosto de 1753, Benedicto XIV en las bulas "Cum Alias" y "Quam Semper".

El clero dejó de obedecer a Roma y pasó a ser un súbdito directo de los Austria y después de los Borbones. Todos sus actos de derecho público o privado estaban sujetos a la autorización expresa del rey de España. El lejano monarca era el único que podía fijar el límite de las diócesis; autorizar la construcción de iglesias, conventos y edificios destinados al culto; elegir y designar a los prelados, dignidades, curas párrocos, capellanes y sacristanes mayores (1); cobrar periódicamente los diezmos; aplicar los diezmos, esto es, fijar el porcentaje de su distribución entre la Corona, la Iglesia y el templo o curato interesado; determinar los aranceles de las obvenciones o derechos parroquiales; hacer jurar obediencia a las leyes y pragmáticas reales, antes de asumir sus cargos, a los obispos, arzobispos y dignidades; conceder autorización y licencia a los prelados para trasladarse a España, pues al clero menor le estaba estrictamente prohibido hacerlo; impedir a los eclesiásticos y monjes la organización de negocios o empresas con fines de lucro; conceder el pase o exequátur, por medio del Consejo de Indias, para que surtieran efecto canónico en tierras de América, a todas las bulas, breves pontificios y disposiciones del Vaticano; juzgar, encarcelar y remitir preso a España a todo eclesiástico que en público o privado censurase, criticase o comentase la autoridad real; y, como si aun fuera poco, impedir terminantemente al clero extranjero, de cualquiera otra nacionalidad que no fuese la española, que ejerciera el culto religioso en la Nueva España o disfrutase en ella de beneficios eclesiásticos de cualquiera categoría o monto.

¿A cambio de qué concedieron el Papa Borgia y sus sucesores tal suma de privilegios y facultades a la Corona hispana? Pues, a trueque de catolizar, de grado o a la fuerza, a los nuevos países; asegurar en ellos la hegemonía de la Iglesia Católica; garantizar a ésta una parte o el todo de los diezmos y las primicias,

---

(1) Esas y demás disposiciones relativas al Real Patronato se encuentran en la *Recopilación de Indias*, Libro Primero, Títulos VI, VII, XI, XII, XIII, XIV y XXVI, Leyes I. II, IV, IX, XVIII, XIX, XXXI, XLI y XLVI.

las limosnas y donaciones, las mandas, legados y demás formas de adquisición de bienes.

Era un intercambio de intereses, cuyas mutuas ventajas aseguraban por demás su mantenimiento al través de los siglos. Una vez más, y como siempre, la Iglesia de Cristo, de aquel que dijera al joven escriba que le siguió al otro lado del Tiberiades, a raíz de bajar de la montaña donde pronunciara su bellísimo sermón: "Las zorras tienen cavernas y las aves del cielo, nidos; mas el hijo del hombre no tiene dónde reclinar su cabeza" (Cap. 8, vers. 20, del Evangelio de San Mateo), pactaba con los dueños del poder político y no trepidaba, como en este caso, en entregar a ellos el manejo de su propia institución, aquella que el Nazareno fundara sobre una piedra. La Corona obtenía la consolidación de su poder político y de su temporal dominio sobre los espíritus; la Iglesia aseguraba su dominio espiritual sobre las almas, a la vez que su supremacía económica y su tranquila posesión de los cuantiosos bienes que produce la fe cuando se la administra bien. Lo uno por lo otro.

Pero lo que sí no resulta tan claro es la sumisión, casi absoluta, que demuestra el clero durante los tres siglos del coloniaje. Se somete casi por entero al Real Patronato. Y ello sólo es posible de explicar por una razón de dogma y otra de economía: siendo el Real Patronato de origen o cepa pontificio, no podía el clero mexicano, so capa de herejía, desobedecer al monarca o a sus representantes, esto es, al que encarnaba la autoridad espiritual del Pontífice; y, por otra parte, ninguna conveniencia podía haber para el clero en desobedecer a un poder político que, como el de los reyes de España, le había entregado el dominio absoluto sobre los espíritus y los dineros. Bien dijo al respecto el primer Obispo de México, Fray Juan de Zumárraga, cuando escribía a Carlos V en 1531: "Que no envíen a estas partes clérigos, si no fueren muy examinados en bondad de vida y suficiencia de letras, porque de no haberse hecho hasta ahora así y haberse enviado a las veces sólo por favor o por aprovecharlos en intereses temporales, se ha seguido muy poco provecho en lo espiritual; porque se ve a las claras que todos pretenden henchir las bolsas y volverse a Castilla..." Opinión que compartía ampliamente un contemporáneo ilustre del Obispo Zumárraga, el primer virrey de la Nueva España, don Antonio de Mendoza, justo, enérgico y prudente, quien dejó escrito, entre otras instrucciones a su sucesor, don Luis de Velasco el Primero: "Los indios estarían mejor sin clérigos... Los clérigos que vienen a esta parte son ruines y todos se fundan sobre intereses, y si no fuese por lo que S. M. tiene mandado y por el baptizar y por lo demás, estarían mejor los indios sin ellos..."

Mas, a pesar de tales considerandos, el clero mexicano dió, durante la Colonia, en corta escala, las primeras muestras de aquel espíritu de insurgencia y rebeldía que siglos más tarde lo harían célebre en el mundo entero. Se desgarró en bregas intestinas. Desoyó muchas veces la voz de los mismos Papas. Y hasta llegó, como en históricas ocasiones, a enfrentarse al mismo poder real.

Inolvidables son las luchas de las primeras órdenes religiosas que se disputan encarnizadamente el dominio de los espíritus indígenas y el goce de las riquezas del suelo. Franciscanos combaten contra agustinos. Dominicos contra jesuitas. Y todos ellos, en momentos determinados, contra el clero secular.

Sangriento fué el encuentro entre franciscanos y agustinos por el dominio de la rica comarca de San Juan Teotihuacán. Poseían allí un convento los franciscanos y como quisieran (1557) establecerse allí mismo los agustinos, que regentaban un convento a cuatro leguas del lugar, los primeros alzaron a la masa indígena contra los segundos. Y aun cuando éstos habían obtenido permiso del Obispo y el virrey, el populacho sublevado saqueó el convento de los agustinos, los expulsó de la región y quedaron triunfantes los franciscanos, sin más gastos que la inversión de 10.000 pesos de la época en el financiamiento de la revuelta, según afirmación de los viejos historiadores. Tan honda fué aquella rivalidad que los agustinos, al ser expulsados del pueblo de Ocoituco por orden de las autoridades eclesiásticas y civiles, juraron en público "volver a él, aun contra la voluntad del Obispo, y que si ponía frailes de San Francisco irían a echarlos a lanzadas".

Más graves fueron aún las riñas entre el clero regular y el secular, entre monjes y clérigos. Los primeros contaron siempre a su favor con el fanatismo de las masas indígenas; los segundos, con la protección de la autoridad. Ello se demostró cuando, en 1569, al celebrarse el día de la Asunción, los eclesiásticos quisieron oponerse a una procesión organizada por los franciscanos contra la voluntad del Obispo. Los indígenas lucharon junto a los frailes e "hicieron huir a pedradas y a españoles que los acompañaban, a pesar de que éstos sacaron las espadas. Hubo muchos descalabros, y aunque el virrey pretendió castigar a los revoltosos, hubo de desistir, por ser muchos los culpables", lo que hizo decir al historiador de aquel hecho, Fray Tomás de Torquemada, "de allí quedó averiguado y entendido lo que los frailes podían".

Pero un hecho que evidencia mejor las luchas intestinas del clero y el poder extraordinario del llamado regular, en este caso de los jesuítas, es la emocionante contienda entre la Compañía de Jesús y el Obispo de Puebla, Monseñor Juan de Palafox y Mendoza. Dejaremos la palabra al sólido escritor español Ramón J. Sender y al notable historiador mexicano Alfonso Toro (1), quienes dicen: "Tuvo origen en el litigio que seguían por una hacienda. Molesto el Obispo de Puebla por las descortesías y ataques de los jesuítas, exigió a un predicador de la Compañía de

---
(1) RAMÓN J. SENDER: *Ob. cttada.*

Jesús que exhibiera las licencias que le autorizaban para usar del púlpito. Sus superiores le previnieron que no las presentara, y como a pesar de la orden recibida el jesuíta predicó, el Obispo dió un decreto excomulgando a todos los jesuítas que predicaran en su diócesis y a los que asistieran a sus sermones. Los jesuítas nombraron jueces conservadores de sus privilegios, los cuales ordenaron que el Obispo levantara sus excomuniones; pero el prelado se negó, y entonces los jueces excomulgaron a Palafox. Este, al conocer el acuerdo tomado contra él, se vistió de pontifical el día 5 de junio de 1647 ante un concurso grandísimo de fieles reunidos en la Catedral y anatematizó a Fray Juan de Paredes y a Fray Agustín Godínez, que habían sido dichos jueces, saliendo los prebendados del coro con lobas negras y con velas encendidas en las manos, y al tiempo que tocaban a entredicho y el Obispo lanzaba sobre ellos las maldiciones de ritual, los prebendados apagaban las velas en el agua bendita y las tiraban al suelo, pisoteándolas, para dar a entender que así como aquellas luces se apagaban, las almas de los excomulgados se obscurecerían en el infierno, y que del mismo modo que habían sido arrojadas las velas, los réprobos quedarían expulsados del seno de la Iglesia".

El conflicto terminó con la victoria de los jesuítas. Intervino el virrey, pero el Obispo Palafox prefirió abandonar su diócesis antes que ceder un punto o reconciliarse con los jesuítas. El Papa falló a favor del Obispo, pero ello vino cuando éste, pobre, envejecido y olvidado, esperaba la muerte en un pueblecillo donde le confinara el rey de España.

Ninguno de estos hechos, pese a su significación, tiene, empero, la importancia de un conflicto celebérrimo que se suscitara en 1622 entre el clero mexicano y la Corona española, vale decir entre el Arzobispo de México, Monseñor Fray Juan Pérez de la Serna, y el virrey Marqués de Gelves y Conde del Priego, apellidado don Diego Carril de Mendoza y Pimentel.

Era el virrey persona severa e inflexible que había amonestado varias veces al Arzobispo por su "inmoderada codicia", y éste, "hombre vengativo, áspero y dominante", esperó una ocasión de vengarse del virrey. Esta se presentó con motivo de una futileza de orden jurídico. El Arzobispo se apresuró a excomulgar al virrey. El Marqués apeló ante el Legado Pontificio, "alegando que, como representante del rey, no podía ser excomulgado", y el Legado ordenó que se levantara la excomunión. No obedeció el violento Arzobispo. Y al virrey no le quedó más medio, para reducirlo, que ordenar el embargo de las rentas episcopales.

"Furioso el prelado —dejaremos la palabra a Alfonso Toro (1)—, se presentó personalmente ante la audiencia, seguido del populacho, y declarando que no se movería de allí sino hasta que se le despachara favorablemente. La audiencia le previno que se retirara a su palacio, y como no obedeciera, ordenó que se le aprehendiese y desterrase del reino.

"Entonces el Arzobispo recurrió a las armas de la Iglesia, tan poderosas entonces, y puso la ciudad en entredicho, ordenando cesación a divinis. Los lúgubres toques de las campanas anunciando esta pena excitaban a los fanáticos, que creían que con el destierro del Arzobispo caerían males sin cuento sobre la ciudad. Entonces los oidores, espantados, ordenaron la vuelta del prelado. Este marchaba a pequeñas jornadas, seguro de ser puesto en libertad de un momento a otro. Al llegar a San Teotihuacán, con un pretexto cualquiera, se escapó de sus guardianes, entró a la iglesia, cogió una hostia en las manos, y allí permaneció frente al capitán que lo tenía prisionero, y que no se atrevía a tocarlo, temeroso de cometer un sacrilegio, hasta que acudió el pueblo, libertó al Arzobispo y aprehendió al capitán, que estuvo a punto de morir asesinado.

"Entretanto, el populacho de la ciudad de México se amotinaba a los gritos de: "¡Abajo el luterano!

---

(1) ALFONSO TORO: *"La dominación española"*.

¡Muera el hereje! ¡Viva la fe de Jesucristo! ¡Viva la Iglesia!" El virrey, a instancias de varias personas, convino en revocar sus órdenes contra el Arzobispo, y todo parecía concluido, cuando la multitud comenzó a apedrear el palacio virreinal, por lo que el Marqués de Gelves ordenó se hiciera fuego contra ella, lo que sólo sirvió para acrecentar el motín.

"El virrey en aquellos tiempos no disponía de más fuerza militar que su guardia de alabarderos, y todo su poder era moral, por lo que el de Gelves mandó enarbolar el pendón morado de los reyes de Castilla. La multitud se contuvo de pronto al verle; pero un fraile apellidado Salazar cogió una escalera, arrancó el estandarte de su asta, y la multitud enfurecida pegó fuego al palacio y puso libre a la prisión, viéndose obligado el virrey a salir de incógnito y refugiarse en San Francisco.

"Entretanto, el Arzobispo volvía triunfante en medio de los vítores del populacho, dejando muy mal parada a la autoridad virreinal.

"Al saberse en España estos graves acontecimientos se ordenó al Inquisidor de Valladolid, don Martín Carrillo, que viniera a México como Visitador, a abrir una averiguación. Pero después de iniciados sus trabajos, hubo de informar a la Corte que el clero era el autor del motín, que de seguirse un proceso era menester castigar a toda la población."

No obstante eso, dos años más tarde el belicoso Arzobispo era remitido a España, encadenado, en calidad de reo, por haber contravenido la expresa prohibición (Ley XLVI, Título VII, Libro 1.o de la Recopilación de Indias) de emprender negocios o empresas de lucro personal. Sin embargo, la gravedad del hecho, el clero que se levanta contra el Estado apenas éste pretende hacerlo obedecer, es sintomática en aquel siglo y da la clave de posteriores actitudes igualmente rebeldes.

Mucho costó a la Corona, a pesar del Real Patronato, domeñar a ese clero al cual era preciso estar continuamente reglamentando (ya se ha visto lo que ocurrió en el terreno del dominio agrario y el latifundismo religioso), ya fuere disponiendo un censo anual de sacerdotes y frailes, ya impidiéndoles ejercer su ministerio sin permiso especial de las autoridades, ya que se prefiera a los clérigos sobre los frailes en la provisión de los curatos. Pero todo esto es letra muerta en la mayoría de los casos. Los reyes españoles no pudieron vencer jamás aquella oposición silenciosa y obstinada del clero mexicano a encuadrarse dentro de las disposiciones dictadas por la Corona.

Esta lucha entre los Reyes y el clero, sorda y subterránea siempre, se manifiesta a veces, como en el conflicto Gelves-Pérez de la Serna, con extraordinaria violencia o se traduce en medidas drásticas que toman los monarcas para sofrenar las ambiciones del clero, limitar su codicia y su enriquecimiento o reducirlos vanamente al reino de lo espiritual. Pero ello no lo hacen los Austria, los Habsburgo fanáticos y conquistadores, sino los Borbones, con cultura francesa e inquietudes filosóficas, que se muestran más autócratas que los Austria en la administración de Ultramar, pero que, en cambio, tratan de lograr —mediante la elección de sus virreyes y la reforma de prácticas administrativas e incluso de la enseñanza misma— un mejor progreso y una mayor estabilidad social de las riquísimas colonias de allende el océano.

No trepidan, para ello, en enfrentarse resueltamente, usando del Real Patronato corroborado por Benedicto XIV en las bulas "Cum Alias" y "Quam Semper", al poder omnímodo de la Iglesia. Así es como resucitan una disposición de los Austria, basada en el antiguo fuero de Alfonso VIII, de Cuenca, por el cual se prohibía vender bienes raíces a clérigos o monjes. Así es como, en marzo de 1763, Carlos III resuelve que "por ningún caso se admitan peticiones de manos muertas, para la adquisición de bienes, aunque vengan vestidas de la mayor piedad y necesidad". Así el mismo rey, cuando, cuatro años más tarde, hace expulsar a los jesuítas. Así Carlos IV, que enajena los bienes de obras pías en 1798. Así el mismo monarca, cuando, en 1801, hace vocear en todo México aquel bando en que reprende severamente a los sacerdotes que inducen a los moribundos o a los vivos, con interesadas sugestiones, para que los constituyan herederos de sus bienes. Así, por último, aquel mismo Carlos IV, cuando dictara, el 26 de diciembre de 1804, esa histórica Real Cédula que enajenó todos los bienes de obras pías pertenecientes a la Iglesia, en estos términos: "Y por los motivos que en él se expresan, mandé enajenar los bienes raíces pertenecientes a obras pías de todas clases y que el producto de sus ventas y el de los capitales de censos que se redimiesen o estuviesen existentes para imponer a su favor, entrase en mi Real Caxa de Amortización con el interés anual del tres por ciento, y la especial hipoteca de los arbitrios destinados". Y así, también, cuando, en septiembre de 1813, las Cortes de Cádiz nacionalizan los bienes de la Inquisición para proseguir la guerra contra el invasor francés, lo que siete años más tarde, en junio de 1820, confirma el catolicísimo monarca Fernando VII declarando "que continúen aplicadas al pago de la deuda nacional todas las rentas, acciones y derechos de la extinguida Inquisición en toda la monarquía..."

El Papado romano, como ya se vió al estudiar el latifundismo colonial, tampoco se queda atrás en la pugna con este clero cada vez más rico, más rebelde, más amenazador. Pablo III y Clemente VIII decretan la excomunión "ipso facto incurrenda" para los clérigos o frailes que se apoderen de las tierras de los indios, y los Papas Inocencio XIII, Benedicto XIII y Benedicto XIV legislan también contra la conducta desordenada y el afán de riquezas del clero de Nueva España.

Todo ello no pudo, sin embargo, acabar nunca con aquella tenaz rebeldía del clero mexicano a sujetarse a ninguna autoridad cuando se trataba de sus bienes o de sus prerrogativas. Siempre se opusieron a la autoridad virreinal, sobre todo en la época de los Austria, cuando éstos quisieron impedir la expoliación y el maltrato de los indígenas. Es dramático el caso narrado por el Arzobispo Pérez de Montúfar en carta dirigida al rey de España: los frailes de un convento se apoderaron de las varas de justicia de unos oidores que quisieron reprenderlos y las rompieron públicamente en señal de desobediencia a la autoridad de la Audiencia, "y como el Fiscal le dijera al virrey que por qué sufría tales desacatos, y que qué más quería que hiciesen, éste le contestó: —No queda sino que con los pedazos de las varas me den a mí de palos". Y ello ocurría, porque los frailes se estimaban "curas por gracia y no por obligación, por lo que, llegado el caso, así como el monje desobedecía al Obispo, también lo hacía el clérigo desde el momento en que el mismo Obispo o prelado negaba al Papa o al rey, según se tratase de asegurar una recaudación de rentas o conservar un privilegio de orden religioso" (1).

Esta soberbia e indisciplina del clero no pueden sorprender si se echa una mirada a su increíble poderío económico. Se han citado ya algunos testimonios tan elocuentes como el del historiador católico, prohombre del clericalismo mexicano de 1830-60, don Lucas Alamán, que estima la riqueza del clero, al terminar la Colonia, en más de la mitad de los bienes totales del país. Aquel historiador manifiesta que "cada juzgado de capellanías, cada cofradía, era una especie de banco", agregando que "el tráfico de dinero, el total de fincas y de créditos otorgados sobre las ajenas en hipoteca, suman más de la mitad de la riqueza del país".

El clero amasó la base de aquellos capitales en menos de un siglo, aprovechando la ultimación de la Conquista y las facilidades extremas para apoderarse de la tierra y demás bienes raíces que encontró la Iglesia en el período de la "cristianización" de los indí-

---

(1) J. Pérez Lugo: *"La cuestión religiosa en México"*. — Imprenta Cuauhtémoc. — México D. F. 1927.

genas, constitución de las "encomiendas" y creación de los primeros latifundios. Ello se revela claramente en una petición, histórica, que dirigiera el Ayuntamiento de Ciudad de México, en 1644, al monarca Felipe IV, solicitando con apremio angustioso que no permitiese abrir más conventos, ni ordenarse más frailes, ni decretarse mayor número de festividades religiosas, porque a ese paso, "si no se pone remedio, pronto serán dueños de todo".

Aquella situación fué en rápido crescendo, pese a las limitaciones impuestas por los monarcas de la Casa de Borbón. El clero, imposibilitado para adquirir directamente mayores extensiones de tierras, comenzó a proporcionar sus capitales a título de "imposición", esto es, de préstamo o hipoteca sobre la tierra, con lo cual, además de controlar el crédito del país, terminó de incautarse del escaso suelo que aun no le pertenecía. No es raro, pues, que los jesuítas poseyeran 123 gigantescas haciendas en el momento de ser expulsados; que existieren en el siglo XVIII cuatrocientos conventos y otras tantas "doctrinas"; que sólo en la provincia de México se contaran mil iglesias; que las rentas obtenidas por capítulo de capitales "impuestos" ascendieran a 123.000 pesos anuales en el Arzobispado de México, 110.000 en el de Puebla, 90.000 en el de Guadalajara y a 100.000 en el de Valladolid, actual Morelia.

Un estudioso e historiador, el doctor José María Luis de Mora, afirmaba en 1824 que la riqueza de la Iglesia mexicana, al advenir la Independencia, era de 179 millones de pesos que producían una renta anual de 7,5 millones de pesos. Otros historiadores, Alejandro de Humboldt entre ellos, la hacen pasar de 200 millones. Algunos afirman que excedían de los 300 y llegaba tal vez hasta los 400 millones. Lo más probable, buscando un promedio estimativo, es que la fortuna total del clero ascendiera en 1810 a 260 millones de pesos de la época, es decir, a cerca de seis mil millones de la actual moneda mexicana, lo que traducido a la actual moneda chilena viene a ser algo así como cuarenta y dos mil millones de pesos.

Pero no vaya a creerse que todo el clero de la época vivía una vida regalada y fácil. La jerarquía eclesiástica no lo habría permitido. La Iglesia Romana ostenta en mayor grado que otras instituciones filosófico-comerciales, sus príncipes y sus proletarios, sus grandes señores y sus humildes siervos. El clero mexicano de los términos de la Colonia se caracterizaba, precisamente, por la honda y enconada división de clases que en él existía. Los prelados, dignidades y congregaciones absorbían casi toda aquella renta anual que el doctor Mora calculaba en siete y medio millones de pesos y sin duda no bajaba de diez. Arzobispos y Obispos amaban la suntuosidad y el lujo. El bajo pueblo eclesiástico vivía a pan y agua en los curatos rústicos, perdido en las montañas o las soledades, sin aliciente ninguno y sin expectativas de un pasar decente o un bienestar mínimo. Ello es fácil verlo comparando los emolumentos de los trabajadores y los de los príncipes de la fe; mientras el cura campesino, casi siempre mestizo o por lo menos criollo, nunca ganaba más de trescientos pesos al año, el Arzobispo de México percibía, sin contar prebendas y otras granjerías, 130.000 pesos de sueldo al año. Y no era un caso extraordinario. El Arzobispo de Puebla percibía un sueldo de 110.000 pesos anuales; el de Michoacán, uno de 100,000; el de Guadalajara, 90,000, el de Durango, 35.000; el de Yucatán, 20.000; el de Oaxaca, 18.000.

Aquel alto clero, español en su totalidad, empurpurado e insolente, era la expresión más definida de la teocracia oligárquica que dominara a la Nueva España durante tres siglos. El bajo clero representaba, en cambio, con vívidos colores, la clase dominada que entregaba su sudor y su esfuerzo por un mendrugo y un mal lecho. En ese contraste, como en muchos otros de aquel gran claroscuro que fuera la sociedad colonial, latía una de las semillas de la futura Independencia.

EL CLERO CONTRA EL ESTADO EN LA REPUBLICA

La Independencia marca una lucha de clases en el clero mexicano y, al mismo tiempo, es el primer indicio de lo que será, un cuarto de siglo después, la iniciación de la pugna entre la Iglesia y el Estado, que sólo terminará bajo Porfirio Díaz, con la victoria pírrica de la primera.

El cura de Dolores, don Miguel Hidalgo y Costilla, ideólogo y soñador, representante característico del pequeño clero rural, es un símbolo humano de la lucha que se traba entonces y de la que se adivina en el horizonte. Sus compañeros, Morelos, Matamoros y tantos otros, curas todos, también lo son. Siguen a Hidalgo y después a Morelos, confundidos entre los indios y los peones, numerosos sacerdotes que pelean contra el alto clero, símbolo a su vez de la monarquía española. El clero bajo encarna, mejor que nadie, en cuanto a clase, el espíritu de la Independencia. El alto clero, a su vez, es rabiosamente realista y demuestra una ferocidad y un rencor muy poco evangélicos cuando se trata de perseguir a los rebeldes, a los insurgentes que, en este caso, traducen un movimiento que aspira, confusamente, tal vez sin advertirlo, a derribar los seculares privilegios de la Iglesia en cuanto a clase dominante y favorecida.

Admira verificar cuánto odio demostraron los prelados de aquel tiempo contra el iluminado cura de Dolores, el napoleónico párroco de Carácuaro o el joven sacerdote Matamoros. A todos ellos los excomulgaron y persiguieron con saña nada ejemplarizadora. Aplaudieron los fusilamientos sucesivos de Hidalgo y de sus compañeros, y se apresuraron, en público, a degradarlos eclesiásticamente con anterioridad.

Asombra leer la excomunión que contra Hidalgo y sus camaradas lanzara el Obispo de Michoacán, aquel mismo Monseñor Abad y Queipo que con tal dureza y realismo fustigara el estado social de la Colonia. Además de sacrílegos y perjuros, los declaró "excomulgados vitandos, prohibiendo como prohibo el que ninguno les dé socorro, auxilio y favor, bajo pena de excomunión mayor "ipso facto incurrenda", sirviendo de monición este edicto, en que desde ahora para entonces declaro incursos a los contraventores. Asimismo exhorto y requiero a la porción del pueblo que traen seducida, con títulos de soldados y compañeros de armas, que se restituyan a sus hogares y le desamparen dentro del tercer día inmediato al que tuvieren noticias de este edicto, bajo la misma pena de excomunión mayor...". Días más tarde, el 11 de octubre de 1810, el Arzobispo de México, doctor don Francisco Javier de Lizana y Beaumont, declaraba válida y legítima la excomunión lanzada por el Obispo de Michoacán, aun no reconocido por el Papa, en una pastoral hipócrita y cautelosa, extraordinariamente parecida, como lo dice Tristán Maroff (1), al lenguaje que hoy emplean, en periódicos y tribunas, los "defensores del orden constituído".

El resto del clero no tardó en seguirlo. Los frailes del Colegio Apostólico de Pachuca solicitaron ir a hacer campaña realista en los pueblos. En octubre, en la ciudad de Puebla, el clero manifestó su adhesión al rey en un Acta histórica. En marzo de 1811, el Cabildo Metropolitano de México exhortaba a todos los sacerdotes a ponerse del lado del rey.

Porque como el clero estaba dividido y las excomuniones iban y venían, como los frailes realistas y los curas patriotas se anatematizaban mutuamente y el indígena o el pueblo bajo no sabía dónde estaba la verdad divina, el problema pudo haber sido muy se-

---
(1) T. Maroff: *"México de frente y de perfil"*.

rio para el alto clero, y de allí ese empeño en denostar, calumniar, envilecer y acorralar a Hidalgo, Morelos, Matamoros y demás caudillos insurgentes.

Al que más persiguiera fué al cura Hidalgo, católico fervoroso, que alzó a la Virgen de Guadalupe como enseña revolucionaria, temible polemista, conocedor de los Evangelios, docto en Teología y en latines. Hidalgo supo contestar a las excomuniones lanzadas en su contra con viriles protestas y, entre ellas, con un manifiesto dirigido a los pueblos, que sonó a clarín de guerra y a trompeta de Jericó en los oídos de Monseñor Lizana y Beaumont y los restantes grandes duques de la Iglesia colonial: "¡Abrid los ojos, " americanos! —exclamaba el animoso cura—; no os " dejéis seducir de nuestros enemigos; ellos no son " católicos, sino por política; su Dios es el Dinero; y " las conminaciones sólo tienen por objeto la opre" sión. ¿Creéis, acaso, que no puede ser verdadero ca" tólico el que no esté sujeto al clero español?..."

La lucha fué corta entre fuerzas tan desiguales. Hidalgo hubo de interpretar un momento especialísimo en la historia mexicana. Al frente de sus cien mil hombres, y después de triunfar en el Cerro de las Cruces, pudo haber tomado la capital y hecho cambiar, tal vez, el curso de los sucesos. Pero el poder del clero realista, del alto clero, era formidable. Gravitó con todo su peso sobre uno de los platillos de la balanza, la causa del rey, que era la causa de sus intereses y sus privilegios, y la victoria no tardó en sonreírle. Primero Hidalgo, después Matamoros, en seguida Morelos: todos fueron cayendo en el plazo de cinco años. La insurrección siguió ardiendo, aquí y allá, como un fuego fatuo. Pero ya estaba ahogada la causa de la libertad política. Y lo estuvo hasta el momento en que el clero, siempre en defensa de sus bienes y preeminencias, comenzó a mirar con simpatía hacia la Independencia.

Los sucesos de España determinaron este cambio fundamental de actitud, que, por lo demás, estaba condicionada ya por la hegemonía económica y social que ejercía el clero sobre aquella sociedad casi totalmente fanatizada aún. La monarquía borbónica se había tambaleado al choque poderoso de Napoleón Bonaparte. Verdad es que Fernando VII se sentaba en el trono del tímido y degenerado Carlos IV; pero ya surgían vientos liberales desde todos los ámbitos españoles. La nueva Constitución hispana, impuesta a raíz de la sublevación del Coronel del Riego, consultaba la supresión del fuero eclesiástico, la rebaja de los diezmos, la reglamentación de algunas Ordenes religiosas. El clero mexicano consideró con espanto la posibilidad de que tales reformas se implantaran, cual era inevitable, en tierras de Nueva España. Y entonces, como ocurriera en la Colonia cada vez que fueron tocados sus bienes o sus prerrogativas, no tardó en organizar la rebelión.

La experiencia de la lucha contra los insurgentes estaba muy cercana. La Iglesia probó allí sus fuerzas, su cohesión, su capacidad económica, hasta su vigor guerrero. Había logrado dominar el formidable levantamiento de peones, indios, castas y mestizos que capitaneara don Miguel Hidalgo y Costilla, al cual motejara de hereje, luterano, judaizante, cismático, negador de la venida del Mesías y la virginidad de María. Lo había llevado al patíbulo, como a Morelos y a Matamoros, como a Fray Melchor de Talamantes que muriera en un calabozo, cargado de cadenas, después de varios meses sin ver la luz del sol y sin apenas recibir alimento. Había salido a los mismos campos de batalla; opuesto al caudillismo arrastrador de Hidalgo y el genio militar de Morelos, la acción armada de curas guerreros y feroces como Fray Francisco Bringas, del Colegio de la Cruz de Querétaro; el activo Padre Diego Bear; el Comandante de las Milicias de la Huasteca, R. P. Pedro Alcándara Villaverde; el belicoso Cura Pini de Tirindiro, y el capellán seráfico Fr. Pascual Alarcón, que en Acuitzo mataran por sus propias manos algunos insurgentes.

El clero mexicano abarcó de una sola ojeada el horizonte tentador que se extendía ante sus ojos: liberado del Real Patronato, emancipado del férreo yugo de la Corona española, distanciado en absoluto del Papado romano, sería libre, absolutamente libre, amo y señor de una sociedad ignorante, cuyo espíritu manejaba a su antojo y cuyo control económico y financiero estaba totalmente en sus manos. Nunca una institución ha sido más fuerte en la historia de un país. La Independencia de México, planeada y dirigida por él, significaba al clero mexicano la culminación del sueño centenario del poder absoluto: político, espiritual, económico, social. ¿Quién podría oponerse a la omnímoda voluntad de este clero que nunca soportó del todo el humillante Patronato obtenido por los Reyes Católicos? Nadie, nadie que no fuera el destino, la obscura ansia de progreso, la débil corriente de lo que ya se llamaba el liberalismo, de cepa filosófica y racionalista, inspirado románticamente en los ideales alcanzados a costa de tanta sangre en la Plaza de la Grève, en el París del Terror.

Y fué el mismo clero que combatiera con tanto ardor y violencia a la Independencia, el mismo quien, seis años más tarde, maniobrara ocultamente para obtenerla en provecho propio. Organiza la llamada "Conspiración de la Profesa". Se atrae a un militar valiente y brillante, el criollo Agustín de Iturbide, coronel realista que se distinguiera en la persecución de los patriotas. Logra, por medio del arrogante militar, reducir al irreductible Vicente Guerrero en sus montañas del Sur. Logra que sus intereses, los de la Iglesia Católica, figuren bajo el rubro de la "religión" en las "tres garantías" que sirvieran de base al Plan de Iguala. Maneja a la Regencia transitoria que antecede al imperio de Iturbide y apoya a éste con todas sus fuerzas, apenas el caudillo comenzó a gobernar para sí propio, persiguiendo a los antiguos patriotas y a los liberales embrionarios, sin darse cuenta de que sólo gobernaba para la antigua clase dominante colonial y, sobre todo, para la Iglesia omnipotente y todopoderosa.

Es entonces cuando, 4 de marzo de 1822, arranca sorpresivamente, de una plumada, la anulación del Real Patronato. Aprovechándose de una imprudente consulta al Cabildo Metropolitano, declara estar sólo sujeta a la autoridad del Papa y se emancipa del Patronato, que, desaparecida la Corona, correspondía, jurídicamente, a la nación mexicana.

Cae al poco tiempo, envuelto en una ola de odio y desprecio, Agustín de Iturbide, el primer militar mexicano que llegara al poder en brazos de las ideas avanzadas y se entregara en él al conservantismo clerical y terrateniente. Desde entonces comienza la acción del clero en la política. La Iglesia es el núcleo ideológico del movimiento centralista, conservador, colonialista, con aspiraciones a una monarquía teocrática. Actúa decisivamente en aquellos años en que se forja la nacionalidad. Derriba al General Guadalupe Victoria y lleva al patíbulo al noble insurgente Vicente Guerrero. Alza caudillos como Bustamante y Paredes y pone sus ojos en un general todavía joven, audaz y brillante, Antonio López de Santa Anna, jefe militar de las filas federalistas o liberales, que pronto llega a la suprema magistratura de la nación y ha de actuar en primer plano de la política mexicana durante más de veinte años.

Pero en 1833, y habiendo sido elegido Presidente de la República el General Santa Anna, todavía indeciso entre el federalismo y el centralismo, la izquierda y la derecha de aquel entonces, la Iglesia sufre las primeras consecuencias de su intervención en la política. Ha producido la Independencia, pero no logra ocultar sus deseos de predominio y conservación del régimen colonial. Tampoco disimula su antipatía a la República. Y si bien se opuso resueltamente al Papa León XII, que pretendió obtener de la Iglesia la sumisión a Fernando VII, cuando ya había triunfado el Plan de Iguala, maniobra para conseguir un predominio absoluto sobre el Estado. Con ese fin se ha opuesto con todas sus fuerzas a los masones yorkinos o federalistas, de tendencia democrática y republicana, y convertídose en el alma de la corriente reaccionaria o centralista. Ha tomado, pues, abiertamente parte en la lucha. Y el liberalismo no tarda en ir contra sus privilegios y su inmenso poderío económico.

Corresponde al Vicepresidente Gómez Farías la gloria de haber planteado, el primero, el problema de la autonomía del Estado frente a la Iglesia. En 1833, y durante un Gobierno efímero, niega el exequátur a unas bulas papales, con el fin de reivindicar para la nación el derecho de Patronato; rehusa la fuerza pública para el cobro de los diezmos y para el cumplimiento coercitivo de los votos monásticos; declara ilegales las enajenaciones de bienes del clero regular; clausura el viejo colegio clerical de Santos; seculariza las misiones de California; suprime la Universidad Pontificia y la reemplaza con una Dirección de Instrucción Pública, que escandaliza al conservantismo mexicano. Por último, aguijoneado por su Ministro de Hacienda, el hábil financista Lorenzo de Zavala, Gómez Farías osa plantear la supresión de los fueros eclesiásticos y militar y hasta la "desamortización" de los bienes llamados de manos muertas.

El clero responde inmediatamente con el pronunciamiento de Cuernavaca, que derriba a Gómez Farías de la Presidencia, con el asentimiento de Santa Anna, el Presidente titular. Este toma el mando al son de las campanas de los templos. Deroga todas las disposiciones de Gómez Farías y forma un Ministerio en que la cartera de Justicia está en manos del Obispo de Michoacán. Se celebra un tríduo —6 a 8 de julio de 1834— en acción de gracias al Santísimo Sacramento. Y el Cabildo Metropolitano dice a los fieles, refiriéndose a Santa Anna: "Su memoria será eterna
" y agradecida hasta la consumación de los siglos...
" Su nombre lo celebrarán todas las generaciones, y
" lo alabarán los ancianos y los jóvenes, las vírgenes

" y los niños" (1). Al mismo tiempo, un periódico clerical, "La Lima", despide así al desterrado Gómez Farías: "Atrajo, cual ominoso cometa, el cólera y la "miseria; la inmoralidad y la tiranía; el espionaje y "la traición; la ignorancia y el sacrilegio; la exal- "tación de los delincuentes y la depresión de los hon- "rados; el triunfo de la canalla soez y el abatimien- "to de la porción escogida; el terror y el luto de las "familias; las proscripciones, el llanto, la muerte ba- "jo mil y más formas horrorosas" (2).

Esta escogida literatura demuestra hasta qué punto era evangélico el clero mexicano en aquel entonces. Y también cuán justo y ecuánime. A uno, a un jurisconsulto intachable como Gómez Farías, de acrisolada honradez y ejemplar vida privada, lo despedía con el más escogido lodo de sus sacristías. Al otro, a un general sin escrúpulos, lo saludaba en términos de bíblica loa. Al uno, porque amenazó por un momento sus intereses, llevado de su amor al progreso y a la patria mexicana. Al otro, porque supo defenderlos y ello convenía a sus personales ambiciones.

Adviene entonces un triste período de la historia mexicana en que la Iglesia tiene casi el control completo del Estado. Pronto abandona a Santa Anna apenas éste se cubre de ridículo y deshonor en la guerra de Texas (1835) y en las escaramuzas con Francia (1838), conflictos armados en los cuales la Iglesia, primer y casi único capitalista del país, se negó a proporcionar un solo centavo para la defensa de la dignidad y el territorio nacionales. Continúa el clero haciendo el juego de los caudillos. Alza a unos y derriba a otros. Apoya nuevamente a Santa Anna en los momentos en que éste torna a apoderarse del poder, pero pronto le hace oposición apenas el caudillejo prohibe la venta de objetos eclesiásticos, pide al clero que se le entregue el resto de un préstamo hecho a su antecesor, Bustamante, e inspira la elaboración de una

---
(1) Ramón J. Sender: *Ob. citada*.
(1) Tristán Maroff: *Ob. citada*.

nueva Constitución que se atrevía a no permitir que se molestase a los ciudadanos por sus opiniones. Inmediatamente el clero promovió el levantamiento de Huejotzingo, atemorizó a Santa Anna y logró el nombramiento de una Junta clerical que redactará una nueva Constitución. Restablecióse la Compañía de Jesús en ocho Estados. Hiciéronse rogativas en los templos para que Dios iluminase a los nuevos legisladores.

Pero la nueva entrega de Santa Anna al clero, a la par que su despótico sentido del Gobierno, provocaron un movimiento revolucionario, dirigido por el General José Joaquín Herrera, católico moderado, que veía venir el conflicto con los Estados Unidos y quería salvar a su país del desastre. Mas el clero se lanza nuevamente a la revolución, soborna al jefe del ejército que, con ingentes sacrificios, se había logrado reunir en la frontera para oponerse al paso del ejército norteamericano, ya en pie de guerra y listo para la invasión. Aquel jefe, Mariano Paredes y Arrillaga, derriba al general Herrera, se apodera del poder, se somete incondicionalmente al clero, que le proporciona dinero a un interés exorbitante y hace las primeras gestiones oficiales, aconsejado por la Iglesia, para ofrecer el trono de la futura monarquía mexicana a un príncipe español.

El tenaz Santa Anna, convertido esta vez en liberal, conspira contra Paredes. Logra derribarlo y se hace elegir Presidente de la República. Lanza un manifiesto censurado acremente al clero. Restablece la Constitución de 1824, liberal y democrática, para atraerse al pueblo. Lleva a la Vicepresidencia a su deportado de doce años antes, el íntegro liberal Valentín Gómez Farías. Y se dispone a enfrentarse a la invasión norteamericana.

Queda en la capital, encargado del mando, Gómez Farías. Los norteamericanos, que ya se apoderaron de Texas y el Noroeste del país, sitian ahora a Veracruz. La situación es desesperada. Santa Anna pide refuerzos, tropas, víveres, armamentos. No hay dinero ni manera de obtenerlo, salvo que se le pida a la Iglesia para que contribuya a salvar a México de la ocupación de tropas que, como las norteamericanas, ni siquiera son católicas.

Gómez Farías solicita un préstamo del clero. Este lo niega, primero con subterfugios y después abiertamente. Ante la inminencia del peligro —la caída de Veracruz y el avance norteamericano sobre la capital—, Gómez Farías decreta la ocupación de algunos bienes eclesiásticos y la contratación de un empréstito de cinco millones, con la garantía de los bienes eclesiásticos. Días después, el 27 de febrero de 1847, se sublevan los regimientos Victoria e Independencia, compuestos por milicianos reclutados entre profesionales, rentistas, propietarios y comerciantes, conocidos con el nombre de "polkos" o "soldaditos de ¡ay, mamá!". Los polkos, cargados de medallas y escapularios, luchan durante veinte días en las calles al grito de "¡Muera Gómez Farías!" "¡Mueran los puros!" Corre la sangre por avenidas y arrabales, mientras cae Veracruz sin recibir auxilio de ninguna especie.

Regresa apresuradamente Santa Anna a la capital y una vez más se entrega al clero. Ahoga la revuelta y le pone muy sencillo término: suprime por decreto la Vicepresidencia, deroga las dos disposiciones de Gómez Farías que lesionaban el bolsillo del clero, restablece el "orden público" y recibe en pago, junto con nuevas loas bíblicas, dos millones de pesos que la Iglesia le proporciona sin garantía ni interés, para continuar la guerra contra los EE. UU.

El resultado final de ésta no importaba tanto al clero como la conservación total de sus bienes y privilegios. Por eso recibe a los invasores cordialmente y colabora en la derrota total de los mexicanos, que significó para el país la pérdida de más de la mitad de su territorio. Cae Santa Anna y el clero vuelve a tener un rol predominante. Maneja, desde lejos, las administraciones de De La Peña, Herrera y Arista y pretende la instauración de una autocracia sujeta al poder eclesiástico. Por desgracia para él, la conciencia liberal ha ido ganando nuevamente terreno y nunca falta algún matiz o intentona de liberalismo en esos sucesivos Gobiernos. El clero derriba una y otra vez a los gobernantes, pero no encuentra al hombre que necesita. Uno de los primeros espíritus de la época, don Melchor Ocampo, Gobernador de Michoacán, se enfrenta al clero y dicta, en 1852, algunas disposiciones sobre aranceles parroquiales. Quería Ocampo, apoyándose en las resoluciones de los propios Concilios de la Iglesia mexicana, que se obligara a la Iglesia a enterrar gratuitamente a los pobres y encuadrar las tarifas de matrimonios y bautizos dentro de las posibilidades económicas de cada sector social.

Poco antes, pasando por el pueblo de Maravatío, Melchor Ocampo, hombre humanitario y puro, tuvo ocasión de contemplar un hecho vergonzoso que pasó después a la Historia y es, para muchos, una de las causas materiales inmediatas que acabó de precipitar en el país la cristalización de la conciencia liberal: una infeliz mujer acudió donde el cura párroco de Maravatío, don Agustín Dueñas, a consultarle "qué haría " para enterrar el cadáver de su marido, porque no te- " nía para los gastos del entierro, por encontrarse en " la miseria". El cura le contestó: "Pues, si no tienes " con qué enterrarlo, sálalo y cómetelo, porque yo no " les he de dar de comer caridades a los vicarios, al " sacristán y al campanero". (1) Impuesto del hecho por la pobre mujer, Melchor Ocampo pagó los gastos del entierro y dejó constancia pública del hecho ocurrido.

La Iglesia comprendió que el horizonte empezaba de nuevo a obscurecerse para ella y se lanzó resueltamente a la realización de sus propósitos: una autocracia clerical, una dictadura eclesiástica. Provoca y financia el levantamiento de Guadalajara (26 de ju-

---

(1) Emilio Portes Gil: "*La lucha entre el poder civil y el clero*".

lio de 1852) y logra, al poco tiempo, la caída del General Arista y el regreso al país del general López de Santa Anna, quien asume el poder en abril de 1853 e inicia la célebre dictadura que se distinguió por su crueldad, barbarie y absoluta falta de escrúpulos. Fueron cerradas las imprentas, desterrados los políticos sospechosos de ideas liberales, creados un ejército de noventa mil hombres y una poderosa policía secreta, fusilados —so capa de una curiosa ley de malhechores— todos los que demostraron su desafecto al régimen. Al mismo tiempo, se declaraba "hereditaria y vitalicia" la "Dictadura" del "Benemérito de la Patria", General de División Antonio López de Santa Anna, quien organizó una verdadera corte en el Palacio Nacional, resucitó la Orden de Guadalupe y se rodeó de una pompa y un fausto desconocidos en el país. Santa Anna gobernó con un gabinete ultramontano, constituido —don Lucas Alamán, don Teodosio Lares, don Antonio Haro y Tamariz, don José María Tornel— por los hombres más distinguidos del partido conservador o clerical. Dos años completos dura aquella tiranía que tan sólidamente encadenaba a la tierra apoyándose en el cielo. Pero toca a su término la secular hegemonía del clero. Obsesionada por el afán de extirpar los últimos restos de liberalismo en el país, la Iglesia se compromete imprudentemente con aquel régimen que horroriza al país con sus crueldades. Santa Anna se ha excedido y el clero también. La conciencia liberal, teñida de martirologio, está más robusta que nunca y no tarda, un día cualquiera, en aflorar a la superficie como un torrente.

LA IGLESIA CONTRA LA REFORMA LIBERAL

Se levanta en armas el general suriano Juan Alvarez y lanza, el 1.o de marzo de 1855, el plan revolucionario de Ayutla, que, en apariencia, no decía gran cosa, pero que escondía, en el fondo, el resurgimiento arrollador de la conciencia liberal, republicana y democrática. Bastan pocos meses y algunas incidencias bélicas para que los revolucionarios triunfen en toda la línea y un Gobierno liberal avanzado, presidido por el General Juan Alvarez, ocupe el poder. En aquel histórico Ministerio actúan tres hombres históricos también: Melchor Ocampo, Guillermo Prieto y Benito Juárez, Ministro de Justicia, que se apresura (23 de noviembre de 1855) a dictar la primera ley "reformista": abolición del fuero eclesiástico y del fuero militar.

Pero dentro del Gobierno se bosquejan ya dos tendencias opuestas: la de los "puros" o liberales intransigentes, radicales, y la de los "moderados" o liberales transaccionistas, partidarios de buscar la armonía y hasta la unión con el conservantismo. Ello ocasiona la pronta caída del Gobierno revolucionario y su reemplazo por un régimen transitorio, presidido por el jefe de los "moderados", General Ignacio Comonfort.

El clero, violento como siempre, no comprende la situación y se lanza otra vez, públicamente, a la revuelta armada. El cura Ortega y García se subleva en Zacapoaxtla al grito de "¡Religión y Fueros!". Los rebeldes combaten ostentando una cruz roja en el pecho. La insurrección gana terreno rápidamente y ocupa la ciudad de Puebla, al mando del General Haro y Tamariz, uno de los aborrecidos ministros de la Dictadura de Santa Anna. El general Comonfort abandona su moderación y se resuelve a combatir a los rebeldes. Sitia y toma a viva fuerza la ciudad de Puebla y llega hasta embargar sus bienes al Obispado de la ciudad, como contribución de guerra y en castigo de su comprobada participación moral y financiera en la sublevación contra el poder central.

Comprende Comonfort el peligro que significa la reacción clerical armada y se decide a seguir las inspiraciones de los "puros", comandados por Benito Juárez. Se suceden entonces las leyes reformistas de 1856: niégase la coacción civil para el cumplimiento de los votos monásticos; declárase extinguida la Compañía de Jesús; y, por último, 25 de junio de 1856, promúlgase la célebre "Ley Lerdo", dictada por el Ministro de Justicia, Sebastián Lerdo de Tejada, que decreta la desamortización de los bienes del clero y las corporaciones civiles, esto es, que obligaba a vender al clero y a los particulares sus tierras y bienes raíces en un plazo de tres meses, aunque conservando sus rentas. Era lo que habían soñado hacer, veintidós años antes, Gómez Farías y Lorenzo de Zavala, y lo mismo que había hecho, en 1804, sin una protesta de parte del clero, el monarca Carlos IV de Borbón.

Recrudece la insurrección y en plena capital florecen las conspiraciones. Una de ellas, organizadas por los monjes de San Francisco, casi derriba al Gobierno. En represalia, Comonfort hace nacionalizar los bienes de la comunidad y ordena abrir una calle al través del convento, joya de la arquitectura colonial, de la Orden de San Francisco.

La campaña clerical se organiza y amplía. Fórmase un "Directorio Conservador Central de la República", organismo político director de la insurrección, que preside y anima el Presbítero Francisco Javier Miranda. La lucha religiosa recrudece. Otra vez cae Puebla en poder de las bandas católicas. Los caudillos clericales, Orihuela, Mejía y Miramón, se apoderan de diversas plazas. Pero el Gobierno es aún fuerte y se obtiene a poco la casi pacificación del país.

Son los históricos momentos en que los constituyentes de 1857 terminan de elaborar la Carta Fundamental de 5 de febrero. La nueva Constitución, la más avanzada de su tiempo, plantea el problema religioso, pero no llega demasiado lejos. Confirma la desaparición de los fueros y privilegios; consagra la libertad de enseñanza; establece la incapacidad de la Iglesia y de las corporaciones religiosas para adquirir bienes

raíces. No puede, sin embargo, establecer la libertad de cultos: ¡tales eran el poder y la sugestión del clero! Los constituyentes dictaron una ley especial, complementaria a la Constitución, que exigía a los funcionarios públicos "protestar" la Carta Magna, es decir, jurarle obediencia y acatamiento. El clero inició inmediatamente una campaña violentísima. Excomulgó y hasta negó los sacramentos a quienes lo hicieron. Es histórico el caso del Gobernador de Colima, don Manuel Alvarez, "notable por su ilustrada religiosidad y por sus virtudes y conducta intachable", quien aceptó y juró en público la nueva Constitución, con lo cual "los re-
" presentantes del clero lo colmaron de ultrajes, lla-
" mándolo, entre otras cosas, hereje, impío y exco-
" mulgado; pero como a poco, y víctima de esta si-
" tuación, muriera asesinado el Gobernador Alvarez,
" no se le dió sepultura sino después de azotar su ca-
" dáver y cobrar a la familia dos mil pesos por el en-
" tierro" (1). Históricos son también los injuriosos panfletos del Obispo de Michoacán, Clemente de Jesús Munguía, quien hizo uso de una no menos católica procacidad al negarse a acatar la Constitución.

En tales condiciones, suben al poder Ignacio Comonfort y Benito Juárez. Pero la guerra religiosa, atizada incesantemente por el clero, cubre ya el cielo de rojos resplandores. La situación llegó a ser tan difícil, que el propio Comonfort, creyendo imposible gobernar con los constitucionales, pactó con los conservadores y permitió que se alzara en Tacubaya el general Félix Zuloaga, exigiendo la derogación inmediata de la Constitución. Deseoso de buscar a cualquier precio una solución posible, llegó hasta encarcelar al propio Vicepresidente de la República, Licenciado Benito Juárez, jefe de los liberales "puros" o avanzados. El clero aprovechó la ocasión de inmediato y poco días después, el 11 de enero de 1848, proclamó Presidente al general Zuloaga, militar obscuro y torpe, ex lugarteniente de Santa Anna. Sintiéndose engañado, Comonfort se

(1) EMILIO PORTES GIL: *Ob. citada.*

apresuró a poner en libertad a Benito Juárez y a salir fuera del país. El poder correspondía, legalmente, a Juárez, pero había que enfrentarse a la poderosa coalición del militarismo y el clericalismo. Juárez lo hizo. Se guareció en Guadalajara y formó Gobierno. Ambos Gobiernos, el de Zuloaga y el de Juárez, el clerical y el liberal, quedaron frente a frente.

Tal fué el comienzo de la sanguinaria Guerra de la Reforma o de los Tres Años. Los dos bandos se batieron con encarnizamiento, furor y a veces hasta barbarie. El clero financió las huestes conservadoras de Miramón, Mejía, Márquez, Zuloaga, Osollo. A todos les abrió su bolsa. Y no tuvo reparo alguno en vender objetos sagrados y hasta en fundir obras de arte para acuñar monedas o comprar pertrechos de guerra. Hubo ocasiones múltiples en que sacerdotes y mujeres pelearon junto a las hordas fanáticas. La Iglesia no tuvo reparos en jugarse el todo por el todo. El propio Jefe de la Cristiandad, el Papa Pío IX, no trepidó en enviar una conceptuosa carta de felicitación al amotinado de Tacubaya, Félix Zuloaga, en que lo llama "amado hijo", esclarecido y respetable "varón" y termina "al felicitaros una y otra vez cordialmente a vos y vuestro Gobierno" (1).

Zuloaga, militar mediocre, hubo de ceder pronto su sitio preeminente al león militar del conservantismo. El clero creyó que era éste un nuevo Santa Anna y no omitió sacrificios ni escatimó dineros para auxiliarle en el campo de batalla. Pronto lo llevó al poder supremo. El 14 de agosto de 1860, una Junta de Notables proclamó Presidente al General Miguel A. Miramón. En ella figuraban el Obispo Dr. Pedro Barajas, el Obispo Juan B. Ormaechea y el canónigo Bernardo de Zárate. Y no contenta con esto lo hizo objeto de especiales honores religiosos. También es histórica la recepción que se le hiciera a Miramón al regreso de una cruda expedición en que se derramó profusamente la sangre mexicana, y en que, como marchaba al frente

---

(1) Tristán Maroff: *Ob. citada.*

de tropas mercenarias, "abundaron el robo, el pillaje, el asesinato y otros excesos" (1). Fué recibido por el Cabildo Metropolitano en el atrio de la Santa Iglesia Catedral y conducido, bajo palio, al presbiterio, mientras el coro cantaba:

"Puse mi protección sobre el Poderoso, y exalté
" al elegido de mi pueblo. —Encontré a David, mi sier-
" vo, y lo ungí con el óleo santo — Gloria al Padre,
" al Hijo y al Espíritu Santo. Porque mi mano lo
" auxiliará — (Llegado Miramón el presbiterio e hin-
" cado de rodillas frente al altar mayor, comenzó el
" diálogo entre el preste y el coro.) — Salva, Señor,
" a nuestro Presidente —Que espera en ti, ¡oh, Dios
" mío! —Enviale, Señor, auxilio de lo alto—. Y desde
" Sión protégelo.— En nada le ofenderá el enemigo
" — Y el hijo de la iniquidad no le dañará..." (2).

Mientras tanto, "el hijo de la iniquidad", Benito Juárez, lucha como un demonio contra las fuerzas clericales que al principio llevan la mejor parte en la lucha y lo obligan a refugiarse, con un puñado de soldados, en Veracruz. Desde allí, y en momentos angustiosos para su causa, no trepida en continuar adelante la obra de los reformadores liberales. En lo más crudo de la lucha lanza, el 7 de julio de 1859, aquel célebre manifiesto, que lleva también las firmas de Ruiz, Melchor Ocampo y Sebastián Lerdo de Tejada, en que se plantea la necesidad de dar solución definitiva al problema religioso mediante medidas como la separación de la Iglesia y el Estado, la supresión de las corporaciones regulares, la extinción de las congregaciones religiosas, el cierre de los noviciados, la nacionalización de los bienes del clero, el establecimiento de la libertad de cultos y la fijación de una remuneración convencional para los servicios religiosos.

Aquel programa radicalísimo, que asombra por la audacia y el momento en que fué lanzado, comenzó a cumplirse cinco días después. El 12 de julio se dictó

---
(1) RAMÓN J. SENDER: *Ob citada*.
(2) RAMÓN J. SENDER: *Ob citada*.

la Ley que nacionalizaba los bienes eclesiásticos y comprendía, además, la separación de la Iglesia y el Estado, la libre contratación de los servicios prestados a los fieles, la supresión de las comunidades religiosas de hombres y toda clase de cofradías y congregaciones, la prohibición de establecer nuevos conventos y usar los hábitos de las órdenes suprimidas, la clausura de los noviciados existentes y la entrega a los museos y bibliotecas nacionales de todos los libros, antigüedades y obras de arte que conservaran los monasterios clausurados.

En el mismo mes, y con escasos días de intervalo, se dictan las leyes de ocupación de bienes religiosos, matrimonio civil, registro civil, secularización de cementerios y supresión de festividades religiosas. Conviene recordar, a este respecto, que las tales fiestas sumaban en México cerca de 160 días al año y que en 1835 fué un Papa romano, Gregorio XVI, quien dictó un breve, autorizando al Gobierno mexicano para reducir el número de esas festividades, cosa que no fué posible hacer por la oposición de los Obispos reunidos en pleno, los cuales dictaminaron que tal medida "perjudicaría enormemente a los párrocos, disminuyendo sus obvenciones y derechos".

En diciembre de 1860, próximo ya el término de la guerra religiosa, Juárez lanzó la última ley de su programa reformista: la que autorizó la libertad de cultos.

Días después, la Reforma obtenía una aplastante victoria militar en los llanos de Capulálpam y las tropas de Juárez entraban triunfalmente a la capital el 1.o de enero de 1861. El inflexible indio zapoteca lo hizo días después y tomó inmediatas y enérgicas medidas. Comenzó por expulsar a los representantes diplomáticos de la Santa Sede, España, Ecuador y Guatemala, que habían hecho causa común con los rebeldes, y terminó por decretar una suspensión general de pagos del Estado durante dos años.

El clero, aunque gravemente afectado en sus intereses y más aun en su prestigio y fuerza militar, no estaba vencido aún. Y tanto no lo estaba que continuó, en pequeño, la lucha armada. Una partida de fanáticos, mandada por el guerrillero español Cajigal, sorprendió en su hacienda de Pomoca al prócer liberal Melchor Ocampo. Lo apresaron y lo fusilaron a campo abierto, por la espalda, colgando después su cadáver de un árbol, boca abajo. Los generales Santos Degollado y Leandro Valle, dos de los jefes liberales más prestigiosos, fueron sorprendidos por el feroz Leonardo Márquez en persecución de Cajigal, derrotados y pasados por las armas incontinenti. Y fué menester que el propio ejército vencedor en Calpulálpam saliera otra vez a campaña y exterminara, decididamente, a las hordas católicas en Jalatlaco y Pachuca.

Perdidas las esperanzas de controlar el poder político y mantener su antigua hegemonía económica en México, merced al establecimiento de una autocracia sostenida y dirigida por la Iglesia, el clero mexicano volvió sus ojos a uno de sus más caros sueños: la instauración de una monarquía, católica y hereditaria, en manos de algún príncipe europeo. Las gestiones de Paredes habían sido continuadas por Zuloaga y Miramón, durante sus gobiernos. Existían en las cortes europeas personajes mexicanos —el general Juan N. Almonte, José María Hidalgo, José M. Gutiérrez Estrada— que, fuere por ilusión, ambición o fanatismo, dedicaban todos sus esfuerzos a la realización de ese propósito.

Derrotado en los campos de batalla, el clero mexicano fincó todas sus esperanzas y orientó su política a ese fin: obtener la intervención extranjera en México y recobrar todos sus privilegios y riquezas en la punta de la espada de cualquier invasor, fuese o no católico. Marchó al Viejo Mundo el activo sacerdote Francisco Javier Miranda y se convirtió allí en el alma de los trabajos promonárquicos. Supo, al frente de un puñado de mexicanos, intrigar hábilmente en las cortes de Napoleón III, Victoria de Inglaterra y Cristina de España. Pintaron a su propia patria como un país de bárbaros gobernados por bandoleros. Y lograron, a favor de la suspensión de pagos nacionales e internacionales decretada por Benito Juárez, la tan anhelada intervención.

En enero de 1862 se presentaron tres escuadras —una inglesa, otra francesa y otra española— en el puerto de Veracruz, ocupándolo militarmente. Los jefes de la expedición —Sir Wyke, Dubois de Saligny y Juan Prim— exigían del Gobierno mexicano una reparación inmediata a una serie de reclamaciones. Juárez y sus compañeros no se amilanaron. Se comportaron con dignidad y energía en las negociaciones diplomáticas. Obtuvieron fácilmente el retiro de las escuadras inglesa y española. Mas el ejército francés, obedeciendo expresas instrucciones de Napoleón, avanzó hacia el interior, hasta ocupar, después de más de un año de lucha y de haber experimentado derrotas como la del primer sitio de Zaragoza, la capital de México. Las tropas clericales mexicanas, reorganizadas otra vez, combatieron junto a las francesas contra sus propios compatriotas, al mando de los caudillos católicos Márquez, Almonte y Salas.

La Iglesia no oculta en ningún momento su participación directa en los sucesos. Recibe al jefe francés invasor, al Mariscal Forey, bajo palio y con idénticas ceremonias a las con que halagó a Santa Anna, en 1834, al general Paredes, en 1846, al norteamericano Scott, en 1847, al caudillo Miramón, en 1860. Otra vez las campanas suenan a rebato y el humo de las preces y del incienso sube al cielo en acción de gracias. Y es el Arzobispo de México, Monseñor Pelagio Antonio de Labastida, el antiguo Obispo de Puebla cuando sitiara y tomara la ciudad el General Comonfort, quien preside la Junta Provisoria de Gobierno, que se instala el 21 de junio de 1863. Pero como el Arzobispo está en Europa, consolidando la intriga monárquica en las cortes europeas, toma su lugar el Obispo de Tulancingo, don Juan B. Ormaechea, el mismo que formara parte de la Junta de Notables de 1860. Ahora también se organiza una Junta de Notables, compuesta por 35 celebridades del clero y el partido clerical, la que no tarda mucho —10 de julio— en aprobar para México, como forma de Gobierno, una monarquía moderada, católica, hereditaria, cuyo jefe llevaría el título de Emperador de México, y cuya corona se ofrecería a S. A. I. y R. el Archiduque de Austria, Fernando Maximiliano de Habsburgo.

La Iglesia es dueña de la situación. La Junta de Notables y la de Gobierno son obra suya. Pero lleva tan lejos las cosas durante la regencia, extrema tanto las medidas de persecución y castigo, da tal rienda suelta a sus ansias de desquite, que el propio Mariscal Forey, comprendiendo la situación, escribe a Napoleón III: "Concibo que se honre a la religión y sus ministros; aunque éstos, en este país, no sean muy honorables..., pero es de temer que se vaya muy lejos, poniéndose el Gobierno a los pies del clero" (1).

Y no era sólo el Mariscal Forey el único que comprendía, al fin, cuál había sido el verdadero papel del clero en los últimos sucesos de la historia mexicana. Ya lo había comprendido, cuatro años antes, un marino inglés, el comandante de la fragata de guerra "Valorous", W. Cornwallis Aldham, quien, en carta dirigida a Miramón (28 de marzo de 1860), cuando éste sitiaba a Veracruz, decíale: "Creo inútil decir a V. E. que el " mayor obstáculo para el establecimiento de un Go- " bierno liberal y constitucional es el excesivo poder " y riqueza de la Iglesia, cuyas bases son buenas, por- " que fueron fundadas por el Salvador del género hu- " mano; pero vuestro clero no sigue el camino que El " señaló: está ciego, porque sus obras son malas, y en " ello se complace; no se reformará, porque le sería " indispensable renunciar a sus placeres mundanos; " mantiene a sus ovejas voluntariamente en las tinie- " blas y la ignorancia a fin de que no puedan saber " cuál es el verdadero camino" (2).

---
(1) Alfonso Toro: *"La Independencia y la República"*.
(2) J. Pérez Lugo: *Ob. citada*.

Algo parecido manifestaba, en una Memoria dirigida al Mariscal Bazaine, un residente francés en el México de aquel entonces, J. A. Schloessing, que dejó estampado: "El clero mexicano se ha ocupado, desde
" hace tres siglos, más de cimentar su poder tempo-
" ral que de cumplir fielmente su misión espiritual;
" atesoró a tal punto, que poseía más de la tercera
" parte de la riqueza del país; diez veces más rico
" que el Estado, la Iglesia ponía y quitaba a su gusto
" los Gobiernos civiles; disponía ampliamente de sus
" inmensos tesoros —patrimonio del pobre, del cual
" no es más que depositaria— para la realización de
" sus planes de dominio político; le faltaba la fuerza
" y la ha comprado a lo que se llamaba ejército; y
" así ha falseado a esta noble institución, que no puede
" vivir sino de honor y abnegación, y que se ha con-
" vertido, por su pernicioso influjo, en una hoguera
" de insubordinación y venalidades" (1).

E igual opinión tuvo, cuarenta años después, aquel inteligente investigador de la intervención francesa en México, que se llamó Paul Gaulot y que en su libro "L'Expedition du Méxique", dice entre muchas otras cosas categóricas: "El clero de México no se parece en
" nada a nuestro clero francés, y es en nosotros un
" deber de justicia hacer esta observación al lector.
" Desde luego, quienes respetan al clero francés no
" podrán conceder igual respeto al clero mexicano.
" Este, pervertido por sus riquezas, ambicioso y diso-
" luto, recuerda mucho a nuestro clero de antes de la
" Revolución".

Este clero, como era inevitable, debía echar mano de todos los medios para obtener la restitución de sus bienes nacionalizados. Comenzó inmediatamente a luchar contra la Regencia para que cumpliera con los anhelos y peticiones de la clase eclesiástica: la derogación de las Leyes de Reforma y la compulsión a los dueños de bienes nacionalizados para que se apresuraran a devolverlos a la Iglesia, sin gravamen

---
(1) J. Pérez Lugo: *Ob. citada.*

alguno para ésta. La Regencia, obedeciendo a las categóricas disposiciones del Mariscal Forey, no pudo intervenir en la legislación de Juárez. El clero no trepidó entonces, además de amenazar a los propietarios con hacerlos pagar dos veces los mismos bienes raíces, en negarles los sacramentos y auxilios de la religión. Los casos históricos son incontables. Baste recordar el testimonio de dos franceses. Uno es el capitán Loizillon, del ejército expedicionario, que en carta de julio de 1863, recogida por Paul Gaulot, manifestaba:

"Desde hace quince días, los sacerdotes han visi-
" tado las casas que pertenecieron en otro tiempo
" al clero, y que han sido vendidas como propiedades
" nacionales; han tratado de comprometer a los in-
" quilinos para que no paguen sus rentas a los pro-
" pietarios actuales, porque, afirman, se van a recon-
" siderar estas ventas que han sido hechas bajo la
" inspiración de Satanás, y serían obligados a pagar
" por segunda vez al clero, el único, el verdadero pro-
" pietario de estos inmuebles" (1).

El otro es el limosnero jefe del ejército expedicionario francés, el abate Testory, quien, según consta de cartas compiladas por E. Lefévre, en su "Historia de la intervención francesa", hubo de obtener autorización del Arzobispo Labastida para oir una confesión a un belga moribundo, al barón de Grox, y sólo la obtuvo a condición expresa "de hacerle restituir los
" bienes que habían pertenecido al clero y hacerle
" que se retractará del juramento a la Constitución
" Liberal".

El mismo abate Testory, escandalizado ante los espectáculos religiosos que le cupo ver en México, escribió en otra de sus cartas:

"En Francia el clero no posee absolutamente na-
" da, ni aun en la iglesia en que dice misa, ni siquie-
" ra el curato en que vive: todo es del Estado. Y, sin
" embargo, el clero francés no es menos independien-
" te que ningún otro en todo lo que concierne a las

---

(1) J. Pérez Lugo: *Ob. citada.*

" funciones de su Ministerio; y no obstante su po-
" breza, nosotros le creemos tan honorable y tan hon-
" rado como cualquiera otro clero de la cristiandad.

"Un escritor —añade— muy eminente y sensato
" decía, hace algún tiempo, que había estado a punto
" de estallar en México un cisma con motivo del re-
" gistro civil. He aquí en verdad una cosa que me pa-
" rece singularmente extraña; y toda la teología que
" estudié, gracias a Dios, durante cinco años consecuti-
" vos, en el gran Seminario de San Sulpicio de París, se
" encuentra confundida y anonadada. ¿Un cisma por-
" que el Estado quiere conocer e inscribir el nacimien-
" to de sus ciudadanos, y recurrir a su registro cuando lo
" juzgue necesario? ¿Un cisma porque el Estado quiere
" ocuparse un poco en el matrimonio de sus habitantes
" para definir y regularizar en presencia de la sociedad
" la posición de los esposos y de los hijos que deben
" nacer? ¿Un cisma porque el Estado quiere tomar no-
" ta de los muertos y exige tal vez que las inhuma-
" ciones se hagan algo más convenientemente que lo
" que se han hecho hasta aquí?

"Quisiera yo saber —termina— dónde se encuen-
" tra el pasaje que prohibe al Estado mezclarse en
" estos tres grandes actos de la existencia humana.
" Que se muestre esta prohibición en el Antiguo o
" el Nuevo Testamento, en la ley o los profetas, en
" el dogma o la moral, en los Concilios o en los Padres,
" y de veras bendeciré al Señor por un descubrimien-
" to tan sorprendente." (1).

No se crea, empero, que el clero mexicano colaboró íntegramente en esta rabiosa lucha contra la
Constitución de 1857, inspirada desde Roma por el
terco Papa Pío IX y dirigida con entusiasmo por los
potentados de la fe en México, deseosos de recuperar
su perdido predominio y, junto con sus antiguas riquezas, la posibilidad de acrecentarlas rápidamente con
otras nuevas.

Vale recordar, aunque sea a vuelo de pájaro, a los

---

(1) R. J. Sender: *Ob. citada.*

muchos sacerdotes que se opusieron a la explotación de las supersticiones populares, a la persecución de los que habían jurado la Constitución y el acoso a los que compraron los bienes nacionalizados. Entre los primeros se cuenta el célebre Obispo de Tamaulipas, amado y venerado sin excepción en toda su diócesis, Monseñor Eduardo Sánchez Camacho, que se atrevió a dudar de la aparición de la Virgen de Guadalupe sobre una roca, y que no sólo hizo "una refutación " severa de la tradición aparicionista, sino una crítica " acerba del clero mexicano que explotaba la igno- " rancia popular y que, mientras los prelados osten- " taban mitras cuajadas de pedrerías, dejaba morir " en la miseria a sus feligreses" (1). Inútil es decir que el Obispo Sánchez Camacho fué desposeído de su diócesis y perseguido hasta el día en que murió, abandonado y mísero, en brazos de un indio viejo.

Muchos fueron los sacerdotes a los que se persiguió por negarse a hacer campaña abierta contra la Constitución y las Leyes de Reforma. Entre ellos hay casos célebres: el del cura de Mazapil, Juan M. Avila, que fué destituído por no protestar contra la desamortización; igual cosa ocurrió a los presbíteros Valenzuela y Anaya, por manifestar que darían la absolución a los moribundos que hubiesen jurado la Constitución o fueren propietarios de bienes nacionalizados; al Padre Francisco de la Campa, por haber escrito a un amigo suyo "cuando veo los grandísimos males que el clero ha causado a México"; al párroco de Atotonilco, anciano de ochenta años, José de Jesús Huerta, por haber escrito a su substituto: "En que aparezca usted o ésa mi parroquia aumentando el catálogo de las personas o Corporaciones que por ilusión, fanatismo o ambición reprueban la moderada ley de desamortización o entorpecen su ejecución"; al religioso Fray Ignacio Hernández, que osó manifestar en una hoja impresa: "No sabemos por qué el clero ha creído ver en la Constitución un cisma que le espanta,

---

(1) E. PORTES GIL: *Ob. citada.*

cuando nada hay en ella que sea contrario a las doctrinas religiosas que heredamos de nuestros padres..."; al Padre Rodrigo Victoria, que juró la Constitución y fué inmediatamente desposeído de su parroquia; al Presbítero de Puebla, Vicente Guevara, por haber absuelto "in articulo mortis" al señor Paulino María Pérez, sin haberlo hecho retractarse previamente del juramento prestado a la Constitución.

MAXIMILIANO Y EL CLERO

Tal era, abrasado en sed de codicia y llama de venganza, el clero que había procurado la intervención francesa y la instauración del Imperio de Maximiliano. Y tal también el enemigo, casi más peligroso que Juárez y los suyos, que se atravesaría en el camino de la romántica pareja del castillo de Miramar.

Maximiliano y Carlota recibieron, en el Palacio Marescotti, la bendición de Pío IX. De concordato o bienes del clero, ni una sola palabra. Cuarenta días más tarde la imperial pareja desembarcaba en Veracruz y acongojaba su alma el frío recibimiento popular. El 12 de junio de 1864 entraba a la capital entre una lluvia de flores, músicas y aplausos. Otra vez tocaban a gloria las campanas y subían hacia el cielo las rogativas sacerdotales por el bienestar de este Emperador de áurea barba, que venía a castigar a los impíos y a poner a la Iglesia en el pleno goce de lo que fué y debía seguir siendo suyo.

Poco duró el noviazgo entre el clero mexicano y el arrogante Emperador que había importado de las riberas del Adriático. Maximiliano era un católico ferviente, pero no tenía nada de clerical. Quería hacer el bien a sus súbditos y gobernar conforme a los imperativos de equidad y justicia que le dictaba un corazón enamorado del ideal y el romance. Maximiliano comprendió muy pronto cuáles eran las verdaderas intenciones del clero y cuáles los ideales del Partido Conservador, que había sido el cimiento político de su imperio de circunstancias.

Liberal de ideas, impregnado del liberalismo filosófico de su época, el Emperador comenzó por descontentar a todo el mundo, formando un gabinete de conservadores y liberales moderados. No quiso ser el instrumento de los odios partidaristas de los vencidos hacia Juárez y los suyos. Recordó las instrucciones de Napoleón: organizar un imperio sobre una base de moderada religiosidad, pero orientado hacia el liberalismo. Comprendió la justicia y hasta la necesidad de las leyes de Reforma. Quiso, inclusive, encuadrar su política religiosa dentro de un concordato especial con el Papa, consultando dos puntos esenciales: la no derogación de la ley de desamortización, aunque sí la revisión de todas las adjudicaciones fraudulentas de bienes eclesiásticos, y, por otro lado, la sujeción del clero al Estado, colocando a los sacerdotes, como en Francia, a sueldo del Estado.

No era esto lo que querían los sacerdotes y los conservadores mexicanos. Para tan pobre resultado, no valía la pena haber traído al país un príncipe extranjero. Comenzaron las murmuraciones y luego la oposición sorda. Son características las amargas expresiones de un Obispo, el de Guadalajara, don Pedro Espinosa, que en carta dirigida (1) entonces al obispo José María Cobarrubias, manifiesta: "Probablemente se tratará de patronato, es decir, de servidumbre y esclavitud de la Iglesia, de que perdamos aquella poca libertad que con tantos sacrificios conquistaran nuestros inmediatos predecesores, y quedemos como el clero español, *besando la mano a Su Majestad* y percibiendo una renta o salario más miserable que un cómico o tal vez que un cochero".

El clero mexicano marchaba esta vez en estrecho acuerdo con el Papa. Hizo la Independencia y atacó a León XII, duramente, cuando éste quiso recabar su

---

(1) ALFONSO TORO: *Ob. citada.*

adhesión para Fernando VII, el monarca que acababa de aprobar, a la fuerza, en la Península, una Constitución de tipo liberal. Desconoció a Gregorio XVI, cuando quiso limitar las festividades religiosas en México. Pero después, cuando estalló la tormenta de la Reforma, se apresuró a acercarse a Roma, y tuvo la fortuna de encontrarse con un criterio como el de Pío IX, que comenzó por atacar crudamente a la Constitución de 1857 y aconsejar al clero se mantuviese en un plano de bélica intransigencia.

No es raro, pues, que el Nuncio de Su Santidad, Monseñor Meglia, llegara al país a servir los intereses del clero y no en calidad de observador y mediador amistoso como lo prometiera el Papa al infortunado Emperador. Monseñor Meglia hace causa común con el clero y los conservadores que estaban disgustados con el régimen imperial. Se niega en redondo a hablar de concordato y exige, lisa y llanamente, la derogación total de la ley de desamortización, la de nacionalización y demás disposiciones reformistas. Insiste el Emperador con un proyecto de concordato, concebido a base de nueve puntos principales, casi todos ellos de fácil y sencillo arreglo. Pero el Nuncio conferencia con Monseñor Labastida y sus consejeros, y contesta al monarca que no podía ocuparse " de los puntos propuestos, por carecer de instrucciones, pues las que tenía se reducían a aceptar la derogación en principio de todas las leyes de reforma, la nulidad de las enajenaciones de bienes eclesiásticos, devolución de éstos a la Iglesia e indemnizaciones por lo perdido" (1).

La Emperatriz Carlota, más enérgica y voluntariosa que su marido, mujer bella, mimada, irritable por consecuencia, pronto disputó con el Nuncio y, en su prontitud para el arrebato, enmarañó más la situación. Esta mujer vehemente ha dejado numerosos testimonios —en su correspondencia con Eugenia de Montijo, Emperatriz de Francia, especialmente— de la sordidez y las ansias de dinero de la clase eclesiás-

---

(1) ALFONSO TORO: *Ob. citada.*

tica mexicana. Con respecto al Nuncio, escribió al llevarse a cabo las negociaciones con Maximiliano: "Los conservadores se imaginan ser súbditos del Papa y son bastante *bestias*, perdón por la palabra, para creer que la religión consiste en los diezmos y la facultad de poseer. Detrás de todas las negociaciones del Nuncio, que no es más que un maniquí, se muestra el rostro de Monseñor Labastida..." (1).

En otra ocasión, y a raíz de una agria discusión con el Nuncio, Carlota escribió a la Emperatriz Eugenia, el 27 de diciembre de 1864: "Acabó por decirme el Nuncio que era el clero el que había hecho el imperio. Un momento —le dije—: no ha sido el clero, sino el Emperador el día que llegó" (2).

Un año después, en carta de diciembre de 1865, Carlota dice a Eugenia: "... el clero... no es fácil de abatir; todos los viejos abusos se coligan para eludir el efecto de las disposiciones del Emperador, poniéndose frente a frente. Hay en estos elementos una tenacidad sorda y activa tal, que es imposible que los miembros del clero actual puedan formar jamás uno nuevo. *Dejarían con gusto sus sitiales y su cruz, pero no sus rentas...*" (3).

En dos cartas memorables dirigidas a la Reina María Amelia, una en marzo y otra en octubre de 1865, la Emperatriz Carlota aludía a las riquezas del alto clero y a la relajación de gran parte de éste, con estas textuales palabras: "Aquí no se trata de los bienes del clero propiamente dicho, sino de los bienes de los obispos, que nadaban en la abundancia, en tanto que muchos simples sacerdotes se morían de hambre"; y en la segunda, añadía: "Los escándalos del clero han sido tales, que es preciso que nuestra santa religión sea divina para no haber sucumbido" (4).

Acorralado entre las instrucciones de Napoleón y su

---

(1) ALFONSO TORO: *Ob. citada*.
(2) R. J. SENDER: *Ob. citada*.
(3) E. PORTES GIL: *Ob. citada*.
(4) R. J. SENDER: *Ob. citada*.

espíritu liberal por una parte, y, por otra, las sugestiones de su mujer y el espectáculo de la codicia y la ambición del clero mexicano, exasperado también por la resistencia del Nuncio a la aprobación de un Concordato racional y necesario, Maximiliano no trepidó, a su vez, en dictar leyes reformistas. Fué la rehabilitación mejor que se le pudo hacer al heroico Benito Juárez en los momentos en que, perseguido hasta el fin, cruzaba las fronteras de los Estados Unidos. Pero esos cuatro históricos decretos acabaron de concitar contra Maximiliano el odio de los elementos clericales. Uno declaró Religión del Estado a la Religión Católica, pero estableció la libertad de cultos. El otro encargó al Consejo de Estado la revisión de las actas de desamortización y nacionalización de bienes eclesiásticos y, al mismo tiempo, la revalidación de las que resultaron legítimas y ajustadas a derecho. El tercero obligó a los eclesiásticos a prestar gratuitamente los servicios religiosos. Y el último estableció la sujeción de las bulas y breves pontificios al exequátur o pase previo del Ministerio de Justicia.

Movido por los obispos cercanos a la capital, el Nuncio, Monseñor Meglia, se apresuró a protestar por la dictación de esos cuatros decretos tan distintos a los que esperaba. Pero el Emperador, en carta que después se hizo pública, les responde intencionadamente: "Quiero, antes de terminar, llamar vuestra atención sobre un error en que habéis caído. Decís que nunca la Iglesia mexicana ha tomado parte en las revoluciones políticas. ¡Ojalá y así fuera!, pero existen tristes testimonios, que prueban que los mismos dignatarios de la Iglesia se han lanzado en las revoluciones y que una parte del clero ha desplegado una resistencia muy activa contra el Estado. Convenid, mis estimables prelados, en que la Iglesia mexicana, por una lamentable fatalidad, se ha mezclado demasiado en la política y los negocios temporales, descuidando por esto la instrucción católica de sus ovejas. Sí, el pueblo mexicano es bueno y piadoso; pero en gran parte no es católico, en el verdadero sentido del evangelio, y no es por su culpa. Tiene necesidad de que se le instruya y se le administren los sacramentos, como quiere el Evangelio, gratuitamente" (1).

Tales palabras, mordaces a fuer de verdaderas, comenzaron a cavar la sepultura que se abriría a los pies del Emperador, antes de dos años, en el Cerro de las Campanas, de Querétaro. Maximiliano no alcanzó en vida a comprender claramente que, aparte del absurdo de la empresa en que se había embarcado, el mayor de sus enemigos se agazapaba en el fondo de las sacristías y los refectorios. Pagó con su vida y con la locura eterna de su mujer su inconsciente cooperación a los propósitos de temporal dominio y enriquecimiento material del irreductible clero mexicano. Fué una víctima propiciatoria en el centenario altar del fanatismo y la codicia que se erigiera en México en los días de la Conquista, sobre las ruinas todavía humeantes de los "teocallis" aztecas.

El estrepitoso derrumbe del Imperio arrastró en su caída al partido conservador mexicano, y, momentáneamente, al clero, que se replegó a la noche de sus templos y monasterios y se cuidó mucho de no asomar la nariz en público. Esperaba, tal vez, una era de persecuciones, que el vencedor, Benito Juárez, no tenía interés alguno en llevar a cabo. México se desangraba por mil heridas y el momento era de bálsamo y sutura antes que de agresividad o de violencia. Presidente constitucional de la República, Benito Juárez dejó en paz al clero. Lo estimó bastante castigado con la pérdida de buena parte de sus riquezas, sus limitaciones e incapacidades legales y el descrédito en que cayera por sus actitudes antipatrióticas.

Reelegido Juárez en 1871, siguió igual política, pero ya esta segunda elección se verificó con dificultad, triunfando ejecutivamente sobre las ambiciones dispersas de hombres nuevos que aparecían en el escenario político. El clero se mantiene al acecho y espera el mo-

---

(1) ALFONSO TORO: *Ob. citada.*

mento propicio para intervenir. Muere Juárez en julio de 1872. Toma el mando don Sebastián Lerdo de Tejada, jurista y orador brillantísimo, hombre atildado y hasta elegante, en quien todos creían ver la antítesis de Juárez y su inquebrantable política. Así lo pensó el clero. Pero pronto el Presidente Lerdo de Tejada, elevado al poder constitucionalmente, dió claras muestras de que su liberalismo era aún más rotundo y decisivo que el de Juárez.

El clero se apresuró a buscar un hombre y no trepidó en utilizar los servicios del peor bandolero de México, Manuel Lozada, "El Tigre de Alica", que dominaba decisivamente en el salvaje territorio de Tepic. Lozada se alzó en armas y puso en graves aprietos al Gobierno. Vencido en varios combates, pagó con la vida su intentona. Pero ya quedaba abierta la brecha para vulnerar al nuevo mandatario, que ya se hacía en exceso peligroso a los intereses del clero, siempre ansioso de recuperar los bienes perdidos en la lucha contra Juárez y sus "puros" y derogar las leyes de Reforma. Tranquilizado por seis años de paz, otra vez dueño de sus fuerzas y de ascendiente sobre parte de la opinión pública, viendo agitarse de nuevo las ambiciones políticas de los caudillos militares, el clero creyó llegado el momento de enfrentarse al poder federal.

Pero Lerdo de Tejada, hombre contundente y hasta despótico, no le dejó hacer. Inició una política de verdadera represión religiosa. Fué mucho más lejos que Juárez sin encontrarse en las críticas situaciones en que éste se encontró. Atacó antes que lo atacaran.

Comenzó por expulsar a los jesuítas en mayo de 1873. Siguió con los demás sacerdotes extranjeros que se encontraban en el país. Y terminó por hacerlo hasta con las Hermanas de la Caridad que regentaban los hospitales públicos. Pero, en el intertanto, realizó una obra de grande importancia: la incorporación a la Constitución de las Leyes de Reforma. Ello se llevó a cabo mediante el histórico Decreto de 25 de septiembre de

1873, promulgado el 5 de octubre de aquel año. Ese Decreto, que elevaba al rango de constitucionales a las leyes básicas de la Reforma, constaba apenas de cinco artículos:

"1.o— El Estado y la Iglesia son independientes entre sí. El Congreso no puede dictar Leyes estableciendo o prohibiendo religión alguna.

"2.o— El matrimonio es un contrato civil. Este y los demás actos del estado civil de las personas son de la exclusiva competencia de los funcionarios y autoridades del orden civil, en los términos prevenidos por las leyes, y tendrá la fuerza y validez que las mismas les atribuyen.

"3.o— Ninguna institución religiosa puede adquirir bienes raíces ni capitales impuestos sobre éstos, con la sola excepción establecida en el Art. 27 de la Constitución (las corporaciones o congregaciones religiosas no tendrán capacidad para adquirir o administrar más bienes raíces que los edificios destinados al culto y los capitales impuestos sobre ellos)." Así se les entregaba el dominio útil, pero no la propiedad absoluta sobre esos bienes.

"4.o— La simple promesa de decir verdad y de cumplir las obligaciones que se contraen, substituirá al juramento religioso con sus efectos y penas.

"5.o— Nadie puede ser obligado a prestar trabajos personales sin la justa retribución y sin su pleno consentimiento. El Estado no puede permitir que se lleve a afecto ningún contrato, pacto o convenio que tenga por objeto el menoscabo, la pérdida o el irrevocable sacrificio de la libertad del hombre, ya sea por causa de trabajo, de educación o de voto religioso. La ley no reconoce, en consecuencia, órdenes monásticas, ni puede permitir su establecimiento, cualquiera que sea la denominación u objeto con que pretendan erigirse. Tampoco puede admitir convenio en que el hombre pacte su proscripción o destierro."

Inmediatamente, y apenas promulgado el decreto, comenzó la agitación religiosa de otras veces. Primero zumbido sordo, moscardoneo congregacional, pero muy pronto campaña de púlpito y de prensa, cada vez más airada y significativa. El Presidente Lerdo de Tejada, combativo y orgulloso, dictó en 1874 una Ley Orgánica de Adiciones a la Constitución y en ella, además de reglamentar la promesa de decir verdad y cumplir las obligaciones contraídas en ciertos casos determinados, establece algo que cae como una bomba: para tomar posesión de un empleo o cargo público, todo funcionario o servidor del Estado deberá hacer "la formal protesta de guardar y hacer guardar la Constitución". Se refería, es claro, a la Constitución de 1857, modificada por las adiciones de 1873 y 1874.

Como en febrero de 1857, aquella disposición que obligaba a jurar la Constitución, esta nueva y parecida obligación es la chispa que prende fuego a la pólvora, ya suficientemente seca en siete años de descuido gubernativo. Aparecen otra vez las hordas católicas; pero ahora no ostentan cruces rojas en el pecho ni gritan "¡Religión y Fueros!". Ahora, capitaneadas por sacerdotes en pie de guerra, entran al combate al grito de "¡Viva Cristo Rey!". Se alzan las montoneras en los campos de México y de Michoacán. Mas no en vano la Reforma germinó sobre torrentes de sangre. Ahora ya no es una guerra religiosa, sino una serie de sublevaciones parciales que pronto no logran pasar de motines o incursiones de montoneras, compuestas casi todas por forajidos que se escudan en el pacífico nombre de Cristo para cometer toda suerte de tropelías en las poblaciones que caen en sus manos. Desde entonces, y hasta hoy, toman el nombre de "cristeros".

Las atrocidades se suceden unas a otras. En Agangueo las hordas católicas cogen al Presidente Municipal de la localidad, que había jurado la nueva Constitución, úntanle el cuerpo con brea y lo queman vivo entre el regocijo de los concurrentes y la bárbara alegría de los indígenas alzados en armas. En el pueblecito de Zinacatépec fueron asesinados ocho funcionarios públicos que venían a substituir a otros que se negaban a jurar la nueva Constitución. En Ahualulco fué asaltada la casa del pastor protestante Stephens, saqueada totalmente y pasado a cuchillo su dueño, sin otro delito que el de ser ministro del culto anglicano.

Las correrías de los "cristeros" por los campos de México y Michoacán produjeron el alzamiento de algunas poblaciones, como Salamanca, Zamora, Milpa Alto y Xintepec, pero éstos sí que fueron reprimidos con mano de hierro por las tropas federales. No ocurrió así, en cambio, con las bandas de "cristeros", que jamás presentaban batalla campal y tenían en jaque a las fuerzas del Gobierno central. Hubo un instante, a fines de 1875, que los "cristeros", sintiéndose fuertes, llegaron hasta lanzar un "plan" político en el pueblo de Urecho. El plan consistía en la convocación de un nuevo Congreso Constituyente, que elaborara una nueva Constitución; en el establecimiento de la religión católica, apostólica y romana como única religión del Estado, con exclusión de todo otro culto o credo; y, por último, en la solución de los problemas religiosos por medio de un concordato propuesto por el Papa.

LA IGLESIA, ALIADA DE PORFIRIO DIAZ

Las guerras religiosas habían dejado sabor a sangre y a horror en todas las bocas mexicanas. El levantamiento de los "cristeros", perseguidos activamente por las tropas federales, fué apagándose rápidamente, hasta extinguirse por completo. Las partidas que escaparon supieron tomar posiciones en la próxima tempestad política que se aproximaba.

Y es que otra vez el clero, con su fino a la vez que desdichado olfato, empezó a olisquear al futuro amo de la situación. Comprendió que la situación de Lerdo de Tejada era, ante el hecho de su reelección presidencial, crítica y casi imposible. Buscó entre sus posibles sucesores y entre ellos fijó sus miradas en el general Porfirio Díaz, rebelado en La Noria contra Juárez, héroe nacional, hombre tenido por integérrimo. El general Díaz tiene ideas neta y hasta avanzadamente liberales. Pero eso nada importa al clero. ¿No las tuvieron, también, dentro de sus épocas respectivas, Iturbide y Santa Anna, Bustamante y Paredes? Como el Emperador criollo y la Alteza Serenísima, el "benemérito de la patria", Porfirio Díaz, bien puede ser el hombre que, llegado al poder, sepa pactar con la Iglesia y aprovechar, en beneficio propio, todo el inmenso caudal de su fortuna, su organización, su poderío espiritual.

Esta vez el clero procede subterráneamente. Las últimas amarguras sufridas le han enseñado a ser circunspecto y no alzar demasiado la frente. Apoya bajo cuerda a Porfirio Díaz. Maneja en la sombra los hilos de aquel Plan de Tuxtepec, que da, en los campos de Tecoac, la victoria a Porfirio Díaz. El periodista católico José Joaquín Terrazas, director de "El Reino Guadalupano", afirmó poco después que existía entre Porfirio Díaz y el clero un pacto secreto, formulado a base de un concordato con el Papa y algunas complacencias para con la Iglesia. Sólo ahora la Historia comienza a investigar esta obscura zona del acceso al poder del célebre autócrata mexicano.

Pero, sean o no efectivos estos hechos, lo interesante es anotar que Porfirio Díaz sigue la trayectoria tradicional: comienza haciendo liberalismo y democratismo. No hubiera sido político proceder en forma contraria. Díaz había sido héroe de la guerra contra Maximiliano y se había distinguido, dieciocho años antes, en la de Reforma. No podía demostrar simpatía alguna por el clericalismo mexicano. Y comienza, como todos los generales de circunstancias, eligiendo un ministerio notoriamente liberal y hasta avanzado. Pero muy luego, político y criollo hasta la médula, apenas transcurrida la presidencia de Manuel González, inicia su acercamiento hacia la Iglesia.

Esta viene, al fin, a tomar la revancha sobre el fantasma de Benito Juárez. Pero no es una revancha estrepitosa ni estridente. Nada de gestos, discursos, prédicas o publicaciones de prensa. Nada tampoco de reformas constitucionales. ¿A qué alarmar a ese bonachón sentido liberal que luchara como un tigre contra Miramón, Mejía, Márquez, Bazaine y Maximiliano? Porfirio Díaz es astuto, socarrón, conocedor del carácter mexicano. Todo se puede hacer con él, siempre que no se promueva alboroto. Y esta política de chitón, tácita y subterránea, halaga al jesuitismo innato de aquel clero que no había retrocedido ante nada, ni ante el asesinato o la traición a la patria, a trueque de obtener sus perdidos privilegios.

¿Qué es lo que quiere el clero? Capacidad para adquirir bienes raíces e invertir cuantiosos capitales. Autorización para abrir conventos y escuelas y noviciados. Facultad para realizar procesiones y actos de culto público. Tolerancia para sostener periódicos; para apoderarse de los altos puestos públicos; para controlar la enseñanza; para formar la juventud mexicana. Todo ello puede hacerlo. ¿Qué mal hay en ello? —se dice a sí mismo el Faraón mexicano—. Pero hay que hacerlo legalmente, sin violentar la Constitución, sin perturbar a nadie, sin causar alarma ni conmoción públicas. Pero, ¿cómo será ello posible hacer si la Constitución, la de los hombres del 57 y la de Lerdo de Tejada, es perfectamente explícita, clara, terminante? Pues, en forma muy sencilla: eludiéndola. Bastarán un poco de flexibilidad en las autoridades, un poco de cómplice benevolencia, para que todo salga bien.

Y así ocurre durante treinta años. Es el desquite absoluto de la Iglesia. Un desquite silencioso, que no halaga su orgullo, pero que satisface a su bolsillo y a los superiores intereses espirituales del credo impartido desde Roma.

La tolerancia del Dictador y sus satélites es completa. Más parece una abierta complicidad. El clero comienza por lograr que se reforme el artículo 27: además de los bienes raíces destinados al culto y los capitales impuestos sobre ellos, podrá, ahora, adquirir y administrar los bienes inmuebles y capitales impuestos sobre éstos, que sirvan para el mantenimiento de los edificios destinados al culto. Inmediatamente se hace propietario de numerosos inmuebles— casas-curales, arzobispados, obispados, etc.—, que poseía sólo en calidad de dominio útil y no de propiedad directa, reservada a la nación. Acapara otra vez el clero mexicano centenares de propiedades urbanas.

Pero hay que aprovechar este momento excepcional que vive México. La Iglesia adquiere apresuradamente, por mano de interpósita persona, numerosas propiedades urbanas y otras tantas fincas rurales. Los nombres y apellidos de obispos y párrocos resultan muy adecuados para ese objetivo. Así recupera la Iglesia buena parte de sus antiguas propiedades y adquiere otras nuevas. Pero aun le sobran capitales y es preciso buscar inversiones lucrativas. Comienzan a aparecer algunas inofensivas sociedades anónimas con fines comerciales. Una de ellas, "La Inmobiliaria Michoacana", destinada a la compra de tierras, se constituye en noviembre de 1901 con un capital de 500,000 pesos, correspondiente a los fondos de la oficina arzobispal llamada Haceduría. Otra, la "Compañía Explotadora de Bienes Raíces S. A.", se funda el 30 de abril de 1909, en la ciudad de Oaxaca, con un capital superior a la otra y cuyos socios principales son el Arzobispo de Oaxaca, don Eulogio Gregorio Guillow, el deán de la Catedral, don Antonio Santaella, el arcediano y teólogo don José Othón Núñez, el canónigo Manuel Aguirreola y los presbíteros Jesús Ochoa y Luis G. Santaella. Y una tercera, que comenzó con 300,000 y aumentó después su capital a un millón de pesos, que se estableció en la ciudad de Puebla, con el título de "La Piedad", el 29 de octubre de 1902, y cuyos socios eran los canónigos Joaquín Vargas y José Victoriano Covarrubias, deán de la Catedral de Puebla.

El clero colonial descuidó la enseñanza. El clero de la época porfiriana no caerá en semejante error. La Reforma Liberal le enseñó a ver en la escuela un reducto y un medio posterior de dominación. Si pierde el poder político y la hegemonía económica, siempre queda la enseñanza, almácigo de poderío espiritual, semillero de futuros sacerdotes y clericales de todas las actividades y colores imaginables. Las leyes de la Reforma clausuraron noviciados, suprimieron congregaciones y cofradías, extinguieron corporaciones regulares, acabaron con las comunidades religiosas de hombres y cerraron numerosos conventos. Pero olvidaron hacer lo mismo con las escuelas particulares de religiosos, casi inexistentes en aquella época. El clero se las ingeniará ahora, a la propicia sombra de la dictadura porfiriana, para burlar casi todas esas disposiciones y establecer en pocos años 140 escuelas rurales, primarias, preparatorias y secundarias en el Distrito Federal y los Estados de México, Michoacán, Oaxaca, Puebla, Guanajuato y Jalisco. Son todos colegios en que son forzosas la comunión y la confesión auricular, y que están dirigidos y regentados por hermanos maristas, josefinos, teresianos o visitantinas. La instrucción laica queda en manos de la escuela primaria del Estado. En 1888, en carta pastoral, el Arzobispo de México recomienda al clero "la católica instrucción de las clases humildes". Ello explica que diez años más tarde, en 1898, en el apogeo del porfirismo, existían 276 escuelas y establecimientos congregacionistas en un total de 4,984 planteles educacionales existentes en el país. Pero no hay que asombrarse con la proporción, poco más de un 5%: esos 276 colegios son institutos escogidos, donde se educa la flor y nata del latifundismo y la política porfirista.

Mas el clero mexicano es infatigable en aquello de sacar partido de aquel magnífico régimen de Don Porfirio. Se lanza también al control de la caridad y la beneficiencia públicas. En diez años abre y sostiene 51 asilos, orfelinatos, maternidades, hospicios y hospitales. Y no contento con eso, extiende su acción al campo de la prensa. Quiere controlar o manejar en parte a la opinión pública y sostiene en el Distrito Federal periódicos importantes: "El País", "La Nación", "La Voz de México"; en Puebla: "El Amigo de la Verdad", y en Oaxaca, "La Voz de la Verdad".

Se las compone también para organizar grandes ceremonias públicas, estrictamente prohibidas por la Constitución. Pero a las procesiones las llama ahora "posadas", tergiversando hábilmente la vieja costumbre pascual del pueblo mexicano. Y nunca es sorprendida, ni siquiera en los responsos fúnebres celebrados en los cementerios, por los representantes de la férrea autoridad de Don Porfirio.

Donde el clero hace derroches de habilidad es en la constante apertura de nuevos conventos. En balde la autoridad recibe frecuentes denuncios. Jamás logra comprobar nada. Invaden edificios donde no se encuentra un monje, pero en donde existen celdas y refectorios, y locutorios, y capillas privadas. La policía no toma en cuenta tales nimiedades y se marcha siempre, a la espera de un nuevo denuncio que tendrá idéntico resultado. Cierto es que las autoridades son corteses y no olvidan nunca avisar previamente su visita a las comunidades. Pero eso sólo demuestra la fineza del régimen que preside y corporiza Don Porfirio. Ello explica que afluyan a México frailes y monjes y que en menos de un cuarto de siglo vuelvan a funcionar todos los antiguos conventos y se instalen 70 nuevos monasterios, 14 Casas de Ejercicios, 6 Casas de Arrepentidas y 2 noviciados, uno de jesuítas y otro de franciscanos.

Como estos últimos quisieran obtener el consentimiento expreso del General Díaz para instalar libremente su noviciado, y se lo hicieran preguntar por intermedio de su señora esposa, Don Porfirio se limitó a contestarles verbalmente: "Diles que no sean torpes, que hagan como los jesuitas que establecieron una fábrica de azúcar en San Simón, y nadie ha de ir a contar e identificar su personal". Y tuvo razón, pues se trataba de un caso demostrativo de los procedimientos del porfirismo. Los jesuitas tuvieron casi treinta años una comunidad y un noviciado en el ingenio de azúcar de San Simón, Estado de Michoacán. Cuando algún denuncio debía ser atendido, para guardar las apariencias las autoridades avisaban con tiempo a la comunidad y, a su llegada, encontraban a los seminaristas malamente disfrazados de campesinos, empuñando herramientas que no sabían usar y empeñados en cortar la caña en épocas en que ni funcionaba el ingenio, ni era tiempo de la corta, ni estaba la caña de azúcar en punto para hacerlo. Casi siempre tales visitas terminaban con alguna abundante comida en el refectorio de la comunidad. Llovían las bromas sobre los priores, y éstos nunca olvidaban contestar, sonriendo picarescamente, que los inspectores estaban más enterados que ellos de las labores del campo.

Todos estos hechos no son tan reveladores, sin embargo, como el hecho esencial que buscaba la Iglesia mexicana: el restablecimiento de sus antiguas riquezas. Ocurrió lo que era forzoso que ocurriera. La Iglesia recuperó y hasta acrecentó sus antiguos capitales. Logró acapararse 13 grandes haciendas en el Distrito Federal y los Estados de Michoacán, Puebla, Oaxaca, Jalisco y Guanajuato. Y amasó en dinero, bienes, muebles e inmuebles urbanos, una fortuna de ochocientos millones de pesos (56.000.000.000 de pesos chilenos). ¿Cómo reunió el clero esa inmensa fortuna?

Pues, con sus procedimientos de siempre, con los mismos que usara en la Colonia, pero algo más habilidosos y adaptados a las realidades del medio y el momento histórico. Percibió, desde luego, el sobrante de aquellas leyes de nacionalización que con tanta saña combatiera durante casi veinte años. Y no sólo recibió ese dinero, sino también el proveniente de las "contentas" o especies de saldos o sobreprecios que le devolvieran los particulares adjudicatarios de bienes eclesiásticos desamortizados. Verdad es que el clero había comenzado por negarles los sacramentos a esas personas y hasta por excomulgarlos formalmente como herejes; pero ése había sido el intransigente clero de la época de Juárez, en tanto que el de ahora, el culto y refinado clero de la dictadura porfirista, no tenía inconveniente alguno en recibir, a entera satisfacción, las "contentas" de los antiguos excomulgados o de sus hijos.

Los procedimientos restantes tienen menos novedad: bienes raíces y cantidades en dinero o valores testados en favor de tal o cual sacerdote; donativos en metálico de los particulares; dotes de las profesas; limosnas recogidas en los templos; rentas producidas por los bienes raíces urbanos; explotación de los predios rústicos; intereses de capitales prestados sobre fincas y tierras agrícolas; y, por último, el diezmo cobrado a la población indígena, tan perfeccionado con respecto al diezmo colonial, que existían veinticinco Casas especiales para recolectarlo en los Estados de Guanajuato, Jalisco, Durango y Michoacán.

Tal fué la vida, paradisíaca y fecunda, que vivió el clero mexicano en aquellos felices años del "Gran Elector", durante la célebre "política de conciliación", que dirigieran los no menos célebres "científicos". Jamás la sombra de una nube cruzó el cielo de aquella estrecha amistad entre el déspota indígena y el levantisco clero de otros años. Resucitaba, de nuevo, el Real Patronato, pero esta vez ejercido con blandura y campechanería por el Faraón indio. Era una sociedad perfecta entre la tierra y el cielo. Don Porfirio proporcionaba al clero la tranquilidad suficiente para enriquecerse sin miedo y aumentar su influencia social y pedagógica en la colectividad mexicana. El clero, en cambio, sostenía desde los púlpitos y las cátedras aquel régimen de progreso y de armonía entre todos los mexicanos. Cierto es que no disfrutaba el poder político.

Pero, ¿para qué podía necesitarlo? Los amargos años de la Reforma le recordaban a cada momento los sinsabores de la política activa y, por otra parte, ¿no acrecentaba el clero sus riquezas y extendía, por medio de la escuela y el confesonario, cada vez más su influencia sobre el espíritu de la mujer y el niño, sobre el futuro político y social de México?

Era algo entre compadres, tan armonioso y bien ensamblado, que asombra pensar cómo pudo la Revolución, cual estilete o delgada llama, deslizarse entre las junturas de aquel barco tan bien calafateado, en que el orden público y la resignación cristiana, el progreso material y el dogma de Cristo se ayuntaban a maravilla para obligar al pueblo mexicano a seguir "gimiendo y llorando" en "este valle de lágrimas".

LA CONSTITUCION DE 1917

La Revolución arrancó bruscamente al clero de este plácido sueño. Su centenario instinto le avisó el peligro. Estos desharrapados que seguían a Madero le parecieron los mismos que en 1810, tras el cura Hidalgo, se asomaran triunfantes a la capital. Pero el clero no tuvo ni siquiera tiempo de oponerse a la Revolución. Apenas si una que otra prédica en algún púlpito. Pero ninguna actitud pública. La experiencia recogida en la Reforma, el Imperio y los días de Lerdo de Tejada lo movieron a no salir a la calle ni hacer oposición ostensible.

Era la antigua política ignaciana: el mínimo de riesgos y el máximo de rendimiento. El clero vió en Francisco I. Madero al idealista y al hombre generoso. Y usó ampliamente de la tolerancia de aquel iluminado. Apresuróse a constituir el "Partido Católico Nacional" y lanzarse abiertamente a la lucha política, haciendo ruda oposición al hombre del Plan de San Luis Potosí. Lo ataca desde sus púlpitos, sus cátedras, sus periódicos. Para impedir su llegada a la Presidencia, no trepidó en apoyar, en 1911, la candidatura presidencial del Licenciado De la Barra, Mandatario interino que luego se transformó en opositor a Madero e instrumento del clero en el Congreso. Movió incluso a grupos de damas para que solicitaran del Congreso la vida y libertad del general Félix Díaz, sometido a Consejo de Guerra por haberse alzado en armas en Veracruz.

La caída de Madero no se hace esperar. El clero coopera subrepticiamente a ella y saluda con alborozo a su sucesor, el sanguinario Victoriano Huerta, el hombre con cabeza de serpiente. No tiene un gesto ni un recuerdo para el mártir caído, Francisco I. Madero; pero se adhiere a Huerta, en una postrera esperanza de que decida la situación en su favor. Llega hasta a socorrerlo con diez millones de pesos y una solemne procesión pública como acción de gracias por el "restablecimiento del orden" y la desaparición de los perturbadores de la paz nacional.

Mas pronto comprende el clero que nada podrá detener el avance de las masas armadas, de aquel Ejército Constitucionalista, cuyo Primer Jefe es Venustiano Carranza y cuyos capitanes se llaman Alvaro Obregón, Emiliano Zapata, Francisco Villa. Es otra vez presa del pánico. Algunos prelados huyen con Huerta, como algunos huyeron con Porfirio Díaz; pero una buena parte emigra a Veracruz y se coloca bajo la protección del pabellón americano. No hace el clero oposición abierta a Carranza sino cuando cree verlo estrangulado entre las mandíbulas de Pancho Villa y de Emiliano Zapata. Olfatea pronto al nuevo "Anticristo", Alvaro Obregón, y concita contra él la animosidad de los fieles en los días en que la capital fuera abandonada por Carranza.

Torna el clero a estar a la expectativa y logra que no se ocupen de él. Pero la nueva Constitución, la que estudiaran y votaran en Querétaro los revolucionarios y fuera promulgada el 5 de febrero de 1917, sesenta años justos después que la otra, lo obliga a intervenir. Pero no se atreve a hacerlo con violencia. Nada de alzamientos, ni de imposiciones al Gobierno, ni motines callejeros, ni bandas con cruces rojas, ni montoneras de vandálicos cristeros. Ahora las armas serán otras: habilidad y prudencia, y, si la situación se tornase muy difícil para las arcas de la Iglesia, queda el recurso de aparecer ante el mundo como víctimas y procurar a toda costa una intervención extranjera.

Ahora tiene razón en sentirse afectado. La Constitución de 1917 asesta, en sus artículos pertinentes, un golpe de muerte al poderío económico y social que el clero lograra acrecentar y robustecer durante los días de Porfirio Díaz, durante aquel amistoso "modus vivendi" que se llamara la "política de conciliación". Pero ahora la cosa es seria. La nueva Constitución corrobora y pone en inmediata vigencia los puntos más categóricos de la Carta anterior. Pero, además, los amplía y completa con algunos cuantos nuevos, especialmente graves para la Iglesia mexicana.

Veamos.

Sólo el artículo 130 contiene puntos intrínsecamente nuevos. Los artículos 24 y 27 amplían y precisan disposiciones de la Carta de 1857. Y en cuanto a los artículos 3.o y 5.o, también condensan los artículos correspondientes de la antigua Constitución.

Pero todos ellos levantan una polvareda que, si bien pasa inadvertida en el fragor de la Revolución, estallará pronto, y con extraordinaria violencia, en la Administración Calles.

El artículo 3.o, resistido por el clero durante diecisiete años, estableció la absoluta laicidad de la enseñanza. "La enseñanza es libre; pero será laica —
" expresa— la que se dé en los establecimientos ofi-
" ciales de educación, lo mismo que la enseñanza
" primaria, elemental y superior que se imparta en los
" establecimientos particulares. Ninguna corporación
" religiosa ni ministro de algún culto podrán establecer
" o dirigir escuelas de instrucción primaria. Las escue-

" las primarias particulares sólo podrán establecerse
" sujetándose a la vigilancia oficial. En los estableci-
" mientos oficiales se impartirá gratuitamente la en-
" señanza primaria". Era lógica la oposición del clero.
La Revolución le quitaba, de un solo golpe, el control
absoluto de la enseñanza particular y a la vez la formación futura del hijo del campesino o el indígena.
Le impedía formar a su imagen y semejanza nuevas
clases privilegiadas y, por otra parte, proyectar su acción, con fines políticos ulteriores, sobre el niño proletario que menospreciara durante siglos.

Protestó el clero contra ese atentado a la libertad
de enseñanza, aquella que jamás respetara mientras
vivió adherido al Estado, aquella que castigara con la
pira o el tormento en plena Colonia y que después, en
la República, persiguiera con inaudita saña en todos
los que no aspiraban a formar legiones de educandos
fanáticos. Por lo demás, los revolucionarios estaban en
el deber de impedir que en las escuelas del Estado se
enseñasen doctrinas contrarias a la estabilidad de ese
mismo Estado. ¿No se procede así, hoy día, en todos
los países "civilizados", contra aquellos maestros o sectores políticos que se atreven a hablar de comunismo,
de marxismo, hasta de socialismo de Estado? ¿Iba el
Estado mexicano a ser más generoso que el francés
o el yanqui con quien, como el clero, ha sido su eterno
e invariable enemigo? ¿Iba a permitir que el sacerdote se inmiscuyera en la vigilancia y formación del
espíritu del niño, el futuro ciudadano de un México
libertado? Y no es que se tratase de imbuir al niño
una determinada conciencia política y social, sino,
por el contrario, de apartarlo de todo dogma precon-
cebido o toda rígida interpretación de la vida. Abrir
sus ojos a la ciencia, al raciocinio, a la experimentación. Dejarlo en condiciones de pensar por sí mismo
y que después profesare el culto que más le agradase.
Tal era el sentido, eminentemente liberal, del artículo
3.o, el cual tampoco impedía, si de eso quiere hablarse,
la educación católica de los niños en la intimidad de

sus hogares o en el interior de los templos y edificios destinados al culto. Lo que se quería era laicizar, efectivamente, la enseñanza. Nada más y nada menos.

El artículo 5.o reproduce en buena parte el mismo artículo 5.o de las Leyes adicionales de Sebastián Lerdo de Tejada, dictadas cuarenta y tres años antes. El nuevo artículo se refiere al trabajo en general y antecede al artículo 123, que es, a tal respecto, una de las conquistas de la Constitución mexicana. Pero en lo pertinente al problema religioso no añade nada de nuevo: "Nadie podrá ser obligado a prestar trabajos
" personales sin la justa retribución y sin su pleno
" consentimiento... El Estado no puede permitir que
" se lleve a efecto ningún contrato, pacto o convenio
" que tenga por objeto el menoscabo, la pérdida o el
" irrevocable sacrificio de la libertad del hombre, ya
" sea por causa de trabajo, de educación o de voto
" religioso. La ley, en consecuencia, no permite el es-
" tablecimiento de Ordenes monásticas, cualquiera
" que sea la denominación u objeto con que pretendan
" erigirse."

Nada, pues, se agregó de nuevo. El artículo 5.o sólo suponía la vigencia plena de aquel otro artículo 5.o que con tal habilidad, amparado en la cínica benevolencia de Don Porfirio, violara el clero mexicano durante treinta años. Sin duda que la revolución quiso, al darle toda su actualidad a este artículo, impedir la esclavitud moral que significan las Ordenes religiosas. Pero el punto, aconsejado por la experiencia histórica, no estaba tanto allí como en la necesidad de precaverse contra la instalación y crecimiento en el territorio nacional de organizaciones que habían demostrado innúmeras veces su oposición y hasta su animosidad al Estado liberal mexicano. Razones de seguridad pública y hasta de seguridad económica —conveniencia de no fomentar entidades captadoras de dinero— obligaban a tomar esa medida que, por lo demás, tampoco era nueva. Carlos III expulsó a los jesuitas en 1767 por iguales motivos. ¿Podrían dejar de hacer lo mismo los revolucionarios con todas las Ordenes monásticas? ¿Con las mismas comunidades que sirvieron de centros de conspiración e insurgencia durante la organización de la República, la Reforma y el Imperio y las administraciones Juárez y Lerdo de Tejada? Sin duda que no.

También hizo hincapié la Iglesia en un inciso de un artículo determinado, el N.o 31, en el cual, entre las obligaciones de los mexicanos, se establecía en primer término la de "hacer que sus hijos o pupilos menores " de quince años concurran a las escuelas públicas " o privadas para obtener la educación primaria ele- " mental y militar durante el tiempo que marque la " Ley de Instrucción Pública de cada Estado". Este inciso, el I del art. 31, no tenía mayor importancia que aplicar el artículo N.o 3, pero fué sumado a los motivos de protesta que tuvo la Iglesia para sentirse, nueve años después, perseguida y martirizada.

Otro artículo grandemente discutido y tenazmente resistido fué el N.o 24, que hizo constitucionales algunas disposiciones de la Ley de Libertad de Cultos dictada por Juárez en 1860. El nuevo precepto estableció que "todo hombre es libre para profesar la " creencia que más le agrade y para practicar las ce- " remonias, devociones o actos del culto respectivo, " en los templos o en su domicilio particular, siempre " que no constituyan un delito o falta penados por " la ley. Todo acto religioso de culto público deberá " celebrarse precisamente dentro de los templos, los " cuales estarán siempre bajo la vigilancia de la au- " toridad". El clero clamó que con ello se hería la libertad religiosa, pero la libertad religiosa entendida con fines políticos, como pantalla o escudo para convertir los templos, cual ocurrió en México millares de veces en el pasado siglo, en centros de conspiración o de rebeldía armada, especie de cuarteles generales de rebeldes contra el Estado o de Estados Mayores de los continuos motines y sublevaciones financiados por el clero. Ningún país tolera estos focos permanentes de insurgencia en su territorio, y México, cerrando los ojos ante su propia historia, no tenía por qué hacerlo.

Pero aun los revolucionarios no habían puesto el dedo en la llaga. La libertad de enseñanza, la libertad religiosa, la apertura de nuevos conventos no interesaban tanto al clero mexicano, organizado en clase política y económica, como seguir disfrutando de sus riquezas y sus prerrogativas sociales. Y ambas fueron heridas certeramente por dos célebres artículos: el N.o 27, que ya hemos examinado desde el punto de vista de la propiedad agraria y la propiedad del subsuelo, y el N.o 130, el más resistido de todos, único aporte completo de los hombres de la Revolución a los hombres de la Reforma.

En sus partes pertinentes o aplicables al clero, el artículo 27 estatuyó: "Las asociaciones religiosas de-
" nominadas iglesias, cualquiera que sea su credo, no
" podrán, en ningún caso, tener capacidad para ad-
" quirir, poseer o administrar bienes raíces ni capita-
" les impuestos sobre ellos; los que tuvieren actualmente
" por sí o por interpósita persona, entrarán al dominio
" de la nación, concediéndose acción popular para
" denunciar los bienes que se hallaren en tal caso. La
" prueba de presunciones será bastante para declarar
" fundada la denuncia. Los templos destinados al culto
" público son propiedad de la nación, representada
" por el Gobierno Federal, quien determinará los que
" deben continuar destinados a su objeto. Los obis-
" pados, casas curales, seminarios, asilos o colegios
" de asociaciones religiosas, conventos o cualquier otro
" edificio que hubiere sido construido o destinado a
" la administración, propaganda o enseñanza de un
" culto religioso, pasará desde luego, de pleno derecho,
" al dominio directo de la nación, para destinarse ex-
" clusivamente a los servicios públicos de la Federa-
" ción o de los Estados en sus respectivas jurisdic-
" ciones. Los templos que en lo sucesivo se erigieren
" para el culto público serán propiedad de la nación."

Y entre algunas disposiciones de carácter general que atañían indirectamente al clero, agregó esta otra: " Las instituciones de beneficencia pública y privada " en ningún caso podrán estar bajo el patronato, di- " rección, administración, cargo o vigilancia de cor- " poraciones e instituciones religiosas, ni de ministros " de los cultos o de sus asimilados, aunque éstos o " aquéllos no estuvieren en ejercicio."

Fácil es imaginar la consternación del clero ante este artículo. Derrumbábase el risueño edificio levantado durante la paternal administración de Don Porfirio. Era, otra vez, el mandoble de la Reforma. Resucitaba la sombra de Juárez. De nuevo se nacionalizaban, de un solo golpe, todos los bienes terrenales de la Iglesia Católica. La experiencia del porfirismo hacía más contundente aún a los hombres de la Revolución. Ya no había escapatoria posible. Se negaba al clero la capacidad para adquirir, poseer o administrar bienes raíces o capitales impuestos sobre ellos, pero también se le obligaba a devolver a la nación los que poseía abierta e hipócritamente, en flagrante pugna con la Constitución de 1857. De nada servía la artimaña de inscribir propiedades a nombre de obispos y de canónigos. De nada las habilidosas interpretaciones al antiguo artículo 27. Esta vez sí que los mexicanos apuntaban al corazón de esa Iglesia millonaria y ensoberbecida.

Porque ahora el clero ni siquiera podría discutir el dominio útil o la propiedad directa de los templos y los edificios destinados al culto. Todos pasaban a poder de la nación, y sería ésta quien determinaría los que deberían seguir atendiendo a las necesidades religiosas de la población. Igual cosa ocurriría con los nuevos templos. Y en cuanto al otro gran recurso, la prolífica fuente de la beneficencia, de la caridad explotada con fines de captación de herencias o inversión de capitales, también caía por tierra. Los asilos, hospitales, orfelinatos y hospicios dejarían de estar controlados por sacerdotes o monjas y pasarían a regirse, en lo sucesivo, por directivas técnico-científicas, bajo la directa tuición del Estado. Menos Cristos moribundos y menos avemarías en las salas de los enfermos o los inválidos, pero más eficiencia, más higiene del cuerpo y del alma.

Y ya ahora, sin dinero y sin poderío político o prepotencia social, de poco o nada servirá vestir la sotana tan lucrativa por más de tres siglos. Ahora habrá que tener verdadero espíritu cristiano para profesar y vagar por los caminos enseñando la ley de Dios. Habrá que someterse a esos ayunos y esas privaciones del pobrecito de Asís y del agustino Martín Lutero. Habrá que vivir en la pobreza, la castidad, el silencio y la meditación. Habrá que preocuparse, gratuitamente, de los pobres y los desheredados, de la salvación de los espíritus que corrompen las pompas y las vanidades del mundo. Y eso sí que es el infierno en vida para este clero todopoderoso, arrogante, tantas veces millonario.

Pero aun quedaba un trago igualmente amargo, un nuevo cáliz de amargura, como diría cualquiera de los escritores católicos que denostaban a Gómez Farías en 1833, o injuriaban a Calles nueve años atrás: el artículo 130, el artículo que reglamentaba las relaciones de la Iglesia y el Estado. Así como el artículo 27 envolvía el término del poderío económico del clero, el artículo 130 encerraba, en cambio, el término de la soberanía del clero como expresión independiente de la soberanía de la nación organizada en Estado.

Este célebre artículo comenzó reproduciendo los preceptos incorporados por Lerdo de Tejada a la Constitución de 1857: la incapacidad del Congreso para dictar leyes estableciendo o prohibiendo alguna religión determinada; el contrato civil del matrimonio y la competencia para ése y los demás actos del estado civil, y la simple promesa de decir verdad y cumplir las obligaciones que se contraen. Pero esto no interesa tanto como los nueve puntos que acaban con las pretensiones de la Iglesia mexicana, de constituir un Estado dentro del Estado.

El artículo 130 es categórico y terminante:

"La ley no reconoce personalidad alguna a las " agrupaciones religiosas denominadas iglesias.

"Los ministros de los cultos serán considerados " como personas que ejercen una profesión y estarán " directamente sujetos a las leyes que sobre la mate-
" ria se dicten.

"Las legislaturas de los Estados únicamente ten-
" drán facultad de determinar, según las necesidades " locales, el número máximo de ministros de los cul-
" tos.

"Para ejercer en México el ministerio de cualquier " culto se necesita ser mexicano por nacimiento.

"Los ministros de los cultos nunca podrán, en " reunión pública o privada, constituida en junta, ni " en actos del culto o de propaganda religiosa, hacer " crítica de las leyes fundamentales del país, de las " autoridades en particular o, en general, del Gobier-
" no; no tendrán voto activo ni pasivo, ni derecho " para asociarse con fines políticos.

"Para dedicar al culto nuevos locales abiertos al " público se necesita permiso de la Secretaría de la " Gobernación, oyendo previamente al Gobierno del " Estado.

"Las publicaciones periódicas de carácter confe-
" sional, ya sea por su programa, por su título o sim-
" plemente por su tendencia ordinaria, no podrán co-
" mentar asuntos políticos nacionales ni informar " sobre actos de las autoridades del país, o de parti-
" culares, que se relacionen directamente con el fun-
" cionamiento de las instituciones públicas.

"Queda estrictamente prohibida la formación de " toda clase de agrupaciones políticas cuyo título tenga " alguna palabra o indicación cualquiera que se rela-
" cione con alguna confesión religiosa. No podrán cele-
" brarse en los templos reuniones de carácter polí-
" tico.

"No podrá heredar por sí ni por interpósita
"persona, ni recibir por cualquier título, un ministro
"de cualquier culto, un inmueble ocupado por cual-
"quiera asociación de propaganda religiosa o de fines
"religiosos o de beneficencia. Los ministros de los
"cultos tienen incapacidad legal para ser herederos,
"por testamento, de los ministros del mismo culto o
"de un particular, con quien no tengan parentesco
"dentro del cuarto grado."

Trascendencia suma tenía este artículo constitucional para un clero como el mexicano, habituado a enfrentarse al Estado, a controlarlo, o a superponerse a él a su entero arbitrio. Las iglesias cesaban de tener personalidad jurídica alguna y con ello, de inmediato, perdían toda la fuerza que, en el derecho canónico primero y en el civil después, tuvieran en cuanto a asociaciones privilegiadas, en las cuales era lícito y responsable aún lo que iba contra la seguridad misma del Estado. Igual cosa ocurría con los ministros de los cultos, casi en su totalidad del católico, que debían renunciar al antiguo privilegio de su investidura, colocarse al nivel de los demás profesionales en cuanto a completo acatamiento de las leyes y ordenanzas públicas y, en especial, a la legislación que sobre el clero se dictase. La Constitución fué aún más lejos en esta verdadera secularización del sacerdocio antes intocable, al establecer que cada templo debería tener un encargado responsable ante la autoridad, el que debería inscribirse en el Ayuntamiento respectivo. Ninguna razón excusaba que al considerar a los sacerdotes como profesionales no se les inscribiera también, en cuanto a tales, en un registro especial municipal, que serviría, en cada caso, para supervigilar la conservación de bienes que, como los templos, pertenecen al dominio directo de la nación.

Este golpe era demasiado fuerte para una casta sacerdotal que jamás había tolerado intromisión ni inspección alguna en su intimidad profesional; que se había revelado, por tal motivo, contra el rey y el Papa en la Colonia; que a pesar de todas las reformas religiosas había logrado conservar íntegra su peligrosa independencia. Pero los constituyentes de Querétaro sabían muy bien que no sólo bastaba con separar la Iglesia del Estado, sino que era preciso quitar a esta última los medios de seguir siendo un Estado independiente, capaz, en cualquier momento, de absorber al Estado mexicano.

Más aun, había más. Los revolucionarios no podían limitarse a quitar a los curas su sospechosa y casi siempre anárquica libertad de acción. Necesitaban completar esa labor en el terreno político y el económico: impedir su participación, directa o indirecta, en la política activa del país, y, al mismo tiempo, la acumulación de medios económicos que les permitieran, particularmente, desarrollar esa funesta y persistente acción política de tantos años. Por eso les impidió taxativamente hacer críticas de las leyes, el Gobierno o las autoridades en reunión pública y privada; por eso los privó de los derechos electorales y hasta del de asociarse con fines políticos, como ocurre en casi todos los países de la América Latina. Por eso, también, prohibióles el uso de los conocidos medios de que se vale el clero en todas partes para intervenir indirectamente en política: la publicación francamente confesional o el periódico conservador, de orden y de progreso, que mal encubre su clericalismo; y la organización de Acciones de Jóvenes Católicos, Ligas Nacionales Católicas y tanta otra institución política que disfrazan malamente sus móviles estrictamente clericales. La Constitución mexicana se puso en ambos casos, muy comunes en México, y también en aquel otro, tantas veces repetido en la historia mexicana, de la reunión política celebrada en el interior del templo.

En el terreno económico actuaron con igual certeza los revolucionarios al incapacitar a los ministros de los cultos para heredar en testamento a nadie que no fuera su pariente a lo menos en cuarto grado, y también al prohibirles heredar por sí o interpósita persona inmuebles ocupados por asociaciones o entidades de propaganda y beneficencia con finalidades religiosas. Cortaban así, de raíz, una fuente permanente de ingresos y traspasos de bienes. Terminaban con la captación de herencias y la formación de nuevas fortunas destinadas, tarde o temprano, a enfrentarse con los intereses superiores del Estado.

Por último, deben subrayarse dos medidas tomadas por la Constitución de Querétaro que concluyen de guardar al Estado contra el peligro constante de un clero poderoso y absorbente. Una es la determinación del número máximo de sacerdotes en cada Estado, entregada a las legislaturas respectivas. Quien conozca o sepa algo de México comprenderá por demás la absoluta necesidad de esa limitación, que no viene a significar otra cosa que, por un lado, el término de las características aglomeraciones de sacerdotes en ciertos puntos del país, los más ricos, y, por otro, la ausencia total de sacerdotes en los lejanos distritos campesinos del llano o la montaña. Dando por sentada la religiosidad, ya que no la catolicidad, de la masa de la población, era evidente que el clero debía ser distribuido conforme a las necesidades del culto en cada región o comarca. Nunca habría hecho eso el clero por sí solo; siempre buscó los lugares más prósperos y menos sacrificados donde hacer carrera más rápidamente o enriquecerse más luego, él o su comunidad, con la caza de herencias, la recolección de diezmos, la colectación de limosnas y legados, mandas y misas, responsos y dotes. Y hubo casos extraordinarios en tal sentido. La ciudad de Cholula, la ciudad santa de los aztecas, pasó a ser la ciudad santa del clero mexicano: ¡365 iglesias, una dedicada a cada día del año, sirven allí las necesidades religiosas de una población de doce mil almas! Puebla, que en aquella época contaba con sólo 100,000 habitantes, poseía 200 templos, uno por cada 500 habitantes. En cambio, en los Estados de Yucatán y Veracruz hay ciudades, como las de Mérida y de Veracruz, a las cuales bastaban doce y tres iglesias para sesenta y cincuenta mil habitantes, es decir, una iglesia para cinco mil habitantes en Mérida y una por cada 16.666 en el puerto de Veracruz. Y no hay necesidad de aludir a los Estados de Guerrero y Michoacán, tenido por muy religioso el segundo, donde pueblos con dos y tres mil habitantes, o comarcas que sumaban diez mil, no contaban con un solo sacerdote. ¿Por qué? La soledad, el frío, el paludismo, el calor excesivo, eran factores más que suficientes para apagar el celo de los buenos eclesiásticos mexicanos.

La otra medida tuvo también extraordinaria resonancia y afectó a buena parte del clero. Ocasionó extraordinarias resistencias. Y, sin embargo, es beneficiosa para el propio clero mexicano. No tiene tampoco nada de nuevo, pues proviene de la más pura tradición canónica colonial: la prohibición a los extranjeros para ejercer el culto en territorio mexicano. En México, la mayor parte del clero ha sido siempre extranjero, español por lo general. Sobre todo, el alto clero, tanto secular como regular, provenía de la Península, y no podía estar ligado, ni remotamente, a los intereses de la nación mexicana. Para él, cosa inevitable, México tenía que ser un país ventajoso, fructífero, en el que sólo interesaban la conservación y el acrecentamiento de los bienes temporales. ¿Qué podían importarle a ese clero las desgracias o las angustias de la patria mexicana? ¿Qué la invasión yanqui o la francesa? ¿Qué el constante peligro de los Estados Unidos? Para él sólo podía tener verdadera importancia una sola cosa: el tranquilo disfrute de las riquezas, el poder y la hegemonía acumulados desde los tiempos del virreinato. Pero al Estado sí que importaba no tener a sus espaldas, perpetuamente en actitud de acecho, esa poderosa clase, extranjera y enemiga las más de las veces.

No era posible, además, que buena parte del clero mexicano propiamente dicho, aquel que sirve los curatos rústicos y las parroquias apartadas, viviera una vida precaria y viérase urgido a incrementar sus ingresos de cualquier manera, aun de las no muy limpias, en tanto que el alto clero, peninsular casi todo, disfrutase de una existencia pomposa, placentera, regalada. Ello lo vieron los monarcas españoles y lo implantaron férreamente (Novísima Recopilación de Indias: Libro I, Títulos VI, XIII, XIV y XXVI, Leyes I, II, IV y XXXI) sus virreyes en la Nueva España; nunca ejerció el culto ningún sacerdote extranjero, ni disfrutó de beneficio eclesiástico alguno. Las pocas veces que se permitió desembarcar en Nueva España a algún sacerdote francés o italiano fué siempre con carta especial o permiso previo del rey o con carta anticipada de naturaleza o ciudadanía española. Jamás protestó entonces el clero mexicano de tal medida y sí regocijóse mucho de que se le librase de competidores molestos por su saber o su virtud.

APRESTOS DE COMBATE

¿Soportó pacientemente el clero la dictación de esta Constitución? Sin duda que no. Pero no le hizo frente abiertamente. Los jefes de la Iglesia mexicana, el Primado Mora y del Río, los arzobispos de Yucatán, Linares, Antequera y Michoacán, y veinticinco obispos de todas las diócesis, se limitaron a lanzar una proclama pública en los Estados Unidos. Era un manifiesto rebelde, aunque no procaz ni injurioso, que terminaba diciendo: "protestamos contra semejantes atentados en
" mengua de la libertad religiosa y de los derechos de
" la Iglesia; y declaramos que desconoceremos todo
" acto o manifiesto, aunque emanado de cualquiera
" persona de nuestra diócesis, aun eclesiástica y cons-
" tituída en dignidad, si fuere contrario a estas de-
" claraciones y protestas."

¿Temieron los obispos y arzobispos que una parte del clero no los acompañara en su rebeldía? ¿Pensaron que acaso Benedicto XV apoyara a los revolucionarios o quisiera transar con ellos? Es posible. Pero sí son evidentes la cautela y precaución con que, para evadir las penas consiguientes, el alto clero mexicano lanzó aquella protesta-manifiesto en territorio norteamericano.

Pudo Carranza haber recogido el guante. Y tal vez sí debió hacerlo. Pero en aquellos momentos, marzo de 1917, recién se fabricaban los rieles jurídicos por donde correría en lo sucesivo el carro victorioso de la Revolución. Destrozados el porfirismo y la reacción, aniquilado Pancho Villa, reducido Zapata, advenían horas de tranquilidad aparente en que era preciso verlo, preverlo y organizarlo todo. Los enemigos de la Revolución comenzaban su obra. Había que defenderse en muchos frentes a la vez y atacar en algunos, como en la cuestión agraria y la propiedad del subsuelo petrolífero. Por eso Carranza no reparó en este enemigo, tácito y recatado, que le salía al paso sin exponerse en demasía.

Alvaro Obregón, el caudillo y el político más grande de la hora, siguió las mismas aguas de Carranza en materia de política religiosa. Soslayó el problema y tal vez si lo esquivó. No provocado, no quiso provocar a su vez. ¿Debilidad o tacto político? Puede que lo segundo. Dejó en paz a un clero que lo dejaba en paz. Porque el clero mexicano, tan revoltoso y levantisco por temperamento y por tradición, no había dicho esta boca es mía. Callaba obstinadamente a raíz de aquella protesta, un tanto lírica, lanzada en los Estados Unidos, especie de saludo a la bandera para tranquilizar la propia conciencia. Pero Obregón cometió un error grave al creer que la Iglesia mexicana, indómita por siglos, esperaba otra cosa que un momento favorable.

Vivió nueve años justos en una especie de tácito "modus vivendi" o de tregua previa entre dos adversarios que saben se encontrarán pronto en el campo o el ring y miden, entretanto, sus fuerzas, a la vez que aprovisionan energía y se aprestan para el combate.

Mas, si el clero mexicano no salió a las calles ni subió a los púlpitos para denigrar a la Revolución y a sus hombres, no dejó de obrar subterráneamente en tal sentido. Se las compuso en 1917 para despertar un movimiento de opinión en los Estados Unidos contra la nueva Constitución mexicana. Logró que la institución católica secreta "Los Caballeros de Colón" protestase en la prensa y en el Parlamento de Norteamérica contra la "persecución" religiosa y, en especial, contra aquel diabólico artículo 27 que atentaba contra la propiedad norteamericana del subsuelo mexicano. Obtuvo que se agitaran y movieran los petroleros interesados hasta el extremo de pedir a la Casa Blanca, una y otra vez, la intervención armada en México. Pero Wilson y Harding prefirieron seguir el camino jurídico para solucionar los problemas derivados de la propiedad del subsuelo petrolífero mexicano. Y al clero no le cupo más satisfacción que atizar en cuanto pudo aquel que parecía el peor escollo de la Revolución —el petróleo— y no pasó de ser uno de los obstáculos sorteados por ella con mayor habilidad.

Volvió sus ojos al propio México y siguió con atención la política de la Revolución. Comenzó a buscar, como de costumbre, un hombre adecuado para sus fines: un Iturbide, un Santa Anna, un Bustamante, un Paredes, un Zuloaga, un Porfirio Díaz. Y estuvo a punto de encontrarlo en Adolfo de la Huerta. La insurrección que éste acaudillara (1923) fué el último movimiento político que apoyara la Iglesia mexicana con sus dineros y sus hombres. Muchos conservadores y clericales y hasta sacerdotes fueron al sacrificio en aquel entonces, creyendo que combatían por la Iglesia de Cristo. El periódico católico "El Siglo Futuro" decía en 1927, refiriéndose a tal hecho: "El noble, abnegado, etc...., pueblo mexicano se dispuso a conquistar con las armas el derecho de elegir su Presidente... Acaudilló ese movimiento el más justo y popular de los jefes de la hora, don Adolfo de la Huerta, y en sus filas figuraron los mejores elementos del país". Con aquél su instintivo oportunismo, el clero olvidó entonces que el pueblo había sido siempre para él "la canalla soez"; olvidó que él mismo había contribuído siempre a poner y quitar mandatarios sin consultar para nada a ese pueblo ahora "noble y abnegado"; olvidó que él mismo había atacado crudamente a Adolfo de la Huerta en los días de Agua Prieta y mientras el antiguo burócrata pareció ser un leal revolucionario.

Corrían los días de la nueva elección presidencial y no podía Obregón preocuparse de las habilidosas intervenciones de la Iglesia en la sublevación de Adolfo de la Huerta. Ya comenzaba a llenar el horizonte la figura de Calles, llevado al poder por obreros y campesinos, representante en aquellos momentos del revolucionarismo auténtico. El clero olfateó al enemigo y no perdió medio personal de oponerse, a escondidas, a su candidatura. Elegido Calles, continuó la Iglesia en su aparente quietud, observando con profunda desconfianza el desenvolvimiento de la Revolución en el sentido agrario, pedagógico, antiimperialista, obrero y militar. Buscaba una oportunidad y creyó encontrarla.

LA IGLESIA LUCHA CONTRA EL ESTADO

La contrarrevolución de Adolfo de la Huerta había enrarecido el aire con rencores y animosidades. Calles aparecía como un extremista y asustaba a no poca gente. Se anunciaba, además, como un enemigo del militarismo, al igual que Obregón. Era el momento oportuno para lanzarse contra el Estado, aunando automáticamente a todos aquellos descontentos y aprovechando la circunstancia de que en aquellos días, finales de 1925, los "Caballeros de Colón" habían recrudecido en su campaña contra México en los Estados Unidos. Engañada por una tolerancia que creyó debilidad del régimen revolucionario, la Iglesia se lanza ciega a la lucha.

Comienza por hacer reproducir en los diarios de la capital, intempestivamente, sin relación de causa alguna, aquella especie de protesta-manifiesto-pastoral que lanzaran en contra de la Constitución, en marzo de 1917, treinta prelados mexicanos. Y días antes, en "El Universal" del 27 de enero de 1926, expone públicamente que se iniciará una campaña para obtener la derogación de los artículos pertinentes al clero de la Constitución. Y algunos días después, el 4 de febrero de 1926, el propio Primado de la Iglesia de México, y arzobispo de México, monseñor José Mora del Río, se encarga por sí mismo de dar a esos rumores y advertencias la forma de un ultimátum o una franca declaración de guerra. Declara a "El Universal" de aquella fecha, bajo su firma autográfica, lo siguiente: "La doctrina de la Iglesia es invariable, porque es la verdad divinamente revelada. La protesta que los prelados mexicanos formulamos contra la Constitución de 1917 en los artículos que se oponen a la libertad y dogmas religiosos, se mantiene firme. No ha sido modificada, sino robustecida, porque deriva de la doctrina de la Iglesia.

"La información que publicó "El Universal" de fecha 27 de enero, en el sentido de que se emprenderá una campaña contra las leyes injustas y contrarias al Derecho Natural, es perfectamente cierta. El episcopado, clero y católicos no reconocemos y combatiremos los artículos 3.o, 5.o, 27 y 130 de la Constitución vigente.

"Este criterio no podemos, por ningún motivo, variarlo, sin hacer traición a nuestra fe y a nuestra religión (1)".

---
(1) J. Pérez Lugo, Luis Araquistáin, Emilio Portes Gil y Ramón J. Sender: *Obras citadas*.

Arrojado el guante, no quedaba al Estado otra cosa que recogerlo.

Fué lo que hizo Calles. Y se dispuso a hacerlo con su tenacidad y energía de costumbre. Conocía la calidad, la fuerza y el poder del enemigo que tenía delante. Sabía que la situación era de vida o muerte para la Revolución. O el Estado subyugaba al clero, o éste aplastaba al Estado. No había dilema posible. Y era preciso actuar con método y frialdad, con toda la que requería la gravedad del caso. Porque Calles, hombre imperturbable y casi gélido, enemigo de los arrebatos y los histerismos públicos, no iba a seguir al clero en su camino, afectado y teatral, de seudo martirologio. Había que proceder con el criterio y la entereza de Benito Juárez: llegar hasta el fin en la estricta aplicación de la ley. A ello se concretaba la acción de Calles. Si su ilustre antecesor, el Padre de la Reforma, había debido forjar toda una doctrina y un concepto del Estado en materia religiosa, a él, Plutarco Elías Calles, no le cabía más faena que la de procurar la integral aplicación de aquellos postulados de la Reforma que costaron tanta sangre y sólo se aplicaron en contadas ocasiones.

Conocedor de la historia de su país, crecido y educado en el liberalismo reformista, primero, y el revolucionario agrario, después, a Calles no podía interesarle el aspecto dogmático o doctrinario del problema. Tampoco violentar conciencias católicas y oponerse al desarrollo de una religión determinada. Sabía bien que el clero no combatía herejía ni cisma de ninguna clase, sino que, como lo dice muy propiamente Ramón J. Sender, pedía "sus tierras, su dinero, sus aranceles, la libertad de fanatizar y comerciar con el fanatismo, de acumular riquezas inertes, paralizando la economía mexicana". Comprendía demasiado que era la etapa final de la centenaria lucha de un Estado contra otro.

Y comenzó por anunciar que se pondrían en inmediata y estricta vigencia todos los artículos constitucionales que atañían al clero y a sus intereses. Inmediatamente estalló una violentísima campaña en contra del Gobierno y el Presidente Calles. La misma que estallara por dos veces (1833 y 1847) contra Valentín Gómez Farías; contra Comonfort, en 1856; contra Juárez, en 1857, 1860 y 1863; contra Lerdo de Tejada, en 1874; contra Madero, en 1912; contra Carranza, en 1917; aunque con mucha menos intensidad contra estos dos últimos. Hirvieron las sacristías. Incendiáronse en anatemas los púlpitos. Convirtiéronse en centros de conspiración y de injuria las iglesias y los conventos, los colegios confesionales y los edificios del culto. Llovieron las proclamas, los folletos, los manifiestos, las pastorales, los sueltos de periódicos. Diluviaron los sermones airados y las excomuniones anticipadas. Y obispos hubo como el de Huejutla, el violento José de Jesús Manrique y Zárate, que lanzó bajo su firma una proclama en que llamaba asesino y bandido al Presidente de la República, arbitrarias y falsas las autoridades mexicanas, y terminaba instando al pueblo a rebelarse por la fuerza contra las autoridades y la Constitución, a las que desconocía en redondo.

El Gobierno no podía permanecer impasible ante estas reiteradas muestras de rebeldía que ya caían de lleno dentro de las categorías del delito. Pero se limitó a enviar al Parlamento un decreto que éste sancionó inmediatamente y que reformaba el Código Penal, estableciendo el delito religioso o contravención a las categóricas disposiciones pertinentes de la Constitución. Fijóse el 1.o de agosto como fecha para que entrase en vigencia el referido decreto.

No es difícil presumir el efecto que causaría en aquella masa de fanáticos sobreexcitados la adopción de una medida como ésta. Inmediatamente, la que fuera oposición rabiosa y campaña enconada, pasó a las vías de hecho y se convirtió en sublevación armada en los campos y en intentos de paralizar la vida normal de las ciudades.

Apareció a la luz pública una "Liga Nacional Defensora de la Libertad Religiosa en México", que pretendió utilizar un arma nueva en la vida pública para obtener que fuesen "reformadas las leyes referentes al clero": el boicot económico o "paralización de la vida económica de México". Se trataba de impulsar a cada católico a limitar sus gastos a lo absolutamente indispensable: ni cerveza, ni tabaco, ni café, ni licores, y ni siquiera jabones, navajas, pastas dentífricas u otros útiles de aseo. Ni tampoco teatros, espectáculos públicos, tranvías, automóviles y otros medios de movilización. ¿Obtuvo algún éxito el complicado plan? Excusado es decir que ninguno. Siempre hay católicos que compran lo que necesitan por muy observantes que lo sean, y, naturalmente, muchos más católicos que vendan lo que producen o comercian.

No hubo más remedio que "echarse al campo" ni más ni menos que los curas guerrilleros de la España napoleónica y la España carlista. Volvieron a recorrer los campos las antiguas bandas de fanáticos o las hordas de cristeros. Ahora están compuestas sólo por indígenas y comandadas por sacerdotes que calzan bota y espuelas, Colt al cinto y un Máuser o un 30-30 en bandolera. Pero ya no ostentan cruces rojas y no gritan: "¡Religión o Fueros!" o "¡Viva Cristo Rey!". Este bélico grito se escucha de cuando en cuando, pero el lema, en los campos y en las ciudades, es ahora "¡Dios y mi derecho!" Las partidas menudearon en los Estados de Jalisco, Nayarit y Michoacán, sobre todo en los dos primeros, los más atrasados y fanatizados del país. Algunas de esas partidas llegaron a ser temibles. Hubo sacerdotes que se hicieron célebres por su valor y su ferocidad: el cura Torres, el cura Angulo, el famoso cura Pedroza, que hacía arrodillarse a sus hombres antes de entrar en combate, rezar un padrenuestro rápido y lanzarse en seguida a la refriega al grito de "¡Viva Cristo Rey!". Resucitaron los días de Agangueo, Zinacatépec y el Plan de Urecho. Podría creerse que aun México vivía el año 1875.

Pero el Gobierno tampoco se dejó dominar en este terreno. Afrontó militarmente a las guerrillas clericales. Las combatió con todas las leyes de la guerra. A la violencia contestó con la violencia, lo que no fué obstáculo para que en muchos países se clamara en contra de esos desalmados que asesinaban a indefensos sacerdotes. Olvidaban, es claro, que tales sacerdotes distaban mucho de ser indefensos y que peleaban como los antiguos curas carlistas, asolando, devastando, matando y robando. Sorprendidos con las armas en la mano, en delito flagrante de rebeldía, no quedaba otra cosa que aplicarles el Código Militar en tiempo de guerra: el fusilamiento contra una tapia o un árbol. Así cayeron muchos de ellos y muchos soldados federales, sin gloria, sin provecho, sin utilidad para nadie.

Mas el clero reservaba su última carta. Anunció algo también inusitado en México: la huelga general de sacerdotes si entraba en vigencia el decreto que establecía el delito religioso. Calles, naturalmente, mantuvo la fecha de vigencia. Y vióse el curioso espectáculo de que a una voz de orden, a la misma hora en todo el país, los sacerdotes abandonaran sus templos y los dejaran, como propiedad de la nación que eran, a merced del primer transeúnte o desconocido. Pero seis días antes, el 25 de julio, los arzobispos y obispos de todo el país firmaron una carta-pastoral colectiva en que anunciaron el cierre de los templos a la grey católica de México. Volvieron allí a manifestar que: "ante Dios, ante la humanidad civilizada, ante la patria y ante la historia protestamos contra ese decreto. Contando con el favor de Dios y con vuestra ayuda (la de los católicos mexicanos), trabajaremos para que ese decreto y los artículos antirreligiosos de la Constitución sean reformados y no cejaremos hasta verlo conseguido". Y agregaron, entre muchas otras cosas solemnes y grandilocuentes:

"Os advertimos, amados hijos, que no se trata de " imponeros la gravísima pena del entredicho, sino

" de emplear el único medio de que disponemos al
" presente para manifestar nuestra inconformidad
" con los artículos antirreligiosos de la Constitución
" y las leyes que los sancionan. Puesto que la ley no
" reconoce a las escuelas católicas primarias las ga-
" rantías necesarias para impartir la enseñanza reli-
" giosa a que están obligadas como tales, gravamos la
" conciencia de los padres de familia, para que im-
" pidan que sus hijos acudan a planteles de educación
" donde peligren su fe y buenas costumbres... Pro-
" curad por todos los medios lícitos y pacíficos la de-
" rogación de esas leyes que a vosotros y a vuestros
" hijos os arrebatan el tesoro necesario e inestimable
" de la vida religiosa. Ni vuestra posición social, ni
" mandatos recibidos ni intereses algunos excusarían
" de grave crimen ante Dios y ante los hombres el que
" los católicos cooperaran a los males gravísimos que
" trae consigo la aplicación de las leyes anticatólicas.
" Y con mucha mayor razón se debe unir el vergonzoso
" calificativo de traidor a su religión y esquivar las
" graves penas canónicas en que incurriría quien, am-
" parado con la llamada acción popular, se atreviera a
" denunciar a las personas o a los bienes sagrados."

La carta-pastoral detalla en seguida, escrupulosamente, los diez delitos por los que un católico puede incurrir en la excomunión reservada al obispo o las reservadas, simple o especialmente, a la Santa Sede. Y termina haciendo una alusión a los Evangelios y trasladándola a México en una literatura que asombra al que conozca los hechos: "Así, amados hijos, la iglesia mexicana es hoy entregada a sus encarnizados enemigos, es burlada, azotada, escarnecida, reducida a un estado parecido al de la muerte". Y firman nada menos que el Primado arzobispo de México, los arzobispos de Yucatán, Michoacán, Guadalajara, Monterrey, Oaxaca, Durango y Puebla, y los obispos de Aguas Calientes, Cuernavaca, Colima, Saltillo, León, Zacatecas, San Luis Potosí, Tulancingo, Zamora, Sonora, Querétaro, Veracruz, Tepic, Chiapas, Chihuahua, Tacámbaro,

Campeche, Sinaloa, Papantla, Tabasco, Huejutla, Tehuantepec, Tamaulipas, Huajuapam, auxiliar de Monterrey, Derbe, Anemurio, Dahora y Cina de Galasia.

Este curioso documento deja en claro muchas cosas. Revela, desde luego, escasa confianza en fieles a los cuales hay que recordarles toda la escala de las penas canónicas. Evidencia que el clero estaba dispuesto a resistir a toda costa y que incitaba a la resistencia, aunque pacífica, a la grey católica mexicana. Descubre, por último, que el temor principal del alto clero es la denuncia de los "bienes sagrados". Y transparenta, a través de su estilo a ratos bíblicos, a ratos gimoteante o abogadil, la desesperación del clero al verse obligado a vivir una vida de pobreza y austeridad a la vez que ordenada y sujeta al Estado para los efectos públicos.

¿Qué hizo el Gobierno ante la huelga general de sacerdotes? Pues, procurar ante todo que los templos continuasen abiertos y que nadie molestase a los fieles que quisiesen acudir a ellos con fines de oración y recogimiento. Pero había que velar por su conservación, su limpieza, su seguridad. ¿Quiénes mejores que los propios católicos para tal cometido? Designáronse, pues, comisiones de vecinos, escogidos entre los católicos más responsables de cada barrio o villorrio, para que cuidaran de los templos. Estos continuaron funcionando sin más alteración que el desaparecimiento del sacerdote. Y se comprobó lo que ya viera, en 1793, Alejandro de Humboldt cuando escribió: "La introducción del cristianismo apenas ha producido otro efecto en los indígenas de México que el de sustituir unas ceremonias nuevas, símbolos de una religión más dulce y humana, a las ceremonias de un culto sanguinario". El bajo pueblo mexicano, más idólatra que católico, más afecto a las formas exteriores del culto que al dogma o a la doctrina, no se sintió lesionado en lo más mínimo de su fe. Para él, la religión es el templo, con sus imágenes, sus santos, su liturgia. Las disputas del clero y el Estado no le alcanzan ni le preocupan.

Nunca fué del todo católico, en el estricto sentido teológico, y mucho menos podía ser clerical. No olvida el pueblo la tormentosa historia del clero mexicano. Sin él, la religión católica le pareció más simple, más grata, más atractiva. Y por ello no fué raro ver, como en los tiempos de Fray Pedro de Gante, a numerosos indígenas orando tranquilamente, en sencilla comunidad, en el interior de los templos abandonados por los administradores de la fe.

La huelga no ocasionó, pues, el efecto esperado. Ni se levantaron los pueblos en masa, ni las muchedumbres vagaron por los caminos, ni se produjo ningún estado de histérica exaltación colectiva. No quedaba sino aguardar, y el clero, en el fondo de sus escondrijos o en tierra extranjera, supo esperar que el conflicto tuviese alguna solución favorable para él.

Continuó, empero, la lucha armada en los campos jaliscienses o michoacanos. Pero ahora la táctica del clero comenzó a ser distinta. Le interesaba aparecer como perseguido y en ningún caso como perseguidor. Comenzó a negar rotundamente que fueron sacerdotes los que mandaban a esas hordas de "pobrecitos" indios, sublevados porque se les había "arrebatado su religión". Pero, entretanto, en los campamentos rebeldes de "Ahualica" y "El Mamey" se celebraban diariamente misas de campaña y la Sagrada Eucaristía era alzada tres veces en loor de los nuevos soldados de Cristo. Continuó el cura Pedroza organizando súbitas guerrillas en Jalisco y el cura Torres operando en la costa de Michoacán. Y el cura Angulo se hizo célebre en el mundo entero con aquella hazaña del descarrilamiento y el incendio del expreso de Guadalajara a México, ocurrida durante la noche del 19 de abril de 1927, en el kilómetro 62, al Norte de la Estación de la Barca, Estado de Jalisco. Los cristeros levantaron la vía, descarrilaron el convoy, combatieron y vencieron a la escolta, se apoderaron de $ 200.000 en dinero, hicieron dispersarse a los pasajeros, obligaron a concentrarse a la escolta en dos coches y luego prendieron fuego al tren y a la estación. Los soldados federales que no habían perecido ya, murieron achicharrados todos en la inmensa hoguera, mientras en los campos cercanos el grito de "¡Viva Cristo Rey!" seguía rasgando la noche como un aullido de muerte y exterminio.

El horror de aquellos hechos puso en grave aprieto al alto clero, que se esmeró en borrar toda participación indirecta en ellos. Pero no pudo lograrlo. Buena parte de él, que huyó al extranjero o hubo de abandonar el país por disposición de los tribunales de justicia, dejó huellas escritas de su instigación. Es histórica la pastoral que el día 11 de febrero de 1927 enviara el arzobispo de Durango, desde Roma, a sus feligreses: "Ya que en nuestra arquidiócesis muchos
" católicos han apelado al recurso de las armas y
" piden una palabra de su prelado, palabra que Nos
" no podemos negar desde el momento en que se nos
" pide por nuestros propios hijos, creemos nuestro
" deber pastoral afrontar de lleno la cuestión, y asu-
" miendo con plena conciencia la responsabilidad ante
" Dios y ante la Historia, les dedicamos estas palabras:
" Una vez que, agotados los medios pacíficos, ese mo-
" vimiento existe, a nuestros hijos católicos que andan
" levantados en armas por la defensa de sus derechos
" sociales y religiosos, después de haberlo pensado
" largamente ante Dios y de haber consultado los
" teólogos más sabios de la ciudad de Roma, debemos
" decirles: estad tranquilos en vuestras conciencias y
" recibid nuestras bendiciones".

Sorprendente, sin duda, es esta pastoral, tan huérfana de espíritu evangélico y mansedumbre cristiana tanto más cuanto que fué consultada con los teólogos "más sabios" de la Ciudad Eterna, pero aun hay otra muestra de la extraña manera cómo los obispos mexicanos cumplían los mandamientos bíblicos de no matar y amar al prójimo como a ellos mismos. Los últimos de ellos que abandonaron el territorio legaron esta "oración" a su "rebaño bien amado":

"Jesús Misericordioso: mis pecados son más que las gotas de tu preciosa sangre que derramaste por mí. No merezco pertenecer al ejército que defiende los derechos de la Iglesia y que lucha por Ti. ¡Quisiera nunca haber pecado para que mi vida fuera una ofrenda agradable a tus ojos! Lávame de mis iniquidades y límpiame de mis pecados. ¡Por tu Santa Cruz, por tu muerte, por mi Santísima Madre de Guadalupe, perdóname! No he sabido hacer penitencia de mis pecados; por eso quiero recibir la muerte como un castigo merecido por ellos. No quiero pelear, ni vivir, ni morir, sino por tu Iglesia y por Ti.

"Madre Santísima de Guadalupe, acompaña en su agonía a este pobre pecador. Concédeme que mi último grito en la tierra y mi primer cántico en el cielo sea: "¡Viva Cristo Rey!"

Como si aun fuera poco, se agregaba a la "oración" esta instructiva "nota": "Se recomienda encarecidamente recitar este acto de contrición hasta aprenderlo de memoria, para poder decirlo con el corazón antes de entrar en combate o al ir a ser fusilado" (1).

¡Piense el lector en la habilidad con que está confeccionada esta bélica plegaria y presuma el efecto que causaría sobre las pobres almas fanatizadas de los indígenas de Jalisco! Y reflexione, en seguida, si podía eludir responsabilidades históricas un clero que dejó muestras tan inequívocas de su complicidad directa y organizadora en estos luctuosos sucesos.

EL TRIUNFO DEL ESTADO

Y bien, ¿qué actitud tomaron Calles y los suyos ante la repetición de estos hechos de sangre y estas

---
(1) R. J. Sender: *Ob. citada.*

continuas provocaciones del alto clero? Pues, continuar en la misma línea de serena e imperturbable energía. Reprimieron los alzamientos a mano armada hasta lograr sofocarlos por completo en 1927. Aplicaron estrictamente las leyes y artículos relacionados con la situación religiosa. Y en cuanto a la actitud del alto clero, se le responsabilizó ante la justicia en cada uno de aquellos incidentes en que aparecía mezclado.

Fueron clausurados los conventos y noviciados y cerradas las escuelas católicas primarias. También lo fueron los establecimientos regentados por ministros de otros cultos. Se clausuraron los planteles protestantes de Chihuahua, conocidos con los nombres de "Centro Cristiano", "Colegio Pelmore" y "Colegio Bautista"; el templo israelita "Alianza del Monte Sinaí", ubicado en la calle Justo Sierra N.o 77, de la capital federal, y cuyo oficiante era el sacerdote hebreo Abraham Misreí; el templo protestante de Ciudad de México, conocido con el nombre de "Catedral de la Iglesia de Cristo" y cuyo pastor, el reverendo Dupson Peasck, permaneció en el país como simple ciudadano.

Como continuaran los atracos, las revueltas y los incidentes de sangre, el Gobierno se resolvió a entenderse directamente con el alto clero. Llamó a numerosos prelados y les dió a escoger entre renunciar a sus actividades, ser residenciados en algún punto del país o abandonar el territorio. Cinco eligieron este último camino y, entre ellos, dos de los más destacados y ardientes sostenedores de la campaña: monseñor Pascual Díaz, obispo de Tabasco, y monseñor José de Jesús Manrique y Zárate, obispo de Huejutla. Dieciséis fueron residenciados en la capital. Tres huyeron o se ocultaron.

Mas el Gobierno hubo de ir hasta las primeras dignidades de la Iglesia. Comprobó la participación del clero en el asalto al expreso de Guadalajara e hizo llamar a dos arzobispos y seis obispos. El Ministro de Gobernación les pidió elegir entre someterse a un proceso judicial o salir del territorio nacional. Todos optaron por lo segundo y fueron trasladados a Texas. Al día siguiente publicaron en todos los periódicos de ese Estado norteamericano una especie de declaración colectiva que terminaba con estas curiosas palabras:

"Es de notarse que el Gobierno mexicano sólo nos pagó nuestro pasaje en ferrocarril en coches de segunda clase, y que nosotros tuvimos que pagar la diferencia, tanto para nosotros como para nuestros guardias, para venir en coches de primera clase.—(Firmados): José Mora, arzobispo de México; Leopoldo Ruiz, arzobispo de Michoacán; Francisco Uranga, obispo de Cuernavaca; J. M. Echeverría, obispo de Saltillo; Gerardo Anaya, obispo de Chiapas; Ignacio Baldespino, obispo de Aguas Calientes. Testigos: John C. Dubougel, deán de la iglesia de St. Peter, y Enrique Terán Lozano."

A esto se redujo la enconada persecución de que hiciera víctima el Gobierno mexicano al clero insurgente de 1926 y 1927. Ni martirios, ni piras, ni leones, ni circo, ni nada que recuerde a Nerón, a Diocleciano y a los magníficos cristianos de las catacumbas. Apenas si una cortés invitación para abandonar el país y un pasaje de segunda clase hasta la frontera.

Vencida la insurrección en los campos, fracasada la huelga general de sacerdotes, el *impasse* religioso se fué aquietando más y más con el tiempo. Pudo haber tenido antes una solución. Pero siempre se opuso a las negociaciones del alto clero la imprudencia, el fervor o el frenesí de los fanáticos que, aguijoneados por el clero que había permanecido en México con los labios sellados, no trepidaban en provocar, continuamente, pequeñas molestias que a veces rayaban en lo absurdo, pero que otras veces —como en el atentado contra Obregón, en 1927— paralizaron el curso de algunas negociaciones ya entabladas.

Era frecuente, por ejemplo, esta clase de diálogos

entre la policía federal y los hombres o mujeres sorprendidos pegando carteles, repartiendo proclamas, cargando armas o combatiendo contra las tropas del Gobierno, como el que incluye Ramón J. Sender en su libro "El Problema Religioso en México", y que muestra, a las claras, el grado de fanatismo y de irresponsabilidad a que habían llegado esas pobres gentes:

—¿Cómo se llama usted?
—Creo en Dios.
—Lo celebramos mucho. Nosotros también creemos en Dios, pero ¿cómo se llama usted?
—¡Viva Cristo Rey!
—Bien, de acuerdo. Todo eso es muy respetable; pero necesitamos saber su nombre.
—¡Nadie me hará abandonar mi fe!
—Tampoco lo pretendemos. Sólo queremos saber su nombre, por ahora.

Este estado de tensión dió origen a numerosas polémicas entre clericales y librepensadores. Algunas de ellas arrojan mucha luz sobre la conducta y el apetito de dinero que caracterizan al clero mexicano. Muchas veces llegaron a debatirse el monto de los bienes y las "pérdidas" de la Iglesia mexicana o la moral privada de sus eclesiásticos.

Interesa reproducir, a este respecto, lo que dijeron algunos órganos católicos de propaganda. Así, "La Revista Católica" editó un folleto especial para contestar a las innúmeras acusaciones que se hacían al clero mexicano por su incontinencia sexual. Y en él se pueden leer frases como éstas, jocundas, rabelesianas y, al mismo tiempo, curiosamente jesuíticas:

"Por un caso de caída de un sacerdote se pueden poner cientos de fornicaciones de seglares de ambos sexos. ¿Por qué se escandalizan tanto de la caída de un sacerdote estos hipócritas voluptuosos y sensuales, cuando ellos debían ser los primeros en bajar los ojos ante la voz de sus conciencias y el veredicto de la sociedad? Aquí más que en otras partes convendría que tuvieran muy presente aquello de "el que de vosotros esté sin pecado lance la primera piedra".

Resulta admirable eso de que el clero se extrañe de que nosotros, los seglares, cumplamos, como dice el mismo Sender, con "esa amable obligación impuesta por el Creador". Y eso sin necesidad de recordar, otra vez, el bufonesco episodio de aquellos sacerdotes que Obregón quiso enviar al frente de batalla y que resultaron —49 entre 180— aquejados de graves males amorosos.

En cuanto a la legitimidad de la acaparación de riquezas y el monto de los bienes que le fueron confiscados al clero desde Carlos III hasta la Reforma, también se encarga la misma "Revista Católica", en otro folleto especial editado en 1927, de aclararnos algunos puntos interesantes. Dicen los publicistas clericales:

"Tropezamos, desde luego, con el sofisma de los liberales de que el clero no debe tener riquezas; que Jesucristo predicó y practicó la pobreza y la humildad, y que el clero enriquecido es una rémora para el progreso de los pueblos.

"Nosotros sostenemos que el clero SI DEBE TENER RIQUEZAS; que esto no sólo no se opone a las máximas de Jesucristo, sino que coopera a su mejor cumplimiento, y que, lejos de perjudicar, las riquezas del clero siempre fueron un factor de bienestar y progreso en la vida de los pueblos.

"La Iglesia Católica es una sociedad perfecta y puede con pleno derecho poseer los medios para su conservación y engrandecimiento, como las otras sociedades humanas, y, por tanto, con justicia le corresponde el dominio de la propiedad.

"Nos referimos a las opulentas haciendas de campo llamadas de la Obra Pía, o frailesca; a las innumerables fincas urbanas que el clero explotaba por arrendamiento, y a los talleres y factorías de diversas índoles. Estas eran las riquezas de la Iglesia, envidiables, sí, porque sus rentas excedían con mucho a las rentas del Gobierno. No hay duda que la riqueza de los jesuítas, unida a la disciplina y ejemplar organización, fué causa de que Carlos III les temiese y expulsase. Y en ese orden, puede decirse que son pocos los Gobiernos católicos que no hayan puesto trabas al desarrollo y fomento de los bienes eclesiásticos. ¿Qué podría esperarse de los Gobiernos enemigos de la religión?"

Esta sorprendente franqueza termina de poner en evidencia cuánta razón tuvieron, en México, todos los Gobiernos que, desde Carlos III hasta Calles, quisieron limitar o suprimir en manos del clero una acumulación de capitales que trastornaba la economía mexicana e influía en forma decisiva, contraria a los intereses nacionales, en la vida y el desarrollo tanto políticos como sociales del país. Fuera que, de paso, con aquella ceguera que llega a parecer cinismo, habla de Gobiernos enemigos "de la religión", cuando sólo se trata de Gobiernos a los que nada importa el dogma, pero sí, y mucho, la existencia de castas privilegiadas y anarquizantes, siempre insurgentes en contra del Estado.

Agreguemos, por último, que en ese mismo folleto de la "Revista Católica" se especifica que el clero mexicano perdió desde 1767 hasta 1865, desde Carlos III hasta Maximiliano de Austria, 70.836.005 pesos en cifras exactas, es decir, cerca de mil millones de pesos mexicanos de hoy.

Pero aquella tensión pública desvaneciése poco a poco. Las negociaciones emprendidas por el clero cerca del Gobierno fueron ganando terreno hasta el extremo de que, en 1928, parecía ya que la solución estaba cercana. Nuevamente, un hecho de sangre, y esta vez sí que doloroso, ocasionó la ruptura de ellas. Fué asesinado el general Alvaro Obregón, por un fanático llamado José León Toral, que confesó su homicidio en un rapto de misticismo y locura religiosa. El proceso envolvió a numerosos sacerdotes, y, en especial, a una monja conocida con el nombre de "la madre

Conchita", que, según parece, ejerció decisiva influencia sobre el débil espíritu de Toral. El asesino fué ejecutado y el proceso duró largos años, al cabo de los cuales se comprobó la culpabilidad de dos sacerdotes. Pero a nadie cupo duda que, si no el hecho mismo, la sugestión partió del fondo de las sacristías. Y ello, como era inevitable, retardó la solución del largo *impasse*.

Hubo de transcurrir otro año aun para que el conflicto pudiera solucionarse. La mediación de algunos diplomáticos, el tacto de Emilio Portes Gil y los vehementes deseos del clero de poner fin a una lucha en que saliera tan mal parado, lograron eliminar las últimas asperezas.

El Presidente Portes Gil, entrevistado por la prensa, dejó en claro el alcance que daba el Gobierno a los puntos álgidos del problema. La inscripción de los sacerdotes en registros especiales no significaba, en manera alguna, que el Ejecutivo fuera a inscribir sacerdotes que no fueran tales o eclesiásticos no designados con anterioridad por la superioridad apostólica. En cuanto a la instrucción religiosa en las escuelas primarias, confirmó que, conforme a la Constitución y las leyes del país, ella no podía impartirse por ministros de cualquier culto, pero que sí podía hacerse, ampliamente, sin restricción alguna, en el interior de los templos, escuelas sacerdotales o casas particulares. Y con referencia a los derechos del clero para reformar las leyes del país, sostuvo la tesis de que tanto el clero como los demás ciudadanos de México podían hacerlo, siempre que se acogieran al derecho de petición y adoptasen las vías regulares para obtener sus propósitos.

El sucesor del arzobispo Mora del Río, monseñor Leopoldo Ruiz y Flores, obispo de Morelia, se contentó con afirmar, brevemente: "El clero mexicano reanudará sus servicios religiosos dentro de las leyes vigentes" (1). Y el 26 de junio de 1929, en los momentos

---

(1) Ricardo Calderón Arzamendi: *"Síntesis de la Revolución Mexicana".*

de pactarse el arreglo, comentó a un periodista la gravedad del conflicto y la violencia de la lucha: "Una enfermedad que ha durado un siglo no puede, ciertamente, curarse en un día."

Era la consagración del punto de vista del Estado mexicano en el conflicto.

Mientras el Estado no había retrocedido un paso en su decisión de hacer cumplir las leyes nacionales, el clero, que se había rebelado en su contra, aceptaba someterse a ellas. Pero lo hacía después de tres años de contienda. Su obstinación, perfectamente inútil por lo demás, había costado centenares de vidas humanas, perjuicios de todo género en las finanzas y economía del país, largos meses de intranquilidad pública y conmoción interior.

¿No contempló estas situaciones el clero antes de lanzarse a la lucha?

Claro es que sí, pero contó con el triunfo. Creyó aplastar a la Revolución o, por lo menos, obtener, dentro de ella, la inmunidad económica y política de la Iglesia Católica Romana. Jugó, y perdió la partida. Buen perdedor, dotado de instinto histórico y de ese genial oportunismo ignaciano, aceptó sin titubear la pérdida en espera de tiempos mejores, o, por lo menos, de una nueva oportunidad para tornar a la lucha y sostenerse, siquiera, en sus posiciones actuales.

La oportunidad se presentó en julio de 1934, al aprobarse en el Congreso la reforma del artículo 3.o constitucional, que establecía en el país la Escuela Socialista. Este paso decisivo de la Revolución no podía ser aceptado por la Iglesia. Vulneraba sus últimos tejidos. Iba recto a destruir su postrera posibilidad de dominio: la fanatización de parte de los niños y los adolescentes. Al clero convenía asilarse en el artículo 3.o que combatiera tan rudamente ocho años antes.

No dudó un segundo en hacerlo. Convirtióse en el campeón de la "libertad de la enseñanza". Agitó las conciencias llamadas "liberales". Se opuso con todas sus fuerzas a la acción del Estado que quería suprimir la libertad de cátedra y la orientación meramente técnica de los diversos grados de la enseñanza. Acudió a todos sus medios para impedir que la enseñanza tomara en México el cariz exclusivamente social que la Revolución necesita y el país requiere para libertarse en definitiva de sus antiguos opresores: el hacendado, el cura, el gestor imperialista.

Tornó otra vez a seguir el camino de sus predecesores: la insurgencia. Pero esta vez no salió al campo ni comandó partidas armadas, ni descarriló trenes ni entró a saco en poblados indefensos. Ahora, más cauteloso, más hábil, procedió por inducción, agitando las masas estudiantiles y toda aquella opinión pública a la que el solo término "socialista" llenaba de ignorante terror. Pero tampoco dejó de hacer pública y estridente su oposición. El virulento Obispo Manrique y Zárate no tardó mucho en lanzar un rabioso "Tercer Mensaje al mundo civilizado". Y hasta el propio Arzobispo, Monseñor Pascual Díaz, lanzó un Mensaje de Protesta contra la implantación de la enseñanza socialista.

Comenzaron los desfiles de estudiantes católicos. Los mítines en las plazas públicas, los desórdenes callejeros con riñas a puñadas primeramente y siguieron pronto con "balaseras" más o menos organizadas. No quiso el Gobierno intervenir en los primeros momentos. Lo hicieron por él los trabajadores organizados. Monstruosos comicios populares, exigiendo la rápida implantación de la Escuela Socialista, ocasionaron inevitables choques en la vía pública. Las cosas se agravaron en el Estado de Tabasco, cuyo Gobernador de entonces, Tomás Garrido Canábal, personificaba el clerofobismo, también inevitable, de ciertos sectores mexicanos. Los "camisas rojas", especie de ejército particular que mantenía entonces Garrido Canábal, hicieron irrupción en la capital al ser nombrado éste Ministro de Agricultura en el primer gabinete del Presidente Cárdenas. Comenzaron a atacar a los católicos a mano armada. Corrió la sangre otra vez. La lucha se hizo más reñida y empezó a concentrarse en el punto de mayor resistencia a la Escuela Socialista: la Universidad Nacional de México.

La lucha está trabada entre estatistas y antiestatistas, socializantes y liberalizantes. El clero, gozoso, se frota las manos a la expectativa de un momento favorable. El Gobierno no ha querido intervenir aún, abiertamente, en la Universidad. No ignora que es el clero el oculto titiritero que mueve secretamente los hilos del conflicto. Se limita a tomar contra él medidas terminantes. Numerosos prelados deben abandonar el territorio. El propio Arzobispo, comprometido por su mensaje, debe hacerlo también. Pero esta vez el clero escoge el papel de víctima. No se resuelve a enfrentarse públicamente al Estado, como en tantas otras ocasiones anteriores.

¿Lo hará? Es difícil. Las experiencias sufridas han sido amargas, sobre todo las derrotas que se vienen sucediendo desde el tiempo de Juárez, sin más paréntesis que el paraíso científico de Don Porfirio. La Iglesia ha perdido ya su hegemonía política; ha sido destrozada en su predominio social; ha tiempo que su fuerza principal, su capacidad económica, fuera volada en pedazos. Sólo le queda la posibilidad, por medio de la educación, de seguir conquistando adeptos, fanatizando indígenas y peones, reclutando nuevos soldados de Cristo para la próxima vez que sea posible enfrentarse al Estado en el campo de batalla.

Pero es demasiado profundo el surco abierto por la Revolución en la conciencia mexicana. Ya la Iglesia no puede ir más allá que una cierta agitación de los espíritus en algunos sectores de la vida nacional. Todo su consuelo está en la propagación, en la prensa extranjera, de toda suerte de desfogues, histerismos o calumniosas inocentadas. No puede, de nuevo, arriesgarse a la lucha armada. Tampoco penetrar en el campo político. Y mucho menos controlar, como otrora, la economía mexicana. No le quedan más armas que el dogma, la fe, la perfección de sus hombres, la bondad de sus doctrinas.

Tales armas, las mismas de Cristo, son, ciertamente, poderosas si se trata de ganar conciencias para la causa cristiana. Pero muy deficientes si, como lo anhela el clero mexicano, sólo se aspira a incautarse de cuantiosas riquezas, a orientar la política gubernativa en el sentido de sus intereses, a superponer, en buenas cuentas, el Estado católico romano sobre el Estado nacional.

TERCERA
PARTE

LAS REALIZACIONES

LA ESCUELA RURAL

HACIA UNA ESCUELA REVOLUCIONARIA

LA Revolución mexicana ha luchado ya, tesoneramente, contra el latifundismo, el imperialismo, el clericalismo, el oligarquismo social y político que viene a ser como la sintetización de los otros tres, porque se asienta en el dominio de la tierra, la entrega económica del país al extranjero y la dominación de los espíritus por medio del credo religioso.

Ha luchado contra ellos y los ha vencido, vencido en toda la parte en que puede hacerlo un Estado revolucionario imberbe contra seculares enemigos que poseían la tierra, controlaban el crédito, disfrutaban del poder político y hasta administraban la fe. No ha conseguido exterminar al latifundista y al cura y, mucho menos, al banquero norteamericano o al poderoso industrial español. Pero aun cuando lo hubiera conseguido, no por eso la Revolución habría colmado sus propósitos.

No. Sobre los escombros del orden antiguo debe construir un nuevo orden de cosas. Después de la etapa de las destrucciones. viene la época, más importante aún, de las construcciones revolucionarias. Una revolución es tal desde el momento en que fuerza la historia y derriba, mirando al porvenir, todo un régimen político, económico y social. Pero éste nunca será destruido del todo si no se construye sobre él algo nuevo. El latifundismo y el clericalismo mexicanos renacerán muy pronto si no se les opone una barrera o, mejor dicho, un edificio que no puedan derribar. El imperialismo, momentáneamente contenido y sometido al Estado, que aun guarda sus fuerzas intactas y aun controla al país semicolonial que es México, no tardará en levantarse de nuevo contra el Estado y lesionar otra vez la soberanía nacional.

Precisa, pues, construir la sociedad del mañana.

Pero no se puede esperar para ello a que se realice totalmente la etapa de las destrucciones inevitables. Es necesario comenzar inmediatamente. Como esos edificios que se demuelen para dejar el paso a gigantescas construcciones modernas, hay que hacer una labor sobre otra, paralelamente a la otra. Junto a los que destruyen. laborarán los que edifican. Mientras el Estado revolucionario entrega sus tierras a los campesinos y multiplica los ejidos en todo el país; mientras vigila y controla a las grandes compañías inversionistas extranjeras; mientras sofrena con mano férrea las insurgencias y astucias del clero, es urgente que una nueva mentalidad reemplace a la antigua, que la cultura se desborde por todo el territorio, que las masas fanatizadas y analfabetas sean substituídas por núcleos conscientes y organizados de trabajadores.

La Revolución ya se ha hecho en el campo, en la Iglesia, en las concesiones petrolíferas. Ahora habrá que hacerla en la escuela primaria, la secundaria, la Universidad. Cada una de ellas se convertirá en una avanzada del porvenir, en un puesto de lucha y de vanguardia. Los niños, los campesinos, los indígenas, hasta ahora alejados de toda civilización, todos deben recibir una instrucción homogénea y convertirse, desde ese momento, en soldados y propugnadores de la Revolución. La ignorancia, el fanatismo, el alcoholismo, la barbarie, el egoísmo individual, el privilegio de clase: todo eso deberá dejar el paso a los sentimientos de altruísmo, solidaridad y fraternidad humanos.

La Revolución comprende que de un país desorganizado y envilecido, dividido en clases, castas y razas, debe hacer un solo conjunto de hombres, unidos por el trabajo y la esperanza, que aspiren a vivir en comunidad, solidariamente, para explotar los frutos de un suelo rico y aspirar todos, estrechamente unidos, a una vida de prosperidad, bienestar y enaltecimiento del espíritu.

Tal es la finalidad superior, pero, ¿cómo cumplirla? No hay escuelas o establecimientos educacionales. Los que hay son de propiedad y usufructo de la clase alta. La enseñanza, verbalista y mnemotécnica, se reduce a transmitir los conocimientos adquiridos por las generaciones anteriores. Toda ella beneficia a la clase alta o, mejor dicho, la confirma en su egoísmo y su inhumanidad. Se quiere formar letrados o hasta sabios, pero no hombres y menos ciudadanos. Ninguna luz orientadora brilla en la noche de aquella enseñanza, infestada de humanismo frondoso y teología latente. Apenas si sirve para fortificar una moral de privilegio o enseñar a la clase dominante los medios mejores para perfeccionar aún más la explotación del obrero, el campesino, el artesano, el indígena.

La Revolución va, pues, sin vacilaciones, con la misma entereza con que marchó al ataque de sus centenarios enemigos, hacia la creación de una enseñanza nueva. La educación ha de ser el arma poderosa con que sepultará definitivamente un pasado ominoso.

El maestro será un soldado. El texto de estudio, un fusil. La escuela, una batería de campaña.

Todo habrá que hacerlo de nuevo. Lo poco que existe en materia educacional necesita ser transformado hasta en lo más hondo de su espíritu. Y sin duda que esta labor de refacción y profilaxia será tanto o más pesada que la de crear algo donde no había nada.

La dictadura porfiriana hizo pedazos la escuela primaria multiplicada por Juárez. El anciano déspota estimaba, con implacable lógica, que era más fácil dominar a un pueblo embrutecido por la ignorancia, degenerado por el alcohol y el fanatismo. Nada de escuelas. Mucho pulque y mucho catecismo.

La reforma liberal, o con mayor propiedad, Benito Juárez, había procurado remediar la noche de barbarie e ignorancia del indígena y el campesino. Llegó hasta crear 5,800 escuelas y obligar, con la compulsión o el ejemplo, a que los particulares —curas, hacendados e industriales— construyesen también otras 2,200. 360,000 niños recibían instrucción escolar en aquellos sencillos establecimientos primarios. Era una enseñanza rústica, simplísima, pero suficiente, en todo caso, para disipar las primeras brumas de la ignorancia y salvar los vacíos de la enseñanza colonial, destinada exclusivamente a difundir rudimentos de doctrina cristiana.

"El Héroe de la Paz" terminó con ellas en cortos años. Creía que al indígena sólo debía dársele rezos y palos como todo alimento espiritual. Paralizó la construcción de escuelas. Hubo años, como el de 1896, en que se construyó una sola en todo el país. Fomentó, en cambio, la enseñanza técnica. Su admiración por el maquinismo lo llevaba a exaltar a los técnicos, siempre que éstos acataran sumisamente el orden de cosas establecido. E igual cosa hizo con los profesionales, los intelectuales, los catedráticos universitarios, los seudo sabios que llegaban a constituir la elite política de los científicos. Don Porfirio sabía hacer las cosas.

La Revolución se encuentra, pues, frente a un problema de inmensa gravedad: la alfabetización del indígena y el campesino. Hasta ahora, la instrucción ha sido urbana y, en mayor grado, aristocrática o monopolista. Nadie ha ido hasta el "indito" o el peón de los campos. El 66 por ciento de la población de México es rural, y no ha recibido jamás instrucción de ninguna especie. Casi doce millones de mexicanos necesitan que la Revolución les dé las primeras luces y los prepare, así, para resistir a la presión doble del hacendado y el cura, para conocer sus derechos y saber defenderlos contra el dolo, la argucia, la maldad o la violencia.

Necesita, sobre todo, tender la mano al indígena explotado y humillado por siglos. El indígena ha vivido huérfano de civilización, desconectado de la nacionalidad. Es un extraño en su propia patria, un paria en su propio suelo. La ignorancia, el pulque, la miseria, el desaliento y el fanatismo religioso lo han ido degenerando. Vive para sufrir en la tierra y conquistar así, después de muerto, el cielo que le tienen prometido. En 1930, aun queda un 15 por ciento de la población, más de 2.250,000 indígenas, que hablan dialectos aborígenes. Menos de la mitad de ellos conoce rudimentariamente el español. Y cerca de 1,200.000 indígenas sólo hablan sus dialectos nativos. Trece grupos de lenguas utilizan los 56 pueblos distintos que componen la masa indígena pura de México.

¿Tendrá alguna utilidad la enseñanza usual entre los indígenas? ¿La tendrá la educación primaria, radicada en las ciudades, en las grandes masas de mestizos y criollos que componen el campesinado mexicano?

Sin duda que no. Hay que ir hacia ellos. Penetrar en el campo. Llegar, con la escuela a cuestas, hasta las soledades más recónditas. Internarse en los territorios indígenas. Acercarse al "indito" hasta que éste no desconfíe y vea en el maestro un compañero y un benefactor.

Así nació la Escuela Rural, creada por la Revolución Mexicana.

LA ESCUELA RURAL

Es una escuela sui géneris, perfectamente original, en la que no hay sino rastros generales de la escuela activa y poco, o nada, de la que entendemos por escuela primaria rural en estos países latifundizados y fanatizados de la América del Sur.

Antes que establecimiento de instrucción mínima, es centro social, núcleo socializante, célula viva de la Revolución.

La escuela rural va en busca del campesino o el indio hasta la desértica soledad. De día es escuela para niños y, de noche, para adultos. Se construye en cualquiera forma. A veces parece un jacal y a veces un palacete. Constrúyenla, por lo general, los propios alumnos o los vecinos del pueblecito, los indígenas del lugar. Los materiales de construcción varían según las zonas del país: adobes, mezclas de tierra, piedras de todas clases, hasta hojas o lianas trenzadas. La Revolución no puede edificar millares de escuelas rurales según un plan y un tipo determinados. Tampoco sería conveniente hacerlo. Es preciso que la escuela rural sea hija del propio esfuerzo de los interesados. Lo que se construye con amor, produce siempre mejores frutos. La escuela rural debe ser el lugar más grato de toda la comarca. Nunca un rígido templo del saber, donde la letra entre con sangre. Por eso, cada vez que el Estado no puede construirla por sí mismo, los ejidatarios o los campesinos construyen por sí solos la escuelita.

Pero no vaya a creerse que es, como las nuestras, un plantel donde sólo se enseñan las primeras letras y algunas nociones de castellano, matemáticas, lecciones de cosas, historia, geografía y labores domésticas. No. Es un centro de educación vital. La casa misma de la escuela, siempre clara y alegre por humilde que sea su construcción, está rodeada de jardines, prados con hortalizas, huertos frutales, siembras de cereales, cultivos de experimentación. Todas poseen su parcela escolar, cuyo producto sirve para refaccionar la escuela, adquirir libros, mejorar los utensilios de labranza. Junto a la casita, parecida a una sonrisa de luz en el paisaje campesino, ora adusto, ora lujurioso de vegetación, hay siempre gallineros, conejeras, colonias apícolas, viveros botánicos, colonias de palmípedos, hasta establos en las escuelas más ricas. Y no faltan, muchas veces, pequeños talleres de carpintería, tejido de mimbre, zapatería, tejido de telas, labores en cuero, ebanistería y hasta herrería.

El niño aprende, pues, antes que todo, a trabajar. Y aprende a trabajar en lo que pueda servirle mejor para su vida futura. Conoce desde niño los cultivos de su zona. Se familiariza con la explotación de las tierras donde ha nacido. Aprende a superar la rutina agrícola con el aprendizaje de las técnicas modernas más elementales. Se le prepara para que, mañana, cuando abandone la escuela, sea un buen ejidatario, un esforzado y consciente trabajador de la tierra.

Pero no es eso todo. Siempre hay canchas de deporte, bien o mal instaladas, junto a la escuela rural. El niño es adiestrado desde pequeño en el ejercicio físico más compatible con su fisiología. Y aprende también lo que vale el aire puro bajo el ancho dosel del cielo. Muchas clases se verifican al aire libre, a pleno sol o bajo la sombra de los grandes árboles. Muchas no consisten sino en largas excursiones por los alrededores. Así los niños aprenden a leer en el gran libro abierto de la Naturaleza.

Porque la base del método de enseñanza es ése: la Naturaleza. El maestro no es más que su intérprete. La pedagogía no puede ser más sencilla: leer, escribir, contar, dibujar. Y también nociones elementales de historia, de geografía, de lengua patria, y hasta de química, de física, de álgebra, de geometría, de cosmografía. Todo ello enseñado en forma simplísima, elemental, casi candorosa, siempre seductora. No se quiere hacer sabios, sino hombres sanos y pensantes. Se les hace ver, comprender, sentir y amar a la Naturaleza. Se les aparta de todo dogma teológico o toda interpretación providencial de los maravillosos fenómenos del mundo físico.

Pero el maestro no sólo se limita a eso. No sólo es pedagogo, jardinero, agricultor, pequeño industrial, deportista. También es un creador de conciencia cívica, un revolucionario al estilo mexicano. Siempre, fatalmente, es joven y es revolucionario el maestro rural en México. Habla a sus rústicos alumnos de la patria, de la historia mexicana, de las leyes nacionales, de la Revolución, de su trayectoria, sus hombres, sus conquistas, su ideario. Les recuerda y precisa sus deberes. Les muestra sus derechos. Les incita a conservarlos y defenderlos. En sus disertaciones hay algo de prédica y, a veces, mucho de arenga. Su voz se alza siempre en favor de los oprimidos, los humillados, los ofendidos, los parias inevitables de estas democracias feudalistas, donde hay una clase reducida que lo posee todo y otra, la que constituye casi toda la población, que no tiene un trozo de pan para llevarse a la boca.

La escuela rural no sólo quiere, pues, dar al niño una instrucción mínima. Pretende hacer de él un ser social, activo, capaz de vivir en colectividad y ser útil a ésta antes que a sí mismo. Pero espera también influir, mediante el alumno, en los padres. Pone al niño en condición de urgir a sus progenitores, para que se incorporen al torrente vivo de la Revolución. Pues a la escuela rural interesa tanto cultivar al niño en cuanto a miembro futuro de una colectividad organizada y justa, como hacer de los suyos, jornaleros o agricultores, otros tantos elementos conscientes de la nueva sociedad en formación. Del siervo colonial, del humillado peón del porfirismo, espera hacer campesinos libres, dueños de sí mismos y de sus respectivos destinos, trabajadores colectivistas del campo, individuos eminentemente sociales, que se sientan fundidos con su grupo y solidarizados con él, así como con todos los demás trabajadores de México, de la América, del mundo.

Lógico es que la escuela rural no sólo sea establecimiento de instrucción, sino también alma colectiva, centro de atracción social del pueblecillo costanero, serrano o montañés. Reemplaza con ventajas al templo casi siempre sombrío, con Cristos exangües y Vírgenes espantables. Substituye el olor de la cera y del incienso con el aroma del campo fértil y de la convivencia social al aire libre, sin muros, ni cortapisas, ni terrores ultraterrenales.

Viene a ser, al mismo tiempo, hogar colectivo, club, sala de recreo, punto de reunión, teatro, tribuna circunstancial y hasta foro permanente del pueblecito. No es raro que un radio o una victrola cante en la sala de clases. Y tampoco que la escuela cuente con un humilde escenario para representaciones teatrales o un tabladillo que haga las veces de tribuna pública.

Porque la escuela rural no sólo da instrucción a los adultos, además de los niños. Tiene por objeto primordial crear una conciencia social, un sentido de grupo y de clase, en los habitantes del lugar. Es preciso, pues, habituarlos a intercambiar ideas y a debatir en común los problemas que interesen particularmente a la pequeña colectividad. A eso está destinada la modesta tribuna. Todo alumno, joven o viejo, que se haya destacado por su asimilación, sus deseos de cultura o su conciencia social o libertaria, es enseñado y obligado a hacer uso de la palabra. Desde lo alto de la pequeña tribuna, que relegó al fondo del olvido al temeroso púlpito de antaño, salen voces, roncas o infantiles, ingenuas y puras, que hablan de justicia, de paz, de libertad, de prosperidad.

Y es que la Revolución, para ser tal, necesita no detenerse jamás, penetrar cada día más hondo. Requiere líderes a centenares. Necesita "encauzadores sociales". Precisa agitadores que lo remuevan y revuelvan todo, que sacudan los escombros del pasado y dejen entrar, a raudales, la luz del porvenir.

Hay en ella algo de bandera y de antorcha, de faro solitario y ventana abierta al ancho mundo.

La Revolución le dió el doble carácter de escuela civilizadora y educadora civil. No sólo instruye, sino que también educa, agita, forma, orienta. Es una escuela eminentemente viva, revolucionaria antes que todo, destinada no sólo a desanalfabetizar y desfanatizar al peón o al indígena, sino también a derribar un pasado de ignominias y construir un lejano porvenir de justicia y de libertad efectivas.

¿Ha logrado la escuela rural su objetivo?

Sin duda. Sabe cumplir con su misión de instruir y agitar al mismo tiempo. Sabe hacer hombres libres de bestias resignadas, grupos dotados de conciencia social en lugar de lastimosos conglomerados humanos. Sabe, en fin, dar a entender a los que vivían sumidos en la ignorancia y el fanatismo, que podían sentirse libres, ciudadanos de una patria libre, dueños de un pedazo de tierra, dueños y defensores de su propio destino.

Es una de las obras que justamente enorgullecen a la Revolución. Tanto más cuanto que nació de sus propias entrañas. La imaginaron Alberto J. Pani y José Vasconcelos en los días trémulos de Francisco I. Madero. Eclipsada y desconocida durante el Gobierno de Carranza, hubo de esperar que la sacaran a luz dos hombres: el general Obregón y el Licenciado José Vasconcelos. Este fué su padre técnico; Obregón, el padre político. El caudillo glorioso supo comprender al educador y al intelectual que servía la cartera de Instrucción Pública. Y el maestro, que después abandonaría la Revolución, comprendió a su vez cuál era la misión histórica que le reservaba el Destino. El presupuesto de educación pública, que en época de Carranza alcanzaba apenas a dos millones de pesos, fué elevado a cincuenta por Obregón y Vasconcelos. La antigua Dirección de Educación de la época carrancista, simple sección administrativa, tuvo el inmediato rango de Ministerio de Estado y pasó a tener la importancia mayor entre todas las Secretarías.

Obregón y Vasconcelos trabajaron con admirable afán y porfía. Pero su obra educacional no alcanzó a poner sino los cimientos del edificio que se iría construyendo posteriormente. Era preciso hacerlo todo, pero también faltaba todo. Faltaban, más que nada, maestros; maestros que conociesen uno o algunos de los 54 dialectos aborígenes que se hablan en México; maestros abnegados, apostólicos, capaces de ir a sepultarse en atemorizadoras soledades y vivir allí una épica vida de sacrificio y de aventura. Pero ambos, Obregón y Vasconcelos, alcanzan (1920-24), en sólo cuatro años, a dejar en funciones 9,644 escuelas, entre rurales y primarias. Forman a toda prisa un cuerpo de 23,153 maestros rurales y primarios. Abundan entre ellos los que no perciben emolumento alguno. Son gente de toda clase que se precipita a la enseñanza como a un campo de batalla. La inscripción escolar alcanza entonces a 864,968 alumnos.

Durante la Administración Calles, la escuela rural y la primaria reciben un impulso considerable. Ambas llegan a contar, a fines de 1927, con 17,549 establecimientos de primera enseñanza, en los que las escuelas rurales suman 11,349. Los maestros han aumentado a 31,252 en tres años, y las inscripciones escolares, a 1,306.520 en el mismo plazo de tiempo. Calles prometió construir anualmente mil escuelas rurales, y cumplió su palabra. Sus sucesores, Portes Gil y Rodríguez, no marchan con tanta rapidez. El ritmo acelerado de la construcción de escuelas se detiene un tanto. Sin embargo, al terminar el año de 1932, el cuadro es satisfactorio y hasta halagüeño. 19,857 escuelas de primera enseñanza, en las que 39,709 maestros imparten la respectiva enseñanza a 1,907.650 niños. Entre ese total de escuelas corresponden 7,673 a la Federación; 9,292, a los Estados y Municipios; 2,892, a los particulares, es decir, a los industriales y hacendados obligados constitucionalmente (art. 123), a construir escuelas para los hijos de sus peones o jornaleros. Importa señalar que la proporción correspondiente a las escuelas rurales es considerable dentro del conjunto: 13,719 en un total de 19,857 escuelas; pero son sólo 16,114 los maestros rurales que educan, entre 39,709 profesores, a 917,503 niños campesinos, en una masa de 1,907,650 escolares (1).

La escuela rural ha recibido un formidable impulso con el Plan Sexenal, que se propone construir doce mil escuelas de ese tipo en los seis años de su desarrollo. Ya, en los dos años últimos, ha construído 3,000, y espera construir las 9,000 restantes en los años de 1936, 1937, 1938 y 1939.

LOS AUXILIARES DE LA ESCUELA RURAL

¿Será igualmente sencillo "fabricar" una cantidad siquiera semejante de maestros rurales? ¿Puede la Revolución, para penetrar hasta el fondo de los campos, esperar que las escuelas normales preparen el número suficiente de esos singulares normalistas? No. Sin duda que no. La Revolución necesita crear a toda costa esos maestros, aun cuando sea improvisándolos. No puede aguardar que maduren y se titulen profesionalmente conforme a los programas habituales de las normales respectivas. Hay que buscarlos en cada hombre que tenga sentido revolucionario y vocación suficiente. En cada uno que anhele esparcir el fuego revolucionario en el fondo de la comarca en donde vive. La Revolución no ignora que muchos son maestros sin saberlo. Sólo es preciso despertarlos, lanzarlos a la labor, darles los medios necesarios para ello.

Con ése y otros fines se creó el complemento de la escuela rural: la Misión Cultural, especie de instituto

---

(1) *"México en cifras"*.

rotativo, organismo educacional ambulante, que tanto
sirve de instrumento de inspección como de perfeccionamiento e improvisación de maestros rurales. La Misión Cultural visita, una por una, las escuelas rurales
de un determinado territorio o Estado. Llega hasta allá
y, como los antiguos juglares, alza su sencilla tienda
de sabiduría junto a los pobres jacales campesinos.
Acampa al lado de la mísera escuelita perdida en la
llanura o la montaña. Y allí permanece algunos días,
investigando, estudiando el terreno y sus necesidades,
examinando y perfeccionando al maestro, dando clases extraordinarias a los alumnos, charlas, conferencias, cursos rápidos y hasta entretenimientos a los habitantes del pueblecillo.

La Misión Cultural está compuesta por un jefe, un
pedagogo técnico y especializado, que estudia el sector donde se deberá trabajar y traza, rápidamente, un
plan de acción inmediata, a la vez que corrige, mejora
o inspira el plan educacional seguido primitivamente
por el maestro. El jefe de la Misión es el que orienta y
dirige los trabajos, aun cuando en su calidad de profesor tome también parte en ellos. Está secundado por
un médico, un agrónomo, una maestra social, una enfermera, un experto en arte populares, un profesional
de las Bellas Artes. Unos curan las dolencias del cuerpo y otros muestran desconocidos horizontes al espíritu. Unos incitan a vivir con limpieza e higiene; otros,
con alegría y salud; unos terceros, con arte y con intensidad. Mientras algunos de ellos enseñan a labrar la
tierra, perfeccionar los cultivos, seleccionar las siembras, sanear los campos, hay otros que revelan los secretos de la economía doméstica o aquellas artes populares, notabilísimas en México, hijas del viejo Anáhuac. Y ora es el tejido de petate, como la confección
de un sarape, la pirograbación de un cuero o un madero, la elaboración de cándidos cacharros de arcilla como de artefactos de madera para uso del hogar o hasta de juguetes para el niño campesino. O también es
el que despierta el milenario instinto artístico de la ra-

za y enseña a combinar colores, a trazar planos, a medir volúmenes, a crear motivos personales, a interpretar la Naturaleza con los más diversos materiales.

Pero todos coinciden en una directiva fundamental: enseñar a vivir mejor, con mayor bienestar, con mayor solidaridad, con mayor sentido colectivo. Todos enseñan que la vida es buena si se la sabe dedicar al trabajo y a la alegría fecunda. Todos exhortan a vivir en familia y en sociedad, como seres que no pueden subsistir solos y necesitan el uno del otro para que la existencia de todos sea más próspera y alegre. Predican la asociación de los grupos humanos, el reemplazo del egoísmo por el altruismo, de la caridad por la solidaridad, del fanatismo y la superstición por la ciencia y el culto de la Naturaleza.

Estas Misiones Culturales —una treintena en todo México— viven recorriendo el país de un extremo a otro. Actúan también como excelentes organismos inspectivos. Señalan deficiencias y errores. Ven la verdad de las cosas en el propio terreno. Constituyen inapreciables fuentes de observación directa. Pero, además, y por sobre todo, su rol, además de social, es eminentemente pedagógico. Valorizan, perfeccionan al propio maestro. Y, lo que es más, descubren nuevos maestros entre los alumnos más aventajados o con mayor sentido social. Aquel alumno comienza por ser ayudante y pronto parte a una nueva escuela para hacer sus primeras armas como maestro. Bástale, por lo general, el perfeccionamiento de una nueva visita de la Misión Cultural y un curso rápido en alguna de las Escuelas Normales Rurales, destinadas exclusivamente a preparar maestros para el campesinado.

Pero toda esta labor, con ser tan vasta y trascendente, debía ser metodizada. El maestro rural, improvisado o no, necesitaba recibir, periódicamente, instrucción sistematizada y progresiva. No bastaban, para ello, ni las Escuelas Normales comunes ni el brioso empuje de las Misiones Culturales, esporádicas e inconexas, por su propia esencia, a largo plazo.

La Revolución obvió el obstáculo creando las Escuelas Normales Rurales, destinadas a preparar y perfeccionar al maestro en un sentido general y básico, permanente, conformado a las técnicas educacionales modernas y a la constante observación del medio.

Pero aun era preciso ir más allá: a la coordinación completa de este vasto sistema de educación rural, que en el fondo no es sino la gigantesca incorporación de grandes masas humanas abandonadas a los intereses y a la vida misma de la colectividad. Las Escuelas Rurales, las Escuelas Centrales Agrícolas, las Escuelas Normales Rurales, las Misiones Culturales: todo aquel rodaje que iba desde la escuela meramente técnica, como las Centrales Agrícolas, hasta las primarias y profesionales, rurales y normales rurales, para terminar en la escuela perfeccionadora, de índole netamente social, como las Misiones Culturales, resultaba, aun, sobrado complejo y desconectado entre sí.

Faltaba el organismo coordinador que relacionaría todo aquel edificio y tuviera el papel de una institución de enlace y coordinación, a la vez vitalizadora, orientadora e integradora, en último término, de todas las demás.

Tal institución, novísima y original también, nació hace poco. Se llama la Escuela Regional Campesina, que, en cierto modo, es una Universidad Rural, pero, al mismo tiempo, un centro de enseñanza vocacional, un instituto práctico de agricultura, un agente de producción agropecuaria y, sobre todo, un plantel de orientación económico-social de la masa campesina.

Al enlazar y coordinar en cada región, conforme a las características del medio geofísico, la acción de todos los organismos integradores del rodaje de la enseñanza y la economía en los campos, la Revolución quiso y logró crear una organización que refundiera, a la vez, todos los factores humanos, económicos, educativos, sociales, culturales y de investigación que era preciso contemplar para ir a la liberación integral de la masa campesina, ignorante, atrasada, poseedora de una técnica rudimentaria, carente de conciencia de clase, de sentido social y hasta de la ética que forja el sentido de la pequeña propiedad en pugna con la gran propiedad de la tierra.

Para ello, tal si fueran Facultades universitarias, la Escuela Regional Campesina cuenta con cuatro Institutos diferentes que trabajan armónicamente: el de Enseñanza Primaria y Normal Rural; el de Enseñanza y de Explotaciones Agrícolas: el de Acción Social; el de Investigación de la Vida Rural.

El primero utiliza la enseñanza pedagógica para ejercer su rol de transformación y adaptación de la masa campesina a una nueva norma de vida social, institucional y económica. Comprende dos categorías de enseñanza: la primaria (desde el tercer año en adelante), y la vocacional o profesional del alumno que será un maestro rural. Aquel alumno ha salido de la Escuela Rural y sido seleccionado por el director de ella y el personal del Instituto de Investigaciones, lo que asegura la calidad humana y la procedencia campesina, factores indispensables para asegurar la efectividad de la ruralización que se quiere llevar a cabo, esto es, el arraigo total del campesino al suelo agrícola, evitando futuras migraciones en el territorio y aquella despoblación de los campos que ha dañado a tantos países sudamericanos, donde aun la ciudad no tiene el sentido ni la potencia industriales suficientes para absorber aquella población sin pauperizarla ni restarla a la actividad agrícola del país, fundamental en casi todos ellos.

El Instituto de Enseñanza Primaria y Normal Rural hace, pues, del adolescente que llega a ella, un agricultor o un maestro. Un agricultor eficaz y preparado, capaz de trabajar la tierra ejidal o la propiedad patrimonial con rendimientos y éxitos cada vez mayores. Es decir, en buenas cuentas, el productor agrícola con técnica y conciencia de clase que necesita el México revolucionario; o un maestro rural que torne al campo con la preparación suficiente para enseñar las primeras letras como para abarcar los problemas de la economía y la sociología rurales.

Bastan tres años para que el alumno de la Escuela Rural se convierta en un agricultor técnico que ha sido dotado ya de todos los conocimientos necesarios en la práctica y la enseñanza agrícolas, agrícola-industrial y mecánica, que ocupó el cargo de "monitor" o jefe de grupo agrícola y que, por último, fué encargado de dirigir trabajos y explotaciones agrícolas bajo su exclusiva responsabilidad. Si hay en él conciencia vocacional, si aspira a formar parte del magisterio rural de México, le será muy sencillo, continuando en el Instituto, pasar de la Enseñanza Primaria a la Normal Rural.

Pero aun restaban en los campos mexicanos un buen número de adolescentes o campesinos que, sin tiempo para absorber suficientemente la enseñanza primaria de la Escuela Regional, necesitaban, en cambio y con apremio, de una instrucción agrícola inmediata, práctica, que les preparase lo más rápidamente posible para ser campesinos eficientes, dotados de una preparación agrícola superior a la muy elemental que reciben en la Escuela Rural.

Para ellos se creó aquel Instituto de Enseñanza y Explotaciones Agrícolas, donde, en el plazo de dos años, se imparte una instrucción agrícola completa, que capacita al campesino para ser un agricultor eficaz, útil a sí mismo, a su grupo ejidatario, a la colectividad entera.

Agricultores prácticos, agricultores técnicos, maestros rurales: todos ellos vuelven a su medio productor y su centro de acción cívica comunal considerablemente perfeccionados en un sentido social. Todos ellos trabajarán de consuno por que avance la acción socializadora de los medios de producción y se intensifique la conciencia de clase campesina, que significa la libertad moral del antiguo peón del porfirismo o el siervo, todavía latente en algunos sitios, de la Colonia española.

Y es aquí donde interviene el tercer Instituto, el de Acción Social, que no viene a ser, en el hecho, sino la reunión de todas las antiguas Misiones Culturales en un solo organismo que las refunde, sistematiza y amplía en su radio de acción. El agricultor y el maestro que abandonaron la Escuela Regional Campesina con una emoción social orientada e intensificada, encontrarán en los equipos permanentes del Instituto de Acción Social un incentivo más, amplificador y coordinador, para seguir luchando en sus medios respectivos por que se haga carne en todo el campesinado la ideología revolucionaria que aspira a una organización social basada en el trabajo, la libertad y la justicia de todos y para todos.

La antigua Misión Cultural podrá ahora trabajar en terreno más fértil y reproductivo. Ahora no necesitará tanto perfeccionar a los maestros o improvisar otros nuevos, sino que su acción será, como lo indica su nombre, esencial y preferentemente social. Ahora se dirigirá íntegramente a despertar en los campesinos el sentido social de grupo, de clase; a organizarlos en clubes o asociaciones culturales y deportivas; a recoger, sistematizar, estimular en ellos todas las manifestaciones del espíritu creador en las artes plásticas, las artes musicales, las leyendas folklóricas, todo aquello de que está henchida, por raza, por tradición, por dolor, el alma del descendiente de mayas y mixtecas, aztecas y tarascos.

Y, por último, con un carácter ya estrictamente científico, está el Instituto de Investigaciones de la Vida Rural. Este ausculta, investiga, diagnostica. Recoge y ordena hechos. Los vierte en expresiones estadísticas. Los traduce en orientaciones precisas y matemáticamente adecuadas a la realidad. Es el ojo que ve y la boca que aconseja lo que debe hacerse. Su acción es, al mismo tiempo, sistemática y ocasional; sistemática, porque estudia amplia y ordenadamente, siguiendo sus variaciones y mutabilidades, los fenómenos de la vida social campesina en sus aspectos educativo, emotivo, costumbrista, religioso, afectivo, artístico; ocasional, porque advierte y plantea todas las necesidades especiales de la región, que pueden ser remediadas por la escuela o, por lo menos, deben ser abordadas por ellas.

Actualmente existen diez escuelas de este tipo. Dos de ellas, reorganizadas, no son otras que las antiguas Escuelas Centrales Agrícolas de Roque, en Guanajuato, y Santa Lucía, en Durango. Cuatro han sido ampliadas y mejoradas: las de Tenería, en México; Tamatán, en Tamaulipas; Ayotzinapa, en Guerrero; y Bimbaletes, en Zacatecas. Y muy pronto, en abril de 1936, ya estarán en funciones otras cuatro: las de Colima, en el Estado del mismo nombre; Navojoa, en Sonora; Todos Santos, en Baja California; y Comitancillo, en Oaxaca.

Todo este sistema educacional, tan vasto y adecuado a la realidad antroposocial mexicana, persigue, pues, dos objetivos esenciales: crear la unidad nacional, tan anhelada a lo largo de toda la historia de México, y construir un estado social más justo y humano que los anteriores. Viene a ser, pues, esencialmente también, el sentido mismo de esta Revolución que ya dura un cuarto de siglo y comenzó a gestarse hace cuatrocientos años.

Puede que la Escuela Rural adolezca, para el criterio técnico de los pedagogos profesionales, de no pocos errores y hasta monstruosidades. Puede que no cumpla su acción con toda la rapidez y eficacia que fueran apetecibles. Pero no hay duda que llena cumplidamente los urgentes fines pedagógico-sociales para que fué creada. Lucha por dotar a México de un solo idioma; mejorar la salud colectiva; acrecentar el vigor físico; producir condiciones mínimas de higiene y salubridad en los campos; popularizar los deportes; perfeccionar la crianza de los hijos; enseñar ciencias y artes domésticas para embellecer la vida hogareña; aprovechar los recursos racionales del medio, haciendo más racional y científica la técnica del trabajo campesino. Todo ello luchando contra el fanatismo religioso, que degenera las almas, y contra el alcoholismo, que degenera los cuerpos; difundiendo diversiones sanas y honestas —el canto colectivo, el juego popular, el deporte en común—, que proporcionan en el campo un clima humano apetecible y grato; enseñando a leer, escribir, pensar, penetrar en el gran secreto de la Naturaleza; creando, en buenas cuentas, una nueva vida social que conecte a las gentes con lazos muy distintos que los del interés, la opresión de los menos sobre los más, la explotación del hombre por el hombre.

¿No está suficientemente cumplido el objetivo que se persiguiera? Sin duda que sí. Y ello es tanto más digno de admiración, o siquiera de respeto, si se repite que, en el fondo de sí misma, la Escuela Rural y los sistemas educacionales que la complementan y coronan son instituciones destinadas todas a socializar al indígena y al campesino; a crearles una conciencia comunal primero, mexicana después, latinoamericana en seguida; a organizarlos para que planteen y resuelvan los problemas que afectan a la colectividad entera y retrasan u obstruyen el progreso colectivo.

Esta escuela y esta política educacionales son, es cierto, hijas directas de la Revolución. Pero ellas no habrían podido fructificar y crecer sin el concurso del propio campesinado, criollo, mestizo o indígena, y sin el noble afán apostólico gastado en fortificarla y desarrollarla por el maestro rural, el mejor soldado de la Revolución mexicana, que combate sin más armas que una pluma y un trozo de papel, sin más escudo que su fe y esperanza, sin más impulso que la grandeza de su propia misión.

Porque el campesino intuyó, desde el primer momento, lo que era esta escuelita que venía, como un ave, a posarse en el alero de sus tierras. A ella dió todo cuanto poseía: terrenos para campos de cultivo y experimentación; suelos para alzar la escuela y sus anexos; materiales y brazos para construir la casa escolar y la vivienda del maestro. Y todo lo dió con fe, con devoción, casi con éxtasis, como lo dieran sus antepasados, cuatro siglos antes, cuando, en los días de

Fray Pedro de Gante, construían templos con sus modestos bienes, su sudor y su esfuerzo.

El maestro, por su parte, también lo dió todo: esperanzas, juventud, salud y hasta vida. Algunos han pagado con su propia existencia el pecado de desfanatizar y desanalfabetizar a las masas indígenas y campesinas. Se llaman Enrique Rodríguez y tantos otros, caídos hace poco y en toda época, al golpe del hacendado o del fanático, incitados por el monje o el párroco. Y casi todos ellos han renunciado a un porvenir burocrático, a un bienestar citadino, a un egoísmo cómodo siempre. Se han sepultado en hondas soledades. Han hecho de su vida un apostolado. Y muchos de ellos, casi todos, no son tanto pedagogos, maestros profesionales, como apóstoles puros y sencillos, intuitivos, poseídos de una inconsciente sabiduría y de un admirable poder de creación sobre el espíritu desconfiado, triste y solitario del indígena mexicano.

"Busca en la tierra tu sustento y en el libro tu libertad". Tal es el lema que fulgura en una hermosísima alegoría de Montenegro, en la cual, mientras una maestra, sentada en el suelo, enseña las letras a un corro de indiecitos, el ejidatario, el centinela agrarista, vela, arma al brazo, jinete sobre su corcel de guerra, por el porvenir de la Revolución cristalizada en el ejido y la Escuela Rural. Aquel lema, sobrado expresivo, destella en el dintel de casi todas las Escuelas Rurales de México, y nada representa mejor, tan gráfica y expresivamente, el contenido del movimiento revolucionario.

Claro es que aun queda mucho, casi todo, por hacer. Aun faltan millares de ejidos por constituir y otras tantas Escuelas Rurales por edificar en distintas partes del país. Aun no existe la vivienda campesina cómoda, sana, agradable. Aun no cuentan los campos con todos los botiquines, las postas de socorro, las policlínicas, los hospitales de emergencia que se requieren para la completa atención médica del indígena y el trabajador del campo. Aun no se conocen, sino en la pequeña escala en que los tienen las Escuelas Rurales, la biblioteca de cada pueblo rural, el casino o club o centro de sociabilidad y recreación habituales, el diario o el folleto o la publicación que facilite e intensifique la vida de relación entre los habitantes de las comarcas agrícolas más apartadas de los grandes centros de civilización.

Pero, además de todo lo ya obtenido, se ha logrado, por fin, crear un nexo de solidaridad y confraternidad humanas con la antigua raza vencida y expoliada: el indígena, sumido, al parecer, en un sueño de siglos, pero inteligente, hábil, artista, valiente y tesonero como pocos de la América indoamericana. La Escuela Rural es el puente que une a las dos razas, la vencida y la vencedora, que vivieran cuatro siglos sin comunicación efectiva alguna. Las Escuelas Normales Rurales, Centrales Agrícolas y Regionales Campesinas fortifican aún más los nacientes vínculos.

A este respecto, la Revolución ha sabido, también, mirar con espíritu realista hacia lo lejos. Quiere que los "inditos" se rehabiliten, de una vez por todas, económica, cultural y socialmente. No se contenta con la labor desarrollada por las Escuelas Rurales, que funcionan en territorios exclusivamente indígenas y cuyos profesores están especializados en el dominio de la lengua y la idiosincrasia del pueblo o raza con la cual trabajan. Tampoco le satisface la labor ocasional que a esta referencia pueden desarrollar los demás establecimientos integradores de esta trascendente política educacional revolucionaria.

Debía ir, y fué, hacia la creación de establecimientos pedagógicos especiales para indígenas. Comenzó por crear, en la capital, una Escuela del Estudiante Indígena, especie de instituto central, al cual afluyen jóvenes indios venidos de todos los puntos del país. Reciben una cultura de tipo medio y a veces hasta superior. Se compenetran y familiarizan con la civilización blanca y luego, vueltos a sus poblados y centros de producción, realizan una vigorosa labor vinculadora.

Mas luego comprendió la necesidad de multiplicar estos planteles también novísimos, y la de hacerlos funcionar en el propio ámbito en donde debían repercutir de inmediato sus beneficios. Así creó los Centros de Educación Indígena, especie de escuelas de enseñanza secundaria, que toman a los indígenas adolescentes mejor dotados, con mayor capacidad futura de jefes o de orientadores, y van forjando rápidamente en ellos al "líder" comunal indígena, el que tomará el mando del grupo ejidal o de los habitantes del poblado, el que tendrá a su cargo la tarea de incorporar en definitiva a los suyos a la colectividad nacional, organizada ya sobre bases de unión y de justicia.

ESCUELA SOCIALISTA

EDUCACION REVOLUCIONARIA

LA Escuela Rural completó la labor iniciada en el ejido: destrucción del latifundio, radicación del campesinado; incorporación del indígena a la nacionalidad, desarrollo de la economía rural; creación de un nuevo tipo de vida, más humano y justo, para los dos tercios de la población total del país.

Mas no podía detenerse allí la obra de la Revolución en los espíritus. Debía ir más lejos. Abrazar todas las ramas de la enseñanza. Moldear las generaciones jóvenes en conceptos nuevos de justicia social y solidaridad humana. Incorporados ya el campesino y el indígena a la marcha y el destino de la Revolución, ésta debía también, forzosa y necesariamente, captar al estudiante mexicano e influenciar, conforme a su ideología, todas las ramas de la educación pública en México.

Y esta empresa sí que presentaba dificultades en una sociedad que no había sido transformada totalmente, y desde el primer momento, en los cuadros fundamentales de su economía y su vida espiritual. Aun predominaba, en la enseñanza, el concepto individualista y utilitario. Aun ella era la traducción pedagógica de una sociedad de castas y privilegios. Y aun ella conservaba, secretamente, las huellas del espíritu teológico y fanatizante. Era preciso desbrozar el terreno en cada una de sus ramas. Esa labor de tala y preparación tenía que ser, como lo demostró la realidad, bastante más dura que proporcionar a los que nada tenían rudimentos de vida social y espíritu colectivo. Las clases trabajadoras urbanas, la pequeña burguesía, la clase industrial y comerciante, las supervivencias de la alta burguesía de antaño: en todas ellas debía penetrar, como una cuña, el espíritu educador de la Revolución.

Al comienzo, y durante catorce años contados desde el advenimiento de Obregón al poder y el término de la presidencia provisional del divisionario Rodríguez, aquella labor se efectuó en forma paulatina y evolutiva. Se quiso reformar a los hombres e imponer pacíficamente el ideario de la Revolución. Se creyó o se tuvo la ilusión de que la pequeña y la alta burguesía, sobre todo, y los sectores educacionales inficionados por el espíritu liberal que cree exaltar al individuo deprimiendo o lesionando a la colectividad, podían, buenamente, aceptar o prohijar la ideología revolucionaria que iba a destruir, precisamente, los privilegios de su clase, su categoría económica y su cultura egoísta.

Los fracasos no tardaron en advertirse en la enseñanza media y la instrucción superior.

Pero se logró, en cambio, condicionar al ritmo revolucionario a las escuelas primarias urbanas y suburbanas. Bastaron la reforma de los programas, la capacitación de los maestros, la orientación técnica general de la enseñanza. Hasta se logró una especie de escuela primaria previa o célula del restante edificio educacional: los Jardines Infantiles o de Niños, destinados a la infancia preescolar. El objetivo fundamental fué infundir en los niños de corta edad el sentido de la convivencia social y desarrollarlos desde temprano en cuanto a futuros individuos integrantes de un grupo social o colectividad determinada.

Los Jardines Infantiles son verdaderos kindergartens mexicanos, alegres y sonrientes, donde el niño se educa al aire libre y se le asoma a la cultura por la vía del placer o la distracción. Es una enseñanza plástica, estrictamente objetiva, concebida a base de estímulos vitales para el pequeño educando, orientada, naturalmente, a crear en el niño, desde su primera edad, el hábito de la comunidad y el concepto colectivo de la vida. Dieron un excelente resultado estos establecimientos, también originales y adecuados al medio nacional. Se desarrollaron velozmente en sus comienzos, pero, ya organizada la Escuela Rural, que los reemplaza suficientemente en los campos, se han ido circunscribiendo sólo a las ciudades. A fines de 1932 existían en el país 450 Jardines Infantiles, en los que 791 maestros, cuidadosamente especializados, tenían a su cargo la enseñanza de 30,861 escolares de corta edad.

La Revolución encontró un campo excelente en la enseñanza técnica y la enseñanza artística. Miró con especial atención hacia la primera. Rectificó la orientación, en exceso humanística, que imprimieran a la educación pública el general Obregón y su ministro Vasconcelos. Ambos difundieron la alta cultura. Buena muestra de ello son la multiplicación de las bibliotecas, las publicaciones, las conferencias, los cursos de extensión universitaria y secundaria, las magníficas ediciones de los clásicos que admiró América entera. Pero todo aquello, con ser tanto y tan bueno, no era, sin duda, lo que más necesitaba un país paupérrimo y despoblado, dueño de ingentes riquezas que no podía explotar por sí mismo, con un suelo esencialmente agrícola y deficientemente explotado con técnicas rutinarias, con una industria nacional en embrión y, en general, una economía semicolonial, apenas evolucionada desde los años de la Colonia o el imperio azteca. Se necesitaban y con urgencia, agricultores, campesinos especializados, técnicos industriales, mecánicos y obreros especialistas, expertos en artes manuales y organización comercial. Esto lo comprendió claramente la capacidad organizadora de Calles. Inició un movimiento con tal fin, teniendo como meta la preparación del mexicano para el día en que, desarrollada y nacionalizada su economía aun rudimentaria, pudiera ser el explotador de sus propias riquezas.

La iniciativa de Calles prosperó lentamente y sólo ahora, en virtud del Plan Sexenal, ha venido a dársele la importancia fundamental que ella tenía. En el programa educacional correspondiente a 1935, desarrollado aquel año conforme a las directivas del Plan Sexenal, se incluyeron la conclusión de la Escuela Industrial de Artes y Oficios de México, la inauguración de nuevas Escuelas Técnico-Industriales, la fundación de Escuelas Politécnicas Locales y, por último, la creación del Instituto Politécnico Nacional, Universidad técnica cuya falta se hacía cada vez más notoria.

Campo igualmente propicio encontró la Revolución en las artes plásticas y aplicadas, tradicionales en México, latentes por herencia en el alma del indígena o el mestizo.

Hubo artistas geniales, como el desmesurado Diego Ribera, que la sintieron y la propagaron desde el primer momento. Diego Ribera, el creador de los frescos monumentales que hoy admira el mundo entero, el titán de la pintura mexicana, supo interpretar toda el alma y el sentido de la Revolución en sus grandes obras murales, sus telas pictóricas, sus bocetos, dibujos e ilustraciones. Más que a la Revolución misma, es el hombre que ha pintado a todo México, en su pasado, en su presente, en su porvenir. Hay todo un universo que efervesce en su pintura, miguelangelesca por la dimensión, la fuerza y el contenido. Es el artista más grande del Continente y uno de los mayores de nuestra época. Su perfección en la técnica; su maestría, su audacia en la ejecución; su originalidad, su solidez en la composición; su colorido siempre sorprendente, siempre novedoso, serían condiciones todas que caracterizan a un pintor extraordinario. Pero su genio está aún más arriba: en su poder psicológico, su capacidad interpretativa, su absoluta identificación con el destino de su raza y la idiosincrasia de la América indiana. Como si ello fuera poco, en la pintura de Diego Ribera, como en la de Miguel Angel en la Capilla Sixtina, hay sarcasmo, sátira, burla despiadada, sangrienta pintura de una humanidad anarquizada y envilecida. Toda la sociedad mexicana de todos los tiempos desfila por sus frescos desmesurados, el solo hecho de haber pintado los cuales bastaría, en cuanto a extensión métrica de la obra realizada, a estimarlo como uno de aquellos colosos del arte que aparecen de tarde en tarde en el orbe. Basten, para comprobarlo y sentir —a la vez— la esencia de la historia y la vida mexicanas, contemplar sus frescos célebres de la Escuela Preparatoria, la Secretaría de Educación y la Escuela Agrícola de Chapingo, sin contar los que pintara en Rusia para los Soviets y en los Estados Unidos para los Rockefeller y otros millonarios, a los cuales supo cobrar todo el dinero que no cobró nunca o en proporción ínfima al Estado de su patria, representativo de la Revolución que él mismo, Diego Ribera, ha contribuído a vigorizar tanto, desde la extrema izquierda, con su corpachón enorme, su voz tonante, su talento dialéctico, su infatigable capacidad de agitación, de propaganda, de lucha social.

El nombre de Diego Ribera, la sola existencia de su obra, sería suficiente para hacer inmortal a esta Revolución que ha penetrado tan profundamente en la colectividad mexicana. Pero junto a él se alzan otros maestros, si no tan grandes como el genio máximo, comparables a él por la trascendencia, el valor y la proyección de la obra llevada a cabo. Se llaman el pintor José Clemente Orozco, el más cercano a Ribera como artista mural y decorador de grande aliento; David Augusto Siqueiros, comunista como Ribera, autor de telas audaces y vigorosas, donde también canta triunfalmente el sentido revolucionario eterno; Roberto Montenegro, el dibujante fino y hondo, aguafuertista sobresaliente, decorador extraordinario; el pintor Atl, fino, hondo, sutil; el vitralista y decorador Fermín Revueltas, que ha poco confeccionara los sorprendentes vitrales del Centro Escolar "Revolución", gigantesco plantel de concreto armado, con capacidad para cinco mil alumnos, inaugurado en noviembre de 1934, en Ciudad de México.

Pero sin necesidad de aludir a Tamayo, a Lazo, a Leal, a Castellanos, a tantos otros artistas que hacen arte específicamente revolucionario o nacional, es preciso recordar que la Revolución supo despertar la conciencia artística dormida o aletargada en el alma del indígena, el "pelado", el "charro", el peón acasillado. Renacieron las artes aplicadas. Volvieron a triunfar los cacharros de Talavera, las cerámicas de Puebla, las alfarerías de Oaxaca, los célebres "sarapes" de Saltillo, de Texcoco o de Oaxaca, las imaginerías o estatuarias en madera, metal o barro cocido. Como en el viejo Anáhuac, tornó a difundirse la pintura, en cuanto a arte noble o selecto, entre las clases populares. La Revolución logró comprobar que el sentido pictórico es característico, por lo general, en el proletariado mexicano. Lo demostró en aquellas eficaces Escuelas Populares de Pintura al Aire Libre, organizadas y dirigidas por el tesonero Alfredo Ramos Martínez, que comenzaron primeramente su labor entre los niños y asombraron al país entero con la revelación de talentos artísticos en agraz. Y cuando después aquellas escuelas de pintura lo fueron también de escultura, cerámica, decoración y artes aplicadas, y cuando a ellas afluyeron, espontáneamente, obreros, campesinos, soldados y hasta artesanos o pequeños industriales, entonces vinieron a comprender los mismos mentores de la Revolución el paso enorme que habían dado creando un arte popular, un arte de clase, un arte revolucionario que ahogó al antiguo arte preciosista cultivado en los palacios de los amos de siempre o en el fondo de estériles y desvitalizadas academias.

Mas si la Revolución penetró profundamente en el campo merced a la Escuela Rural y la educación agraria, si logró imponer sus ideales en el desenvolvimiento de la enseñanza primaria, la técnica y la artística, no es menos cierto que no pudo sino influenciar ligeramente a la enseñanza prepatoria y media, y apenas si rozar la superficie de la instrucción superior, la universitaria.

Aun cuando lo hubiere logrado, siempre se presentaba ante los ojos de los revolucionarios el problema de relacionar toda aquella enseñanza en sus diversos grados y coordinarla con miras a crear un tipo único de educación, capaz de servir y amplificar los ideales de la Revolución, llevándolos al alma de escolares y estudiantes.

Era indispensable, pues, ir a la creación de una escuela única que comprendiese a todas ellas en una sola aspiración revolucionaria y transformadora de los espíritus, "hasta formar la fisonomía de un pueblo e imprimirla en el concierto universal" (1).

Así nació la Escuela Socialista.

Nació como una consecuencia de la "etapa de madurez social a que ha llegado ya la Revolución Mexicana, en que le es posible abordar el aspecto integral de los problemas nacionales" (2). La Revolución no po-

---

(1) Lic. Ignacio García Téllez: *"Fundamentos de la Escuela Socialista".*

(2) Lázaro Cárdenas: Discurso a los trabajadores de la capital. (28 de octubre de 1934).

día, pues, tentados ya todos los caminos, estructurados ya tipos de enseñanza que, como el rural, contienen un fondo evidente de acción y responsabilidad sociales, seguir haciendo experiencias más o menos inconexas o desarraigadas de la realidad económico-social de México.

Era preciso que la economía que se estaba implantando en beneficio del proletariado, y en la cual ya se habían superado los principios del interés individualista, fuera completada en una escuela capaz de armonizar y correlacionarse con ella. Esa escuela no podía ser otra que una escuela socialista.

¿Por qué?

Entre otras muchas razones, y volviendo a la historia mexicana, porque el desenvolvimiento de la educación pública requería ya una intervención del Estado, con fines de orientación social, que hiciera de la educación un instrumento de disciplina, adoctrinamiento y cultura de las clases productoras elevadas al poder.

La escuela colonial, fruto de la subordinación del Estado a la Iglesia, no tuvo mayor fin que esparcir el dogma religioso. Por ello jamás salió de manos del clero ni éste permitió nunca, so pena de herejía o inquisitorial castigo, que la facultad de enseñar abandonase las manos de la gente de sotana. Era una enseñanza destinada a mantener el orden de cosas existente, que tanto servía para encadenar las conciencias a un dogma que impide el libre análisis y la observación científica, como para predicar la conservación de un régimen económico-social basado en el privilegio de unos pocos y la ignorancia o la miseria de todos los demás miembros de la colectividad.

Viene después la República, que trae consigo, con la evolución social y política del país, aquella Reforma Liberal que se caracterizó por buscar la separación de la Iglesia y el Estado, como entidades paralelas, pero todavía no incompatibles; por anhelar la absoluta libertad de creencias, opiniones y cultos; propiciar, finalmente, la afirmación del individuo como célula generadora y normativa de la sociedad humana, en virtud de los derechos, facultades y posibilidades de que le dotara la naturaleza al nacer. En consecuencia, la sociedad venía a ser una especie de suma de individuos dotados de un conjunto de atributos y derechos, para cuya realización existe, únicamente, el poder público. No se consideraba el derecho en cuanto a norma social emanada de la estructura misma de la sociedad, sino en razón del derecho individual nacido de la naturaleza de cada hombre considerado en particular. Lógico era reconocer a padres y maestros, cualesquiera que éstos fuesen, el derecho absoluto a determinar libremente la clase de enseñanza que impartirían a sus hijos o educandos.

Tal fué, pues, en México la etapa liberal propiamente dicha, que prevaleció, a lo menos institucionalmente, durante los años comprendidos entre la Constitución de 1857 y la que dictan en 1917 los revolucionarios de Querétaro. En materia educacional, aquella doctrina liberal, que hoy nos parece falta de sentido, vino a condensarse, prácticamente, en dos principios fundamentales: la libertad de enseñanza y el laicismo de la educación pública. Ambos satisficieron largos años a la opinión mexicana más culta, pero ambos hubieron de sufrir el choque inevitable de la Revolución de 1910.

La libertad de enseñanza, casi inútil es decirlo, deriva directamente de la doctrina individualista que se funda en la preeminencia ideológica e histórica del individuo sobre el grupo social a que éste pertenece.

En cuanto al segundo, que tan caro parece aún a no pocos espíritus juveniles de la América de hoy, viene a ser algo así como la contraposición de unas creencias religiosas a otras, con lo cual todas concurren, por fin, en aceptar el tipo de enseñanza que el Estado imparte, en el entendido de que las equilibra a todas en sus posibilidades al no favorecer ni perjudicar a ninguna en especial. Ello era perfectamente lógico dentro del llamado "Estado-policía", aquel del *laissez faire, laissez passer*", abstencionista e impersonal, sin más función que velar por que el uso de la libertad de un individuo no atente contra la libertad de los demás.

Pero aquel Estado se mostró pronto incapaz de obtener el progreso social a que aspiran las colectividades humanas. No era un instrumento social activo, apto para realizar aquellas conquistas y esos ideales de mejoramiento común, que son la esencia misma de la historia. Tal finalidad mal podía ser realizada por un Estado que la esperaba de los individuos organizados en colectividad y merced al progreso individual de cada uno. Pronto quedó en claro que esa doctrina no tenía otro fin, encubierto o desnudo, que el de cimentar un régimen basado en la opresión de unos sobre otros. Es el que origina la concentración de la propiedad individual en pocas manos, mientras la casi totalidad de la colectividad está condenada a un trabajo injusto, aplastante, que sólo a veces la salva del hambre y nunca de la miseria; pero siempre la somete a una esclavitud mal disimulada, a una vida privada de todos los goces del espíritu.

Muchos advirtieron, en México, como en el resto del mundo, que la sociedad era sólo el escenario de una persistente lucha de clases y que se avecinaba una nueva y total transformación de los sistemas políticos, las estructuras económicas, las normas sociales y éticas que caracterizaban a la colectividad liberal individualista. Advino la Revolución Rusa, que vino a dar forma práctica a los postulados liberadores, y hasta entonces utópicos en apariencia, de Marx y de Engels.

En México, aquel movimiento se adelantó en siete años a la toma del poder por los bolcheviques, pero sólo como un estallido informe y desordenado, hijo de la miseria, el dolor y la desesperanza, que buscó la muerte a trueque de encontrar una vida digna de ser vivida. Y era natural que, a poco o mucho andar, la Revolución Mexicana tendría que orientarse fundamentalmente en el sentido de ir a una colectivización de la economía en beneficio de las clases oprimidas. Así ocurrió, aun cuando ello aflore sólo hoy día a la superficie misma de la Revolución. Ya en 1917, y con anterioridad a la Revolución Rusa, se imponen en Querétaro fuertes limitaciones al derecho de propiedad y se coartan considerablemente los derechos del individuo frente a los del Estado que representa, ahora jurídica y propiamente a la vez, a la colectividad toda.

Era, pues, forzoso e inevitable que la Revolución marchara a la abolición o la limitación considerable de las dos proyecciones que asumiera el liberalismo individualista en el campo de la educación pública. La primera en sufrir el choque fué la libertad de enseñanza. La Revolución comprendió, intuyó primeramente, que el derecho no es la suma de los derechos individuales de los individuos, sino, muy por el contrario, un fenómeno originaria y esencialmente social, que no arranca de facultades inherentes por naturaleza a cada individuo en especial, sino que es fruto directo de la convivencia humana y de las recíprocas relaciones de los hombres dentro de la vida social. Proclamó entonces que la educación, por consecuencia, viene a ser un fenómeno social que interesa en todas sus fases a la colectividad en sí misma y no puede, por tanto, quedar abandonado a los caprichos o particulares conveniencias de uno o más individuos.

Mal podía la Revolución, entonces, aceptar que la educación concerniera exclusivamente al individuo y a su conciencia. Y menos que, so capa de libertad de enseñanza, se hiciera inevitable proselitismo de tales o cuales conocimientos imbuídos en el alumno cuando éste, sobre todo en sus primeros años, se caracteriza por su sed de investigación y de saber y su absoluta incapacidad crítica para discriminar lo que se le enseña. La Revolución no lo reconoció; pero no pudo —corría el año 1917— llevar ese desconocimiento más allá de una limitación parcial: la restricción de la libertad de enseñanza primaria, que, desde entonces (art. 3.o de la Constitución), quedó en manos exclusivas del Estado, con prohibición para los particulares de impartir cualquiera forma de enseñanza religiosa y obligación de supeditarse por completo a las directivas y supervigilancias del Estado, en el caso de que ella fuera laica.

Pero la realidad demostró, muy luego también, que la limitación de la enseñanza particular era asimismo insuficiente. Precisábase llevar más allá el principio de sometimiento de la educación —en todos sus planos y fases— a las necesidades y orientaciones de la colectividad. Se necesitaba, pues, que toda la enseñanza proporcionada por el Estado pasase a tener una fisonomía común, inalterable, en cualquiera de los grados o complejidades que presentase la educación pública.

Mas no sólo era urgente poner a cubierto esa "atención preferente del Estado" de todo ataque o asechanza de los intereses particulares o de grupo, sino también unificarla y coordinarla en un plan de acción común y, todavía más, imprimirle de una vez por todas el contenido y significación social que la armonizase con el planeamiento de la economía mexicana y demás medidas generales adoptadas por el Estado Revolucionario.

Lo primero lo hizo el Plan Sexenal. Lo segundo, consecuencia de lo primero y también del ritmo seguido por la Revolución conforme a sus imperativos de clase y de nivelación, vino a cristalizar en la llamada Escuela Socialista, que tan enconada oposición ha despertado en México, la misma, por lo demás, que despertaran la libertad de enseñanza y la limitación de la educación primaria en 1857 y 1917, en los mismos sectores sociales: el clero y la alta burguesía, unidos esta vez a cierta pequeña burguesía de cepa intelectual: los profesionales y, sobre todo, los universitarios.

Fué categórico y terminante el Plan Sexenal en lo referente a unificar, coordinar y resguardar la enseñanza primaria. Manifestó taxativamente a esos respectos:

"El fomento de la educación elemental deberá lle-
" varse a su máxima extensión, para dar cabal cum-

" plimiento al precepto constitucional que la hace obli-
" gatoria para todos los mexicanos. Con este objeto
" no solamente se multiplicarán las escuelas rurales,
" sino que en los centros urbanos se establecerá, me-
" diante la acción coordinadora de los Ayuntamientos,
" los Gobiernos Locales y del Gobierno Federal, el nú-
" mero bastante de planteles que permitan impartir a
" toda la población en edad escolar conveniente edu-
" cación primaria.

"Se impone la necesidad de coordinar la acción
" educativa de los Ayuntamientos, de los Gobiernos Lo-
" cales y del Gobierno Federal, para evitar los graves
" inconvenientes que provienen de la disparidad de dis-
" posiciones, métodos y procedimientos que se han apli-
" cado a esta materia.

"Por tanto, a la brevedad posible se celebrarán los
" convenientes acuerdos entre las autoridades locales
" y las del Gobierno Federal, sobre la base de que la
" unidad y coordinación en materia de educación pri-
" maria no eximirá a las autoridades locales de las
" obligaciones educativas que les corresponden.

"Los acuerdos expresados estipularán que compete
" al Gobierno Federal el manejo técnico y administra-
" tivo de las escuelas primarias.

"El Partido Nacional Revolucionario, convencido por
" la experiencia de los últimos años, acepta que es in-
" dispensable unificar la obra de educación rural y
" primaria urbana en toda la República, pues, de otra
" suerte, se merman considerablemente los frutos del
" esfuerzo emprendido para lograr, por el camino de
" la cultura, la unificación de la nacionalidad y el es-
" píritu patrio." (1).

Igualmente explícito fué cuando definió el rol de
la escuela primaria. Precisó sus alcances y hasta expresó cuál sería el carácter general de la educación pública en sus ramas primaria y secundaria. Allí dejó
abierta la puerta a la futura Escuela Socialista, y obli-

---

(1) *Plan Sexenal*: edición oficial.

gó, en el hecho, a la reforma, más o menos próxima, del art. 3.o constitucional.

Dijo entonces, literalmente, el Plan Sexenal:
"El Partido Nacional Revolucionario proclama que
" la escuela primaria es una institución social y que,
" por lo mismo, las enseñanzas que en ella se impar-
" tan y las condiciones que deban llenar los maestros
" para cumplir la función social que les está encomen-
" dada, deben ser fijadas por el Estado, como repre-
" sentante genuino y directo de la colectividad, no re-
" conociéndose a los particulares (como habría de ha-
" cerse con un falso y excesivo concepto de la libertad
" individual) derecho alguno para organizar y dirigir
" planteles educativos fuera del control del Estado.

"La libertad de enseñanza debe entenderse como
" la facultad concedida a toda persona para impartir
" educación, siempre que reúna los requisitos que la
" ley señala.

"El control del Estado sobre la enseñanza prima-
" ria y secundaria que se imparta por particulares se
" ejercerá:

"1.—Sobre la orientación científica y pedagógica del
" trabajo escolar.

"2.—Sobre la orientación social.

"3.—Sobre el carácter de escuela no religiosa y so-
" cialista que deberá tener.

"4.—Sobre la preparación profesional adecuada que
" se exigirá a los maestros y directores de las escuelas
" particulares.

"5.—Sobre las condiciones higiénicas que deberán
" llenar los planteles privados.

"La escuela primaria, además de excluir toda en-
" señanza religiosa, proporcionará respuesta verdade-
" ra, científica y racional a todas y cada una de las
" cuestiones que deben ser resueltas en el espíritu de
" los educandos, para formarles un concepto exacto y
" positivo del mundo que les rodea y de la sociedad en

" que viven, ya que, de otra suerte, la escuela no cum-
" plirá su misión social.
"Consiguientemente, el P. N. R. propugnará por
" que se lleve a cabo la reforma del artículo 3.o de la
" Constitución Política Federal, a fin de que se esta-
" blezca, en términos precisos, el principio de que la
" educación primaria y la secundaria se impartirán di-
" rectamente por el Estado o bajo su inmediato con-
" trol o dirección, y de que, en todo caso, la educación
" en esos dos grados deberá basarse en las orientacio-
" nes y postulados de la doctrina socialista que la Re-
" volución Mexicana sustenta."

LA ESCUELA SOCIALISTA

En aquel día, 1.o de enero de 1934, la Escuela Socialista era ya un hecho.

Pero no comenzó a postularse sino hasta meses más tarde.

El Bloque Nacional Revolucionario de la Cámara de Diputados presentó al Congreso, en julio de 1934, un proyecto de reforma del artículo 3.o constitucional. Lo firmaban todos sus miembros. El proyecto condensaba, poco más o menos, lo contenido en los párrafos pertinentes del Plan Sexenal. Designóse como diputados informantes a los licenciados Bremauntz y Coria, quienes, en un extenso informe, recomendaron en todas sus partes la adopción de la escuela llamada socialista, fundándose, entre otras cosas, en que lo sería "pugnando porque desaparezcan prejuicios y dogmatismos religiosos y se cree la verdadera solidaridad humana sobre la base de una socialización progresiva de los medios de producción".

Pasó después el proyecto a manos de las Comisiones Parlamentarias Unidas, Primera de Educación Pública y Primera y Segunda de Puntos Constitucionales. Tras breve y fecunda deliberación, las tres comisiones unidas enviaron a la Cámara el proyecto definitivo, precedido de un extenso y laborioso dictamen, en el cual, con lujo de doctrina y amplias perspectivas económico-sociales, se estudian el fundamento y procedencia del proyecto, considerándolo desde tres puntos de vista: el carácter socialista que debería tener la educación pública, las disposiciones constitucionales a introducir a ese respecto y las medidas constitucionales a dictar para coordinar y financiar convenientemente el nuevo plan educacional.

Firmaron aquel histórico dictamen los diputados Romeo Ortega, Romero Courtade, Torres Caballero, Neguib Simón, Carlos G. Guzmán, Luis I. Rodríguez, Mayes Navarro, Gilberto Bosques y Luis Enrique Erro (1).

Las Comisiones Unidas, entre otras muchas cosas trascendentes, dejaron en claro que entendían el socialismo no como una posición a priori respecto de los fenómenos de la vida social, sino "como una consecuencia rigurosa del estudio sistemado y científico de los mismos, coherentes con todos los demás elementos del saber y con una interpretación general del universo, derivada de ellos". Y lo que aun tiene una importancia más directa en cuanto a la aplicación inmediata de la Escuela Socialista en México, pone en evidencia que no se trata solamente de una superación caprichosa del laicismo, sino de una estimación de la nueva escuela, en sus primeros pasos, como un instrumento de lucha contra el fanatismo religioso.

Las Comisiones estimaron inevitable ese primer paso, por cuanto las doctrinas religiosas son incompatibles con las verdades científicas conquistadas por el hombre. Porque, si la escuela es el vehículo transmisor de los conocimientos adquiridos ya por la humanidad y estos conocimientos se contraponen a los sistemas religiosos que interpretan al universo y a la vida humana, sin duda que la escuela está obligada a luchar contra las doctrinas religiosas, o, en caso contrario,

---
(1) *"El Nacional"*. — México D. F. — Octubre 9 de 1934.

aceptar calladamente la mutilación o tergiversación de la verdad científica. Y yendo más lejos, las Comisiones Unidas establecieron también que todas las religiones no forman sólo un conjunto de preceptos dogmáticos, sino también constituyen un sistema de conducta y de ética sociales, por lo que todas esas creencias, al imponer al creyente una filosofía que le resuelve todos los problemas del vivir, ya le fijan una determinada línea de acción para sus relaciones con los demás seres humanos y formas de la vida en común.

No contentas con eso, las Comisiones Unidas declararon rotundamente que la filosofía religiosa se caracteriza por sus imperativos de subordinación hacia los poseedores de la riqueza, y porque, mediante la caridad, justifica y bendice al rico y, a cambio de la mansedumbre y la resignación en ésta, ofrece al explotado la bienaventuranza eterna en la otra vida. Por todo lo cual, "las creencias religiosas no sólo mutilan el juicio y perturban las conciencias, sino que son un agente eficaz de acción social puesto al servicio de los explotadores".

Era, de nuevo, un motivo para que el clero mexicano, vencido pero no domado, volviera a levantar la cabeza tantas veces insurgente. Pronto comprendió la Iglesia que la nueva Escuela, concebida en tal forma, barrenaba sus últimos reductos. Y no demoró mucho en saltar a la palestra. Comenzaron los sermones, las prédicas, los murmullos en crescendo permanente. Fueron tomando cuerpo, y lo tomaron cada vez mayor cuando se vió que en el propio Parlamento, en la Cámara de Diputados, había un sector moderado que reclamaba la exclusión de la enseñanza superior, y otro extremista, que aspiraba a reemplazar el término socialista por el vocablo marxista, con todas sus acepciones. Aparecieron las primeras proclamas episcopales. Pronto el Primado de la Iglesia mexicana y el antiguo obispo de Huejutla, el turbulento Manrique y Zárate, lanzaron sendos Mensajes al mundo civilizado y a la nación mexicana. Como la insurgencia del clero comenzara a extravasar el recinto de los templos, el Gobierno del general Rodríguez se limitó a tomar contra ellos las medidas consultadas por la legislación revolucionaria.

La Cámara de Diputados aprobó el proyecto enmendado el 10 de octubre. Como recrudeciera, ya en público, la campaña del clero contra la nueva Escuela, el propio Gobierno manifestó categóricamente, el día 12 de octubre, que la Escuela Socialista sería una realidad apenas fuera aprobado el proyecto por el Senado.

Inmediatamente la campaña organizada por el clero, y apoyada por la alta burguesía y la gran masa del profesionalismo, se lanzó a vías de hecho. Arrastró a los estudiantes en contra de la nueva Escuela. En la ciudad de Puebla, centro secular del fanatismo, la muchachada sostuvo un combate de dos días con la policía federal. En Monterrey las autoridades hubieron de clausurar la Universidad de Nuevo León. En Zacatecas se efectuó otro mitin estudiantil para exigir la libertad de cátedras y de programas. Y en la capital, en Ciudad de México, se verificaron desfiles públicos, en los que parte del estudiantado atacó con piedras a la policía, la que hubo de disolver el desfile con mangas de agua y bombas lacrimógenas.

Entretanto, el Senado aprobó, el 20 de octubre, el texto definitivo de la reforma del artículo 3.o constitucional.

La Escuela Socialista, a pesar de la tenaz oposición, entraría en vigencia el 1.o de diciembre, el mismo día en que asumiría el poder el nuevo mandatario, Lázaro Cárdenas.

El texto de la reforma no es ni muy extenso ni muy espantable:

"La educación que imparta el Estado será socialis-
" ta, y además de excluir toda doctrina religiosa, com-
" batirá el fanatismo y los prejuicios, para lo cual la
" escuela organizará sus enseñanzas y actividades en
" forma que permita crear en la juventud un concep-
" to racional y exacto del universo y de la vida social.

"Sólo el Estado —Federación, Estados, Municipios—
"impartirá educación primaria, secundaria o normal.
"Podrán concederse autorizaciones a los particulares
"que deseen impartir educación en cualquiera de los
"tres grados anteriores, de acuerdo en todo caso con
"las siguientes normas:

"I.—Las actividades y enseñanzas de los planteles
"particulares deberán ajustarse, sin excepción alguna,
"a lo preceptuado en el párrafo inicial de este artícu-
"lo, y estarán a cargo de personas que, en concepto del
"Estado, tengan suficiente preparación profesional,
"conveniente moralidad e ideología acorde con este
"precepto. En tal virtud, las corporaciones religiosas,
"los ministros de los cultos, las sociedades por accio-
"nes que exclusiva o preferentemente realicen activi-
"dades educativas, y las asociaciones o sociedades li-
"gadas directa o indirectamente con la propaganda
"de un credo religioso, no intervendrán en forma al-
"guna en escuelas primarias, secundarias o norma-
"les, ni podrán apoyarlas económicamente.

"II.—La formación de planes, programas y méto-
"dos de enseñanza corresponderá en todo caso al Es-
"tado.

"III.—No podrán funcionar los planteles particu-
"lares sin haber obtenido, previamente, en cada caso,
"la autorización expresa del poder público.

"IV.—El Estado podrá revocar en cualquier tiem-
"po las autorizaciones concedidas. Contra la revoca-
"ción no procederá recurso ni juicio alguno.

"Estas mismas normas regirán la educación de
"cualquier tipo y grado que se imparta a obreros o
"campesinos.

"La educación primaria será obligatoria y el Es-
"tado la impartirá gratuitamente.

"El Estado podrá retirar discrecionalmente y en
"cualquier tiempo el reconocimiento de validez ofi-
"cial a los estudios hechos en planteles particulares".

"El Congreso de la Unión, con el fin de unificar y
"coordinar la educación en toda la República, expedi-

"rá las leyes necesarias destinadas a distribuir la
"función social educativa entre la Federación, los Es-
"tados y los Municipios, a fijar las aportaciones eco-
"nómicas correspondientes a ese servicio público y a
"señalar las sanciones aplicables a los funcionarios
"que no cumplan o no hagan cumplir las disposicio-
"nes relativas, lo mismo que a todos aquellos que las
"infrinjan."

Tal es, en su expresión jurídico-legal, esta Escuela Socialista que ha dado tanto que hablar y empapado otra vez en sangre, aunque escasamente, el suelo mexicano, siempre sediento del líquido acre que placiera tanto al viejo dios Huitzilopochtli.

Vista en sus aspectos constitucionales, no resulta tan atemorizante; pero, a poco que se la examine, se verá aparecer su carácter auténticamente revolucionario. Viene a ser, en el campo de la educación, el corolario de la lucha armada, el desplazamiento violento de la oligarquía porfiriana, la nacionalización del subsuelo petrolífero, la restauración del ejido, el despedazamiento del latifundio, la estrangulación del fanatismo religioso. Y sin duda que, en un sentido integral y de futuro, va más lejos que todas esas radicales medidas.

Es el primer paso totalmente revolucionario que da la Revolución.

La Escuela Socialista no se parece a ninguna otra. No más escuela laica, de cepa liberal individualista, abstinente en materia social, que sólo aspiraba a dar nociones generales al individuo y lo entregaba inerme, como ocurre aún en toda nuestra América, en brazos del clericalismo, la reacción conservadora y la oligarquía agro-bancaria. No más escuela pasiva, laica, situada, en apariencia, más allá de las opiniones; pero, en realidad, ubicada en un terreno clasista y tendencioso. No. La escuela será, desde ahora, activa y combativa. Religiosa en el sentido de la verdad y de la justicia. Acostumbrará al alumno a formarse un criterio científico general para mirar los hechos y las cosas del mundo. Desarrollará en él el amor a la gran causa revolucionaria que lucha por los humildes y los desposeídos. Hará de él un convencido de la injusticia social y la esclavitud económica que hoy aplastan a los pueblos. Le dará a conocer en detalle las luchas sociales de la Historia y las mil formas que ha asumido, al correr de los siglos, la explotación del hombre por el hombre.

No será laica, sino religiosa. Religiosa, porque enseñará una sola religión: la de la Verdad. Religiosa, porque proporcionará al alumno una orientación espiritual y una posición frente al universo. Prescindirá del individuo como objetivo primordial de la enseñanza, para ir a la superior educación de los núcleos sociales. Tenderá a situar y organizar a los grupos humanos en una futura sociedad más justa y mejor que la presente, preparándolos para ello, desde el Jardín Infantil, la Escuela Rural y la Escuela Primaria, hasta la Escuela Regional, la Secundaria, la Técnica y la Universidad. Y tanto en las unas como en las otras será la escuela única que difunda la cultura y el conocimiento de la ciencia, el sentido de la justicia social y el librepensamiento filosófico, el espíritu de la cooperación económica y social en todos los órdenes del vivir humano; y, sobre todo, la esencia misma del socialismo como orientación general de la vida mexicana, verdadero y oculto fondo de esta Revolución, que ha poco cumplió un cuarto de siglo, carabina al brazo, ojo avizor, sin desmontar nunca de su corcel de batalla.

Pocos días después de aprobarse por el Parlamento la reforma constitucional, el 28 de octubre de 1934, se verificó una gigantesca manifestación obrera Pro Escuela Socialista en Ciudad de México. Ante cien mil obreros, el Presidente Electo y actual mandatario, general Lázaro Cárdenas, pronunció un categórico discurso, en el cual dijo, entre otras cosas:

"La escuela podrá entonces, con su carácter de
" especialista, ser una aliada eficaz del sindicato, la
" cooperativa, la comunidad agraria; y al educar no
" sólo a los niños, sino a los hombres también, podrá,

"con la cooperación de las autoridades, combatir a
"todos aquellos elementos que obstaculicen la organi-
"zación, el método, la disciplina, la unión, factores tan
"necesarios al obrero en la obra de su emancipación
"económica y moral. Desgraciadamente, no han fal-
"tado quienes, frente a estos justos propósitos que
"la Revolución tiene para vincular a la escuela con
"los anhelos del proletariado, hayan venido hacien-
"do una perversa agitación, desfigurando los prin-
"cipios que la informan, o abiertamente calumnián-
"dola. Y es necesario aclarar su postura: la Escuela
"Socialista, por principio, parte de la abolición de un
"régimen económico individualista, para sustentar la
"urgente necesidad de una economía colectivizada en
"beneficio de los trabajadores. La Escuela Socialista
"usa en su metodología de la valorización de los fenó-
"menos naturales y sociales con un sentido estricta-
"mente científico y racionalista, y estas dos verdades
"es natural que no puedan satisfacer a aquellos ele-
"mentos que están interesados en la explotación del
"hombre por el hombre o en el fanatismo y la igno-
"rancia."

Estas palabras del Jefe del Estado mexicano no dejan lugar a dudas. Se trata, en verdad, de una escuela orientada hacia el socialismo científico, pero dentro de la realidad mexicana, es decir, las características de su población, las peculiaridades de su economía, las necesidades generales del medio ambiente. En último término, la Escuela Socialista no hará sino apresurar el proceso evolutivo de esta Revolución que comenzó siendo un movimiento político de contenido social y que hoy, cumplidas las primeras etapas de la reforma agraria, la campaña antirreligiosa y la lucha antiimperialista, va orzando gradualmente hacia un socialismo de Estado, a base de la paulatina socialización de la tierra y el crédito, como también de la difusión del cooperativismo en cuanto a método que permita destruir al capitalismo, mientras se produce el paso de una etapa a otra, es decir, de la democracia agraria actual a una colectividad en que el Estado tenga el control superior de los medios de producción, de cambio y de transporte.

La Escuela Socialista obedece al afán, tan humano como histórico, de iniciar ordenadamente la transformación espiritual e ideológica de la juventud, preparándola para que sea digna continuadora de los hombres que hicieron la Revolución que a ellos les toca llevar a feliz término. En este sentido, la Revolución mexicana no hace otra cosa que seguir lo hecho ya, en sus respectivos campos educacionales, por los soviets rusos. Lo que interesa a los revolucionarios es la preparación del material humano que necesita la Revolución para continuar y consolidar su obra. No esperan de ella la inmediata transformación económica del régimen. Y menos aun piensan que ella realice en México la Revolución Social. Creen que el futuro de México está en manos de la juventud que ahora se forma en la Escuela Socialista y a la cual corresponderá realizar en definitiva las aspiraciones del proletariado y las clases oprimidas del país. Están ciertos de que, en tal manera, las generaciones adolescentes de hoy continuarán con propiedad la progresiva transformación del sistema capitalista que ellos, los revolucionarios, iniciaran en San Luis Potosí, aquel lejano día de 1910 en que se alzaron contra la dictadura científica al grito de "¡Libertad y Tierras!"

Para el logro de esos fines, la Escuela Socialista necesita formar una fuerte y bien orientada juventud socialista; preparar los obreros que requiera la industria mexicana, capacitándolos para defender sus conquistas y realizar los postulados del socialismo: producir una generación de campesinos, de trabajadores de la tierra, aptos técnica, física y moralmente para ser factores del actual progreso agrario y después de la anhelada socialización de la tierra; engendrar a los técnicos que hagan progresar a la industria y agricultura mexicanas, organizándolas bajo los principios socialistas, con el objeto de ir colectivizando gradualmente los medios de producción; y, por último, crear profesionales —médicos, abogados, ingenieros— que se identifiquen con los intereses de las masas proletarias y pospongan al servicio social su personal interés de antiguos burgueses, para lo cual las universidades y escuelas técnicas elegirán su alumnado entre los grupos del proletariado específicamente revolucionario.

¿Cómo llevar a cabo esta obra, gigantesca por su amplitud y sus proyecciones? Pues, transformando todo el actual sistema educacional, tanto en sus programas como en sus métodos, en sus profesores como en sus alumnos. Ante todo, las Escuelas Normales, almácigos del maestro primario, han comenzado ya a orientar sus planes de estudio, libros, textos, material de enseñanza, conforme a los postulados esenciales de un socialismo científico adaptado a la realidad nacional mexicana, para completar lo cual se tendrá buen cuidado de escoger el alumnado entre los grupos típicamente revolucionarios del país. Parecida cosa se ha hecho en 1934 y 1935 en la Escuela Rural, la Escuela Regional Campesina, la Escuela Primaria y la Escuela Secundaria, las que han sido coordinadas —en cuanto a orientación pedagógica general— en un tipo standard de Escuela Socialista, en la cual, progresivamente, se desanalfabetice y desfanatice al niño y, en seguida, se le prepare técnica y culturalmente para la vida, pero a la luz de los principios generales del socialismo. Análoga labor se ha querido llevar a cabo, hasta ahora sin fruto alguno, en las Universidades y Escuelas Profesionales, donde se abolirá la libertad de cátedra y se modificarán la organización y los planes de estudio, con el objeto de que dirijan su objetivo hacia la preparación de "profesionistas" animados de un hondo fervor socialista y un auténtico sentido revolucionario. En cuanto a las Escuelas Técnicas, tanto industriales como agrícolas, ellas serán multiplicadas rápidamente en todo el país, y, naturalmente, por su propia esencia, quedan comprendidas dentro de los cuadros inmediatos de la enseñanza socialista.

Este programa mira sólo a la organización de la futura enseñanza; pero como será menester, previamente, despejarle el camino de obstáculos e interrupciones, la reforma socialista de la educación ha contemplado hasta ahora, más o menos, estos puntos inmediatos de acción: absoluta identificación del Secretario (Ministro) de Educación Pública con los principios y orientaciones socialistas de la enseñanza; igual e inexorable identificación con ellos del personal del Ministerio y demás funcionarios de Educación; idéntico requisito para todos los profesores de las escuelas rurales, normales, primarias, secundarias y técnicas, para lo cual se derogará la actual Ley de Inamovilidad del Magisterio, con el fin de depurar al profesorado y colocar en el sitio que merecen a muchos elementos revolucionarios jóvenes que prestan servicio en la función docente; asimismo, y cuanto antes, desplazamiento de las Universidades y Escuelas Técnicas de todo catedrático o profesor que no comulgue con los postulados socialistas.

EL CONFLICTO UNIVERSITARIO

Allí en la Universidad y, en general, en la burguesía profesionalista de México, estuvo, hasta hace poco, el nudo del conflicto originado por la promulgación de la Escuela Socialista. El clero no se encontró ahora solo. Supo agitar la conciencia liberal de ciertos sectores; pedir la libertad de cátedra y la de pensamiento; arrastrar, inclusive, a parte del estudiantado, carente de conciencia social, que creyó defender esta vez la libertad del espíritu, sin advertir que contribuía a remachar sus actuales cadenas.

Es viejo el problema universitario en México. El intelectual y el "profesionista" han sido siempre, con honrosas excepciones, enemigos o emboscados de la Revolución. Crecieron a la sombra del porfirismo. Vivieron una vida pacífica y regalada en tiempos de la áurea dictadura. Pensiones, granjerías, libreas diplomáticas: de todo hubo en México, como en toda la América, para el hombre de pensamiento que se entregaba a las clases secularmente opresoras.

El intelectual resistió cuanto pudo a la Revolución. Parte de ellos se agrupó junto a Francisco Villa en los momentos en que éste parecía ser el ariete que derribaría del poder al sector genuinamente revolucionario. Posteriormente, y salvo los pocos que se atrevieron a enfrentarse a la Revolución, los demás se sometieron a ella, repudiándola en el fondo.

Al profesional le ocurrió algo parecido. Esa tenía que ser, por clase, por extracción social, por filiación económica, su actitud. Las profesiones liberales ven reducirse su campo a medida que crece la tuición del Estado sobre ciertos servicios públicos y determinadas actividades económicas. La cesantía profesional es, de día en día, un hecho más notorio en el mundo y, muy en especial, en los países de América, eminentemente agrícolas o productores de materias primas, sin industria ni vida económica propias, que no ofrecen al trabajador del pensamiento otra perspectiva que la burocracia o la prestación de servicios al capital extranjero: en ambos casos, sumisión incondicional. Pero lo interesante es que sólo una parte de esos profesionales, muy contados, logra ganar el suficiente dinero y prestigio como para pasar a formar parte de la clase directora de sus países respectivos: la mayoría vive, pese a sus ínfulas, en la modesta condición de asalariados. Y de asalariados que oscilan continuamente entre el capital y la masa, el capitalismo que los oprime y les entrega algunas migajas del festín, y el proletariado, a quien desprecian y por quien son despreciados, pero que lucha con brío y sentido de clase por sus derechos y sus reivindicaciones. ¿Tiene algo de raro, pues, que la burguesía profesionalista sienta horror por los trabajadores, si a ello la impulsa su propia ideología liberal y, por otra parte, el abismo social que media entre una clase y otra, entre el burócrata vestido con cierta decencia y el proletario harapiento y desnutrido?

Y si se enfoca el problema desde el punto de vista universitario, se llega a conclusiones también concretas: la creciente proletarización de las clases medias, fenómeno reflejo al de la concentración de los capitales, ambos luminosamente previstos por Marx y Engels, es un hecho social-económico innegable. El profesional —médico, abogado, arquitecto, ingeniero civil o de minas, farmacéutico, químico, etc.— tiende a invadir otros campos que los de su profesión. Urgido por la necesidad, invoca en ellos su título profesional. Entrega a bajo precio su pensamiento y capacidad personal. Con ello no hace otra cosa que agudizar la crisis de la clase media profesional. Desvaloriza, en buenas cuentas, el título otorgado por la Universidad; pero como ésta tiene que "fabricar" al año un determinado número de profesionales, cada vez se intensifica más un fenómeno especial: la lucha por el puesto o la prebenda burocrática y la pareja disminución del espíritu de estudio, el afán de investigación y la conciencia propiamente profesional. Se lucha por el título y no por la cultura. Y ello, en último término, hace más profunda la distancia entre el proletariado y esta burguesía, casi proletarizada en el sentido económico, pero que, de día en día, se siente más impulsada a ser burguesa en el espíritu y la ideología, a estar más y más cerca de sus propios opresores.

El reaccionarismo inevitable de la mayoría de los profesionales se ha podido constatar en la América Latina en los últimos trastornos políticos: en Chile, durante el 4 de junio; en Argentina, en las postrimerías de Irigoyen; en el Perú, en el advenimiento pujante del aprismo; en Cuba, en los días de Grau San Martín; en la Venezuela de Juan Vicente Gómez; en la Bolivia de Siles, Salamanca y Tejada Sorzano; en el Paraguay de Ayala; en el Brasil de los días de Prestes.

No es raro, y sí muy explicable, que la Universidad, salvo raras excepciones, sea en todas partes el reducto más sólido de la burguesía en trance de proletarización forzosa. En México el fenómeno adquirió relieves agudos. El Estado Revolucionario lo comprendió perfectamente, y no quiso, dada la escasa magnitud del problema en sí y las repercusiones políticas que podría traer, darle una solución categórica y definitiva. Antes bien, cedió terreno. Durante su mandato provisional Portes Gil concedió a la Universidad Nacional la autonomía que ésta venía solicitando desde hace años. ¿Los resultados? Nada menos que el hecho de que, en el día de hoy, la bandera de la reacción flamea en el asta mayor de la Universidad Nacional de México. Los restos del clericalismo destrozado y el latifundismo atado de manos, del capitalismo interventor sofrenado y la alta clase detentadora aun del crédito interno, están de plácemes. Al fin han encontrado la mano indirecta que hostilice al régimen que ellos temen tan justificadamente. Y nuevamente, como en otros países de América, asistimos al absurdo de que sea la juventud, azuzada en secreto por los expoliadores de siempre, la que se coloque frente al proletariado en actitud de guerra.

Pero el problema, visto desde un ángulo estrictamente social y enfocado desde los fines ulteriores de la Revolución, es infinitamente más grave. No se trata de la oposición sistemática de unos pocos a unos muchos estudiantes y maestros. Se trata de que la alta cultura, el acceso a los estudios superiores, ha sido siempre patrimonio de la burguesía. Es un privilegio de clase, que no alcanza ni podrá alcanzar al obrero, excluido, por razones económicas, de toda posibilidad de conquistar seriamente una cultura superior. La formación de profesionales superiores o de las formas más altas de la cultura exige medios económicos de que el trabajador no dispone. Se requieren de 18 a 25 años para formar un profesional de alta cultura. El hijo del obrero, que desde los 10 ó 12 años debe trabajar para mantener o ayudar a los suyos, ¿podrá algún día penetrar al mundo prohibido de la ciencia, el arte o el profesionalismo liberal? Sin duda que no. La incompatibilidad entre el trabajo manual y la prosecución sistemática de los estudios profesionales existe; y tanto existe, que aun las mismas escuelas nocturnas no han logrado llenar en absoluto este vacío. Se cuentan, también, sin duda, casos admirables de proletarios que se han elevado hasta las formas más nobles y complejas de la cultura; pero esos casos constituyen excepciones que sólo vienen a confirmar decisivamente la regla.

Calando algo más hondo, se advierte que no sólo es un problema la exclusión sistemática de las clases trabajadoras de los beneficios de la alta cultura, sino, en mayor grado aun, el ingente factor de dominio que significa para la clase privilegiada el control absoluto de la enseñanza superior. Esta queda en una posición inexpugnable y estratégica en la lucha sostenida contra las clases trabajadoras. Ella es la única que está capacitada para dirigir y orientar la producción. Ella controla decisivamente casi todos los campos de batalla que permite el régimen actual: tribunales del trabajo, juzgados civiles o criminales, funciones públicas, consejos de Cajas de Previsión, peritajes de cualquiera índole, cargos directivos en empresas fabriles o manufactureras, etc.

Y el verdadero problema para un Estado Revolucionario, como lo es, o cree, o quiere serlo el mexicano, consiste fundamentalmente en quebrar este circuito de hierro y extender a las masas la posesión y los beneficios de la cultura superior. ¿Cómo? Pues utilizando todos los recursos económicos y administrativos del Estado para dar a los obreros y campesinos los medios de adquirir la cultura, técnica o humanística, que necesitan para su mejor cohesión de clase y la mayor defensa de sus intereses, siempre en pugna con los de la clase capitalista. Y eso sin perder de vista que hay allí, en las clases explotadas, un enorme material humano constantemente desperdiciado, del cual podrían salir, en condiciones sociales muy distintas, capitanes de industria, líderes agrícolas, catedráticos, escritores, artistas; en suma, individuos directores, capacitados para asumir la responsabilidad del poder en un momento dado.

Ello es tanto más urgente cuanto que —y otra vez volvemos a Marx— sólo el trabajador podrá romper sus cadenas. Sólo el hijo del pueblo, consciente de su origen y su destino, está en condiciones de hacer una labor auténticamente revolucionaria, llegado al poder. El "pequeño burgués", casi inevitablemente en todos los casos, responderá a la voz de su clase y terminará traicionando en las alturas a los trabajadores. Su política, por avanzada que parezca, nunca será rotundamente social y transformista. Pero es inútil darle instrucción al proletariado mientras no se le proporcionen los medios económicos de adquirirla, mientras no se atienda a su sustento durante la época en que estudie.

La Revolución Mexicana comprendió que debía abrir las puertas de la alta cultura a los obreros y los campesinos. Por ello es que coordinó y orientó en un sentido social firme a su enseñanza rural, primaria, secundaria y técnica. Pero no logró hacerlo con la universitaria. Una vez más, la realidad primó en ella sobre la doctrina. No quiso el Gobierno del general Rodríguez, o, mejor dicho en este caso, el Partido Nacional Revolucionario, extremar las cosas. Accedió a excluir la enseñanza universitaria de la orientación socialista de las ramas restantes del saber. Y los efectos se están palpando ahora, después de un año de lucha y estéril agitación.

A la Universidad le ocurrirá, tarde o temprano, lo que a la Iglesia en México. Ha sido tolerada pacientemente por los distintos regímenes representativos de la Revolución. El Estado le ha sido hostil, pero no ha querido invadirla todavía. Y ello acaecerá tal vez muy pronto.

La lucha de la Universidad contra el Estado se agudizó en 1929. Sucediéronse entonces discursos, mítines, desfiles callejeros. El estudiantado chocó con la policía. Los cementerios hicieron hueco a las víctimas.

Pero el Estado quiso ceder, sin duda con ánimo de experimentación. ¿La Universidad anhelaba la autonomía? Pues la tendría.

Y la obtuvo en 1929. Los profesores y estudiantes la estimaron restringida. El rector debería salir de una terna propuesta por el Gobierno; el Estado controlaría los fondos que él proporcionaba como subsidio: el Secretario de Educación podría vetar cualquiera disposición universitaria que estimase contraria a las leyes nacionales; los servidores de la Universidad lo eran también del Estado.

Pese a su restricción, la tal autonomía dió alas a la reacción que, desde entonces, se entronizó desembozadamente en la Universidad. Pero ocurrió lo inevitable. Frente a ella se alzó una minoría de izquierda, revolucionaria, decidida a la lucha. Quiso ésta llamar a un Congreso Nacional de Estudiantes cuando comenzó a hablarse de la célebre Escuela Socialista. Querían darle un rumbo socializante a la vieja aula universitaria. La mayoría estudiantil se opuso violentamente. Comenzaron los inevitables disturbios. Se generó el conflicto. La minoría revolucionaria se sentía espaldeada por el propio rector, Dr. Medellín, y por altas autoridades educacionales, dos revolucionarios insospechables, Narciso Bassols y Vicente Lombardo Toledano, catedráticos, escritores, estudiosos, luchadores sociales ambos.

Mas la mayoría reaccionaria era fuerte. El Ejecutivo Nacional respetó la autonomía. Las derechas estudiantiles lograron su último triunfo: la autonomía completa. Eran épocas de elecciones, fines de 1933, y el Gobierno la concedió de buen grado. Sin embargo, hizo una declaración importante en la Exposición de Motivos de la ley respectiva: "Aunque el Estado cono-
" ce su derecho irrenunciable a orientar la alta cultu-
" ra del país dentro de los postulados de la Revolución,
" y aunque comprende que la autonomía ha sido mal
" usada y que tiene en sus manos fuerza suficiente pa-
" ra imponer su criterio, juzga que el remedio de la

"violencia sería más dañino que el mal, por lo que prefiere poner los destinos de la Universidad en las manos de los propios universitarios".

Era ésta una severa admonición que apenas encubría una advertencia terminante. La Universidad Nacional no quiso oírla. Aceptó gozosa la autonomía total y el patrimonio único, diez millones de pesos, que le concediera el Ejecutivo. No reparó al comienzo que los intereses de tal suma, 700,000 pesos anuales, no alcanzaban a compensar sus gastos, financiados antes con el subsidio anual del Estado. Solicitó donativos. El dinero afluyó a sus arcas; pero era un dinero teñido de interés político, proveniente de los cofres recónditos del campo reaccionario. Curas, banqueros y terratenientes azuzaron desde entonces, constantemente, a la Universidad contra el Estado.

Pronto se produjeron los primeros choques apenas planteada la reforma del artículo 3.o constitucional. La hace suya la minoría de avanzada en un Congreso de Estudiantes Socialistas reunido en Teapa, Tabasco. La mayoría universitaria se agita violentamente. Sale a las calles. Promueve desórdenes, aun cuando ya está en claro que la reforma educacional no alcanzará a la enseñanza superior. Carga contra la policía. Y sólo enmudece cuando cien mil trabajadores, agrupados en la Plaza de la Constitución, el 28 de octubre de 1934, proclaman su adhesión a la Escuela Socialista y hacen suyas las palabras categóricas y ardientes del Presidente Electo, Lázaro Cárdenas.

Mas la Universidad está resuelta a todo. Aguijoneada por sus mentores y financistas de las derechas políticas, da un golpe de audacia, escudándose en su autonomía. Reforma su enseñanza preparatoria, convirtiéndola, de hecho, en enseñanza secundaria. Esta cae de lleno dentro de la reforma constitucional. El Gobierno veta la disposición universitaria. Esta recurre de amparo a los tribunales. No es escuchada. Y se lanza otra vez a la calle.

Se producen los sucesos de Tabasco. El 14 de julio,

en Villahermosa, un grupo de estudiantes de la mayoría, acompañando al candidato Brito Foucher, tienen un violento choque con los "camisas doradas" del autocrático Garrido Canábal, Ministro reciente de Agricultura y todavía hombre poderoso en Tabasco. Mueren cuatro de un bando y cuatro del otro. La Universidad hace "causa universitaria" de las actividades políticas regionales de veinte estudiantes tabascanos. Centenares de estudiantes parten a Tabasco a continuar la lucha. La Universidad se presenta en el Palacio Nacional y pide el castigo de los hombres de Garrido Canábal. El Presidente Cárdenas, que ya ha tomado cartas en el asunto y terminado con el viejo poder del zar de Tabasco, rechaza esta actitud política de la Universidad.

Esta ejercita otra vez su acción mediante los grupos estudiantiles. En agosto, reunidos en Monterrey en un Congreso Nacional de Estudiantes, en el cual no participan los elementos de izquierda, los estudiantes atacan violentamente a la Escuela Socialista. Usan toda clase de argumentos, desde los inteligentes hasta los especiosos. Señalan la incoherencia de aplicar la enseñanza socialista dentro del Estado burgués. La acusan de esconder finalidades políticas directas al entregar al Estado el control absoluto de la enseñanza. Llegan hasta decir que ella no encaja dentro de la Revolución mexicana, por cuanto las masas no están preparadas para recibirla y comprenderla. Le tachan su imperfección manifiesta, pues tiende a formar "aprendices de la economía del Estado", en vez de hombres cultos. Reprochan la incapacidad moral de los apadrinadores de la Reforma, a quienes censuran su posición económica y sus aspiraciones políticas. Y para que no falte nada, revelando buena parte de su pensamiento, llegan hasta decir: "Pedagógicamente, la Escuela Socialista no tiene como finalidad la cultura ni la búsqueda desinteresada de la ciencia, sino primerísimamente la formación de los técnicos que necesita el Estado para el más eficiente desarrollo de su economía".

Estas palabras condensan, con mayor elocuencia que otras, el verdadero fondo de la cuestión. La Universidad, los profesionales, los estudiantes que aspiran a ser tales, la alta y media burguesía, en buenas cuentas, quieren, a toda costa, debilitar al Estado Revolucionario y hacer triunfar el interés individual, el de clase privilegiada, sobre el interés del Estado, el de la colectividad en su gran masa, el de los trabajadores organizados. El ataque a la Escuela Socialista no es sino una nueva prueba de que aun no ha muerto en México la lucha entre la Revolución y la Reacción, el pueblo y los restos de las antiguas clases dirigentes, el naciente socialismo mexicano y el liberalismo desenfrenado de las viejas clases usufructuarias del poder.

Pero el Gobierno ha tenido buen cuidado de dejar en claro su posición.

No necesitó hacerlo en cuanto a la aspiración tecnicista de la nueva enseñanza. Ya lo había hecho antes el Plan Sexenal: "El P. N. R. reitera su declaración en
" el sentido de que, con preferencia a las enseñanzas
" de tipo universitario, destinadas a preparar profesio-
" nistas liberales, deben estar colocadas las enseñanzas
" técnicas que tienden a capacitar al hombre para uti-
" lizar y transformar los productos de la naturaleza,
" a fin de mejorar las condiciones materiales de la vi-
" da humana. En tal virtud, aparte de que se procu-
" rará que la escuela primaria, rural y urbana sea
" esencialmente activa, utilitarista y vital, se cuidará
" el desarrollo de la enseñanza técnica en sus diver-
" sas formas, para capacitar eficazmente a los varios
" tipos de trabajadores en los procesos de dominio y
" aprovechamiento de la naturaleza".

Pero sí lo hizo, y taxativamente, al manifestar por boca de uno de sus voceros: "La educación socialis-
" ta no puede, aunque quisiera, liberar al proletariado
" del estado social en que se encuentra dentro de la
" lucha de clases, y no puede hacerlo, porque, de acuer-
" do con la precisa doctrina del socialismo científico,
" la condición del proletariado la determina la exis-

" tencia del capitalismo como sistema y, para que la
" clase de los trabajadores pueda emanciparse, es ne-
" cesario, lógicamente, que se destruya el capitalismo,
" pues la acción de la escuela no puede alcanzar nun-
" ca los estadios de la economía ni de la lucha políti-
" ca o de la acción revolucionaria.

"Entonces, cuando insistimos en pedir para Méxi-
" co una educación de tipo socialista, lo hacemos con-
" centrando nuestros anhelos, esto es, pensando que es
" absolutamente indispensable quitarles a las fuerzas
" conservadoras reaccionarias su mejor baluarte, la
" misma escuela en donde hábilmente atan las rebel-
" días y encadenan los propósitos reivindicadores del
" pueblo, mediante una educación intencionada que
" justifica de una manera u otra el régimen de injus-
" ticia social imperante."

El conflicto, por lo demás, toca ya a su fin. Puede recrudecer de un momento a otro, pero ello será síntoma de su agonía inevitable. La Universidad se encontró en falencia al comenzar el mes de septiembre. Creció la agitación. Se intercambiaron las acusaciones. La corporación hubo de recurrir en demanda de auxilio al Ejecutivo, pero lo hizo en son de queja y formulación de peticiones: su carácter nacional y la validez de sus títulos; su autonomía técnica y administrativa; su libre cátedra; su derecho a planear sus estudios como mejor le parezca (el caso de la preparatoria); su derecho a un subsidio, además de su patrimonio, de tres y medio millones anuales; su rechazo a cualquier credo político y a las personas que intervengan en su dirección con fines políticos o confesionales; y, finalmente, su buena intención de no apartarse de los problemas nacionales, ni menos del moderno pensamiento filosófico y político, que buscan orientaciones más justas y nobles para los pueblos.

El Ejecutivo no demoró mucho en contestar categóricamente las siete peticiones. Sostuvo que, en cuanto a la difusión de la cultura, Estado y Universidad son entidades complementarias y no antagónicas. Declaró que, desde el momento en que constitucionalmente la enseñanza pasaba a ser colectivista, deben unificarse todos sus rangos, con el fin de evitar el desconcierto del estudiante que, educado en los conceptos socialistas en las escuelas primarias y secundarias, recibiría orientaciones adversas en el aula universitaria. Proclamó que la autonomía no autoriza a la Universidad para erigirse en juez supremo de las leyes dictadas por el Estado. Dejó en claro que la Universidad es la sola autora de su autonomía, su financiamiento actual y sus fracasos sucesivos. Rechazó que solicitase subsidios del mismo Estado al que niega, con manifiesta hostilidad, toda ingerencia en el manejo de la enseñanza superior. Dejó en claro que, si asumía la responsabilidad económica de la Universidad, limitaría la autonomía de ésta al aspecto meramente técnico y a una cierta libertad administrativa. Reveló que el Gobierno estudia una ley capaz de resolver el problema económico y espiritual de la Universidad. Y terminó manifestando que, entretanto, el control de los bienes universitarios debe continuar en manos de las autoridades de la corporación.

El conflicto está, de hecho, terminado ya.

Y lo está tanto más cuanto que cada día es mayor el avance triunfal de la enseñanza técnica. El Senado aprobó recientemente un subsidio de cuatro millones para la Escuela Politécnica, verdadera universidad técnica, que restará a la Nacional buena parte de su importancia. Por otra parte, las escuelas técnicas ordinarias y superiores se multiplican con rapidez. Atraen un alumnado cada vez más numeroso, que se distingue por su espíritu revolucionario y su pura extracción proletaria. Y hasta se ha previsto la incapacidad de algunos estudiantes que no pueden llegar al final de su carrera. Se les concede que, al terminar el primer ciclo, obtengan un título de maestro práctico y salgan a colaborar a la industria y al comercio, en vez de ir a esos campos de la actividad mexicana a ocupar los cargos directivos.

El porvenir de México necesita, con apremio, centenares de técnicos. En ellos está el futuro inmediato del país. El profesionista liberal ha perdido, rápidamente, la casi totalidad de su importancia económica y social. Debe ceder terreno al que va a explotar la tierra, comandar la industria, organizar el comercio. A corto o largo plazo, a la Universidad Nacional no quedará otro papel que el de un gran centro de investigación y un laboratorio de alta cultura. Porque bien puede el Estado, en el momento en que lo necesite, crear una Universidad propia, humanística en cierto grado solamente, que refleje las ideas y el movimiento de la Revolución Mexicana, y cumpla, verdaderamente, el rol social que le corresponde.

Pero, mientras eso ocurre, importa solamente subrayar el hecho de que la Escuela Socialista significa el coronamiento de la primera etapa de la Revolución. Ya ésta entra a construir, ideológicamente, un nuevo orden de cosas, cuyos cimientos económicos están trazados ya y cuyas argamasas políticas proceden y están al servicio de la Revolución.

Porque si la Revolución fué a la distribución de la tierra, al extirpamiento del fanatismo religioso, la rehabilitación del indígena, la enseñanza del campesino, al control de los grandes imperialismos, ahora le corresponde crear una mentalidad nueva, orientada y nítida, en todos los niños mexicanos. Nada mejor, para ello, que esta Escuela Socialista basada en la razón, la ciencia, el altruísmo filosófico y la justicia social. Al presentar ordenadamente los fenómenos del mundo físico, hará comprender al niño la unidad fundamental de todo cuanto vive en el Universo. Le hará ver, enseguida, la estrecha relación que existe entre los fenómenos de la vida en común y las formas económicas de los procesos de la producción y el cambio. En vez de ocultarle, subrayará al niño el estado de lucha social permanente en que se agita el mundo y le hará comprender, desde entonces, la solidaridad que lo une a él, asalariado de mañana, con todos los asalariados de hoy. Sólo así podrán ser educadas la niñez y la juventud mexicanas en un concepto generoso y humano de la vida. Sólo así se podrá capacitarlas para luchar en el futuro por la organización de la vida humana sobre bases de libertad y de justicia.

Si tal consiguiera la Revolución, bien podría decirse que habría ya colmado su destino.

EL MOVIMIENTO OBRERO

EL DESARROLLO

EL movimiento obrero tiene en México, como casi todas las formas de cultura y actividad nacionales, un ascendiente colonial y hasta una estirpe precortesiana.

En el imperio azteca, el artesano estaba cuidadosamente dividido en categorías o verdaderos gremios. En los días de mercado público, que variaban en todas las poblaciones del imperio, los artesanos, transformados en mercaderes, ocupaban en la plaza pública sitios señalados de antemano. A un lado, los productores de oro y plata, los vendedores de piedras preciosas y plumas preciadas, los traficantes con cuentas y espejos de obsidiana. A otro, los que vendían espadas, cuchillos, calzado, mantas de algodón, cereales, caza mayor y menor, muebles, pieles, esteras, esclavos, animales vivos. Hasta existían fondas al aire libre, venta de comestibles, barberías. El célebre "tianguíztli" de la Gran Tenochtitlán se verificaba, según Bernal Díaz del Castillo, en una plaza del barrio de Tlaltelolco, "tan grande como dos veces la Plaza Mayor de Salamanca, y a él concurrían no menos de sesenta mil personas a comerciar".

La Colonia siguió la tradición medioeval a este respecto. Existieron las cofradías y los gremios. Los segundos eran formas de la producción que se organizaban en las primeras bajo la devoción de un santo patrono. Todo estaba en ellos minuciosamente reglamentado, desde la parte técnica y administrativa del oficio, hasta el procedimiento industrial que debía seguirse invariablemente. Para ejercer un oficio era preciso haber pasado por el duro aprendizaje de aprendiz y de oficial. Sólo así se llegaba a la categoría de maestro y era posible poner a la venta los productos fabricados por el artesano. Era, en cierta forma, una organización gremial.

Las cofradías tenían cierto carácter mutualista: repartición de limosnas, socorros a sus miembros, bienes propios de la comunidad. Pero, en el hecho, distaban mucho de ser instituciones sociales de defensa de los trabajadores. Servían como controladores de la producción monopolizada por el Estado, y, al mismo tiempo, como fiscalizadores de la conciencia religiosa del artesano. Pero, al menos en el campo social, lograron desarrollar considerablemente el instinto artístico y la destreza manual del descendiente del indígena. La cerámica, el bronce, la forja del hierro, la talla de la madera, la orfebrería de oro, plata y otros metales, el tejido, el bordado, el mobiliario: todas esas artes industriales alcanzaron un alto grado de esplendor y legaron al pueblo mexicano una tradición de arte y destreza manual.

Declarada la Independencia, la situación del proletariado no cambia en nada. Las cofradías de artesanos se disgregan rápidamente y pasan a convertirse en meras industrias a domicilio, dominadas siempre por el rígido espíritu del gremio. Pero ahora el monopolio no está en manos del Estado, sino del comerciante español o criollo.

La célebre Constitución de 1857, hija directa de la Revolución Francesa a través del pensamiento político norteamericano, decretó la igualdad política de los ciudadanos, la libertad de palabra, pensamiento y trabajo, la inviolabilidad del domicilio, el acatamiento a la propiedad privada. El liberalismo político y el individualismo económico pasaron, en el hecho, a borrar de una plumada los antiguos derechos sociales de los grupos. El gremio desapareció instantáneamente, casi sin dejar rastros. Comenzaba la hegemonía de capitalistas y terratenientes.

Adviene la época de oro de la dictadura científica. El capital extranjero penetra ampliamente al país. Se construyen ferrocarriles, puertos, obras públicas de toda clase. Establécense Bancos y grandes casas comerciales. Contrátanse los primeros empréstitos de gran volumen. Consolídase la deuda externa. Fúndase la Universidad Nacional. Organízase la Administración Pública. Se desenvuelve el periodismo industrial moderno. Exáltase en todos los tonos la superioridad del sajón y del hombre blanco, con la depresión consiguiente del nacional, el mestizo y el indígena. La tiranía llega a todas partes del país. Gobernadores y jefes políticos significan otros tantos pequeños dictadores.

Las consecuencias en el orden económico y social resultan inmediatas. Termina de operarse el proceso de concentración de la tierra, que pasa a manos de 834 grandes propietarios. Los norteamericanos se apoderan de los ferrocarriles y el petróleo; los ingleses, de las minas y el istmo de Tehuantepec; los españoles, de la industria textil y el pequeño comercio; los franceses, del crédito interno y la explotación de nuevas riquezas naturales. La libra esterlina predomina entonces en el mundo. El crédito oficial mexicano se asienta definitivamente en Londres. Es el período de prepotencia del capital inglés. Don Porfirio lo prefiere ostensiblemente.

La penetración del capital extranjero trae consigo, naturalmente, un extraordinario desenvolvimiento económico. La industria progresa enormemente. La multiplicación de los ferrocarriles, los establecimientos fabriles de hilados y tejidos, el uso de métodos mecánicos en la minería: todo ello da nacimiento a una clase obrera que no tarda en comprender el estado de miseria y opresión en que vive. El trabajador goza de derechos políticos que no conoce; pero toda tentativa de organización clasista, todo goce del derecho de asociación, son perseguidos brutalmente.

La entrega de la tierra a manos extranjeras y nacionales adictas al dictador promueve, entretanto, los primeros disturbios. Se alzan en armas las tribus yaquis cuando se las despoja de sus tierras de Sonora para entregarlas a "The Yaqui Deltha Company". Se les persigue a sangre y fuego, y muchos indígenas son enviados a Veracruz para trabajar, como verdaderos esclavos, en los ingenios de azúcar y las plantaciones de chicle y henequén. Algo parecido ocurre en Chihuahua, donde a los indígenas y mestizos de Tomóchic se les arrebatan sus tierras para traspasarlas a la "Chihuahua Mining Company". El Gobierno porfirista ahoga en sangre este nuevo movimiento.

Pero las "guerras del Yaqui" y de Tomóchic activan el proceso de la formación de una conciencia de clase en los trabajadores de la industria mexicana. Nace, en 1900, la primera organización: la Unión Mexicana de Mecánicos Ferrocarrileros. A ésta la sigue, tres años más tarde, una Unión Internacional de Caldereros. En 1905 se funda una institución de mucho mayor envergadura: la Liga Mexicana de Ferrocarrileros. Pero aun ambas no salen del mutualismo.

Aparecen entonces los dos precursores: Ricardo y Enrique Flores Magón, anarquistas ambos, hijos ideológicos de Bakunin y de Sorel, que lanzan un manifiesto histórico el 1.o de junio de 1906. Manuel Avila, un luchador obrero, lleva esas ideas a la región industrial de Orizaba, en Veracruz, y logra que una institución mutualista, la "Sociedad Mutualista de Ahorro", se transforme en el "Gran Círculo de Obreros Libres". Este tiene ya un sentido de clase y de resistencia. Agrupa a los trabajadores de las grandes fábricas de Río Blanco, Nogales y Santa Rosa. Ya se habla allí de socialismo revolucionario y de inmediatas reivindicaciones del proletariado. Circula de mano en mano el periódico "Revolución Social". Se establecen ochenta sucursales del "Gran Círculo" en Puebla, Tlaxcala, Oaxaca, Hidalgo, México y Distrito Federal.

En aquellos días, junio de 1906, estalla la primera huelga y corre la primera sangre trabajadora. En una concesión yanqui de Sonora, contigua a la frontera, en Cananea, los barreteros mexicanos, exasperados por los bajos salarios y los malos tratos, declaran una huelga pacífica. Los jefes de la compañía minera los reciben a balazos. Los obreros queman algunos depósitos de madera. La administración obtiene la aprobación del gobernador de Sonora para pedir "refuerzos" a los Estados Unidos. William Green, principal accionista de la compañía, atraviesa la frontera al frente de trescientos rurales norteamericanos y asesina en masa a los obreros mexicanos, en su propio territorio. El Gobierno Federal aplaude la violación de la frontera y envía, por su parte, un fuerte contingente de tropas para "restablecer el orden".

El "Gran Círculo de Obreros Libres" no tarda en recibir el bautismo de sangre. Los trabajadores de Río Blanco piden la disminución de las catorce horas de trabajo a sólo doce horas diarias y un aumento ínfimo de sus jornales, a la vez que facilidades a las "tiendas de raya" establecidas en la región industrial. Una comisión de obreros parte a la capital a entrevistarse con el Jefe del Estado. Este promete acceder a todas sus reivindicaciones; pero, entretanto, impulsado por su diabólica malicia criolla, envía fuerzas militares para que ocupen ocultamente la fábrica de Río Blanco. Se acuerda reanudar el trabajo el 7 de enero de 1907. Los representantes obreros, engañados por completo, transmiten a sus camaradas en huelga la buena nueva de que se ha accedido a todas sus peticiones. Entretanto, los diarios publican el laudo arbitral expedido por Porfirio Díaz, que favorece totalmente a los industriales afectados. En Atlixco, Puebla, y en Orizaba, Veracruz, los obreros se arremolinan. En la madrugada del día 7 marchan sobre las fábricas. Incendian las pulperías de Río Blanco y Santa Rosa. Al llegar a Nogales, un destacamento del 12.o Regimiento de Infantería, al mando de Rosalino Martínez, abre fuego a discreción. Caen docenas de trabajadores indefensos. Se repliegan sobre Río Blanco, organizados ya en pequeños destacamentos; pero allí son cercados por el resto de las tropas. Hablan las ametralladoras y mueren a centenares los huelguistas. Se baten en retirada. Se les persigue y caza como a fieras. La matanza es completa. En la noche parte un tren desde Orizaba y va a vaciar al océano dos vagones atestados de cadáveres.

Es el comienzo de la guerra de clases. Los dos Flores Magón, en especial Ricardo, son ideólogos y estudiosos, pero también luchadores que no escatiman sus vidas ni su tranquilidad. Orientan a las masas. Predican en todas partes. Se les persigue encarnizadamente sin lograr apresarlos nunca. Discursos, manifiestos, panfletos, volantes: todo lo utilizan para impulsar a los trabajadores a la lucha social. Terminan organizándose en guerrillas en el Norte de México. Los acompaña un muchacho joven y rico, escritor, Práxedis Guerrero, que se bate como un león al grito de "¡Tierra, libertad y pan para todos!" Corre el año de 1908. Las guerrillas atacan los pueblos de Viescas, Palomas, Las Vacas. Son derrotados o vencedores. Pero llevan a los corazones obreros el ejemplo e infunden en todas partes el sentido de la lucha armada contra los explotadores.

Es una época de revolucionarismo exaltado y romántico, que se riega con sangre y se nutre con sacrificio. Casi todos los jefes tienen destino trágico. Unos mueren en el país, como Práxedis Guerrero. Otros, como Ricardo Flores Magón, traspasan la frontera y encuentran la muerte en una prisión yanqui. Los más son encarcelados por el porfirismo en las espantosas "tinajas" de San Juan de Ulúa o enviados a los pantanos mortales de Quintana Roo. Ellos son Lázaro Gutiérrez de Lara, el más vigoroso e inteligente de todos, Librado Rivera, Anselmo Figueroa, Juan Sarabia, Juan José Ríos, Esteban Calderón, y dos que serán más tarde figuras descollantes, políticas y militares, de la Revolución: Manuel M. Diéguez y Antonio I. Villarreal.

La dictadura se tambalea sobre sus cimientos. Madero ha lanzado el grito de libertad. En el Norte renacen las antiguas guerrillas obreras anarquistas. Los obreros se baten contra la dictadura. Días antes que ésta caiga, el 2 de mayo de 1911, se funda una nueva organización en resistencia: la Confederación Tipográfica de México, que llega a ser pronto la Confederación Nacional de Artes Gráficas. La organiza el agitador español Amadeo Ferrés, y cuenta con hombres de primera fila, como el sociólogo José López Dóñez, Anastasio S. Marín, Salvador Lizaola, Ismael Marenco, José Barragán Hernández. El anarquismo místico y el vago socialismo revolucionario han sido, ya, reemplazados por el sindicalismo que, desde entonces, será la espina dorsal del movimiento obrero mexicano.

Mientras los políticos se disputan el poder y Madero lucha infructuosamente contra enemigos venidos de todas partes, el obrerismo mexicano se organiza febrilmente. Nace la Unión de Canteros en el Distrito Federal. Establécense sindicatos revolucionarios en Veracruz. Aparecen organizaciones obreras en Zacatecas y en casi todo el Norte del país. La propaganda es enorme. Circulan ya tres periódicos revolucionarios: "El Radical", "El Socialista", "El Tipógrafo". El español Juan Francisco Moncaleano es el alma de la organización revolucionaria en la capital federal; Pedro Junco, en Veracruz; Lázaro Gutiérrez de Lara, en Zacatecas, Durango y Chihuahua; los Sarabia y Santibáñez, en "El Socialista"; los Flores Magón, Librado Rivera, Figuero y Araujo, en su célebre Manifiesto del 23 de septiembre, que declaraba la guerra a la autoridad, al capital y al clero; Juan Sarabia y Antonio I. Villarreal, que luchaban por la Confederación Nacional de Trabajadores y decían públicamente, el 5 de agosto de 1911, que las libertades políticas del maderismo eran insuficientes: todos ellos concurren, desde uno y otro punto, a organizar en definitiva el movimiento de los sindicatos en resistencia. Nace entonces en Ciudad de México, merced al esfuerzo de Moncaleano y el grupo anarquista "Luz", la Casa del Obrero Mundial. Es un instituto de adoctrinamiento y cultura revolucionaria para la clase obrera, que forma y disciplina a numerosos propagandistas.

El movimiento sigue expandiéndose. Surgen, entonces, como consecuencia directa de la Casa del Obrero Mundial y su "Escuela Racionalista", la Confederación del Trabajo de Torreón, Coahuila; el Gremio de Alijadores de Tampico, Tamaulipas; la Confederación de Sindicatos Obreros de la República Mexicana, en Veracruz.

Muy luego, el movimiento obrero choca con el régimen de Madero. Los políticos que rodean al infortunado Presidente que observara con interés el movimiento obrero y hasta creara un efímero Departamento del Trabajo, logran hacerlo proceder contra la organización de los trabajadores. Es expulsado el infatigable Moncaleano, clausurada la Escuela Racionalista y coercidas las principales organizaciones. Otra vez la eterna lucha de clases.

Pero muy luego se establece el contacto perdido entre trabajadores, intelectuales y revolucionarios políticos. La traición de Victoriano Huerta y el retorno de la reacción porfirista unen a los obreros y las que hoy llamaríamos izquierdas políticas de aquel entonces.

El obrerismo combate denodadamente a Huerta. Le declara guerra pública en un mitin monstruoso celebrado el 25 de mayo de 1913. Aquella misma tarde caen presos casi todos los líderes. Se expulsa del país a los sindicalistas extranjeros hermanos Sorrondegui, Eloy Armenta, José Colado, Pedro Junco y hasta al poeta peruano José Santos Chocano. Comienzan poco después las asechanzas contra la Casa del Obrero Mundial. Serapio Rendón, diputado obrero y principal opositor a Huerta, es victimado salvajemente en Tlalnepantla. A otros dos luchadores, Severiano Serna y Joaquín Hernández, se les fusila en Puebla sin proceso alguno. Numerosos obreros caen en las levas que decreta Huerta para reponer los claros del ejército federal en su lucha contra los constitucionalistas revolucionarios. La mayoría de los jefes consumíanse, entretanto, en las cárceles de la capital y de Veracruz. Como los restantes persistieran en su actitud de rebeldía abierta, Victoriano Huerta ordena clausurar la Casa del Obrero Mundial. Los esbirros, al mando del viejo sayón porfirista Ignacio Machorro (el célebre jefe político de Río Blanco en 1907), destrozan el local y apresan a cuantos obreros se encontraban en él o llegaban al edificio.

No echa pie atrás el obrerismo y contribuye, con su propaganda y agitación, al triunfo del constitucionalismo que encabeza Carranza y comandan Obregón, Villa y Zapata. Siete días después de la entrada triunfal del ejército constitucionalista, el 21 de agosto de 1914, reabre solemnemente sus puertas la Casa del Obrero Mundial. El movimiento sindical, intacto aún, vuelve a desenvolverse a la luz del día. Los jefes revolucionarios ordenan, entretanto, que se entregue a los obreros el espacioso convento anexo al templo de Santa Brígida.

Mas sobreviene el período crítico de la Revolución, que, falta de rumbo y carente de programa, vacila entre los hombres que la representan o quieren representarla. Es un choque de ambiciones políticas contradictorias que el obrerismo mexicano mira con atención expectativa. Carranza debe abandonar la capital ante el ataque combinado de Villa y Zapata. Se alza la estrella militar de Obregón. Triunfa éste en Puebla y ocupa de nuevo, enero de 1915, Ciudad de México. Obregón comprende la importancia del movimiento obrero. Y no vacila en ordenar que se les restituya la imprenta de "La Tribuna", clausurada ha poco, y se les entreguen los locales del Colegio Josefino y el templo de Santa Brígida. Va aún más allá, y soluciona un conflicto interno de la Compañía Telefónica y Telegráfica de México, intervenida por la Revolución, entregándola al manejo de los propios obreros. El Sindicato de Electricistas, afiliado a la Federación de Sindicatos Obreros del Distrito Federal, designa gerente a un obrero de palabra fácil y despierta inteligencia: Luis N. Morones.

Pero aun los trabajadores mexicanos no buscan un sitio en la lucha que se avecina entre Carranza y Villa, la revolución y la contrarrevolución. Impulsados por el célebre pintor "Doctor Atl" y algunos líderes obreros, deciden, por fin, prestar su concurso armado al constitucionalismo. Comunican su decisión a Obregón, que los acoge con júbilo y los envía a Carranza. Este los recibe con frialdad en Veracruz; pero su secretario de Gobernación, Rafael Zubarán Capmany, les escucha con atención y acuerda con ellos, el 17 de febrero de 1915, un pacto político-militar-revolucionario.

Ante el terror de la alta burguesía y los ricachones de la capital, las organizaciones obreras se arman a toda prisa, controlan la ciudad durante algunos días y parten a Orizaba, adonde trasladan la Casa del Obrero Mundial y se concentran militarmente. Allí reciben rápida instrucción militar. Allí, también, por primera vez, chocan con el adusto Carranza, que no puede ocultar, político de procedencia porfirista, la aversión y desconfianza que siente hacia los trabajadores. Pero éstos se han entendido con Obregón, y Obregón es el jefe militar y el hombre de la hora. Carranza tolera a regañadientes.

Se forman seis batallones "rojos" o "supremos poderes" de obreros exclusivos. El primero, compuesto por los obreros de la Maestranza Nacional de Artillería, parte a El Ebano, en San Luis Potosí; el segundo, integrado por tranviarios y gremios similares, guarnece la Huasteca veracruzana; el tercero y el cuarto, formados por hiladores, tejedores, pintores, sastres, canteros y ebanistas, componen la 3.a Brigada de Infantería; el quinto y el sexto, constituídos por albañiles, tipógrafos, mecánicos y metalúrgicos, continúan a las órdenes del instructor general, coronel Ignacio C. Enríquez, y actúan en las últimas acciones de guerra. Son, en total, cinco mil hombres que se baten endemoniadamente. Se distinguen en todas las acciones militares. Un puñado de ellos reproduce el heroísmo de los defensores de las Termópilas, en el desfiladero de Tonilita, Jalisco. Defienden con sus vidas el puente "Villegas" hasta la llegada de refuerzos, pero no sin que perezca la mayor parte, y no sin que quince de ellos, acosados por el enemigo y careciendo de municiones, prefieran, antes que rendirse, despeñarse en el abismo.

La victoria total del constitucionalismo marca un período de extraordinaria propaganda y ramificación del sindicalismo revolucionario en todo el país. Los batallones "rojos" no sólo han combatido contra las tropas de Villa, sino que esparcido por todas partes la semilla de la sindicalización revolucionaria. Durante la campaña, la Casa del Obrero Mundial se ha inaugurado en Monterrey, Morelia y otros sitios. En Yucatán, el lejano Estado henequenero, los sindicalistas revolucionarios se han propagado velozmente, y el gobernador, general Salvador Alvarado, entrega a los sindicatos un magnífico edificio para que se instale la Casa del Obrero Mundial. Ya existen sindicatos de tipo revolucionario en Campeche, Tabasco, Chiapas, Veracruz, Tehuantepec, Tamaulipas, Querétaro, Jalisco, Hidalgo, Colima, Nuevo León, Michoacán y México. Ya se quiere unirlos a todos en una Confederación General de Trabajadores e incorporar a ésta a la Segunda Internacional.

Los obreros están organizados y han derramado su sangre por la Revolución. Obtenida la victoria, vuelve a abrirse, en otro local, la Casa del Obrero Mundial. El 5 de octubre lanza ésta un manifiesto explicando su posición revolucionaria y apolítica. Los trabajadores afluyen al hogar social. Pronto éste se hace estrecho e incómodo. Los trabajadores solicitan que se les conceda uno de los edificios intervenidos: es el célebre "Palacio de los Azulejos", donde funcionaba antes el "Jockey Club", institución social aristocrática, monumento de arte colonial, situado en el corazón social de la ciudad. El Gobierno accede y, ante la estupefacción de la alta burguesía, los trabajadores ocupan el antiguo palacio del ocio y fundan allí un Ateneo Obrero, una Escuela Moderna y otras instituciones.

Poco dura la armonía con el Primer Jefe, Carranza. Tres meses después, en enero de 1916, éste licencia a los batallones "rojos". Excitado por una huelga minera en El Oro y la petición de que paguen los jornales en oro (el billete se había depreciado en forma fantástica y existían dos o tres clases diversas de moneda papel), Carranza no vacila en comenzar la persecución contra los obreros. Los hace expulsar a la fuerza del edificio del "Jockey Club". Clausura con tropa armada los periódicos "Ariete", de México, y "Acción", de Guadalajara. Envía una circular a los gobernadores de los Estados ordenándoles perseguir por la violencia toda "idea disolvente".

No ha transcurrido un año desde que se firmara el pacto de Veracruz, y ya el constitucionalismo y el obrerismo están divorciados irremediablemente.

Pero la persecución agiganta al obrerismo en vez de aniquilarlo. En Veracruz se lleva a cabo, entre el 6 y el 11 de marzo de 1916, el primer Congreso Preliminar Obrero. Este toma, como primer acuerdo, el de fundar la Confederación del Trabajo de la Región Mexicana, con lo cual quedan unidas todas las organizaciones obreras dentro de los principios del sindicalismo revolucionario: lucha de clases en pro de la socialización de los medios de producción; acción directa y antipolítica; prohibición de los sindicados de aceptar cargos o situaciones políticas; no distinción entre sexos, nacionalidades, categorías de trabajo y religiones en cuanto a la organización defensiva del trabajador, y, por último, "escuela racionalista" y ligas de resistencia.

En aquellos mismos días, el obrerismo vuelve a prestar un efectivo servicio a la Revolución y a la tierra mexicana. Tropas norteamericanas, al mando de Pershing, han cruzado la frontera para capturar a Villa y terminar con las incursiones de "bandidos" a territorio yanqui. Las organizaciones obreras comprenden el peligro y se ponen en contacto con la poderosa American Federation of Labour, con el fin de impedir la guerra entre México y los EE. UU. y crear un solo organismo obrero en toda la América. La protesta formal de la American Federation of Labour ante el Gobierno de Washington aleja el peligro y se pone término a la "expedición punitiva" de Pershing.

Los obreros mexicanos, ya organizados, luchan ahora por el derecho de asociación sindical, la jornada de ocho horas, la fijación de salarios "humanos". Pero la situación económica ocasionada por la depreciación de la moneda y el desconcierto financiero del país los llevan otra vez al terreno de la lucha. Quieren obtener que sus jornales se les paguen en oro nacional. Los patrones se oponen y el Ejecutivo Provisional da, naturalmente, la razón a los industriales.

La huelga general estalla en el Distrito Federal el 27 de julio. Son 86,000 hombres que paralizan sus labores. En Veracruz y Puebla la secundan inmediatamente. Cunde el pánico entre la burguesía. Se interrumpen los servicios de luz, fuerza eléctrica y movilización urbana. Es la primera vez que los trabajadores mexicanos hacen sentir el peso formidable de su organización.

Mas Venustiano Carranza continúa siendo, en el fondo de su alma, un porfirista de métodos y convicciones. Opone la violencia y el terror gubernativos a la acción de los obreros sindicalizados. Acusa al movimiento de tener carácter político. Encarcela al Comité de Huelga. Ordena la clausura de los sindicatos. Dicta una especie de ley marcial especial para los huelguistas. Lleva a los jefes sindicales ante un Consejo de Guerra. Quiebra la huelga por la sorpresa y el terror. Como el Tribunal Militar absuelve a los inculpados, Carranza los somete a un nuevo proceso. Vuelven a ser absueltos, menos dos de los jefes: Casimiro del Valle y Ernesto Velasco, que son condenados a muerte y después relevados de la pena capital.

El 28 de septiembre de ese mismo año Carranza ordena el pago de los jornales en oro. Los dos presos, Velasco y Del Valle, lo felicitan telegráficamente, por tal medida, desde la Penitenciaria. Carranza contesta, afectuoso, agradeciéndoles. Los encarcelados solicitan su libertad en vista de que el mismo Ejecutivo ha dado la razón a su movimiento. Carranza se hace el sordo y aun les espera a ambos más de un año de cárcel.

La persecución cesa por motivos políticos: pronto se reunirá, diciembre de 1916, en la ciudad de Querétaro, la Convención Constituyente que dictará la nueva Carta Fundamental. El 23 de enero un grupo de diputados plantea el problema obrero y la necesidad de que, constitucionalmente, se fijen las relaciones entre el capital y el trabajo y los derechos de la clase obrera.

De allí nace el célebre artículo 123, el más avanzado del mundo, hasta entonces, en materia social.

Contiene aquel artículo 30 puntos específicos, entre los cuales se debe recordar: jornada de ocho horas; jornada nocturna de siete horas y prohibición a las mujeres y los niños de labores peligrosas, insalubres o nocturnas; jornada de seis horas para los menores de dieciséis años y mayores de doce años, e imposibilidad de fijar trabajo a los niños menores de doce años; un día de descanso semanal a lo menos; cuidado especial (descansos y vacaciones) de las mujeres en los tres meses anteriores y posteriores al parto; salario mínimo fijado conforme a las necesidades del trabajador en cada región; igualdad de sexo y nacionalidades ante trabajos iguales; excepción de todo descuento al salario mínimo; organización de comisiones especiales para fijar el salario mínimo y la participación de utilidades; pago de los salarios en moneda de curso legal; pago del trabajo extraordinario y exclusión de él de las mujeres y los niños; obligación a los patronos industriales, agrícolas o mineros de proporcionar a los obreros viviendas cómodas e higiénicas, con cobro de rentas no superiores al 6 por ciento anual del valor catastral de las fincas, como también establecimiento de escuelas y enfermerías, prohibición de establecer en todo centro de trabajo casas de juego o expendio de bebidas alcohólicas y obligación de reservar en ellos terrenos para establecer mercados populares y juegos recreativos; indemnización de accidentes del trabajo o muerte ocasionada por él a cargo de los patronos; higiene y salubridad obligatorias de los establecimientos industriales; reconocimiento legal de los sindicatos y asociaciones profesionales de obreros y patronos; reconocimiento de los derechos de huelga y paro de ambas partes; legalización de las huelgas; legalización de los paros; establecimiento de Juntas de Conciliación y Arbitraje, formadas por igual número de miembros obreros y patronales y un asesor gubernativo; castigo de patrones y obreros que se nieguen a recurrir a las Juntas o no acaten los fallos de éstas; culpabilidad del patrón en el tratamiento y despido de sus trabajadores; primera preferencia de los créditos en favor de los trabajadores; responsabilidad sólo personal del trabajador en la contracción de deudas y pago proporcional de éstas al jornal mensual; gratuidad del servicio de colocación de los trabajadores; legalización especial de todo contrato de trabajo celebrado entre un obrero mexicano y un patrón extranjero avecindado fuera del país; nulificación de todo contrato que contenga estas cláusulas: jornada excesiva o inhumana de trabajo, salario no remunerativo, plazo mayor de una semana para percepción del jornal, pago del jornal en cantinas, fondas, tiendas, cafés o lugares de recreo; obligación de adquirir artículos de consumo en alguna tienda o lugar determinado; retención del salario por concepto de multas; renuncia del obrero a indemnizaciones por capítulo de accidentes del trabajo; enfermedades profesionales; despido de la obra o incumplimiento del contrato.

El artículo 123 constitucional concluye determinando la inalienabilidad de los bienes que constituyen el patrimonio de la familia obrera, y no sujeción a embargos ni a ninguna clase de gravámenes. Considera, en seguida, como de utilidad especial, el establecimiento de cajas de seguros populares, invalidez, vida, cesantía y accidentes del trabajo, por lo cual la Federación y los Estados impulsarán estas instituciones de previsión social. Y, por último, termina considerando también de suma utilidad social las sociedades cooperativas para la construcción de casas baratas e higiénicas, que serán adquiridas a plazo por los trabajadores.

Parece que ya la clase obrera ha conquistado todas sus reivindicaciones de clase. Pero ésta sabe bien que sólo mediante la organización y la fuerza sindical podrá lograr que se cumplan, siquiera en parte, los preceptos contenidos en el artículo 123. Prosigue su movimiento de organización general de los trabajadores de todo el país. En octubre de 1917, los trabajadores de Tampico convocaron a un Congreso General. En aquellos mismos días, el 10 de octubre, fué asesinado uno de los grandes luchadores mexicanos: José Barragán Hernández. Pero el Congreso se reunió, a pesar de ello, en Veracruz, el 13 de octubre, y confirmó plenamente, ampliándolas en pequeña parte, las conclusiones del Congreso Preliminar de marzo de 1916. Se echan entonces las bases de una Confederación Regional Obrera, que saldrá de una próxima y solemne Convención Nacional.

Esta se verifica, bajo el entusiasta auspicio del gobernador Gustavo Espinoza Mireles, gobernador de

Coahuila, que proporciona el dinero necesario para trasladar a la capital de su Estado, Saltillo, a las delegaciones obreras de todo el país. Se concentran allí delegaciones de todo México. Se discuten el programa de acción y las tácticas de lucha. Y se logra unificar a todo el obrerismo en una sola entidad representativa: la Confederación Regional Obrera Mexicana.

Es el 22 de marzo y ha nacido ya, apenas con 7,500 afiliados, la más tarde célebre "Crom".

La realidad demuestra pronto que los trabajadores deben fortificar su unión y redoblar la intensidad de su espíritu de lucha.

El régimen carrancista se las ingenia para que el artículo 123 quede sólo escrito en el papel. El capitalismo nacional y el extranjero aplastan la acción de las leyes del trabajo. Las acusan de violar los derechos individuales. Rechazan la legitimidad de las Juntas de Conciliación y Arbitraje. Recurren de amparo a la Corte Suprema de Justicia, y ésta, como era inevitable, escucha al gran capital y nulifica, prácticamente, la libertad sindical alcanzada con tal sacrificio.

Pero ya el movimiento obrero mexicano ha recorrido un enorme camino preparatorio. Primero, fué ignorado. Luego, en los últimos años de Don Porfirio, perseguido a sangre y fuego. Vive entonces una etapa romántica que oscila entre el anarquismo humanitario y el socialismo revolucionario. Comienza a tomar su forma sindical en los días de la Revolución. Es tolerado malamente por Carranza y luego perseguido durante el Gobierno preconstitucional. Se hace entonces sindicalista y revolucionario. Se organiza férreamente. Obtiene su consagración como un derecho y una institución social necesaria en la Constitución de 1917. Llega a unificarse totalmente. Pero todavía le falta la protección especial del nuevo Estado. Aun se le desconoce, tergiversa y mal interpreta. Aun se sobrepone a la ley escrita el interés de los comerciantes y grandes industriales. Pero ya existe en México el llamado "derecho industrial" y él es obra exclusiva de la pujanza y el sentido de clase del obrerismo mexicano.

EL TRIUNFO

Ha terminado ya el período de gestación del movimiento obrero o sindical. Coincide esta etapa con la etapa, también de gestación y cristalización, que vive la Revolución Mexicana entre 1910 y 1920, entre el alzamiento de Madero y el derrumbe de Carranza.

La Revolución, que ya ha consagrado constitucionalmente los derechos de la masa trabajadora, mira ahora con simpatía hacia los campos obreros. Alvaro Obregón, el primer gobernante revolucionario, hace cuanto puede por acercarse a ellos. Sus iniciativas son numerosas y constantes. En 1920 impulsa la dictación de la Ley del Trabajo en Sinaloa y la Ley Reglamentaria del Artículo 123 para Coahuila. En el año 1921 concede garantías a la Convención Radical Roja; contribuye a que se dicten leyes del Trabajo en los Estados de Michoacán y Puebla; echa las bases del Sindicato Nacional de Agricultores; y, sobre todo, presenta un proyecto personal para crear en el país el seguro obrero; en 1922 coopera para la dictación de las leyes del Trabajo en los Estados de Yucatán, San Luis Potosí, Chihuahua y Querétaro. Tiene, en cambio, gestos tan extraños como el de autorizar la reunión, en Guadalajara, de un Congreso Católico que declara establecida la "Confederación Nacional Católica del Trabajo"; mas, al año siguiente, 1923, expulsa del país al Nuncio monseñor Phillippi, por pretender erigir en Guadalajara un monumento a Cristo Rey con el dinero de los obreros llamados "libres". Aquel mismo año coadyuva a que se promulguen leyes y reglamentos del Trabajo en los Estados de Guanajuato, Jalisco y Sonora, a la vez que da carta blanca a los grupos extremistas para que se funde en Jalapa, Veracruz, la

"Liga de Comunidades Agrarias". En el último año de su presidencia, 1924, acelera la realización de la ley sobre Riesgos Profesionales de Veracruz, la ley Reglamentaria del Trabajo en Durango, a la par que intenta la federalización de las Leyes del Trabajo en todo el país y obtiene que la Corte Suprema de Justicia reconozca que las Juntas de Conciliación y Arbitraje son tribunales que deben hacer cumplir sus laudos o resoluciones.

Tal es, a grandes rasgos, la obra directamente obrerista de Obregón. Pero ella no tiene tanta importancia administrativa como trascendencia social, en cuanto a la actitud misma de Obregón frente al movimiento obrero que ya ha entrado en un período de cristalización y orientación definitivas. No se olvide que la Revolución comienza apenas a consolidarse y que la voluntad de un solo hombre, en este caso Obregón, pudo haber obstaculizado o torcido el movimiento de los obreros mexicanos en pro de su libertad. Carranza logró detener la legislación social y nulificarla en el hecho. A Obregón corresponderá impulsarla.

Pero, entretanto, la corriente sindicalista ha llegado a un punto extremo y peligroso de su avance. Probada en la lucha, fortalecida en el combate diario, ha vivido ya las etapas de la organización, la persecución, la lucha armada y el triunfo legal. Ahora que en cierto modo ha impuesto sus aspiraciones, necesita recogerse sobre sí misma y entudiar su futura ubicación frente a los sucesos que se produzcan.

El movimiento obrero, que ya ha concordado y tenido intereses comunes con el Estado revolucionario, ¿hasta qué punto logrará conservar su independencia de clase frente a un Estado que, al fin de cuentas, es, específicamente, pequeño burgués? ¿Hasta dónde los sindicalistas serán mexicanos y hasta dónde internacionales? ¿Hasta dónde políticos y hasta dónde revolucionarios? ¿Hasta dónde hombres de doctrina u observadores posibilistas de la realidad?

Tiene que operarse la división inexorable entre

izquierdas y derechas, doctrinarios y posibilistas, internacionales y nacionales, rojos y amarillos.

A poco de fundarse la Confederación Regional Obrera Mexicana, en Saltillo, Coahuila, el 22 de marzo de 1918, comenzó a perfilarse la futura discrepancia entre una y otra tendencia. Ella se agravó pocos meses después, en noviembre del mismo año, cuando la entidad única del obrerismo mexicano concurrió a Laredo, Texas, en los EE. UU., y concertó una acción común, panamericana, con la American Federation of Labour, que logró imponer todos sus puntos de vista y elegir un Consejo directivo único de la Confederación Panamericana de Trabajadores, presidido por Samuel Gompers, célebre líder reformista, e integrado por otros dos líderes parecidos: Murray y Lord. Las conferencias contaron con la asistencia del Ministro norteamericano del Trabajo, Mr. Wilson. El grupo latinoamericano, el más numeroso, sólo logró obtener un asiento en el Consejo perpetuo y ninguno de sus puntos de vista.

Desde entonces, y a pesar de que su crecimiento es rapidísimo, comienza a resquebrajarse la entidad unificadora del obrerismo revolucionario mexicano. Al año siguiente, en 1919, la Federación de Sindicatos Obreros de Tampico, Tamaulipas, se desligó de la "Crom" y formó frente a ella un organismo de izquierda, el Gran Cuerpo Central de Trabajadores, que manejó con brillo y valor la huelga de los maestros de la capital, en mayo de 1919, pero que pronto fué perdiendo importancia, hasta disgregarse por completo.

La "Crom" celebró su Segunda Convención en el Teatro Calderón, de Zacatecas, en junio de aquel año. Su Comité Central logró resistir victoriosamente las críticas de los sectores de avanzada. La unidad pareció consolidarse una vez más. Aparece entonces un Bureau Latinoamericano, del cual nace un Partido Comunista que ataca por igual a anarquistas y sindicalistas. Al Partido Comunista mexicano sólo interesa lo que ocurre en Rusia y propugna exclusivamente la adhesión a la III Internacional y la afiliación de los sindicatos mexicanos a la Internacional de Sindicatos Rojos de Moscú. No le interesan los problemas nacionales de México y la situación de conflicto en que se encuentran entre sí las organizaciones obreras. Y, naturalmente, no ejerce influencia alguna en el movimiento. Su papel no pasa de ser dogmático y expectativo.

A fines de aquel año, 21 de diciembre de 1919, la "Crom" da un paso decisivo que ahonda aún más las diferencias. Echa las bases del Partido Laborista Mexicano, entidad exclusivamente política, afiliada a la "Crom", supeditada a ésta en cuanto a su contenido social, pero encargada de organizar la lucha política directa en el Parlamento y frente a los Gobiernos revolucionarios. Los líderes de la "Crom", detrás de todos los cuales asoma siempre la figura enigmática y habilidosa de Luis N. Morones, habían hecho una intentona parecida. Fundaron, en 1917, el Partido Socialista Obrero, que naufragó en los acontecimientos políticos de aquel momento. Era el antecedente de lo que sería después el Partido Laborista Mexicano, casi idéntico, por lo demás, al Labour Party inglés, tanto como la "Crom" lo era a la American Federation of Labour.

El Partido Laborista crece rápidamente. Hace política desde los primeros momentos. A los tres meses de fundado, marzo de 1920, convoca a una Convención en la ciudad de Zacatecas, sede y baluarte del Grupo "Acción" o consejo selecto que maneja a la "Crom". Asisten generales y políticos. Se acuerda ir a la lucha contra Carranza y su imposición presidencial indirecta.

La "Crom" celebra su Segunda Convención Anual, julio de aquel año, en el Teatro Morelos, Aguas Calientes. La tendencia de izquierda, acaudillada allí por Antonio Díaz Soto y Gama, intelectual agrarista y revolucionario puro, lucha y es vencida por la corriente derechista, encabezada por el inteligente y dialéctico Morones. La unidad triunfó una vez más; pero ya el abismo estaba abierto entre ambas posiciones ideológicas.

Ayudan a cavarlo, activamente, algunos pequeños grupos comunistas, débiles en número, pero bien organizados y mejor financiados. Buena parte de ellos están respaldados por la Unión Soviética en el período en que ésta quiso, por todos los medios, agitar a las masas en el mundo entero. La lógica y bien inspirada propaganda rusa tuvo que servirse de intermediarios extranjeros en casi todas partes. Pero no logró en México captar grupos nacionales eficaces. Ejercitó su acción en aquella época, comienzos de 1921, al través de las diversas instituciones: la "Federación Comunista del Proletariado Mexicano", el "Partido Comunista del Proletariado Mexicano" (Sección de la III Internacional), el "Partido Comunista de México", la "Federación de Jóvenes Comunistas" (Sección de la Internacional Juvenil Comunista) y el "Bureau Latinoamericano de la Internacional Roja de Sindicatos y Uniones de Trabajadores". Todas ellas obedecían, en mayor o menor grado, a los enviados secretos de Moscú, el japonés Sen Katayama, el hindú Manabendra Nath Roy, el hebreo F. Grosenberg, el inglés Paley y los yanquis Brewster y Granich. Pero, al mismo tiempo, parte de estos organismos obedecieron, a cambio de medios económicos, a grupos capitalistas que buscaron, y lograron así, la división del proletariado mexicano.

Acrecentada por todos estos factores y por la marcha misma de los acontecimientos, la ruptura se lleva a cabo en febrero de 1921. Se reúne entonces, en Ciudad de México, la histórica Convención Radical Roja, organizada por Alberto Aráoz de León, Manuel D. Ramírez y José C. Valadés, comunizantes los tres y atados por compromisos especiales al representante soviético Sen Katayama. La corriente sindicalista lucha victoriosamente contra la moscovita y logra, con el apoyo forzado de ésta, exaltar los principios de la acción directa, el comunismo libertario, la lucha constante contra el Socialismo de Estado y la Acción Múltiple o sindical y política a la vez. Queda fundada, desde entonces, la Confederación General de Trabajadores, que pasa a representar desde aquel momento la tendencia opositora a la de la "Crom".

El entusiasmo es grande. La nueva organización crece con rapidez. Propulsa dos huelgas eficaces: la de los ferrocarrileros, en marzo de 1921, y la de los tejedores, en octubre de 1922, en el municipio de San Angel, Distrito Federal. La segunda pone en apuros a Obregón y al gobernador Celestino Gasca, antiguo trabajador, pues se ven obligados a responsabilizarse de la torpe acción de la policía contra el proletariado. La C. G. T. lucha también contra los sindicatos de obreros "libres" y los grupos de jóvenes católicos. Choca con ellos en Morelia, a mano armada, en mayo de 1921, y en la capital un año después, a raíz de ser atacada a bala por la Asociación de Jóvenes Católicos y los Caballeros de Colón. Los trabajadores toman por asalto el local social de los fanáticos y logran dispersarlos por completo.

Pero la disciplina es escasa dentro de la C. G. T. y su programa no logra atraerle partidarios. Levanta como bandera el anarquismo comunista, la jornada de seis horas, la abstención política permanente y la resistencia a las Juntas de Conciliación y Arbitraje. Es un programa que peca de dogmático y no se acorda con la realidad social del momento. Sindicalistas y comunistas soviéticos se distancian cada vez más hasta que, después del primer Congreso, celebrado en septiembre de 1921, se separan de la C. G. T. el Partido Comunista Mexicano y la Federación de Jóvenes Comunistas.

Desde entonces ésta hubo de hacer frente a la "Crom" sin posibilidades de éxito. Disminuída en sus filas, reducida en sus medios, limitada en su propaganda, representa, sin embargo, la vieja tradición romántica de los Flores Magón, los Guerrero y los Moncaleano, a la vez que encarna, con mayor propiedad que la "Crom", el movimiento sindicalista puro, apolítico, directo, internacional antiestatista, libertario en todo sentido. Sigue contando, sin embargo, hasta el fin del Gobierno de Calles, con cerca de 15,000 miembros, reclutados entre sindicatos aislados de alijadores, petroleros, hiladores y tejedores.

Entre ella y la "Crom" se extiende, sin embargo, toda una gama de asociaciones obreras. Desde las mutualistas, pacíficas y abstinentes en materia social, hasta las mixtas de patrones y obreros. Pero hay dos que tienen importancia: la de los ferroviarios, que sólo en parte pertenece a la "Crom"; y la de los obreros católicos que dirige y ha formado la Iglesia como nueva herramienta de lucha contra el obrerismo amenazante y contra los revolucionarios que, tarde o temprano, chocarán con ella. Independiente de ellas, actuaba entonces una organización importante, no tanto por su número como por su control sobre la vida nacional: el Sindicato Nacional de Electricistas, agrupación de resistencia, sin organización económica y sin afiliación a ninguno de los dos grandes grupos en que se dividía el obrerismo mexicano.

Las asociaciones ferroviarias eran, entonces, singularmente consideradas, las más poderosas del país. Nacieron con el extraordinario desarrollo de las vías férreas que se operó desde 1880 hasta 1907, fecha en que el Estado refundió en una sola a las numerosas compañías norteamericanas que controlaban totalmente los ferrocarriles. El personal técnico y el personal subalterno eran norteamericanos. El nacional ganaba salarios de hambre y quedaba sujeto al dominio brutal del yanqui. A raíz de la formación de la Compañía de los Ferrocarriles de México, en la que el Gobierno adquirió parte de las acciones, el ferroviario mexicano comenzó a imponerse lentamente. Su organización gremial pesa por vez primera. Durante años, en Tamaulipas (1887) y San Luis Potosí (1889) funda asociaciones sindicales que son sucesivamente desbaratadas por los obreros americanos. Otra organización, fundada en Monterrey en 1898, corre igual suerte. Pero, en cambio, logra constituirse, en el año 1900, en Puebla, la "Unión de Mecánicos Mexicanos". Es la primera asociación obrera que existe en el país.

El gremio ferroviario viene a ser, pues, el primero que se organiza en la historia de México. Desde entonces marcha de triunfo en triunfo. En 1905 da vida a la "Gran Liga de Ferrocarrileros Mexicanos". En 1908 crea la "Confederación de Sociedades Ferrocarrileras". En 1908 solicita y obtiene del Ministro Limantour algunas garantías para el obrero mexicano. El personal yanqui va a la huelga en señal de protesta y el mexicano logra desplazarlo por completo. Cinco años más tarde, en 1913, a raíz de la ocupación de Veracruz por los "marines" de gorra blanca, puede expulsar del país a los técnicos ferroviarios norteamericanos. Desde entonces datan su poderío y su creciente organización gremial. Pero ésta no tiene nada de revolucionaria durante tres lustros. Los ferroviarios sólo usan de la lucha sindical para conservar sus franquicias y altos salarios. Aun conservan, en su espíritu y organización, mucho de los obreros norteamericanos que manejaron durante casi treinta años los ferrocarriles del país. Son obreros bien pagados, respetados, que no tienen interés en aquel entonces (1921) en tomar partido por la "Crom" o la C. G. T.

Pronto, sin embargo, penetra el revolucionarismo sindical entre esos ferroviarios. Estos comprueban, poco a poco, que su destino es el mismo de todo el proletariado mexicano. En 1926 ya están divididos en tres corrientes: una, la "Confederación de Sociedades Ferrocarrileras de la República Mexicana", respeta la tradición gremial norteamericana y maneja 21 grupos sindicales y más de 20,000 hombres; otra, la "Unión de Conductores, Maquinistas, Garroteros y Fogoneros", fuerte de 4,000 hombres, controla el personal que conduce los trenes, y parece inclinarse a la C. G. T.; una tercera, la "Federación Nacional Ferrocarrilera", está incluida dentro de la "Crom" y conduce a ocho mil hombres.

En cuanto al sindicalismo católico, nacido oficialmente en Guadalajara (1922) bajo la forma de una "Confederación Nacional Católica del Trabajo", no tarda en debilitarse y morir. La Iglesia empezó a preocuparse de organizar a los obreros en sindicatos católicos desde 1903. Pero la Revolución no le dejó tiempo para ello. Mas el movimiento sindicalista, con sus pugnas y luchas intestinas, le permitió, mediante el fanatismo y la acción económica, empezar a controlar a los obreros llamados "libres", reclutados entre la masa trabajadora más venal, especializados en romper huelgas y actuar como "esquiroles". Y sólo vino a darles una organización definitiva cuando quiso luchar contra el sindicalismo socialista o revolucionario. Trató, entonces, bajo el patrocinio de los sacerdotes, de unir a patrones y obreros en asociaciones mixtas que dirimieran pacíficamente, alejados de la influencia del Estado, los conflictos del trabajo. Así se formaba un bloque cerrado contra el revolucionarismo y se lograba, mediante la paz y la armonía cristianas, eliminar la lucha de clases y conservar la estructura de la sociedad contra la cual luchaban igualmente el Gobierno y los sindicatos revolucionarios mexicanos. Estas fórmulas habilidosas duraron poco. El conflicto religioso de 1926 barrió con ellas. Los sindicatos católicos, casi todos sociedades mutualistas, cooperativas y culturales, alcanzaron a sumar cuarenta y cinco en total, entre Jalisco, Michoacán, México y el Distrito Federal. Los jefes espirituales y directores del social-cristianismo mexicano, el obispo Orozco y Jiménez, y el Pbro. Méndez Medina, desaparecieron, igualmente, del escenario social.

Frente a todos esos grupos se alza, formidable, la Confederación Regional Obrera Mexicana. Encarna la alianza obrera durante el período que vive la Revolución entre 1820 y 1928. Es una organización netamente sindical, que plantea la lucha política por medio de un organismo político especial, y cuyo rápido desarrollo la hace llegar a ser, en el hecho, un verdadero árbitro de los destinos del país. Comienza teniendo sólo 7,000 afiliados en 1918. Al año siguiente, cuenta con 10,000. El crecimiento es ahora vertiginoso: 50,000 miembros en 1920; 150,000 en 1921; 400,000 en 1922;

800,000 en 1923; 1.200,000 en 1924; 1.500,000 en 1925; 2.000,000 en 1926, y casi dos y medio millones de trabajadores afiliados en 1927, año cúspide de la "Crom".

Su organización, bastante hábil, es piramidal y tiende a la jerarquización, como esos gremios de la Italia fascista, que van agrupándose en entidades cada vez más generales y restringidas en número de miembros, hasta llegar al Gran Consejo Fascista. La célula de la "Crom" es el sindicato de oficio, el que reúne a los trabajadores del mismo ramo o el mismo establecimiento, sea con el nombre que fuere: sindicato, liga, sociedad, unión, asociación. Los sindicatos de una región o los que en ella representan un tipo de producción determinada, constituyen una Federación Local. Estas engendran, a su vez, las Federaciones de los Estados, correspondientes a los Estados políticos del país. Y, por último, éstas se articulan en una sola entidad directiva: la Convención Anual. Pero junto a las Federaciones de los Estados, la "Crom" comprende, además, cuatro grandes grupos de actividades dentro de las Federaciones Nacionales de Industrias: la Federación de las Artes Gráficas, la de los Ferrocarriles, la de los Puertos y la de los Teatros.

El organismo supremo es la Convención, que se celebra anualmente y cuyos miembros proceden, por elección directa, de los sindicatos y federaciones. La Convención orienta y legisla. Sus decisiones forman el marco del programa anual de acción. Pero la Convención tiene otro papel igualmente importante: la generación del Comité Central, organismo ejecutivo encargado de hacer cumplir las decisiones de la Convención Anual y que, en realidad, viene a ser el jefe de toda la vasta organización.

El Comité Central se compone de un Secretario General, un Secretario de Agricultura, uno de Hilados y Tejidos, uno de Transportes y siete jefes de Departamentos: Organización, Minas y Fundiciones, Asuntos Internacionales, Educación, Espectáculos Públicos, Propaganda y Publicidad, Estadística y Tesorería. Además, el Comité Central cuenta con un Secretario Nacional de Artes Gráficas, otro de Ferrocarriles, un tercero de Puertos y un cuarto de Teatros. Posteriormente, en 1926, el Comité Central dió nacimiento a un nuevo organismo adherido a él; la Comisión Técnico-Consultiva, encargada de verificar estudios de investigación científica y técnica y elaborar los consiguientes programas de acción o de soluciones especiales para tal o cual problema. La Comisión se organizó en diversas secciones especializadas: industrias textiles, minas y fundiciones, transportes y comunicaciones, construcciones, industrias del cuero y similares, industrias eléctricas, artes gráficas, industrias de la madera, agricultura e industrias agrícolas, industrias químicas, investigaciones generales y estadística, derecho y consultas legales.

El poder financiero de la "Crom", merced a esta organización y al número y proselitismo de sus miembros, llegó a ser enorme: dos centavos semanales por cada miembro, es decir, en 1926, cuarenta mil pesos mexicanos semanales, vale decir, trescientos mil pesos nuestros a la semana.

La "Crom" es, entonces, pues, la más fuerte, numerosa, organizada, disciplinada y rica de las instituciones mexicanas. Pero, ¿qué persigue? ¿Cuál es su orientación?

Ya se ha visto que, por contraposición a la C. G. T., resulta amarilla, nacionalista, reformista, posibilista.

Ella no lo niega. Su programa, que partió de la lucha de clases y la necesidad de la organización sindical revolucionaria o de resistencia, ha ido siendo cada vez más mexicano y realista. Dejó fuera de él, paulatinamente, todo cuanto oliera a dogma o teoría importada. Trató de crecer, sin abandonar la finalidad revolucionaria última, aprovechando todas las circunstancias y características del medio. Hizo o no labor política. Llevó su acción a todas partes. Estudió técnicamente los problemas. Se introdujo en el Gobierno. Manejó la opinión pública en horas de incertidumbre. Se opuso violentamente a las rebeliones de De la Huerta en 1923, Serrano y Gómez en 1927, Escobar, Manzo y Aguirre en 1929.

Su ideología, no especificada en su Constitución y sí en los hechos y las palabras de sus líderes, podría resumirse así: existencia y necesidad de la lucha de clases; organización de los capitalistas; absoluta libertad del proletariado de cada país para plantear la lucha social de acuerdo con el medio; cooperación y solidaridad internacionales en lugar de sometimiento o sujeción rígida al movimiento internacional de los trabajadores organizados; orientación socialista en el propósito y sindicalista en los métodos; reivindicación nacional de las fuentes de producción y, en consecuencia, nacionalismo económico y colaboración con los Gobiernos que sean realmente revolucionarios y nacionales; fomento en las industrias y la agricultura para llegar a la transformación total del Estado y la socialización de la riqueza "viva"; independencia total con respecto a las Internacionales Obreras de Amsterdam y de Moscú, mientras éstas no acepten la autonomía del sindicalismo regional de los países y no sean capaces de unificar en un solo haz a todos los trabajadores del mundo; afiliación a la Federación Panamericana del Trabajo (Pan-American Federation of Labour), con el fin de impulsar a los trabajadores yanquis a que contrarresten el imperialismo de los banqueros de su país, que amenazará siempre la independencia política y la organización económica de los países de Latinoamérica; y, por último, prohibición de ejercer acción política directa alguna, salvo la que lleva a cabo el Partido Laborista, sin responsabilidad alguna para la "Crom", aun cuando representa un "camino más de acción y una escuela de experiencia para los directores de sus sindicatos y federaciones".

Nada habría que objetar a una organización tan completa y menos a un programa atento siempre a la realidad nacional sin desmedro de la línea revolucionaria internacional. Pero una organización de tal clase tendría que derivar, forzosamente, por su continuo contacto con el Gobierno, hacia un personalismo oficialista o, lo que es aún más peligroso, a la consecución de tácticas políticas circunstanciales que terminarían por malearla. En principio, la "Crom" hubo de afrontar siempre este peligro: no ser "abiertamente revolucionaria en su ideología y aspiraciones y tampoco ser categóricamente política en sus procedimientos y tendencias" (1). Allí estaba el escollo y en él se estrelló la "Crom" a los diez años de vida.

Sus organizadores gastaron, sin duda, un derroche de talento, habilidad política, sentido realista, capacidad organizadora y conocimiento histórico y psicológico del medio. En tal sentido, puede decirse que la "Crom" es el hábil fruto de un oportunismo inteligente. Por eso, tal vez, recuerda tanto a la organización del fascismo imaginado por Mussolini. También la "Crom" descansó en un pequeño grupo de hombres. Ellos —Luis N. Morones y su grupo— imaginaron algo parecido en 1916. Fundaron entonces el Partido Socialista Obrero, y después, escrutando la realidad, se embarcaron con notable habilidad en la corriente sindicalista que, tarde o temprano, se dividiría entre nacionalistas e internacionalistas, realistas y dogmáticos. Aquel núcleo, el celebérrimo Grupo "Acción", se enquistó desde el primer momento en la Confederación Regional de Obreros Mexicanos. Más aún, fué su alma, su espíritu conductor, su núcleo generador. Actuó siempre, en la sombra, como una especie de Gran Consejo o supremo organismo director. Nunca se compuso de más de 25 miembros. Fué siempre hermético, rigurosamente disciplinado, compuesto por hombres que se entendían en clave o lenguaje figurado, que guardaban secreto absoluto de todos sus actos, que se hacían obedecer ciegamente, que tenían agentes en todas partes, que manejaron a la "Crom" y al Partido Laborista como mejor les vino en gana y que supieron, durante el régimen de Calles, identificarse en tal forma con el Gobierno que, durante

---

(1) ROSENDO SALAZAR Y JOSÉ G. ESCOBEDO: *"Las pugnas de la gleba".*

un momento, pudieron creer que estaban en sus manos los destinos de México.

Casi todo el Grupo "Acción" estaba compuesto por hombres selectos, aguerridos en la lucha social, cultos, conocedores de la doctrina revolucionaria y experimentados una y otra vez en la realidad mexicana. Tampoco faltaban hombres de calidad intelectual y revolucionaria en el Comité Central, la Comisión Técnico-Consultiva y hasta en las Federaciones y Sindicatos. Pero todos ellos fueron automáticamente elevándose en la escala de la "Crom". Y aquí se advierte, otra vez, el parecido con el fascismo: la organización piramidal y jerárquica, democrática sólo en cuanto al derecho de los organismos de manejar libremente sus cuestiones internas y elegir a sus hombres más capaces para representarlos en los organismos superiores. Una mezcla de autocracia y democracia, de espíritu jerárquico y espíritu asambleístico reducido al mínimo y sólo para lograr control de masas.

Pero el Grupo "Acción" tiene, a su vez, un jefe. Es, en el hecho, el Jefe Supremo.

Este se llama Luis N. Morones, y fué un antiguo obrero electricista.

Es, sin duda, la personalidad más interesante del obrerismo mexicano, que contara hombres como los Flores Magón, Carrillo Puerto, Díaz Soto y Gama, Herón Proal, Barragán Hernández y tantos otros de las más opuestas filiaciones y matices. Pero Morones es otra cosa. Es el aristócrata y el individualista por su naturaleza. Inteligencia a la vez aguda y flexible, carácter en exceso elástico y adaptable, criterio siempre sereno y pronto a captar la realidad, absoluta carencia de sentimentalismos o impulsividades: todo esto en un rico temperamento de líder, con dotes de mando, extraordinaria capacidad organizadora y una oratoria y una dialéctica capaces de registrar todos los matices del pensamiento. Tenía que destacarse, y se destacó. Su ambición pudo haberlo perdido antes. Pero lo salvaron su tacto, su instinto diplomático, su maquiavelismo que le hacía resistir sin pestañear las burlas, las ofensas y los más violentos ataques.

Su aspecto, su rostro, su psicología íntima, sus costumbres: todo contrasta en él con los demás hombres de la Revolución Mexicana. Es frío, calculador, oportunista por temperamento, epicúreo y hasta rabelesiano por fisiología. Ama la vida lujosa, la buena mesa, la distinción y el rango social. Tiene pasión por los brillantes y los adornos exteriores. Alto, macizo, adiposo, con una figura de Gargantúa obrero, hay en su rostro algo inquietante: es un rostro ancho, vulgar en apariencia, con carrillos redondos y casi fláccidos, ojuelos vivaces, labios gruesos. Toda la fisonomía, la figura y la idiosincrasia del hombre que traicionará tarde o temprano a los trabajadores. Es la antítesis, punto por punto, del admirable Emiliano Zapata. A nadie se parece. Porque es antagónico al apostolicismo de Madero, la brutalidad salvaje de Villa, la perfidia sombría de Huerta, el autocratismo imperioso de Carranza, la pureza evangélica de Carrillo Puerto. Y tampoco se parece a sus contemporáneos inmediatos: el avasallador Obregón, el sencillo y estudioso Portes Gil, el inflexible y probo Lázaro Cárdenas. Tal vez si tenga mayor parecido con Adolfo de la Huerta, sinuoso, oportunista, teatral, comediante siempre; o con cualquiera de aquellos favoritos o astros efímeros que produce la Revolución Mexicana: Pablo González, Juan B. Barragán, Aguirre Berlanga, Prieto Laurens, Celestino Gasca, obrero como él. Nada hay tampoco en él de Calles, reservado, tenaz, absorbente, intransigente también. Sólo la ambición o el Destino pudieron unirlos por algunos años.

La estrella de Morones comienza a elevarse aquel día de enero de 1915, en que Obregón, accediendo a una petición del Sindicato de Electricistas, resuelve entregar a los obreros la administración de la Compañía Telefónica y Telegráfica de México. El gerente elegido es Morones. Demuestra entonces capacidad, comprensión, sentido de la responsabilidad y del deber. Actúa posteriormente en todas las incidencias del movimiento obrero. Labora en la Casa del Obrero Mundial. Toma parte en el Congreso Preliminar de Veracruz y en el Primer Congreso Obrero. Crea el Grupo "Acción". Funda el Partido Socialista Obrero. Es el primer Secretario General de la "Crom". Organiza el Partido Laborista. Parte a Europa. Llega hasta Rusia. Se conecta en Amsterdam con los jefes de la II Internacional después de haberlo hecho con los de la III. Alcanza hasta Nueva York. Allí corrobora el entendimiento con Gompers que empezara en Laredo, en 1913. Domina decisivamente en el Comité Central de la "Crom". Es elegido diputado. En el Congreso sobresale entre todos. Una bala lo atraviesa de parte a parte en 1924, en mitad de un discurso parlamentario. Salva por milagro. Obregón lo ha hecho Director de Establecimientos Fabriles y Aprovisionamientos Militares. Allí volvió a destacarse como un organizador y un jefe. Calles lo designa su Ministro de Industria, Comercio y Trabajo. Allí torna a sobresalir. Su prestigio sólo es comparable al de Calles o al de Obregón. Muerto el manco heroico, Morones parece ser uno de los hombres de mayor talla presidencial.

Pero ha ido demasiado lejos. Su personalismo y su ambición lo han perdido. Está desconceptuado ante los trabajadores. Ha acumulado, nadie sabe cómo, una enorme fortuna. Adquiere uno de los mejores hoteles de México, el Hotel Mancera, un rascacielos de diez pisos. Especula y hace negocios en todas partes. Multiplica el número y el grosor de sus brillantes. Se hace nombrar censor teatral. Calles lo deja hacer, en espera de un momento oportuno para eliminar a este lugarteniente que también quiere ser jefe.

Su caída es repentina. Bastan pocos días para que vuelva a la oscuridad. Deja tras sí una estela de escándalo y recriminación. Personaliza dramáticamente todo cuanto la Revolución Mexicana ha tenido de caudillismo, personalismo, venalidad, amoralidad. Es el hombre turbio de una hora agitada. Es lo que tantos otros, honrados o no, sinceros o no, que traicionaron también a la Revolución: Madero, Villa, Carranza, De la Huerta, Pablo González, Guadalupe Sánchez, Maycotte, Serrano, Gómez, Valenzuela, Escobar, Manzo, Aguirre, Ortiz Rubio, Vasconcelos. Es lo que son, en el fondo de sí mismos, muchos otros a los que aun los acontecimientos no arrancan la careta.

Pero, junto con él, cae también la "Crom". Se rompe la "acción múltiple". El nuevo partido fundado por Calles, el Nacional Revolucionario, devora muy luego al Partido Laborista y arrebata a la "Crom" el secreto de su organización y de su éxito. Esta tiene que volver a ser un organismo estrictamente sindical. Lo que fuera antaño: una Confederación de Trabajadores, todavía fuerte e importante en el campo sindical, pero ya sin proyecciones políticas de ninguna especie y sin rol alguno preponderante en la dirección superior del Estado.

Después del apogeo y el derrumbre de la "Crom", el movimiento obrero mexicano ha debido atravesar por diversas etapas. Hoy continúa dividido en cinco ramas. Ellas representan al gremialismo norteamericano: el socialismo científico, el sindicalismo socialista, el comunismo y la "Crom" o trade-unionismo nacionalista y panamericanista.

Las asociaciones ferrocarrileras, siempre poderosas, han llegado a reunirse nuevamente en torno a la Cámara Nacional del Trabajo, institución que conserva la tradición gremial norteamericana del gremio ferroviario mexicano, pero que sigue muy de cerca los métodos de la Afol (American Federation of Labour). Es, actualmente, la más organizada y rica de todas. La Confederación General de Trabajadores, anarcosindicalista en sus comienzos, encuadra hoy día su acción dentro del socialismo sindicalista. Maneja aún los fuertes gremios de hilados y tejidos. Pero se ha mantenido estacionaria en cuanto a número de afiliados y control de sindicatos.

La "Crom" se ha visto reducida a un pequeño núcleo de trabajadores. Carece de la influencia campesina, burocrática y profesionista que llegó a tener. Perdió su fuerza política directa. Sólo cuenta, pues, con algunos núcleos sindicales que continúan inspirándose en la vieja doctrina de la institución y adheridos a la Federación Panamericana del Trabajo.

La penetración comunista no ha logrado avanzar en México. Su acción política ha sido nula, y su acción sindical, limitadísima. Los tiempos de Sen Katayama y de la Convención Radical Roja están lejos. Los comunistas de hoy, siempre afiliados a la III Internacional y dependientes de ella, han logrado formar la "C. S. U. M.", la "Confederación de Sindicatos Unidos de México", que cuenta con el número menor de afiliados entre todas las organizaciones obreras.

Pero ha nacido una nueva organización, que recogió la herencia y el espíritu inicial de la "Crom", que se apoya en las técnicas del socialismo científico y, mediante la acción directa y la agitación revolucionaria, está hoy día sobrepasando en fuerzas a todas las demás, aun cuando todavía no cuente con una influencia decisiva sobre el movimiento sindical. Es la Confederación de Obreros y Campesinos que fundara el Lic. Vicente Lombardo Toledano, líder social, catedrático y estudioso, salido de las filas de la clase trabajadora.

Todas estas organizaciones van a la huelga y emplean los métodos usuales de la lucha sindical, aun cuando sólo tres de ellas tengan como principio básico la lucha de clases y la acción revolucionaria, directa o indirecta, con prescindencia política: la C. G. T., la C. S. U. M. y la que pudiéramos llamar anagramáticamente "C. O. Y. C.".

Hasta fines de 1934 existían en el país 3,238 sindicatos, con un total de 395,210 afiliados en lucha contra 166 sindicatos de patrones con 5,128 afiliados. Las primeras cifras sólo representan el 50% de los trabajadores de la industria, que fluctúan entre 500,000 y 550,000. La mitad de ellos, a raíz del fracaso de la "Crom" y la lucha entre las corrientes obreras antagónicas, se mantienen al margen, afiliados a organizaciones que, si no sindicatos por el momento, no tardarán en serlo, apenas entre en vigencia la sindicalización obligatoria. Por lo demás, y para completar esta ojeada panorámica, habría que recordar el enorme incremento de la pequeña industria y el fuerte porcentaje de antiguos obreros industriales que ésta ha logrado absorber en el día de hoy.

Prescindiendo de las entidades campesinas, que antes funcionaran adheridas a la "Crom" y que hoy están organizadas en asociaciones ejidales y ligas agrarias, reunidas todas en la formidable "Confederación Campesina Mexicana", se puede calcular que los obreros de la industria alcanzan en México a un millón, incluyendo a los elementos libres y los refractarios a toda organización.

La situación general del obrero frente al Estado Revolucionario ha cambiado notablemente. Existe, desde 1928, el Código del Trabajo, por el cual lucharon, infructuosamente, Obregón y Calles. Los obreros organizados saben ya que pueden plantear la lucha social con probabilidades de éxito. La Constitución y la ley respectiva les dan las armas necesarias para ello. Lo demás lo hacen su conciencia de clase y su organización revolucionaria.

El año último, en agosto, se reunió el Primer Congreso de Derecho Industrial de México. Obreros y patrones enviaron igual número de delegados. El Estado proporcionó otros tantos técnicos y asesores. Presidió el ingeniero Juan de Dios Bojórquez, revolucionario de cepa, escritor vibrante, polemista de nota, antiguo guerrillero en la lucha contra Huerta, ex Director del Departamento de Estadística y del Departamento del Trabajo, gigantón moreno, cordial, con ojos de niño, que fué el primer Ministro de Gobernación del General Cárdenas. Supo dirigir los debates con cordura y ecuanimidad. Las conclusiones aprobadas hacen esperar que la legislación social mexicana llene pronto sus vacíos actuales: salario mínimo efectivo; seguros sociales obligatorios de enfermedad, invalidez, vejez, muerte, montepio y familia; creación de un organismo regulador permanente: un Consejo Superior del Trabajo.

Pero en aquel Congreso se vió, una vez más, la unión que existe, a pesar de todo, entre las organizaciones obreras revolucionarias y el joven Estado surgido de la Revolución. ¿Volverá la tradición de los batallones Rojos de Veracruz y de aquella "Crom" que bloqueó a los "infidentes" de 1923 y 1927? Es posible, si la Revolución, como parece hasta el momento, entra a una nueva etapa revolucionaria. El socialismo científico y el socialismo sindicalista, las dos corrientes obreras más importantes por su ideología y su trascendencia social, no es imposible que lleguen a unirse, por encima del comunismo sindicalizante, el trade-unionismo y el laborismo norteamericano. Y tampoco es aventurado que mañana, en un momento de peligro para la Revolución, todos ellos, e inclusive la actual Cámara Nacional del Trabajo y los restos de la "Crom" estén reunidos, arma al brazo, junto a la Revolución en peligro.

Por el momento, cada una de las diferentes ramas del movimiento obrero mexicano plantea, conforme a su doctrina y sus métodos particulares, la lucha clasista. Tal es su papel y tal su Destino. Pero, entretanto, la Revolución sigue su camino, la misma Revolución que les ha dado derechos y organización y posibilidades de toda clase; la misma que ha luchado contra los grandes industriales y los agobiadores imperialismos; la misma, en fin, que está creando nuevas condiciones y posibilidades de vida en el antiguo México porfirista y colonial.

El movimiento obrero ha seguido una marcha paralela a ella. Ora a su lado, ora dentro de ella, ora a la distancia, ora en franca pugna. Pero ha seguido el mismo ritmo de la Revolución. Se sabe apoyado en ella y hasta confundido, más allá de sus particulares reivindicaciones de clase, en esta marejada colectiva que avanza desde el fondo del pasado a la conquista de un país libre, rico, igualitario. Verdad es que el trabajador de la industria no puede pesar tanto en la Revolución

Mexicana, esencialmente agraria, como el campesino o el indígena. Pero tras ellos, en igual plano de importancia, actúa también y junto a sus hermanos de clase, a todos los que, como él, como el obrero, son igualmente explotados: el campesino, el indígena, el estudiante proletario.

La Revolución Mexicana es, en primer término, agraria, pero es también obrera, y estudiantil, y militar. Abarca todos los sectores del proletariado mexicano. De ahí que sea, más que un movimiento político, una Revolución Social. Y allí finca, entre otras cosas, su importancia para el resto de la América Latina.

EL EJERCITO REVOLUCIONARIO

LA Revolución Mexicana, basada en el campesino y el indígena, ha contado, también, con el apoyo del obrero. Y hasta logrado infundir una nueva mentalidad en las generaciones infantiles. Pero todo este edificio no habría podido levantarse a no haber dispuesto de un factor decisivo en las etapas de transformación revolucionaria: la fuerza armada.

El empleo de ella por los hombres de la Revolución es uno de los capítulos más interesantes en el desarrollo del movimiento mexicano. El país ha sido, siempre, una tierra dramática y violenta, en donde la vida humana tuvo tanto valor como una carta. La historia nacional está teñida en sangre desde la época precortesiana. Los aztecas eran un pueblo esencialmente guerrero. Mataban por espíritu religioso y expansión imperialista. Los mexicas llegaron a dominar en todo el Anáhuac gracias a su ferocidad, a su organización militar, a su concepto férreo del Estado. Anhelaban la unidad nacional y mataban por ella. El dios supremo,

Huitzilopochtli, no se sació jamás de sangre humana. Así se explica que florecieran instituciones como aquella "guerra florida", que trabaran, en tiempo de paz, aztecas y tlaxcaltecas para proveerse de carne fresca.

La Colonia ha seguido igual ritmo. La introducen los Conquistadores, que dejan tras sí una estela de sangre y de crueldad. Continúan las guerras hasta completar la dominación total del país. La casta militar sabe situarse en el vértice superior del Estado. Capitanes y militares de profesión constituyen clase escogida, que pronto deriva en dueña de la tierra. Pero la institución militar en sí misma es relativamente débil. Sólo existen fuerzas de policía y contadas fuerzas militares. Aun no nace el militarismo, que gangrenará después a México.

Este aparece con la Independencia. Pero la gesta libertaria no la promueven los militares de profesión que, sin excepción, combaten por el realismo junto a los últimos virreyes. Son curas humildes los que se ponen al frente de ejércitos improvisados. Los peones, los artesanos, los inquilinos, los mestizos, los míseros indígenas: tales son los primeros soldados patriotas. Luchan contra ellos los poderosos ejércitos españoles que comandan Calleja del Rey y otros feroces jefes realistas. La intentona libertaria es ahogada en sangre. Y la Independencia sólo viene a conseguirse, en virtud de un pacto político, en el momento en que la desean el clero, los terratenientes, los altos funcionarios y la casta militar. Iturbide, militar de profesión, deviene el primer caudillo mexicano. Imprimirá un sello duradero en la historia del país. Militar realista, termina por traicionar el realismo. Personero de la causa liberal y republicana, se entrega en el poder a la clase conservadora y clerical y mancha la Independencia dando un golpe de mano para apoderarse del mando.

Es el primer cuartelazo, el primer uso funesto de la fuerza que hace un militar mexicano. Iturbide abre el camino a todas las traiciones y felonías posteriores. Es el padre de Santa Anna, Bustamante y Paredes; el abuelo de Miramón, Mejía, Márquez y Porfirio Díaz; el antepasado lejano de Villa, Pablo González, Guadalupe Sánchez, Rómulo M. Figueroa, Fortunato Maycotte, Enrique Estrada, Francisco R. Serrano, Arnulfo Gómez, Gonzalo Escobar, Roberto Cruz, Fausto y Ricardo Topete, Marcelo Caraveo, Jesús M. Aguirre y tantos otros que la historia no se ha molestado en registrar.

Desde entonces, 1821, la casta militar pesa decisivamente sobre el nuevo Estado. Oscila de un lado a otro en el piélago político. Ora sirve al clericalismo como al liberalismo jacobino, ora a la República como a la Monarquía. Durante treinta y cuatro años, desde Iguala hasta Ayutla, produce tipos de sombríos dictadores, como Santa Anna; de gobernantes irresponsables, como Bustamante; de traidores perpetuos, como Paredes Arrillaga; de jefes vacilantes, como Comonfort. Engendra, después, a fanáticos de genio militar, como Miramón o Mejía; a fieras humanas, como el Márquez de Tacubaya; a felones de su patria, como Almonte y Salas; a pequeños ambiciosos, como Zuloaga.

Es la época trágica del militarismo anárquico y el desenfreno caudillista. Los ejércitos se forman por el procedimiento de levas, arrancando a la fuerza a los individuos de sus hogares y llevándolos a la muerte sin saber por qué. El militar vive del pillaje, el botín o la simple traición. Siempre está dispuesto a venderse y alzarse en armas. Cualquier oficial lleva en su guerrera un "plan" político que lo convierta en general, en gobernante, en millonario. Los cupos de guerra, los impuestos a particulares, los asaltos al presupuesto, son moneda corriente. Inmoralidad, brutalidad, audacia, antipatriotismo: ésas son las condiciones que definen a la casta militar hasta la época de las guerras del Imperio.

Aquella casta frenética de pillaje y saqueo comienza a desaparecer cuando las tropas de Forey y Bazaine invaden el país. Cuesta poco y se gana mucho sirviendo al invasor, como Márquez o Miramón. Pero es preciso tener algún sentido patriótico y cierto mínimo de moral para combatirlo tenazmente, exponiendo siempre la vida, como lo hacen Ramón Corona, Porfirio Díaz o Mariano Escobedo. El general más grande de todos es, en esta época histórica, como lo fueran el cura Morelos y el agricultor Guerrero en la Independencia, un civil, un abogado, un indiecito: Benito Juárez. Durante las guerras de la Reforma comenzó a formarse, junto a él, una casta de civiles militarizados: Degollado, Zaragoza, Escobedo. Son maestros, pequeños comerciantes, oscuros civiles a los que la lucha intestina lanza al campo de batalla.

La casta militar, forjada en la guerra exterior, comienza a transformarse en un ejército regular. Un tirano tan sobrado de talento como falto de escrúpulos, Porfirio Díaz, acaba de completar esa evolución del militarismo de su patria. Este ha dejado de ser caudillista y anárquico. Ahora pasará a ser pretoriano. El mismo Don Porfirio es un hábil general que se ha cubierto de gloria. Sabe dominar a los jefes subalternos con el oro o el hierro. A unos, como a Manuel González, los atiborra de dinero. A otros, como a García de la Cadena y a Ramón Sorona, los hace matar a traición. Se sobrepone a las ambiciones de los unos y al honrado patriotismo de los otros. Y así crea, sobre ellos, el ejército "porfirista", con organización técnica, inspiración francesa y psicología prusiana. Resucita la vieja casta militar del imperio azteca y el virreinato de la Nueva España. Organiza, arma, disciplina, moderniza al ejército. Lo paga generosamente. Le confiere un rango social elevado. Logra hacer de él un dócil instrumento de sus ambiciones. Lo transforma, en buenas cuentas, en un ejército particular. La misión del militar porfirista no consiste sino en sostener al Gobierno a toda costa, conservando "el orden público" a sangre y fuego. Bien lo supieron, en 1906, 1907, 1908, 1910, los trabajadores de La Cananea, Orizaba, Las Vacas y Ciudad de México.

La Revolución de 1910 se sobrepone al ejército porfirista. Las masas armadas, o, mejor dicho, desarmadas, carentes de armas, medios de guerra, táctica y disciplina, logran expulsar al viejo Faraón mexicano. Pero el ejército que él formara ha quedado intacto. Obedece a Madero durante un año. Bate a Orozco, no sin ser batido, en Chihuahua y Morelos, una y otra vez por los campesinos rebeldes. Y luego, siguiendo su tradición histórica, traiciona y vende al propio Madero. Uno de sus jefes representativos, Victoriano Huerta, encarna al tipo del pretoriano profesional. Es el último de la historia de México. Y ese ejército es también el último.

El segundo avance de las masas armadas da al traste con el flamante ejército porfirista. Campesinos, obreros y estudiantes se bastan para destrozar los cuadros técnicos de una fuerza armada carente de moral, de patriotismo, de la cohesión espiritual íntima que les sobra a sus animosos adversarios. Es el momento en que frente a los generales tácticos, formados en Europa o las academias militares, se yerguen los generales improvisados de la Revolución: Alvaro Obregón, un mecánico y pequeño agricultor; Francisco Villa, un ex capitán de bandoleros y merodeador de los campos; Emiliano Zapata, un peón de la gleba; Plutarco Elías Calles, un maestro primario; Lino Morales, un indio yaqui.

La firma de Alvaro Obregón, trazada sobre un guardabarros en calidad de pupitre, estampada al pie del pacto firmado con el Presidente interino Carbajal, en Teoloyucán, es el *requiescat In Pace* sobre la tumba del ejército porfirista. Queda abierto el camino al ejército revolucionario.

Pero, ¿existe un ejército revolucionario? ¿Se puede llamar tal a esta heterogénea muchedumbre de indios, mestizos y criollos descalzos, misérrimos, armados hasta los dientes, resueltos a todo, que a veces luchan sin saber el motivo?

Claro es que, profesional y técnicamente hablando, no puede hablarse de un ejército propiamente dicho. Pero hay, sí, soldados de la Revolución que son otros tantos hijos de ella. A todos los liga, confuso o no, sincero o no, el ideal revolucionario. Pero carecen de orientación y de programa. No saben a dónde van. Deben, todavía, atravesar por todas las etapas de la lucha armada para que puedan, algún día, sobre la base de un ejército nacido en los propios campos de batalla, crear un ejército moderno, capaz de defender al Estado contra agresiones exteriores o interiores.

Ese proceso de depuración y hasta de profilaxis dura largos años en México. El propio ejército revolucionario se encarga de purificarse a sí mismo. La costumbre de guerrear, la falta de sentido cívico, la ausencia de un claro ideal revolucionario, las tentaciones del poder o el dinero: tales son los agentes determinadores de la autodecantación del ejército salido de la Revolución.

Empresa difícil y casi sobrehumana la de refinar y acondicionar técnicamente a este ejército nacido del calor de la refriega, cuya Escuela Militar fué el propio campo de batalla; cuya preparación técnica, el valor y la audacia; cuya moral profesionista, la moral del combatiente que aspiraba, jugándose la vida, a conquistar un poco de libertad y de pan para el centenario siervo mexicano.

Un ejército así, formado por peones, indígenas, artesanos, estudiantes, pequeños burgueses, que refunde en una sola categoría a todas las clases sociales y razas del país, presenta dificultades casi insuperables y, al mismo tiempo, ventajas evidentes sobre el ejército profesional, de tipo prusiano o francés, que se estila en la América Latina.

No es tan fácil licenciar, ni disciplinar, ni someter al control gubernativo a un ejército de tal procedencia. El obrero o el campesino armados conocen el poder de su Máuser. El coronel o el general, que a veces o casi siempre ascendió a tales grados desde simple soldado, sabe lo que valen su espada y su decisión. Este nuevo ejército, el de la Revolución, tiene que ser, forzosamente, un semillero de caudillos menores y una amenaza constante de militarismo.

Pero, al mismo tiempo, por su propia extracción, es una garantía de democracia y espíritu igualitario. Formado en el combate, crecido en la refriega, el ejército revolucionario ha logrado agrupar, bajo un mismo sufrimiento y un mismo peligro, a veces bajo un mismo ideal, a clases sociales y a razas distintas que antaño se odiaban o menospreciaban. Ahora han aprendido a estimarse y a luchar contra el enemigo común.

Terminada la lucha armada, pacificado el país, aplastados Villa y su gente, desaparecido Zapata, le corresponde a Obregón, Ministro de Guerra de Carranza, luchar contra el militarismo de que él mismo forma parte. El militarismo se combate con sus propias armas. No se ha dado el caso de un civil que domeñe a un caudillo victorioso con el solo poder de su palabra o su razón. Y ha de ser el caudillo más brillante de todos, el general insuperable de las campañas contra Huerta y Villa, Alvaro Obregón, quien comience a podar, enérgicamente, el árbol del militarismo.

En el fondo de sí mismo, Obregón es algo más que un militar con ambiciones: un civil con capacidad de estadista y alma de conquistador. A Calles le ocurre algo parecido. Ni el mecánico-agricultor ni el maestro primario son militares de profesión. Obregón entrega a Calles, cuando le designa Ministro de Guerra, un ejército hipertrofiado, casi monstruoso. Los generales abundan como las moscas. El número de jefes y oficiales casi iguala al de los soldados. El ejército devora la mayor parte del presupuesto. Ni la campaña agrarista ni la campaña educacional de la Revolución podrán fructificar mientras persista el ejército devorando ¡un millón de pesos diarios! Era un peligro económico y social permanente. Mientras él existiera en tal forma, no habría financiamiento posible del presupuesto, ni estabilidad política asegurada, ni destino cierto de la Revolución.

Mas, por fortuna, el mismo espíritu caudillista se

encarga de denunciarse y devorarse a sí mismo. El ejército mexicano cuenta, en diciembre de 1923, con 508 generales, 2,758 jefes, 8,583 oficiales y sólo 59,030 soldados. No hay dinero ni granjerías para todos. El propio Adolfo de la Huerta se encarga de cortar el nudo gordiano. Su sublevación libera al país y al presupuesto de 102 generales, 576 jefes, 2,477 oficiales y 23,224 hombres de tropa.

La segunda poda la llevan a efecto, aunque en escala mucho menor, los desdichados generales Francisco R. Serrano y Arnulfo Gómez, al levantarse en armas en 1927. Sólo una pequeña fracción del ejército les sigue, pero eso basta para eliminar, automáticamente, a un nuevo contingente de generales, jefes y oficiales. La tercera poda corre por cuenta de los generales Escobar, Manzo, Aguirre, Caraveo, Urbalejo, los dos Topete, Roberto Cruz, Iturbe, Ferreira y demás "infidentes" de 1929. La profilaxis ha sido ahora más intensa. Numeroso es el contingente de generales, jefes y oficiales que se licencian voluntariamente, y cuyos bienes, casi todos ellos mal adquiridos, pasan a poder de la nación.

Todas estas insurrecciones dejan en claro un hecho trascendente: el militarismo fué perdiendo pronto su fuerza primitiva. La Revolución ha ido demasiado lejos y penetrado demasiado hondo. El campesino y el obrero ya no son la carne de cañón de antaño. Ni el uno ni el otro están dispuestos a seguir a cualquier caudillejo enemigo de su clase. Las masas no lucharán ya contra una revolución que les ha dado tierras, organización sindical, educación rural y primaria, posibilidades artísticas, y sabido despertar en ellos el sentimiento de su clase y el concepto de su patria, como un país que quiere libertarse de la opresión económica de los grandes imperialismos.

Campesinos y obreros toman las armas contra De la Huerta. La "Crom" logra que la "Afol" obtenga del Gobierno de Washington que impida el envío de armas a los rebeldes. El proletariado manifiesta desde el primer momento su desafección a Gómez y a Serrano. Y son los campesinos de Sonora, Durango y San Luis Potosí, las ligas agrarias y los sindicatos obreros, los que se apresuran a batir a Escobar y a sus secuaces en 1929. Ya se alza frente al poder militar el poder civil creado por la Revolución. La fuerza no podrá imperar ya más en México si previamente no se apoya en el pueblo y no interpreta sus reivindicaciones fundamentales.

Recientemente, en junio de 1934, al sobrevenir el choque entre Cárdenas y Calles, no pocos creyeron que el ejército mexicano seguiría, otra vez, al antiguo "Jefe de la Revolución". Creyóse que se iba a repetir el caso de Ortiz Rubio. Pensóse que Cárdenas tendría que acatar dócilmente los imperativos del omnipotente hombre de Cuernavaca. Sin embargo, ocurrió todo lo contrario. El ejército contempló indiferente esta lucha política y no le dió otro valor que el de una escaramuza, inevitable por lo demás, en el devenir de la Revolución.

Y es que, paralelamente a este proceso de desintoxicación caudillista y desinfección militarista, se ha ido operando en México un fenómeno explicable: el ejército se hace cada vez más técnico y menos político. Cada día es más profesional y menos improvisado. Los prestigios ganados en la lucha armada de la Revolución pertenecen, ahora, a la historia. Ni la audacia, ni el golpe de mano, ni el azar de los campos de batalla constituyen ahora valores militares en el nuevo ejército mexicano.

Este sí que representa genuinamente a la Revolución. Procede directamente de aquellos que batieron el cobre en llanadas y serranías. Tiene su ejemplo, pero no sus pasiones ni su inevitable tendencia al poder fácil y el enriquecimiento rápido. Está moldeado por la Revolución y ha debido luchar por ella contra católicos fanáticos y contrarrevolucionarios. Son los hijos de la Reforma Agraria y la Escuela Rural. Los que crecieron amamantándose en el artículo 27 y el artículo 123 de la Constitución. Los que asistieron a la restitución y dotación de tierras a los ejidos. Vinieron, pues, a compenetrarse de la Revolución y de su obra mucho más hondamente que sus antecesores, que la hicieron en el campo de batalla, llevados al combate por un confuso instinto de clase y sin saber, a ciencia cierta, en nombre de quién y para quién estaban luchando.

El ejército mexicano de hoy, de pura extracción revolucionaria, es uno de los mejor organizados de la América Latina. Sobresale en materia de instrucción militar. Posee academias militares para cada arma y cada período. Y hasta una Escuela Superior de Guerra y un Ciclo Obligatorio para Generales, que son otras tantas escuelas de perfeccionamiento superior. Su armamento, disciplina, organización general y modernización de servicios corren a parejas con los de cualquier ejército de primera fila.

Pero donde se advierte mejor la huella de la Revolución es en el espíritu social que lo anima. La disciplina existe sólo en los cuarteles. Nada de rigideces prusianas que lesionan la dignidad humana y la personalidad del individuo. Ningún subordinado tiene derecho a obedecer órdenes superiores que no se refieran, taxativamente, al servicio mismo. Soldados y clases no están obligados a prosternarse en plena calle, como en Chile o Perú, ante sus jefes y oficiales. No existen desigualdad social ni esa odiosa división en clases que aqueja a todos los ejércitos y hace de ellos instituciones, por gloriosas que sean, tan poco atractivas para un espíritu libre.

Jefes, oficiales y soldados proceden del mismo tronco. Están moldeados en igual escuela. A todos ellos los tostó el viento caliente de la Revolución. Aprendieron a sufrir y luchar juntos. Supieron morir juntos también. Los une el sacrificio, pero también el sentido de la Revolución que, en este caso, es el sentido mismo de la patria.

Tal ha sido una de las labores más interesantes de la Revolución: crear un ejército, un ejército de clase, popular, específicamente revolucionario, que se ha depurado y seguirá depurándose a sí mismo. Un ejército que, por cierto, no osa parangonarse con el asombroso ejército rojo que comanda el camarada Voroshilov, pero que, por lo menos, pueda, desde lejos, comparársele. Porque el ejército de la Revolución se aparta, sensiblemente, en México, de todos nuestros ejércitos, chauvinistas en el mejor de los casos, atentos siempre a defender a la burguesía o a tolerar, como ha ocurrido en Chile, que ésta los denigre superponiéndoles milicias civiles.

La obra de la Revolución, pues, ha sido más profunda de lo que muchos de sus actores creen. Ha penetrado ya en el Campesino, el Indígena, el Escolar, el Estudiante, el Obrero, el Soldado. Ahora sólo le faltan un instrumento político propio y un plan regular de gobierno para terminar su obra.

Ya los tiene.

El uno se llama el Partido Nacional Revolucionario. El otro, el Plan Sexenal.

EL PARTIDO NACIONAL REVOLUCIONARIO

EL campesino, el indígena, el estudiante, el obrero, el soldado, todos ellos orientan y basamentan la Revolución a modo de grupo escultórico. Pero hasta entonces, fines de 1928, la labor de cada uno de ellos ha sido parcial y raras veces conexa con la de los demás. Unos y otros han combatido, cada uno en su campo respectivo, por el triunfo de este irresistible movimiento de liberación nacional.

Pero todavía la Revolución carece de un instrumento de acción permanente, coordinado y eficaz, que eleve a un plano superior la acción gremial o de grupo de cada uno de los sectores en que se apoya. Necesita una herramienta ejecutiva que condense a todas las demás y unifique su acción en el sentido de dotar a la Revolución de un motor impulsador, un instrumento crítico, un cimiento humano constante que obre por su sola presencia a manera de reactivo cotidiano.

Así nace el Partido Nacional Revolucionario.

Es, también, una creación exclusiva de la Revolución. Los partidos políticos han tenido vida efímera. Apenas si existen desde 1908, desde aquel histórico momento en que el anciano Faraón anunciara al mundo, por boca de John Creelmann, su intención de llamar a elecciones libres. Hasta entonces no existió, en verdad, tradición política alguna en México. La Independencia no fué, como se ha visto, más que un acto de prestidigitación política. El poder pasó a los criollos, pero no salió de las manos de sus detentadores de siempre: el cura, el terrateniente, el alto funcionario y el comerciante que empezaba a formarse.

Desde entonces, la historia política de México se reduce a una enconada lucha de razas y de clases más que de partidos políticos antagónicos. Sólo existen bandos, izquierdas y derechas profundamente diferenciadas, principios que pugnan por teñir al Estado de un matiz particular.

Es la lucha de la Colonia contra la República al través de los más diversos matices y aspectos. Ora es la pugna de centralistas contra federalistas, de conservadores contra liberales, de republicanos contra imperialistas, de liberales contra dictatoriales futuros. Pero son siempre los mismos principios los que forcejean por hacer la historia de México: el concepto monárquico, oligárquico, clerical, que deriva directamente de la Colonia, contra el concepto republicano, democrático, liberal, salido de las entrañas de la República. La última fase de la lucha, entre liberales dictatoriales, entre Lerdo de Tejada y Porfirio Díaz, es de tan corta duración que sólo puede considerarse como un síntoma. El primer principio triunfa con Santa Anna, y, el segundo, con Juárez. Aparece después algo que los supera a ambos, y ese algo, la dictadura científica, viene a ser el último destello de la Colonia monarquista y ultramontana. Porfirio Díaz representa el postrer estertor de los encomenderos, los frailes y sacerdotes, de la aristocracia de cepa colonial, la casta militar, el alto comerciante, el banquero y el invasor imperialista que han logrado, entre todos, aherrojar al Estado y convertirlo, al servicio de sus intereses de clase, en un Estado-gendarme, vejatorio, despótico, expoliador de las masas.

El porfirismo sólo engendra una expresión política propiamente tal: el Partido Científico, encabezado por el hacendista José I. Limantour y el ingeniero Ramón Corral. Fué, más que una camarilla particular, una especie de regimiento de corps o de pretorianos políticos. El Partido Científico se deshace como un helado al calor de la Revolución. Pero también les ocurre lo mismo a los sectores políticos en que se divide, primeramente, la opinión opositora a la dictadura permanente. El partido "reyista" desaparece cuando su líder, el general Bernardo Reyes, se ausenta de México para no enfrentarse al poderoso Faraón. Y el último de ellos, el Partido Democrático Antirreeleccionista viene a ser, en verdad, el primer partido político de la historia mexicana.

Su programa fué mínimo y puede reducirse al anhelo de derribar la dictadura y devolver al país el goce de las instituciones republicanas consignadas en la Carta Fundamental de 1857. Su hombre representativo es el infortunado Madero. Dura lo que él. Y desaparece también arrastrado por el turbión revolucionario que lo arrasa todo.

Terminada la lucha armada, dictada la nueva Constitución, solidificado el Gobierno constitucional en la forma, pero autocrático y dictatorial en el fondo, de Venustiano Carranza, los partidos políticos comienzan a formarse como una consecuencia natural. Pero todos ellos se distinguen, durante un lapso, por ciertas características generales: son fracciones personalistas, presupuestívoras, que encarnan ciertos grupos de intereses más que determinados matices de la ideología revolucionaria. El pueblo, además, está alejado forzosamente de ellos. El campesinado espera la restitución de los ejidos y aun pasarán años antes que comience a organizarse en asociaciones ejidales y ligas agrarias. El obrero industrial oscila entre el anarquismo y el sindicalismo. Ni el uno ni el otro pueden ir a vitalizar los partidos.

El primero, en el orden cronológico y político, es el Liberal Constitucionalista, duránte el Gobierno de Carranza. Depende, en cierto modo, del Primer Magistrado. Controla los puestos públicos. Domina el presupuesto. Y hasta cuenta con algunas figuras políticas de la hora: el ingeniero Rafael Zubarán Capmany, el general Antonio I. Villarreal, de los viejos tercios anarquistas, compañero de Diéguez y los Flores Magón en Orizaba, ex luchador obrero, figura política pintoresca, en que el general y el político tonante se alían con el revolucionario romántico. Hubo otros, el licenciado Martínez de Escobar, el profesor Badillo, el licenciado Eduardo Neri, que tuvieron también significación. Pero el más interesante de todos es el general Antonio I. Villarreal, combatiente contra Díaz y Huerta, partidario de Villa y de Obregón después, rebelde con De la Huerta, con Serrano y con Escobar a lo largo de seis años, oponente eterno a la candidatura presidencial, candidato derrotado, sucesivamente, por Calles, Obregón, Ortiz Rubio y Cárdenas.

La ideología revolucionaria es tímida e incierta en el Partido Liberal Constitucionalista. No tiene raigambre popular alguna. Lo componen generales y profesionales y alguna pequeña burguesía que logra, así, hincar diente en el presupuesto. Vive del favor de Carranza. Y pesa en el país durantes tres años (1918-1921) consecutivos.

Frente a él surge una agrupación política de base popular y pequeño burguesa. No es una organización revolucionaria todavía. Condensa, poco más o menos, la clase media de esta revolución que durante el carrancismo había secretado una especie de aristocracia revolucionaria, compuesta por generales, favoritos palaciegos, políticos oportunistas, todos aquellos eternos traficantes del poder que aparecen en todos los regímenes y, especialmente, a raíz de las convulsiones revolucionarias.

La nueva organización, que nace y se desarrolla en el carrancismo, logra conquistar la mayoría parlamentaria en 1921. Pasa, entonces, a ocupar el sitio de su contendor. Se llama el Partido Cooperatista Nacional. Tiene, en el fondo, la misma extracción y no se diferencia gran cosa en cuanto a ideales. Sólo representa, en el tiempo, un paso más, una mejor concordancia con el momento que vivía la Revolución. Tampoco puede vivir alejado del calor vivificante que exhala el Palacio Nacional. Obregón lo apoya y se sirve de él para eliminar al Partido Liberal Constitucionalista, último vestigio del carrancismo que devino en reaccionario y —peligros de la victoria— se corrompió muy luego a sí mismo.

En el nuevo partido, sin embargo, aparecen figuras políticas nuevas, todas con horizonte y porvenir y dotadas de efectivas capacidades: Emilio Portes Gil, Froilán C. Manjarrez, periodista, escritor, revolucionario que siguió adelante sin desviarse; Martín Luis Guzmán, el novelista admirable de "Tierra de Aguilas"; Juan Manuel Alvarez del Castillo, Mariano Samayoa, Gustavo Arce y otros. Pero el Partido Nacional Cooperatista cuenta entre sus filas a una figura de sumo colorido, digna de compararse a Adolfo de la Huerta y Luis N. Morones: es Jorge Prieto Laurens, el otro caudillo de la insurgencia de 1923, antiguo jefe de estudiantes católicos, orador fácil y convincente, político ducho en triquiñuelas y arterías, organizador de "porras" y "cuadrillazos". Es ágil, elástico, insinuante, meloso o airado, según venga la hora. Tiene una audacia y una ambición sin límites, inteligencia y agudeza. Pero carece de contextura moral, de espíritu revolucionario, de cultura sólida. Personifica, en aquella hora, la política menuda y maquiavélica.

Domina por completo a su partido. Portes Gil y Manríquez luchan contra él infructuosamente hasta que logran, contemplando su actitud sospechosa y su constante cubileteo político, constituir un grupo parlamentario "callista", en vísperas de las elecciones presidenciales de 1924. Ambos abandonan el partido y éste queda reducido a un conglomerado de burócratas, empleados públicos manejados por el versátil Prieto Laurens y entregados, en cuerpo y alma, al dadivoso De la Huerta, quien había utilizado el erario nacional, durante tres hábiles años, para crear intereses personales en su derredor y asegurar para sí la Presidencia de la República.

El Partido Cooperatista Nacional cae hecho pedazos al choque de la rebelión de 1923. Los acontecimientos ocurridos lo liquidan rápidamente. Representa, durante su actuación, la evolución de las clases medias de la Revolución, que deben optar por ésta o por una política y una ideología de circunstancias. Los primeros, al mando de Portes Gil, continúan marchando al ritmo de la Revolución. Los segundos desaparecen con su audaz jefe, Prieto Laurens.

Pero muy luego, aun antes que termine el autocratismo carrancista, nacen partidos políticos de clase. Son núcleos obreros y campesinos que, si no parlamentariamente, llegan a controlar la situación política en el régimen de Calles. Ambos, el Laborista y el Agrarista, unidos al pequeño Partido Socialista del Sudeste, obra y organismo del socialismo yucateco de Carrillo Puerto, logran equilibrar la balanza política en la administración obregonista. Unidos al Partido Cooperatista Nacional en un fugaz bloque político, derriban al Partido Liberal Constitucionalista de las comisiones permanentes de la Cámara y, acto seguido, abren sus fuegos contra el partido que se apodera entonces del presupuesto y la administración pública.

El Partido Laborista es la derivación política de la "Crom". Su jefe es el mismo Luis N. Morones. Hace una lucha ideológica inteligente. No participa directamente en escaramuzas políticas. No necesita enquistar sus miembros —trabajadores de la fábrica o el pequeño taller— en la administración del país. Pero, en cambio, sus jefes —Morones, el inteligente Lombardo Toledano, Celestino Gasca, el líder Juan Rico, Ricardo Treviño, Juan Lozano, etc.— sí que actúan cerca del Gobierno, pero siempre en puestos altos y delicadas funciones públicas, en donde puedan ejercer alguna acción efectiva y contribuir al desarrollo del laborismo político mexicano y de su precedente obrero, la Confederación Regional Obrera, que es a él lo que las "trade-unions" del Reino Unido al Labour Party que fuera de Mac-Donald, Henderson, Snowden y Margaret Bonfield.

El último en aparecer en el escenario político es el otro partido, el Nacional Agrarista, que nace a raíz y consecuencia del "plan" de Agua Prieta, y que a los dos años, en mayo de 1922, cuenta con más de un millón de afiliados, todos "laborantes" del campo y el suelo agrícolas. El Partido es el eje de las reivindicaciones campesinas, impostergables y fundamentales en México. Su credo político es el vigoroso "Plan de Ayala" que lanzara en Morelos el inolvidable Emiliano Zapata. Su medio de acción, el cumplimiento total del artículo 27 y la total dictación de leyes agrarias que restituyan al campesino, en todo el país, los ejidos que antes le pertenecieran o que le doten de nuevas tierras ejidales. Lucha por organizar a los pequeños productores del campo en cooperativas agrícolas y logra la ampliación de la "refacción" o crédito agrícola que necesitan para explotar sus tierras en buena forma.

El Partido Nacional Agrarista domina en los Estados de Morelos, Puebla, Veracruz, San Luis Potosí y Durango. Como el Laborista, va en socorro armado del Gobierno cuando éste debe resistir las sublevaciones de Adolfo de la Huerta y después la de Serrano y Gómez. Cerca de 20,000 agraristas se movilizan militarmente en ambas ocasiones, así como numerosos contingentes obreros. Comprenden, por instinto, que deben contribuir a liquidar el caudillismo militarista, fruto ácido de la primera etapa revolucionaria, si quieren lograr el triunfo total de sus reivindicaciones.

El líder principal del Partido es entonces uno de los luchadores más eficaces de la clase trabajadora de México: el licenciado Antonio Díaz de Soto y Gama. Junto a él laboran hombres de idéntico valer: el licenciado Rodrigo Gómez, Felipe Santibáñez, Graciano Sánchez, el general Saturnino Cedillo, el profesor Rafael Ramos Pedrueza.

El aplastamiento de la rebelión o "infidencia" delahuertista cambia por completo el tablero político. Ahora dominan en él los partidos obreros y campesinos. Pero, en realidad, la que llena todo el ámbito político, pese a sus intenciones de estricta acción sindicalista, es la "Crom". Calles gobierna con ella, así como Obregón, en el terreno político, lo hiciera con el Partido Nacional Cooperatista y Carranza con el Liberal Constitucionalista. En el hecho, es sólo Calles el que gobierna.

México no ha alcanzado la madurez política suficiente para que los personalismos inevitables no se impongan sobre los postulados o las instituciones. Es tierra de césares y de caudillos. Fértil en autócratas, dictadores o personalidades directivas que imprimen su sello en toda una época. Así lo fueron, sucesivamente, a pesar de contradecirse tanto en sus respectivas personalidades, los libertadores y los encadenadores de México: Hidalgo y Morelos, Guerrero e Iturbide, Santa Anna y Bustamante, Juárez y Miramón, Lerdo de Tejada y Porfirio Díaz, Madero y Huerta, Villa y Carranza, Zapata y Obregón. El hombre que ahora lo domina todo y cuya sombra inflexible cubre el territorio nacional es Plutarco Elías Calles, autócrata por temperamento, dictador a pesar suyo.

En realidad, Calles gobierna con Calles.

Mas la elección y el asesinato de Obregón vuelven a mover las piezas del ajedrez político en dirección inusitada. Con visión y clarividencia, ante el cadáver aun tibio del magnífico caudillo, Plutarco Elías Calles declara solemnemente que ha terminado la era de los hombres y comenzado la de las instituciones. Ha muerto el último caudillo y sólo queda flotando la majestad augusta de la ley. Es entonces cuando se niega a seguir gobernando y designa, uno tras otro, con grande habilidad, distintos gobernantes que, en el fondo, no son sino la prolongación de su voluntad: Portes Gil, Ortiz Rubio, Abelardo L. Rodríguez.

Pero Calles ha comprendido también algo más: la necesidad de dotar a la Revolución de un instrumento permanente de acción política. Es el momento. Ahora, a raíz de la muerte de Obregón y como una valla para el choque de todas las ambiciones, debe nacer la fuerza revolucionaria que unifique a todas las demás y las organice en un dinámico sentido del mañana. La Revolución tiene partidarios, pero todos deben someterse a consignas comunes y convertirse en soldados disciplinados de la causa revolucionaria. El joven Estado necesita aunar a sus defensores y exigirles la orientación gubernativa técnica que el Congreso no podrá proporcionarle, cualquiera que fuere su posición política.

Así nace, octubre de 1928, el Partido Nacional Revolucionario.

Es, aparentemente, el partido de un solo hombre: Calles. No faltan quienes lo asimilen a ese Partido Científico de tan aborrecida memoria. Pero es gente miope en política. No han comprendido que la nueva organización rebalsa, por esencia, todo personalismo y que deberá, fatalmente, llegar a ser el núcleo sustentador y orientador del adolescente Estado revolucionario.

Su desarrollo, como el de la "Crom", es vertiginoso. En marzo de 1929, en Querétaro, celebra su primera convención. Cuatro años después, al verificarse, en Querétaro también, la ciudad "convencionista" por excelencia, la segunda convención ordinaria del partido, cuenta ya con dos millones de miembros, o, mejor dicho, de afiliados.

Porque éste no es ni puede ser un mero partido

político. Lo es, en cierto modo, pero también puede considerarse como una reunión política de sindicatos obreros, ligas agrarias, asociaciones profesionales, burocráticas y hasta militares. Desempeña, al mismo tiempo, el papel de la antigua "Crom" y el de los partidos políticos que actuaran junto o frente a ella durante la última administración presidencial.

El P. N. R. hace desaparecer a todos los demás partidos. Va más allá que ellos. Engloba a algunos y anula a otros. Encarna y cimienta a la vez al juvenil Estado. Este pasa a ser así, como el de Rusia, el de Alemania, el de Italia, el característico "Estado de un solo partido" que sostuvieran Alexeiev en Rusia, De Marsico en Italia y que analizara a fondo el erudito constitucionalista Mirkhine-Guetzévich.

Nada, en el hecho, de concurrencia burguesa de partidos políticos. Nada de ficciones democráticas escritas en el papel. Un partido de clase. Un partido que sea traducción, intérprete y hasta símbolo de la Revolución. Un partido que coexista con el Estado y le insufle una vitalidad política permanente. Un partido, en fin, capaz de nutrir y orientar al Estado emergido de la Revolución. Tal era el problema. Eso era lo que planteaba la imperiosa realidad del medio. Y, una vez más, triunfó el instinto de los revolucionarios mexicanos.

No se crea, empero, que el Partido Nacional Revolucionario se parece en algo al fascismo o al nacional-socialismo, aun cuando sea, como ellos, un movimiento más que un partido o una organización política militante. Más se acercaría, tal vez, al Partido Comunista ruso, pero difiere de éste fundamentalmente, si no demasiado en su organización y su papel político-social, en sus principios ideológicos y sus métodos de acción.

El P. N. R. se formó por la agrupación y refundición rápida, verificada en solamente seis meses (octubre de 1928 a marzo de 1929), de las fuerzas revolucionarias hasta entonces disgregadas o acantonadas en distintas tiendas políticas y societarias. Pero ya en su primera convención, aquella que se celebrara en Querétaro el 4 de marzo de 1929, formuló una declaración de principios, estableció una organización determinada y hasta aprobó un completo programa de acción inmediata y mediata que abarcó desde tal momento todos los problemas de la economía y la vida mexicanas. Desde aquel instante, el mismo de su partida en el orden jurídico y político, el P. N. R. entró a cumplir con su deber primordial: la orientación del Estado revolucionario.

Encabezó sus Estatutos (art. 1.o) con una declaración categórica:

"El objeto del Partido Nacional Revolucionario es
" el de mantener de modo permanente y por medio
" de la unificación de los elementos revolucionarios del
" país, una disciplina de sostén al orden legal creado
" por el triunfo de la Revolución Mexicana, y definir y
" consolidar cada día más la doctrina y las conquistas
" de la Revolución, llevando a los puestos representa-
" tivos a elementos que, por su filiación, idoneidad y
" moralidad, garanticen los postulados de la misma y
" las aspiraciones generales del país.

"El Partido Nacional Revolucionario, por conse-
" cuencia, tomará parte activa, por medio de sus orga-
" nismos constitutivos, en todas las luchas políticas de
" la República."

En sólo cinco puntos esenciales, amplios, concretó el P. N. R. su declaración de principios.

El primero aceptó el sistema democrático y la forma constitucional de Gobierno, conforme a la Carta Fundamental de 1917, para lo cual prometió luchar por la libertad de sufragio, el triunfo de las mayorías, la estabilidad de los Gobiernos emanados de su acción política y el acceso de la mujer mexicana a todas las actividades de la vida pública.

El segundo punto reconoció, como finalidad esencial, la de "realizar un mejor medio social", especificando que "el progreso material y cultural de México estaba subordinado a la condición económica y mental de nuestro pueblo, y, por tanto, en su anhelo de alcanzar para él una civilización superior, señala la urgencia de dedicar todos los esfuerzos y todos los recursos posibles al mejoramiento integral de las clases populares". Ante las características de la vida moderna, cada vez "más agitada, señala la necesidad nacional de acelerar ese mejoramiento, y en el orden de ideas que comprende la lucha de clases velará por la formación y cumplimiento de las leyes que constituyen una garantía de los derechos del proletariado, hasta ahora menoscabados por la superioridad de los explotadores sobre los explotados".

El mismo punto declara "que son fundamentales, para el logro de la emancipación de los trabajadores de la ciudad y el campo, los preceptos contenidos en los artículos 27 y 123 de nuestra Carta Fundamental, así como la ley de 6 de enero de 1915, hecha constitucional, y que los sostendrá indefectiblemente a través de su vida de partido, hasta que constituyan una conquista real y efectiva, cuidando que las leyes reglamentarias que de ellos se expidan no desvirtúen el espíritu altamente nacionalista y humano de las doctrinas que encierran".

También aquel punto manifiesta que "el P. N. R. reconoce en las clases obreras y campesinas el factor más importante de la colectividad mexicana". Y, por último, al terminar aquel acápite, "estatuye", como uno " de los puntos capitales de su programa, el de deman-
" dar e imponer normas legales de protección y de
" civilización al conglomerado indígena, buscando los
" medios de obtener para él la igualdad de condiciones
" para su defensa en la lucha por la existencia, e incor-
" porándolo a las actividades de la vida nacional como
" uno de nuestros factores étnicos más valiosos".

En el tercero de los puntos esenciales contenidos en su declaración de principios, el Partido Nacional Revolucionario expresa que la base de la política internacional de México debe ser "el constante e indeclinable mantenimiento de la soberanía nacional". Para ello, desarrollará "una política exterior orientada hacia un inexorable sostenimiento, dentro de la ley internacional, de los principios revolucionarios mexicanos"; el cultivo y fomento de relaciones de sincera amistad con todas las naciones de la tierra, "sin inmiscuirse México en los asuntos interiores de otros países y sin permitir la intromisión de ellos en los asuntos interiores de México"; fraternal acercamiento con las naciones latinoamericanas y legal eliminación de dificultades con cualquiera de sus Gobiernos; desconocimiento de cualquiera doctrina extraña que se trate de aplicar a los derechos nacionales e internacionales de México; reprobación de las guerras admitiendo sólo las de defensa, o cooperación cordial y desinteresada para resolver pacíficamente las dificultades entre naciones; desarrollo del comercio y la cooperación intelectual internacionales; aceptación habitual de los principios de arbitraje, o de la conciliación y la mediación en caso de que no afecten a la independencia y soberanía de México.

En el punto cuarto, el P. N. R. declara que, "pasada la lucha armada de la Revolución, y logrado en la conciencia nacional el arraigo de su ideología", los Gobiernos emanados de la acción política del Partido "deberán dedicar sus mayores energías a la reconstrucción nacional", para lo cual, y después de enumerar principios de organización económica y financiera, deja en claro que toda acción económica a desarrollar "se inspirará en el mejoramiento de las condiciones de vida del pueblo".

La declaración de principios termina dejando en claro que "el poder público será factor concurrente a la realización de estos postulados si su integración se hace con elementos de la debida filiación política", por lo que luchará para que "la integración de los Gobiernos se haga con hombres de ideología revolucionaria".

Esta declaración de principios, síntesis ideológica del partido, es significativa de la marcha seguida hasta entonces por la Revolución Mexicana. Condensa buena parte de sus aspiraciones. Y hasta la define como un movimiento revolucionario popular, con aspiraciones socialistas, nacionalista en extremo, indigenista en cierta parte, latinoamericanista en lo internacional y hasta, en cierto modo, pese a las intenciones democráticas, de filiación estatista.

En cuanto a su organización interna, el P. N. R. participa, a la vez, del principio democrático y el sistema jerárquico, piramidal, propio de los "partidos únicos". Corresponde, con las debidas distancias, a la pirámide soviética y la pirámide fascista, esto es, a la generación de los órganos del poder público en la URSS y a la organización política del Estado Corporativo mussoliniano. La una parte de los soviets de pueblos, ciudades y fábricas para generar, sucesivamente, los Congresos de Soviets, de Sector y de Cantón, en seguida los de Círculo, después los de Distrito, los de Gobierno, los de Territorio y de País, los de Repúblicas Federadas, y, por último, en la cúspide, el Congreso de los Soviets de la Unión. La otra construye a base de los gremios que engendran, piramidalmente, las Confederaciones Locales, Provinciales, Regionales, Nacionales, el Parlamento Gremial y el Gran Consejo Nacional Fascista, dirigido por el Primer Ministro o jefe del Gobierno, encima del cual, con la presencia de un símbolo, actúa la Corona. El soviet ruso y el gremio fascista, que se constituyen democráticamente en su origen y se jerarquizan después en una pirámide ascendente, equivalen, en cierto modo, a la célula originaria del P. N. R. mexicano: el Comité Municipal, que engendra, sucesiva y ascensionalmente, el Comité de Distrito, el Comité de Estado de Territorio, y, por último, el Comité Nacional, el que, a la distancia, podría ser parangonado, por su forma y extracción, con el Congreso de los Soviets de la Unión o el Gran Consejo Nacional Fascista.

Con el objeto de renovarse periódicamente y estar sujeto a la autocrítica de todos sus miembros en orden a ser una organización viva, flexible, conformada a la realidad, el P. N. R. mexicano celebra periódicamente ciertas convenciones que inyectan sangre fresca en cada uno de los organismos respectivos. Pues hay convenciones municipales, de Distrito, de Estado o Territorio, y convenciones nacionales, las que, en último término, actúan como supremos organismos orientadores (recuerdo de la "Crom") del Partido Nacional Revolucionario.

Para enrolarse en el P. N. R. se requiere ser ciudadano mexicano en pleno ejercicio de sus derechos políticos y no pertenecer a ninguna corporación religiosa o confesional. Sólo se exige saber leer y escribir a los miembros de los organismos directivos, lo que expresa elocuentemente el carácter de partido de masas que tiene la organización.

El Partido Nacional Revolucionario viene a constituir, pues, la espina dorsal y la estructuración ideológica de la Revolución Mexicana. Es una salvaguardia y una garantía de la marcha de ésta. Constituye, en el hecho, una fuerza civil, disciplinada militarmente, capaz de convertirse en fuerza armada en cualquier momento, que se distingue por su triple carácter político, técnico y militante. Sostiene al Estado en la misma proporción en que lo defiende en caso necesario. Lo orienta y hasta lo conduce en períodos de normal vida pública. Es, al mismo tiempo, función y órgano del Estado.

Así se explica que cuente hoy con cerca de tres millones de miembros. Absorbió a todas las ramas políticas o sindicales de la Revolución. Sin amagar su sentido y libertad de clase, logró comprender a los sindicatos obreros y a los núcleos ejidales organizados en ligas agrarias. En igual forma incluyó también a la mayoría de los cuadros del ejército de la Revolución y a la totalidad de los servidores de la administración pública. Todos los que sirven al Estado mexicano están obligados a pertenecer al P. N. R. Deben cotizar una suma proporcional a sus haberes, cumplir los roles y comisiones que se les encomienden, trabajar constantemente por el progreso y el avance de la Revolución. En este último sentido, el partido actúa como juez fiscalizador a la vez que calificador, que tanto descubre y elimina los quistes reaccionarios subsistentes en el partido y la administración pública, como exalta y amerita las capacidades de los revolucionarios auténticos.

Su labor llega más allá, hasta indicar al Ejecutivo el camino, y entregarle, convenientemente digeridos, los planes y programas de gobierno. Los técnicos y especialistas del P. N. R. estudian los diversos problemas nacionales, los someten a la consideración de los organismos directivos y, posteriormente, a la de todos los miembros del partido, reunidos en la Convención Nacional Ordinaria. Así se estudió el ya célebre Plan Sexenal que empezara a desarrollar el Presidente Rodríguez en el último año de su Gobierno.

En la actualidad, y después de la última crisis política, el encuentro inevitable entre el general Calles y el Presidente Cárdenas, el Partido Nacional Revolucionario demostró su cohesión, su fuerza, su capacidad política y, sobre todo, su trascendencia como motor a la vez que brújula de la Revolución Mexicana. El personalismo caudillista, clásico en la historia de México, fué vencido esta vez, sin derramar una gota de sangre, por la acción organizada de las masas.

La Revolución ha logrado crear en el país una indiscutible conciencia nacional nueva. Ha venido a demostrarlo palmariamente la existencia de este instrumento de acción política permanente, el Partido Nacional Revolucionario, síntesis de lo ya hecho y anuncio o presentimieno de lo que deberá seguirse haciendo en el viejo suelo azteca.

EL PLAN SEXENAL

UNA de las actividades fundamentales del Partido Nacional Revolucionario o acción política de la Revolución Mexicana es el estudio y elaboración de planes generales de gobierno que, condensando la ideología revolucionaria, abarcan todos los aspectos de la transformación material y espiritual del país.

Ya en su primera convención, marzo de 1929, el P. N. R., después de aprobados su Declaración de Principios y su Estatuto Orgánico, trazó un bosquejo general de una acción gubernativa en lo tocante a materias de educación, industria, agricultura, comunicaciones, hacienda y crédito público. Ello dió margen, posteriormente, a la confección del Plan Sexenal de Gobierno que en tal manera ha despertado el interés del mundo entero.

Es el fruto del esfuerzo combinado del P. N. R. y del propio Ejecutivo Federal de México. Con tal objeto, éste designó, en junio de 1933, una "Comisión Técnica de Colaboración", compuesta por los secretarios de Hacienda y Crédito Público, Economía Nacional, Comunicaciones y Obras Públicas, Educación Pública y Bellas Artes y por el jefe del Departamento del Trabajo, ingeniero Juan de Dios Bojórquez. A su vez, el Comité Ejecutivo Nacional del partido designó una "Comisión de Programa" que se reunió con la Comisión Técnica gubernativa durante el mes de noviembre de 1933. El 4 de diciembre de ese año, en la ciudad de Querétaro, la comisión designada por el P. N. R. presentó a la Segunda Convención Ordinaria, reunida en asamblea plena, una ponencia que contenía, en detalle, el Plan Sexenal. Una comisión dictaminadora y las propias sugestiones aducidas en los debates enriquecieron la ponencia primitiva y vinieron a dar por resultado, con el triple concurso del P. N. R., la Convención Nacional y el Ejecutivo Federal, el Plan Sexenal tan comentado.

No se crea, con espíritu ligero, que este Plan Sexenal es un programa de exclusiva acción marxista, teñido de rojo y dogma soviético. No. Se parece, es cierto, al Plan Quinquenal de Stalin y los suyos, en que también estudia, ordenada y correlativamente, los problemas esenciales de la economía nacional y consulta, a lo largo de seis años en vez de cinco, una acción metódica, gradual, para ir a la solución más adecuada de todos y cada uno de ellos.

El entonces "Jefe de la Revolución", poderoso e indiscutido, el general Plutarco Elías Calles, definió en aquellos días el Plan Sexenal con efectiva propiedad. "...ya es la hora —dijo— de formar un pro-
" grama minucioso de acción que cubra los seis años
" del próximo período presidencial; programa que
" debe estar basado en el cálculo, en la estadística, en
" las lecciones de la experiencia. Debemos estudiar
" lo que podemos alcanzar, dadas las posibilidades de
" nuestros presupuestos y las realidades nuestras..."

"...sé que pueden presentarse otros programas
" más radicales. Hacer experimentos sociales a costa
" del hambre de las multitudes es un crimen. Todos
" los que proponen planes y proyectos irrealizables

"son insinceros. Ellos saben que mienten. Creen que "después será muy fácil traicionar sus plataformas "y burlarse de sus promesas. Por supuesto que se "engañan. No sabrían cómo salir de su propia tram- "pa. Las masas no los perdonarían y acabarían por "triturarlos..." (1).

Por su parte, el entonces Presidente de la República, divisionario Abelardo L. Rodríguez, manifestó: "El Plan Sexenal necesita penetrar en la mente de la nación; ser comprendido y animado por todos los factores de la actividad económica..."

El Presidente electo, Lázaro Cárdenas, expresó a su vez: "...durante el cual (el sexenio 1934-1940 en "que se desarrollará el plan) se resolverá integral- "mente el programa agrario, se facilitará la organi- "zación del frente único de trabajadores para que sea "efectiva la elevación de su nivel de vida, se desarro- "llará el programa educativo que necesitan nuestras "masas y, en síntesis, se realizará en su totalidad la "doctrina por la que viene propugnando el señor Ge- "neral Calles, para hacer de México un país respon- "sable y fuerte en esta etapa de la humanidad, en que "los pueblos del mundo se debaten en una lucha eco- "nómico-social por conquistar mejores posiciones que "aseguren la prosperidad efectiva para todos los hom- "bres de trabajo y para sus hogares".

El ángulo respectivo desde que contemplaron al Plan Sexenal, en los momentos en que éste se iba a llevar a la práctica, los tres hombres que mayor influencia tuvieron en su dictación y aplicación, informa claramente sobre las finalidades y características de este plan armónico de gobierno que se basa en realidades concretas y no se aventura jamás en hipótesis; que mira los problemas con un criterio técnico y los abarca a todos dentro de una escala progresiva con una visión política de grande altura; que procura la transformación económica, metódica y paulatina, del mis-

---

(1) *"Plan Sexenal".* Edición oficial.

mo país que la Revolución ha transformado ya política y socialmente.

El Plan Sexenal viene a ser la última etapa de la edificación de un nuevo orden de cosas. Representa la construcción revolucionaria organizada que penetra al campo de la economía, cuando ya las condiciones sociales y políticas permiten ir a una acción económica profunda y eficaz, pero, al mismo tiempo, realista, adecuada al medio.

Madero, Villa y Zapata agitaron los espíritus y fueron los precursores de la transformación política. Carranza encarnó el gobernante transicional que unió un orden de cosas a otro, pero que echó las bases jurídicas del orden que aspiraba a crear la Revolución. Obregón fué más lejos y le cupo llevar a cabo la obra más dura: desbrozar el campo de obstáculos, poner en movimiento las primeras instituciones revolucionarias, despejar el camino de enemigos y emboscados, asegurar la solidez y la seguridad del nuevo orden de cosas. Calles vino a ser, por su parte, el organizador de la Revolución, el que trabaja ya mirando hacia el futuro y acelerando la marcha del movimiento hacia sus finalidades. A sus sucesores, Portes Gil, Ortiz Rubio y Rodríguez, les correspondió un papel parecido. Y será Cárdenas quien venga a realizar todo lo que sus antecesores planearon y prepararon. El deberá terminar el proceso de transformación política y social e iniciar la transformación económica de la nación. Su Gobierno viene a ser, pues, el comienzo de una nueva etapa revolucionaria, más resuelta, organizada y trascendente que las otras. Su rol es el de un constructor definitivo. Pero la herramienta principal que manejarán sus manos será, precisamente, este Plan Sexenal que, operando sobre hechos y estadísticas, echando mano de los recursos disponibles, organizará las iniciativas antes esporádicas e inconexas del Ejecutivo en un solo plan de acción, maduramente estudiado, que penetrará hasta lo más hondo de la economía mexicana.

El soplo de la Revolución llegará ahora, intensificado por la técnica, la experiencia y el aporte de la ciencia, hasta aquellos sectores de la actividad económica que hasta ayer se substrajeran al vendaval revolucionario o que fueran superficial o insuficientemente invadidos por él: el problema agrario, la nueva organización agrícola, la irrigación de los suelos, el fomento pecuario y forestal, los problemas del trabajo, la organización racional de la economía mexicana, el desarrollo de las comunicaciones, la construcción de obras públicas, la mejoría de la salubridad e higiene nacionales, la intensificación del programa educacional, el régimen interior y las relaciones exteriores, el papel del ejército revolucionario, la hacienda pública, la moneda y el crédito, la obra constructiva de las comunidades, etc.

Eso será el Plan Sexenal: un plan de gobierno a desarrollar en seis años, pero un plan de gobierno emanado de la Revolución, encuadrado dentro de los objetivos del movimiento revolucionario, que viene a significar la intervención definitiva del Estado en la economía nacional o, como se dice hoy día, el planeamiento de la economía de México. Desde entonces, y a partir de él, México se aparta por completo, pese a su Carta Fundamental, del régimen demo-liberal, que hubiera entregado tales actividades a la mera iniciativa particular, sin dejar al Gobierno más rol que el de promulgar o vetar las resoluciones o iniciativas de carácter económico que le hubieran presentado las dos ramas del Poder Legislativo.

El propio texto oficial del plan, en su encabezamiento, precisa con exactitud los fines del programa a desarrollar en un sexenio de la vida mexicana. Habla de la elaboración de un plan de gobierno que constituya un solemne compromiso ante la nación, de desarrollar una "política social, económica y administrativa capaz de traducir en hechos los postulados que se proclamaron en los años de lucha armada, y de encauzar las corrientes renovadoras que, dentro y fuera del país, engendran el afán de las colectividades contemporáneas por hacer justa la vida de relación entre los hombres".

El Presidente Rodríguez empezó, ya en 1934, la aplicación del Plan Sexenal. Cumplió fielmente el programa trazado, adaptando estrictamente su plan de gobierno al programa de trabajos que para el año, en conformidad al Plan Sexenal, trazara el Partido Nacional Revolucionario.

Apretado, sintético, lleno de iniciativas de todo orden, el Plan Sexenal no es posible de comentar en detalle. Es preciso leerlo completo. Se comprende, entonces, lo que puede un país cuando está resuelto a transformar las condiciones de su vida económica para lograr, así, el acceso a una vida más próspera y más justa.

Sin embargo, y a guisa de síntesis sumarial, es posible perfilar siquiera los aspectos más importantes de este plan, en el fondo inofensivo, que ha sobresaltado a tanta gente pacata o ignorante dentro y fuera de México.

El Plan Sexenal establece que *"el problema social de mayor importancia"* en México. *"es el relativo a la distribución de la tierra y a su mejor explotación"*, ya que está *"vinculado íntimamente con la liberación económica y social de los grandes núcleos de campesinos que directamente trabajan la tierra"*, por lo que "señala como primordial y apremiante obligación", la de *"seguir dotando de tierras y aguas, sin excepción alguna, a todos los núcleos de población que carezcan de ellas o no las tengan en cantidad bastante"*. Al referirse en detalle al problema agrario, el plan establece la forma en que los peones acasillados o jornaleros del campo pueden adquirir tierras y entrega las propiedades rústicas de los Estados a las afectaciones ejidales y fraccionamiento entre pequeños agricultores; declara que *"el ejido es una forma incompleta y restringida de satisfacer las necesidades de tierras y aguas de las masas campesinas"*, por lo que indica el *fraccionamiento de los latifundios, la redistribución de la población y la colonización interior del país*, como métodos auxiliares; enumera los derechos que concede la Ley del Trabajo al campesino: salario mínimo, educación rural, terreno para cultivos y pastos y asistencia médica y farmacéutica, uso de agua, y corte de leña y extracción de maderas absolutamente gratuitos; y, por último, propugna la reglamentación inmediata de la Ley Federal de Tierras Ociosas para que no quede ninguna tierra sin cultivar en el territorio nacional.

El plan destina cincuenta millones de pesos para el fomento del crédito agrícola, con el objeto de "elevar el nivel económico y técnico de las explotaciones agrícolas, organizar a los productores del campo y estimular la formación de cooperativas de agricultores". Destina, también, otros cincuenta millones de pesos a la construcción de obras de irrigación que enumera taxativamente. Y aborda también, en lo referente a la agricultura, los problemas de la riqueza pecuaria y la riqueza forestal del país, para lo cual consulta una serie de medidas científicas.

En materia de trabajo, el plan declara que "*todo individuo tiene derecho al trabajo que le permita satisfacer sus necesidades y placeres honestos, como consecuencia de la obligación que la sociedad le impone de contribuir con sus esfuerzos al desenvolvimiento colectivo*". Para asegurar ese derecho, auspicia la *intervención directa o indirecta del Estado* a fin de que nadie esquive, con *intención o sin ella, la función primordial del trabajo;* y auspicia también *el contrato colectivo de trabajo, como forma única de relación entre patrones y obreros, imponiendo al patrón la obligación de contratar sólo obreros sindicalizados;* consulta, además, como deber del Ejecutivo, "*frente a la lucha de clases inherentes al sistema de producción actual*" el de contribuir al robustecimiento de la *organización sindical de las clases trabajadoras;* y, finalmente, *la implantación del seguro social obligatorio*.

En cuanto a la economía nacional, el plan va aún

más lejos y plantea una política económica nacionalista, pero en forma de que, sin entrañar el aislamiento económico del país, implique la revisión cuidadosa del comercio exterior y del régimen nacional de producción. Agrega que, durante los seis años del plan, regulará la explotación de los recursos naturales del suelo mexicano haciendo efectiva la nacionalización del subsuelo, fijando zonas exploradas de riqueza minera, instituyendo un servicio oficial de exploración del subsuelo y ampliando las zonas nacionales de reserva petrolera. En cuanto a la explotación de las riquezas del país por extranjeros, el plan consulta *impedir a las empresas extranjeras el acaparamiento de cualquier yacimiento mineral,* proteger a los gambusinos y mineros nacionales, eliminar la exportación de minerales concentrados, establecer plantas centrales de beneficio y fundición, fomentar el desarrollo de las empresas petroleras nacionales mediante un organismo semioficial, reducir el otorgamiento de concesiones impidiendo toda aquella que pueda ser contraria al interés nacional y, por último, impedir la exportación de aquellos productos que vuelven al país como reimportados. En cuanto a los medios permanentes de producción —maquinarias de transformación y producción de nuevas maquinarias—, el plan espera aumentar rápidamente esos equipos de trabajo. Con relación a la generación de energía, reglamenta las industrias eléctrica e hidroeléctrica, fijando precios mínimos para su suministro y estableciendo su ramificación obligatoria en todo el país.

Más adelante el plan se refiere al *"notorio desajuste entre la producción y la distribución de las mercancías",* debido a que *"las modificaciones introducidas en la producción por el progreso de la técnica no han sido acompañadas aún por cambios correlativos en el régimen de la propiedad de los instrumentos de producción y en la distribución de la riqueza".* Para evitar tal desequilibrio, el plan juzga indispensable *la intervención del Estado* en orden a lograr *"el orden y la coordinación indispensables entre fabricantes, comerciantes y consumidores".* Ambas cosas podrá obtenerlas *fijando la situación de las empresas industriales, limitando la libre competencia, estimulando la creación de industrias nuevas,* manteniendo servicios permanentes de exploración y experimentación, *impidiendo las concentraciones de capital que aniquilen o debiliten organismos productores nacionales, impulsando las empresas constituidas como cooperativas,* designando consejos consultivos de planeación y regulación industrial y, sobre todo, considerando *indeseable y eliminando inexorablemente a toda organización industrial que se sostenga o ayude con la fijación de salarios insuficientes para un jefe de familia.*

El plan estima, además, que es indispensable la *elevación del tipo de vida del pueblo mexicano* y que ello *requiere una continua y vigilante defensa del salario de los trabajadores* y, además, el mantenimiento de los precios de las mercaderías, mediante la *eliminación sistemática del intermediario y la organización cooperativa de los consumidores.* Finalmente, y en lo que toca al comercio exterior, también considera de suma importancia la exportación de artículos que produzcan indefinidamente el suelo y la fábrica mexicanos. Para ello, busca los medios de conseguir que los productores expendan artículos tipificados, descritos en especificaciones precisas y adaptados de antemano a las solicitaciones del mercado exterior; de establecer relaciones directas con los mercados de consumo, suprimiendo al intermediario que eleva el precio de venta en el mercado de consumo y, al mismo tiempo, abate el precio de compra al productor nacional; y de organizar a los productores mexicanos para la exportación en común, con el fin de evitar entre ellos competencias ruinosas para la economía del país. En cuanto al comercio de importación, sólo se circunscribe a eliminar la entrada al país de importaciones en competencia con industrias nacionales satisfactorias.

En materia de comunicaciones, el plan consulta

una amplia red de caminos, ferrocarriles y servicios aéreos, como también la organización de líneas mercantes de navegación, destinando para ello, además de sesenta millones de pesos reservados a los ferrocarriles, el producto de diversos impuestos de rica tributación. En el capítulo de salubridad pública fija y dispone la unificación de los servicios federales y locales desde el punto de vista médico-sanitario, el financiamiento de instituciones especiales de crédito, la introducción de servicios higiénicos fundamentales en las localidades que carezcan de ellos, la lucha preventiva y profiláctica contra las endemias y enfermedades socialmente graves y el aumento gradual del presupuesto anual de Salubridad de un 3,4 por ciento en 1934, a un 5,5 por ciento en 1939.

El fomento de la educación pública está estimado en el Plan Sexenal como una de las funciones esenciales del Estado. Consulta, por ello, un aumento anual de un 1 por ciento en el presupuesto de Educación, que sumó, en 1934, un 15 por ciento del total de gastos de la Federación. A tal respecto, especifica que el año 1934 se construirán 1,000 escuelas; 2,000, los años 1935, 36, 37, y 38; y 3,000, el año 1939, todas creadas por el Gobierno Federal, y sin perjuicio de las inauguradas por los Gobiernos locales.

En cuanto a régimen interior, el plan se limita a manifestar que debe atenderse preferentemente al *"orden jurídico de las instituciones revolucionarias, a fin de que todos los actos del poder público deriven de la ley y creen situaciones de derecho"*. Considera también que es deber inaplazable del Estado "proveer lo necesario para que la *justicia* en el país sea *pronta y expedita y se imparta a todos los individuos sin distinción alguna"*. Agrega que no basta una buena administración de justicia, por lo que el Gobierno deberá desarrollar un plan de orientación moral y defensa colectiva: establecimiento de tribunales de menores, creación de una policía preventiva, fomento de asilos e instituciones benéficas, campañas contra la prostitución y la mendicidad, represión del juego, la bebida y los estupefacientes, supresión de los espectáculos y publicaciones obscenos y castigo de la publicidad escandalosa de crímenes y delitos. Aborda también el plan el problema de la inmigración, y, para ello, clasifica a los extranjeros en fácilmente asimilables, agricultores y técnicos, y regula la permanencia de los extranjeros en el territorio, estableciendo la incapacidad civil y la condicionalidad de las autorizaciones de permanencia. Con respecto a los emigrantes mexicanos, el plan prohibe la emigración de trabajadores aislados, y autoriza a las autoridades para intervenir en el traslado de contingentes a zonas más ricas o mejor pobladas, consultando, al mismo tiempo, un plan de repatriación de mexicanos y establecimiento de ellos en colonias agrícolas. El capítulo de régimen interior termina dando al Ejecutivo los medios de *prohibir la edición y exhibición de películas cinematográficas que "afecten a la ética y a la dignidad del país, o a la verdad de la historia".*

Breve es el plan en lo concerniente al ejército nacional, al que declara *"órgano armado de la Revolución Mexicana",* a la vez que dispone su cooperación para *la ejecución de grandes obras públicas.* También es conciso en lo referente a Relaciones Exteriores, pues consagra como base de la política internacional de México *"el constante e indeclinable sostenimiento de la soberanía nacional",* agregando que reprueba las guerras internacionales, desconoce toda doctrina extraña aplicada a los derechos nacionales o internacionales de México, se acerca fraternalmente a las naciones latinoamericanas y cultiva relaciones de sincera amistad con todas las naciones de la tierra, sin inmiscuirse en los asuntos interiores de otros países y sin permitir tampoco la intromisión de potencias extrañas en los asuntos internos de México.

En lo tocante a Hacienda y Crédito Público, el Plan Sexenal mexicano estima indispensable una buena orientación técnica y social en materia hacendaria.

No cree que el *sistema de impuestos sea capaz, por sí solo, de alcanzar reformas en el campo social*, pero sí estima que una sana política hacendaria influye favorablemente en la distribución de la riqueza, el aumento de los salarios, el incremento de la producción y del consumo. Opina que esa acción hacendaria se hace sentir, ya sea por la recaudación de las rentas públicas, ya por su influencia impulsora o restrictiva de ciertas actividades económicas de la nación. En el capítulo de ingresos, y para la más equitativa distribución de las cargas fiscales, *reorganizará el sistema tributario persiguiendo el predominio de los impuestos directos y generalizando la implantación de los impuestos progresivos*. Procurará también que el impuesto a la *renta* grave a la real, que alcance a las utilidades y beneficios, y que *afecte a las rentas provenientes del capital en proporción mayor que a las derivadas del trabajo*. Le dará al *impuesto sobre las herencias y legados* un carácter netamente revolucionario con el objeto de *evitar la acumulación de riquezas al través de la perpetuación de las grandes fortunas*. Aspira, por último, a simplificar los gravámenes que pesan sobre la industria y el comercio y cuida, al gravar la importación de artículos similares a algunos que se fabrican en el país, que éstos no provengan de industrias exóticas e incapaces de luchar sin protección aduanera contra la mejor calidad de su competidor. Y en cuanto a la política seguida en los egresos presupuestarios, ya se ha visto que las mayores cuotas anuales corresponden, precisamente, a los problemas preferentes en el orden económico y el social: la agricultura, la educación, las comunicaciones y la salubridad pública.

Para terminar con el extenso análisis de este plan tan lleno de sugestiones y admirables iniciativas de gobierno, sólo resta referirse a la moneda y al crédito. El plan auspicia el incremento de las *reservas de oro del Banco de México, con el fin de pasar de la estabilidad de hecho del peso mexicano frente al dólar, a la estabilización legal definitiva*. Quiere dar facultades al

Banco de México para operar en la compra y venta de títulos y valores. Y espera que la política de tasas del Banco se adapte a un desarrollo del circulante, que permita fomentar una discreta alza en los precios y constituya un estímulo para la producción nacional. En cuanto al crédito, procurará, por medio del Banco de Crédito Agrícola, la extensión del crédito agrario a todas las fuentes de producción rural. Al mismo tiempo, estudiará un sistema nacional de seguros que deje este importante ramo en manos del Estado. Y, finalmente, *impulsará la pronta creación del Banco Nacional de Crédito Popular que auxilie a todos aquellos industriales y comerciantes que no pueden, por su exigua capacidad financiera, obtener el apoyo o la atención de los grandes Bancos.*

Este plan de gobierno, vasto y trascendente, ¿es socialista? No lo es en cuanto a sus premisas. Sí lo es en cuanto a sus proyecciones y el modus operandi con que pretende llegar a determinados resultados.

El objeto del plan no es, precisamente, la socialización de todos los medios de producción, crédito, cambio y transporte. Aspira sólo a transformar, en un sentido social, la vida económica y social de México. Sin ser claramente socialista, podría estimársele como socializante o, mejor dicho, como un programa de intenciones claramente socialistas en su último término, pero que se limitan, al empezar, a un estricto concepto económico en la dirección del Estado. Lo que viene a significar, con la aplicación del plan, el planeamiento o dirección de la economía mexicana. Ella sería completa si el Estado revolucionario tuviera la dirección de las industrias del petróleo, la plata, el oro, los minerales, los hilados y tejidos, la fuerza eléctrica, etc.; si México no fuera aún, a pesar de su honda transformación social y política, un país de economía embrionaria, sometido todavía al capitalismo extranjero en cuanto a productor de materias primas.

Mas el plan así desarrollado tiende, fundamentalmente, a organizar la economía mexicana en todo cuanto del Estado dependa; a crear en el país una capacidad de consumo, elevando el standard de vida de las masas; a desarrollar fuentes de riqueza poco explotadas e inexplotadas aún; a terminar el proceso revolucionario de la entrega de la tierra; a controlar en buena parte el comercio exterior. En buenas cuentas, sin ir directamente contra la estructura capitalista, el plan tiende a modificarla en el sentido de ir capitalizando e industrializando el país hasta ponerlo en condiciones de equiparar la prepotencia del capital extranjero o superarlo netamente. Cierto es que México no podrá, por el momento, ir a la revolución económica total. No puede prescindir de los países con quienes mantiene relaciones comerciales estrechas. Pero sí es capaz, económicamente hablando, de transformarse hasta el punto de que sus actuales relaciones con las potencias capitalistas evolucionen por completo, hasta colocarse en un terreno de paridad e intercambio comercial que no afecte a la soberanía política ni al futuro económico de la nación.

Ello sólo podrá llevarse a cabo el día en que, habiendo organizado su economía, México sea un país lo suficientemente industrializado y, consiguientemente, capaz de crear una clase obrera que dirija ella misma los fenómenos de la producción y afronte, absoluta y decisivamente, la responsabilidad política del poder. Ese vendrá a ser el Gobierno de obreros y de campesinos hacia el que marcha la Revolución Mexicana. Puede que entonces las condiciones generales del mundo hayan variado sensiblemente. Puede que el proletariado industrial de las grandes potencias capitalistas haya operado la transformación político-económica de sus países respectivos. Sólo entonces, en virtud de circunstancias exteriores correspondientes a una transformación interior, podrá ser posible en México la socialización total de la tierra y los medios de producción y distribución de la riqueza.

Entonces existirá el México socialista que muchos anhelan.

Pero, en todo caso, el factor decisivo de la transformación habrá sido la tenaz acción revolucionaria, cuya fase económica es, precisamente, la elaboración y el desarrollo del Plan Sexenal.

CONCLUSION

EL DIA DE HOY

LAZARO CARDENAS, UN EX TIPOGRAFO

EL Presidente actual de México ha dejado ya de preocupar a su país y está concentrando la atención de todos los que siguen desde el extranjero el desarrollo de la Revolución Mexicana. Es de aquellas personas que pronto hacen vibrar el cable transoceánico. Se le discuta o no, el caso es que se habla de él fuera de su patria. Y no porque sea el Presidente constitucional de los Estados Unidos Mexicanos. Su antecesor, el General Abelardo L. Rodríguez, que fué un mandatario eficaz, no tuvo contorno internacional. Cierto es que se le sabía "hombre" de Calles y eso restábale no poco interés. Detrás de su rostro moreno, ponderado, se veían asomar las fuertes mandíbulas del "Jefe de la Revolución".

Pareció, al principio, que Cárdenas, llevado al poder por el Partido Nacional Revolucionario, sería un hombre más en este largo proceso revolucionario. Un mandatario un sí es no es anónimo, representativo del espíritu de partido, fruto de la consolidación alcanzada por el movimiento revolucionario que le permite ya, en cualquier momento, llevar a cualquiera de los suyos a los cargos de mayor responsabilidad. Y era de creer que en Lázaro Cárdenas había también el mismo "hombre" de Calles de otras veces.

Mas bastó que, en junio último, se produjera el choque entre el "Jefe de la Revolución" y el Presidente de los Estados Unidos Mexicanos, para que el mundo comprendiese que en Lázaro Cárdenas había un jefe y tal vez un intérprete de la nueva etapa de la Revolución Mexicana.

¿Quién es Lázaro Cárdenas? Un hijo directo de la Revolución. Obregón y Calles fueron, en cierto modo, los progenitores del movimiento. Cárdenas era un adolescente cuando tomó las armas por vez primera. Su vida entera cabe dentro de la Revolución. Por eso, pues, la interpreta fielmente. Por eso, en la hora actual, la representa con mayor propiedad que nadie. Viene a ser el hombre tipo que, pasada la etapa inevitable del caudillo, ha producido la Revolución Mexicana. Tiene la personalidad suficiente para servir las instituciones revolucionarias, pero no necesita, al contrario que Calles, sobrepasarlas nunca en aras de un forzoso personalismo.

¿Cómo es Lázaro Cárdenas? Oigamos lo que dice su mejor biógrafo, el excelente escritor revolucionario Djed Bórquez (Juan de Dios Bojórquez) que fuera su primer Secretario de Gobernación, en prosa incisiva y casi telegráfica: "Cuerpo regular. Fuerte y robusto. Mirada franca. Frente despejada. Cabellera abundante. Sencillo en el vestir. Amable. Voz gruesa. Sonrisa fácil, aunque discreta. Usa sombrero de anchas alas.

Rehuye la propaganda y el elogio exagerado..." (1).

Djed Bórquez, buen psicólogo y prosador castigado, no se equivoca. Confirma lo que dicen los retratos de Lázaro Cárdenas. Y hay otros, dos americanos, que corroboran el boceto a carbón del escritor mexicano. Uno, Lestroy Parish, lo describe: "Cuando se ve a Lázaro
" Cárdenas, al momento se manifiesta un nuevo tipo
" de hombre entre los presidentes mexicanos. Inme-
" diatamente se ve que la libra dominante de su per-
" sonalidad dimana de sus antecesores, los indios ta-
" rascanes. Se descubren huellas de sangre india en
" su cara, en la forma de su frente, ojos, boca y barbi-
" lla redonda y pequeña. Sus modales son lentos, muy
" mexicanos. Tiene ritmo lento, economía de gesto y
" una paciencia silenciosa. Fuera de sus bigotes mili-
" tares, no tiene huella de herencia española. En él
" no hay ni una sombra de alegría latina. Sus frases
" son lacónicas. Sus sentencias parecen puñaladas en
" el silencio. Cuando explica su política, se comporta
" en una forma original. Da nuevas soluciones a los
" problemas de México, extiende planes de acción des-
" tinados a abrir una nueva era en la vida de la nación.
" Es difícil conciliar sus valientes innovaciones con la
" tranquilidad de sus ademanes" (2).

El otro, R. L. Martin, del "New York Times Magazine", lo ve así: "Parecía en su compartimiento una de
" esas figuras que pueden hallarse en las esculturas
" aztecas. Con más tendencia a lo ancho que a la al-
" tura, de recia complexión, de pecho y hombros po-
" derosos, con su nariz prominente y su cráneo alar-
" gado, parecía una antigua deidad inmóvil".

Y agrega, más adelante, en una inteligente entrevista-semblanza: "La impresión general que se obtiene

---

(1) DJED BÓRQUEZ: *"Lázaro Cárdenas. (Líneas biográficas.)"* México, 1933.
(2) LESTROY PARISH: *"Conversando con el nuevo Presidente de México".*

"de la entrevista con el Presidente Cárdenas es que
"tiene irrevocables iniciativas, todas ellas controladas
"por el buen tino y la reflexión; determinación prác-
"tica y perspicacia, agregadas a una energía personal
"poco común"... "Es intensamente sobrio en sus cos-
"tumbres. Ni siquiera permite cerveza en sus comidas
"y ninguno de sus colaboradores puede fumar en su
"presencia. Dedica sus enteras energías a servir a las
"masas agrarias. No le mueve un impulso literario ni
"romántico. Sólo sabe que desciende de una esfera
"modesta, y no lo olvida".

Lázaro Cárdenas es, o puede considerarse, indígena. Lleva sangre tarasca en sus venas. Cumple el destino histórico de todos los hombres que en México han valido o representado algo históricamente. Calles mezcla sangre maya y turcoeuropea en sus venas. Obregón tenía algunas gotas yaquis en las suyas. Zapata era mestizo de tlahuica. Villa, de tarahumara. Juárez fué un zapoteca puro. Vicente Guerrero, azteca casi sin mezcla. Guadalupe Fernández, también. Y hasta el omnipotente Porfirio Díaz estaba fuertemente teñido por la ascendencia india.

Cárdenas sigue, pues, cumplidamente, la tradición de los gobernantes y hombres ilustres de su patria. Pero su personalidad es singular. Es parco en palabras, avaro en ademanes, despacioso en el movimiento. Totalmente mexicano en buenas cuentas. Mas ello, que sólo sería racial, toma en él contornos psicológicos duraderos. Por eso es que resulta un hombre tranquilo, concentrado, introspectivo, que toma sus resoluciones y las cumple cueste lo que costare. Su energía, callada y férrea, tiene algo de la de Calles y recuerda mucho a la del indio glorioso, Benito Juárez. Odia los ademanes inútiles y los histrionismos gubernativos. Viene a ser el polo opuesto del hipnótico Obregón, el impulsivo Carranza, el blando Madero. Da la sensación de una fuerza en movimiento. Detrás de su rostro alargado, de su alto y macizo cráneo se advierte el florecimiento de una voluntad poderosa, abnegada, probada una y cien veces en el sacrificio y el sufrimiento. Su color atezado, su rostro bruñido por el sol de diecisiete años consecutivos de campaña, su voz llena, reposada, pronta a convertirse en tonante frente a una muchedumbre: todo en él inspira esa confianza instintiva que los humildes aprecian tanto y buscan inútilmente en los políticos profesionales. Campechano, aquiescente, cristalino en sus miradas y sus gestos, humilde, sin afectación, dominante sin esfuerzo premeditado, Lázaro Cárdenas ha logrado, sin buscarlo nunca, ser el hombre que arrastra con su sola presencia tranquila a las masas campesinas y a los núcleos trabajadores de México.

Su biografía es rica y henchida en incidencias. Vida fecunda, a pesar de lo breve, la suya. Nació en Jiquilpan de Juárez, un pueblecillo michoacano, el 21 de mayo de 1895. Tiene, pues, apenas, cuarenta años recién cumplidos, los mismos que un contemporáneo suyo, futuro jefe del otro país latinoamericano que fuera un imperio floreciente en el siglo XVI: Víctor Raúl Haya de la Torre. Es hijo de un comerciante, don Dámaso Cárdenas, comerciante lugareño, y de doña Felícitas del Río. El segundo entre ocho hermanos y el mayor de cinco hijos hombres. Su cuna es una casa de pueblo latinoamericano: un solo piso, techumbre de tejas, ventanas enrejadas, ancho portón colonial. A los trece años, fallecido el padre infatigable, tiene que hacerse cargo de toda la familia. A la edad en que otros juegan, debe afrontar graves responsabilidades.

En su infancia ha sido grave y silencioso. Amante de la refriega y los juegos bélicos. "Yo seré general", dice a la señora Galeazzi, en cuya casa escucha tocar aires militares. Capitanea bandas de chicuelos. Cejijunto y reconcentrado, tiene ya estampa de jefe. En la escuela primaria, topa con un profesor excepcional, don Hilario J. Fajardo, un liberal de ideología juarista, uno de aquellos "puros" de la Intervención, rezagado, con sus ideas democráticas y libertarias, en el ominoso porfirismo. El maestro tomó cariño al reservado y austero discípulo. Le veía estudiar con afán, aritmética, gramática y, sobre todo, historia patria. Antes de los diez años, ya a su mente estaba llena de las sombras heroicas de Juárez y Guerrero, Hidalgo y Morelos. En cierta ocasión, don Hilario, exasperado con las tropelías de sus alumnos, propinó un correctivo físico a toda la escuela. La mirada firme del pequeño Lázaro lo detuvo. Entonces el maestro dijo esta frase sorprendente: "A usted no le pego, porque un día llegará a ser Gobernador del Estado".

El niño es cada vez más serio y constreñido a sus estudios. Lee mucho. Devora cuanto puede. Sus héroes, además de las grandes figuras patrias, comienzan a ser Jean Valjean, Gilliatt, Gwynplaine, todos los personajes de esa fauna heroica de Víctor Hugo. Y hay uno que supera a todos, un oficial flaco que conquistó el mundo: Napoleón Bonaparte.

Pero la dura realidad toca a las puertas del casón colonial de la calle San Francisco. Ha muerto don Dámaso y el niño tiene que hacerse cargo de la familia. Entra como meritorio de la Administración de Rentas de Jiquilpan. Es un muchachuelo crecido aprisa, moreno, con una cabellera rebelde que le invade la frente. Embutido en uno de aquellos espantosos sacos de la época, prisionero el pescuezo en uno de esos altos cuellos de celuloide, todo en él muestra al chico que no ha dejado de ser niño, pero a quien la necesidad obliga a ser hombre.

Un adolescente empeñoso y tenaz. Lo que se llama en Chile un chico "aplicado". Su jefe, don Donaciano Carreón, cóbrale viva simpatía. Aquel mismo año, 1908, le invita a trabajar en una modesta imprenta que acaba de adquirir. El joven Lázaro acepta. Trabaja allí de noche y todas las horas libres que le deja la Administración de Rentas. Es obrero. Tiene que hacer de todo: desde aceitar y engrasar las máquinas, hasta "parar" tipos, "armar" páginas y barrer, de cuando en cuando, el pequeño local. Al año siguiente, Lázaro Cárdenas, empleado de alguna categoría en la pequeña repartición pública, ha llegado a ser jefe de taller en la imprenta de don Donaciano.

Jiquilpan es un pueblecito quieto, soñoliento, colonial. Calles empedradas con guijos redondos, palmeras solitarias, árboles frondosos y gemebundos al viento que pasa. Cerca, el lago de Chapala. En la plaza central, la Plaza Colón, las muchachas pasean todas las tardes y reciben de los mozos complicadas declaraciones de amor, escritas en cartas rústicas, firmadas "Q. U. S." (quien usted sabe). Es un ambiente que, pese al liberalismo casi agresivo del pueblo que por algo se llama Jiquilpan de Juárez, puebla el son grave de las campanas. Las horas se hunden en el tiempo sin un rumor, como los granos en el inquietante reloj de arena.

Mas el torrente de la Revolución no tarda en llegar al Estado de Michoacán. Sus primeras oleadas hacen irrupción en Jiquilpan de Juárez. Un buen día, al frente de cuarenta maderistas haraposos, entran en Jiquilpan los hermanos Contreras, Irineo y Melesio, "levantados" en Zamora, allí cerca. El joven Lázaro no va a la Plaza Colón ni envía sobres azules a las chicas jiquilpenses. Tiene instintos campesinos. Ambula por las serranías cercanas. Hace natación en el lago de Chapala. Monta a caballo y se pierde entre los lomeríos. O, a veces, recorre grandes distancias a pie, siempre conversando con los peones del campo, los siervos de la gleba, los míseros esclavos del hacendado prepotente y cruel. Aun no cumple dieciséis años, pero ya comprende cuánto dolor y cuánta injusticia reinan sobre la tierra. Por eso la súbita irrupción de los hermanos Contreras, que traen a Jiquilpan el tronido lejano de la Revolución, causa una impresión perdurable en este niño que ya es empleado público, regente tipográfico y jefe de una familia de ocho personas.

Desde entonces, e irremediablemente, será revolucionario para siempre.

Un buen día, él, que ya era impresor y además alcaide de la cárcel de Jiquilpan, también se "levanta". Corría julio de 1913. El país ardía en la guerra contra Huerta. El juvenil alcaide, que apenas tenía dieciocho años, se lanzó al campo. Lo acompañaba uno de los presos. Tenía un fusil y una canana. Con eso bastaba. Anduvo así, por Apatzingán y Espinazo del Diablo, incorporado a las fuerzas de García Aragón. Merodea por Michoacán. Pero no quiere dejar a su familia. Visita una y otra vez, con riesgo de su vida, su pueblo natal. Ya le conocen y le persiguen. Le divisan un día desde la torre de una iglesia y debe huir del pueblo a tiro limpio. En otra ocasión, en casa de una familia Medina, están a punto de prenderlo. Finge beber un vaso de agua y, mientras la hija de la casa se coloca ante los gendarmes, Lázaro salta los muros y emprende precipitada carrera. Otra vez cae preso en la misma cárcel que había administrado. Corre peligro de ser fusilado. Algunos trabajadores del campo, sus amigos desde entonces hasta hoy, lo sacan envuelto en un saco de yute.

Es moreno, delgado, con un aire resuelto. Ambula en mangas de camisa, con un sombrero de anchas alas que le protege del sol. Su caballo es su domicilio. Jamás abandona las altas botas de caballería. Tercia sobre su pecho, en cruz, dos cananas atestadas de balas. El 30-30 en bandolera y un Colt en la cintura. Tal es el guerrillero Cárdenas, de dieciocho años de edad.

Tres meses después, transcurridos a lomo de caballo y en pleno monte, en el Estado Mayor del General Guillermo García Aragón recibe una cintita bicolor. Es su primer despacho: capitán segundo de caballería. Al mes siguiente pasa a servir a las órdenes de Cenobio Moreno. Ya ha combatido en Tangancícuaro, Aguililla y Purépero contra los federales de Huerta. Ahora sirve en el 7.o regimiento de caballería y manda tropa en Cuesta de Arucha, La Playa y Zicuirán.

El 14 de julio de 1914 abandona su Estado natal. Va a colaborar con el General Eugenio Zúñiga. Pelea valientemente en El Castillo, cerca de Guadalajara. Se le asciende a capitán primero en Tlajomulco. Hace una corta campaña contra el zapatismo en agosto y septiembre de ese año. Ya es comandante. Lo ascienden en Xochimilco, en septiembre. La Revolución necesita jefes a toda costa y no puede esperar demasiado. Los despachos se ganan, sable en mano, en el propio campo de batalla. Se encarga del detall del 22.o de caballería. En octubre ya es jefe de unidad y poco después recibe los despachos de teniente coronel.

Sobrevienen los días de Villa y Carranza. Hay que optar por el uno o por el otro. Su jefe, Federico Morales, lo hace por el primero. El joven Cárdenas, que pronto cumplirá los veinte años de edad, comprende claramente la situación. Va junto a Carranza. Reúne a su gente. Parte al frente de ellos hacia Casas Grandes. Llega hasta Agua Prieta y allí se pone a las órdenes de Calles. Combate en Anivácachi, Cabullona, Naco, Paredes, Agua Prieta, Sauceda, Del Río, Nogales, y hace toda la campaña del Yaqui en 1916. Ya es, desde octubre de 1915, coronel de caballería, jefe de las caballerías de la 4.a división del Ejército del Noroeste. Partió después, en marzo de 1917, hacia Chihuahua, en la columna expedicionaria que mandaba Guillermo Chávez. Van a combatir a Villa en su propio terreno. Pronto cae el General Chávez, y Lázaro Cárdenas, que recién cumple veintidós años, se encuentra al frente de la primera brigada de Sonora. Tiene bajo su mando al 10.o y al 33.o de infantería, el 22.o de caballería y un destacamento de ametralladoras y artillería de montaña. Se comporta con habilidad y valentía. Sabe organizar. Sabe mandar. Sabe hacer frente al enemigo. Combate en Agua Escondida, en Cuba, en Rancho Blanco. Y se bate con el propio Villa en San Fermín, Durango.

Al año siguiente, en mayo, al cumplir los veintitrés años, pasa a Michoacán por orden de Carranza. Deja amigos a centenares en Sonora, y una reputación de hombre recto, severo, digno de toda confianza. Combate un año en Sonora, al frente de su brigada y bajo las órdenes de Diéguez. Le cabe luchar, a la vez, contra tropas zapatistas, bandoleros armados en guerra y partidas ocasionales de contrarrevolucionarios. Pelea con valor y serenidad en Campo Morado, Arcelia, Pochutla, Los Naranjos, Juripitío, Teremendo, Huacana, Tecacho, El Agua, Las Cruces, La Luz, San Juan Tumbio, Los Pantanos, Surumbeneo, El Real de Otomatlán, El Zacatón, Tzitzio, Jaripeo, Tiradores, Copullo y Uña de Gato. Lucha con éxito contra caudillos temibles: Cíntora, Altamirano, Chávez García.

En enero de 1919 lo trasladan a la Huasteca veracruzana. Ya ha combatido en Sonora, Chihuahua, Durango, Guerrero y Michoacán. Ahora irá al Sudeste, a la tierra caliente y peligrosa para el hombre de la meseta. El frío, el calor, la fatiga, las privaciones de todo género no pueden nada contra este civil a quien el azar ha convertido en militar disciplinado y ejemplar. En la Huasteca vuelve a batirse. Potrero del Llano, Mesa de los Coroneles, Potrancas: he ahí el teatro de sus nuevas acciones de guerra. Allí combatió al célebre Peláez, que después llegaría a ser un faccioso a sueldo de las compañías petroleras.

Allí le sorprende el movimiento de Agua Prieta. Lo secunda desde el primer momento. En Tuxpan y Papantla es el alma del movimiento. Lacónico y cortado para hablar; pero convence. El que rastrease entonces en su personalidad, vería asomar ya un político en cierne: sobrio, medido, convincente. Domina la situación. Recurre al préstamo forzoso. Los comerciantes de Gutiérrez Zamora, pueblo de Veracruz, le proporcionan gustosamente veinte mil pesos. Cárdenas tiene prestigio como jefe severo y honrado. Extiende un recibo, que manda retirar a los seis meses, a cambio de los veinte mil pesos en metálico. Los comerciantes no lo aceptan. Fué una contribución espontánea al triunfo de Obregón sobre Carranza. Cárdenas los obliga, secamente, a recibir el dinero. No pide ni acepta favores de nadie.

Entonces recibe sus despachos de general. En cinco días más cumplirá veinticinco años de edad. Pero tiene ya siete años de servicios en el ejército revolucionario y se ha batido como un demonio, sin descansar nunca, a lo largo de esos siete años.

Mientras tanto, allá, en su Estado natal, en Michoacán, han ocurrido graves sucesos. El gobernador titular, don Pascual Ortiz Rubio, se ha unido con todos sus hombres a los pronunciados de Agua Prieta. Triunfante Obregón, Ortiz Rubio pasa a la Secretaría de Comunicaciones. Al frente del Estado queda don Rafael Alvarez, persona que no garantiza la corrección de las próximas elecciones. Hay efervescencia e intranquilidad en tierras de Michoacán. Es preciso enviar a alguien que tenga prestigio suficiente y sea hijo del país. ¿Por qué no mandar al joven brigadier Lázaro Cárdenas?

Como lo piensa, lo hace Obregón. Cárdenas gobierna a Michoacán durante quince días. Hácenle fuerte oposición. Cárdenas se limita a dictar un decreto de convocatoria que dé garantías a las fuerzas políticas en discordia: liberales constitucionalistas y cooperatistas nacionales, además de un fuerte contingente agrarista. Hecho esto pide a la Secretaría de Gobernación que se nombre un Gobernador de Michoacán. Su desinterés asombra a unos y a otros. Se le nombra Jefe de Operaciones del Estado. Vuelve Ortiz Rubio al poder estatal. Torna a volver el señor Rafael Alvarez. Recrudecen las mismas quejas. Y nuevamente Lázaro Cárdenas debe tomar el timón gubernativo de su tierra natal. Esta vez gobierna durante poco más de un mes. Sobrevienen las elecciones. La actuación del Gobernador de 25 años, ecuánime y severa, concita el respeto en torno a su persona. Un pequeño movimiento armado lo lleva otra vez al campo de batalla. El Senado le releva de sus funciones gubernativas y el Ejecutivo le encomienda las operaciones militares.

Regresa otra vez al duro ejercicio de las armas. Pero ha pasado por la política sin macularse, así como la garza por el barro de la laguna.

Estalla la rebelión delahuertista. Cárdenas no vacila un instante. Obregón necesita un jefe prestigioso que ataque por el lado de Colima. Elige a Cárdenas. Reúne éste mil quinientos hombres, rodea el lago de Chapala, toma Zapotlán y se encuentra cogido por fuerzas cuatro veces superiores. Un militar ilustre, joven como él, Rafael Buelna, le derrota en Teocuitatlán de Corona, en forma dramática. Hecho prisionero, herido seriamente, rehusa toda proposición, todo intento de soborno. Espera la muerte con tranquilidad. Buelna comprende su entereza y le salva la vida. Desde Guadalajara se le traslada preso a Colima. Allí escapa. Reúne tropas y marcha sobre Guadalajara. La derrota de los "infidentes" era ya un hecho. Poco después, al practicar el balance de lealtades e infidencias, el manco de Celaya envía a Cárdenas sus depachos de General de Brigada. Era el 24 de marzo de 1924. El general ni siquiera tenía 29 años.

Comienza entonces el período más hermoso de su vida militar. Continúa siendo Jefe de Operaciones en Michoacán. Cuando los petroleros norteamericanos han levantado un ejército especial, se necesita un jefe íntegro y valiente para dominar la situación en las Huastecas. Se elige a Lázaro Cárdenas. Apenas llegado, un alto empleado de la más fuerte compañía petrolera le entrega un cheque de 50,000 dólares. No se le pedía nada grave: sólo que permitiese la existencia de las llamadas "guardias blancas" en el campo petrolero. Lázaro Cárdenas se contenta con romper el cheque en pedazos y responder al empleado que aniquilaría a las guardias blancas y señalaría las responsabilidades consiguientes. La Compañía se apresuró a trasladar a los jefes y altos empleados del distrito. Cárdenas obliga a los bandoleros Peláez y Enríquez a batirse con él en campo abierto. No quiere provocar reclamaciones internacionales atacando directamente a las instalaciones de la Compañía. Derrota a los dos facciosos mercenarios y pulveriza su ejército de diez mil hombres. Los que no murieron en la lucha o alcanzaron a huir abandonando sus armas, sufrieron la última pena.

Cárdenas hizo demoler las empalizadas colocadas por las compañías. Quedó franco el paso para los funcionarios mexicanos encargados de la revisión y control de los libros de las compañías petroleras. La Huasteca veracruzana dejó de ser una zona reservada, con bandera yanqui enarbolada en un mástil, muy semejante a las concesiones de las potencias europeas en Shanghai y Cantón.

Algo parecido ocurre en el Istmo de Tehuantepec. Cárdenas es también Jefe de Operaciones. Una negociación agrícola poderosa, en manos de ingleses, le ofrece una fuerte mensualidad para que velara especialmente por la seguridad de esas propiedades. El joven General Cárdenas despide con violencia a los sobornantes y extrema su rigor contra los propietarios de la negociación.

En la sublevación de Serrano y de Gómez, su comportamiento es el mismo. Combate contra los rebeldes y domina la situación en el Istmo. El movimiento operado en el Ejército permite su ascenso al grado más alto: general de división. Es el 1.o de abril de 1928 y aun no cuenta con treinta y tres años de edad. Antes de un año, en marzo de 1929, se ve obligado a luchar otra vez contra los traidores de la Revolución. Escobar, Manzo y Aguirre, instigados por el ex Ministro en Londres, Gilberto Valenzuela, se han alzado en armas. Calles, General en Jefe de las operaciones, escoge a dos divisionarios jóvenes para que comanden las dos columnas que marcharán contra los rebeldes hacia el Noreste y Noroeste. El primero es Andrew Almazán. El segundo, Cárdenas. Son las dos "aplanadoras" que terminan con la rebelión en dos meses. Cárdenas ocupa los Estados de Sinaloa y Sonora, hasta terminar con el último rebelde.

Pero, entretanto, la política local lo ha llamado otra vez. Se acercan las elecciones para el período 1928-1932. Su antiguo jefe, don Donaciano Carreón, lanza la candidatura de Cárdenas. Esta arraiga inmediatamente en el pueblo. Los otros candidatos posibles,

Carrillo, Bernal y Ortiz Rodríguez, abandonan el campo apenas Cárdenas acepta la candidatura en un manifiesto que es una profesión de fe revolucionaria. Los trabajos políticos son rápidos. Y hasta peligrosos. Hay muchos "cristeros" y rebeldes en armas en el suelo michoacano. ¿Puede arredrarle eso a Lázaro Cárdenas que ha vivido combatiendo? Recorre todo el Estado a marchas forzadas. En todas partes, los campesinos gritan: "¡Viva Cárdenas!" (1). Quince mil de ellos, jinetes y peatones, lo aclaman en Zacapu. Y no son pocos los rebeldes que se rinden al acento persuasivo de este general de 33 años, hijo del proletariado como ellos. Su campaña política es original. El candidato habla poco y claro. No dice discursos. Promete cosas simples y hacederas. Se sabe que todo ello lo realizará en el mando. Habla al corazón de los campesinos. Todos le creen.

El 3 de julio obtiene un triunfo aplastante en las elecciones. Pero necesita pacificar el Estado. Pide y obtiene que se le nombre Jefe de Operaciones. Limpia en pocos días el territorio michoacano. Y el 15 de septiembre, obtenidas paz y tranquilidad, se hace cargo del mando.

Es una revelación como estadista local. Demuestra energía, tino, honradez extrema, decisión inquebrantable. Comienza por poner en orden las finanzas. Rebaja su sueldo de 1.800 a 900 pesos mexicanos. Logra que los parlamentarios hagan lo mismo. Su programa de gobierno es netamente revolucionario. Puede resumirse brevemente: impulso a la reforma agraria, a la educación rural, a la organización obrera, a la construcción de obras públicas, al saneamiento de las finanzas, a la solución del problema religioso.

Todo lo cumple. Descuella como un adalid de la restitución y dotación de ejidos a los poblados campesinos. Sus antecesores han entregado, entre todos, a lo largo de diez años, 131,283 hectáreas a 21,916 ejida-

---
(1) DJED BÓRQUEZ: *Ob. citada*.

tarios agrupados en 124 pueblos. Cárdenas restituye y dota a 181 pueblos con 141,663 en sólo cuatro años de gobierno. Repara escuelas antiguas y funda nuevas en todo el territorio. Más de trescientas en total. Inaugura escuelas normales, primarias y rurales. Levanta en Pátzcuaro una Escuela Técnica Industrial para indígenas. Es un establecimiento de artes y oficios que lleva el nombre glorioso de José María Morelos. En la capital, en Morelia, crea una escuela técnica para mujeres y la llama "Josefa Ortiz de Domínguez". Ambas cuentan con internado y ambas aceptan huérfanos.

Campesinos e indígenas atraen su atención preferente. Pero también lo hacen los trabajadores de la industria. Logra, a fuerza de trabajo, que se constituya una fuerte entidad sindical obrera: la Confederación Regional Michoacana del Trabajo. Interviene decisivamente en numerosos conflictos del trabajo. Protege a los obreros y controla a los patrones. Llega a ser querido por los unos y respetado por los otros.

Sobresale en la construcción de obras públicas. Desecación de la laguna de Cuitzeo y el lago de Chapala. Encauzamiento de los ríos Duero y Queréndaro. Preparación de aeropuertos en Morelia, Zitácuaro, Maravatío, Tacámbaro, Paztcuaro, Jiquilpan, Uruapam, Puruándiro, Huetamo, Apatzingán y la desembocadura del Balsas. Multiplica las carreteras entre todos aquellos puntos. Casi termina el ferrocarril de Ajuno a Huetamo, y el de Río Balsas. Sanea algunas poblaciones. Establece brigadas sanitarias en Apatzingán y Huetamo, para combatir el paludismo y las enfermedades de la "tierra caliente".

Dos interrupciones tiene su período gubernativo, y las dos son igualmente gloriosas para él: una, cuando comandó una de las "aplanadoras" de Calles en la campaña de 1929, y la otra, en 1930, cuando sobrevinieron horas de incertidumbre en el Partido Nacional Revolucionario. Eran los días en que Ortiz Rubio vacilaba en el poder. Precisábase que comandara el P. N. R. un hombre a la vez enérgico y desinteresado, alguien que no trabajara para sí mismo en aquel delicado puesto. Se llamó a Lázaro Cárdenas. Actuó durante trece meses como Presidente del Comité Ejecutivo Nacional del P. N. R. Supo responder a las esperanzas depositadas en él. El partido mejoró en su organización interna. Solucionáronse no pocos conflictos. Aquel hombre austero y contraído tenía el don de verter serenidad en su derredor. Personificó, inmediatamente, la corriente de izquierda dentro del P. N. R. Impulsó la sindicalización obrera y la dotación de créditos a los ejidatarios. Logró reunir, con tal objeto, un fondo especial de seiscientos mil pesos.

Su destino era allanar dificultades, ir siempre donde su deber le llamara, donde podía ser necesaria su persona. Así ocurrió en agosto de 1931, cuando se le llamó a la Secretaría de Gobernación. Allí estuvo hasta el 15 de octubre de 1931, cuando el Presidente Ortiz Rubio pidióle que volviese a Michoacán. Tornó a su tierra y un año después, en septiembre de 1932, entregó el mando constitucional. Se retiró entonces a la vida privada. Y no faltaron entonces quienes, creyéndole en desgracia, lo hicieron objeto de imputaciones calumniosas. El nuevo mandatario, el General Rodríguez, encarnaba en el P. N. R. la tendencia derechista contra las izquierdas que Cárdenas representaba. Era de creer que se prescindiría de él.

El ciudadano general de división Abelardo L. Rodríguez no cometió tal error con el C. general de división Lázaro Cárdenas del Río. Suplicóle que partiese a Puebla, como Jefe de Operaciones, a solucionar algunos conflictos locales. Cárdenas lo hizo durante tres meses con su eficiencia de siempre. El Presidente provisorio le llamó entonces, el 1.o de enero de 1933, a la Cartera de Guerra y Marina.

Aquí volvió a distinguirse Lázaro Cárdenas. Redujo sin piedad el presupuesto. Podó muchas cosas inútiles. Siguió la tradición de Calles en 1920 y de Obregón en 1916. La opinión civil comprendió que estaba ante un militar honrado y recto como la hoja de una espada. Fueron cuatro y medio meses, en los cuales obtuvo economías efectivas, limpió aún más las filas del ejército, creó la Intendencia General y se impuso a la consideración respetuosa de todos sus compañeros.

Comenzó a mirársele como un posible candidato presidencial. Los ojos de todos convergieron sobre su persona. Algunos amigos entusiastas empezaron a lanzar "sotto voce" su candidatura.

Como ésta tomara cuerpo, se apresuró a renunciar a la Secretaría de Guerra y Marina. Tornó a su casa de "La Eréndira", junto al Pátzcuaro, en Michoacán. Pero ya era el hombre predestinado. El P. N. R. empezó a agitarse en torno a su persona. Y en la Convención de Querétaro, el 6 de diciembre de 1933, en sesión solemne, y por unanimidad de votos, la Segunda Convención Nacional Ordinaria del Partido Nacional Revolucionario le designó su candidato a la Presidencia de la República.

DESDE EL CABALLO HASTA EL AVION

Lázaro Cárdenas es hombre que demora en tomar actitudes. Pesa y sopesa el pro y el contra. Pero cuando se decide ya no vuelve atrás. Al aceptar la candidatura a Gobernador por Michoacán, en 1928, la aceptó de plano y sin reservas, lanzando un manifiesto que era un grito de combate.

Igual cosa hará ahora, en los momentos en que se le elige candidato a la Presidencia de la República. Se definirá inmediatamente. Se jugará todo entero. Querrá que todos sepan, desde el primer momento, quién es él, qué quiere, qué representa, qué será su gobierno.

Y esa misma tarde, momentos después de haber sido proclamado, a raíz de haber rendido la "protesta" solemnísima que exige el artículo 6.o de los estatutos del P. N. R., delineó instantáneamente los contornos de su futura política en un discurso rotundo y categórico.

Comenzó por declarar "sin subterfugios" que asumiría "toda la responsabilidad oficial del Gobierno", si llegase a presidirlo, aunque "para determinar esa responsabilidad" tuviese que "solicitar la cooperación de los viejos y acreditados jefes de la Revolución". Agregó después que "el sentido íntimo de la evolución social nos llama a impulsar la acción revolucionaria de las masas". Dejó en claro después que era lo esencial "una plena interpretación revolucionaria de las leyes, por hombres que sinceramente sientan la Revolución"; que sean cabalmente conscientes de su responsabilidad; que tengan verdadero cariño a las masas proletarias, y que perciban "con amplitud el espíritu y las necesidades históricas que inspiraron las normas y doctrinas que se ha dado el pueblo en sus generosas luchas".

Terminó bosquejando las líneas generales de programa al manifestar que "protestaba" luchar por todos estos anhelos: satisfacción a breve plazo de las necesidades de tierras y aguas de todos los núcleos de población de la República, proporcionándoles los medios económicos necesarios; impulso a la organización agraria, cooperativa y sindical del trabajador; desenvolvimiento de la economía nacional bajo la dirección del Estado y encauzamiento en tal sentido de las fuerzas económicas para la solución de las necesidades nacionales; correlación entre las obras públicas y las necesidades sociales; extensión de la higiene y la salubridad a las zonas apartadas de los centros de civilización; orientación de la educación popular hacia la agricultura, la industria y la explotación de nuevas fuentes de producción; realización en la escuela de la unificación de la nacionalidad y control total del Estado sobre la educación pública; reforma integral en la codificación mexicana para acordarla al desarrollo social, económico y político del país; reincorporación de los emigrantes mexicanos; aplicación estricta de todas las disposiciones legales en materias de cultos; orientación técnica y social de la Hacienda Pública; incorporación total de la mujer mexicana a la vida colectiva de la nación; cultivo de las relaciones internacionales, sea con pueblos afines por la sangre o por los intereses económicos, bajo la base de la mantención de la dignidad nacional y el respeto a las conquistas de la Revolución; y, por último, estimación del Ejército como un baluarte de las tendencias proletarias y una fuente productora de fuerza evolutiva para las instituciones sociales, y reconstrucción de sus filas con elementos venidos de todo el país a fin de que continúe siendo, como institución emanada del pueblo, la salvaguardia del régimen revolucionario.

Cárdenas terminó su contundente discurso solicitando, y hasta exigiendo, para cumplir con su deber, "un movimiento unánime de las clases trabajadoras y un esfuerzo disciplinado y entusiasta del sector revolucionario". Refirióse inmediatamente al P. N. R., manifestando que "cualesquiera que hayan sido los errores circunstanciales de esta agrupación nacional, representa, sí, la fuerza organizada de la Revolución", y aludió, al finalizar, "a la torpeza y mala fe de los hombres que trataron de llevar a cabo" la doctrina de los pueblos en lucha, por lo que "los yerros de una institución, cuando son hijos de los hombres, pueden ser corregidos con el sano impulso de los miembros que se renueven".

Es probable que el mismo Cárdenas no midió entonces el alcance histórico que tenían esas palabras y cuán pronto se iba a ver obligado a responsabilizarse de ellas.

Pero en aquellos momentos le preocupaba la realización de una iniciativa desusada en los candidatos presidenciales de México: recorrería el país entero; visitaría una por una las ciudades; llegaría a los campos, a los poblados indígenas, a los centros más rústicos y abandonados. Se pondría en contacto con el pueblo —obreros, campesinos e indígenas— para conocer de cerca su miseria y sus necesidades. Se impondría en persona, de visu, cómo se impartía la justicia, cómo se respetaban los principios de la Revolución, cómo se realizaban en el terreno la reforma agraria y la educación rural, cómo se gobernaban los Estados. Quería verlo, palparlo, conocerlo y observarlo todo antes de su llegada al Palacio Nacional. Al llegar allí lo haría como un verdadero representante del pueblo.

Empezó entonces aquella célebre gira por todos los Estados de México, comenzada en Querétaro el 8 de diciembre de 1933 y terminada en Durango, la noche del 30 de junio de 1934, en la víspera de la elección presidencial. Fueron casi siete meses de continua y a veces penosa ambulación, sin descansar un momento, utilizando todos los medios de movilización conocidos y haciendo un verdadero derroche de energías físicas.

Fueron 27,609 kilómetros en total, recorridos en aeroplano, ferrocarril, automóvil, barco y caballo de silla. Muchas veces transitó una misma ruta. Se metió por todos los rincones del territorio. 11,825 kilómetros por vía aérea; 7,294 por vía férrea; 7,280 en automóvil; 735 por vía marítima, en canoas a motor o yate a vela, y 475 kilómetros a lomo de caballo. Tales son los guarismos que registran las estadísticas y demuestran que el antiguo guerrillero de Michoacán y el comandante militar de Sonora no había envejecido ni perdido un ápice de su vitalidad.

Acompañó al General Cárdenas una nutrida delegación compuesta por profesores, maestros, escritores, periodistas, políticos, profesionales y miembros de la corriente de izquierda del P. N. R.: Froilán C. Manjarrez, José Muñoz Cota, Luis I. Rodríguez, Gabino Vásquez, Graciano Sánchez, Ignacio García Téllez, Ramón Ramos, Manlio Fabio Altamirano, Arnulfo Pérez H., etc. Toda gente de primera categoría que cooperó, mediante la palabra oral y escrita, a los resultados de esta gira, primeramente sólo política, y después verdadero trabajo de orientación y unificación revolucionaria a lo largo de todo el país.

Porque tal fué la importancia esencial de esta gira esforzada que tiene cierto sabor a romance deportivo o proeza juliovernesca. Adquirió un interés político y un contenido ideológico. Al mismo tiempo, un valor de análisis, crítica y recuento, realizado en el terreno, de lo ya hecho por la Revolución en sus actividades más salientes.

El interés político, enorme por lo demás, tuvo un doble aspecto trascendente: asegurar el triunfo de la campaña, familiarizar a la masa campesina y obrera de todo el país con el futuro Presidente, imponer a éste de las necesidades efectivas de las poblaciones y núcleos proletarios de todo México, proporcionar, en buenas cuentas, una base popular a su Gobierno aun más vasta y efectiva de la que significaba el P. N. R. colaborando en masa al éxito del próximo período presidencial.

Pero fué aún mayor el contenido ideológico de esta gira. Resultó ser una verdadera siembra de ideas e inquietudes a lo largo y lo ancho de todo el territorio mexicano. El proletariado de la ciudad y el campo, el indígena y el mestizo, el burócrata y el soldado: todos escucharon la palabra ardiente de este puñado de hombres que iban difundiendo el sentido de la Revolución y anunciando su nueva etapa. Pudieron, sobre todo, ver, escuchar y hasta palpar a ese ser incorpóreo que había sido casi siempre en México un candidato presidencial. Asimilaron, bebieron, materialmente hablando, las palabras concisas, serenas, sincerísimas, de este hombre sencillo que hablaba su mismo lenguaje y expresaba, como lo hubieran dicho ellos, todos sus dolores, todos sus anhelos.

El desarrollo de la gira vino a desempeñar, pues, el papel de una verdadera reavivación del sentimiento revolucionario en todo el país. Incertidumbres y desorientaciones fueron virtualmente eliminadas. A partir desde la visita de Lázaro Cárdenas a los rincones más apartados de México, se podría decir que existe alguna uniformidad de pensamiento entre los desheredados de la ciudad y del campo.

Este resultado, trascendental para el futuro de la Revolución Mexicana, no excluyó la realización de otra tarea de parecida importancia: el carácter inspectivo y hasta fiscalizador que tuvo, inconscientemente, la gira presidencial. Cárdenas pudo comprobar cuán feble era el cumplimiento de los preceptos revolucionarios en las soledades campesinas; cuánta impreparación, venalidad y prevaricación existían en algunos funcionarios; cuánta ineptitud y personalismo en no pocas autoridades; cuántas injusticias y latrocinios se seguían perpetrando, a espaldas de la ley, con el apoyo de la fuerza, sobre el ejidatario o el mísero campesino. Nunca, o casi nunca, los gobernantes saben de las ignoradas tragedias que se suceden en los bajos fondos sociales. Siempre ignoran hasta qué punto llega la brutalidad de las pequeñas autoridades sobre el pueblo inerme; hasta qué extremo el patrón industrial o agrícola, el comerciante o el burócrata abusan de la ignorancia y la debilidad del proletario de la fábrica o el fundo. Cárdenas lo vió en el terreno. Confirmó, como candidato, todas las miserias que le cupiera ver como Gobernador en Michoacán y como Jefe de Operaciones o simple militar en campaña en buen número de Estados del territorio federal.

Fué la mejor experiencia que pudo haber recibido y uno de los mejores frutos de aquella previsora gira política por todo el país.

El periodista norteamericano R. L. Martin, que acompañó a Cárdenas en parte del recorrido, describe así diversos aspectos de la gira en el "New York Times".

"El corresponsal, en el curso de la gira, le vió en
" banquetes modestos, visitando hospitales, cuarteles,
" haciendas, y hablando con los trabajadores en su
" mismo estilo peculiar; le vió recibir en un solo día
" hasta 200 ó 300 delegaciones campesinas, atendien-
" do a cada una de ellas con el mismo interés; y, final-
" mente, lo vió levantarse a atender sus tareas en las

" primeras horas de la madrugada, nunca durmiendo
" más de tres o cuatro horas cada noche".

"Durante su campaña presidencial, Cárdenas hizo
" lo que no había hecho nadie al dirigirse directamen-
" te a los campesinos, llegando hasta apartadas regio-
" nes que antes nunca habían sido visitadas por sus
" predecesores. Viajó días y días, en aeroplano o a ca-
" ballo, acompañado solamente por un amigo militar".

"Como resultado de esa gira fué el primer "ver-
" dadero candidato del pueblo" que ha conocido Mé-
" xico y, a la edad de cuarenta años, es el primer Pre-
" sidente de México elegido por la voluntad de la ma-
" yoría. Se le conoce de un extremo a otro del país,
" y el pueblo confía en su Presidente porque está con-
" vencido de su devoción hacia él. "Desde que la mayoría
" del pueblo es demasiado pobre para subvencionar un
" viaje a la capital, soy yo quien debe ir hacia ellos",
" dijo en cierta ocasión".

"...el afecto de los campesinos hacia Cárdenas es
" verdaderamente conmovedor, y se demostró en su gira
" reciente. Aun en las más apartadas estaciones, donde
" ni siquiera se detenía el tren, grupos de campesinos,
" con sus característicos sombreros y sus trajes raídos,
" esperaban su pasada con guirnaldas y banderas. En
" los grandes centros, inmensas muchedumbres de la-
" bradores le esperaban, muchos de ellos habiendo re-
" corrido a pie distancias enormes para verle, y le lle-
" vaban en triunfo durante millas hasta la plaza más
" cercana. Desde los balcones y en los banquetes de
" gente humilde a que asistía, le llovían confetti y era
" curioso verle cubierto completamente por millares
" de pedacitos de minúsculo papel. Tal vez, lo más
" impresionante era ver cómo los trabajadores indíge-
" nas llegaban hasta él, con plena confianza y ajenos a
" toda timidez, a exponerle sus problemas y aflicciones.
" Le hacían demandas de toda clase. Desde las que se
" referían a imperfecciones y deficiencias en sus cose-
" chas, hasta la remoción de funcionarios agrarios de
" no muy probada honradez. Exposiciones como éstas

" le llegaron por miles durante su gira, y, prácticamen-
" te, en cada caso, se impuso personalmente del objeto
" causante de la demanda. En Guadalajara atrasó su
" viaje una semana porque quería leer las 900 informa-
" ciones que le enviaban otras tantas organizaciones
" agrícolas. En un país como México, en que "mañana"
" es una respuesta habitual a cualquiera petición, una
" acción semejante no puede pasar inadvertida."

"La más grande ovación tributada a un Presidente
" mexicano la recibió Cárdenas en Guadalajara, ciudad
" de 180,000 habitantes, dominada plenamente por el
" catolicismo y que cuenta con más de 600 iglesias.
" Durante el tiempo que el tren presidencial perma-
" neció en la estación, día y noche, rodeaban el vagón
" del Presidente cientos de trabajadores con sus mu-
" jeres, y no hubo necesidad de dispersar a la multitud
" cuando el Presidente abandonaba la estación. Cár-
" denas, por lo general, rehusa adoptar cualquiera de
" las precauciones personales que adoptan otros hom-
" bres de su posición. Sus actitudes, en público, son las
" de cualquier ciudadano. En una ocasión, durante su
" gira por el Oeste, en un banquete público, sobrevino
" un desperfecto en el alumbrado eléctrico y hubo de
" permanecer completamente a obscuras, entre gentes
" desconocidas." (1).

Llegó el día de las elecciones. El triunfo fué abrumador. Reveló que en México ya existía una conciencia política y social plenamente formada. Cárdenas obtuvo 2,268,567 votos. El candidato opositor, Antonio I. Villarreal, aquel curioso tipo de militar y demagogo, obtuvo 24,690 sufragios. El ingeniero Adalberto Tejeda, de Veracruz, ex Ministro de Gobernación, obtuvo 15,765 votos personales, salidos de filas de amigos que pensaron, dejando a un lado toda disciplina revolucionaria, imponer su candidatura a la nación. No faltó, como era lógico, el inevitable candidato comunista-leninista-stalinista (sección mexicana de la III Internacional de

---
(1) R. L. MARTIN: *"Cárdenas habla sobre el vasto plan mexicano"*. Diario *"La Hora"*, 8 de septiembre de 1935.

Moscú). Lo fué Hernán Laborde, que obtuvo 1,188 sufragios, a pesar de ser uno de los luchadores sociales más puros y eficaces con que cuenta el país.

Era la primera elección verificada en México que tenía, realmente, el carácter de un verdadero comicio plebiscitario. Todas las demás, cuál más, cuál menos fueron la resultante de la presión de ciertos grupos mayoristas o, simplemente, de las circunstancias. Cárdenas era el primer mandatario elegido democráticamente. Rodríguez y Portes Gil fueron designados por el Congreso. Ortiz Rubio triunfó en las urnas contra Vasconcelos, Villarreal y Valenzuela, apoyado férreamente por el P. N. R. y a raíz de la triste "infidencia" de Escobar, Manzo y Aguirre. Sólo Obregón en su segunda elección presidencial logró crear también una conciencia democrática en la masa, aun cuando sus electores fueran, preferentemente, obreros y ejidatarios. La elección de Calles, en 1924, fué la resultante del fracaso delahuertista de 1923 y del apoyo que ya le manifestaran núcleos obreros y campesinos y los partidos Cooperatista (dividido), Laborista, Agrarista y Socialista del Sureste. En cuanto a la primera elección de Obregón, ella fué la consecuencia directa del odio a la autocracia carrancista y la formación reciente de una opinión revolucionaria definida. La elección constitucional de Carranza, como la de Madero, representó también la reacción del país ante la lucha armada y la dictadura porfirista.

La trascendencia del acto político del 1.o de julio de 1934 indicaba claramente el advenimiento de una nueva etapa revolucionaria: nuevos hombres, nuevos métodos, nuevos planes de gobierno. Sin embargo, en México muchos no lo vieron así. Sólo unos pocos, y Cárdenas en especial, comprendieron la trascendencia y el significado del mandato que el pueblo entregaba al nuevo Presidente.

No por eso, su apoteósica elección, descansó un minuto el infatigable Cárdenas. Volvió a Durango y recorrió minuciosamente el Norte del país. Completó su gira triunfal y tornó a Ciudad de México con un concepto perfectamente claro de lo que debería hacer meses más tarde. Supo también aprovechar el tiempo que aun le restaba antes de asumir el mando supremo. Conquistó un número mayor de partidarios, hasta el extremo de que, al renovarse el Parlamento, la casi totalidad de los representantes era abiertamente afecta al joven mandatario y a su radical programa de gobierno.

Entonces comenzó a hablarse del "cardenismo". Un "cardenismo" que se alzaba, silencioso y seguro, frente al "callismo" tradicional.

Los espíritus suspicaces se confirmaron en tal aserto cuando observaron la ininterrumpida línea revolucionaria de Lázaro Cárdenas. El 28 de octubre, ante cien mil trabajadores, pronunció en la capital aquel célebre discurso relacionado con la Escuela Socialista (1). En aquellos días, siendo aún simple ciudadano, había enviado al Congreso proyectos trascendentales que no trepidaron en aprobar por unanimidad los representantes elegidos por el mismo pueblo que poco antes diera su voto a Lázaro Cárdenas, en el entendido de que ellos representaban la misma ideología del candidato: aprobación total de la Escuela Socialista, abolición de la inamovilidad del Poder Judicial y reforma del Código Federal del Trabajo, en el sentido de procurar mayores facilidades a los asalariados para el triunfo de sus problemas de clase.

Los antecesores de Cárdenas fueron, sin excepción, agentes directos o indirectos del poderoso "Jefe de la Revolución". Todos contaron con el apoyo de las directivas revolucionarias, pero ninguno había movido a la masa ni penetrado en ella. El joven General Cárdenas ha hecho, en cambio, lo contrario. Cuenta hasta ese momento con la plataforma política del P. N. R. y con la aprobación adusta de Calles, el habitante de Cuernavaca. Pero su fuerza está en el campesinado, en el obrerismo, en los elementos revolucionarios jóvenes

---

(1) Ver páginas 463 y 464.

que ansían poner otra vez en marcha la Revolución. En muchos nace la esperanza de un nuevo México. En la atmósfera flota la sensación de una nueva renovación, un nuevo cambio de rumbo, una nueva rectificación de esta Revolución que tiene el valor de volver sobre sus pasos cuando se equivoca o de apresurar la marcha si se advierte ella misma en actitud de rezago.

Uno de sus acompañantes en la gira presidencial, amigo personal suyo, escritor, periodista y político joven de larga actuación, Secretario de Propaganda y Prensa del P. N. R., Froilán C. Manjarrez, sintetizó así a la United Press el momento político que representaba la próxima llegada de Lázaro Cárdenas al Palacio Nacional.

"El advenimiento a la Presidencia de la República
" del General Lázaro Cárdenas abre las puertas a la
" esperanza de México, especialmente de los sectores
" revolucionarios y del proletariado. La gestión del Ge-
" neral Cárdenas al frente del Estado será una de-
" mostración de cómo es posible realizar el programa
" integral de una revolución animada por un sistema
" clasista inequívoco, sin que ésta determine una si-
" tuación catastrófica, ni siquiera inquietudes de ma-
" yor importancia. El Gobierno del General Cárdenas
" será un Gobierno de una fisonomía proletarista tal,
" que el éxito que sin duda tendrá en todos los órde-
" nes durante su gestión, especialmente socialista y
" económica, servirá de aliento a los conceptos avan-
" zados que actúan en la América Española."

Estas palabras, que a un observador superficial pueden parecer temerarias y hasta antojadizas, son, en realidad, la traducción de la persona y la ideología del futuro Presidente, así como de la especial fisonomía que tendrá su Gobierno. Constituyen, en el fondo, nada más que un corolario de los muchos conceptos concluyentes que vertiera el candidato en su gira por los Estados de México.

El viaje de Cárdenas a través de todo el país tiene especialísima importancia por la cuantía de las decla-

raciones que hiciera y los problemas que planteara a lo largo de la ruta. Comenzó por expresar en Villahermosa su concepto del "socialismo mexicano", que se aparta por igual del liberalismo individualista y del comunismo de Estado o soviético; del primero, "porque éste no fué capaz de generar en el mundo sino la explotación del hombre por el hombre, al entregar, sin frenos, las fuentes naturales de riqueza y los medios de producción, al egoísmo de los individuos"; del segundo también se aparta, "porque ni está en la idiosincrasia de nuestro pueblo la adopción de un sistema que lo prive del fruto integral de su esfuerzo, ni tampoco desea la substitución del patrón individual por el Estado-patrón" (1). También en Tabasco aclara su concepto del Estado-regulador, frente al "sovietismo que ha producido en Rusia un capitalismo de Estado, el "Estado-patrón", que substituye en sus funciones y deberes al antiguo empresario individualista". En cambio, "el socialismo mexicano juzga que la marcha de
" los trabajadores hacia el dominio de los instrumen-
" tos de producción debe tener una etapa previa, du-
" rante la cual habrán éstos de capacitarse técnica-
" mente, de prepararse y acendrar sus disciplinas,
" conquistando con lentitud, pero con firmeza, el po-
" der". Agrega en seguida: "En México se pugna por
" destruir, y se va destruyendo por medio de la acción
" revolucionaria, el régimen de explotación individual,
" para no caer en la inadecuada situación de una ex-
" plotación del Estado, sino para ir entregando a las co-
" lectividades proletarias organizadas las fuentes de
" riqueza y los instrumentos de producción. Dentro de
" esta doctrina, la función del Estado mexicano no se
" limita a ser la de un simple guardián del orden, pro-
" visto de tribunales para discernir justicia conforme
" al derecho de los individuos, ni tampoco se reconoce
" al mismo Estado como titular de la economía, sino
" que se descubre el concepto del Estado como regu-

---

(1) *"La gira del General Cárdenas"*. (Síntesis ideológica.)

" lador de los grandes fenómenos económicos que se
" registren en nuestro régimen de producción y de
" distribución de la riqueza" (1).

En todas partes a donde fué, Cárdenas lanzó el mismo grito: "¡Trabajadores de México, uníos!" Y ha sido terminante en lo que se refiere a los derechos del obrero en su lucha contra el capital. En muchos sitios —Aguas Calientes, Guanajuato, Michoacán, Tlaxcala, Chiapas, Yucatán, Puebla, Veracruz— "interpuso gestiones personales para la solución de pugnas proletarias" (2). Dejó en claro su pensamiento de que la única organización eficaz de los trabajadores, dentro de la lucha de clases, es el sindicato revolucionario único en cada fábrica o rama de la producción. Hizo suyas palabras del Departamento de Estadística al expresar que "el sindicato es la mejor arma de los obreros y vale mucho más que la protección misma de las autoridades y de las leyes".

Conforme al cuarto objetivo que se propone el Plan Sexenal en materia de trabajo, el General Cárdenas manifestó en Durango: "Se fortalecerá, hasta hacerla exclusiva, la contratación colectiva de los trabajadores". La adopción definitiva de la cláusula de exclusión que eliminará la acción de los trabajadores no sindicalizados no sería eficaz si no se estatuyera, como se ha estatuído ya, la desaparición de los sindicatos blancos y minoritarios, cuya integración es causa permanente de conflictos internacionales. Fué aún más allá y declaró, en Durango y Morelia, que a los sindicatos revolucionarios corresponde vigilar a las autoridades y "exigirles el cumplimiento de la Ley, del Plan Sexenal y de todas las obligaciones que hayan contraído con la Revolución", que los trabajadores tienen el deber de perfeccionarse para ir tomando parte en "la dirección de las empresas, como parte importante que son en el proceso de la producción"; y, por último, que el hecho de "poner a la maquinaria en manos y propiedad de los trabajadores es interpretar fielmente la

(1 y 2) *Obra citada.*

Revolución", por lo que "los trabajadores organizados y dignos por su preparación y disciplina, deben aprovechar para sí los beneficios de la industria".

No se contentó el candidato con plantear solamente la necesidad de sindicalizar revolucionariamente a los trabajadores para capacitarlos al futuro control de los instrumentos de producción. Exaltó también el cooperativismo de obreros y campesinos, con el objeto de suprimir a los patrones, eliminar a los intermediarios, distribuir los beneficios y conectar al productor con el consumidor en unidades económicas reales. Lo dijo en Ciudad Cárdenas, de Tabasco, al pedir a los trabajadores que, ya organizados en sindicatos obreros o ligas agrarias, "deben fundar su cooperativa de consumo en cada lugar, en cada población; cuando la cooperativa de consumo funcione con éxito, los trabajadores deben fundar cooperativas de producción". Y aquella idea se esclareció, revolucionariamente, en la misma Ciudad Cárdenas, de Tabasco, al manifestar explícitamente:

"El Plan Sexenal de nuestro Instituto Político, que
" establece en diversos de sus postulados la supremacía
" del sistema cooperativista, organizando socialmente
" a los trabajadores del campo y la ciudad como pro-
" ductores y consumidores a la vez, irá transformando
" el régimen económico de la producción y distribu-
" yendo la riqueza entre los que directamente la pro-
" ducen. Pero no se trata aquí del seudocooperativis-
" mo burgués instituído entre nosotros desde las épo-
" cas de la Dictadura, sino de un cooperativismo ge-
" nuino, constituído por trabajadores, dentro del cual
" pueden colaborar, sin excepción alguna, todos los ele-
" mentos de trabajo y de consumo, hombres y mujeres,
" que deseen prestar su contingente para realizar la
" obra social de la Revolución, acabando así la explota-
" ción del hombre por el hombre; la esclavitud del hom-
" bre al maquinismo, y substituyéndola por la idea de
" la explotación de la tierra y de la fábrica en provecho
" del campesino y del obrero. Es de esperarse que me-
" diante este sistema, técnicamente dirigido y ayudado

" económicamente por el Estado, juntamente con el
" movimiento sindicalista y con un régimen adecuado
" de distribución, se logre una eficiente explotación de
" todas las riquezas naturales, para satisfacer e inten-
" sificar el consumo interior y aumentar nuestras ex-
" portaciones para la pronta liberación de nuestro
" crédito" (1).

El Estado-regulador conduce forzosamente a la creación y robustecimiento de una economía propia. El candidato Cárdenas lo comprendió muy bien y así lo dejó en claro en Villahermosa y en Iguala y Guerrero. Expresó en la primera de esas ciudades: "La formación
" de una economía propia nos librará de un género de
" capitalismo cuyo aliciente no es otro que la obtención
" de materias primas con mano de obra barata, capi-
" talismo que no se resuelve siquiera a reinvertir en
" México sus utilidades, que se erige en peligro para la
" nacionalización en los tiempos aciagos, y que no nos
" deja, a la postre, más que tierras yermas, subsuelo
" empobrecido, salarios de hambre y malestares precur-
" sores de intranquilidades públicas".

En la histórica villa de Iguala, en Guerrero, completó aquel pensamiento manifestando con su habitual franqueza:

"De ustedes mismos dependerá su beneficio y su
" mejoramiento. En los actuales momentos, no es fácil
" esperar que venga el capitalismo extranjero o mexi-
" cano a situarse en el país, porque sabe que no encon-
" trará la masa dócil para la explotación que busca.
" El capitalismo voraz sólo cunde donde encuentra
" campos propicios para la explotación del hombre, por
" medio de bajos salarios. No debemos hacernos la ilu-
" sión de conseguir la prosperidad de México a base de
" intereses extraños. Hemos de lograrlo con intereses
" propios." (2).

Y termina de expresar su pensamiento personal frente a la invasión del capitalismo extranjero y la

---

(1 y 2) *Obra citada.*

explotación sistemática de los trabajadores mexicanos, cuando expone en Zacatecas, en pleno centro mineralífero:

"...ha sido fantástico el monto de la producción
" minera en nuestro país. De 1521 a 1930, el total
" de la producción real se estima así: oro, 1.366,820
" kilos; plata, 166.129,298; cobre, 974.041,178; plomo,
" 2,378.759,294; cinc, 180.997,300; mercurio, 1.951,825;
" antimonio, 34.116,787; grafito, 81.596,018... Y estas
" enormes riquezas, que colocan a México como el pro-
" veedor del 50 por ciento de la producción metalúrgica
" mundial, ¿acaso han servido a nuestras clases socia-
" les? ¿Acaso han creado, siquiera, millonarios mexica-
" nos... o han llevado algún aliciente de vida a las
" manos de quienes entregan millones de pesos a las
" compañías extranjeras?"

"No se seguirá confiando —promete entonces— al
" capitalismo extranjero, mediante la ampliación de
" concesiones, la explotación del subsuelo. Por el con-
" trario, ésta será hecha con recursos propios, a fin
" de beneficiar a los mexicanos y de manera que, en
" todos aquellos casos en que no sea posible organizar
" al efecto capitales nacionales, se constituyan coope-
" rativas de trabajadores que emprendan estos traba-
" jos bajo la dirección técnica y con la ayuda econó-
" mica del Estado, eliminando a patrones inhumanos,
" nacionales o extranjeros, y distribuyendo las utili-
" dades entre los productores mismos." (1).

No es menos terminante cuando se refiere al salario mínimo, por el cual lucha tenazmente. En todas partes se refiere especialmente a él, y en Mérida, capital de Yucatán, perora:

"Por desgracia, la mayor parte de las autoridades
" inferiores no ha secundado hasta la fecha la patrió-
" tica labor en pro del salario mínimo. Esta es una
" tarea que debe proseguirse sin descanso hasta que

---

(1) *Obra citada.*

" ese salario quede establecido sin excepción en toda
" la República. Después será necesario continuar tra-
" bajando porque los jornales aumenten progresiva-
" mente." (1).

Y es todavía más categórico cuando, al abordar a fondo los problemas agrarios, se refiere a un punto candente: la organización de las milicias agraristas, formadas por los campesinos, para defenderse de los ataques a mano armada de las "guardias blancas", gestadas por los latifundistas antiguos, que, al amparo de la soledad y la distancia y la falta de tropas o de policía, asaltaban continuamente a los campesinos, sobre todo a los ejidatarios, pretendiendo hacerles renunciar, por el terror, a sus derechos inalienables. En Tres Palos, Guerrero no teme decir en público lo mismo que, siendo Ministro de Guerra y Marina, defendió ardorosamente ante el Gobierno de Rodríguez:

"Siempre he sostenido que sólo armando a los ele-
" mentos agraristas que han sido, son y serán el ba-
" luarte firme de la Revolución, se les podrá capaci-
" tar para que sigan cumpliendo su apostolado en vez
" de continuar siendo víctimas de atentados, como
" ocurre en toda la República". "Entregaré a los cam-
" pesinos el Máuser con el que hicieron la revolución,
" para que la defiendan, para que defiendan el ejido
" y la escuela" (2).

Muchas otras declaraciones, trascendentes y significativas de su futura política, hizo el candidato, y después Presidente Electo, a lo largo de su recorrido por toda la República. Ellas hicieron comprender a todos que Lázaro Cárdenas representaba, en esencia, la revolución dentro de la Revolución. Su administración tendría que representar, forzosamente, una nueva etapa en la Revolución Mexicana, de orientación específicamente socialista, cuyo programa se orientaba hacia la implantación de la Escuela Socialista, el fo-

---

(1 y 2) *Obra citada.*

mento de la Educación Rural, la aplicación integral del Plan Sexenal, la sindicalización y la cooperativización obligatorias de obreros y campesinos, la marcha hacia un Estado-regulador y una economía propia, el freno impuesto enérgicamente al capitalismo extranjero invasor y la creación de un capitalismo nacional, y, por último, el armamento inmediato de los campesinos.

No hay duda que es un programa radical y hasta radicalísimo, pero ¿lo aceptarán Calles y los suyos, los que ya forman la fracción derechista del P. N. R., como lo dice Maurice Halperin en el "Current History"?

Y sobre todo, si para realizar ese programa tan avanzado en relación a la estática actual de la Revolución, necesitará Cárdenas cortar por lo sano viejos hábitos políticos y poner fin violento a situaciones al parecer intocables, ¿qué ocurrirá?

CARDENAS CONTRA CALLES

Nada puede ocurrir, aparentemente. La unión es completa en el Partido Nacional Revolucionario. Las dos tendencias opuestas, las inevitables derechas e izquierdas, que reconocen como jefes respectivos al Presidente Provisional y al Presidente Electo, parecen marchar unidas hacia un mismo fin: el éxito del próximo Gobierno constitucional. La sombra de Calles, casi paternal ya, cubre a las dos con una especie de manto protector.

Así se inicia el Gobierno de Cárdenas. Es el 1.o de diciembre de 1934. El primer gabinete del nuevo mandatario satisface a todos. No faltan quienes digan que el "callismo" ha vencido en él al "cardenismo" naciente. Por mucho que México haya avanzado, aun continúa siendo una tierra de caudillos que dan su apellido a tendencias políticas determinadas. Todavía se habla de personalismos y se pretende, infructuosamente, contraponer a Calles y Cárdenas. El primero, astuto y avezado a estas luchas, deja hacer, sonriendo, desde el fondo de su palacio de Cuernavaca, a donde concurren a diario docenas de políticos y jefes militares. Calles continúa siendo el "Jefe de la Revolución", especie de autoridad indiscutida, símbolo ya más que hombre, que recibe sin un gesto los homenajes, así como un ídolo tampoco gesticula cuando se quema incienso ante su inmóvil faz de bronce.

Entretanto, no muy lejos de allí, de la eglógica Cuernavaca, en plena Ciudad de México, Cárdenas labora intensamente. El Palacio Nacional vuelve a parecer, como en los mejores tiempos de Calles o de Obregón, un vivac o un campamento. La gente entra y sale. Abundan comisiones de campesinos, delegaciones indígenas, representaciones obreras. Se nota ajetreo y actividad. Vuelven a discurrir bajo los artesonados de Don Porfirio todas aquellas gentes humildes que él nunca conoció: peones, ejidatarios, obreros industriales, pequeños artesanos. Recibiéndolos a todos, acogiéndolos a todos, frío e inmutable también, parecido en ello al hombre de Cuernavaca, Lázaro Cárdenas continúa viviendo junto al pueblo que ha aprendido a conocer en el campo de batalla y en aquélla su provechosísima gira política.

A su lado, llevando como puede el dinámico ritmo impreso a todo el Gobierno, el Gabinete hace cuanto está en sus manos para secundar al nervioso e infatigable mandatario, que aun no cumple los cuarenta años de edad.

¡Singular Gabinete! Muy disimuladas están las suturas. Parece un todo compacto. Pero quien conozca hombres y cosas de México notará "hombres" de Calles y "hombres" de Cárdenas. Residuos que parecen imposiciones. Valores o aportes nuevos. Nombres antes desconocidos comienzan a retumbar en las vastas galerías del Palacio de los Presidentes de México y los virreyes de la Nueva España.

Para confianza del civilismo recalcitrante, sólo

hay dos generales en el Gabinete. Al uno se le supone "callista" y al otro imagínasele "cardenista". El primero, el Secretario de Guerra y Marina, es el divisionario Pablo Quiroga, que desempeñó igual cartera en el último Ministerio del Presidente Rodríguez. El segundo, Francisco J. Múgica, es hombre de avanzada, que ha escrito cosas serias y constructivas sobre problemas nacionales, y desempeña la Secretaría de Economía Nacional.

Seis civiles integran aquel Gabinete de conciliación. Cuatro abogados, un ingeniero y un apellido. A uno se le sabe "cardenista". Dos son "callistas" acérrimos. Y los tres restantes, que fueran "callistas" en una hora histórica, han ido poco a poco dejando de serlo.

Ignacio García Téllez, Ministro de Educación Pública y Bellas Artes, representa el "cardenismo". Fué el primer Rector de la Universidad Autónoma. Pedagogo, escritor, socialista convencido, hombre de convicciones, joven y entusiasta.

Uno de los "callistas" es Rodolfo Elías Calles, y con ello queda dicho todo.

Hijo del "Jefe de la Revolución", fué Gobernador del Estado de Sonora como su padre. Desempeña la Cartera de Comunicaciones. Tiene los mismos antecedentes que los príncipes herederos y por ello, tal vez, cuida de agregar a su apellido, Elías, la otrora mágica palabra Calles. El otro no le va en zaga. Se le considera "callista" ciento por ciento. Es el Licenciado Tomás Garrido Canábal, el célebre dictador de Tabasco, que ha tomado a su cargo la Secretaría de Agricultura. Algunos le temen, unos pocos le quieren, muchos le odian. Clerófobo por temperamento, convicción y política. Agresivo, batallador, ha traído consigo un ejército particular. Leal a Calles, su protector y amigo de siempre, será la primera torre del "callismo" que caerá derribada por el ariete del joven mandatario.

Narciso Bassols, escritor, catedrático, joven y avanzado como García Téllez, es de extracción típicamente "callista". También fué protegido por el omnipotente hombre de Cuernavaca. Pero ha sabido destacarse a fuerza de capacidad y estudio. Tiene, ya, perfil propio. Se hizo notar como Director de la Facultad de Derecho y Ciencias Sociales de la Universidad Nacional. Adquirió nombre como Secretario de Educación Pública y Bellas Artes del Gabinete anterior, el último del Presidente Rodríguez. Decidido, exaltado a veces, sabe comprender la hora nueva que vive el país y mantener su independencia en la Cartera de Hacienda y Crédito Público.

Los otros dos, Emilio Portes Gil y Juan de Dios Bojórquez, son demasiado "ellos" para poder ser clasificados en uno u otro bando. Ambos pertenecieron al "callismo", pero ambos tienen tras sí una límpida trayectoria revolucionaria. Los dos dan prestigio al Gabinete y disfrutan en el extranjero de una reputación merecida.

Ex Presidente de la República, Procurador General de la Nación hasta hace poco, el Licenciado Emilio Portes Gil aporta al Ministerio su sólida cultura, su espíritu de estudio e investigación, su probidad personal y su larga experiencia jurídica y administrativa. Viene a ser el Canciller, el Ministro de Relaciones Exteriores que Cárdenas necesita en ese momento. Juan de Dios Bojórquez, en cambio, es el revolucionario activo y dinámico de siempre, que encarna a la juventud y a las letras revolucionarias. También posee un brillante pasado administrativo.

Ha descollado en cargos importantes. Fué Ministro diplomático, Jefe del Departamento de Estadística, Jefe del Departamento del Trabajo. En todos ellos demostró actividad, capacidad, orientación revolucionaria. Goza de grandes simpatías. Sus libros, sus discursos, su persona misma, grandullona, afectuosa, campechana, le han granjeado estimación y respeto en todos los círculos. Acepta la cartera más delicada de todas: la de Gobernación.

Los otros altos funcionarios, integrantes —en el

hecho— del Gobierno, son, casi todos, más "cardenistas" que "callistas", a excepción del Dr. Abraham Ayala González, Director de Salubridad Pública; el Lic. Silvano Barba González, Director de Trabajo; el Lic. Gabino Vásquez, jefe del nuevo Departamento Agrario creado por el Plan Sexenal; el Procurador General de la Nación, Silvestre Guerrero; el Procurador del Distrito Federal, Raúl Castellanos; el secretario privado de Cárdenas, abogado Luis I. Rodríguez, joven, culto, avanzado, perteneciente también a los nuevos tercios revolucionarios. Sólo hay uno, el Jefe (Gobernador) del Distrito Federal, Licenciado y General Aarón Sáenz, que ha sido tres veces, y con sumo brillo, Ministro de Estado y hasta tuvo talla presidencial a raíz de la muerte de Obregón. Fué uno de los más grandes "obregonistas" y se le puede estimar como un "callista" de filo. Se le confirma en su alto cargo.

Tal es el tablero político. Junto a Cárdenas, las masas obreras y campesinas, la totalidad del Parlamento, el ala más fuerte del P. N. R. Junto a Calles, buena parte del Ejército, la mayoría de los Gobiernos locales, la gran mayoría de la Administración Pública y hasta el control, por decirlo así, del propio gabinete ministerial de Cárdenas. Frente a la habilidad, la experiencia y la destreza políticas de Calles, la turbulencia, el ímpetu y la resolución revolucionaria, casi extremista, del joven Presidente. Otra vez se produce el fenómeno automático e inevitable. Las que pueden llamarse derechas en México se agrupan junto a Calles, el exaltado y el extremista de ayer. Al lado de Cárdenas, en cambio, reconocen cuartel todos los que están descontentos de la lentitud de la Revolución y aspiran a que ésta, pasando por sobre todo personalismo y toda clase de intereses de grupo, vaya recta hacia el cumplimiento de sus finalidades, de día en día más radicales.

No es que existan dos bandos perfectamente situados el uno frente al otro. No. La clasificación y el abanderamiento se han operado en el fondo de los espíritus.

La Revolución está, prácticamente, dividida. El país espera ansioso el resultado de este duelo mudo en que ambos contendores marchan todavía del brazo. ¿Logrará el juvenil Cárdenas acabar con el poderío, ya legendario, del "Jefe de la Revolución"? ¿Podrá sobreponerse a sus sugestiones? ¿Será, en verdad, el Presidente efectivo, además de constitucional, de los Estados Unidos Mexicanos?

La lucha es inevitable. Ambos personajes no caben en el escenario político de México. La Revolución marcha muy rápida aunque parezca no moverse. Calles pertenece ya al pasado. Han bastado para ello pocos años. Cárdenas, en cambio, representa el porvenir, con todas sus incógnitas y su capacidad de realización. Calles es más político que revolucionario. Cárdenas, más revolucionario que político. Calles es millonario, el hombre más rico de México. Cárdenas, un individuo modesto, sin bienes de fortuna conocidos. Calles ama la vida lujosa, la ostentación, aunque sólo sea por vía de dominio político sobre sus adláteres. Cárdenas es extraordinariamente sobrio: no fuma, no bebe, no juega, no tiene vicios de ninguna especie. Calles es complaciente y generoso con los amigos. Cárdenas, duro y exigente con ellos. El uno pide adhesión a sí mismo. El otro, a la Revolución. Calles ha llegado a ser, sin quererlo tal vez, un autócrata, un autócrata que recuerda a esos dos ancianos: el eruptivo Don Venustiano y el inquebrantable Don Porfirio. Cárdenas, en cambio, representa el desinterés y la abnegación revolucionarios. Calles tiene una familia numerosa y una multitud de amigos que más parecen allegados. Cárdenas se acaba de casar, vive como un cartujo y no tiene más amigos que los obreros de la ciudad, los campesinos del ejido o los indígenas de la serranía. Calles cumplió ha tiempo los sesenta años. Cárdenas aun no cumple los cuarenta. Calles ha creado demasiados intereses en torno suyo. Los intereses de Cárdenas son los intereses de las masas siempre desamparadas y hambrientas de justicia. Calles nació y creció *con* la Revolución, Cárdenas, *de* la Revolución. Hay toda una generación, toda una época de por medio.

El choque es inevitable. Ambos adversarios se merecen. Uno ha cumplido ya su período. El otro recién lo comienza. El sol de Calles tendrá que ponerse algún día. El de Cárdenas luce, deslumbrador, en lo alto del cielo. Ambos son valientes, enérgicos. Ambos resueltos, ejecutivos. Ambos saben mandar y hacerse obedecer. Ambos se muestran parcos en palabras y económicos en gestos. Pero uno sirvió ya a la Revolución y comienza, por fisiología personal y biología política, a interponerse en su camino. El otro, en cambio, aun tiene que prestar sus mejores servicios a la causa revolucionaria.

La Revolución Mexicana no es otra cosa, en su fondo, que el movimiento de la historia en México. La Historia es ciega. Elige a los hombres y los utiliza. Los lleva, por lo general, a la realización de su destino. Los coge, los eleva, los sepulta. La Revolución ha sido implacable en eso. Como Saturno, devora a sus propios hijos. Este elimina a aquél, y ese otro a éste. Es lo fatal. Cadena que no termina. Destinos que se nutren de otros destinos. Madero acaba con Porfirio Díaz. Huerta con Madero. Carranza con Huerta. Obregón con Villa. Carranza con Zapata. Obregón con Carranza. Calles con Obregón. Cardenas con Calles.

Entre los dos últimos, sólo hay uno que puede y debe, históricamente hablando, desaparecer del escenario mexicano, aunque aparentemente sea el más fuerte: Plutarco Elías Calles.

Y desaparece a los siete meses.

La Historia ya no le acompaña. Su destino se ha cumplido totalmente. Fué el hombre indispensable, el artífice del movimiento, el organizador indiscutible de la Revolución. Pero ya ésta necesita de otros hombres, otros métodos, otras abnegaciones. Fué la compañera de Calles y ahora lo será de uno de sus hijos representativos: Cárdenas.

¿Por qué se produce el choque tan esperado? Las razones mismas no tienen especial importancia. Comienza a prepararse desde el primer momento. Cárdenas gobierna con cautela. El "callismo" es poderosísimo. No se le puede tocar en provincias. Controla, política y militarmente, a los Estados. Y el problema sólo es político en segundo término. Si quiere cumplir con su idealidad revolucionaria, Cárdenas debe comenzar poniendo coto a algunos excesos indisimulables del "callismo". Y debe, al mismo tiempo, aumentar la temperatura revolucionaria de las masas. Es preciso que la Escuela Socialista marche, que sea dominada la oposición católica y liberalista contra ella, que el Plan Sexenal comience a desarrollarse con vigor. Y, sobre todo, que el obrerismo sea protegido en su lucha contra el capital siempre abusivo.

Todo ello lo hace Cárdenas en pocos meses. Demuestra energía y prudencia al mismo tiempo. Empieza por clausurar los Casinos de la capital y de Cuernavaca, que, al decir del público, son regentados por adeptos de Calles. Es un golpe certero, no tanto por su intensidad como por su efecto público. Comienzan las remociones de empleados públicos, las reorganizaciones administrativas, los sumarios sin mayor importancia seguidos a servidores subalternos. Es una nueva disciplina pública la que aparece en escena. Se quiere moralizar a toda costa la vida mexicana, un tanto adormecida en esta Capua prolongada del "callismo". Cárdenas impone su probidad en todas partes donde deja caer su mano.

Da cumplimiento, con ardor, al Plan Sexenal. Afronta la insurgencia de los sacerdotes. Reprime manifestaciones hostiles del clero y el estudiantado. Al mismo tiempo, no extrema la medida en la persecución al anárquico elemento clerical. Sabe hacer sentir su poder con ecuanimidad y hasta con tolerancia. Entretanto, no pierde contacto con los grupos proletarios. El obrerismo, y sobre todo el campesinado, comprende que en el Palacio Nacional labora uno de los suyos. La popularidad de Cárdenas crece como la espuma. Se multiplican entretanto las huelgas. Todas las decide Cárdenas a favor de los trabajadores.

La tempestad estalla en junio. Ya se han producido más de trescientos movimientos obreros. Cárdenas apoya, siempre en contra de las grandes compañías extranjeras, las peticiones de los trabajadores. Las huelgas se hacen al son de vivas a Lázaro Cárdenas. La alta burguesía, extranjera en su mayor parte, se intranquiliza. En las filas "callistas" cunde el desconcierto. ¿No habrán llevado al Gobierno a un grupo de locos? ¿No será preciso que el "Jefe de la Revolución" intervenga para moderar la marcha desordenada de ésta?

Calles vacila aún. Por fin, se decide. El antiguo revolucionario, el extremista de 1923, se ha ido quedando rezagado. Estima, como los suyos, que es preciso frenar al imprudente Cárdenas. El pretexto se lo proporciona una comisión de senadores del Bloque Nacional Revolucionario que le solicita su autorizada opinión sobre un pequeño problema político. Si Calles aprovecha la ocasión, puede ser una verdadera consulta pública, que tendrá inmediata repercusión nacional. El lo sabe. Y no deja escapar la oportunidad. Hace caer sus palabras una a una. México entero las escucha. Son graves, severas, admonitorias. Envuelven una amenaza. El "Jefe de la Revolución" formula el lunes 10 de junio, en su quinta de Las Palmas, estas textuales declaraciones históricas:

"Debo hablar a Uds. con la franqueza que acostumbro: Lo que ocurre de más inquietante en las Cámaras, según los informes que he recibido, es que comienza a prosperar esa labor tendenciosa realizada por gentes que no calculan las consecuencias para provocar divisiones personalistas. Está ocurriendo exactamente lo que ocurrió en el período del Presidente Ortiz Rubio. Un grupo se decía ortizrubista y otro callista. En aquellos tiempos, inmediatamente que supe estos incidentes, traté personalmente y por conducto de mis amigos de conjurarlos; pero pudieron más los elementos perversos, que no cejaron en su tarea hasta el desenlace de los acontecimientos que ustedes conocen.

Actualmente en la Cámara de Diputados se ha hecho esa labor personalista de una manera franca y abierta y conozco los nombres de quienes las mueven.

Todos los que tratan de dividirnos hacen una labor pérfida, que no está inspirada en ningún elevado propósito, ni en la persecución de un ideal político. Sólo buscan el medro personal, la conquista de influencia para sus intereses bastardos, y es un crimen que, movidos por estos motivos, no vacilen en atraer para el país las más graves y desastrosas consecuencias.

La historia reciente de nuestra política nos ha enseñado, con acopio de experiencia, que las divisiones personalistas sólo conducen al desastre final; debieran, pues, suprimir en las Cámaras esas categorías injustificadas de cardenistas y callistas; y de cardenistas de primera, de segunda y de última hora. Cuando comienza la división de los grupos a base de personas, toman parte en estas decisiones, primero, los diputados, senadores, gobernadores, ministros, y, por último, el Ejército. Como consecuencias, el choque armado y el desastre de la nación.

Debieran saber los que prohijan y realizan estas maniobras, que no hay nada ni nadie que pueda separarnos al General Cárdenas y a mí. Conozco al General Cárdenas. Tenemos 21 años de tratarnos continuamente y nuestra amistad tiene raíces demasiado fuertes para que haya quien pueda quebrantarla.

También ha llegado a mi conocimiento —*dice el General Calles cambiando el rumbo de su pensamiento*— la formación en las Cámaras de "alas izquierdas", formación que creo un desacierto y un peligro. ¡Cómo! —exclama con energía—. Hemos actuado dentro de un Partido; hemos concurrido a sus convenciones, discutiendo su programa de acción y de principios, y protestando su cumplimiento, y ahora venimos a la formación de "alas izquierdas"; lo que quiere decir que habrá "alas derechas". Seguramente que nadie aceptará quedar atrás, y ahí comienza "el maratón de radicalismos" y con ello el comienzo de los excesos que a ningún acierto pueden conducir.

Este es el momento en que necesitamos cordura. El país tiene necesidad de tranquilidad espiritual. Necesitamos enfrentarnos a la ola de egoísmos que vienen agitando al país. Hace seis meses que la nación está sacudida por huelgas constantes, muchas de ellas enteramente injustificadas. Las organizaciones obreras están ofreciendo en numerosos casos ejemplos de ingratitud. Las huelgas dañan mucho menos al capital que al Gobierno, porque le cierran las fuentes de la prosperidad. De esta manera, las buenas intenciones y la labor incansable del señor Presidente están constantemente obstruídas, y lejos de aprovecharnos de los momentos actuales tan favorables para México, vamos para atrás, para atrás, retrocediendo siempre; y es injusto que los obreros causen este daño a un Gobierno que tiene al frente a un ciudadano honesto y amigo sincero de los trabajadores, como el General Cárdenas. No tienen derecho de crearle dificultades y de estorbar su marcha. Yo conozco la historia de todas las organizaciones, desde su nacimiento; conozco sus líderes, los líderes viejos y los líderes nuevos. Sé que no se entienden entre sí y que van arrastrados en líneas paralelas por Navarrete y Lombardo Toledano, que dirigen el desbarajuste. Sé de lo que son capaces y puedo afirmar que en estas agitaciones hay apetitos despiertos, muy peligrosos en gentes y en organizaciones impreparadas. Están provocando y jugando con la vida económica del país, sin corresponder a la generosidad y a la franca definición obrerista del Presidente de la República. ¡La huelga libre! —proclaman—, y cuando comienzan sus dificultades entonces corren, acuden al Gobierno, diciéndole: ¡ampárame!, ¡protégeme!, ¡sé el árbitro! ¿No es esto absurdo? Una huelga se declara contra un Estado que extorsiona a los obreros y les desconoce sus derechos: pero en un país donde el Gobierno los protege, los ayuda y los rodea de garantías, perturbar la marcha de la construcción económica no es sólo una ingratitud, sino una traición. Porque estas organizaciones no representan ninguna fuerza por sí solas. Las conozco. A la hora de una crisis, de un peligro, ninguno de ellos acude y somos los soldados de la Revolución los que tenemos que defender la causa. Y no podemos ver con tranquilidad que, por defender intereses bastardos, estén comprometiendo las oportunidades de México. No han sabido ni siquiera escoger los casos apropiados para sus huelgas. A la Compañía de Tranvías que está en bancarrota, que pierde dinero, le declararon una huelga; a la Compañía Telefónica, que ha concedido lo que justificadamente podía pedírsele: altos salarios, jubilaciones, servicios médicos, indemnizaciones, vacaciones y lo que la ley exige, le han declarado una huelga porque no aumenta más los salarios, no obstante que la Compañía manifiesta que no ha repartido dividendos hace muchos años y que no tiene con qué hacer frente a salarios más elevados. En Mata Redonda todos recordamos cómo en los últimos meses de la administración del General Rodríguez, él sirvió de árbitro en el conflicto obrero de esa Compañía; el entonces Presidente dictó un laudo favorable, porque el General Rodríguez fué también amigo de los obreros. Pues bien, apenas iniciaba su Gobierno el señor Presidente Cárdenas, cuando nuevos apetitos insaciables se burlaron del laudo presidencial y suscitaron nueva huelga. En la Compañía Papelera de San Rafael han decidido la huelga las organizaciones obreras por el fútil motivo de una disputa de supremacía de bandos obreristas, lo que hubieran podido arreglar con un simple recuento. ¿Y qué obtienen de estas ominosas agitaciones? Meses de holganza pagados, el desaliento del capital, el daño grave de la comunidad. ¿Saben ustedes que en una ciudad como León, con motivo de las huelgas por solidaridad, expusieron a sus 100,000 habitantes a la posibilidad de desastres tan grandes como los que derivan de la falta de servicios municipales de luz, de salubridad, de servicio de agua? Nada detiene el egoísmo de las organizaciones y sus líderes. No hay en ellos ética ni el más elemental respeto a los derechos de la colectividad.

Seguramente ellos murmurarán: ¡el General Calles está claudicando! Pero yo arrostro en beneficio de mi país estos calificativos que no me alcanzan.

Necesitamos, pues —termina—, conciencia de nuestros actos. Yo me siento por encima de las pasiones y sólo deseo el triunfo de los hombres que se han formado conmigo; anhelo el triunfo del Gobierno actual, que puede dejar, con las grandes oportunidades actuales de México, una huella luminosa de su actuación."

El golpe ha sido directo, rudo, digno de Calles. Hay ironías y hasta sarcasmo en esas palabras de reconvención. El ex Presidente se dirige a su sucesor, como lo hubiera hecho un maestro al alumno díscolo e irreflexivo. Toda una desautorización pública, habilidosa, endulzada, parecida a un ultimátum o a esos faroles rojos con que se detiene a los trenes.

Trascendental es el momento. A Cárdenas no le queda otra cosa que contestar. Si calla, otorga. Desaparece en cuanto a gobernante. Pero con él desaparecerá también la Revolución. Porque las palabras de Calles significan nada menos que la condena de los derechos obreros, el aplauso mal disimulado a las grandes compañías extranjeras, la intención desembozada de dar al Gobierno un rumbo que lo acerque a los grandes duques de la banca industrial y el capital financiero.

Otra vez la Revolución vive un momento álgido. Una vacilación de Cárdenas, un minuto de retraso, y se habrá perdido el esfuerzo de tantos años.

Pero en el alma de Cárdenas amanece el hombre providencial de México.

No vacila un segundo. Contesta al día siguiente. Y lo hace con dignidad de Jefe de Estado, pulcritud de estilo, entereza de luchador, clara orientación de revolucionario. Si admonitorias parecieron las palabras de Calles, las de Cárdenas saltan a la palestra vestidas de emoción histórica.

Porque el Presidente de cuarenta años de edad afirma, bajo su firma, el jueves 13 de junio:

"Ante la grave e injustificada agitación que se ha provocado en el país, en los últimos días, en que fuertes sectores de todas las clases sociales han expresado su opinión y asumido actitudes diversas que afectan profundamente a la buena marcha de la Administración Pública, creo de mi deber, en mi carácter de Presidente Constitucional de los Estados Unidos Mexicanos, dirigirme a mis conciudadanos para darles a conocer con sinceridad el sentir del Gobierno de la República en relación con los problemas planteados.

Pienso que es ineludible deber en el momento actual, que todos los que de alguna manera nos sentimos vinculados con el movimiento social de México, precisemos la responsabilidad histórica que hemos contraído y nos demos cuenta de que nuestra actuación, si queremos asumir esa responsabilidad, debe estar inspirada tan sólo en la más absoluta buena fe, desinterés y patriotismo.

Cumplo con un deber al hacer del dominio público, que, consciente de mi responsabilidad como Jefe del Poder Ejecutivo de la Nación, jamás he aconsejado divisiones que no se me oculta serían de funestas consecuencias, y que, por el contrario, todos mis amigos y correligionarios siempre han escuchado de mis labios palabras de serenidad, a pesar de que determinados elementos políticos del mismo grupo revolucionario (dolidos seguramente porque no obtuvieron posiciones que deseaban en el nuevo Gobierno) se han dedicado con toda saña y sin ocultar sus perversas intenciones, desde que se inició la actual Administración, a oponerle toda clase de dificultades, no sólo usando la murmuración que siempre alarma, sino aun recurriendo a procedimientos reprobables de deslealtad y traición.

En este sentido, mi conciencia no me reprocha nada que pudiera significar de parte mía la menor provocación para agitar o dividir al grupo revolucionario.

Refiriéndome a los problemas de trabajo que se han planteado en los últimos meses y que se han traducido en movimientos huelguísticos, estimo que son la consecuencia del acomodamiento de los intereses representados por los dos factores de la producción, y que si causan algún malestar y aun lesionan momentáneamente la economía del país, resueltos razonablemente y dentro de un espíritu de equidad y de justicia social, contribuyen con el tiempo a hacer más sólida la situación económica, ya que su correcta solución trae como consecuencia un mayor bienestar para los trabajadores, obtenido de acuerdo con las posibilidades económicas del sector capitalista.

Ante estos problemas, el Ejecutivo Federal está resuelto a obrar con toda decisión para que se cumplan el programa de la Revolución y las leyes que regulan el equilibrio de la producción, y decidido, asimismo, a llevar adelante el cumplimiento del Plan Sexenal del Partido Nacional Revolucionario, sin que le importe la alarma de los representantes del sector capitalista. Pero, al mismo tiempo, considero de mi deber expresar a trabajadores y patrones que dentro de la ley disfrutarán de toda clase de garantías y apoyo para el ejercicio de sus derechos y que por ningún motivo el Presidente de la República permitirá excesos de ninguna especie o actos que impliquen trasgresiones a la ley o agitaciones inconvenientes.

Al efecto, declaro que tengo plena confianza en las organizaciones obreras y campesinas del país, y espero que sabrán actuar con la cordura y el patriotismo que exigen los legítimos intereses que representan.

Deseo expresar, finalmente, que en el puesto para el que fuí electo por mis conciudadanos, sabré estar a la altura de mi responsabilidad, y que si he cometido errores, éstos pueden ser el resultado de distintas causas, pero nunca el producto de la perversidad o de la mala fe.

Creo tener derecho a que la nación tenga plena confianza en mí y a que el grupo revolucionario se revista de la necesaria serenidad y continúe colaborando con el Ejecutivo en la difícil tarea que se ha impuesto, y, a tal fin, exhorto a todos los hombres de la Revolución para que mediten honda y sinceramente cuál es el camino del deber; pudiendo todos estar seguros de que jamás obraré en un sentido diverso del que ha inspirado siempre todos los actos de mi vida de ciudadano, de amigo leal y de soldado de la República."

En muchos oídos estas palabras suenan como un disparo. En otros, como una profanación. ¡Al fin alguien hace frente al eterno Calles! En buena parte del país se siente un suspiro de alivio. En otras, un grito de rabia. Pero es sólo en ciertos sectores: burocráticos los más, apegados, directa o indirectamente, al fructífero, al remunerativo régimen "callista".

Mas hay en todos los espíritus un compás de alarma, un paréntesis de inquietud. ¿Qué hará Calles? ¿Revalidará su autoridad indiscutida de "Jefe de la Revolución"? ¿Exigirá a Cárdenas, privadamente, que vuelva sobre sus pasos? ¿Lo conminará públicamente? ¿O lanzará desde Cuernavaca el consabido Plan?

Las horas pasan y nada de eso ocurre. Calles aparenta dormir en su asiático palacio de Morelos. La inquietud es enorme. Los estudiantes y los sectores reaccionarios aprovechan para gritar contra la Escuela Socialista, el Plan Sexenal y el "cardenismo" comunista y vandálico. En cambio, las masas campesinas se agitan intensamente. Al día siguiente amanecen en México cien mil trabajadores del campo que lanzan vivas a

Cárdenas y mueras a Calles. En casi todo el país ocurre lo mismo. El campesinado hace oír su voz estentórea y amenazante en todos los grandes centros poblados. Aquellas muchedumbres de peones, ejidatarios e indígenas no tienen un aspecto tranquilizador. Evocan, sin pensarlo mucho, aquellas masas armadas que avanzaran contra Porfirio Díaz en 1911, contra Huerta en 1914, contra Carranza en 1920. Los grupos obreros comienzan también a mostrarse en las calles. Son mítines monstruosos.

Ya no hay duda. Con Cárdenas se inicia una nueva etapa revolucionaria. Tras él está todo el proletariado de México, con los ojos encendidos y las armas en la mano.

Otra vez la Historia se repite. Calles comprende. Sus familiares, favoritos y allegados no lo entienden así. Creen que se trata de resistir, de alzar la bandera de la rebelión, de imponerse por las armas. La camarilla funesta —la misma que rodeara a Carranza y a Porfirio Díaz— aconseja la guerra civil. Sólo Calles, como veinticinco años antes Porfirio Díaz en el Palacio Nacional, comprende en Cuernavaca la verdad y la trascendencia de lo ocurrido.

Entretanto, en pocas horas, Cárdenas ha procedido. El viernes 14 liquida sin vacilar aquel gabinete electrolítico. Elimina todo resto de "callismo". No más contemplaciones. Es el Presidente y gobernará como tal. Ha llegado su hora y sabe aprovecharla. Comprende que debe vivir la nueva hora de la Revolución, y no vacila ante nada. Sus ministros, todos de filiación revolucionaria, apolíticos, inmaculados todos, son ahora: Lic. Silvano Barba González, Gobernación; Lic. Fernando González Roa, Relaciones Exteriores; Lic. Eduardo Suárez, Hacienda y Crédito Público; General Andrés Figueroa, Guerra y Marina; General Saturnino Cedillo, Agricultura y Fomento; General Rafael Sánchez Tapia, Economía Nacional; General Francisco J. Múgica, Comunicaciones y Obras Públicas; Lic. Gonzalo Vásquez Vela, Educación Pública y Bellas Artes. Igual cosa ocurre con los jefes de los Departamentos del Distrito Federal, del Trabajo, Agrario, de Salubridad Pública y Forestal, que quedan a cargo, respectivamente, del señor Cosme Hinojosa, el Lic. Jenaro V. Vásquez, el Lic. Gabino Vásquez, el Dr. José Siurob y el Ing. Miguel A. de Quevedo. En cuanto al Procurador del Distrito y los Territorios Federales y el Secretario Particular, continúan siendo —Licenciados Guerrero, Castellanos y Rodríguez— las mismas personas de toda la confianza presidencial.

Es todo un mandoble asestado al corazón de Calles. El viejo revolucionario lo entiende así y toma el único camino digno de su pasado y de los inestimables servicios prestados a la Revolución: la retirada. Un día como todos, sin ruido ni estridencia ningunos, abandona Cuernavaca y se retira a su hacienda de "El Tambor", en Sinaloa. Está cerca de la frontera. ¿Por qué no reposar algún tiempo en los Estados Unidos? La estupefacción es enorme en México. ¿Calles ha cedido el campo? ¿No será una jugada, parecida a la del tigre que retrocede para atacar mejor? ¿No aprovechará su paso por Sonora, sus innúmeras vinculaciones en el lejano Estado, para repetir el golpe de Agua Prieta?

Mas no ocurre nada de eso. Calles atraviesa la frontera. Cárdenas queda dueño del campo. ¿Dueño? No del todo. Está intacta la poderosa maquinaria burocrático-militar del callismo, que domina en casi todos los Estados. Hay algunos —Tabasco en primer lugar, Querétaro, Tamaulipas, Colima, Sonora— en los cuales el poder federal es sólo un mito. Los enemigos están en todas partes. No sólo son los callistas, también lo son los católicos y las eternas huestes reaccionarias que han vuelto a levantar la cabeza. Cárdenas debe batirse contra todos ellos.

Y lo hace con su calma y resolución habituales. Mantiene en un puño a los universitarios y al clero. Contiene a los fanáticos con rigor o con tacto, según los casos. Oye en Colima a una delegación de mujeres católicas. Ordena reabrir las audiencias sobre cuestiones religiosas. Limpia el campo interior de los enemigos más inmediatos. Y se vuelve contra el grueso del adversario. Contra los Estados, o, mejor dicho, contra los gobiernos locales, todos hechuras o marionetas de Calles, el gran organizador, pero también, al estilo de Leguía o de Irigoyen, el gran absorbente. El callismo ha desaparecido, prácticamente, de las principales reparticiones públicas federales. No quedan rastros de él en los Ministerios y el Gabinete mismo. Pero, en cambio, se conserva intacto en los Estados.

"El primer lugar donde hirió el rayo fué en el Estado tropical de Tabasco, en el círculo sur del Golfo de México" (1). Cárdenas eligió bien el teatro de la lucha. Tabasco era una fortaleza del callismo, el célebre Estado donde Garrido Canábal había convertido en escuelas o salas deportivas a las iglesias, prohibido el expendio de alcohol, cortado de raíz toda manifestación religiosa y formado un ejército exclusivamente particular: los Camisas Rojas. El Lic. Tomás Garrido Canábal, hombre sesentón ya, era una especie de dictador vitalicio. Gobernaba hacía quince años, desde Agua Prieta, sin limitación alguna. Se había enriquecido fabulosamente. Era "odiado por los trabajadores, los trabajadores agrícolas y los católicos leales". Los primeros le reprochaban su incumplimiento del artículo 123 constitucional y de las leyes ejidales, y los últimos su rabioso clerofobismo. Obligó al casamiento a los sacerdotes católicos, y, con ello, no dejó uno solo en su Estado. Obligado a dimitir la Secretaría de Agricultura, se había retirado a sus grandes haciendas de Tabasco. Aparecía como el colaborador más directo de Calles, como el más connotado "callista". Si Cárdenas lo vencía, era ya cosa fácil aplastar al callismo en todos los Estados restantes.

El pretexto lo proporcionan los estudiantes. Veinte de ellos, alumnos de la Universidad Nacional Autóno-

---

(1) HUBERT HERRING: *"La victoria de Cárdenas en México".*

ma, tabasqueños todos, parten a Villahermosa en avión. Van a luchar políticamente contra Garrido Canábal y en pro de su adversario político, Brito Foucher. Los Camisas Rojas los reciben con ametralladora. Los estudiantes se defienden. Caen cuatro de ellos para no levantarse más y quedan numerosos heridos. Otros tantos Camisas Rojas muerden el polvo. Es el 14 de julio, día en que cayó la Bastilla en la Francia de los Luises. También es el día en que cae la Bastilla "garridista" de Tabasco.

Los sucesos de Villahermosa conmueven al país entero. Millares de estudiantes se dirigen a Villahermosa. Se cierran las tiendas. En Puebla y Guadalajara, las dos ciudades católicas, se arremolina la muchedumbre en las calles. Los estudiantes avanzan sobre Tabasco, dispuestos a matar o a hacerse matar. La Universidad hace causa común, oficialmente, con ellos. Todas las miradas convergen sobre el rostro de piedra de Lázaro Cárdenas. ¿Procederá?

Es hombre de acción. Procede. Y con la rapidez del rayo. Espera, sí, una semana para pulsar la opinión de todo el país. En seguida, destituye al Gobernador de Tabasco, una hechura de Garrido Canábal; disuelve a los Camisas Rojas, tristemente célebres ya; sustituye al Jefe de Operaciones Militares por un hombre de su confianza; designa un Gobernador provisional, también de su confianza, para la jefatura del Estado. Días después, el 25 de julio, es ya totalmente dueño de la situación. Tabasco ha dejado de ser "garridista" y pasa a incorporarse plenamente al orden institucional del país.

El callismo se agita en Querétaro, Tamaulipas, Sonora y Colima. Mas los propios campesinos y grupos obreros se encargan de sofocar su acción. 20,000 agraristas avanzan sobre Tamaulipas y exigen la destitución del Gobernador. Los obreros acusan en Querétaro al Gobernador como culpable de homicidio. Las masas rebullen en Sonora y Colima y se suceden las manifestaciones "cardenistas" en favor del Gobierno. Bastan escasos días para que los cuatro Estados díscolos queden sujetos, por completo, al poder federal.

Cárdenas ha triunfado en toda la línea. Pero no se duerme sobre sus laureles. Levanta la censura a los actos del Gobierno. Ordena proporcionar facilidades en el correo a las publicaciones de oposición. Decreta la amnistía para todos los que no se encontrasen en el país por causas políticas o religiosas. Y llega hasta plantear el problema religioso en diferente forma. No más ambiente de persecución ni de escándalo. Hará cumplir las leyes pertinentes con toda estrictez, pero pondrá límites al clerofobismo inútil de muchos funcionarios. Hace abrir otra vez las audiencias religiosas. Llega, inclusive, hasta dejar que las rígidas ordenanzas religiosas sean cumplidas con cierta elasticidad de criterio.

La opinión católica respira. Mas, al mismo tiempo, la Escuela Socialista avanza rápidamente y el Plan Sexenal se cumple en todas sus partes. Esa es la base del Gobierno de Cárdenas; pero aun necesita extremar más su campaña en contra del juego, del alcohol, de cualquiera de las manifestaciones del vicio. No hace ni más ni menos de lo que hizo Calles en Sonora en 1917, cuando persiguiera juego y alcohol con inusitada violencia. Cárdenas ordena la clausura del suntuoso balneario de Agua Caliente, sitio de recreo, sala de juego y campo de bebida para el norteamericano que quisiese pasar la frontera en el Distrito Norte de Baja California. E incluso hace lo mismo con las célebres piscinas-cabarets de Tijuana. En ambas están comprometidos, comercialmente, algunos afortunados "callistas". Y se dice que en Agua Caliente lo estuvo hasta el propio ex Presidente Abelardo L. Rodríguez.

Después del juego, el alcohol. El 1.o de agosto inicia, con un combativo discurso, una campaña nacional contra el alcohol. Es una verdadera guerra al pulque y al tequila que se hace en escuelas, plazas, diarios y radios. Cárdenas es abstinente. Su sobriedad, proverbial. Ama, en cambio, los deportes. Combina la campaña analcoholista con un programa de construcciones deportivas y fomento de las diversas ramas de la educación física. En pocos meses se destaca como el mandatario mexicano que más se ha preocupado de la salud física de su pueblo.

No descuida a la vez sus dos grandes preocupaciones: la tierra y la educación primaria y rural. El ejido y la escuela. Acelera la restitución y dotación de tierras a los ejidos, el incremento del crédito refaccionario en los campos, la multiplicación de las Escuelas Normales Rurales, las Escuelas Agrícolas y, sobre todo, las Escuelas Regionales Campesinas. En sólo un año hace construir dos mil escuelas federales. Termina, entretanto, el proceso de incorporación a la federación de las once mil escuelas primarias que existían en el país bajo el control de los Estados, los Municipios y los particulares del artículo 123, constitucional.

Sigue, sin pestañear, su programa esencial: entrega de la tierra al campesino, con ayuda económica y educacional al pequeño agricultor; sindicalización obligatoria de campesinos y obreros; creación de cooperativas de consumo y de producción; armamento de los núcleos agraristas; fortificación del Estado-regulador y robustecimiento de la economía propia; alzamiento y nivelación de los salarios en todo el país. Va cumpliendo punto por punto, sin salirse de la vasta pauta del Plan Sexenal, todo cuanto prometiera, en palabras sencillas, a los proletarios de todas las regiones del país.

Es el hombre que personifica el nuevo ritmo de la Revolución. Él lo sabe y por ello se esfuerza en cumplir con su deber de gobernante esencialmente revolucionario. Nada lo detiene en su camino. Es de aquellos que todo lo sacrifican a un ideal y a una fe. Un obstinado heroico, como Benito Juárez y Vicente Guerrero. Un instrumento del Destino. Un hombre nuevo de la Revolución de siempre, de la verdadera, de la única.

Puede errar o no. Pero lo interesante es que está

cumpliendo, sin apartarse un ápice, con lo que esperan de él el proletariado y los sectores revolucionarios del país. Cumpliendo con su propio destino.

Y la Revolución Mexicana entra con él a su séptima etapa.

RESULTADO Y EJEMPLO

MUCHO es posible decir en pro y en contra de la Revolución Mexicana. Para unos es terroríficamente roja. Para otros, repugnantemente amarilla. Al juzgarla, los extremismos se tocan en ella. El ultramontanismo en lo religioso, el conservadorismo en lo político, el comunismo oficialista en lo revolucionario: todos esos extremos se codean en la tarea de vociferar y desfigurar la Revolución Mexicana en sus respectivos círculos.

¿Significa esto que es un movimiento realizado a medias? ¿Un movimiento hijo del oportunismo, el titubeo, la transacción? En manera alguna. Una revolución que dura ya veinticinco años y comenzó a generarse hace cuatrocientos; que ha devorado, uno por uno, a sus propios hijos; que ha costado centenares de miles de vidas humanas; que ha transformado casi totalmente a un país de dieciocho millones de habitantes: no puede ser, ni es, un fenómeno circunstancial derivado de las ambiciones de tal o cual caudillo.

La Historia utiliza caudillos y a veces, cuando son geniales, se deja "hacer" por ellos. Por lo general, la individualidad poderosa, la personalidad de tipo cesáreo, sólo actúa, en el fondo, obedeciendo a las leyes eternas del acontecer. Ninguna revolución honda es posible en un pueblo si no la determinan condiciones económicas y sociales específicas, si no la condicionan, en su periferia, hechos políticos también específicos. Tales movimientos no son hijos del capricho ni del azar.

La primera característica de la Revolución Mexicana que sorprende al espectador es su forzosidad, su fatalidad. No habría podido dejar de producirse. Los hechos la van incubando lentamente, durante siglos, hasta que estalla al parecer de súbito. Desde el primer momento aparece como un torrente desbordado, incontrolable, hijo del dolor, la miseria, la desesperanza. Se la puede filiar desde entonces como una revolución de masas. Las masas armadas de súbito derrotan a los ejércitos de Porfirio Díaz y después a los de Huerta. El obrerismo organizado contribuye después al aplastamiento de Francisco Villa.

La Revolución Mexicana tiene, pues, desde el primer instante, una fisonomía social más que política. Madero pretende hacer solamente una revolución de tipo político —reemplazo violento de una dictadura por un régimen constitucional democrático-republicano—, pero enciende la mecha de una mina preparada durante siglos.

El movimiento se pone en marcha sin programa, sin doctrina, sin orientación alguna. Todo ello lo tiene en instinto. Es clasista en su fondo. Revolucionario en su esencia. Pueden actuar en su superficie cuantos políticos y ambiciosos se quiera, pero el campesino, el obrero, el soldado forjado por la revolución van buscando, todos, reivindicaciones de clase.

No está de más recordar que la Revolución Mexicana no tiene mentores ni modelos en sus primeros diez años de vida. El fenómeno ruso se opera sólo siete años más tarde de su estallido. La Comuna está demasiado lejos. El Manifiesto Comunista de Marx y Engels no penetraba entonces tanto en México como las doctrinas de Kropotkin, Bakunin y los anarquistas españoles. El revolucionarismo del proletariado, cuando existía, era romántico, solidarista, vaciado íntegro en los moldes de los Ferrer y los Moncaleano.

A la Revolución Mexicana no interesaba tanto amoldarse estrictamente al texto de Marx y las geniales aplicaciones de Nicolai Lenin, como hacer de México una sociedad más justa y más igualitaria. Aspiraba a que todos los mexicanos, inclusive los indígenas, pudiesen considerarse ciudadanos de una nacionalidad, satisfacer sus necesidades mínimas, vivir como hombres libres en lugar de hacerlo como siervos o como esclavos.

El tormentoso siglo XIX, que marca en México el advenimiento de la República, no es otra cosa que la lucha entre la Colonia y la República. Entre el orden colonial, monárquico, oligárquico, clericalista, latifundidario, y el orden republicano, democrático, librepensador, pequeño-propietario. Entre el feudalismo y el monarquismo contra la Revolución Francesa, en buenas cuentas.

Ello no comenzó a lograrse, empero, hasta años después de estallada la Revolución. Pero el mundo había avanzado demasiado. Era muy tarde para que México se contentase con colocarse al nivel de estas democracias políticas de la América Latina, caracterizadas todas por la supervivencia del feudalismo agrario colonial, el poder omnímodo —político, económico y espiritual— de la Iglesia Católica, la dictadura colectiva de una clase oligárquica prolongada de padres a hijos y, recientemente, la entrega sistemática de las fuentes de riqueza al capitalista extranjero en connivencia con el político o el estadista nacional.

El México de Madero quiso y logró ser una democracia política al estilo de nuestras flamantes Repúblicas. El de Carranza comenzó, en cambio, a ser una democracia agraria, que tomó un carácter socializante durante el largo predominio del llamado "callismo". El de Cárdenas tiende, ahora, hacia un socialismo cooperativista, a base de economía dirigida y organización de un "Estado-regulador".

Es posible, y relativamente sencillo, marcar los diversos jalones recorridos por la Revolución Mexicana en su marcha al porvenir. Cada uno de ellos, indefectible personalismo mexicano, puede simbolizarse en un hombre.

Primera etapa.—(20 de diciembre de 1910-13 de febrero de 1913). Levantamiento de masas armadas. Derrumbe de una dictadura zarista y colonial, apoyada en el dueño de la tierra, el administrador de la fe, el industrial y el inversionista extranjero. Advenimiento de un régimen constitucional. Se ensaya una democracia política, a base de garantías individuales, representación parlamentaria auténtica y funcionamiento del Estado Liberal, político e individualista, de los clásicos tres poderes. El hombre se llama Francisco I. Madero.

Segunda etapa.—(22 de febrero de 1913-1.o de mayo de 1917). Otra vez levantamiento de masas. Lucha armada de cuatro años. Regreso de la reacción al poder. Las oligarquías coloniales y el capital imperialista derriban el ilusorio régimen demo-liberal implantado por ilusos de buena voluntad. Obreros y campesinos derrumban a su vez el neorreaccionarismo llegado al poder al través del sombrío Victoriano Huerta. Triunfa la Revolución, que pudiera llamarse social. Pronto se desgarra en luchas intestinas. Carranza y Obregón luchan contra Villa y Zapata. Los dos últimos, uno contrarrevolucionario y el otro adalid de la revolución agraria, personifican este período turbulento. Los hombres son Francisco Villa y Emiliano Zapata.

Tercera etapa.—(1.o de mayo de 1917-7 de mayo de 1920). Victoria definitiva de la Revolución. Encauzamiento jurídico de ella. Dictación de la Ley Agraria de 6 de enero de 1915 y de la Constitución de 1917, con sus artículos 27, 123 y 130, que representan la lucha antilatifundista, antiimperialista, antipatronal, anticlerical y antioligárquica que caracteriza en el fondo al movimiento. Pacificación del país. Ensayo de las nuevas instituciones. Inauguración de un Gobierno autocrático, de tipo porfirista. Las formas constitucionales son avanzadas, pero reaccionarios los hombres encargados de aplicarlas. El hombre es Venustiano Carranza.

Cuarta etapa.—(7 de mayo de 1920-1.o de diciembre de 1924). La Revolución torna a tomar el rumbo. Comienzan a ser aplicadas las leyes agrarias, revolucionarias todas. Se despedaza el latifundio. La tierra vuelve a los campesinos, en forma de restitución de viejos ejidos o dotación de nuevos a las comunidades. La propiedad colectiva aparece junto a la individual. Ensáyanse las leyes sociales emanadas del artículo 123 constitucional. Iníciase la formidable campaña educacional en los campos. Empieza a formarse una opinión política y a organizarse en definitiva el movimiento obrero. La Revolución se depura a sí misma. La lucha antiimperialista se plantea en buena forma. El Estado revolucionario triunfa sobre los petroleros. Puede decirse que el movimiento está ya orientado. El hombre representativo es el caudillo más brillante y el estadista más genuino que ha producido la Revolución hasta ese momento: Alvaro Obregón.

Quinta etapa.—(1.o de diciembre de 1924-1.o de diciembre de 1928). México es ya una democracia agraria. Se acelera la entrega de tierras a los campesinos. Increméntase extraordinariamente el programa de educación primaria y rural. El campesino recibe los beneficios del crédito, la educación primaria, la enseñanza agrícola. Empieza a organizarse sindicalmente en ligas agrarias. El obrerismo mexicano, por su parte, se articula en sindicatos. Desaparecen los partidos políticos burgueses y sólo quedan actuando las agrupaciones políticas de extracción proletaria. Es la época de la poderosa "Crom", que nutre y orienta al Estado. Se plantea con violencia el viejo problema religioso. El Estado domina a la Iglesia. La campaña antiimperialista sufre un pequeño retroceso. El gran capitalismo americano busca ahora la amistad del régimen revolucionario. Se inicia la construcción ordenada de obras públicas. Comienza a dársele una orientación económica lejana al movimiento revolucionario. El militarismo caudillista sufre un segundo revés. El hombre representativo es Plutarco Elías Calles.

Sexta etapa.—(1.o de septiembre de 1928-1.o de diciembre de 1934). Sobreviene un paréntesis que tiende, en el fondo, a dar un carácter socializante a la democracia agraria. Obregón, reelegido para la Presidencia, es asesinado. Calles anuncia la terminación del gobierno de caudillos y el comienzo del régimen institucional creado por la Revolución. Sin embargo, sigue gobernando a través de testaferros bien intencionados. Nace, crece con rapidez y alcanza la mayor edad política el Partido Nacional Revolucionario, que pasa a sostener, alimentar y dirigir al Estado revolucionario. La obra agraria y educacional prosigue sin interrupciones, aceleradamente. Vuelve a ser derrotado el militarismo caudillista. Se liquida el conflicto religioso. Se aprueba un Plan Sexenal que servirá de futura pauta de gobierno, y abarca, además de todas las fases de la economía mexicana, las directivas posibles de los regímenes de mañana. El derecho industrial o legislación del trabajo progresa considerablemente. La organización sindical de los trabajadores de la ciudad es ya un hecho. Pronto lo será la de los trabajadores de los campos. Los hombres de este período se llaman Emilio Portes Gil, Pascual Ortiz Rubio y Abelardo L. Rodríguez. Pero el gobernante sigue llamándose Plutarco Elías Calles.

Séptima etapa.—(1.o de diciembre de 1934). La Revolución vuelve a ponerse en camino. La aplicación integral del Plan Sexenal exige nuevos métodos, nuevos hombres. Triunfa en el Partido Nacional Revolucionario la tendencia de izquierda. El personalismo comienza a ser derrotado. Calles cede terreno ante Cárdenas. Este ha logrado vincular su destino al de las masas. Las organizaciones campesinas y los sindicatos obreros se solidarizan con un programa radical y exigen mayor velocidad a la Revolución. Se prosigue desarrollando el programa agrario. Se incrementa la educación rural. Se crea y aplica la Escuela Socialista. Se reforma el Código del Trabajo y mejóranse las condiciones de la lucha clasista del obrero. Lúchase por la sindicalización rápida y obligatoria de los sindicatos obreros o campesinos. Organízanse cooperativas de consumo y de producción. Plantéase otra vez el conflicto religioso en su última etapa: la captación del niño. Se lleva a cabo un gigantesco programa de obras públicas. Se comienza a luchar otra vez contra el imperialismo económico extranjero. Se echan las bases del Estado-regulador que capacite a las masas para llevarlas hacia la apropiación de los instrumentos de producción. Se realiza una labor de depuración y profilaxia políticas. Son perseguidos el caudillaje, el juego, el alcohol. Foméntanse, en cambio, los deportes. Se entregan armas a las masas campesinas. La Revolución ha dejado ya de ser una simple democracia agraria con sentido socialista. Marcha ahora, resueltamente, hacia una democracia socialista-cooperativista, esencialmente revolucionaria siempre. El hombre representativo es Lázaro Cárdenas.

Tal es el desenvolvimiento histórico, y el único lógico por lo demás, de esta Revolución que comenzó queriendo instaurar una democracia política al estilo latinoamericano y ha llegado ahora, después de un cuarto de siglo de lucha desesperada, a tomar la forma de una democracia socialista-cooperativista, en marcha hacia el socialismo.

Pero en este accidentado camino, jalonado en siete etapas diferentes y consecuenciales entre sí, es posible observar ciertas características persistentes, cada vez más acentuadas, que tienen un profundo interés para el resto de la América Latina.

La Revolución Mexicana es, esencialmente, agrarista. Va directamente contra el latifundio, supervivencia colonial, cimiento de las oligarquías tradicionales que manejan el poder político y controlan el crédito interno.

Ese carácter fundamental la ha hecho ser, por consecuencia inevitable, una revolución antioligárquica, enemiga de las clases privilegiadas tradicionales, reaccionarias por biología y por interés económico. Por lo tanto, una revolución democrática.

Pero también va contra el clero, la Iglesia Católica, en cuanto a organización económica que influencia o dirige al Estado Político Liberal. Contra el catolicismo, no por dogma o problemas de conciencia, sino por razones políticas y económicas inmediatas: sometimiento al Estado Nacional del verdadero Estado extranjero que Roma dirige, anulación de un poderío económico extraño que estagna al desarrollo económico del país y perturba, frecuente e inevitablemente, su estabilidad política.

Y, por último, tiene un carácter, oculto o desembozado, pero latente siempre, antiimperialista. No lucha contra el imperialismo extranjero, como lo hiciera Rusia, por ejemplo: nacionalizando a viva fuerza todas las fuentes de producción. Rusia, ya lo hemos dicho, no es México. Tal cosa habría significado, para México, la pérdida inmediata de su independencia política. Prefirió un camino bastante largo, pero más seguro, y, sobre todo, más posible: la reglamentación de las inversiones extranjeras en el país, el rescate paulatino de numerosas fuentes de riqueza, la cautelación de otras en poder del extranjero, la completa tuición política y administrativa sobre las grandes compañías extranjeras explotadoras de riquezas mexicanas, y, por último, la creación de un futuro capitalismo nacional, a base de organización cooperativa del consumo y la producción, que haga factible en el porvenir la nacionalización de todas las fuentes de producción.

Todo ello no habría podido hacerse por medios evolutivos y, mucho menos aún, manteniendo un Estado de tipo político, demo-liberal, pasivo, incapaz en absoluto de oponerse a los intereses económicos en lucha y proteger a las masas nacionales en contra de las clases siempre opresoras. Ese Estado burgués, típico Estado de clase, hubo de ser reemplazado por un Estado revolucionario, fuerte e imperioso, "de un solo partido", que se ha ido sobreponiendo a todos los obstáculos y construyendo, gradualmente, una democracia agraria orientada hoy hacia el socialismo-cooperativista. Aquel Estado es el antecedente del Estado-regulador, que comienza ahora a tomar sus formas definitivas y que, a su vez, no será sino el antecedente del futuro Estado socialista integral.

¿Ha obtenido éxito la Revolución Mexicana en todos y cada uno de estos propósitos, evidentemente revolucionarios?

Un balance a ojo de avión permite asegurar que sí. El latifundio está destrozado en cuanto a organización económica y sistema político. La restitución y dotación de ejidos a los pueblos primeramente y, en seguida, el refraccionamiento de los latifundios, la redistribución de la población y la colonización interior del país, han acabado, prácticamente, con él. La antigua casta oligárquica ha sido, materialmente hablando, barrida del poder y la vida social de México. Casi no quedan vestigios de ella. Cosa parecida ha ocurrido a la Iglesia Católica, dinamitada en su poderío económico y político, que ahora, perdidos sus últimos baluartes educacionales, se debate infructuosamente para conservar algún dominio sobre los espíritus. Y en cuanto al peligro imperialista, el más trascendente de todos, ha sido evitado en no pequeña parte, lográndose salvaguardar la integridad —siempre amenazada— de la nación, como también la completa independencia de los Gobiernos nacionales con respecto a las grandes empresas extranjeras. El imperialismo económico extranjero no ha sido destruido, pero sí contenido y controlado en todo aquello que atañía directamente a la soberanía y progreso de la nación mexicana.

Son resultados generales, sin duda envidiables.

Pero, ¿ha obtenido totalmente estos resultados la Revolución Mexicana? ¿Está todo ello totalmente realizado?

Quien tal cosa preguntare, incurriría, desde luego, en un pecado de lesa historia. Las revoluciones, por profundas que sean, no logran jamás abolir inmediatamente un régimen económico-social para instaurar sobre sus ruinas uno nuevo. La Revolución Francesa estuvo siempre inficionada de monarquismo y feudalismo. Su primera resultante, el Imperio Napoleónico, y su segunda, la restauración monárquica constitucional y el Segundo Imperio, lo demuestran así. Sin embargo, el régimen demo-liberal triunfó, a la larga, totalmente, en Francia, hasta el extremo de que la República Francesa sea hoy día el exponente más genuino de la democracia burguesa de tipo capitalista. En cuanto a lo Revolución Rusa, ¿no se vió a Nicolai Lenin poner máquina atrás al lanzar la "Nep"? ¿No se transformó pronto aquel comunismo de los primeros momentos en una democracia agraria con dirección socialista? ¿No ha llegado hoy la URSS, prácticamente, a un capitalismo de Estado dirigido en beneficio del proletariado? Y aun cuando sea difícil que el socialismo de los soviets se desarrolle por completo en tanto no se produzca la quiebra universal de la estructura capitalista, no es menos cierto que la Revolución Rusa es la más honda y ejemplarizadora que ha experimentado la Humanidad en su eterno caminar hacia el progreso.

La Revolución Mexicana, que fué hija de los hechos, fruto del dolor y la miseria, que careció hasta no ha mucho de programa, orientación y hasta ideología, no podía tampoco pretender ir más lejos que sus congéneres rusa o francesa. Pero ha logrado recorrer un camino enorme a pesar de todos los obstáculos, aun cuando el camino dejado atrás no esté totalmente limpio de malezas y obstrucciones.

El latifundismo fué destruído en cuanto a estructura económica decisiva y régimen político constante; pero aun subsiste en forma restringida y aun son muchos los campesinos, cerca del 73 % de ellos, que permanecen sin tierras. La Revolución sólo ha logrado distribuir (hasta fines de 1933) 10.947,426 hectáreas entre 983,726 familias, es decir, apenas un 9.54 % de la superficie agrícola total entre un 27 % de la población agraria.

La oligarquía agraria y crediticia, destruída en sus formas sociales, sobrevive, en cierto modo, en sus aspectos financieros, pero ya no cuenta como fuerza política y social.

Igual cosa ocurre a la Iglesia Católica, herida de muerte en su centenario predominio, pero que aun pesa como fuerza espiritual en las regiones más atrasadas y aun cuenta con los medios económicos mínimos, exceptuando su formidable organización financiera internacional, para resistir porfiadamente al Estado mexicano.

En el terreno propiamente económico, la situación es incomparablemente más grave. Una economía nacional no se hace en un año, ni en veinte. México carece de economía propia. Es un país productor de materias primas, que explota el alto capitalismo mundial por la baratura de la mano de obra. Las industrias extractivas y fundamentales del país están en manos extranjeras: petróleo, plata, oro, cobre, fuerza hidroeléctrica, transporte, hilados y tejidos. Aun la mayoría de los salarios son de hambre. En muchas partes impera la ley del bronce. Aun el capitalismo extranjero domina a la nación mexicana en la forma dramática en que lo dijo en Zacatecas el propio General Cárdenas. Todavía es un sueño la organización y el robustecimiento de una economía propia.

Mas esta supervivencia de otros regímenes sociales y el arraigo inevitable del capitalismo imperialista en un país agrícola y minero, todavía no industrializado y hasta contiguo, geográficamente, a la nación representativa del capitalismo expansivo e invasor, ¿bastan para negar en redondo a la Revolución Mexicana y estimarla como un mero movimiento político, sin mayor trascendencia?

Sería otro pecado de lesa historia.

La Revolución Mexicana presenta, en conjunto, dos fases fundamentales: la lucha contra el demo-liberalismo interior y la lucha contra el capitalismo imperialista. La primera está ya casi terminada. La segunda, planteada en términos esperanzadores.

El Estado "de un solo partido", organizado y férreo, de base proletaria y clasista, tendrá que barrer, fatalmente, con las últimas resistencias que le opongan las clases terratenientes, industriales, eclesiásticas y oligárquicas rezagadas. Los trabajadores organizados en sindicatos obreros revolucionarios y ligas agrarias campesinas en el terreno social, y en cooperativas de productores y consumidores en el económico, sepultarán en definitiva el pequeño capitalismo nacional mexicano, intrínsecamente individualista, y con él, a todas las clases sociales y políticas que constituyeron el antiguo Estado demo-liberal. Puede que tal proceso se demore más de lo que se cree o encuentre tropiezos inesperados en su camino; pero, sea como fuere, no tardarán en cumplirse las etapas finales de la substitución del Estado político o liberal por el Estado-regulador que conduzca a la nueva sociedad sin clases y sin privilegios.

Problema aun más serio es el de la substitución del capitalismo imperialista por un capitalismo nacional de Estado. Para ello será preciso atravesar forzosamente por diversas etapas. México no está en condiciones de destruir, manu militari, la estructura capitalista en su suelo. El propio Marx y su compañero Engels nos dicen taxativamente que el capitalismo sólo será destruido por el proletariado industrial organizado en fuerza política de partido. En México no existe tal proletariado. Habría que esperar que él —el de los Estados Unidos, el de Inglaterra, de Francia, Alemania— provocara el derrumbe del capitalismo en los grandes centros industriales del mundo. Sólo así podría pensar México en su total liberación económica. Pero, ¿tendrá que esperar a que el sistema capitalista sea abolido violentamente en el resto del mundo? O, por el contrario, ¿contemplará la posibilidad de obtener la independencia económica dentro y fuera de la estructura capitalista actual?

Es difícil que pueda hacerlo dentro del sistema, es decir, buscando la liberación económica por medio de una industrialización total y completa del país. El propio capitalismo internacional —siempre sobrante de capitales y excedido de producción, siempre en busca de nuevos mercados y plazas inversionistas— no va a tolerar que el capitalismo mexicano se desarrolle a su vista y paciencia. Tiene, además, en su poder, las armas con qué impedirlo: el control del combustible y todos los recursos de la experiencia y la técnica industriales.

No quedaría otro camino que la nacionalización paulatina, dirigida por el Estado, de las fuentes de producción. Es preciso entrar a controlar los procesos de producción y distribución de la riqueza. Terminar con el patrón y el intermediario criollos. Condicionar en seguida, estrictamente, la inversión de capitales extranjeros y la organización del comercio exterior, cuyo control tiene, fatalmente, que pasar a manos del Estado. Este viene a ser, en el hecho, una escuela de capacitación para las clases productoras y un "órgano de relación entre la nación y el imperialismo" (1). Más el nuevo Estado no puede ser un Estado político o de extracción burguesa. Tiene que representar, forzosamente, a las clases obreras y campesinas y también a las clases medias del campo y la ciudad. Obreros, campesinos, artesanos, intelectuales de todo género, pe-

---

(1) Víctor Raúl Haya de la Torre: *"¿A dónde va Indoamérica"*. — Edit. Ercilla, Santiago, 1935.

queños comerciantes, pequeños industriales, pequeños propietarios: todos ellos han de estar representados, colectivamente, por el Estado revolucionario, nacional, antiimperialista, el Estado que ya es llamado en México "Estado-regulador".

Sólo éste es capaz, regulando los fenómenos económicos, de capacitar al proletariado para que llegue, como lo quiere Cárdenas, a participar "en la dirección de las empresas", "aprovechar para sí los beneficios de la industria" y poseer "en sus manos y propiedad, la maquinaria" (1).

Sólo entonces podrá hablarse de una total independencia económica. México habrá logrado condicionar ya el intercambio de sus materias primas por productos manufacturados, controlar absolutamente la inversión de capitales en su territorio y colocarse en situación de ir a la nacionalización progresiva, y más o menos rápida, de todas sus fuentes de producción, hasta entrar al proceso de la socialización de ellas y el arribo a un régimen socialista o de colectivización de todos los medios de producción, cambio, crédito y transporte.

Pero habrá sido preciso, previamente, la formación de una clase obrera capaz de dirigir la producción y manejar el Estado, la superación de la era económica del capitalismo imperialista y la abolición en los grandes centros industriales de la estructura capitalista actual.

Esa última etapa, ¿habría podido siquiera divisarse desde lejos sin más trabajo que esperar buenamente la evolución del porfirismo o de la democracia política?

Inútil es decir que no. Para aspirar a ella, para obtener la posibilidad de un Estado-regulador y de una lucha organizada contra el imperialismo, era preciso y previo que las clases trabajadoras tomaran revolucionariamente el poder e instauraran un Estado de clase, barriendo con las oligarquías tradicionales, el feuda-

---

(1) Obra citada.

lismo agrario, el fanatismo religioso y la alta burguesía industrial, comercial y burocrática.

Era preciso hacer, en buenas cuentas, la Revolución Mexicana en su primera etapa esencial, la que terminó, después de veinticinco años de ardua lucha, el 1.o de diciembre de 1934.

El movimiento político-social verificado en México desde 1910 hasta ahora presenta otros aspectos que tienen especial interés para las Repúblicas de la América Latina.

Es profundamente original, nacionalista, latinoamericanista. Es, también, indigenista, tradicionalista y, en el fondo y la forma, esencialmente realista.

Unas y otras características se entremezclan y hasta se confunden.

La originalidad de la Revolución Mexicana deriva de su constante y exigente realismo. Jamás los revolucionarios mexicanos exaltaron el dogma o la teología revolucionaria. No vivieron buscando modelos extranjeros con exclusión de los hechos nacionales indiscutibles. No tomaron del exterior sino aquello que significaba una enseñanza, un ejemplo, un aporte efectivo a su movimiento. La Rusia Soviética y la Francia del 93 les proporcionaron orientaciones económicas y políticas. También la Comuna y el movimiento internacional obrero. El "planeamiento de las economías" soviética y norteamericana les aportó, también, utilísimos mirajes. La organización administrativa y técnica de los "Estados de un solo partido" —URSS, Italia y Alemania— contribuyó, también, con algunas experiencias.

Pero, por sobre toda otra consideración, los mexicanos han sido mexicanos. Se han inspirado en la historia, la raza, la tradición, la geografía, la economía, las peculiaridades demográficas de su propio suelo. Han ido siempre tanteando el terreno, sin apresurarse nunca en aras de la teoría. La propia experiencia los fué modelando; errores y vacilaciones; he ahí los maestros. El carácter dramático de la larga lucha armada les evitó caer en renunciaciones o transacciones. Fueron rectos al encuentro de su destino. Casi todos ellos, los conductores, entregaron la vida trágicamente. El asesinato, la traición, el crimen aleve, la ejecución sumaria: así murieron Madero, Pino Suárez, Zapata, Villa, Carranza, Obregón, Carrillo Puerto, Gutiérrez de Lara, los Flores Magón, Práxedis Guerrero, Serrano, Gómez, Aguirre, Barragán Hernández.

Este acendrado nacionalismo de la Revolución Mexicana se explica histórica y racialmente. Casi toda la historia de México no es sino una sola y larga lucha por lograr la suprema unidad nacional, la total soberanía del país, la conquista del suelo y las riquezas propias.

De aquí que la Revolución Mexicana sea también, en cierto modo, indigenista. No porque desea eliminar al blanco y tornar a la constitución de la antigua sociedad azteca. No. El objetivo está condensado en una frase de Lázaro Cárdenas: "Queremos menos indios y más mexicanos" (1). No se quiere, pues, ni exterminar al indígena ni acabar con el blanco. Se aspira a crear una sola unidad demográfica nacional; a que el indígena sea cada día más blanco, más incorporado a la civilización mexicana, hija de la española y de la indígena. Era preciso reincorporar al indio a la nacionalidad. Urgía entonces rehabilitarlo, devolverle su antigua condición de ser libre, su dignidad de ser humano, miembro productor y útil de una colectividad próspera y pujante. La Conquista suplantó al indio y lo colocó bajo la bota del peninsular. La República no fué capaz de reintegrarlo a su condición primitiva ni de incorporarlo a la nacionalidad que nacía. La Revolución ha logrado —el ejido, la escuela rural, las escuelas indígenas especiales— despertar al aborigen de su sueño secular y asimilarlo a una sociedad nueva, que no lo repudia ni lo exalta, sino que lo comprende y lo valoriza.

---

(1) LESTROY PARISH: *"El nuevo Presidente de México explica su credo"*.

"No hay tal indigenización, sino, simplemente, una
"revalorización del indígena en cuanto a factor hu-
"mano, a núcleo integrante, innegable e irrecusable,
"de la población nacional. Sólo se trata de incorporar
"a la vida civilizada, a nuestra vida de relación, a la
"vieja raza recluída, humillada, expoliada por tantos
"siglos. El Estado mexicano, la Revolución Mexicana,
"no podía desentenderse del indígena, el antiguo dueño
"del suelo, la raza originaria, poseedora de una civili-
"zación y una cultura, que nunca fué absorbida por la
"española y continuó, junto a ella, superviviendo en
"una trágica reclusión, un abandono vergonzante, dis-
"gregador, profundamente peligroso para la nueva na-
"cionalidad que demasiado aprisa levantara la España
"de Carlos V sobre las ruinas del Imperio de Montecuh-
"zoma Xocoyótzin. La Revolución volvió sus ojos ha-
"cia la raza explotada por tantos siglos, separada de
"la nacionalidad, y quiso incorporarla a ella, darle
"medios de subsistencia restituyéndole sus tierras, po-
"niéndola en condiciones de vivir una vida humana
"que la capacite para prosperar, desarrollarse, ocupar
"el ámbito de su vasto destino" (1).

Estas elocuentes palabras del entonces Embajador
de México en Chile informan por demás acerca de la
verdadera extensión de tan decantado "indigenismo"
mexicano. Y nos permiten, ampliando el punto hasta
cofundirlo con el fuerte nacionalismo mexicano, llegar,
siempre en escala ascensional, hasta la otra característica fundamental de la Revolución: su latinoamericanismo.

Viene éste a ser consecuencia forzosa de su in-
trépido nacionalismo, por una parte, y, por la otra, de
su constante y antigua lucha contra el imperialismo
extranjero y, en especial, contra el capitalismo norteamericano, siempre expansivo, desbordante, en inevitable actitud de conquista. La historia republicana de
México puede interpretarse, desde cierto ángulo, como

---

(1) Adolfo Cienfuegos y Camus, Embajador de México en Chile. Entrevista a "Zig-Zag", agosto 2.

una lucha porfiada contra el imperialismo extranjero, y, particularmente, el norteamericano. México lucha contra los Estados Unidos en 1835, 1847-49, 1914, 1915, 1917, 1922; unas veces en el campo de batalla, otras, en el de la diplomacia y el del estrado judicial. Pierde en la contienda más de la mitad de su territorio primitivo. Ve pasar casi todas sus riquezas principales a manos norteamericanas. Pero no desmaya jamás en su infatigable resistencia al invasor del Norte.

Juárez da el ejemplo en 1867, cuando ordena el fusilamiento de Maximiliano de Austria. Así, derramando sangre de Habsburgo, afirma México entonces el derecho a su independencia y a no tolerar la intervención de potencias extranjeras en el manejo de sus asuntos internos. Porfirio Díaz, en cambio, entrega al país, atado de pies y manos, en manos de los banqueros ingleses y los inversionistas norteamericanos. Madero inicia la lucha contra ellos, Venustiano Carranza la personifica con brillo y valor. Comprende, antes que otros, el porvenir que aguarda a la América Latina en brazos de la solidaridad internacional de sus Repúblicas. Revive y moderniza las grandes concepciones de Simón Bolívar y Lucas Alamán. Se declara pacifista y se niega a ingresar a la Gran Guerra. Afirma y propala la existencia del latinoamericanismo. La "doctrina Carranza" es la afirmación del futuro económico y espiritual de las Repúblicas Latinas si saben defenderse y oponer una acción común al imperialismo absorbente.

Allí nace el latinoamericanismo mexicano, por completo opuesto al panamericanismo yanqui y al iberoamericanismo español. El primero no es más que una fórmula hipócrita para encubrir la sumisión colectiva de las Repúblicas latinoamericanas a la poderosa nación industrial del Norte. El segundo no pasa de ser una trompeta que agitaron los reyes españoles cada vez que lo estimaron necesario para la intensificación del comercio entre la Península y sus antiguas colonias. El uno es suicida. El otro, estéril. El latinoamericanismo mexicano, en cambio, tiene un carácter activo. Envuelve la lucha contra el antiimperialismo, la federación económica y espiritual de estos pueblos, la creación en ellos de un nuevo tipo de civilización y de cultura, ni europeizante ni indigenizante, sino únicamente americano. Lanzó la idea de la nacionalidad continental. Dió forma, antes que ningún otro país, a lo que se llama hoy día el "nacionalismo continental", el *zollverein* americano, la unión aduanera y económica de los pueblos de la América Latina.

Estas consideraciones bastan, desde luego, y aun sobran, para contemplar el desarrollo de la Revolución Mexicana con atención, interés y hasta respeto. Una revolución como ésta, agrarista, antioligárquica, anticlerical, antiimperialista, eminentemente nacionalista y latinoamericanista, no contenta, ni podrá satisfacer nunca, a los amigos de interpretar nuestras realidades con criterios y métodos europeos. No hay duda de que la Revolución Mexicana no guarda similitud directa alguna con la bolchevique. Tampoco la hay de que no tiene afinidades con el fascismo italiano o el nazismo alemán. Sin duda que no recuerda al laborismo británico. Menos aún, en sus fases económicas últimas, a la economía dirigida que intenta implantar Franklin D. Roosevelt. Y ni siquiera se parece a la dictadura corporativista católica del Portugal, al movimiento nacionalista chino o a esa república autocrática, nacionalista también, que fundara Kemal Paschá a orillas del Bósforo. Pero, como tampoco se asemeja a las democracias llamadas "políticas", como toda ella es una negación del régimen liberal, no es raro que desconcierte a los amigos de etiquetar todas las cosas.

En exceso roja para algunos, amarilla en demasía para otros, la Revolución Mexicana ha presentado anchuroso blanco para que se le dirigieran toda clase de críticas y de ataques. No pudo evitar el abundante derramamiento de sangre. Tampoco la multiplicación de crueldades inútiles o la repetición de actos de salvajismo y hasta de barbarie. Y menos aun el inevitable fenómeno de corrupción de las clases medias llegadas al poder en un régimen de estructura económica todavía capitalista. Extremistas de uno y otro lado reprochan a la Revolución Mexicana su indecisión, su turbulencia, su falta de programas definidos, su carencia de una línea de acción determinada. No han querido ver nunca la realidad tal cual ella es y menos comprendido el posibilismo constante, la auscultación inteligente de la realidad, que han practicado, constante e instintivamente, los revolucionarios mexicanos.

Motivo de particulares ataques, prescindiendo de la acción propiamente revolucionaria que despierta protestas en todos los sectores del mundo que se sienten indirectamente afectados —clero, opinión católica, alta burguesía, grupos imperialistas, etc.—, ha sido la escasa firmeza moral de muchos jefes de la Revolución. No pocos condenan, con razón aparente, los excesos del militarismo y del caudillismo en México. Ya se ha visto cómo todo ello, fruto inevitable de la conmoción revolucionaria, ha ido desapareciendo gradualmente. La venalidad, la concupiscencia, la prevaricación: todo ello abundó, y sin duda en exceso, en los años de lucha armada y cristalización revolucionaria. Obregón decía, sarcásticamente, "no hay militar mexicano que resista un cañonazo de cincuenta mil pesos". No le faltaba razón. Casi todos aquellos caudillos, hijos del azar y la aventura, aspiraban sólo a enriquecerse y buscaban, para ello, el poder político. Durante largos años la Revolución padeció bajo el increíble número de generales nacidos de la gran conmoción, unos millonarios ya y otros con vivos deseos de serlo. Es raro el caudillo de tal especie que no se haya enriquecido cuantiosamente. Zapata no dejó imitadores. Obregón mismo, renunciada la Presidencia, explotó con habilidad un negocio de cereales de exportación, preparado y financiado desde el poder. Calles es propietario del palacio feudal de Cuernavaca, posee la hacienda de Santa Bárbara muy cerca de la capital, es dueño del inmenso latifundio Soledad de La Mota, y la hacienda "El Tambor" en Sonora. Y no faltan quienes le consideren hoy, con cifras a la vista que no conocemos, el primer latifundista de México.

Imposible es, y contraproducente desde luego, disimular la larga serie de traiciones, latrocinios, ambiciones fallidas, prevaricaciones, enriquecimientos ilícitos, despojos y toda suerte de cábalas financieras que registra la historia de la Revolución Mexicana. Pocos movimientos político-sociales del mundo han tenido, como éste, tan accidentado y dramático desarrollo. Errores, rectificaciones constantes, cambios de rumbo y de política general, choques de ambiciones, caudillaje, personalismo, militarismo, venalidad: de todo ha habido en él.

Ojalá los revolucionarios mexicanos hubiesen proporcionado al mundo un ejemplo de pureza y desinterés comparable al de los bolcheviques. Pero eso, ambicionable como un ideal más, no ocurrió, pero no por ello puede invalidarse la obra, ni la trascendencia, ni la profundidad de la Revolución. Ella ha ido, en todo momento, más allá de los hombres y los intereses particulares. Tarde o temprano, la justicia revolucionaria, ejercida en nombre de los trabajadores, ha caído sobre la cabeza de los tránsfugas, los usufructuadores o los traficantes de la Revolución. La Historia no los ha perdonado. El Destino, trágico unas veces, humillante otras, no dejó jamás de ajustar cuentas a cada uno de los protagonistas principales de este vasto e impresionante drama de todo un pueblo en marcha.

Porque la Revolución Mexicana, amarilla, roja o como quiera coloreársele, sin duda que tiene una trascendencia enorme para la América Latina toda. Pesa, inclusive, en el mundo. Los observadores de Europa y Norteamérica han seguido con especial atención el fenómeno de un pueblo económicamente esclavizado, sin economía propia, dueño de riquezas enormes, asfixiado por el peso de una maquinaria estatal representante de los intereses de una oligarquía despótica, un clero rapaz y un imperialismo económico absorbente, que busca, a sangre y fuego, el camino de su libertad.

La América Latina, un poco anhelante y otro poco asustada, ha seguido también, con atención, pero no siempre con justicia o espíritu crítico, el desenvolvimiento de esta Revolución que actúa en un medio casi idéntico, social y económicamente hablando, al de casi todas las Repúblicas de la América Española. Tienen razón en atemorizarse los que miran hacia México desde un punto de vista conservador. También la tienen quienes lo hacen desde un ángulo visual revolucionario. Salvo el problema indígena —similar, por lo demás, al de Perú, Ecuador, Colombia, Bolivia, Venezuela, Centro América, Cuba—, los métodos revolucionarios mexicanos resultan alarmantemente aplicables a estas Repúblicas que se titulan democráticas y sólo son feudos de los antiguos dueños de la tierra, los administradores de la fe, los controladores del crédito y los explotadores de las materias primas nacionales.

Una revolución que destrozara en estos países la estructura económico-social de la Colonia; que pusiera fin al feudalismo agrario, al manejo del Estado por las oligarquías nacionales, a la fanatización y pauperización del pueblo por la Iglesia Romana, al sistemático asalto económico de que son objeto las riquezas autóctonas por el imperialismo norteamericano o inglés, ¿no constituiría un conjunto de aspiraciones largamente soñadas por el inerme y desnutrido proletariado de estos países?

Sin duda que sí. México ya lo ha hecho. Y, en tal terreno, sólo puede compararse al Perú aprista que, hasta ahora en teoría, ha llegado ya a conclusiones muy semejantes a las que arribaron los revolucionarios mexicanos después de veinte años de lucha. Cuba quiso seguir la misma vía en los días efímeros de Grau San Martín. Chile pareció hacer lo mismo en aquel fugaz 4 de junio de Marmaduke Grove y Eugenio Matte. Argentina y Bolivia perdieron la ocasión de hacerlo. Ecuador hace débiles intentonas, mientras Colombia,

Paraguay (1) y Centroamérica permanecen estacionarios. Sólo la muerte de un tirano tipo libertó a Venezuela de una dictadura aun más infamante que las dictaduras civiles actuales de Perú, Chile, Argentina, Cuba, Uruguay y Bolivia. Y Brasil, que a raíz del levantamiento de Prestes en Natal y Recife, pareció agitarse en ansias de libertad, soporta ahora el despotismo de Getulio Vargas, que llegó al poder por una sublevación militar financiada por los fabricantes de armas de los EE. UU.

Porque, en esencia, y volviendo a enfocar la historia de América, es fácil percibir el principal interés del movimiento mexicano: su carácter liberador, patriótico y americanista, que tiende a obtener la libertad económica y la completa independencia política que no obtuviera en 1821. Se trata, pues, en cierto modo, de una nueva epopeya de la independencia que está viviendo México. No es, por cierto, la mera Independencia política que entregó a la clase criolla, ya dueña de la tierra y poseedora de todo el poderío social y económico de la época, el poder político que continuaba en manos de la clase peninsular.

Libertar a estos países del yugo de las oligarquías coloniales, de la opresión político-espiritual de Estados extraños, como la Iglesia Católica, de la esclavitud económica a que están obligados por la entrega de sus riquezas al imperialismo, es, sin duda, hacer patria en cada uno de esos países y, en conjunto, "hacer" entre todos ellos una América libre, dueña de sus riquezas, capaz de constituir una unidad geográfica, económica y cultural que se enfrente, en un futuro

---

(1) Cuando fueron escritas esas líneas, Paraguay gemía bajo la opresión de los traficantes de la guerra, los gestores administrativos del imperialismo y una corrupta oligarquía política. El golpe militar del Coronel Franco salvó al Paraguay de ese oprobio y parece encaminarlo hacia una política popular de cierto vuelo y hasta con ribetes socializantes, que todavía no puede ser juzgada. — N. del Autor.

próximo, a los formidables capitalismos del Viejo Mundo y de Norteamérica.

México indica el camino de la nueva Independencia.

Y no es cuestión de seguirle, no, ciegamente. Demasiada sangre inútil ha costado la Revolución Mexicana, demasiados fueron sus errores, tropiezos e incertidumbres, demasiadas sus fallas de orden ético e ideológico, para que los restantes pueblos de la América Latina piensen en copiar servilmente cada una de sus instituciones revolucionarias.

Pero eso no impide, y al contrario aconseja, observar con detención y estudiar con minuciosidad, con esa actitud simpatizante y acogedora que facilita la ósmosis del pensamiento, el complejo fenómeno de la Revolución Mexicana, digna, en tal sentido, en su carácter americanista y liberador, del aplauso de los demás pueblos de la América Latina.

Porque bueno es anotar que, mientras toda, o casi toda, la América Latina permanece genuflexa ante el imperialismo inglés o norteamericano, mientras se prosterna ante las oligarquías de la tierra, del crédito y la fe religiosa, hay un pueblo latinoamericano, el mexicano, que se mueve audazmente hacia el porvenir.

Es un pueblo en marcha. México en marcha.

En marcha por obra de una Revolución. Aquélla a la que se ha erigido en México un monumento en cuyo pedestal dice:

"A la Revolución.—A la de Ayer.—A la de Hoy.—A la de Mañana.—A la de Siempre".

Los Guindos, marzo 21 de 1935.
Providencia, diciembre 21 de 1935.

INDICE PARA UNA CONSULTA BIBLIOGRAFICA

AMADOR, ARMANDO C.
"El Renacimiento del arte mexicano".—(Impreso por el autor en tinta Ditto).—México D. F., 1929.

ANDRADE, LIC. RAFAEL
"Codificación Petrolera".—Dirección de Talleres Gráficos.—México D. F., 1920.

ANONIMO
"Madero, por uno de sus íntimos".—Oficina Editorial Azteca.—México D. F., 1914.

ANONIMO
"La rebeldía militar contra el Gobierno legítimo del Sr. Presidente de la República, Lic. D. Emilio Portes Gil".—("Descrita y comentada por un observador").—Imprenta "La Epoca".—San Antonio de Texas, U. S. A.—1929.

ARAQUISTAIN, LUIS
"La Revolución Mejicana".—Compañía Ibero-Americana de Publicaciones.—Madrid, 1929.

AZUELA, MARIANO
"Los de abajo".—Biblioteca "Zig-Zag".—Santiago de Chile, 1930.

AZUELA, MARIANO
"Los caciques".—"Las Moscas".—Ediciones de La Razón.—México D. F., 1931.

AZUELA, MARIANO
"Pedro Moreno, el insurgente".—Editorial Ercilla.—Santiago de Chile, 1935.

AZUELA, MARIANO
"Precursores".—Editorial Ercilla. — Santiago de Chile, 1935.

BASAURI, CARLOS
"Tojolabales, Tzeltales y Mayas". — Talleres Gráficos de la Nación.—México D. F., 1931.

BASSOLS, NARCISO
"Valentín Gómez Farías".—Ediciones "Del México actual".—Imprenta de la Secretaría de Relaciones Exteriores. — México D. F., 1935.

BASSOLS, NARCISO
"La autonomía de la Universidad". — Ediciones "Del México actual". — Imprenta de la Secretaría de Relaciones Exteriores.—México D. F., 1934.

BEALS, CARLETON
"México: an interpretation". — Nueva York, 1929.

BORQUEZ, DJED
"Lázaro Cárdenas: síntesis biográfica".—Ediciones "Boi" (Bloque de Obreros Intelectuales).—México D. F., 1933.

BORQUEZ, DJED Y SOTO, JESUS S.
"Lázaro Cárdenas: síntesis biográfica".—Ediciones "Boi". — México D. F., 1934.

CALDERON ARZAMENDI, RICARDO
"Síntesis de la Revolución Mexicana". — Imprenta "La Sud América". — Santiago de Chile, 1929.

CALLES, PLUTARCO ELIAS
"La Escuela Superior de Guerra y principios de doctrina para la organización del Ejército de México".—Ediciones "Del México actual".—Imprenta de la Secretaría de Relaciones Exteriores.—México D. F., 1934.

CALLES, PLUTARCO ELIAS
"El General Calles señalando rumbos" (Entrevista concedida al Lic. Ezequiel Padilla). — Ediciones "Del México actual". — Imprenta de la Secretaría de Relaciones Exteriores. — México, 1933.

CALLES, PLUTARCO ELIAS
"El aspecto político de la sucesión presidencial".— (Conversaciones con el Lic. Ezequiel Padilla). —

Imprenta de la Secretaría de Relaciones Exteriores. — México, 1933.

CAMPOS, RUBEN M.
"Aztlán, tierra de las garzas".—Editorial Ercilla.— Santiago de Chile, 1935.

CARDENAS, LAZARO
"Mensaje para 1935". — México D. F., 1935.

CASO, ANTONIO
"Discursos a la Nación Mexicana". — Librería de Porrúa Hnos. — México D. F., 1922.

CENICEROS, JOSE ANGEL
"Actitud de México en sus relaciones internacionales". — ("Afirmación y superación de las doctrinas"). — Imprenta de la Secretaría de Relaciones Exteriores. — México D. F., 1935.

COSIO VILLEGAS, LIC. DANIEL
"Aspectos concretos del problema de la moneda en México". — Ediciones "Del México actual". —Imprenta de la Secretaría de Relaciones Exteriores. — México, 1934.

CUELLAR, ALFREDO B.
"Charrerías". — Imprenta Azteca. — México D. F., 1928.

DELEGACION MEXICANA A LA SEGUNDA CONFERENCIA INTERAMERICANA DE EDUCACION
"La educación rural en México". — (Trabajo incluído. Págs. 386-396, en el tomo 2.º de la "Segunda Conferencia Interamericana de Educación"). — Prensas de la Universidad de Chile. — Santiago de Chile, septiembre de 1934.

DEPARTAMENTO DE LA ESTADISTICA NACIONAL
"La riqueza de México y el poder constructor del Gobierno". — Talleres Gráficos de la Nación. — México D. F., 1926.

GOMEZ MORIN, LUIS
"1915". — Editorial Cultura. — México D. F., 1927.

GONZALEZ ROA, FERNANDO
"Las cuestiones fundamentales de actualidad en México".—Imprenta de la Secretaría de Relaciones Exteriores. — México D. F., 1927.

GUTIERREZ, CRUZ
"El brazo de Obregón". — (Ideario de la Revolución Mexicana). — Ediciones de la Liga de Escritores Revolucionarios. — México D. F., 1924.

INSTITUTO AMERICANO DE DERECHO Y LEGISLACION COMPARADA
"La opinión universal sobre la Doctrina Estrada". —Imprenta de la Secretaría de Relaciones Exteriores. — México D. F., 1931.

LOMBARDO TOLEDANO, VICENTE
"La libertad sindical en México". — Talleres Linotipográficos "La Lucha". — México D. F., 1926.

MAPLES ARCE, MANUEL
"El movimiento social en Veracruz". — Talleres Gráficos del Estado de Veracruz. — Jalapa, 1927.

MAROFF, TRISTAN
"México de frente y de perfil". — Editorial Claridad. — Buenos Aires, 1932.

MONROY DURAN, LUIS
"El último caudillo". — Imprenta Rodríguez. — México D. F., 1924.

NIETO, RAFAEL
"El imperialismo de los Estados Unidos y otros ensayos". — Biblioteca Popular. — Ediciones del Gobierno de Veracruz. — 1927.

ORTIZ VIDALES, SALVADOR
"La arriería en México". — Imprenta del Museo Nacional de Arqueología, Historia y Etnografía. —México D. F., 1929.

PARTIDO NACIONAL REVOLUCIONARIO
"Constitución del P. N. R.". — México, 1929.

PARTIDO NACIONAL REVOLUCIONARIO
"Plan Sexenal". — Edición Oficial.— México, 1934.

PARTIDO NACIONAL REVOLUCIONARIO
"La jira del General Cárdenas". — ("Síntesis Ideológica"). — Publicaciones de la Secretaría de Prensa y Propaganda del C. E. N. del P. N. R. —México D. F., 1934.

PEREZ LUGO, J.
"La cuestión religiosa en México". — Publicaciones

del Centro Cultural "Cuauhtémoc". — México D. F., 1927.

PORTES GIL, EMILIO
"La lucha entre el poder civil y el clero". — México, D. F., 1934.

PORTES GIL, EMILIO
"La labor sediciosa del clero mexicano".—Editorial Cenit. — Madrid, 1935.

PUIG CASAURANC, J. MANUEL
"Páginas viejas con ideas actuales". — México D. F., 1925.

PUIG CASAURANC, J. MANUEL
"De nuestro México". — México D. F., 1926.

PUIG CASAURANC, J. MANUEL
"La obra integral de la Revolución Mexicana". — Talleres Gráficos de la Nación. — México D. F., 1929.

PUIG CASAURANC, J. MANUEL
"Algo sobre la posición de México en Montevideo". —Ediciones "Del México actual". — Imprenta de la Secretaría de Relaciones Exteriores. — México D. F., 1934.

PUIG CASAURANC, J. MANUEL
"Una política social-económica de "preparación socialista". — Ediciones "Del México actual". — Imprenta de la Secretaría de Relaciones Exteriores. — México D. F., 1933.

PUIG CASAURANC, J. MANUEL
"La aspiración suprema de la Revolución Mexicana". — Ediciones "Del México actual". — Imprenta de la Secretaría de Relaciones Exteriores. — México D. F., 1933.

QUIROS MARTINEZ, ROBERTO
"Alvaro Obregón: su vida y su obra". — México, 1928.

RAMIREZ CABAÑAS, JOAQUIN
"Las relaciones entre México y el Vaticano".— Imprenta de la Secretaría de Relaciones Exteriores.—México, 1928.

RAMOS PEDRUEZA, RAFAEL
"Sugerencias revolucionarias para la enseñanza de la Historia". — Ediciones de la Sección Editorial de la Universidad Nacional Autónoma de México. — México D. F., 1932.

RIVERA, AGUSTIN
"Principios críticos sobre el Virreinato de la Nueva España y sobre la Revolución de la Independencia". — Ediciones de la Secretaría de Educación. — México D. F., 1922.

RODRIGUEZ, MARIA ESTHER
"La escuela del porvenir". — Talleres Gráficos de la Nación. — México D. F., 1929.

ROMERO DE TERREROS, MANUEL
"Las artes industriales en la Nueva España". — Editorial Robredo. — México D. F., 1923.

SALAZAR, ROSENDO Y JOSE G. ESCOBEDO
"Las pugnas de la gleba". — Editorial Avante. — México D. F., 1923.

SECRETARIA DE EDUCACION PUBLICA
"Programa de educación pública para 1935". — Talleres Gráficos de la Nación. — México D. F., 1935.

SECRETARIA DE LA ECONOMIA NACIONAL
"México en cifras". — (Atlas estadístico). — México D. F., 1934.

SECRETARIA DE GUERRA Y MARINA
"Revista del Ejército y la Marina". — (Compilación del año 1929). — México D. F., 1929.

SECRETARIA DE INDUSTRIAS, COMERCIO Y TRABAJO
"Documentos relacionados con la legislación petrolera mexicana". — Dirección de Talleres Gráficos. — México D. F., 1919.

SECRETARIA DE INDUSTRIAS, COMERCIO Y TRABAJO
"Ley del petróleo y su reglamento". — Edición Oficial. — Talleres Gráficos de la Nación. — México D. F., 1926.

SECRETARIA DE INDUSTRIAS, COMERCIO Y TRABAJO
"Boletín del petróleo". — Talleres Gráficos. — México D. F., 1932.

SENDER, RAMON J.
"El problema religioso en Méjico".—Editorial Cenit. — Madrid, 1928.
SIERRA, LIC. MANUEL J.
"México y la Conferencia de Montevideo". — Ediciones "Del México actual". — Imprenta de la Secretaría de Relaciones Exteriores. — México D. F., 1934.
TEJA ZABRE, ALFONSO
"Breve historia de México". — Talleres Gráficos de la Nación. — México D. F., 1934.
TEJERA, HUMBERTO
"Cultores y forjadores de México". —Talleres Gráficos de la Nación. — México D. F., 1929.
TORO, ALFONSO
"Historia Antigua". (Tomo 1.o)—Soc. de Edición y Librería Franco-Americana. — México D. F., 1931. — (2.a edición).
TORO, ALFONSO
"La Dominación Española". (Tomo 2.o) — Soc. de Edición y Librería Franco-Alemana. — México D. F., 1932.
TORO, ALFONSO
"La Revolución de Independencia y México Independiente". — Soc. de Edición y Librería Franco-Americana. — México D. F., 1926.
VASCONCELOS, JOSE
"Bolivarismo y Monroísmo". — Editorial Ercilla. — Santiago de Chile, 1935.
VAZQUEZ SANTANA, HIGINIO, Y J. IGNACIO DAVILA GARIBI
"El Carnaval". — Talleres Gráficos de la Nación.—México D. F., 1931.
VAZQUEZ SANTANA, HIGINIO, Y J. IGNACIO DAVILA GARIBI
"Calendario bilingüe de fiestas típicas". — Talleres Gráficos de la Nación. — México D. F., 1931.
VELARDE, CNEL. C. J.
"Under The Mexican Flag". — Southland Publishing House Co., Inc. — Los Angeles, Cal., U. S. A., 1927.

VELAZQUEZ BRINGAS, ESMERALDA
"México ante el mundo".—(Ideología del Presidente Plutarco Elías Calles). — Editorial Cervantes. — Barcelona, 1927.

DIARIOS Y REVISTAS

"*CONSIGNA*"
(Organo del Partido Socialista). — Núms. 29, 30, 31, 32, 33 y 34. — Semanario. — Santiago de Chile —Junio-julio-agosto de 1935.

"*CRISOL*"
(Publicada por el Bloque de Obreros Intelectuales de México). — Núms. 49, 51, 53, 54, 56, 57, 59, 62, 65, 66, 67, 68, 69, 71 y 72. — Enero de 1933. Diciembre de 1934. — México D. F.

"*CROM*"
(Organo de la Confederación Regional Obrera Mexicana). — Núms. 222 y 223. — Agosto de 1934. — México D. F.

"*ACCION SOCIAL*"
(Organo de la Caja de Seguro Obligatorio). — Números 30, de septiembre de 1934, y 35, edición especial dedicada a México, febrero de 1935. — Santiago de Chile.

"*EL MAESTRO RURAL*"
(Organo de la Secretaría de Educación Pública, para los maestros rurales). — Núms. 1, 2, 3, 4, 7, 8, 9, 10, 11 y 12 del tomo IV. — N.o 1 del tomo VII. — Enero a julio de 1935. — México D. F.

"*EL SEMBRADOR*"
(Antiguo órgano de la Secretaría de Educación).— Núms. 1, 2, 3 y 4. — Abril a julio de 1929. — México D. F.

"*LA NACION*"
(Periódico oficial). — Núms. del 8 de diciembre de 1934 y 16 de septiembre de 1935.—Santiago de Chile.

"*LA OPINION*"
(Diario popular independiente). — Núms. del 16 y 17 de septiembre, el 12 y 13 de octubre de 1935.— Santiago de Chile.

"*MAPA*"
(Revista de turismo). — Núms. 9 y 13. — Diciembre de 1934 y abril de 1935. — México D. F.

"*IXTAHUAC*"
(Organo de la Confederación Campesina).—N.o 2.— Septiembre de 1934. — Puebla.

REVISTA "HOY"
Núms. 158, 162, 163, 165, 187, 200, 202, 204 y 206.— Diciembre de 1934, enero, febrero, junio, septiembre, octubre y noviembre de 1935. — Santiago de Chile.

REVISTA "TODO"
Núms. 80, 81 y 82. —Marzo de 1935. —México D. F.

REVISTA "ZIG-ZAG"
Núms. 1587 y 1590.—Agosto y septiembre de 1935.— Santiago de Chile.

DIARIO "LA HORA"
Núms. 76, 129 y 133. — Septiembre, octubre y noviembre de 1935. — Santiago de Chile.

"*IZQUIERDAS*"
Núms. 47, 49, 50, 51, 54, 60, 61, 64, 65 y 69. — 1934 y 1935. — México D. F.

"*MUJERES Y DEPORTES*"
Diversos números de esta revista publicada en la capital de México.

"*SUCESOS PARA TODOS*"
Diversos números de esta revista publicada en la capital de México.

I N D I C E

	Pág.
Dos palabras	7
Explicación previa	11

PRIMERA PARTE: LA HISTORIA

EL ORIGEN

GENTE' QUE SE EXPLICA Y HABLA CLARO 19

Los antiguos otomíes. — Comienzan las emigraciones. — Olmecas y nahoas. — El imperio maya. — Otras culturas. — Organización del imperio tolteca. — Llegan los chichimecas del Norte. — Las 7 tribus nahuatlacas en escena. — Pueblos en lucha.

UN IMPERIO QUE NACE EN UN ISLOTE 24

Axtlán. — "¡Tihuí, tihuí!". — Errando, pescando, cazando. — El águila, la serpiente y el nopal. — Casas de piedra en el lago. — La Confederación Acolhua. — Netzahualcóyotl. — El "Flechador del Cielo". — Comienza el poderío de la Gran Tenochtitlán. — Ahuítzol, monarca imperialista. — Motecuhzoma, el Joven. — Primeros presagios.

QUETZALCOATL Y HUITZILOPOCHTLI 31

Un pueblo dominante. — El Calmécac y el Tehpochcalli. — Huitzilopochtli. — El Dios Unico. — Sentido del Estado. — Estructura social de los mexicas. — El "Calpulli" o el comunismo agrícola. — Un imperialismo de tipo romano. — Quetzalcóatl. — El imperio azteca, clave de la Historia y de la Revolución mexicanas.

ÍNDICE

	Pág.
HOMBRES QUE VIENEN DEL OTRO LADO DEL MAR	38

Lujo y tiranía de Motecuhzoma Xocoyótzin. — Increíble aventura de Hernán Cortés. — Conquistador de pueblos. — Causas religiosas y sociales de la Conquista. — El choque de dos culturas diversas. — La resistencia indígena. — Xicotencátl y "El Aguila que Cae"

DE UN AMO A OTRO PEOR 42

Primera etapa de la Conquista. — Por la fuerza y la violencia. — La penetración católica. — Vasco de Quiroga y Fray Pedro de Gante. — La Cruz, la Corona y la Espada. — Sólo un cambio de amo.

ENCOMENDEROS, VIRREYES Y ARZOBISPOS 45

Conservar y construir. — Los primeros Virreyes. —Aparecen los encomenderos. — Transformación económica. — La rueda, la imprenta, el arado y la pólvora. — Una máquina burocrática, religiosa y financiera. — Fisonomía general de la Colonia. — Industrias extractivas y comercio forzado. — Monopolios y tributos. — Crece el latifundio. — Vertiginoso enriquecimiento de la Iglesia.

SIEMPRE EL MISMO YUGO 50

Esclavitud secular. — El indio, bestia de carga, gratuita mano de obra. — Oro y sangre, opresión y fanatismo. — El Rey de España está muy lejos. — Los Austria y sus Virreyes. — Los Borbones. — Gachupines, criollos, indígenas y castas. — "Ricos o miserables, nobles o infames". — Un volcán mal apagado.

EL CURA HIDALGO Y EL CURA MORELOS 53

Un estallido social más que político. —Sorda guerra de clases y de razas. — El criollo Portilla, el indio Mariano y el negro Yanga. — 16 de septiembre de 1810. —Don Miguel Hidalgo y Costilla, apóstol y filósofo lugareño. — Cien mil hombres descalzos marchan sobre la ciudad virreinal. — Ejecución del cura Hidalgo. — Don José María Morelos y Pavón, hijo de un carpintero. — Fulmíneas campañas de Morelos. — Morelos, político, estadista y revolucionario. — Congreso de Chilpancingo. — Prisión y fusilamiento de Morelos. — Una lección sanguinolenta.

TRANSACCION, INDEPENDENCIA E IMPERIO 61

Siguen ardiendo las hogueras patriotas. — El mestizo don Vicente Guerrero. — La "Conspiración de la Pro-

Pág.

fesa". — Campañas y manejos de Iturbide. — El "Plan de Iguala". —Triunfan los "trigarantes". — Una maniobra política. — Agustín de Iturbide, Emperador de México. — El primer caudillo militar.

LA GENESIS

LA COLONIA CONTRA LA REPUBLICA 67

Guadalupe Victoria y la Constitución Federal de 1824. — Centralistas y federalistas. — Gobierno y caída de Guerrero. — El General Anastasio Bustamante. — El asesinato de Vicente Guerrero. — Conservadores y liberales. — Valentín Gómez Farías lucha contra la Iglesia. — El General Santa Anna y la guerra de Texas. — La Constitución Centralista de 1835. — Guerra con la Francia de Luis Felipe.

EL PODER FUNESTO DEL GENERAL SANTA ANNA .. 71

Don Antonio López de Santa Anna, caudillo y gobernante. — Nueva caída. — El general José Joaquín de Herrera. —Traición de Paredes. — Guerra con los Estados Unidos. — Otra vez Santa Anna. — El motín de los "polkos". — Toma de México. — El tratado de Guadalupe Hidalgo. — Caos completo. — Santa Anna retorna. — La dictadura católica y vitalicia.

LA REFORMA LIBERAL Y LOS TRES AÑOS 76

Gestación de la Reforma. — El "Plan de Ayutla". — Victoria de los surianos. — El histórico Gabinete del General Juan Alvarez. — Gobiernan los moderados. — "¡Religión y Fueros!". — Primeras leyes reformistas. — Los hombres de la Reforma. — La Constitución de 1857. — La debilidad del General Comonfort. — Estalla la guerra religiosa. — El triunfo de Miramón. — Juárez lanza un manifiesto. — Las "Leyes de Reforma". — Triunfan los "puros". — El retorno de Benito Juárez. — Asesinato de Melchor Ocampo. — Aplastamiento total del conservantismo. — México suspende sus pagos.

MAXIMILIANO DE AUSTRIA, EL EMPERADOR INFORTUNADO 84

Tres escuadras extranjeras en Veracruz. — La victoria de Puebla. — Los hombres del mariscal Forey. — Gobierno interino. — La Junta de Notables acuerda la monarquía "moderada y católica". — Fernando Maximiliano de Habsburgo, Archiduque de Austria. — Un viaje de placer a bordo de "La Novara". — Campanas, himnos y flores. — Benito Juárez no renuncia ni se rinde. — El liberalismo del Emperador. — Bazaine ocupa totalmente el país. — La ley del 3 de octubre. — Napoleón retira sus tropas. — El avance de los republicanos. — Carlota de Bélgica pierde la razón. — La última carta. — Juárez avanza. — Maximiliano escribe a Teodosio Lares. — El sitio de Querétaro. — Juicio y condena del Emperador. — El Cerro de las Campanas.

BENITO JUÁREZ, UN INDIO ZAPOTECA 96

Sólo quedan los "puros". — Benito Juárez, el hombre de la hora. — Un "indito" desamparado. — Juárez aprende castellano y aprende a leer. — El estudiante Benito Juárez. — El abogado Juárez. — Juárez, Gobernador de Oaxaca y Ministro de Alvarez. — Juárez es México. — Ni caudillo ni político. — Duro, granítico, implacable. — Benito Juárez y Abraham Lincoln. — La grandeza moral de Juárez. — Juárez ante sus contemporáneos y sus antecesores.

LIBERALISMO, FANATISMO, CAUDILLISMO 100

Juárez organiza el país. — Benito Juárez, Presidente Constitucional. — El Gobierno civil de Juárez. — Reelección presidencial. — La primera rebelión de Porfirio Díaz. — Muerte de Benito Juárez. — Sebastián Lerdo de Tejada, liberal extremista. — Fin de "El Tigre de Alica". — Las leyes de Reforma elevadas al rango de constitucionales. — Levantamiento armado de los "cristeros". — El "Plan de Tuxtepec". — Las maniobras de la Iglesia. — Tecoac o el triunfo de Porfirio Díaz.

PORFIRIO DÍAZ, MONARCA SIN CORONA 105

El primer período de Porfirio Díaz. — El desgobierno del general Manuel González. — Vuelve al poder Porfirio Díaz. — La carrera militar de Porfirio Díaz. — Porfirio Díaz, el hombre popular de México. — Una inteligencia clara y un carácter férreo. — Lo que comprende Porfirio Díaz. — La dictadura de "Paz, Orden y Progreso". — "Poca política y mucha administración". — El ancestro indígena de Porfirio Díaz. — El culto a la máquina y la mecánica. — Progreso material de México.

ORGANIZACIÓN DE UNA DICTADURA CIENTÍFICA .. 110

Saneamiento de la Hacienda mexicana. — Limantour alcanza un ideal financiero. — Crédito amplio y moneda sólida. — La entrega del país al extranjero. — El "Héroe de la Paz", hijo predilecto de la Iglesia y la oligarquía agraria. — Identidad del clero y la dictadura. — La repartición del suelo nacional. — El silencio del pueblo. — Los "científicos". — Sumisión de los intelectuales. — Florece una literatura. — Don Porfirio, el primer estadista de la América. — El "Gran Elector". — Las tinajas de San Juan de Ulúa y los pantanos de Quintana Roo. — Un telegrama histórico. — Latifundismo, clericalismo, militarismo. — La decadencia agrícola. — El mismo yugo de siempre.

EL ESTALLIDO

AGONIA DE UN REGIMEN 119

El único enemigo: el Tiempo. — La revolución silenciosa de las máquinas. — El nuevo grito. — Reanudación del hilo cortado en Tuxtepec. — Se aproxima el drama social. — Cananea, Orizaba y otros síntomas. — Las meditaciones de Don Porfirio. — John Creelman, un periodista norteamericano. — Don Porfirio quiere retirarse de la vida pública. — "Científicos" y "reyistas". — Los democráticos. — El general Bernardo Reyes abandona el país. — Crece el Partido Democrático Antirreeleccionista. — Francisco I. Madero: el hombre providencial. — Trabajos y proezas de Madero. — Porfirio Díaz gana las elecciones una vez más. — Madero escapa a los Estados Unidos. — El "Plan de San Luis Potosí". — La Revolución estalla en todas partes. — El Faraón comprende la verdad. — Pacto de Ciudad Juárez. — El Gobierno provisorio del Lic. de la Barra. — Francisco I. Madero, Presidente Constitucional.

FRANCISCO I. MADERO, EL PRECURSOR 133

"El apóstol de ojos ausentes". — Un pueblo despertado de su sueño. — Ceguera trágica de los políticos. — Continúa en pie la máquina estatal de Don Porfirio. — La obra de Francisco I. Madero. — El Gobierno a la deriva. — Oposición del porfirismo y las derechas. — El clero, zapador político. — Emiliano Zapata y el "Plan de Ayala". — Pascual Orozco se rebela en Chihuahua. — Los "agraristas" atacados por el antiguo ejército federal. — Zapata se impone a Victoriano Huerta. — La soledad de Madero en el poder. — Familiares y favoritos. — El motín del general Bernardo Reyes. — Félix Díaz se subleva en Veracruz.

LA TRAICION DE VICTORIANO HUERTA 139

La sombra de Vicente Guerrero. — Inestabilidad del Gobierno maderista. — El motín de las tropas porfiristas. — La decena trágica. — El ataque a La Ciudadela. — Victoriano Huerta, el nuevo hombre de las derechas. — Conciliábulos y maquinaciones. — Se consuma la traición. — Madero, obstáculo insalvable. — El asesinato de Madero y de Pino Suárez. — Las clases privilegiadas se regocijan.

EL AVANCE DE LAS MASAS ARMADAS 143

Como un reguero de gasolina ardiendo. — Ejércitos y generales improvisados. — Carranza en Coahuila y Zapata en Morelos. — Aprestos de Victoriano Huerta. — La reacción dispuesta a defenderse. — Las masas armadas avanzan sobre la capital. — La temeridad loca de Francisco Villa, ex bandolero. — El genio militar de Alvaro Obregón, ex mecánico. — El mismo avance de 1860, 1867, 1911. — Huída de Huerta y de los magnates. — El pacto de Teoloyucan. — Entrada de Obregón a México. — Venustiano Carranza llega a la capital.

FRANCISCO VILLA O EL INSTINTO 147

Otra vez radicales y moderados. — Incertidumbre y desorientación. — La decisión de Carranza. — Bandido para unos e ídolo para otros. — Francisco Germán, Doroteo Arango o Francisco Villa. — Hijo de peón, bandolero y general revolucionario. — Personalidad de Villa. — La Convención de Aguas Calientes. — Villa y Zapata se precipitan sobre México. — Villa y Zapata frente a frente. — Carranza y sus "constitucionalistas". — Agraristas y "dorados" en la capital. — El desacuerdo de Villa y de Zapata. — Obregón, el hombre del Destino. — La retirada de Zapata. — Una campaña napoleónica. — El derrumbe de Villa. — Villa contra Pershing.

VENUSTIANO CARRANZA, EL INICIADOR 155

El triunfo de la Revolución. — Algo de lo que debe hacerse. — La tragedia íntima de Venustiano Carranza. — Político porfirista y revolucionario a pesar suyo. — Sus servicios a la Revolución. — Labor internacional. — El Congreso de Querétaro y la Constitución de 1917. — El complejo porfiriano de Carranza. — Su Gobierno autocrático. — Persecución a los trabajadores. — Nueva camarilla de favoritos. — Hacia la reelección indirecta. — Ignacio Bonillas, "Flor de Té".

ÍNDICE

Pág.

EMILIANO ZAPATA, EL APOSTOL 162

Un peón mestizo, hijo de la gleba. — "El Espártaco mexicano". — Un niño amenazador. — La sensibilidad social y el sentido revolucionario de Emiliano Zapata. — Zapata salva por dos veces a la Revolución. — Su táctica guerrera. — Las singulares tropas agraristas. — Zapata ante Madero. — Un soborno frustrado. — El estratega de la montaña. — Zapata sigue combatiendo contra todos. — ¿Cómo corromper a un hombre así? — Zapata desprecia el poder. — Emiliano Zapata, gobernante local. — El manifiesto de 1913. — Guajardo y sus preparativos. — La emboscada de Chinameca. — Trágica muerte de Emiliano Zapata.

LA CRISTALIZACION

LOS TRES HOMBRES DE SONORA 173

Alvaro Obregón contra Venustiano Carranza. — Nuevamente "puros" y "moderados". — El "carrancismo" se juega el todo por el todo. — Obregón en fuga. — Agua Prieta. — Los 3 Hombres de Sonora en acción. — El Gobierno se traslada a Veracruz. — Aljibes y San Andrés. — Obregón entra a México. — Carranza huye hacia la sierra de Puebla. — La escaramuza nocturna de Tlaxcalantongo. — Muerte de Venustiano Carranza. — Gobierno provisional de Adolfo de la Huerta. — Sumisión y muerte de Pancho Villa.

OBREGON O EL DESTINO 180

La Revolución encuentra su Juárez. — Un joven campesino que llega a ser mecánico. — El agricultor de Huatabampo. —Obregón combate a Orozco. — La profecía de Sanginés. — Santa Rosa, Santa María, Orendáin. — Obregón, General. — La atracción magnética de Alvaro Obregón. — Francisco Villa ordena fusilar a Alvaro Obregón. — La buena suerte de Alvaro Obregón. — Obregón se revela gobernante. — La campaña mágica contra Francisco Villa. — Secretario de Guerra y Marina. — La vuelta a la "Quinta Chilla". — Obregón aguarda su hora. — Un guerrero, un caudillo y un líder. — Personalidad íntima de Alvaro Obregón. — Intuición y memoria del manco de Celaya.

EL GOBIERNO DE OBREGON 190

Comienza una nueva etapa. — Los cimientos del futuro Estado. — Obregón impulsa la Reforma agraria. — Las leyes sociales. — Obregón ante el obrerismo mexicano. — Obregón y Vasconcelos crean la Escuela Rural. — El antimilitarismo de Alvaro Obregón. — Las reclamaciones diplomáticas de los Estados Unidos. — Afianzamiento de la situación internacional. — Política latinoamericanista. — El renacimiento del arte indígena. — Un problema político. — La lucha de partidos. — El triunfo del Partido Cooperatista Nacional. — Otra vez "moderados" y radicales. — "Delahuertismo" y "callismo".

LA REVUELTA DE ADOLFO DE LA HUERTA 198

Plutarco Elías Calles y Adolfo de la Huerta. — La carrera de un burócrata convertido en revolucionario. — Tenor, violinista y Mecenas. — La elección de Obregón. — El extremista Calles. — Calles se retira del Gobierno. — El informe del Ministro Paní. — De la Huerta, candidato a la Presidencia. — Los esfuerzos de Ignacio C. Henríquez. — Estalla la rebelión en Veracruz. — Los jefes "infidentes". — 56.000 hombres alzados en armas. — Actitud del proletariado. — La Esperanza, Ocotlán y Palo Verde. — La fuga de Adolfo de la Huerta. — Provechosa lección de una revuelta militar.

FELIPE CARRILLO PUERTO, EL MARTIR YUCATECO 207

El Gobernador de Yucatán. — Hombre de ensueño y de acción. — La obra social de Felipe Carrillo Puerto. — Las Ligas de Resistencia del Partido Socialista. — Carrillo Puerto, electo Gobernador por el proletariado yucateco. — La Comisión Exportadora del Henequén de Yucatán. — Obras públicas. — El progreso educacional. — La Reforma agraria y las ligas de campesinos. — El odio de las derechas. — Carrillo Puerto lucha contra la revuelta delahuertista. — La huída hacia la costa. — Proceso y condena. — El fusilamiento de Felipe Carrillo Puerto.

PLUTARCO ELIAS CALLES 213

El triunfo electoral de Calles. — Maestro primario sin título. — Un General sobrio, austero, callado. — Rostro y espíritu de Plutarco Elías Calles. — Paralelo entre Obregón y Calles. — Gobernador en Sonora. — Ministro de Carranza. — Secretario de Guerra y Marina con

ÍNDICE

De la Huerta. — Secretario de Gobernación de Obregón. — Termina de cuajar el político. — La profecía de Venustiano Carranza.

EL REGIMEN DE CALLES 218

La labor que corresponde a Calles. — Calles, organizador de la Revolución. — El incremento de la Escuela Rural. — El arte y la alta cultura. — Relaciones con la URSS. — Latinoamericanismo. — Sigue la desmilitarización. — Enorme desarrollo en la política agraria. — Hacia la sindicalización obrera. — La acción económica del Estado. — Estalla el conflicto religioso. — La inquebrantable energía de Calles frente a la Iglesia. — El triunfo del Estado sobre el clero.

EL CAUDILLISMO EXPIRANTE 225

Otra vez la sucesión presidencial. — El único hombre posible. — Obregón se niega. — Dos candidaturas militares. — La reforma del artículo 83 constitucional. — Obregón acepta. — Un nuevo levantamiento militar. — Derrota y muerte de Francisco R. Serrano y Arnulfo R. Gómez. — El triunfo abrumador del Manco de Celaya. — Alvaro Obregón cae asesinado a quema ropa. — La Revolución en peligro. — El histórico discurso del 1.º de septiembre de 1928. — Ha muerto el último caudillo. — La soberanía augusta de la Ley.

EL ABOGADO PORTES GIL 235

Emilio Portes Gil, Presidente Provisional. — Anchas espaldas y cabeza indígena. — Abogado y político a los veintitrés años de edad. — Gobernador interino de Tamaulipas. — Portes Gil, garantía para todos. — Otra vez los candidatos presidenciales. — El "Plan de Hermosillo" y sus hombres. — Calles, jefe de la campaña. — Disfraces políticos de los "infidentes". — La derrota total de Escobar, Manzo y Aguirre. — Saldo de un motín inútil. — El Gobierno prudente de Portes Gil. — Solución del conflicto religioso. — La sombra de Calles.

ORTIZ RUBIO Y ABELARDO L. RODRIGUEZ 241

El ingeniero Pascual Ortiz Rubio, Presidente Constitucional. — Vacilaciones de un ingeniero. — Indecisión gubernativa. — La renuncia de Ortiz Rubio. — El divisionario Abelardo L. Rodríguez, Presidente Provisional. — El Gobernador del Distrito Norte de la Baja California. — Un hombre callado y resuelto. — Política general del Gobierno. — Intensificación de la Reforma agraria. — Desarrollo del Derecho Industrial. — El primer año del Plan Sexenal.

SEGUNDA PARTE: LOS PROBLEMAS

L A   T I E R R A

EL INCREIBLE LATIFUNDISMO MEXICANO 249

Concepto general sobre la Revolución Mexicana. — El latifundismo, eje de la historia de México. — Un país y un pueblo agrícolas. — La esencia agraria de la Revolución. — Réclus y Janet. — Los gigantescos latifundios mexicanos. — La Rusia zarista y el México porfirista. — 834 grandes duques de la tierra. — La propiedad agraria entre los aztecas. — Los repartimientos, encomiendas y mayorazgos de la Conquista. — El latifundismo colonial. — Socialismo agrario de los Reyes de España. — "Fundo legal", "ejido" y "propio". — El Papado y la Corona luchan contra el latifundio en la Colonia.

APOGEO Y PROYECCIONES DEL LATIFUNDIO 258

La República y la propiedad del suelo. — Total concentración de la tierra. — Las Leyes de Reforma y el desplazamiento del latifundio clerical. — Nueva casta de terratenientes. — Las leyes de deslinde y colonización de Porfirio Díaz. — 72.355,907 hectáreas entregadas a extranjeros y amigos personales. — Desarraigo del indígena y el campesino. — El hacendado feudal, señor de horca y cuchillo. — El salario y la venta de los peones. — Desastres agrícolas del latifundio. — El latifundismo, causa principal de los trastornos políticos. — Peligros internacionales del latifundio en México. — Cultivo y valor de la tierra en 1910. — El cimiento y la coronación de la sociedad porfiriana.

COMIENZA LA ODISEA AGRARIA 268

La Revolución ante el latifundismo. — La histórica Ley de 6 de enero de 1915. — El retorno al pasado agrícola. — Hacia la restitución de las tierras. — El artículo 27 de la Constitución. — Propiedad privada y propiedad colectiva. — Los suelos en poder de extranjeros. — Ni socialismo marxista ni agrarismo zapatista. — Un régimen agrario original. — Hacia una democracia agrario-socialista.

ÍNDICE

Pág.

EL EJIDO O EL CAMPESINO 274

El ejido de la Revolución. — Evitando el latifundio. — Restricciones del ejido. — La expropiación de las tierras. — Cómo se constituye un ejido. — El funcionamiento de los ejidos. — "Mezcla ecléctica de individualismo y comunismo". — Necesidades de los ejidatarios. — El crédito refaccionario o ejidal. — Obras de irrigación. — Las Escuelas Agrícolas. — La penosa odisea agraria. — 10.947,426 hectáreas entregadas a 983,726 familias. — Requisitos del ejidatario. — Tierras afectables por los ejidos. — Distribución de los ejidos. — La producción ejidal frente a la producción nacional. — Cuando estén radicados todos los campesinos. — Otras medidas complementarias de la revolución agrarista. — Subsistencia de la gran propiedad. — El ejidatario frente al hacendado. — Destrozo total del latifundismo. — El despertar del peón y el indígena. — El campesino mexicano, pilar y cimiento de la Revolución.

EL PETROLEO

LA ENTREGA 287

México, suelo codiciable para las grandes potencias.— El peligro de la penetración económica imperialista. — Los tres verdugos de México. — Reales Ordenanzas de Minería. — Maximiliano respeta la tradición colonial. — Porfirio Díaz entrega el subsuelo. — El Código de 1884. — Las leyes de 1887, 1892, 1901 y 1909. — Acaparamiento de los suelos petrolíferos. — La lucha entre la Standard Oil Co. y la Royal Dutch. — Los quince dueños del petróleo mexicano. — Sólo cinco compañías productoras. — John D. Rockefeller y Henry Deterding. — ¿Qué harán los revolucionarios? — El caso de México y el de la Rusia soviética. — A deshacer lo hecho por el porfirismo. — La única política petrolera posible.

LA RECONQUISTA 295

Lo que dice el artículo 27 constitucional sobre la propiedad del subsuelo. — Cerrando el paso a la marinería de desembarco. — Restricción a los extranjeros del dominio de tierras y aguas. — La batalla ante los tribunales mexicanos. — El artículo 14, última defensa de los petroleros. — La actitud de los "robber barons". — La lucha jurídica en los Estados Unidos. — México triunfa en las negociaciones. — La no retroactividad de los derechos petrolíferos y la limitación del inciso 28. — Anulación de concesiones. — Labor política de los petroleros. — La "zona reservada" de Tampico y Tuxpan y el ejército particular de las Compañías petroleras. — El Presidentes Calles y el general Cárdenas reducen a la obediencia a los petroleros. — La huelga general de las empresas. — El prodigioso negocio petrolero. — Costos y precios del petróleo mexicano. — Contraposición de los imperialismos. — Explotación nacional del petróleo. — Situación de México frente a los países productores de aceite mineral.

E L   C L E R O

PODERIO DE LA IGLESIA EN LA COLONIA 307

El tercer enemigo. — Pugna entre dos Estados. — Un problema político y económico. — Tempestad mundial. — Los primeros misioneros. — El rosario y la tizona. — Superposición de religiones. — Superstición y superchería. — Catolización a la fuerza. — Idolatría persistente. — La fortuna de la Iglesia. — Doce fuentes de entradas. — El poderío social de la Iglesia. — La Inquisición y la censura eclesiástica. — El control de la enseñanza. — Los frutos de la educación teológica.

SOBERBIA Y REBELDIA DEL CLERO COLONIAL 322

El poder político. — El Papa Alejandro VI y el Real Patronato. — El monarca, jefe directo de la Iglesia Católica en la Nueva España. — Intercambio de intereses entre el Papado y la Corona. — Luchan franciscanos y agustinos en San Juan Teotihuacán. — La célebre procesión de la Asunción. — Contienda entre el Obispo de Puebla y la Compañía de Jesús. — El Arzobispo Pérez de la Serna se levanta contra la autoridad del Rey. — Pugna entre la Corona y el clero del virreinato. — Los Reyes de España legislan contra la Iglesia. — El Papado combate el latifundismo eclesiástico. — El clero, banquero y prestamista. — Entradas y capitales de la Iglesia. — Príncipes y proletarios de la Iglesia Católica en Nueva España

EL CLERO CONTRA EL ESTADO EN LA REPUBLICA 336

Lucha de clases en la Iglesia. — Persecución eclesiástica a Hidalgo y a Morelos. — El clero cambia de actitud. — Conspirando en pro de la Independencia. — Anulación del Real Patronato. — Posición política. — Gómez Farías y la autonomía del Estado frente a la Igle-

I N D I C E

sia. — Cuernavaca y el General Santa Anna. — La Iglesia alza y derriba caudillos. — La sublevación de Paredes Arrillaga. — El clero financia el motín de los "polkos". — La Iglesia recibe con júbilo al invasor norteamericano. — Melchor Ocampo y el cura de Maravaitío. — La Iglesia sostiene la dictadura católica de Santa Anna.

LA IGLESIA CONTRA LA REFORMA LIBERAL 347

El "Plan de Ayutla". — Levantamiento fanático en Zacapoaxtla. — Comonfort derrota los rebeldes católicos. — Primeras leyes reformistas. — La "Ley Lerdo". — Conspiración de San Francisco. — Nueva insurrección del clero. — La Constitución de 1857. —Violenta campaña de la Iglesia contra la Constitución. — Comonfort y Juárez en el poder. — El golpe de Tacubaya. — Pío IX y el General Zuloaga. — Comienza la Guerra de Tres Años. — Miramón, Presidente de la República. — El "elegido de mi pueblo". — Juárez en Veracruz. — Las radicales leyes de Reforma. — Juárez toma el desquite. — Bandas fanáticas asesinan a Melchor Ocampo. — Muerte de los generales Valle y Degollado. — El clero mira hacia Europa. — El Pbro. Miranda trabaja en las Cortes europeas por la instauración de la monarquía en México. —La Iglesia mexicana obtiene la intervención extranjera en su patria. — El Arzobispo Labastida, Jefe del Estado. — El clero elige la Junta de Notables. — Aprobación del Imperio. — El Mariscal Forey y la Regencia. — Habla el comandante de la fragata inglesa 'Valorous". — El testimonio de Schloessing. — Lo que dice Paul Gaulot. — La lucha del clero para recuperar sus bienes. — El capitán Loizillón y el abate Testory. — Monseñor Sánchez Camacho, y el noble Obispo de Tamaulipas. — La Iglesia persigue a los sacerdotes que no atacaron a la Constitución.

MAXIMILIANO Y EL CLERO 361

Católico, pero no clerical. — El Gabinete conservador-liberal. — Maximiliano busca un concordato especial. — La amargura del Obispo de Guadalajara. — Armonía entre el Papa y el clero mexicano. — La acción del Nuncio Monseñor Meglia. — La Emperatriz Carlota escribe a la Emperatriz Eugenia de Francia. — Lo que escribiera Carlota de México a la Reina María Amelia. — Los cuatro decretos "reformistas" de Maximiliano. — La protesta de Monseñor Meglia. — El clero cava la sepultura de Maximiliano de Austria. — Juárez deja en paz al clero. — El radicalismo de Sebastián Lerdo de Tejada. — La Iglesia recurre al bandolero Manuel Lozada. — La Ley Orgánica de Adiciones a la Constitución. — El grito de "¡Viva Cristo Rey!". — Los "cristeros". — El Plan de Urecho.

LA IGLESIA, ALIADA DE PORFIRIO DIAZ 370

Fino olfato del clero. — El apoyo subterráneo a Porfirio Díaz. — Las afirmaciones del periodista católico Terrazas. — Trayectoria y habilidad de Porfirio Díaz. — Lo que quiere el clero. — Desquite absoluto de la Iglesia Católica. — La reforma del artículo 27. — Aparecen las sociedades anónimas. — Rápido incremento de la educación congregacionista. — El control de la caridad y la beneficencia pública. — La prensa católica. — Nuevos conventos y establecimientos religiosos. — El ingenio de azúcar o Seminario Teológico de San Simón, en Michoacán. — El clero amasa una fortuna de 800 millones mexicanos. — Las "contentas" y otros procedimientos remunerativos. — Una sociedad comercial perfecta.

LA CONSTITUCION DE 1917 378

Estalla la Revolución. — Política ignaciana del clero. — "El Partido Católico Nacional" y la tenaz oposición a Madero. — Apoyo financiero y moral a Victoriano Huerta. — La huída a Veracruz. — Cambio de táctica. — Trascendencia de la Constitución de 1917. — El artículo 3.° y la libertad de enseñanza. — El artículo 5.° y sus proyecciones. — Un inciso del artículo 31. — El artículo 24 y la libertad de cultos. — Consternación del clero ante el artículo 27. — ¡Adiós al dinero y al poderío económico! — El artículo 130, el último golpe. — El concepto de los revolucionarios. — Redistribución y nacionalización de la clase sacerdotal.

APRESTOS DE COMBATE 392

El Manifiesto de los 30 prelados. — Carranza hurta el cuerpo. — Actitud de Obregón. — Acción subterránea del clero. — "Los Caballeros de Colón" en los Estados Unidos. — En busca de un Porfirio Díaz. — La adhesión moral a Adolfo de la Huerta.

LA IGLESIA LUCHA CONTRA EL ESTADO 395

Una oportunidad en apariencia favorable. — Se reproduce el Manifiesto de los 30 prelados. — El ultimátum del Arzobispo Mora del Río. — El Gobierno recoge el guante. — La energía de Calle. — La vigencia plena de los preceptos constitucionales. — Campaña de prensa y de injurias. — Se establece el delito religioso. — El boicot económico. — Otra vez las bandas católicas armadas. — Las armas contra las armas. — Se anuncia la huelga general de sacerdotes. — La carta-pastoral de los 37 prelados. — El abandono de los templos. — El Gobierno entrega las iglesias a vecinos católicos. — El pueblo sigue concurriendo a los templos. — La guerra religiosa en Jalisco y Michoacán. — Asalto e incendio del expreso de Guadalajara a México. — Participación del clero en esos hechos de sangre. — Reveladora Pastoral del Arzobispo de Durango. — La "oración" que algunos prelados legaran a su "rebaño bienamado".

EL TRIUNFO DEL ESTADO 405

Clausura de conventos y escuelas católicas. — Establecimientos protestantes e israelitas. — El Gobierno responsabiliza al clero de la guerrilla religiosa. — El destierro que eligieron algunos prelados. — La extraña lamentación del Arzobispo Mora del Río y sus compañeros de viaje. — Fervor y frenesí de los fanáticos. — El diálogo diario. — "La Revista Católica" defiende la incontinencia sexual del clero. — "La Revista Católica" sostiene la legitimidad del acaparamiento de riqueza por la Iglesia. — $ 70.836,005 mexicanos perdidos desde Carlos III hasta Maximiliano de Austria. — El asesinato de Alvaro Obregón. — José León Toral y la "madre Conchita". — Hacia la solución del conflicto. — Portes Gil hace declaraciones oficiales. — Las palabras de Monseñor Ruiz y Flores. — El error del clero. — La reforma del artículo 3.º constitucional. — La Iglesia combate a la Escuela Socialista. — Acción indirecta contra el Estado. —Desórdenes callejeros y comicios populares. — El clero vacila y teme. — Las mismas armas de Cristo.

TERCERA PARTE: LAS REALIZACIONES

LA ESCUELA RURAL

HACIA UNA ESCUELA REVOLUCIONARIA 419

El nuevo orden de cosas. — La Revolución de la escuela. — Hacia la unificación nacional. — "El maestro será un soldado". — Juárez y sus escuelas. — Porfirio Díaz aplasta la enseñanza primaria. — Alfabetización del indígena y el campesino. — 12 millones de campesinos. — 56 tribus y 13 grupos de lenguas indígenas.

LA ESCUELA RURAL 424

Una escuela original. — La Escuela Rural, centro social y núcleo socializante. — Cómo se construye la escuelita rural. — La parcela escolar. — Gallineros, conejeras, huertas, talleres de pequeña industria. — Lo que aprende el niño. — Deporte y aire puro. — La naturaleza pedagoga. — El maestro rural mexicano. — Hacer del niño un ser social. — La enseñanza del adulto. — Crear campesinos libres. — La conciencia de clase. — Más y más líderes o encauzadores sociales. — Un escuela revolucionaria antes que todo. — La misión de la Escuela Rural. — La obra de José Vasconcelos. — Faltan maestros. — Obra de la Administración Calles. — 13,857 escuelas rurales.

LOS AUXILIARES DE LA ESCUELA RURAL 430

El programa del Plan Sexenal. — En busca de los maestros. — Las Misiones Culturales. — Organización de las Misiones Culturales. — El papel de las Misiones. — Las Escuelas Normales Rurales. — Las Escuelas Centrales Agrícolas. — Las Escuelas Regionales Campesinas. — Los cuatro Institutos de las Escuelas Regionales Campesinas. — El objetivo de la enseñanza rural. — El maestro y el campesino. — La alegoría de Montenegro. — Mucho falta por hacer. — El puente entre dos razas. — Los Centros de Educación Indígena.

ESCUELA SOCIALISTA

EDUCACION REVOLUCIONARIA 443

La Revolución en los espíritus. — Una enseñanza individualista y utilitaria. — Las Escuelas primarias y los Jardines de Niños. — Fomento de la enseñanza técnica. — La Revolución en las artes. — El genio de Diego de Ribera. — Orozco, Siqueiros y otros artistas revolucionarios. — Renacimiento de las artes aplicadas. — Las Escuelas Populares de Pintura al Aire Libre. — Hacia la escuela revolucionaria única. — Necesidad de una Escuela Socialista. — La educación católica colonial. — El concepto liberal de la educación. — Laicismo y libertad de enseñanza. — La doctrina liberal individualista. — El derecho, fenómeno social. — El artículo 3.º de la Constitución Política. — Unificación, coordinación y defensa de la enseñanza primaria. — Lo que dice el Plan Sexenal.

ÍNDICE

Pág.

LA ESCUELA SOCIALISTA 457

Génesis de la Escuela Socialista. — Interpretación del socialismo y la lucha contra el fanatismo religioso. — Campaña de la Iglesia contra la Escuela Socialista. — Firmeza del Gobierno. — Aprobación y texto de la reforma al artículo 3.º. — No más escuela laica o liberal. — Activa, positiva, combativa. — Una posición científica y un sentido social. — Palabras de Lázaro Cárdenas a los obreros mexicanos. — La Escuela Socialista y la marcha hacia el socialismo integral de la Revolución Mexicana. — Preparación del material humano. — Los hombres de mañana. — Finalidad inmediata de la Escuela Socialista. — El programa de acción. — El "modus operandi".

EL CONFLICTO UNIVERSITARIO 467

La Universidad y los intelectuales en la Dictadura. — Resistencia a la Revolución. — La condición económico-social de los profesionales. — Lucha por el título. — Reaccionarismo inevitable. — Ejemplos en la América Latina. — Antagonismo entre la Universidad Nacional y los gobiernos revolucionarios. — Autonomía total de la Universidad. — La alta cultura, patrimonio de la burguesía. — Abrir la cultura superior a obreros y campesinos. — Continúan los choques entre la Universidad y el Estado. — Minorías universitarias de izquierda. — La autonomía total. — Nuevos conflictos. — Los sucesos de Tabasco. — Un Congreso Nacional de Estudiantes derechistas. — Posición clasista y revolucionaria del Gobierno. — La Universidad hace siete peticiones. — Contestación del Ejecutivo. — El estímulo a los técnicos. — Coronamiento del primer período de la Revolución. — Trascendencia final de la Escuela Socialista.

EL MOVIMIENTO OBRERO

EL DESARROLLO 481

El gremio entre los aztecas. — La cofradía colonial. — La Constitución de 1857 y la libertad de trabajo. — Penetración del capitalismo imperialista. — La transformación económica. — Las guerras del Yaqui. — Disturbios en Tomóchic. — Primeras instituciones obreras. — Ricardo y Enrique Flores Magón. — El "Gran Círculo de Obreros Libres", de Orizaba. — Corre la sangre en Cananea. — La huelga de Río Blanco. — La masacre de Orizaba. — Los Flores Magón y Praxedis Guerrero en guerrilla. — Persecuciones. — La primera organización sindicalista. — Multiplicación de los sindicatos revolucionarios. — La "Casa del Obrero Mundial". — Madero persigue a los sindicatos. — El obrerismo mexicano declara la guerra a Huerta. — Represión gubernativa. — Obregón se acerca a los obreros. — Los seis "Batallones Rojos". — Expansión de los sindicatos. — La Casa del Obrero Mundial ocupa un palacio de la burguesía. — Comienza la persecución de Carranza. — El Congreso Preliminar Obrero de Veracruz. — Expedición "punitiva" de Pershing. — Las reivindicaciones inmediatas. — Estalla la huelga de 27 de julio de 1916. — Carranza la reprime violentamente. — El triunfo de la huelga. — La Constitución de 1917. — El artículo 123. — El Congreso General de Veracruz. — Nace la Confederación Regional Obrera Mexicana. — La burla al artículo 123.

EL TRIUNFO 498

El Gobierno de Obregón. — Impulso gubernativo a la corriente sindicalista. — La división obrera. — Izquierdas y derechas, rojos y amarillos. — El Congreso Panamericano de Laredo, Texas. — Samuel Gompers se impone. — La primera escisión. — Convención Nacional de la "CROM". — Aparece el Partido Comunista. — El Partido Laborista Mexicano. — Díaz Soto y Gama contra Morones — Cinco fracciones comunistas mexicanas. — La Confederación General de Trabajadores. — Programa y fisonomía de la C. G. T. — Otras organizaciones. — Las Asociaciones Ferroviarias y su evolución. — El sindicalismo católico. — Vertiginoso crecimiento de la "CROM". — Organización jerárquica y piramidal. — Capacidad financiera. — Poderío y colaboracionista. — Sus ventajas y peligros. — El hermético "Grupo Acción". — Luis N. Morones. — La carrera fulminante de un mecánico electricista. — Caída de Morones y derrumbe de la "CROM". — El movimiento mexicano actual: la Cámara Nacional del Trabajo, la "CROM", la "C. S. U. M." y la poderosa "Confederación de Obreros y Campesinos". — Situación del obrero ante el Estado revolucionario. — El Primer Congreso de Derecho Industrial. — La lucha clasista. — Identidad de la Revolución y el obrerismo en México.

EL EJERCITO REVOLUCIONARIO 519

La fuerza armada. — La tradición guerrera mexicana. — El ejército en el imperio azteca y en la Colonia. —

I N D I C E 673

Pág.

Los soldados patriotas. — La casta militar. — Iturbide y el primer cuartelazo. — Militarismo anárquico y desenfreno caudillista. — Los ejércitos de la Reforma y la intervención. — Nace y crece el Ejército regular. — Porfirio Díaz y sus pretorianos. — Las masas armadas. — El triunfo de los generales improvisados. — Los soldados de la Revolución. — Riesgos y bondades del nuevo Ejército. — Militarismo inevitable. — La poda de Alvaro Obregón. — Un ejército hipertrofiado. — La sublevación "delahuertista". — Segunda y tercera poda. — El debilitamiento del militarismo. — El caso de Cárdenas contra Calles. — Cada vez más técnico y menos político. — El Ejército, hijo de la Revolución. — Capacidad militar del Ejército mexicano. — Su espíritu social. — Un Ejército de clase. — La obra profunda de la Revolución.

EL PARTIDO NACIONAL REVOLUCIONARIO 531

Un instrumento de acción política permanente. — Inexistencia de una tradición política. — Lucha de clases y de razas. — Centralistas y federalistas, conservadores y liberales, moderados y "puros", republicanos y maximilianistas. — Expresión política del porfirismo. — "Científicos", "reyistas" y democráticos. — Los antirreeleccionistas. — Nacen los partidos políticos. — El Partido Liberal Constitucionalista. — El Partido Cooperatista Nacional. — Los partidos de clase: el Laborista Mexicano, el Nacional Agrarista y el Socialista del Sudeste. — Influencia de la "CROM". — Cesarismo y presidencialismo autocrático. — Muerte de Obregón. — Calles y el nacimiento del P. N. R. — Vertiginoso desarrollo del Partido Nacional Revolucionario. — Hacia el "Estado de un solo partido". — Traducción, intérprete y hasta símbolo de la Revolución. — Nutriendo y orientando al Estado. — Fisonomía general del P. N. R. — Estatutos y programa de acción. — La Declaración de Principios. — Organización jerárquico-piramidal. — El Comité Municipal o célula básica. — Renovación anual del P. N. R. — Requisitos personales. — Espina dorsal y estructuración ideológica de la Revolución. — Tres millones de miembros. — El Partido, juez calificador y fiscalizador. — La acción ténico-gubernativa del P. N. R.

EL PLAN SEXENAL 547

Un programa general de Gobierno. — Cómo nació el Plan Sexenal. — Semejanza con el Plan Quinquenal Soviético. — Palabras de Calles. — Una opinión de Abelardo L. Rodríguez. — Lo que dijo Lázaro Cárde-

México.—43

nas. — El Plan Sexenal, última etapa de la edificación de un nuevo orden de cosas. — La trayectoria revolucionaria. — Hacia la transformación económica de la nación. — El papel histórico de Lázaro Cárdenas. — Significado y trascendencia del Plan Sexenal. — Lo que el propio Plan dice de sí mismo. — Un programa apretado y sintético. — La tierra, problema social de mayor importancia. — Nuevo programa agrario. — Hacia la lucha de clases organizada. — La nacionalización de la economía. — El desajuste entre la producción y la distribución. — Elevación del standard de vida de los trabajadores mexicanos. — Comunicaciones y salubridad pública. — El fomento de la educación pública. — Orientación social de la enseñanza primaria y secundaria. — El orden jurídico de las instituciones revolucionarias. — Justicia pronta y expedita. — Migración y extranjerismo. — El Ejército, órgano armado de la Revolución Mexicana. — La política internacional. — Hacia los impuestos directos. — El impuesto a las rentas y a la herencia. — Simplificación de gravámenes al comercio y la industria. — Egresos presupuestarios. — Incremento de reservas de oro y política de tasas. — El Banco Nacional de Crédito Popular. — ¿Es socialista el Plan Sexenal? — El planeamiento de la economía. — Proyecciones económicas del Plan. — Hacia la capitalización e industrialización de México. — Facilitando el advenimiento del socialismo.

CONCLUSION

EL DIA DE HOY

LAZARO CARDENAS, EX TIPOGRAFO   565

El nuevo intérprete. — Lázaro Cárdenas, un hijo típico de la Revolución. — Cómo lo ven Djed Bórquez, Lestroy Parish y R. L. Martin. — Sangre tarasca en las venas. — Totalmente mexicano. — El hombre que arrastra a las masas campesinas. — Jiquilpan de Juárez. — Niñez reflexiva. — Jefe de familia a los trece años de edad. — Tipógrafo y jefe de taller. — Aspirante a empleado público. — Alcaide de la cárcel. — El joven Cárdenas se lanza a la Revolución. — Correrías de un guerrillero de 18 años. — Salvado de la muerte en un saco de yute. — El capitán segundo Lázaro Cárdenas. — Capitán mayor y teniente-coronel. — Coronel de caballería en lucha contra Villa. — Persiguiendo bandoleros en Michoacán. — Una campaña en la Huasteca veracruzana. — El coronel Cárdenas adhiere a Agua Prieta. —

ÍNDICE

Los veinte mil pesos de Gutiérrez Zamora. — General Brigadier. — Gobernador por quince días. — Cárdenas lucha contra el delahuertismo. — Prisionero en Teocuitatlán de Corona. — Fuga y victoria. — General de Brigada a los veintinueve años de edad. — Jefe de Operaciones en Michoacán. — La célebre expedición contra los petroleros de la Huasteca veracruzana. — El insobornable Cárdenas. —Jefe de una de las "aplanadoras" de Calles. — Lázaro Cárdenas, Gobernador Constitucional del Estado de Michoacán. — La labor agraria, educacional y obrerista del Gobernador Cárdenas. — Obras públicas y finanzas. — Presidente del P. N. R. en momentos difíciles. — Ministro de Gobernación de Ortiz Rubio. — El retiro a la vida privada. — Jefe de Operaciones en Puebla. — Secretario de Guerra y Marina del general Rodríguez. — Candidato a la Presidencia de la República.

DESDE EL CABALLO HASTA EL AVION 581

El juramento solemne de Lázaro Cárdenas ante la Convención de Querétaro. — Su declaración de fe revolucionaria. — Un programa previo de acción. — Iniciativa inusitada. — Objetivos de una gira política. — 27,609 kilómetros de viaje en avión, ferrocarril, automóvil, barco y lomo de caballo. — Los acompañantes de Lázaro Cárdenas. — Interés político y contenido ideológico de un viaje a través de la República. — Siembra de ideas y reavivación del sentimiento revolucionario en México. — Carácter inspectivo y fiscalizador de una gira política. — Lo que vió el periodista yanqui R. L. Martin. — Aplastante triunfo en las urnas. — Primera elección absolutamente democrática. — Nuevos hombres, nuevos métodos. — Nace el "cardenismo". — La esperanza de un nuevo México. — Una apreciación de Froilán C. Manjarrez. — El "socialismo mexicano" de Lázaro Cárdenas. — Su concepción del Estado-Regulador. — Urgencia de la sindicalización revolucionaria. — Las cooperativas de consumo y producción de los obreros y campesinos. — Hacia el cooperativismo socialista. — La economía propia y el capital extranjero. — La riqueza minera de México. — El salario mínimo. — Armando a las masas campesinas. — ¿Aceptarán Calles y los suyos?

CARDENAS CONTRA CALLES 598

Una unión aparente. — Calles en Cuernavaca y Cárdenas en el Palacio Nacional. — El primer Ministerio de Lázaro Cárdenas: "callismo" y "cardenismo" por partes iguales. — El tablero político. — Un duelo mudo y silencioso. — La antítesis biopsicológica de Cárdenas y Calles. — Antinomia política. — El choque es inevitable. — El que ahora desaparecerá. — La cautela de Lázaro Cárdenas. — Contra el juego y el vicio. — 360 huelgas. — Calles reprocha la política de Cárdenas. — La gigantesca desautorización de obreros y campesinos. — Terminante respuesta de Lázaro Cárdenas. — Calles comprende y se retira. — Cae el Ministerio Bórquez-Portes Gil. — El nuevo Gabinete, totalmente "cardenista". —Calles parte a los Estados Unidos. — Lucha contra los Gobiernos estaduales. — Cárdenas termina con el poderío de Garrido Canábal en Tabasco. — La sumisión de Querétaro, Tamaulipas, Sonora y Colima. — Flexibilidad en materia religiosa. — Cárdenas liquida los grandes centros del lujo y la molicie. — La vuelta de Calles. — Repudio público. — El cumplimiento del Plan Sexenal. — Se desarrolla el nuevo programa revolucionario.

RESULTADO Y EJEMPLO 621

¿Qué es la Revolución Mexicana? — Forzosidad y fatalidad. — Fisonomía social inmediata. — Clasista y revolucionaria. — Síntesis política de la República. — Madero, Carranza, Calles y Cárdenas. — Las siete etapas de la Revolución Mexicana. — Hacia una democracia socialista cooperativista, que conduzca al socialismo integral. — Caracteres fundamentales. — El Estado revolucionario y el Estado-Regulador. — Un balance a ojo de avión. — Mirando hacia la Revolución Francesa y la Revolución Rusa. — Latifundismo, oligarquía y clero. — El esclavizamiento económico de México. — La lucha contra el demo-liberalismo interior. — Triunfo completo de la Revolución. — Hacia un capitalismo de Estado, que substituya al capitalismo imperialista actual. — En busca de un Estado que libere a los trabajadores. — Hacia la total independencia económica de México. — La obra inmediata de la Revolución. — Originalidad y realismo. — Nacionalismo. — El indigenismo de la Revolución Mexicana. — Latinoamericanismo. — Tachas y errores de la Revolución. — Corrupción, venalidad, caudillismo, militarismo. — La justicia revolucionaria. — La importancia de la Revolución Mexicana. — Su trascendencia para la América Latina. — En camino a la nueva independencia de los pueblos latinoamericanos. — "La revolución de ayer, de hoy, de mañana y de siempre".

INDICE PARA UNA CONSULTA BIBLIOGRÁFICA 645

FRACASO DE UNA MISION

por SIR NEVILE HENDERSON

El autor de esta formidable polémica fué Embajador de Gran Bretaña ante el Gobierno del Tercer Reich durante veintiocho meses, y hasta la declaración de guerra.

Su obra constituye la más definitiva y autorizada incursión en el difícil terreno de la diplomacia internacional. Sir Henderson explica la misión primordial que lo llevó a Berlín: preservar la paz. Y da la razón de su fracaso, debido a la ciega ambición de un solo hombre.

FRACASO DE UNA MISION, además de documentarnos sobre las incidencias diplomáticas que preludiaron la segunda guerra mundial, nos retrata de mano maestra a los jefes del nazismo en su vida pública y privada.

SOLICITE CATALOGOS Y LISTAS DE NOVEDADES

EMPRESA EDITORA ZIG-ZAG, S. A.

CASILLA 84-D.   SANTIAGO DE CHILE

BIOGRAFIAS

ISABEL LA CATOLICA,
  por Armando Bazán.
LA REINA MARIA ANTONIETA,
  por Pierre de Nolhac.
BIOGRAFIA DE JOSE CARLOS MARIATEGUI,
  por Armando Bazán.
ALEJANDRA FEODOROVNA,
  por Maurice Paléologue.
LUIS XV,
  por Alfred Leroy.
LUIS XIV,
  por Louis Bertrand.
HERODES,
  por Jacob S. Minkin.
NELSON,
  por Clennell Wilkinson.
BENJAMIN FRANKLIN,
  por Helen Nicolay.
NICOLAS II,
  por Essad Bey.
LA VIDA DE PEDRO EL GRANDE,
  por Georges Oudard.

SOLICITENOS CATALOGOS EN LA MONEDA DE SU PAIS

EMPRESA EDITORA ZIG-ZAG, S. A.
CASILLA 84-D.   SANTIAGO DE CHILE

Talleres Emp. Edit. Zig-Zag. 1940.

www.ingramcontent.com/pod-product-compliance
Lightning Source LLC
Chambersburg PA
CBHW020825160426
43192CB00007B/531